○ 中国人文社科学术集刊AMI入库刊
○ 中国知网、万方、维普、超星等学术数据库全文收录集刊

劳动哲学研究

Theoretical Probes to Labor Issues

第九辑（2023年第2辑）

主　编　何云峰

副主编　张　蕾　齐旭旺　李　磊

上海教育出版社
2023年12月

图书在版编目（CIP）数据

劳动哲学研究. 第九辑 / 何云峰主编. — 上海：
上海教育出版社，2023.12
ISBN 978-7-5720-2479-5

Ⅰ.①劳… Ⅱ.①何… Ⅲ.①劳动哲学 – 文集
Ⅳ.①C970.2-53

中国国家版本馆CIP数据核字(2024)第019215号

责任编辑　戴燕玲
封面设计　陆　弦

劳动哲学研究（第九辑）
何云峰　主编

出版发行　上海教育出版社有限公司
官　　网　www.seph.com.cn
地　　址　上海市闵行区号景路159弄C座
邮　　编　201101
印　　刷　上海昌鑫龙印务有限公司
开　　本　700×1000　1/16　印张 23.25　插页 2
字　　数　496 千字
版　　次　2023年12月第1版
印　　次　2023年12月第1次印刷
书　　号　ISBN 978-7-5720-2479-5/B·0062
定　　价　88.00 元

如发现质量问题，读者可向本社调换　电话：021-64373213

劳动哲学研究

Theoretical Probes to Labor Issues

第九辑（2023年第2辑）

主办

上海师范大学知识与价值科学研究所

学术合作单位（以参加时间为序）

上海师范大学哲学与法政学院
安徽师范大学马克思主义学院
东华大学马克思主义学院
山西师范大学马克思主义学院
上海城建职业学院马克思主义学院

编委会（以姓氏拼音为序）

目 录

■ **马克思主义劳动理论研究**

■ 劳动幸福、美好生活与共同富裕

■ 劳动精神与劳动教育

马克思劳动理论是历史唯物主义的深化①

高惠珠，刘利威

摘　要： 作者以马克思恩格斯的经典著作为依据，深入揭示和说明了马克思的劳动理论是他所创立的历史唯物主义理论的深化。文章从四个主要方面对此做了具体阐释：一是马克思揭示了劳动对人类生存的重要意义，二是马克思指出劳动是生产力的核心要素之一，三是马克思指明劳动是生产工具发展的主要推力，四是马克思揭示劳动是社会财富之源。由此说明，只有深入领会和理解马克思关于劳动范畴在历史唯物主义理论体系中的核心地位的阐释，我们才可能朝着马克思指明的方向坚持和发展历史唯物主义。

关键词： 历史唯物主义；劳动；深化

本文引文格式： 高惠珠、刘利威：《马克思劳动理论是历史唯物主义的深化》，见何云峰主编：《劳动哲学研究》第9辑（2023年第2辑），上海教育出版社2023年12月版，第1-7页。

在由上海师范大学何云峰教授首先发起的关于劳动哲学的研讨热潮中，学界同仁与高校有关专业的硕、博士生中，大多数都认同新时代劳动哲学研究的理论意义与实践意义。但是，也有部分学生提出在高校的历史唯物主义教材中，并无劳动专章，提出了这一研究能否被归入马克思主义哲学研究范围的疑问。为此，本文拟以马克思经典著作的论述为据，说明马克思的劳动理论是其创立的历史唯物主义的深化。

目前大家都熟悉的教科书中所体现的马克思的历史唯物主义理论的主要文献根据是《关于费尔巴哈的提纲》《德意志意识形态》《致安年柯夫的信》《哲学的贫困》《共产党宣言》《〈政治经济学批判〉序言》。在高校《历史唯物主义原理》教材中（如赵家祥、李清昆、李士坤主编，北京大学出版社出版），把社会生产、社会结构及社会运行机制和社会

① 基金项目：国家社科基金重大项目"坚持马克思主义在意识形态领域指导地位的根本制度的总体逻辑研究"（项目编号：20ZDA016）。作者通信地址：高惠珠，上海师范大学哲学与法政学院、上海师范大学马克思主义学院、上海师范大学知识与价值科学研究所，上海200234；刘利威，上海师范大学知识与价值科学研究所，上海200234。

发展动力作为历史唯物主义理论内涵的主要内容，对"需要和物质利益""分工""革命和改革""科学""人民群众和个人"在社会发展中的作用及社会发展的动力体系均做了专章阐释，这已为从事高校马哲教育教学的各位同仁所熟悉。这些内容是否能够完整准确地理解马克思恩格斯创立的历史唯物主义呢？当我们深入研读19世纪50年代马克思为撰写《资本论》而做的学术笔记和学术研讨时，便可以清楚地发现，在我们长期的传统理解中，缺少了对一个重要范畴——劳动的认识和阐释。在深入研读马克思在19世纪50年代之后所做的笔记的时候，我们可以发现马克思在对历史唯物主义做逻辑分析的过程中，引入了劳动这个重要范畴，即马克思以对劳动和劳动过程的分析深化了对生产过程的描述。由此，马克思通过对劳动范畴的深入阐释，细化了他创立的历史唯物主义理论。这一对历史唯物主义理论的推进和深化，主要体现为以下诸方面。

一、马克思揭示了劳动对人类生存的重要意义

马克思指出："任何一个民族，如果停止劳动，不用说一年，就是几个星期，也要灭亡，这是每一个小孩子都知道的。"① 了解马哲史的学者都知道，黑格尔的思辨哲学是马克思哲学的重要来源之一。但人们往往只注意到了马克思对黑格尔唯心主义辩证法的扬弃，而忽略了在这一扬弃过程中，马克思对其劳动观的扬弃。在《1844年经济学哲学手稿》中，马克思写道，"黑格尔的《现象学》及其最后成果——辩证法，作为推动原则和创造原则的否定性——的伟大之处首先在于，黑格尔把人的自我产生看做一个过程，把对象化看做非对象化，看做外化和这种外化的扬弃；可见，他抓住了劳动的本质，把对象性的人、现实的因而是真正的人理解为人自己的劳动的结果"。② 这段话十分明确地说明了马克思对劳动与人类生存关系的认知——劳动是人的本质。正是在扬弃以黑格尔为代表的德国古典哲学的基础上，马克思明确断定："整个所谓世界历史不外是人通过人的劳动而诞生的过程。"③ 正是对劳动在人类形成和发展史中重要地位的认知，恩格斯在谈及马克思的贡献时，才向我们指明，马克思和自己一起形成的"新派别"，是"在劳动发展史中找到了理解全部社会史的锁钥的新派别"。④ 由此可见，关于劳动作为人的本质对人生存和发展具有重要意义，是我们历史唯物主义研究不容忽视的重要内容，马克思和恩格斯的上述思想已十分明确地指明劳动是社会历史的核心和基础，对历史唯物主义的研究离不开对劳动范畴的研究。在《资本论》中，马克思指明，"劳动作为使用价值的创造者，是不以一切社会形式为转移的人类生存条件，是人和自然之间的物质变换即人类生活得以实现的永恒的自然必然性"。⑤ 所以，历史唯物主义作为研究人类社

① 《马克思恩格斯文集》第10卷，人民出版社2009年版，第289页。

② 《马克思恩格斯文集》第1卷，人民出版社2009年版，第205页。

③ 《马克思恩格斯文集》第1卷，第196页。

④ 《马克思恩格斯文集》第4卷，人民出版社2009年版，第313页。

⑤ 《马克思恩格斯文集》第5卷，人民出版社2009年版，第58页。

会存在基础和发展规律的哲学,其研究起点自然应该深入到这一关涉人类生命能否存在的基点上。

二、马克思指出劳动是生产力的核心要素之一

众所周知,教科书阐释的历史唯物主义的基本原理是,生产力决定生产关系,经济基础决定上层建筑,所以说生产力是社会发展的决定力量。教科书在分析生产力系统的要素时,将劳动者、劳动资料和劳动对象归为生产力的独立的实体性要素。[①] 并指出劳动者个体的智力和体力在生产力发展的不同阶段各自的地位和作用不同,但并没有进一步指出,这一由劳动者体力和智力构成的劳动的质量和水平,是生产力发展的内在动力,因为劳动者作为直接生活资料的物质生产和再生产的主体,其劳动的质量和水平,在物质生产过程中发挥着关键性的主体作用。正如大家所熟知的那样,人的劳动过程也就是生产过程,由生产目的、生产资料(含生产工具和生产原材料)、生产者三大要素组成。其中,生产资料即生产工具和生产原材料,是以实物形式出现的,而劳动者作为生产过程的主体,以其到场为前提,但他在产品制造成形中的作用是以智力和体力的形式体现,是生产过程中非实体性的人的劳动能量(含智力与体力)的消耗。由此体现了劳动在物质生产过程中的关键性主体作用。中国民间俗语早就对这一点有所反映,即"不劳动者不得食"。由此可见,劳动者虽被概括为生产力的三要素之一,但对其进行进一步探究便可以发现,影响生产力的根本因素是劳动者在生产劳动中所发挥的劳动技能与劳动水平。进而言之,生产过程中产品的制作出笼,光有生产工具和生产资料是不够的,必须靠劳动者的劳动,只有现实的、具体的劳动活动,才能制造出使用价值。离开了劳动者的劳动,就必会造成停工停产、社会无法持续发展的严重后果。这也可以说是资本主义社会中工人通过罢工与资本作斗争的存在论依据。同时,劳动者劳动活动的功能、水平,劳动的质与量,将对生产过程中制造出的产品具有决定性的影响,这也是现代工业社会大力提倡并大力开展劳动者技能等方面培训的动因。所以,当我们深入分析历史唯物主义生产力理论时,就可以发现劳动在物质生产过程中处于关键性的主体地位。正如张一兵在其《历史唯物主义:从物质生产过程向劳动过程的视位转换》一文中所指出:"物质生产物象化和再生产中最关键性的内驱动因和真正的创造性来源不是'一般生产',而是劳动。"[②] 我们认为,这是对传统历史唯物主义理论认识的深化,也是目前马克思主义理论研究中劳动哲学兴起的缘由之一。这是历史唯物主义逻辑构成起点上的重要推进,即生产过程向劳动过程的深入。

事实上,这一推进在马克思1850年之后对经济学深入研究后就已有端倪。我们之前只注意到马克思创立历史唯物主义初期的论述,对马克思中晚期原著的深入研读并不够。马克思在《1861—1863年经济学手稿》中有如下一段话:"劳动过程是工人从事一

---

① 肖前:《历史唯物主义原理》,人民出版社1991年版,第105页。
② 张一兵:《历史唯物主义:从物质生产过程向劳动过程的视位转换》,《中国社会科学》2020年第8期,第46页。

3

定的合乎目的的活动的过程，是他的劳动能力即智力和体力既发生作用、又被支出和消耗的运动(通过这种运动，工人赋予劳动材料以新的形式，因此，这种运动物化在劳动材料中)，——不管这种形式变化是化学的，还是机械的；是通过生理过程本身的控制而发生的，还仅仅是对象的位移(它的位置的改变)，或者只是对象与地球的联系的分离。因此，当劳动在劳动对象中物化时，它就赋予这个对象以形式，并且把劳动资料作为它的器官进行使用和消费。劳动从活动的形式转入存在的形式，转入对象的形式。劳动在改变对象的同时，改变了它本身的形式。赋予形式的活动消费对象并消费自己本身；它赋予对象以形式，并使自己物化；它在自己的主体形式中作为活动消费自己，并且消费对象的对象性质，也就是说，消除了对象同劳动目的漠不相关的状态。"①所以，马克思说："如果从劳动本身来考察劳动过程的要素，它们被规定为劳动材料，劳动资料和劳动本身。"②在这段话中，马克思明确把劳动与劳动材料、劳动资料并列，而不是我们以往所论及的生产力三要素，即劳动材料、劳动资料和劳动者。关于此点，我们还可以通过引用马克思的另一段话深入理解劳动在生产过程中的作用。依马克思的看法，在一般的生产过程中，"劳动是活的、塑造形象的火；是物的易逝性，物的暂时性，这种易逝性和暂时性[Ⅲ—41]表现为这些物通过活的时间而被赋予形式"。③这里马克思所说的"赋予形式"就是制造出产品。"活火说"十分形象地说明了劳动作为生产力中无形的核心要素所起的作用。众所周知，物质是不能无中生有地在人的劳动中被创造的，但可以在人的劳动中改变自身的存在形式，正如有学者指出："人的劳动在生产中并不创造物质本身，而是使自然物获得某种为我性(一定的社会历史需要)的社会存在形式。"④劳动正像一团火，它通过积极的燃烧，烧制出人类所需的生活资料，用哲学的语言表达，就是"劳动塑形"。实际，"劳动塑形"这一概念，也是马克思在《1857—1858年经济学手稿》中说明劳动活动时提出的一个概念。⑤我们之所以称之为"活火"，是因为其中体现了劳动中人的主观能动性。人在这一"劳动塑形"活动中，制造出各种产品，以满足人的生活需要，所以这个"塑形"，实际是指劳动的创造性，它能创造出自然界没有的物质。因此，马克思用"劳动是活的、塑造形象的火"，形象地说明了劳动是生产力的核心要素。由此，我们对生产力的研究，就不能仅停留于"生产力决定生产关系"的结论上，而是要再细化、深入到生产力活的、塑造形象的活火——劳动上。当今，劳动的"塑形"作用，已由体力劳动向智力劳动发展，活火越烧越活，创造性的知识劳动正在逐步代替照章办事的体力劳动了。

①《马克思恩格斯全集》第32卷，人民出版社1998年版，第64-65页。

②《马克思恩格斯全集》第32卷，第72页。

③《马克思恩格斯全集》第46卷上册，人民出版社1979年版，第331页。

④张一兵：《回到马克思——经济学语境中的哲学话语》，江苏人民出版社2005年版，第650页。

⑤《马克思恩格斯全集》第46卷上册，第331页。

三、马克思指明劳动是生产工具发展的主要推力

关于生产工具的重要作用,马克思早有论述。在《哲学的贫困》一文中,马克思就指明:"手推磨产生的是封建主的社会,蒸汽磨产生的是工业资本家的社会。"① 这说明了生产工具与社会生产关系之间的内在联系,实际上也揭示了生产力和生产关系之间的内在联系。

那么,如何认识劳动在这类重要关系中的作用呢? 马克思的劳动理论向我们指明:劳动是社会生产工具发展的主要推力。

虽然现当代工农业机器生产的发展已远远超越了常人的想象,但是从对劳动发展史的追溯来看,以劳动工具为主体的劳动资料,在发生学的视野中,劳动工具可看成劳动者手的延伸。马克思曾指明:"人的最初的工具是他本身的肢体,不过,他自身首先占有的必然正是这些工具。只是有了用于新生产的最初的产品——哪怕只是一块击杀动物的石头——之后,真正的劳动过程才开始。"② 由此可见,工具被制造出来的最初的动因,就是对人的肢体劳动功能的模仿,这实际上就是工具的本质。这一本质也通过现代自动化生产线,乃至机器人的出现所体现。因为它们均未脱离这一本质的发展逻辑。即使目前最火爆的 ChatGPT,不也是对人的智能与动能的模仿吗? 所以,我们可以说,在发生学意义上,劳动工具、现代机器是劳动者智力和体力的延伸。所以,马克思将劳动工具(劳动资料之一)视为"人类劳动力发展的测量器"。③

劳动对生产工具发展的推力作用,在不同的社会制度下是不同的。在资本主义制度下,资本家为了榨取更多的工人所创造的剩余价值,他们也全力发展大机器生产。机器作为劳动工具,并没有给劳动者带来幸福和快乐,反而机器劳动使资本家对工人的剥削加重加大,使劳动环境更加恶化。如被污染的空气和机器的噪音,使劳动者身心遭受伤害。所以,马克思在其后期政治经济学著作中批判性地指出,大机器生产是劳动异化的技术基础,机器生产与资本主义生产资料的有机统一,使劳动异化由可能变为现实。马克思指出:"过去劳动对活劳动的统治,同机器体系一起——以及同以机器体系为基础的机械工厂一起——不仅成为表现在资本家和工人之间的关系上的社会真实,而且还成为可以说是工艺上的真实。"④ 在以上的论述中,我们都容易理解第一个社会真实即机器生产加大加重了资本家对工人的剥削。但对第二个真实,即"工艺上的真实"往往不容易理解。其实,这"工艺上的真实",正是说明了劳动是生产工具发展的主要推力。在当前新时代中国特色社会主义的建设中,自觉认识到马克思劳动理论揭示的此点就十分重要。邓小平提出的"科学技术是第一生产力"的著名论断,实际也蕴含此意。

---

① 《马克思恩格斯文集》第1卷,第602页。

② 《马克思恩格斯全集》第32卷,人民出版社1998年版,第109页。

③ 《马克思恩格斯文集》第5卷,第210页。

④ 《马克思恩格斯文集》第8卷,人民出版社2009年版,第355页。

在当代，充分运用和发挥现代科学技术的伟力，成为提高劳动生产率的必由之路。由此，也深化了人们对劳动范畴的认知。不再如传统理解那样，将劳动视为主要是体力的支出。实际上，随着大机器生产的发展，特别是现代高新技术引领的智能产业的发展，劳动中智力的支出往往胜过体力的支出了。尤其是由于当今人工智能的发展，劳动过程对操作者智力劳动的要求更高了。从现实来看，在现代工业体系的生产模式下，智力劳动所占的比重日益超过体力劳动，并对提高劳动生产率起着关键的促进作用。同时，科学技术的跃进也推进了智力劳动向其他领域扩展。当今社会，运用信息技术进行自动化远程操作已成为不少产业的运行模式，由此成为劳动的主要形式，对社会经济发展的影响日益扩大和强化。由此，进一步证明了劳动是生产工具发展的主要推力。

四、马克思揭示劳动是社会财富之源

我们在《关于费尔巴哈的提纲》中，认识到物质实践改变世界的原理，在第一条中马克思就指出，"从前的一切唯物主义（包括费尔巴哈的唯物主义）的主要缺点是：对对象、现实、感性，只是从客体的或者直观的形式去理解，而不是把它们当做感性的人的活动，当做实践去理解，不是从主体方面去理解"。[1] 又说，"人的活动或自我改变的一致，只能被看做是并合理地理解为革命的实践"。[2] 这是我们强调实践重要性时经常引用的马克思的论述。但是当我们深入研读马克思在1845年之后的文章尤其他在为写作《资本论》而做的诸多经济学笔记中，就可发现，马克思将这一实践活动深化、细化到对劳动伟大作用的认识之中。在《1861—1863年经济学手稿》中，马克思指出了劳动的社会价值："劳动就是为了满足人的需要而占有自然因素，是中介人和自然间的物质变换的活动。"[3] 所以，马克思指出在劳动过程中现实发生的是创造具有使用价值的财富。他指出："实际劳动是生产使用价值的、以与一定的需要相适应的方式占有自然物质的有目的的活动。"[4] 这里提及的使用价值自然与人生存需要的"吃、喝、穿、住"相适合，使"自然物质"获得了提高人生活与生存需要的社会形式。使人吃得好、喝得妙，穿得美、住得适，即人的社会财富在人生活质量与水平上的体现，其是使用价值之源，自然也就是财富之源。对此，马克思还有一段经典表述："既然现实劳动创造使用价值，是为了人类的需要（不管这种需要是生产的需要还是个人消费的需要）而占有自然物，那么，现实劳动是自然和人之间的物质变换的一般条件，并且作为这种人类生活的自然条件，它同人类生活的一切特定的社会形式无关，它是所有社会形式所共有的。"[5]

在此，我们还需提及马克思在《1857—1858年经济学手稿》中具体指认劳动活动功

---

① 《马克思恩格斯选集》第1卷，人民出版社2012年版，第133页。

② 《马克思恩格斯选集》第1卷，第134页。

③ 《马克思恩格斯全集》第32卷，第44页．

④ 《马克思恩格斯全集》第32卷，第60页。

⑤ 《马克思恩格斯全集》第32卷，第69页。

能时提出的一个概念,即"劳动塑形"。这一概念的提出,使马克思的历史唯物主义理论中客观性的生产力、生产关系概念,进一步深化到认识主体性的劳动。也就是说,他发现虽然生产力的变化是全部社会存在和变化的基础,但其中的核心驱动力量恰恰是发挥人的主观能动性的"劳动塑形"——实际上这就是把历史唯物主义的研究深入到对劳动范畴的研究,因为劳动在推动生产力发展中具有根本性的作用。

以上四点可以说明马克思的劳动理论是对他所首创的历史唯物主义的深化。在一定意义上,马克思主义就是为了让"劳动成为第一生活需要"而进行的理论建构和历史运动。正是马克思的劳动理论,使他对现代资本主义生产体系中的劳动承担者——工人,有了更全面和深入的认识:工人才是物质生产和再生产的主体,是社会财富的创造者。正如恩格斯指出的,马克思主义是"在劳动发展史中找到了理解全部社会史的锁钥的新派别"。[1] 由此,恩格斯在马克思墓前的讲话中指出:"作为全部活动的顶峰,创立伟大的国际工人协会。"[2]

我们认为,对马克思劳动理论的深入研究,将推进历史唯物主义在新时代的发展。只有深入领会和理解马克思关于劳动范畴在历史唯物主义理论体系中核心地位的阐释,我们才能朝着马克思指明的方向,与时俱进地深化当代历史唯物主义的研究。

---

①《马克思恩格斯文集》第4卷,第313页。

②《马克思恩格斯文集》第3卷,人民出版社2009年版,第602页。

《资本论》及其手稿中的劳动正义思想①

陶涛涛

摘　要：政治经济学批判为马克思劳动正义理论的建构提供了重要的思想资源。在《资本论》及其手稿中，马克思以唯物史观为指导原则，在批判古典政治经济学和庸俗政治经济学劳动正义思想的基础上，揭示了资本主义社会在劳资关系和阶级关系上的非正义，展望了未来共产主义社会的生产正义和劳动正义。马克思通过对资本主义社会劳动正义的批判和共产主义社会劳动正义的建构，确立了从物质生活的生产方式出发来考察劳动正义的现实基础，以及立足于人类解放的视域来观照劳动正义的方法论原则，这种辩证结构体现了马克思劳动正义思想是批判性与建构性、现实性与理想性、描述性与规范性的有机统一。

关键词：政治经济学批判；资本主义；共产主义；劳动正义

本文引文格式：陶涛涛：《〈资本论〉及其手稿中的劳动正义思》，见何云峰主编：《劳动哲学研究》第9辑（2023年第2辑），上海教育出版社2023年12月版，第8-18页。

自从"塔克—伍德命题"问世以来，关于"马克思与正义"问题的论争已经持续半个世纪之久，至今仍未平息，国内外学者由此引申出的多番争论开辟了马克思正义思想研究的新论域。其中，肇始于塔克和伍德分别提出的论断："马克思和恩格斯认为，资本主义是罪恶的，但却不是不公平的"，②"马克思并不认为资本主义是不正义的"，③即关于资本主义社会正义与否，一直以来都是学者们争论的焦点问题。随着近年来《资本论》中的劳动哲学的研究成为学界关注的热点，在政治经济学批判语境中挖掘马克思的劳动正义思想，从而有力地回击和驳斥"资本主义社会正义"的伪命题，深化马克思劳动正

---

① 基金项目：安徽工程大学引进人才科研启动基金项目（项目编号：2022YQQ116）；安徽省高等学校哲学社会科学研究重点项目："马克思主义经典作家产业工人队伍建设思想及其当代价值研究"（项目编号：2022AH050945）。作者通信地址：陶涛涛，安徽工程大学马克思主义学院，安徽芜湖241000。

② 塔克：《马克思主义革命观》，高岸起译，人民出版社2012年版，第69页。

③ 李惠斌、李义天：《马克思与正义理论》，中国人民大学出版社2010年版，第4页。

义思想的研究就显得尤为必要。因此,本文通过对《资本论》及其手稿的解读,从政治经济学批判的范式出发,在对资本主义社会劳动正义批判和共产主义社会劳动正义建构的双重维度中,开显出马克思劳动正义思想的理论内涵,以期为构建马克思的劳动正义理论提供新的思考空间。

一、政治经济学批判视域中的劳动正义

马克思在《资本论》及其手稿中并没有针对劳动正义问题作出过专门研究和系统论述,但这并不代表其劳动正义思想的缺席。正如马克思通过对黑格尔、青年黑格尔派和费尔巴哈等哲学思想的批判,完成了对早期哲学信仰的自我清算,从而确立起新唯物主义的一般原则一样,他同样也是通过对古典政治经济学和庸俗政治经济学的扬弃,完成了对劳动正义问题的政治经济学批判,最终使其政治经济学巨著《资本论》"在理论方面给资产阶级一个使它永远翻不了身的打击"。①

（一）对古典政治经济学劳动正义的批判

产生于17世纪中叶、完成于19世纪初的古典政治经济学开启了近代资产阶级政治经济学,它既是资本主义生产方式逐步确立和稳固时期的资产阶级的经济理论体系,又是资本主义制度处于上升时期的资产阶级意识形态的反映。因而此时古典政治经济学家们天真乐观地相信资本主义制度是进步的、理性的和正义的社会的永恒形式,他们在有限的理论领域和时间范围内科学地剖析了资本主义生产方式的某些部分,并为促进社会的公平正义提供了一些有价值的建议。马克思认为,"古典政治经济学在英国从威廉·配第开始,到李嘉图结束,在法国从布阿吉尔贝尔开始,到西斯蒙第结束"。②其中,尤以斯密和李嘉图的理论最具社会影响力。

斯密的研究方法是科学和庸俗成分的结合体:一方面他探索各种经济范畴的内在关系,试图科学地揭示出资本主义经济制度的隐蔽结构;另一方面他又将社会生活表现出来的外在联系加以分门别类地整理和再现于理性的概念规定之中。内在的斯密坚持劳动价值论,外在的斯密则迷失在三位一体的公式中。斯密在进行经济研究的同时又追求一种伦理上的社会正义:"有大部分成员陷于贫困悲惨状态的社会,决不能说是繁荣幸福的社会。而且,供给社会全体以衣食住的人,在自身劳动生产物中,分享一部分,使自己得到过得去的衣食住条件,才算是公正。"③在斯密那里,基于资本私有权的社会正义体现在分配的公平正义上,他也强调应赋予工人阶级充足的劳动报酬,维护劳动者阶层的利益,以保障劳动正义。斯密的继承者李嘉图则将劳动价值论贯彻于对资本主义制度内在联系和生活过程的理解。"同这个科学功绩紧密联系着的是,李嘉图揭示并说明了阶级之间的经济对立——正如内在联系所表明的那样——这样一来,在经济学

①《马克思恩格斯全集》第31卷,人民出版社1972年版,第425页。

②《马克思恩格斯选集》第3卷,人民出版社2012年版,第609页。

③ 亚当·斯密:《国民财富的性质和原因的研究》上卷,郭大力、王亚南译,商务印书馆2010年版,第72页。

中,历史斗争和历史发展过程的根源被抓住了,并且被揭示出来了。"①李嘉图作为工业资产阶级利益的代言人,他的学说强调为生产而生产,加速资本主义生产的积累和扩张,从而实现国民财富的增长以便惠及所有阶级。为此,他冷酷无情地反对任何阻碍生产的因素。由于李嘉图处于资本主义从工场手工业向大工业快速转型时期,资产阶级和无产阶级的阶级斗争尚处于潜伏状态,因此只要能促进劳动生产,李嘉图甚至可以"把无产者看成同机器、役畜或商品一样",②劳动正义让位给科学上的冷峻和诚实。

马克思指出,古典政治经济学发展到李嘉图这里达到了科学上的顶峰。李嘉图学派由于无法解决价值规律与劳动和资本交换的矛盾、价值规律与等量资本得到等量利润的矛盾而彻底破产。古典政治经济学卓越的理论才能受到了难以逾越的历史局限性的阻碍,这些古典学派的经济学家"把社会劳动在资本主义生产中表现出来的这种一定的、特殊的、历史的形式说成是一般的、永恒的形式,说成是自然的真理,而把这种生产关系说成是社会劳动的绝对(而不是历史地)必然的、自然的、合理的关系"。③他们囿于资本主义生产的狭隘视野和思维方式,把劳动等同于雇佣劳动,把资本等同于一切时代生产的必然要素,由此将工人的贫困和资产者的财富视为天然的劳动正义。与此相适应的是,对工人阶级的朴素情感和温情幻想逐渐让位于残酷的资本增殖的需要,"为积累而积累,为生产而生产——古典经济学用这个公式表达了资产阶级时期的历史使命"。④这可以从斯密到李嘉图的转变中得到印证。

(二)对庸俗政治经济学劳动正义的批判

随着19世纪30年代资产阶级在英法执掌政权,资产阶级政治经济学作为一门科学已经穷途末路,这门科学从亚当·斯密和大卫·李嘉图时代起,就没有什么进展,虽然在个别的常常是极其精巧的研究方面作了不少事情。⑤伴随资本主义大工业生产方式在激烈的社会变革中最终确立,资产阶级和无产阶级的矛盾不断加剧,社会的公平正义严重失衡,阶级斗争在理论和实践上以日益鲜明和带有威胁性的方式出现。作为一门涉及实际利益冲突的科学,"政治经济学所研究的材料的特殊性质,把人们心中最激烈、最卑鄙、最恶劣的感情,把代表私人利益的复仇女神召唤到战场上来反对自由的科学研究"。⑥庸俗政治经济学就这样在古典政治经济学的废墟上开始流行起来,它以调和论、辩护论、混合主义和折中主义的可耻形式使资产阶级政治经济学的科学性和劳动正义荡然无存。

庸俗政治经济学更加"懂得过于深入地研究剩余价值的起源这个爆炸性问题是非

①《马克思恩格斯全集》第34卷,人民出版社2008年版,第184页。

②《马克思恩格斯全集》第34卷,第129页。

③《马克思恩格斯全集》第35卷,人民出版社2013年版,第233页。

④《资本论》第1卷,人民出版社2018年版,第686页。

⑤《马克思恩格斯全集》第27卷,人民出版社1972年版,第246页。

⑥《资本论》第1卷,第10页。

常危险的"。①因此,庸俗经济学家除了回避问题以外,就是在资本主义生产关系的表象上兜圈子,并仅仅抓住日常生活的外部联系大做文章。他们"实际上不过是对于局限在资产阶级生产关系中的生产当事人的观念,当做教义来加以解释、系统化和辩护",②将陷入竞争中的资本家的内心意识、动机和观念翻译成学理化的语言,并试图论证这些奇思怪想的正确性,用以证明资本主义社会是劳动正义的社会。这些从竞争想象中抽象出来的资本家的平庸意识,经庸俗经济学家的包装和转化,日常现象就获得了一种与日常观念相符的幻象。马克思指出,资本的劳动生产过程分属两个不同的领域,第一个过程发生在商品流通领域中劳动力的买和卖,第二个过程属于生产领域中劳动力的消费。庸俗政治经济学的全部智慧就在于"只要把第一个过程孤立起来并抓住它的形式上的特点,就足以证明资本家和工人之间的关系无非是商品占有者之间为了他们彼此的利益和通过自由契约来互相交换货币和商品的关系"。③由于流通领域中资本和劳动的交换在外表上呈现出等价交换,庸俗政治经济学就将资本家和工人的关系描述成商品占有者之间的平等交换。劳动力价值与劳动价值的区别被抹杀了,有酬劳动和无酬劳动之间的差别也就完全消失了,工资表现为工人全部工作日的等价物。马克思借此讽刺道:"劳动力的买和卖是在流通领域或商品交换领域的界限以内进行的,这个领域确实是天赋人权的真正伊甸园。"④

马克思深刻揭示了庸俗政治经济学的拜物教性质,批判了庸俗政治经济学家企图论证资本主义社会"永恒正义"的意识形态神话。在资本主义生产条件下,由于资本的物质要素和作为资本的社会的形式规定性两者合而为一,在资本家的意识中各种收入及其源泉就表现为"资本—利润、土地—地租、劳动—工资"三位一体的公式,"资产阶级经济学特有的拜物教也就由此完成了。这种拜物教把物在社会生产过程中像被打上烙印一样获得的社会的经济的性质,变为一种自然的、由这些物的性质本性产生的性质"。⑤这种没有想象力的虚构方式,掩盖了剩余价值来源的本质,而对于深陷资本主义生产方式的庸俗政治经济学家来说却显得"合乎自然"和不言自明,"这个公式也是符合统治阶级的利益的,因为它宣布统治阶级的收入源泉具有自然的必然性和永恒的合理性"。⑥庸俗经济学为资产阶级利益服务和辩护的性质暴露无遗,这是它放弃劳动价值论,在拜物教道路上越陷越深的必然结果。

综上所述,在唯物史观的指导原则下,马克思通过对作为资产阶级意识形态的古典政治经济学和庸俗政治经济学批判,彻底否定了资产阶级政治经济学作为一门科学在基本原理方面还有进一步发展的可能,深刻批驳了资产阶级政治经济学家企图论证资

---

① 《资本论》第1卷,第590页。

② 《资本论》第3卷,人民出版社2018年版,第925页。

③ 《马克思恩格斯全集》第38卷,人民出版社2019年版,第88页。

④ 《资本论》第1卷,第204页。

⑤ 《资本论》第2卷,人民出版社2018年版,第251页。

⑥ 《资本论》第3卷,第941页。

本主义社会是自然的、永恒的、合乎理性的绝对形式。由此可见,"除了原原本本地回到马克思,经济科学别无他途"。①马克思的政治经济学批判以无产阶级的党性原则,科学地揭露了资本主义社会的暂时性和非正义性。资本主义社会的劳动正义只是存在于少数剥削阶级的头脑意识中,实际上与广大的无产阶级和人民群众现实的悲惨遭遇形成了鲜明的对比。

二、马克思对资本主义劳动正义的批判

《资本论》是马克思一生中最伟大的作品,他在这本书中所要研究的"是资本主义生产方式以及和它相适应的生产关系和交换关系"。②根据马克思在《〈政治经济学批判〉序言》中对唯物史观的经典表述可知,对劳动正义问题的求索归根结底需要到物质生活的生产方式中寻求。也就是说,"马克思主义与社会正义和人权的观念及理论是相容的",③劳动正义需要从资本主义社会的生产力和生产关系的矛盾运动中去解释,而资本主义的劳资关系和阶级关系成为马克思批判资本主义劳动正义的重要准绳。

(一)资本主义劳动正义的虚假:资本与劳动的悖论关系

恩格斯在为《资本论》所作书评中,一针见血地指出"资本和劳动的关系,是我们全部现代社会体系所围绕旋转的轴心,这种关系在这里第一次得到了科学的说明"。④的确,马克思揭示了作为资本主义社会劳动正义基础的资本与劳动存在的悖论关系。资本和劳动在流通领域中的等价交换关系是存在的,然而这种简单交换只是生产的表层,资本的生产过程是"建立在不通过交换却又在交换的假象下占有他人劳动的基础上"。⑤马克思正是通过对劳动力商品的特殊性分析,阐释了劳资交换既是交换又不是交换、既等价又不等价的辩证关系,从而暴露了资本主义社会的劳动在形式上正义、实质上非正义的根源所在。

资本主义生产方式使工人的劳动成为雇佣劳动,工人是人格化的劳动时间,资本家是人格化的资本。双方作为人格相互对立,工人表现为资本所购买的工具。劳资关系在市场交换领域具有形式上的等价关系,但由于劳动力商品的使用价值能够带来大于交换价值的量,"资本家和工人之间的——买和卖的——货币关系掩盖着无酬劳动"。⑥资本家通过交换获得劳动力的使用权,进而通过占有工人的劳动达到价值增殖的目的,而工人和资本交换的目的是为了获得维持自身生存的最低限度的生活资料和消费需求。资本和劳动之间的交换表现为所有权和劳动的分离。资本和劳动交换的结果是劳动转化为资本,资本家在这种交换关系中获得了对劳动的支配权和劳动产品的所有权,而这一切只有通过生产过程才能实现。马克思批判了资产阶级经济学家企图以简单商品交换的法权关系来

① 余斌:《〈资本论〉正义:怎样理解资本主义》,广西人民出版社2014年版,第303页。

②《资本论》第1卷,第8页。

③ 罗德尼·G.佩弗:《马克思主义、道德与社会正义》,李旸译,重庆出版社2019年版,第359页。

④《马克思格斯文集》第3卷,人民出版社2009年版,第79页。

⑤《马克思恩格斯全集》第30卷,人民出版社1995年版,第505页。

⑥《马克思恩格斯全集》第37卷,人民出版社2019年版,第289页。

证明资本主义劳动正义的天然合理性,"关于公平和正义的空谈,归结起来不过是要用适应于简单交换的所有权关系或法的关系作为尺度,来衡量交换价值的更高发展阶段上的所有权关系和法的关系"。① 资本主义社会的等价交换制度必然要转变为不支付等价物而占有,并以这种占有为基础的剥削制度。此外,资本家购买的是对劳动力的暂时支配权,而对这种支配权的使用也总是在劳动力发挥作用、由活劳动转变为对象化劳动以后才进行支付。也就是说,资本家的预付纯粹是假象,工人得到的工资只是自己所创造的对象化劳动量中的一部分。资本家看重的是劳动力的使用价值,劳动力所实现的对象化劳动量比实现在劳动力自身中的对象化劳动量还要大,这样工人就把自己劳动的一部分无偿送给资本家了。因此,分配形式只是从另外角度来看的生产形式,"一定的分配关系只是历史地规定的生产关系的表现"。②

探究资本主义社会劳资关系要从分配领域深入到生产领域。等价交换的假象在以资本为基础的生产过程中消失,资本主义生产过程真正暴露了劳资关系的不平等性和非正义性的根源。如果把资本与劳动在形式上的交换过程抽象掉,那么考察它们在生产过程的实际情形可知,资本与劳动的交换经历了从开始的"一定量的活劳动同较少量的对象化劳动相交换,而在过程结束时,一定量的对象化劳动同较少量的对象化劳动相交换"。③ 可见,如果说一种商品和另一种商品的交换是等量劳动的交换,那么资本与劳动的交换则是不等量劳动的交换,这种交换的不平等是资本主义生产的基础。马克思进而指出,劳资关系的转化会呈现出两种过程:在资本形成的第一个过程中,资本家的预付货币资本不依赖与劳动力的交换,剩余价值仅仅是由无酬劳动组成;经过若干年限之后,资本原有的价值额会被资本家完全消费掉,因而资本家现有资本的价值都会转变成单纯的资本化的剩余价值,与前者的不同之处在于"资本的所有要素现在都由无酬劳动组成,而剩余价值最初的形成过程,即不付等价物而对他人劳动的占有,现在表现为占有更多剩余价值,即不付等价物而占有更多他人劳动的手段"。④ 因此,由货币最初转化为资本和由剩余价值再转化为资本是两种截然不同的过程,这样就能够"从简单而'公正的'等价物交换规律中引伸出资本的赢利方式"。⑤ 资本生产的第二个过程是最能反映资本的本质和特征的过程,资本家发财致富的最初过程现在表现为以扩大的规模进行资本增殖的条件和手段,并且都是资本家不经过交换、不付等价物而占有的工人的劳动。

(二)资本主义劳动正义的矛盾:资本家与工人的阶级斗争

资本主义社会作为真正的"人类社会"之前的最后一种经济的社会形态,尽管在劳动正义方面取得了巨大的成就,但仍然掩盖不了"在资本主义生产条件下,一切看来都

① 《马克思恩格斯全集》第30卷,第279页。

② 《资本论》第3卷,第998页。

③ 《马克思恩格斯全集》第37卷,第249页。

④ 《马克思恩格斯全集》第37卷,第388页。

⑤ 《马克思恩格斯全集》第30卷,第499页。

是对抗的,而事实上也是这样"。①资本的原始积累就带有原罪的性质,"所谓原始积累只不过是生产者和生产资料分离的历史过程"。②原始积累作为资本主义生产的史前史,使原先的农业生产者、手工业生产者和小资产者等逐渐丧失生产资料,最终沦落为处于资本奴役下的雇佣工人。资本主义生产方式消除了工人的独立性和分散性,迫使工人在生产过程中联合起来,"这种联合所以成为强迫的,是因为生产条件是他人的财产并且生产条件本身是作为客观的联合而存在的"。③资本主义社会使阶级关系迅速得到简化,整个社会划分为资产阶级和无产阶级两大阶级。尽管单个资本家可能由于经营不善等原因降为工人,就像"单个的工人借助于特殊的能力、天才等,仍然有可能上升到较高的劳动领域,这正像这个或那个工人本身有成为资本家和他人劳动的剥削者的抽象可能性完全一样"。④但在没有工人可供剥削的地方,也就没有资本家和资本主义生产。因此,一小部分资本家或工人的阶级地位的改变,并不影响整个社会两大阶级的对抗性质。

首先,资本主义社会生产的目的和动机是剩余价值的生产,资本家通过无偿占有工人的剩余劳动使资本增殖。尽管现实中的等量资本有可能得不到等量利润,但"资本家之间分配这种剩余价值的比例——不论公平与否——丝毫改变不了资本和劳动之间的交换和这种交换的关系"。⑤资本家阶级和工人阶级始终是剥削和被剥削的对立关系。其次,资本家无限度地榨取工人剩余劳动的狂热欲望遭到了工人的反抗,联合起来的工人争取正常工作日的斗争是"全体资本家即资本家阶级和全体工人即工人阶级之间的斗争"。⑥工人只有作为一个阶级的联合才能对国家并通过国家对资本施加影响,进而为本阶级赢得必要的权利和自由。阶级斗争也成为迫使资本主义生产从绝对剩余价值的生产转向相对剩余价值的生产的重要原因。再次,资本家通过发展劳动生产力造成了工人阶级中出现了一部分相对过剩人口,产生了一支处在贫困状态的产业后备军。"资本的本性就是使一部分工人人口过度劳动,使另一部分陷入赤贫。"⑦资本家以相对过剩的失业工人给就业工人以压力,既加强了对正在就业工人的剥削程度,又分化和压制了工人阶级的斗争意志。最后,以机器为基础的与资本主义生产相适应的劳动组织就是工厂制度。机器体系的大规模运用,使工人把资本所发展的生产力当做异己的力量,即对象化劳动与活劳动的对抗。"工人破坏机器和普遍反对采用机器,这是对资本主义生产所发展起来的生产方式和生产资料的首次宣战。"⑧机器的采用与破坏,成为资本家和工人在工厂制度内部阶级斗争的社

①《马克思恩格斯全集》第33卷,人民出版社2004年版,第258-259页。

②《资本论》第1卷,第822页。

③《马克思恩格斯全集》第30卷,第593页。

④《马克思恩格斯全集》第38卷,第117页。

⑤《马克思恩格斯全集》第30卷,第408页。

⑥《资本论》第1卷,第272页。

⑦《马克思恩格斯全集》第35卷,第289页。

⑧《马克思恩格斯全集》第37卷,第194页。

会缩影。

资本主义生产方式内在地蕴含着资本与劳动的尖锐对抗,这种对抗性矛盾必然要以资本家和工人的阶级斗争形式呈现出来。马克思指出,工人运动本身必然是政治运动。"在雇佣劳动制度的基础上要求平等的或甚至是公平的报酬,就犹如在奴隶制的基础上要求自由一样。你们认为公道和公平的东西,与问题毫无关系。问题就在于:在一定的生产制度下所必需的和不可避免的东西是什么?"①如果工人的政治运动仅满足于纯粹工资斗争的有限的劳动正义,那么工人阶级仍然改变不了受资本剥削奴役的事实。具有阶级意识的工人必然是革命的,"认识到产品是劳动能力自己的产品,并断定劳动能力同自己的实现条件的分离是一种不公平——强制的关系——,这是了不起的觉悟,这种觉悟是资本主义生产方式的产物,而且也正是为这种生产方式送葬的丧钟"。②工人阶级只有通过社会革命消灭雇佣劳动制度、推翻资本主义制度,才能完全解放自身,实现真正的劳动正义。

三、马克思对共产主义劳动正义的建构

马克思的政治经济学批判同样遵循了哲学批判的原则:"新思潮的优点又恰恰在于我们不想教条地预期未来,而只是想通过批判旧世界发现新世界。"③马克思劳动正义观的独特之处在于,把资产阶级辩护士对资本主义分配正义及其抽象的法权正义观念,置于现实的物质生活的生产方式内加以考察,从而在对资本主义劳动正义的批判中体现共产主义劳动正义的一般原则。正如古尔德所言:"正义是马克思关于未来可能的共产主义社会这一观点的中心,马克思批判资本主义就是要试图说明资本主义是怎样引起以异化和剥削的形式出现的非正义的。"④就此而言,马克思的《资本论》及其手稿为共产主义劳动正义理论的建构提供了重要的思想资源。

(一)共产主义劳动正义的前提:消灭资本主义私有制

当资本主义社会的劳动生产力发展到一定阶段,生产社会化与资本主义生产资料私有制之间的矛盾,将会成为阻碍社会生产力进一步发展的桎梏。资本主义生产的这种对立性和破坏性,只有通过将资本主义私有制改造为社会的、联合起来的劳动者的个人所有制,资本家对工人劳动的私人占有,这种异己的、非正义的所有制才能被消灭。"这种否定不是重新建立劳动者的私有制,而是在资本主义时代的成就的基础上,在协作和共同占有包括土地在内的一切生产资料的基础上,重新建立劳动者的个人所有制。"⑤由此,资本主义生产越发展,就越表现为扬弃自身的过程,从而为未来共产主义社会劳动正义创造历史前提。

① 《马克思恩格斯文集》第3卷,第56页。

② 《马克思恩格斯全集》第37卷,第463页。

③ 《马克思恩格斯文集》第10卷,人民出版社2009年版,第7页。

④ 卡罗尔·C.古尔德:《马克思的社会本体论》,王虎学译,北京师范大学出版社2018年版,第124页。

⑤ 《马克思恩格斯全集》第43卷,人民出版社2016年版,第827页。

资产阶级社会追求的是一种法律形式上的正义,这种法权正义"只要与生产方式相适应,相一致,就是正义的;只要与生产方式相矛盾,就是非正义的"。①资本主义生产的基础是使生产资料作为资本同工人相对立,生产资料表现为剥削工人劳动的手段,工人使用生产资料只是为了增加资本家的财富。资本主义生产成为资本家对工人、死劳动对活劳动、产品对生产者、物对人的统治,社会生产以一种异化的、颠倒的形式出现。"历史地看,这种颠倒是靠牺牲多数来强制地创造财富本身,即创造无情的社会劳动生产力的必经之点,只有这种无情的社会劳动生产力才能构成自由人类社会的物质基础。"②可见,资本主义不是社会的永恒形式,雇佣劳动也不是劳动的绝对形式,资产阶级生产方式构成向新的经济的社会形态的过渡。新社会开辟了劳动和生产条件的所有权的统一,这种统一只有在资本主义生产创造的物质基础上,并且只有通过工人阶级的社会革命才有可能实现。届时共产主义社会的土地使用权和劳动资料等生产条件将归人民所有,使劳动条件和工人相对立的生产资料私有制的基础已经不存在了,工人的劳动也将从雇佣劳动转化为自由劳动。在生产资料社会所有制的条件下,社会需要成为生产的直接调节者。作为生产资料的所有者,工人是作为社会化的工人进行生产,并使产品从属于自己。共产主义生产领域内的自由、平等和公正只能是"社会化的人,联合起来的生产者,将合理地调节他们和自然之间的物质变换,把它置于他们的共同控制之下,而不让它作为一种盲目的力量来统治自己;靠消耗最小的力量,在最无愧于和最合适于他们的人类本性的条件下来进行这种物质变换"。③因此,共产主义社会超越资本主义社会的根源在于实现了生产正义,即生产资料公有制。

在前瞻共产主义劳动正义时,马克思明确指出,从资本主义社会向共产主义社会转变的过程中,存在一个政治上由无产阶级革命专政的过渡时期。这个过渡的共产主义社会阶段,由于刚刚脱胎于资本主义社会,在经济、道德和精神上都不可避免地带有旧社会的痕迹,所以消费品的分配仍然遵循的是商品等价交换的原则。"每一个生产者,在作了各项扣除以后,从社会领回的,正好是他给予社会的。他给予社会的,就是他个人的劳动量。"④这里的按劳分配在内容和形式上都发生了改变:除了生产者的劳动之外,个人不再提供任何东西;除了个人的消费资料之外,没有任何东西能够转化为个人财产。这里的平等权利只有体现在每个劳动者身上个人天赋的不同,而绝没有任何阶级上的差别,"随着阶级差别的消灭,一切由这些差别产生的社会的和政治的不平等也自行消失"。⑤在共产主义社会的初级阶段,分配的平等权利和劳动正义还无法完全实现,这是因为权利不能超出社会的经济结构以及由这种经济结构的制约而产生的文化的发展。作为在多方面还打上资产

①《资本论》第3卷,第379页。

②《马克思恩格斯全集》第38卷,第73页。

③《资本论》第3卷,第928—929页。

④《马克思恩格斯文集》第3卷,第434页。

⑤《马克思恩格斯文集》第3卷,第442页。

阶级社会烙印的共产主义社会第一阶段,劳动正义的完全实现还需要经过一段迂回曲折的道路。只有"在共产主义社会高级阶段,在迫使个人奴隶般地服从分工的情形已经消失,从而脑力劳动和体力劳动的对立也随之消失之后;在劳动已经不仅仅是谋生的手段,而且本身成了生活的第一需要之后;在随着个人的全面发展,他们的生产力也增长起来,而集体财富的一切源泉都充分涌流之后,——只有在那个时候,才能完全超出资产阶级权利的狭隘眼界,社会才能在自己的旗帜上写上:各尽所能,按需分配!"①

(二)共产主义劳动正义的旨归:人的自由全面发展

既然历史唯物主义作为一门关于现实的人及其社会历史发展的科学,那么马克思的政治经济学批判也必然会关涉人的问题,"通过对人的问题的'形而上'(哲学)和'形而下'(经济学)的双向省思,马克思建构起了属于他的人学辩证法"。②《资本论》及其手稿实现了从"资本正义"到"劳动正义"的主体转换,马克思通过对资本逻辑宰制下人的劳动状况和存在方式的揭示,形成了三种人学辩证法的模式,这三种模式最终都以人的自由全面发展为价值旨归。

第一,马克思早在《1844年经济学哲学手稿》中就提出了异化劳动理论:人的劳动未被异化的本真存在——私有制下人的劳动的异化——共产主义通过异化的扬弃再度恢复人的劳动的自由自觉状态。此时的异化劳动理论还带有一种人本主义的、抽象的伦理价值批判色彩。马克思在《资本论》第一卷中提出的劳动价值论深化和拓展了早期异化劳动理论,通过对资本与劳动的关系,特别是劳动二重性的说明,科学地解释了人的劳动从异化走向自由自觉的辩证历程,为人类劳动解放的实现提供了理论支点。此外,共产主义社会"完整的人"的萌芽也已经在工厂制度的劳动中显现,"未来教育对所有已满一定年龄的儿童来说,就是生产劳动同智育和体育相结合,它不仅是提高社会生产的一种方法,而且是造就全面发展的人的唯一方法"。③第二,马克思在《1857—1858年经济学手稿》中提出了著名的"三大社会形式"理论,着重探讨了个性解放与社会发展之间的辩证关系:"人的依赖关系(起初完全是自然发生的),是最初的社会形式,在这种形式下,人的生产能力只是在狭小的范围内和孤立的地点上发展着。以物的依赖性为基础的人的独立性,是第二大形式,在这种形式下,才形成普遍的社会物质变换、全面的关系、多方面的需要以及全面的能力的体系。建立在个人全面发展和他们共同的、社会的生产能力成为从属于他们的社会财富这一基础上的自由个性,是第三个阶段。第二个阶段为第三个阶段创造条件。"④人的个性解放在"三大社会形式"中分别经历了"人为人役""人为物役"和"自由个性"三个阶段,而社会生产力的进步成为人的全面发展和自由个性得以实现的前提条件。第三,马克思在《资本论》第三卷中提出了人类社会活动

①《马克思恩格斯文集》第3卷,第435-436页。

② 付文军:《政治经济学批判与人的基本问题》,《当代经济研究》2017年第11期,第6页。

③《资本论》第1卷,第556-557页。

④《马克思恩格斯全集》第30卷,第107-108页。

和人的发展将经历从"必然王国"向"自由王国"的转换理论。物质生产领域始终是人类社会赖以存在和发展的"必然王国",它受到自然的必然性和经济的必然性制约。"在这个必然王国的彼岸,作为目的本身的人类能力的发挥,真正的自由王国,就开始了。但是,这个自由王国只有建立在必然王国的基础上,才能繁荣起来。"①人类将在"自由王国"中联合起来共同控制物质生产活动,从而未来共产主义社会人类的生存状态将从"人为物役"转变为人支配物。从"必然王国"到"自由王国"的历史飞跃,还蕴含了劳动时间和自由时间的辩证转化。以往由少数人占有他人劳动时间而获得自由发展的非正义状况将被消除,在将社会必要劳动时间缩减到最低限度的基础上,所有人都将拥有可以自由支配的时间去从事各种物质的或精神的生产活动。

共产主义劳动正义的实现是建立在资本主义社会自我否定的基础上的,仍然需要经历长期的、艰苦的、曲折的人类实践活动的过程,并且社会生产力的高度发达始终是其不可逾越的前置条件。但这并不妨碍马克思以人的自由全面发展为终极目标,以资本和劳动的关系为枢纽,以个体与共同体的人学辩证法的有机统一为路径,构建了以劳动正义为基底的,包含经济正义、政治正义、文化正义和生态正义等完整的社会正义内容。"这种正义内容彰显人的真正自由和解放;显现个体和集体(类)的人的真正和谐、统一;呈现人的世界(人的自然世界、社会世界和个体世界)、人的关系和人的本质复归于人本身。"②马克思在对资本主义社会劳动正义批判的基础上,建构出来的"形而上"的劳动正义思想,将不断地牵引着当下社会向前发展,以实现无产阶级和全人类的解放,最终达至"自由人联合体"。

总之,虽然正义问题并不是马克思生前关注的重点,但是《资本论》完全有资格作为马克思关于工人阶级"正义论"的核心文本,"《资本论》对于控制我们生活的那些力量及其所产生的不稳定、异化和剥削的生动描绘,将永远不会失去其共鸣,也不会失去将世界置于焦点之下的能力"。③《资本论》及其手稿的独特之处,"就在于从唯物史观的思维视野出发,将对正义的规范性阐释,建立在了对现实历史的把握之上,或者将一个'建构性'的规范问题,转换为了一个'批判性'的历史问题"。④在政治经济学批判语境中重新理解唯物史观的科学性和劳动正义的规范性,无疑将为马克思劳动正义理论的建构开辟出新场域。在以《资本论》及其手稿为核心的政治经济学批判的话语体系中,马克思的劳动正义思想从人类解放的视域出发,立足于人的自由全面发展的崇高理想,通过对资本逻辑的批判和资本主义生产方式内在矛盾的揭示,彻底否定和瓦解了资本主义社会劳动正义的合法性,不仅实现了从分配正义到生产正义、从资本正义到劳动正义的历史性变革,也从根本上超越了基于人性道德判断的现代西方正义理论。

---

① 《资本论》第3卷,第929页。

② 张全胜:《马克思社会正义思想研究》,中国社会科学出版社2019年版,第214页。

③ 惠恩:《马克思〈资本论〉传》,陈越译,中央编译出版社2009年版,第188页。

④ 李佃来:《全面理解〈资本论〉中的正义问题》,《武汉大学学报(哲学社会科学版)》2020年第6期,第38页。

从政治批判到政治经济学批判：马克思劳动权利思想的逻辑演进与范式转变①

潘二亮

摘　要： 马克思劳动权利思想经历了从政治批判向政治经济学批判的逻辑演进与范式转变历程。在《莱茵报》《德法年鉴》时期，马克思批判地吸取了资产阶级政治权利哲学思想，在政治实践与理论的批判中逐渐形成了面向现实批判的独具特色的劳动权利思想。在《巴黎手稿》时期，首次对资产阶级国民经济学理论与哲学理论进行了双重批判，确立了基于劳动权利异化的私有财产权批判范式。在《关于费尔巴哈的提纲》《德意志意识形态》中，马克思形成了广义历史唯物主义意义上的、历史科学的劳动权利思想。在《哲学的贫困》中，马克思确立了劳动权利的生产关系批判范式，由此正式开启了劳动权利思想的政治经济学批判范式，并在《雇佣劳动与资本》中得到了较为完整的表述。在《资本论》及其"三大经济学手稿"中，马克思系统、完整、准确地表述了劳动权利思想，通过对资本主义生产方式——生产关系与交换方式的整体性、内在性的批判，科学地解构了资本主义的资本权利意识形态，资本主义的所谓劳动自由、平等等权利意识形态是建立在资本雇佣劳动制度这一现代奴隶制基础上的，必须铲除基于资本雇佣劳动制度的生产方式，建立自由劳动制度，才能实现真正的劳动权利自由、平等。在《哥达纲领批判》中，马克思实现了劳动权利思想的深化发展，马克思基于共产主义的自由个性劳动，提出了按劳动分配的社会主义分配原则，按劳分配原则优越于资本主义按资本分配原则，但是仍没有摆脱评价和衡量财富的唯一性、标准性、强制性，只有实行基于个性劳动的按需要分配原则，才能实现人的个性意义上的劳动权利自由、平等。

关键词： 政治批判；政治经济学批判；马克思；劳动权利

本文引文格式： 潘二亮：《从政治批判到政治经济学批判：马克思劳动权利思想的逻辑演进与范式转变》，见何云峰主编：《劳动哲学研究》第9辑（2023年第2辑），上海教育出版社2023年12月版，第19-36页。

---

① 作者通信地址：潘二亮，安徽师范大学马克思主义学院，安徽芜湖241002。

马克思主义创始人科学地指出，劳动创造了人本身，而权利现象作为一种人类社会所独有的现象，具有直接的属人性本质特征。可以说，正是因为劳动创造了人，这一属人性的权利，也可称之为"劳动权利"。因此，马克思主义权利思想又可以称之为劳动权利思想。本文拟通过系统论述马克思劳动权利思想的发生、发展、转化以及深化的逻辑进程，希望增进学界对马克思劳动权利思想的关注与研究。

一、马克思劳动权利思想的政治实践批判出场

马克思在《莱茵报》时期发表了一系列言辞犀利的政治性论文。他站在革命民主主义的立场上集中批判了普鲁士专制政府当局虽然标榜民主与自由，实则奉行文化专制主义和政治等级特权主义的本质，积极为广大底层贫苦劳动人民的生存、平等、自由以及民主等权利而大声疾呼。马克思认为，"哲学是阐明人权的"，[①]但人权从来不是抽象的，而是深深植根于社会现实之中。马克思是在批判现实的过程中流露出自身的劳动权利思想观点的，可以说马克思劳动权利思想是"实践形态"的权利思想，是"历史科学"[②]意义上的权利思想，特别强调哲学面向现实世界的批判功能。马克思《莱茵报》时期的劳动权利思想可以从以下四个方面来把握。

（一）反对伪自由的书报检查制度，争取人民的新闻出版自由权

首先，揭示了书报检查令的伪自由主义与专制主义本质。马克思认为书报检查令虽然表面上允许人民就公共议题和社会问题进行自由讨论，但却要求只能按照普鲁士专制政府的标准即指定的形式来讨论。马克思认为这就从根本上阻断了人们对事物的真正探讨，只会使人们越来越远离真理和真相。它使人们从"一开始就使探讨脱离了真理，并硬要它把注意力转移到某个莫名其妙的第三者身上"。[③]实际上，普鲁士专制政府所指定的探讨形式就是禁止对事物进行任何真理性探讨，真理性探讨"也就是要用一种合乎真理本性的方式通过批判来探讨和追逐真理，接近和实现精神自由和真理，最终达到至高理性即自由的最高境界"。[④]而书报检查令却规定只能按照普鲁士专制政府的意愿、立场、视角以及方法发表看法与观点。其实，人的精神是世界上最为丰富的东西，因而表达精神的形式也应是最为多样的。但是普鲁士专制政府却要求它只有一种存在方式和表达形式，"只准产生一种色彩，就是官方的色彩"。[⑤]如此一来，这"就既损害了主体的权利，也损害了客体的权利"。[⑥]

其次，揭露了书报检查令所谓"客观标准"的主观主义实质。马克思认为书报检查

---

① 《马克思恩格斯全集》第1卷，人民出版社1995年版，第225页。

② 《马克思恩格斯文集》第1卷，人民出版社2009年版，第516页。

③ 《马克思恩格斯全集》第1卷，第110页。

④ 徐国旺、唐解云：《对马克思首篇时政论文〈评普鲁士最近的书报检查令〉的一种解读》，《思想政治教育研究》2022年第2期，第60页。

⑤ 《马克思恩格斯全集》第1卷，第111页。

⑥ 《马克思恩格斯全集》第1卷，第113页。

令的客观标准在实践中必然沦为书报检查官员的主观任意和非理性行为。这是因为书报检查令不是对人的行为进行惩罚,而是对人的思想倾向、动机进行惩罚,对看不见、摸不着的思想倾向、动机的把握则完全依赖于检察官的主观判断。如此一来,法律的客观标准就沦为个人的主观好恶,把衡量和实现社会正义全交给检察官的良心与德性。由此,"所有的客观标准都已消失了,人身关系成了关键,能称之为保证的只有书报检查官的得体的处事方式",① 以至于"我们的命运不得不由书报检查官的脾气来决定"。② 这样一来,不是法的客观理性在制约和引导人的主观任性,而是相反。由于书报检查官本质上属于官僚阶级和统治阶级中的成员,这也就决定了他们不可能真正从公共利益和人民利益的立场出发去履行其管理职能。如此下去,"所任命的这种书报检查官的人数越多,新闻出版界改进的机会就越少",③ 马克思形象地指出:"书报检查官也就是原告、辩护人和法官三位一体的人。"④ 他们不可能做到公正的裁决和维护广大底层劳动人民的权利,"这是一种将非法的特权阶级自由意志以法律的形式固定下来反对民众的合法的普遍的自由权利的非人道、非理性行为"。⑤

再次,指出书报检查令是对人思想倾向、主观动机的惩罚。在马克思看来,法律惩罚的对象应当是人的行为,是人的感性活动,而不是人的思想、意念以及倾向等观念活动,"对于法律来说,除了我的行为以外,我是根本不存在的,我根本不是法律的对象。我的行为就是法律在处置我时所应依据的唯一的东西"。⑥ 而书报检查令却惩罚人的思想倾向、主观动机。马克思进一步论述了惩罚人思想倾向和动机的书报检查令的非法性、反动性以及自相矛盾性,他指出:"追究倾向的法律不仅要惩罚我所做的,而且要惩罚我在行动以外所想的。"⑦ 这"是恐怖主义的法律",⑧ 而"凡是不以当事人的行为本身而以他的思想作为主要标准的法律,无非是对非法行为的实际认可"。⑨

最后,指出了解决书报检查制度的根本出路在于废除书报检查制度。由于书报检查制度的伪自由主义、主观主义以及惩罚思想倾向的非法本质,其必然造成极为恶劣的社会后果,使整个社会的舆论氛围窒息,因而马克思旗帜鲜明地指出:"整治书报检查制度的真正而根本的办法,就是废除书报检查制度。"⑩ 但是马克思并没有否定真正旨在维护自由的、法律意义上的出版自由制度,他只是否定普鲁士政府所颁布的书报检查令

①《马克思恩格斯全集》第1卷,第133页。

②《马克思恩格斯全集》第1卷,第112页。

③《马克思恩格斯全集》第1卷,第129页。

④《马克思恩格斯全集》第1卷,第134页。

⑤ 徐国旺、唐解云:《对马克思首篇时政论文〈评普鲁士最近的书报检查令〉的一种解读》,《思想政治教育研究》2022年第2期,第62页。

⑥《马克思恩格斯全集》第1卷,第121页。

⑦《马克思恩格斯全集》第1卷,第121页。

⑧《马克思恩格斯全集》第1卷,第120页。

⑨《马克思恩格斯全集》第1卷,第120页。

⑩《马克思恩格斯全集》第1卷,第134页。

这种戴着法律面具的伪法律,这种法律只不过是穿上法的外衣的特权,即非法。因而,必须被彻底废除,才是解决一切问题的根本。普鲁士的书报检查制度要求人们只能用官方的口吻说话,而真正自由的出版法应当允许人们自由地说出内心所想。

(二)批判等级代表制,要求建立维护人民权利的代表制

随着政治批判的实践深化,马克思逐渐突破了从一般理性和自由法,而紧紧从社会现实和阶级的视野来揭示政治问题。

首先,重申了自由报刊的公共性、公开性以及人民性价值。马克思从一开始就确立了"自由报刊"在推动政治启蒙与社会变革中的先导性作用和基础性价值。在马克思看来,没有"自由"就没有了一切。自由报刊是表达、实践和实现自由的基本形式,"自由报刊是国家精神,它可以推销到每一间茅屋,比物质的煤气还便宜。它无所不及,无处不在,无所不知。自由报刊是观念的世界,它不断从现实世界中涌出,又作为越来越丰富的精神唤起新的生机,流回现实世界"。①从这里可以看出,马克思对于自由从一开始就采取了比较具体的社会现实主义态度,反对采取抽象的理智主义态度。"报刊是历史的人民精神的英勇喉舌和它的公开形式",②自由报刊能够给予言论和表达自由以最为公开和广泛的社会形式,它不为某一阶级辩护与代言,并始终秉持公共性、公开性、人民性。然而普鲁士的书报检查制度却要扼杀自由报刊,而使报刊成为表达上流社会观点和为上层社会服务的喉舌。

其次,揭示了省等级会议不能代表普遍的公共精神,而只能代表权贵阶层的特殊精神。在关于新闻出版自由的辩论中,诸侯和骑士等级代表的是反对派,他们要求实行书报检查制度,而坚决反对实行新闻出版自由制度。他们之所以这样做,是由其社会地位和等级所属所决定的。诸侯和骑士等级作为上层统治阶级,要巩固对于下层被统治阶级的特权,只有通过书报检查制度才能维持下去,并获得意识形态的虚假合法性。他们的代表在议会中的一系列表现是由其所代表的阶级利益所决定的,因而他们并不是为单纯的观点正确而论战,而是为了维护和扩大本阶级的利益而论战,"在这里进行论战的不是个人,而是等级"。③"在形形色色反对新闻出版自由的辩论人进行论战时,实际上进行论战的是他们的特殊等级。"④在马克思看来,等级代表虽然表面上代表人民的利益,实际上他们仅仅代表他们本阶级的特殊利益。因而要恢复省等级议会的本来目的与面目,必须首先与这些等级代表进行斗争。等级代表不仅不想也不能代表普遍的人民利益,反之,会把个人的特殊权利上升为普遍的利益,把个人的特权变成普遍的权利,而这样做正是由他们的阶级地位和利益所决定的。

最后,指出了新闻出版自由法与书报检查制度的本质差别。马克思认为新闻出版自由法与书报检查制度是两种完全不同的法,不止于从负面指出书报检查制度的非法

①《马克思恩格斯全集》第1卷,第179页。

②《马克思恩格斯全集》第1卷,第155页。

③《马克思恩格斯全集》第1卷,第146页。

④《马克思恩格斯全集》第1卷,第155页。

性,而且从正面阐述了新闻出版自由的积极价值,"新闻出版自由本身就是观念的体现、自由的体现,就是实际的善",①"新闻出版就是人类自由的实现"。② 而在实行书报检查制度的国家里,所谓的法却是对人民自由表达权的限制和压制,书报检查制度规定了人民只能按照统治阶级的意志和要求进行表达,实际上剥夺了人民的自由表达权。在马克思看来,无论是在什么国度,新闻出版自由不是要不要的问题,而是允许谁拥有的问题。在实行新闻出版自由的国家,则是人人都有表达的自由,而在实行书报检查令的国家,则是某一部分人的特权。马克思重申了自由报刊的公共价值,"自由的报刊即使生产出坏的产品,也仍然是好的,因为这些产品正是违反自由报刊本性的现象",③"自由报刊的本质,是自由所具有的刚毅的、理性的、道德的本质"。④

(三)支持区乡制度改革运动,维护城乡公民的平等权利

由于当时的普鲁士尚未完成政治革命,整个社会充斥着政治等级制及其观念,可以说普鲁士是一个政治的动物王国,在这个王国里没有真正意义上的人,而只有等级人。等级制不仅存在于议会政治代表的构成当中,而且广泛存在于城乡公民权利的差异上,城市公民实际上享受一等公民待遇,而农村公民则是二等公民,这种制度性歧视是普鲁士等级制原则的最充分体现。普鲁士政府企图利用地方行政机构改革的机会,废除原来的城市的区和农村的乡在法律上权利平等的制度,而实行普鲁士的等级原则,扩大封建贵族的特权。围绕实现和维护城乡公民权利平等,普鲁士当时的进步组织与普鲁士政府展开了一系列政治斗争。马克思则公开批判了《科隆日报》在这一事件上的反动立场,他以《莱茵报》为主要阵地,积极维护以城市和农村权利平等为内容的区乡制度改革运动,坚持城市和农村权利平等的原则,用民主主义观点阐述了法国大革命的口号——"人人平等,市民和农民平等"。同时,他提出了"法律只能是现实在观念上的有意识的反映,只能是实际生命力在理论上的自我独立的表现"⑤的观点。马克思在维护城乡权利平等的同时,重新肯定了社会政治组织的必要性,他既摆脱了把单个人的需要视为最高原则的主观主义见解,又超越了空想共产主义的权利平均观点。

(四)批驳林木盗窃法,维护贫困者捡拾枯枝的自然权利

在《关于林木盗窃法的辩论》中,马克思直面社会现实问题——贫苦群众的物质贫困与权利贫困问题,就直接的物质利益问题展开社会存在论批判,正如他自己所指出的,我们现在谈的是"意义重大的真正的现实生活问题"。⑥此时,马克思对普鲁士国家的法律问题以及现存的半封建的法律制度进行了批判性分析,抨击了旨在维护封建特权利益的封建等级代表所持的观点。也正是在这篇政论文的写作过程中,马克思对"物

---

① 《马克思恩格斯全集》第1卷,第166页。

② 《马克思恩格斯全集》第1卷,第166页。

③ 《马克思恩格斯全集》第1卷,第171页。

④ 《马克思恩格斯全集》第1卷,第171页。

⑤ 《马克思恩格斯全集》第1卷,第314页。

⑥ 《马克思恩格斯全集》第1卷,第240页。

质利益问题"进行了集中关注，但由于政治经济学理论知识的不足，这成为困扰马克思的重大思想课题，同时也推动了马克思理论研究的政治经济学转向。就马克思思想成长而言，对这一问题的辩论，标志着马克思开始从"精神领域"进入"物质利益"的领域，从对人类精神自由本性的一般性追求，转向自觉地为政治上和社会上备受压迫的贫苦群众的物质利益进行理论辩护与斗争。这种转变同时标志着马克思作为实践批判政治家的正式出场。

就当时的普鲁士政治现实来说，人在某种意义上还是非人的存在，即动物性存在，人的本质与人的存在还处于相互分立与对峙状态。普鲁士当局统治下的世界是"精神的动物王国，是被分裂的人类世界，它和有区别的人类世界相反，因为后者的不平等现象不过是平等的色彩折射而已"。① 就人的权利状况而言，呈现出两极分化的态势，即一端是权贵阶层权利的急剧膨胀，另一端则是广大贫苦群众权利的急剧萎缩，以至于面临被剥夺生命权的困境。《关于林木盗窃法的辩论》一文正是关乎贫苦群众生存权能否继续保持的辩论，马克思以极大的热情之心和深切的正义之笔批判将"捡拾枯枝"的自然权利列为"盗窃"的非正义行径。在他看来，莱茵省议会企图把农民"捡拾枯枝"列为"盗窃"行为，这是把两种本质上不同的行为混为一谈的错误，是事实上的非法行为，逻辑上说不通。在马克思看来，自然掉落的枯枝则是自然的馈赠，枯枝已经与林木所有者没有权利所属关系，"林木所有者所占有的只是树木本身，而树木已经不再占有从它身上落下的树枝了"，② 因而贫苦群众捡拾枯枝的行为并不构成盗窃行为，这是他们的自然权利。如果将这种行使自然权利的行为判定为盗窃则是非法的。他为捡拾枯枝的行为做辩护道："盗窃林木者是擅自对财产作出了判决。而捡拾枯树的人则只是执行财产本性本身所作出的判决，因为林木所有者所占有的只是树木本身，而树木已经不再占有从它身上落下的树枝了。"③ 在马克思看来，林木盗窃法实际上是代表和维护林木占有者的利益和财产的法律。立法的动机是为了维护私人利益，而以维护私人利益为终极目标的法律，不可能做到正义的审判，而只会扩大权势阶层的特权，使底层弱势群体的利益进一步受到侵蚀，乃至陷入物质与权利的双重贫困境地。

总而言之，这一时期马克思劳动权利思想正处于萌生阶段，仍然受到资产阶级权利思想的影响，马克思反对普鲁士专制统治的理论武器主要是启蒙理性主义，来自政治革命意义上的资产阶级思想资源，这一资源对于尚未实现资产阶级政治解放的普鲁士来说，仍然是必要的和必须的。但是从实现人类彻底解放的维度来看，这一时期的劳动权利思想具有明显的历史局限性，可以说深受普鲁士当时落后的政治经济情状的制约，这也注定了马克思劳动权利思想必然要超越普鲁士的民族主义界限，必须要站在超越资本现代性文明，即实现人类解放的立场上建立全新的劳动权利思想。

① 《马克思恩格斯全集》第1卷，第248页。

② 《马克思恩格斯全集》第1卷，第244页。

③ 《马克思恩格斯全集》第1卷，第244页。

二、马克思劳动权利思想的政治理论批判推进

不同于《莱茵报》时期直接就现实政治问题发表独立见解，《德法年鉴》时期，马克思主要从对黑格尔及青年黑格尔派的理论著作的批判中寻找解决现实问题的答案，这一时期是马克思独立自主的政治哲学理论的重要时期，也是马克思劳动权利思想形成的重要时期。在这一时期，马克思主要从以下几个方面推进了劳动权利思想。

（一）批判了黑格尔的伦理国家观及其市民社会基础

马克思批判了黑格尔的思辨唯心主义国家观，认为不是政治国家决定市民社会，而是相反，"家庭和市民社会都是国家的前提"，[①]"家庭和市民社会使自身成为国家。它们是动力"。[②]"政治国家没有家庭的自然基础和市民社会的人为基础就不可能存在。它们对国家来说是必要条件。"[③]

一方面，马克思认为，政治国家只是调节市民社会内在矛盾的外在条件，并不具有市民社会的内在目的（伦理）属性。在他看来，国家并不是伦理的超阶级存在物，而是维护不同阶级利益的阶级存在物，而黑格尔却认为，国家既是家庭和市民社会的外在必然性，又是它们的内在目的，"对家庭和市民社会这两个领域来说，一方面，国家是外在必然性和它们的最高权力，它们的法律和利益都从属并依存于这种权力的本性；但是，另一方面，国家又是它们的内在目的"。[④]而在马克思看来，这是对二者真实矛盾关系的主观主义（观念论）调和，因而必然会陷入自相矛盾的困境，"黑格尔在这里提出了一个没有解决的二律背反。一方面是外在必然性；另一方面是内在目的。国家的普遍的最终目的和个人的特殊利益的统一，据说就在于个人对国家所尽的义务和国家赋予他的权利是同一的"。[⑤]也就是说，作为内在目的的国家其实是虚假的，只存在作为外在必然性的国家，这是市民社会内在矛盾不可解决的表现，国家只不过是对这种矛盾不可解决的表现而已，而非解决。黑格尔试图通过神化国家来达到对市民社会内部矛盾问题的解决，其结果只会陷入国家的理念（抽象的国家精神）与国家的事实（由市民社会所决定上的政治国家）的自相矛盾。实际上并不是国家精神决定国家事实，而是国家事实决定国家精神，硬说国家精神决定国家事实必然陷入自相矛盾，现实是不会按照黑格尔的理性来运动的。

另一方面，在马克思看来，市民社会与政治国家的矛盾是现代社会的显著特征，市民社会是一个独立的、私人的以及复杂的社会需要体系，可以说是一个权利的体系。而政治国家则是一个权力的概念，它具有两面性。从积极方面来看，它可以维护和调节市

---

① 《马克思恩格斯全集》第3卷，人民出版社2002年版，第10页。

② 《马克思恩格斯全集》第3卷，第11页。

③ 《马克思恩格斯全集》第3卷，第12页。

④ 格奥尔格·威廉·弗里德里希·黑格尔：《法哲学原理》，范扬、张企泰译，商务印书馆1961年版，第297页。

⑤ 《马克思恩格斯全集》第3卷，第9页。

民社会私人权利体系的运转。从消极方面来看，它本身如果不受制约就可能对市民社会私人权利体系造成威胁。政治国家之所以以外在性的方式必然存在，是因为市民社会的内在对抗性。市民社会并不是真正意义上的人类社会，它有其必然性缺陷或不足，比如贫富差距、主观自由的泛滥等问题，政治国家正是为了解决市民社会的必然性缺陷或不足而设立的，政治国家通过发挥外在必然性的宏观调节作用，能够避免市民社会走向解体。但马克思同时也认识到，政治国家的功能是由利己主义的市民社会的成员——官僚执行的，"官僚机构把自身利益和存在当作国家的最终目的，在这庞大的机构中，根本不可能以国家普遍利益为目标，更谈不上实现普遍利益了。就单个官僚即行政人员而言，物质生活是他们的现实生活，追求个人目的是他们的主要需求"。①因而必须防止公共权力的私人滥用问题，如果不能够对官僚阶级进行制约，那么就必然导致市民社会的萎缩，甚至消灭，回到或陷入专制或极权主义的状态。

现代国家的二律背反性要得到科学的解答，必须首先颠倒市民社会与现代国家的关系，确立市民社会的优先性和主体性，现代国家的根据不在国家的概念，而在现代国家的世俗基础——市民社会中，正是市民社会即资产阶级社会的矛盾及其不可解决性，才产生了"二律背反"的国家。要解决市民社会的矛盾，只有对市民社会即资产阶级社会进行共产主义革命，才能解决现代国家的二律背反问题，因为此时国家本身已经消亡。

（二）指出政治解放只是实现了劳动权利的利己主义形态

首先，从人的解放层面来看，马克思指出，政治解放并不是"人的解放"，政治解放只是"等级的解放"，仍然是"特定阶级的解放"，"局部的纯政治的革命的基础是什么呢？就是市民社会的一部分解放自己，取得普遍统治，就是一定的阶级从自己的特殊地位出发，从事社会的普遍解放"。②这种政治解放并没有废除私有制本身，而只是使私有制纯粹化、普遍化以及公开化而已。换言之，政治解放不是奴役的消灭，而是奴役的普遍化、世俗化以及现实化，实现的是文明化了的现代奴隶制。可以说，政治解放只是实现了特定的"人格化奴役"向普遍的"无人格化奴役"的转化。它将个体从直接的共同体中解放了出来，而成为"独立、平等、自由"的个人，但政治解放并没有改变人本质上的社会性、伦理性。

其次，从宗教的解放来看，政治解放并没有消灭宗教本身，也不可能消灭宗教，而是把宗教的政治国家形式转变为宗教的市民社会形式，从野蛮的宗教转变为文明的宗教，或从专制的宗教转变为自由的宗教。政治解放只是把宗教信仰从公共领域转到私人领域，变化了宗教的形式，建立了公民宗教或自由宗教，"并不是使人摆脱宗教，而是使人有信仰宗教的自由"。③政治解放实际上确立了社会生活的市民社会原则。在政治解

① 唐爱军：《马克思对黑格尔国家观的批判——以〈黑格尔法哲学批判〉为中心的考察》，《甘肃理论学刊》2016年第1期，第103页。

②《马克思恩格斯文集》第1卷，第14页。

③《马克思恩格斯文集》第1卷，第312页。

放之前,国家是披着宗教外衣的一个神秘性存在物,具有绝对的权威。宗教事务是国家公共事务,而非个人私事。政治革命实现了国家的去宗教化或世俗化,实现了宗教的去国家化,无论是政治生活还是宗教生活,都成为个人与个人之间的交往方式,依赖于个人的选择,在法权上就是每一个人都有信仰宗教的自由、平等权。在实现了政治解放的国家,宗教与国家是各自独立而彼此和谐的。如果宗教与国家之间存在紧张、矛盾乃至对立,只能说明这一国家还没有实现政治解放,还没有从宗教中解放出来,国家还需要宗教提供庇护。国家与宗教的矛盾,不是宗教的问题,而是国家自身的问题,即国家还没有达到自我意识,还没有取得独立性地位。

再次,从财产制度变革来看,政治解放宣布私有财产无效,并不是要取消私有财产,而只是打破私有财产的王权制和等级制,只是使之纯粹化和普遍化了,建立了财产的资本所有制和阶级制。换言之,使得私有制从"不动产形式"变为"动产形式"。资产阶级政治国家是以私有制为前提的,或者是以人的阶级不平等存在为前提的,资产阶级政治国家虽然宣布每一个人都是无差别的主权者,但这是以它实际承认每一个人的绝对差别和不平等为前提的。因而政治国家的宣布恰恰是反政治国家的。

最后,从人的二重性来看,政治解放并没有消灭人的二重性,即个体存在和类存在之间的矛盾,而只是使得人的二重性矛盾彻底化和公开化,造成个体存在与类存在的对立、利己的市民社会生活和公共的政治生活的对立。市民社会是充满不同需要的个人的总体性存在,它的本质是差异与无限,而政治生活的本质是同质与有限。也即是说,市民社会是一个无限的领域。因为每个人都是差异的有限存在,这种由差异的有限存在者所组成的社会,必然是一个无限的社会。而政治社会则是一个有限的领域,它虽然在法权意义上承认每一个人都享有无限的权利,但是在实践上,只有那些拥有足够资本的人才能实质享有政治生活,而对于无产者,甚至小资产者,他们实际上并没有参与政治共同体生活的实际能力与条件,只是在法律文件或意识形态语言中参与国家政治生活。资产阶级的国家政治生活并不是真正的共同体生活,只不过是巩固和扩大市民社会原则——主观自由,即为了维护和扩大资产阶级私有财产及其权利。

在《德法年鉴》时期,马克思以政治理论批判的方式推进了《莱茵报》时期"物质利益苦恼"问题的解决,通过区分政治解放和人类解放,确立了对市民社会利己主义权利内在批判的认知,并发现了实现人类解放的主体性条件——无产阶级。不过,这一时期,马克思劳动权利思想仍带有很强的非科学特征,如何从权利的政治解放形式过渡到权利的人类解放形式,仍缺乏科学的理论基础,而科学的权利理论形成有待于科学方法论的形成和政治经济学批判研究的推进。

三、马克思劳动权利思想的历史唯物主义转向

(一)劳动权利异化与私有财产权批判

马克思受恩格斯的《政治经济学批判大纲》的启发,在《巴黎手稿》中进一步将批判

的对象具体化，改变了之前对市民社会利己主义权利的一般性批判，而就市民社会（资产阶级社会）的"资本权"（实际上是"对劳动及其产品的支配权力"①）这一根本性权利进行批判。在资本主义社会，资本权是其他一切权利的基础，也最直接体现了市民社会权利的利己主义本质。

首先，批判了资产阶级国民经济学家的理论前提——资本权的天然正当性和合法性。在资产阶级国民经济学家看来，"资本权"具有天然的合法性和永恒的正当性，维护和巩固"资本权"及其政治制度对于他们来说既是实践的出发点，也是理论的出发点。马克思并不否定这一点，认为这是从资产阶级国民经济学家的阶级立场所必然得出的结论。此外，马克思也并没有对"资本权"进行推论性审查，因为这种检查本身并不涉及实质性内容，这只能达到是否合逻辑性的审查目的，而是就"资本权"进行前提性批判，也即对资本权本身进行合法性和正当性审查。马克思指出，资本即对他人劳动产品的私有权，② 资本即是对劳动及其产品的支配权力。③ 这里需要注意的是，马克思是从劳动及其对象化的角度来规定资本的，这就超越和否定了资本本身的主体性和自足性。进而言之，资本权并不具有绝对的合法性和天然的正当性，资本权来自劳动及其权利的授予，实际上否定了资本私有权制的合理性，并且马克思使用的是感性对抗意义上的"权力"概念，而非理性规范意义上的"权利"概念。所谓合法性和合理性并不具有事实性和真实性，"资本权利"实际上是"资本权力"。而作为权力意义上的资本恰恰不具有合理性和合法性，因为它是对劳动及其产品的非法占有与支配，正如马克思指出："资本家拥有这种权力并不是由于他的个人的特性或人的特性，而只是由于他是资本的所有者。他的权力就是他的资本的那种不可抗拒的购买的权力。"④ 就马克思的核心关切而言，虽然资本权不具有如资产阶级国民经济学家所谓的天然正当性和合法性的地位，但是他并没有取消对权利正当性和正义性基础的本体论追问，而是通过对资本权的合理性和合法性的审查，发现了权利的正当性、主体性根据——劳动，由劳动而自然推出劳动权，劳动权才是一切权利的基础，并且首先是资本权的基础。不过，在资本主义社会中，这一基础恰恰被遮蔽了，劳动权与资本权二者之间的真实关系被资产阶级国民经济学家们所混淆和颠倒。

其次，揭示了资本权的主体性、正当性根据——劳动权。在马克思看来，劳动权是根本人权，劳动具有天然的正当性和合法性，这是从劳动的主体创造性和对象性特征所必然导出的结论。劳动创造了人本身，具有人类学本体论的地位，因而劳动权就具有了本体权利的地位。维护、巩固以及发展劳动权，是维护、巩固以及发展人的各项权利的基础，也是劳动的内在要求。而资本主义社会作为一种特殊的社会形态，并没有从本体论意义上改变劳动创造人的人类学事实，而只是改变了劳动创造人的具体形式。具而

---

① 《马克思恩格斯文集》第1卷，第130页。
② 《马克思恩格斯文集》第1卷，第130页。
③ 《马克思恩格斯文集》第1卷，第130页。
④ 《马克思恩格斯文集》第1卷，第130页。

言之,此种社会形态中的劳动同样创造了人,但是这种创造是以异化(自反性)的形式进行的,或者说是以劳动者对劳动使用权的丧失为前提和代价的。在资本主义社会,从表象来看,资本赋予劳动以权利,是资本家养活并壮大了劳动者阶级,但实际上却是劳动赋予资本以权利,是劳动者养活并壮大了资本家阶级。因而马克思实际上告诫我们:要审慎思考为什么在资本主义社会"资本权"与"劳动权"发生了颠倒,劳动权天然的主体性、合法性、正当性是如何被"废除"并"让位"给资本权的。这显然并不能从资本权本身去找寻,而必须就资本主义的劳动及其展开方式进行存在论的追问。笔者以为,马克思在《巴黎手稿》中,已经有了此种认识,即从主体意义上来理解和把握资本权。比如,马克思指出:"私有财产的主体本质,私有财产作为自为地存在着的活动、作为主体、作为人,就是劳动。"① 又如"作为对财产的排除的劳动,即私有财产的主体本质,和作为对劳动的排除的资本,即客体化的劳动"。② 很显然,这里马克思已经明确把劳动作为资本的主体,而资本则是客体化的劳动,这也必然可以推知资本权来自劳动权,资本权对劳动权的反噬恰恰揭示了资本主义的非正义性。可以说,马克思用劳动权既揭示了资本权及其一切权利的真正根源,也用劳动权批判了资本主义所标榜的人权理论体系的虚假性和不彻底性。

再次,论述了劳动权丧失的资本私有财产制原因。这一时期,马克思认为,在资本主义社会中,劳动权丧失的制度性原因在于资本权力私有制,即资本私有财产制才是导致劳动权异化、丧失以及被剥夺的根本原因。正是这一制度,一方面确立了资本的本体权利地位,另一方面又不断扩大对劳动的剥夺权与支配权,由此造成劳动者贫困及其生存恶化与资本所有者富有及其生存优化。马克思从现象学层面论述了由于资本私有制而导致的劳动权异化、丧失的严重后果以及劳动者的非人性存在。马克思一方面从资本权的主体性来源——劳动权去理解资本主义及其法权体系,另一方面从劳动权的丧失批判私有财产制度。就后者而言,马克思确立了对资本主义的"私有财产批判"范式,而私有财产不过是劳动的外化、对象化产物。这意味着马克思是从劳动的对象性结果——私有财产展开批判的,尚未深入到对劳动行为本身的内在批判。这一内在批判的展开是由《雇佣劳动与资本》开启,并在《资本论》及其"手稿"中完成的。私有财产批判范式决定了马克思对劳动权丧失的原因追溯只能达到扬弃资本主义私有财产制度的高度,这也就决定了扬弃异化劳动与实现劳动权的复归的唯一道路就只能是扬弃私有财产,推翻资本主义私有制,这也是此时马克思的共产主义观,"共产主义是被扬弃了的私有财产的积极表现;起先它是作为普遍的私有财产出现的"。③

最后,指明了扬弃私有财产与实现劳动权复归的共产主义道路。马克思异化劳动史观决定了其对资本主义批判只能是外在性的批判,不过这种外在性批判已经不同并优越于《德法年鉴》时期的"一般权利"批判。而进一步深入到私有产权这一更具基础性

---

① 《马克思恩格斯文集》第1卷,第178页。

② 《马克思恩格斯文集》第1卷,第182页。

③ 《马克思恩格斯文集》第1卷,第183页。

权利的批判,并能够从劳动主体性角度理解私有财产权,这无疑是一大进步。马克思对资本主义的批判实际上经历一个从"一般权利批判"到"产权批判"再到"劳动批判"的由外而内、由一般到特殊的发展与深化过程。就这一时期来看,马克思对资本主义主导批判范式是财产权批判范式,并把扬弃异化劳动、实现自由劳动的共产主义社会的路径寄托在扬弃私有财产。

（二）新世界观与劳动权利的历史科学

在《关于费尔巴哈的提纲》和《德意志意识形态》中,马克思从科学的世界观维度推进了劳动权利思想的发展。

首先,推动马克思从劳动实践角度思考权利的本体论基础。如果说"异化劳动"还是一个带有很强价值和道德色彩的概念,并由此而凸显私有财产权批判的世界观根基的非科学性,即从"应当存在"出发批判现实世界,以达到普遍人权的实现,那么,劳动实践概念则是一个去价值、去道德的概念,由此而凸显权利理论根基的科学性,即从"存在活动"本身对现实世界进行内在性批判,以达到普遍人权的实现。劳动实践形态的权利理论从本体论上规定了权利的历史性、社会性、开放性、生成性。并不存在超历史（先天）、超社会（自然）的权利,权利是人们劳动实践生产与交往的产物,是人感性活动与感性需要的产物,植根于人对美好生活、伦理和谐的需要。

其次,推动马克思从人的存在方式思考权利的本质。人是一种感性对象性的存在物,而劳动实践正是一种感性对象性的活动。离开劳动实践,人便成为一种抽象的神秘存在物,要么沦为费尔巴哈式无精神的自然存在,要么沦为黑格尔式无人身的精神存在。人的存在方式的劳动实践性的发现,彻底改变了以往对人本质的理解。而权利作为对人存在合法性的一种承认,指认了人的主体性特征,但人作为权利的主体,并不是无条件的,而是以承认他者（对象）权利为前提的,离开对象及其承认谈人的权利是非法的,也是不可能的,这是由人的对象性存在特征所决定的。马克思对人的劳动实践存在方式的发现,彻底改变了权利的主观主义与个人主义特征,恢复了权利的客观性、公共性、伦理性特征。这也意味着没有离开义务的权利,义务即对他者的责任。人只有首先以对象为出发点,即主动承担责任,才能获得权利,实现自我的权利。

最后,推动马克思从劳动实践的社会交往性去理解权利的生成机制。权利关系作为一种对人与人关系的法权表达,其生成的感性基础是人的社会交往,并且是重复性、多次性的社会交往。无论在任何时候和何种社会,交往的动机都是为了满足个人的（物质、社会、精神）需要,而在现代社会,其社会交往的鲜明特征是对于自身需要的满足越来越直接取决于满足他者的需要,这一特征的社会交往要求必须建立满足这种需要特征的规则,即建立满足个体需要的法权体系,由此而达到每一个人需要的协调发展。马克思对于人的感性对象性的发现,就表达了人是一种需要性、对象性的存在物,并且人只有在对象性活动中才能获得满足需要的手段和目的。这是马克思从对人的存在论规定而得出的必然结论。这也决定了必须从人劳动实践的社会交往性（即互为对象以满足需要的过程）去理解权利的生成机制。

实践唯物主义的世界观在《关于费尔巴哈的提纲》中只是以纲领性的形式得到表达,只有到了《德意志意识形态》中,马克思才完整而充分地表达和论述了这一世界观,并创立了"历史科学"——唯物史观(历史唯物主义),表达了历史唯物主义的劳动权利观。

(三)生产关系与劳动权利的政治经济学批判出场

如果说在《德意志意识形态》中,马克思发现了人类社会的一般性规律,换言之,创立了广义的历史唯物主义,那么从《哲学的贫困》开始,马克思则开始创建狭义的历史唯物主义,即对一种特定的社会形态——资本主义社会展开全方位的批判性研究,这也是"历史科学"秉持"历史原则"的内在之意。

以生产关系为社会关系核心的历史唯物主义的发现,推动了马克思批判范式的转变,就其重心而言,确立了对资本主义生产关系的历史唯物论批判,从而也确立了马克思劳动权利思想的政治经济学批判范式。马克思劳动权利思想,严格意义上来说,是一种资本权力(对劳动力的支配权)批判理论,是对资产阶级权利的资本存在论批判,阐明了资本权力的雇佣劳动基础及其生产机制,在肯定资产阶级权利理论历史进步性的同时,也指出了其片面性、局限性、虚假性以及形式性。而在生产关系中,又以所有制关系为核心,就其劳动权利而言,劳动所有权是一切权利的基础。在这一意义上可以说,划分不同时代的标准在于所有权形式,而"在每个历史时代中所有权是以各种不同的方式、在完全不同的社会关系下面发展起来的"。①资产阶级所有权不过是资本主义生产关系的法权表达,资产阶级所有权是资本的私人所有权,谁拥有资本,谁就拥有权力,也就拥有了权利。资本主义权利理论是以维护资本权力为主要内容的权利形态,并不是人本身意义上的权利,而是外在物意义上的权利。谁拥有作为支配他者的社会权力即资本,那么谁就拥有了实现自我的权利,这种权利实际上仍然是建立在剥夺与占有劳动上的,并不具有合理性、正义性和合法性。马克思对资本主义的批判是一种基于资本存在论批判意义上的劳动权利正义批判,是一种内在性批判,是要通过揭示资本主义的生产方式的非正义性来否定整个资本主义政治生活、社会生活、伦理生活以及观念生活的合理性。

对于资本主义生产关系及其权利形态的政治经济学批判,在《雇佣劳动与资本》中第一次得到较为完整的阐述。从"雇佣劳动与资本"这一题目,就可以看出,马克思已经把资本主义生产关系中对抗性的矛盾双方鲜明地指陈了出来。在资本主义社会,最主要的矛盾就是劳动与资本之间的矛盾,当然这里的劳动特指资本雇佣意义上的劳动,未经资本雇佣或资本化的劳动,是一种私人性的、不参与社会生产的劳动,并不是马克思研究的对象。资本作为一种社会化的生产关系,赋予了资本主义社会一切(包括人在内)以社会性和现实性,甚至可以说,在资本主义社会,离开资本,一切物(包括人在内)就失去了其社会性和现实性,而沦为纯自然、私人性的存在,沦为一种"无用"的存在。

---

① 《马克思恩格斯文集》第1卷,第638页。

资本是资本主义社会中"特殊的以太"和"普照的光"，①它中介和联结一切，并成为主导性的社会力量。在这个意义上来说，离开资本雇佣的劳动，是没有任何社会意义的"非劳动"，正如马克思指出："资本是资产阶级社会的支配一切的经济权力。"②

此时，马克思已经把对资本主义生产方式（生产关系）的批判推进到资本主义的劳动形态批判，即资本雇佣劳动批判。对资本主义整体批判的核心是资本雇佣劳动批判，这是一种历史存在论维度的批判，劳动作为人的存在方式和生命表达，在资本主义社会中获得了怎样的存在样态和表达方式呢？这正是马克思此时所最为关注与关心的，因为劳动的存在直接关涉全人类的存在、命运及其解放。

不过，就马克思劳动权利思想展开的程度来说，此时尚处于初级阶段。雇佣劳动制下劳动到底是如何表现自身的？劳动与资本之间的对立与统一的矛盾关系是如何被雇佣劳动生产出来的？二者之间实际上支配与被支配的权力对抗关系是如何穿上权利和谐关系的外衣的？等等，这有赖于马克思对资本主义政治经济学批判的全面展开和系统推进。

四、马克思劳动权利思想的政治经济学批判发展

（一）马克思劳动权利思想的全面展开

马克思劳动权利思想全面展开与系统推进在"三大经济学手稿"及《资本论》中获得了规范性呈现。

首先，马克思明确了劳动权利思想的研究对象和方法。明确研究对象具有前提性和基础性的地位，实际上划定了研究的范围与边界。就马克思而言，他在《〈政治经济学批判〉导言》中公开明确了研究的对象，他研究的是劳动及其权利问题，准确地说是一定社会形态的劳动及其权利问题，即资本主义社会中的雇佣劳动及其权利问题，如其指出："说到生产，总是指在一定社会发展阶段上的生产——社会个人的生产。因而，好像只要一说到生产，我们或者就要把历史发展过程在它的各个阶段上——加以研究，或者一开始就要声明，我们指的是某个一定的历史时代，例如，是现代资产阶级生产——这种生产事实上是我们研究的本题。"③可以看出，马克思只集中研究特殊社会形态——资本主义社会中的劳动及其权利问题，而其他社会形态中的劳动及其权利并不是其主要研究的对象。这是因为虽然不同社会形态下的劳动及其权利有其共同规定，但是却有本质的差别，而这种本质的差别恰恰构成了劳动及其权利的社会形态划分依据，并决定了研究方法。不过，仅仅把握共同规定并不能把握每一个时代的特殊性。一个时代之所以构成区别于前一时代的合法叙事，正在于其本质层面的差别性或异质性。我们要在这个意义上去把握马克思的研究对象。进一步具体来说，就是研究资本主义中劳

①《马克思恩格斯文集》第8卷，人民出版社2009年版，第31页。

②《马克思恩格斯文集》第8卷，第31—32页。

③《马克思恩格斯文集》第8卷，第6—7页。

动形式(雇佣劳动)及其权利问题。就资本雇佣劳动及其权利而言,资本主义社会的劳动既表现为生产力的发展,即人与自然关系的发展,也表现为生产关系的发展,即人与人关系的发展。但不同于一切前资本主义社会的劳动在于,劳动生产力的发展超越了生产关系所能容纳和承载的能力,人与人之间的社会矛盾越来越难以适应人与自然关系的发展要求,越来越难以驾驭由自己所生产出来的力量。这是资本主义劳动根本区别于其他社会形态劳动的地方。资本主义面临内在性的产能过剩与资本过剩的问题,而这与其生产的目标——追求剩余劳动和剩余价值(而非使用价值)是一致的。

其次,马克思以对"三大社会形态"的划分,确立了资本主义社会的历史地位与使命。在马克思看来,社会发展的本质是人的发展,是每一个人的自由而全面发展。就资本主义社会之于人的发展而言,由于生产力和普遍交换的发展,资本主义使人摆脱了对自然和共同体的直接依赖性,确立了主观自由的个体主义原则,也就是说,每一个人都可以依靠自己的能力进行选择、创造,虽然资本主义同时制造了人在更广泛、更普遍意义上的奴役与异化,但却是自由地奴役与异化,它打破了禁锢在人身上的世袭与等级枷锁,个人从形式上拥有了掌握自身命运的能力。每一个人都只需要拥有同一种东西即资本,就可以掌握自身的命运并获得个性发展。就人的劳动权利发展而言,第一个社会阶段并不存在个人意义上的劳动权利,劳动权利是共同体赋予并且服务于共同体的发展。此时,由于生产力的普遍低下,个人只有依附于共同体,形成集合的力量,才能免于自然的威胁和实现肉体的保持,因而这一阶段,权利是以共同体的形式出现的,而个人意义上的劳动权利不过是共同体赐予的,从属于共同体。而在资本主义社会,由于生产力的大幅度发展,个人逐渐从共同体中脱离出来,逐渐有能力独立面对和承担一切,由劳动所创造的社会的、历史的因素超越了自然的因素,"在资本处于支配地位的社会形式中,社会、历史所创造的因素占优势"。① 资本作为一种社会力量,具有了超越个人和支配一切的力量,个人只要能够掌握资本,那么就可以掌握自身的命运和左右他人的命运。只有此时,个人意义上的劳动权利才具备存在论的基础,换言之,劳动权利的主体才从共同体转向个人,这是资本主义的伟大功绩,因为它第一次把人的命运和发展交给了个人,资本主义确立了主观自由的原则并实现了主观自由的普遍性发展。资本主义奉行自由竞争,正是因为它创造了无数个自由、平等竞争的主体,这些主体在法权意义上都是一个劳动权利的主体,而在存在论层面则是资本的主体,确立了"以物的依赖性为基础的人的独立性"。②

最后,马克思揭示了资本主义社会中的劳动自由权、平等权等权利的本质。在马克思看来,资本主义在创造了巨大生产力的同时,也创造了巨大的劳动自由权、劳动平等权等权利需要,但是同资本主义的生产关系无法承载生产力的巨大发展一样,资本主义政治国家无法兑现普遍、真实的劳动自由权、劳动平等权等权利。在马克思看来,资本主义社会中,一切劳动自由权、劳动平等权等权利都是对于资本而言的,并不是对人本

①《马克思恩格斯文集》第8卷,第31页。

②《马克思恩格斯文集》第8卷,第52页。

身而言。比如,资本主义崇尚自由竞争,但是竞争的主体并不是个人,个人只是资本的人格代言人,真正自由的实际上是资本。正如马克思指出:"在自由竞争中自由的并不是个人,而是资本。只要以资本为基础的生产还是发展社会生产力所必需的、因而是最适当的形式,个人在资本的纯粹条件范围内的运动,就表现为个人的自由。"①资本世界中的自由竞争的动力来自资本要求从商品形式转换为货币形式,以实现扩大再生产的需要,是资本增殖自身的需要,资产阶级国家宣扬的劳动自由、平等等权利不过是资产阶级的劳动自由、平等等权利,为的是更好地、更顺利地实现资本增殖。在交换与流通领域,呈现的是自由平等的和谐景象。如马克思指出:"劳动力的买和卖是在流通领域或商品交换领域的界限以内进行的,这个领域确实是天赋人权的真正伊甸园。那里占统治地位的只是自由、平等、所有权和边沁。自由!因为商品例如劳动力的买者和卖者,只取决于自己的自由意志。他们是作为自由的、在法律上平等的人缔结契约的。契约是他们的意志借以得到共同的法律表现的最后结果。平等!因为他们彼此只是作为商品占有者发生关系。"②但只要一离开流通领域,而进入生产领域,不自由、不平等的真面目就出现了,如马克思形象地指出:"一离开这个简单流通领域或商品交换领域……我们的剧中人的面貌已经起了某些变化。原来的货币占有者成为资本家,昂首前行;劳动力占有者作为他的工人,尾随于后。一个笑容满面,雄心勃勃;一个战战兢兢,畏缩不前,像在市场上出卖了自己的皮一样,只有一个前途——让人家来鞣。"③

可以看出,这一时期马克思对于劳动权利的理解已经深入到具体的历史境遇中,他关注的是劳动工人阶级的劳动不平等、不自由的生存遭遇,以及这种劳动不平等、不自由是如何以劳动自由、平等的名义被不断生产出来的。工人阶级要获得劳动权利和实现自由、平等的劳动,首先必须正确认识自身的处境和命运,清洗掉资产阶级的虚假民主、自由、平等说教,以联合革命的方式与资本家阶级展开斗争,最终推翻资本主义政治国家,建立无产阶级的民主国家,才能实现彻底的劳动自由、平等等权利。

(二)马克思劳动权利思想的共产主义视野

马克思劳动权利思想在《哥达纲领批判》中获得了深化发展。在这部著作中,马克思以批判拉萨尔主义的错误观点的方式阐发了劳动观、平等分配观、权利观、自由国家观等观点。

首先,马克思批判了拉萨尔主义脱离一定的社会关系(生产关系、所有制关系)空谈劳动创造财富的错误观点。马克思指出,劳动并非创造财富的唯一源泉,自然界同样参与了财富的创造。同时,只有当劳动者掌握了生产条件和资料,即以所有者的身份进行劳动,创造的财富能够为劳动者所有时,此时劳动才是创造财富的源泉,否则劳动虽然创造了财富,但是财富并不归劳动者所有,那么同样不能说劳动创造了财富,因而"劳动创造财富,但能否拥有财富,要受特定的社会条件所决定;劳动创造财富,不一定是给自

①《马克思恩格斯文集》第8卷,第179页。
②《马克思恩格斯文集》第5卷,人民出版社2009年版,第204页。
③《马克思恩格斯文集》第5卷,第205页。

已创造,有可能是给别人创造"。① 因而不能笼统地说劳动创造财富,首先要看劳动者在劳动中的地位,是否能够以所有者进行劳动,在劳动中能够占据主动的地位。

其次,马克思批判了拉萨尔的所谓公平(平等)分配的权利观仍然没有超出资产阶级的权利,认为只有到了共产主义高级阶段,才能实现个性意义上的平等权利。针对拉萨尔脱离生产关系和生产条件空谈公平分配的问题,马克思指出:"消费资料的任何一种分配,都不过是生产条件本身分配的结果;而生产条件的分配,则表现生产方式本身的性质。例如,资本主义生产方式的基础是:生产的物质条件以资本和地产的形式掌握在非劳动者手中,而人民大众所有的只是生产的人身条件,即劳动力。"② 就资本主义而言,资本主义的生产方式本身是非公平和非正义的,它是建立在对劳动者的劳动剥削与占有的基础上的,因而也就决定了资本主义的分配方式,无论多么的"公平与正义",都只能是虚假的口号和骗人的蜜语。

在共产主义低级阶段即社会主义阶段,由于"它不是在它自身基础上已经发展了的,恰好相反,是刚刚从资本主义社会中产生出来的,因此它在各方面,在经济、道德和精神方面都还带着它脱胎出来的那个旧社会的痕迹",③ 所以,这时仍然需要按照劳动等价交换的原则进行分配。当"社会的每个成员完成一定份额的社会必要劳动,就从社会领得一张凭证,证明他完成了多少劳动量。他根据这张凭证从消费品的社会储存中领取相应数量的产品"。④ "这里通行的是商品等价物的交换中通行的同一原则,即一种形式的一定量劳动同另一种形式的同量劳动相交换。"⑤ 但是,"权利以劳动这一尺度来计量,将人只是看作劳动者,就抹杀了人与人之间其他方面的差别、人的个性,就认同了劳动能力大小是区分人的力量大小的唯一因素"。⑥

马克思明确指出了按劳分配原则的资产阶级色彩。在资本主义社会,虽然承认劳动创造价值,但是并没有按照劳动原则进行分配,而是按照资本原则进行分配。由此,劳动者的创造主体地位就被剥夺了。在这个意义上,按劳分配是充分贯彻了劳动价值论,但就按劳分配只是将平等的衡量标准交给劳动,因而对待劳动只是唯一尺度意义上来说的。这样的劳动及其平等权利仍然是"资产阶级权利",只是将资本的尺度换成了劳动的尺度,"'按劳分配'以劳动作为平等的分配尺度,并没有消除事实上的不平等,仍然具有资产阶级权利性质"。⑦ 劳动仍然是当作工具性的存在,并没有获得创造人的地

---

① 陈培永:《关于劳动问题的政治哲学透视——重读马克思〈哥达纲领批判〉》,《马克思主义理论学科研究》2020年第2期,第18页。

② 《马克思恩格斯文集》第3卷,第436页。

③ 《马克思恩格斯文集》第3卷,第434页。

④ 《列宁选集》第3卷,人民出版社2012年版,第194页。

⑤ 《马克思恩格斯文集》第3卷,第434页。

⑥ 陈培永:《关于劳动问题的政治哲学透视——重读马克思〈哥达纲领批判〉》,《马克思主义理论学科研究》2020年第2期,第20页。

⑦ 徐文粉:《〈哥达纲领批判〉中马克思关于"资产阶级权利"的思想的三维审视》,《天府新论》2017年第6期,第12页。

位,劳动仍然"没有跳出异化劳动的必然性与强制性"。[①] 在这个意义上,所谓平等权利并没有达到真正差异性和个性意义上的平等。在共产主义的高级阶段,劳动不再是唯一的尺度,而是摆脱了谋生性质,成为自由劳动,劳动本身成为人的第一需要。

最后,马克思批判了所谓的"自由国家",指出真正的现代自由国家只存在于资产阶级社会已经消亡的未来社会。在马克思看来,所谓的自由国家是建立在资产阶级生产方式基础上的,因而现代自由国家不过是一种虚构,都是建立在不自由的资本主义生产方式基础上的,不同的现代国家,不同的只是成色,就基础来看却是相同的,现代国家"存在于一切文明国度中的资本主义社会,它或多或少地摆脱了中世纪的杂质,或多或少地由于每个国度的特殊的历史发展而改变了形态,或多或少地有了发展"。[②] 但现代国家"却有一个共同点:它们都建立在现代资产阶级社会的基础上,只是这种社会的资本主义发展程度不同罢了"。[③] 不过,同马克思区分两种分配方式一样,在国家形态上,也存在一个资产阶级国家向未来共产主义国家的一个政治上过渡性国家形态,那就是由无产阶级领导的人民当家作主的国家形态,"在资本主义社会和共产主义社会之间,有一个从前者变为后者的革命转变时期。同这个时期相适应的也有一个政治上的过渡时期,这个时期的国家只能是无产阶级的革命专政"。[④]

---

① 徐文粉:《〈哥达纲领批判〉中马克思关于"资产阶级权利"的思想的三维审视》,《天府新论》2017年第6期,第12页。

②《马克思恩格斯文集》第3卷,第444页。

③《马克思恩格斯文集》第3卷,第444页。

④《马克思恩格斯文集》第3卷,第445页。

马克思劳动辩证法思想的时代意义①

王永秋

摘　要： 马克思通过对资本主义异化劳动的批判,使人的本质现实而全面地显现出来,形成了真正科学的劳动辩证法思想。马克思劳动辩证法思想是一种总体性理论,它在哲学、政治经济学、科学社会主义等层面进行了多维阐释:在哲学层面,马克思劳动辩证法将劳动主客体、对象化与非对象化作为其理论起点;在政治经济学层面,它对劳动二重性、私有财产与雇佣劳动进行辩证考察;在科学社会主义层面,马克思将人的解放与劳动解放、劳动异化与劳动自由加以历史地阐释,从而为科学社会主义的创立,为中国特色社会主义现代化事业的发展提供了科学指引。马克思劳动辩证法思想至今仍是当代西方社会无法绕开的哲学主题,继续产生着理论的回响,彰显着它的时代意义。

关键词： 劳动辩证法;劳动;资本;劳动幸福;劳动自由

本文引文格式: 王永秋:《马克思劳动辩证法思想的时代意义》,见何云峰主编:《劳动哲学研究》第9辑(2023年第2辑),上海教育出版社2023年12月版,第37-48页。

马克思劳动辩证法思想的独特理论价值源于这一思想根植于现实世界,是对社会历史"过去时"的规律性发掘;这一思想又立足于社会当下,是对现实生活"进行时"的真理性认识;这一思想还着眼于人类未来,是对理想社会"将来时"的科学性展望。也正因为如此,马克思及其思想在当代社会仍有着巨大的影响,它非但没有"终结",而且现实世界还在不断诠释着马克思的"先见之明"。当今时代仍然处在马克思所指明的历史方位,现实世界的发展和进步都在印证着马克思劳动辩证法思想的在场性和理论效应。

一、马克思劳动辩证法思想的哲学意义

马克思劳动辩证法实现了哲学本体论总体上的变革。以往哲学,无论是实体本体

---

① 作者通信地址:王永秋,上海出版印刷高等专科学校马克思主义学院,上海200093。

论,还是知性本体论,其本体论阐发都远离了辩证法的存在论根基,最终都倒向了形而上学。黑格尔试图通过揭示"概念"内在的辩证本性,赋予"本体"以一种自我扬弃的、历史的精神活性,以此来克服和改造传统形而上学凝固僵化的实体本体论。但黑格尔的辩证本体仍然没有超越传统形而上学,依然囿于抽象的概念世界。虽然他的辩证法呈现出理性自身的一种强烈自主性,以其自我否定、自我生成的辩证运动来扬弃传统形而上学的绝对性和形式化,但究其本质,这种辩证法仍然是一种对事物的逻辑推演和思辨表达,缺乏对具体的现实世界和感性的实践活动的关照,它离现实的人和社会越来越远。这样一来,它非但没有成为人们思想解放和现实斗争的批判武器,反而与资本合谋,成为人们新的精神枷锁。

作为马克思劳动辩证法思想的重要理论资源,马克思充分肯定黑格尔劳动辩证法的历史性贡献。他说,黑格尔的辩证法的伟大之处在于,他把人的自我产生看作一个历史过程,把对象化看作一种非对象化,看作一种外化以及对这种外化的积极扬弃。"他抓住了劳动的本质,把对象性的人、现实的因而是真正的人理解为人自己的劳动的结果。"① 然而,黑格尔所理解的"劳动"只是"抽象的精神的劳动",②这种劳动仅仅作为其自我意识辩证运动发展的一个思维环节而存在。马克思则从"既定的主体的人"③ 的立场上去理解劳动本身,他以感性对象性活动的"物质赋形"代替了抽象的精神劳动,他以现实世界的辩证发展取代了精神世界的思维运动,他以客观事物内部的矛盾统一替代了思辨世界虚幻的和谐完满。马克思将"现实的个人"④ 确立为自己劳动辩证法的理论根基,最终超越了黑格尔抽象的精神劳动辩证法,从而实质性地推进了辩证法理论的发展。

马克思不仅根本改观了劳动过往以卑贱粗俗面貌示人的陈旧认知,更为关键的是,他将劳动真正地带入了现实世界的革命进程中,赋予劳动以人的解放意蕴。马克思指出,劳动是"适用于一切社会形式的关系的最简单的抽象"。⑤ 然而,这种抽象却能在现代社会中表现出最真实的东西。言外之意,以往的社会将劳动这种人的本质力量,要么降低为单纯生物性的粗鄙活动,要么将劳动圈养在抽象的精神围栏里,这就忽视了劳动之于人的存在论意义。在马克思看来,劳动这种感性对象性活动是人类社会及整个世界历史生成发展的动力源泉,这是现实的、无可辩驳的客观事实。因而马克思所理解的劳动带有明显的现实历史的革命性。马克思劳动辩证法告诉我们,劳动不仅创生了人及人类社会,不断地确证着人的主体性。同时,在现实社会中,劳动同样以其辩证性推动着社会历史向前发展。

马克思基于人的劳动这一本源性轴心,对资本主义政治经济学进行了历史批判,揭

---

① 《马克思恩格斯文集》第1卷,人民出版社2009年版,第205页。

② 《马克思恩格斯文集》第1卷,第205页。

③ 《马克思恩格斯文集》第1卷,第201页。

④ 《马克思恩格斯全集》第3卷,人民出版社2002年版,第395页。

⑤ 《马克思恩格斯文集》第8卷,人民出版社2009年版,第29页。

示了劳动辩证法的存在论意义,即劳动对于人的存在本质的彰显以及对现实世界的重大意义。马克思将哲学本体论植根于物质生产劳动这一基础,将人的劳动自由和解放作为自身哲学的根本价值旨趣,完成了哲学史上的革命性变革。在这个转变过程中,马克思批判地继承了黑格尔精神劳动辩证法的合理内核,亦即异化自我扬弃、获得自由的辩证历史进路。而马克思抛弃了黑格尔精神劳动辩证法的抽象形式,为这个空洞世界填充进活生生的现实内容,真正发挥出辩证法的本真精神和现实力量,恢复其革命性。因而马克思所关心的问题是现实世界人的生存发展与解放的问题,他并不陶醉于逻辑自洽的精神满足当中。从这个意义上说,马克思的劳动辩证法既是我们理解世界的科学理论,更是一种致力于批判和改造生活世界的思想武器,它是本体论、价值论和方法论三者的统一。

在马克思唯物史观诞生之前,唯心史观在社会历史观中占据着统治地位,劳动地位和劳动价值长期被遮蔽。马克思劳动辩证法秉持唯物史观,将劳动和劳动者置于首要的主体地位,将劳动的意义和价值提升到前所未有的历史新高度,捍卫了群众史观,实现了人的劳动的总体性统一。从存在论的意义上讲,劳动作为人的现实对象性活动,具有目的性和计划性。劳动主体通过创造性劳动,不仅极大地推动了社会生产力的发展,同时,还不断地提升劳动主体的本质力量,促进劳动自由与解放进程。人正是通过劳动将自身本质力量加以现实地确证:一方面,通过人与自然的物质变换过程,在生产力层面彰显人的能动性;另一方面,从生产关系层面体现劳动的社会性。这样看来,劳动在形态上呈现出物质性活动和精神性(或智力性)活动两个层面。而当人类进入阶级社会后,劳动就由对象性活动逐渐蜕变为异化劳动,背离劳动的本真状态,劳动的物质性和精神性层面都表现出极度的匮乏和反人类性。而只有到了共产主义社会,人类才能彻底摆脱异化劳动,从而使劳动成为自由自觉的活动。当然,这一历史进程必定是劳动两个层面协调同步发展的过程,是不断确证和加强人的主体性的历程。

在科技革命的时代背景下,人的劳动创造活动正日益凸显其现实力量和历史价值。马克思指出,"劳动生产力是由多种情况决定的,其中包括:工人的平均熟练程度,科学的发展水平和它在工艺上应用的程度,生产过程的社会结合,生产资料的规模和效能,以及自然条件"。[①]新科技新工艺的广泛应用带动了社会生产力的快速发展,劳动主体性显著增强。与此同时,现实的社会生产关系对于社会生产力的反作用日益显现出来。科技发展以及随之而来的制度变革引发了社会各个方面的深刻调整,也必将为人的解放准备现实基础和历史条件。它一方面恢复并彰显着人的主体地位,在历史的进程中实现人的自由全面发展;另一方面也在其应用中时而消解或遮蔽人的主体优越性,使人沦为客体性存在。但这些矛盾恰恰是人这一历史主体通过不断的劳动实践活动,扬弃并构建现实生活世界的辩证运动历程。这种基于人的实践劳动基础上的世界观,彻底将人从抽象的形而上学的理性设定中,从单纯的生物本能性活动中解救出来,真正意义上返回到了人自身的本质存在中。

---

① 《马克思恩格斯文集》第5卷,人民出版社2009年版,第53页。

　　机器工具包括如今的人工智能,本质上都是人类劳动实践活动制造并使用的劳动工具,是人的本质力量的延伸和扩展,同时也表征着人的类本质的实现与确证,它属于社会生产力的物质要素。人类劳动工具的发展进步是社会生产力发展进步的必然结果,同时也反映着人类社会生产力的发展状况。它既为人类进行创造性劳动提供了现实基础,同时又进一步激发了人类进行创造性劳动的需要,使人类的劳动解放真正成为可能。在现代资本文明时代,人的主体性高扬,本质力量得到极大发挥,生产力增长潜能被极度释放出来。与此同时,技术工具的发展一方面彰显并提高了人类认识世界、改造世界的能力和水平,另一方面也将人降低到生产中的从属地位,人的无用性反而更加明显。工具理性的泛滥致使自然界被纳入资本增殖的历史中,沦为资本的奴隶,致使技术工具原有的生产力属性越来越成为一种异己力量。

　　从马克思劳动辩证法的立场看,异化阶段是人类社会发展必然要经历的社会阶段。而"科学通过机器的构造驱使那些没有生命的机器肢体有目的地作为自动机来运转,这种科学并不存在于工人的意识中,而是作为异己的力量,作为机器本身的力量,通过机器对工人发生作用"。① 这也就意味着,科技工具的异化不应该归罪于科技工具自身,而应该到现实社会的生产关系中去寻找根源。在资本主义生产关系还未完成其历史任务前,人类恐怕都要承受这种分娩前的阵痛。马克思告诉我们,只有在人类社会生产力发展到相当高的程度,才能从根本上消除劳动异化。而这一辩证运动过程,即人类与劳动自身从肯定到否定,最终以肯定方式完整地确证人的本质力量的发展历程。也就是说,理想的社会状态是由人们现实的社会生产活动实现的,必然要经历一个相当长的历史周期。

　　新科技革命的快速发展和广泛应用带来了社会层面的急剧变革,这些效应逐渐在人民的生产生活、社会治理、社会交往等方面显现出来。如果新技术成果能被合理科学地应用到人的生活世界中,它便能成为社会发展的新动能,产生巨大的社会生产力,成为人类社会的福音;一旦人工智能技术失去控制,技术滥用必然会导致整个社会的无序,人的全部生活世界都将沦为智能机器的领地,劳动的安全感、幸福感、获得感恐难保证。当然,这一切都是基于我们对未来人工智能发展的技术预设和有效管控的假定。对人类来说,人工智能潜在的威胁并非其卓越的技术能力和超出人脑的智能水平,而在于它能否进化出如同人类这般的"自我意识",成为"类人类",甚至"超人类"。真若如此,人类恐怕首要考虑的是与一个"新物种"如何进行交往的问题。如果能够实现两个物种的和平相处,可能还是人类的幸事;而一旦产生两个物种权力的争斗,出现类似美剧《西部世界》中"机器统治人"的社会状况也不再是危言耸听。换句话说,如果人工智能最终真的拥有了"类人"甚至超越人的"自我意识",那么人类必将面临重构全部社会结构的困境。这些状况到底是以何种形式发生,终将取决于人的价值选择以及社会关系的交互作用结果。

　　唯物史观告诉我们,人类社会发展状况是由一定社会生产力与生产关系、经济基础

---

　　①《马克思恩格斯文集》第8卷,第185页。

与上层建筑的发展状况所决定的。生产关系或上层建筑一旦发生变革,将推动或延缓社会生产力的发展进程。反过来,当社会生产力提出进一步的发展要求时,那么,生产关系或上层建筑也迟早会发生变革。因此,我们可以看到机器工具的发展进步有力地提高了社会生产力的效能,客观上为劳动者减少了社会必要劳动时间,相对地增加了人的自由时间。这样一来,劳动者从过去繁重又单调的脑体劳动中解放出来,获得了更多的自由时间,为扩展和提升人的本质力量,进一步精准掌控机器工具,提升生产力水平提供了物质条件。在现有历史条件下,人类与作为"新型劳动者"的人工智能在可以预见的时空内必定会产生极大的合力。抛开社会关系的影响,人工智能时代的生产力增长会极大满足人们美好生活的需要。

科技作为人类智力劳动的产物,本身就是生产力层面的标志物,对生产力各要素的促进作用无需赘述。但如果想在生产关系层面准确评估其作用,则需要结合具体的历史时代场景加以考察,或许能窥知一二。总的来讲,科学技术的每一次进步都有助于打碎强加在劳动者身上的枷锁,都在力图冲破束缚劳动者的生产关系,为进一步变革社会生产关系,改变现实世界提供了可能性空间。马克思明确地告诉我们,劳动异化和劳动解放的过程同样都是历史的现实的活动,在通往自由而全面发展的道路上,我们需要消灭劳动及其成果(财富)的私人占有性质,而不是消灭劳动及其成果本身。

马克思说:"在劳动已经不仅仅是谋生的手段,而且本身成了生活的第一需要之后;在随着个人的全面发展,他们的生产力也增长起来,而集体财富的一切源泉都充分涌流之后,——只有在那个时候,才能完全超出资产阶级权利的狭隘眼界,社会才能在自己的旗帜上写上:各尽所能,按需分配!"①在共产主义社会中,人类重新以肯定形式确证人的现实存在,真正实现劳动的解放,使劳动成为人的自由自觉的活动。在这个人类千百年来苦苦追寻的"理想国"中,人获得了全部完整的存在,扬弃了一切的异化,实现了自由而全面的发展。

二、马克思劳动辩证法思想的政治经济学意义

当代资本主义社会借助新科技革命取得了发展红利,助推现代工业系统、产业系统的迭代升级,大幅度提升了劳动生产力水平。现代社会以其网络化、信息化、数字化、集成化、智能化为主要特征,通过智能化应用,大大缩短了商品生产的周期,减少了劳动者的必要劳动时间,使劳动主体获得可供自身支配的自由时间,为人类摆脱物质、能力、时空的各种限制,追求自由而全面发展提供了可行性空间。随着新兴技术在世界范围内的广泛应用,它带来人类生产、生活、交往活动的巨大变化。同时,它也呈现出一种矛盾运动状态,这就需要将其放在马克思劳动辩证法的视域下予以分析。

一方面,新科技革命背景下的社会生产力迅速发展,极大地改善了人类生活质量,提升了人们的幸福水平,助推人类社会朝向更加美好的理想状态发展。

①《马克思恩格斯文集》第3卷,第435–436页。

首先,劳动生产工具的迭代进步,推动人们的劳动生产方式发生了深刻变化。在传统的劳动生产活动中,生产工艺流程是按照时间和空间的单维性和连续性运动来完成的,工人劳动必然呈现秩序性、流程化的特征;而在智能社会的弹性生产方式下,生产过程可以跨越不同地域时空,由不同生产主体在不同空间的同一时间内,进行同一个生产过程,从而实现资本积累的"时空压缩"。依靠现代科技手段,劳动者能够获取知识技能的资源手段更加丰富便捷,为人的自由全面发展提供足够的、必要的支持。同时,智能设备的大规模普及应用,不仅全天候全方位地保障着人的生命和生活系统,而且极大地节省了人的劳作时间,贡献出越来越多的自由休闲时间,为人类和人类社会发展扩展了无限的可能性空间。智能机器在生产劳动中的广泛应用,带来了人的直接劳动所耗费体力的降低,大幅减轻了劳动的消极影响。更何况,由于复杂劳动所创造的生产力成倍增加,社会产品日益丰富,从而为人的本质力量的恢复与增强,提供了现实基础,为人的自由而全面发展提供了必要条件。

其次,借助数字信息技术手段有助于整合社会内容,使普遍的社会交往、全面关系、多元需求、综合能力的目标实现有了成为现实的可能。现如今,人们正逐渐从传统的以血缘、地缘、业缘等为基础建立的"交往共同体",转向更加多元开放的"趣缘共同体"。这种转变在一定程度上打破了传统的科层秩序,使社会交往进入一个"混序格局",部分地消解了个体身份地位固化的社会结构。特别是人工智能时代所提供的物理空间和虚拟空间,延伸和扩展了人们的交往时空,提高了人们社会交往的能力,加强了社会整体的流动性,使人们暂时性地实现了一定意义上的自由和解放。过去主体间交往受时空、语言等客观条件所制约,由于现在人工智能的应用而变得便捷顺畅,使交往方式发生了根本性变化,极大地促进了人类的交往水平,推进了世界范围内的文明互鉴、文化交流,为人类命运共同体的最终构建提供了现实的技术条件。尤其是在虚拟空间中,人们一定程度上可以放下面具,相对自由地恢复和展现人的本性,实现真正的自由交互活动。在这种交往模式下,人类个性得到适度的舒展,满足一定程度上的自由,彰显阶段性的人的本质力量。

另一方面,资本主导的科技创新与应用存在着湮灭劳动主体地位,加剧劳动异化程度的现实可能性和倾向,昭示着资本逻辑统治下的劳动辩证运动的趋向。

首先,伴随着资本主导的数字化、信息化日益渗透到生产劳动的全过程,劳动剥削形式已然发生了深刻改变。资本正借助信息技术优势将越来越多的劳动者纳入受剥削的劳工队伍。这种隐形的劳动剥削是新的历史条件下劳动关系的新变化,是对马克思劳动辩证法思想的新诠释与新挑战。广大的数字劳工正承受着无感的隐性剥削,劳动异化程度也在不断加深。马克思早就预见到:"整个生产过程不是从属于工人的直接技巧,而是表现为科学在工艺上的应用的时候,只有到这个时候,资本才获得了充分的发展,或者说,资本才造成了与自己相适合的生产方式。可见,资本的趋势是赋予生产以科学的性质,而直接劳动则被贬低为只是生产过程的一个要素。"① 在这种时代背景下,

---

① 《马克思恩格斯文集》第8卷,第188页。

虽然资本剥削的实质没有发生改变,但劳动创造价值和剩余价值的形式却发生了变化。原有的固定工作时间和生活场域之间的清晰界限正日渐模糊,整个社会宛如一座"生产—消费型工厂",人的生存状态仿佛只有生产和消费这两种活动。同时,一旦智能机器被广泛应用,势必在一段时间内导致传统产业的衰落伴随着产业转移、产业空心化、技术升级等因素所导致的失业、贫困、两极分化、社会动荡等状况,将加剧社会的矛盾冲突。并且,在资本逻辑支配下,人的生活世界也被虚假的意识形态所操控,各种拜物教的侵蚀使劳动主体日益消解在资产阶级所编码的消费链条之上,并且人还自觉地充当起巩固现有生产关系的"志愿者",劳动者休闲时间内的消费活动也沦为资本增殖的工具。这样看来,人们既被现实的生产方式所操控,又被虚假的意识形态所迷惑,两者相互拱卫,彼此提供合法性论证。这样一来,劳动者就全面地被资本逻辑所控制。

其次,现代信息技术的发展与应用,不断地使人的交往关系呈现为"二律背反"的特征。一方面,现代科学技术使人与人的关系突破了地域、时空限制,万物间的相连相通变得日益紧密与便捷,整个世界日益呈现"去中心化"、扁平化的发展特征,并不断加快世界历史发展进程。另一方面,人的交往方式也在这个时代日益背弃社会性,使交往呈现虚拟化、异己化等特征。随着人的现实性、社会性、主体性的逐渐丧失,人最终表现为原子化的存在。在这里,智能技术以隐蔽、温和的形式遮掩住了异化劳动对主体及主体间性的扭曲和摧残的现实。它以其技术和权力优势,抹掉了人的劳动领域与生活领域、工作状态与闲暇状态、个人领域与公共领域之间的固有边界,使人陷入无处躲藏、无法脱身的无奈而尴尬的境地。特别是在缺少完备的法律和社会共识的约束下,无孔不入的智能机器及其背后的资本势力捕获并窥视着人类生活的全部面貌,相当程度地构成了对人类及人类社会的现实威胁。

从国际分工角度看,智能技术在国际范围的普及应用,必将带来各国劳动者之间的激烈竞争,甚至最终产生敌对状态。当然,这种状况显然有利于资本主义世界的整体利益。它不但成功地将整个劳动世界再次纳入资本增殖的轨道,还能有效遏制国际共产主义力量的团结协作,可谓一箭双雕。未来最坏的也是愈发可见的结果是:一旦人类科技成果被某些邪恶势力或利益集团所霸占垄断,它便可能凭借专业性、精准性等优势迅速变为更具欺骗性的意识形态机器,并可能以极权化、单一性消解民主化、多样性,导致人全面的非现实性存在,阻碍人类及人类社会的发展进步。从生产方式变革的角度看,资本主义社会的每一次技术革新运动都会带来资本有机构成的提高,从而导致相对过剩人口的出现,这是资本逻辑运动的必然结果。而每一次危机的爆发与缓解都将助推资本主义生产关系朝着更高阶段发展,为共产主义社会实现劳动解放和自由劳动进行着历史准备。

总而言之,现代人的交往疏远并不能简单归咎于科技本身,而是因为作为社会历史主体——人的实际"退场"所导致。面对这种结果,我们固然可以找到诸多主客观原因,但最根本的一点是科技背后若隐若现的生产关系及其权力结构作祟。这种权力地位的不平等状况致使原本的双向交互关系变成了单向度关系,社会交往蜕变成了一方对另一方的控制和强迫,人的主体性发挥被现实的社会关系所阻碍。不得不承认,科技革新背后事实上隐藏着资本与技术合谋的现实。随着资本逐渐侵入人的整个生活世界,人的存在场域全部被资本视为一个可以而且必须全面跟踪和利用,以谋求剩余价值最大化的领地。甚至可以不夸张地说,连同人的整个生命过程也被纳入资本的控制之下并成为对其有用的形式。至此,人类社会进入被资本全面接管和殖民化的历史阶段。即便如此,当人类面对这个"人机共存"的未来现实世界,我们也不能因噎废食,简单拒斥人类的文明成果,而应该秉持真正的、现实的人的价值立场,透析这一现象背后的社会生产关系,对技术创新与应用进行有效的理性与价值引导,增强社会和国际的广泛共识,加强法律和技术上的规范约束,从而保证当前历史阶段的人机和谐共处。

在如今的数字信息时代,资本增殖形式再一次发生变化。巨量的数字信息交换活动正源源不断地生产出数字剩余价值,继续上演着数字化形式的资本循环运动。因而数字资本本质上仍然是一种社会权力,仍然保留着资本固有的增殖本性。在数字资本主义社会,资本权力已然全面介入社会领域和日常生活,它以剥削时空自由化、被剥削者无感化等特征来伪装其剥削实质,具有极强的迷惑性与欺骗性,使人们自觉自愿地沉浸在一种虚幻的符号化生产消费快感之中,随之而来的就是人的主体性被遮蔽和丧失。技术应用背后的逻辑实际上是权力运行的逻辑,它还会通过数据信息垄断、技术鸿沟、知识产权保护等手段呈现出数字殖民主义和霸权主义倾向。当前数字资本正逐步形成一种凌驾于主体之上的权力,它所编制的网络规模越大,它就越发拥有更大的操控权力。而一旦资本与科技共谋,就会形成更广泛更隐秘的控制权力,劳动也就越被贬低为一个工具性生产要素。因此,现代社会所表现出来的一切对抗,根本上反映的是不同性质生产方式的对立。资本的贪婪逐利性决定了科技创新与应用必然会受到生产关系的影响。不管资本主义如何以信息化、数字化粉饰它的真面目,只要技术是一种"资本主义应用",[①]资本积累就必然伴随着贫困积累,就无法从根本上解决资本主义固有矛盾。

从政治经济学的角度看,马克思劳动价值论认为"活劳动"是剩余价值产生的唯一来源。而在数字技术时代,劳动形式的确发生了诸多变化,无人工厂、居家办公、零工经济似乎都在消解着传统劳动生产方式,剥削关系正在隐身,社会中的每个人仿佛既是剥削的主体和红利的分享者,又感觉自身跌入资本剥削的深渊。剩余价值的来源在形式上和范围上已经被扩展到无边界的地步,使人们在自我意识上遗忘了自身所处的真实社会地位和实际劳动状况。但是,我们要明确指出:无论智能机器生产如何智能,它都是以"死劳动"的形式参与劳动生产过程,最多是以人的"活劳动"能力的转移形式来赋予其生产的资本化,它还无法成为直接创造价值的"活劳动"。即便智能机器已经在很大程度上超出人类的劳动能力,但是从根本上说,它们始终无法绕开其终极宿主——人。智能机器的一切能动作用,归根结底都是人们在技术层面上赋予它的新形式而已。我们不要忘记,"资本通过使用机器而产生的剩余价值,即剩余劳动,——无论是绝对剩余劳动,还是相对剩余劳动,并非来源于机器所代替的劳动能力,而是来源于机器使用

---

① 《马克思恩格斯文集》第5卷,第508页。

的劳动能力"。① 即使面对"直接劳动"逐渐让位于"间接劳动"的劳动现象与历史趋势，也恰好反映着马克思劳动辩证法的历史进程。"直接劳动"作为人类具体劳动的表现形式，其日渐减少的事实并不意味着创造价值的"抽象劳动"的消失，更不意味着劳动价值论的失灵。

因此，对于人工智能以及数字资本语境下的劳动问题讨论必须围绕技术表层之下的深层生产关系，围绕人的劳动这一轴心来展开。从技术异化背后的深层根源来说，无论是人工智能技术的权力化，还是数字资本时代的数字劳动和算法控制，都是资本逻辑下的劳动新样态。其逻辑终点都是通过占有劳动者在无酬劳动时间内所创造的价值来获得剩余价值，其实质是无酬劳动时间的对象化。我们始终要把握住这一点，即资本的本质不是某种物，而是一种现实的社会关系。不管劳动形式如何变化发展，只要劳动仍然生产着具有商品属性的产品或服务，就必然属于创造价值并从属于资本的生产性活动。换句话说，马克思的劳动价值论并没有过时，它仍然是我们分析资本主义社会劳动问题的科学依据。

面对当前数字劳动领域的新问题，我们应当确立以下基本立场：首先，从个体意识角度说，要发挥全社会力量，持续唤醒劳动者的主体意识，辨明新型劳动形式的本质，自觉维护劳动者正当合理的劳动权益，不断增强劳动者个体的自主选择权和收益权。其次，从社会管理角度讲，要节制资本，限制剥削程度，始终坚持共同富裕的理念，协调好资本要素和其他劳动要素的利益分配关系，显著提升劳动在国民财富分配中的比例。同时，要在法律框架内明确数字劳动的权责与归属，建立起切实保障劳动者数字信息安全和数字劳动交易的法规和平台，在法律上明确劳动者数字劳动的正当合法权益（定权）；并通过严格的、专业的科学评估，对劳动者生产的数据信息价值进行分级、分类管理（定级），依法依规赋予数字劳动者享用劳动收益权利（定息）。再次，从世界发展角度看，要利用现代科技革命的红利，在世界范围内实现更加广泛深入的互联互通、技术共享、利益共享等目标，逐步实现人类利益共同体。

三、马克思劳动辩证法思想的科学社会主义意义

古典政治经济学家将历史上的生产方式归为两种：一种是作为"人为的"封建主义生产方式，另一种是作为"自然的"资本主义生产方式。并且，他们还自信满满地宣告这种"自然的"资本主义生产方式具有历史的普遍性和永恒性。然而，马克思劳动辩证法却正告这种幻想：资本主义生产方式只是最后一种对抗性生产方式，它本身是一种历史性存在，绝不是超历史的或非历史的存在。这种生产方式的最终解体与现实人的劳动自由解放目标的实现是同步的，是不可逆转的历史发展趋势。

在资本主义社会，一切存在都被贴上资本的标签，都成为资本增殖和资本统治剥削的工具。在马克思看来，资本生产不仅是价值增殖的过程，同时也是劳动自我运动的过

---

① 《马克思恩格斯文集》第 8 卷，第 287 页。

程,亦即资本自身否定力量增长的过程。正是在劳动与资本的辩证运动中,资本和劳动各自的发展趋势也显现出来。同时,资本的积累是与贫困的积累同步的:它一边产生着财富,另一边生产着贫困、奴役、无知。资本以其强大的力量裹挟着社会发展,劳动这种生命本质力量也转变为奴役人、否定人的异化存在。从这个意义上说,不管资本主义生产关系如何自我调整,资本积累必然导致贫困的积累,必然加剧社会矛盾对抗和冲突。而当资本主义固有矛盾达到不可调和的地步,社会总危机的爆发就宣告着人类社会将进入下一个崭新的历史发展阶段。马克思劳动辩证法思想正是从资本主义生产关系内部发掘到了能够改变现存社会乃至整个世界历史的革命力量,即劳动自身的生命创造力以及劳动在现实社会关系中辩证运动所产生的革命性。

现代社会的劳动形式日益丰富,呈现出多样化和个性化发展趋势,也在相当程度上预示着劳动解放和劳动自由进程不断推进。然而,我们也必须承认,在资本仍然主导着整个世界市场的情势下,劳动与资本之间的关系仍然是社会关系的主要表现形式,劳动仍旧处于资本控制之下。这就意味着,资本还未完全丧失其历史存在的合理性,它还将在相当长时间内继续发挥主导地位,发挥其历史作用。正如马克思所言:"无论哪一个社会形态,在它所能容纳的全部生产力发挥出来以前,是决不会灭亡的;而新的更高的生产关系,在它的物质存在条件在旧社会的胎胞里成熟以前,是决不会出现的。"① 因而在这个历史过渡时期,劳动者个性的部分实现,一方面呈现出人类自由解放的历史向度,另一方面又表现为现实的人仍没有脱离资本个性的制约,总体上仍旧附属于、服务于资本个性的历史事实。而在这种"历史向度"与"历史事实"之间的历史距离,正是劳动辩证运动的历史场域,也是马克思劳动辩证法思想从科学理论向社会革命的历史运动过程。

在马克思看来,资本主义生产方式自身就蕴含着一种自反性力量。在这种生产关系下,机器、技术既表现出减少人类劳动、增加财富的伟力,也带给工人饥饿和疲惫;劳动创造了财富和文明,却也给自己带来贫穷和愚钝,等等。"现代工业和科学为一方与现代贫困和衰颓为另一方的这种对抗,我们时代的生产力与社会关系之间的这种对抗,是显而易见的、不可避免的和毋庸争辩的事实。"② 之所以出现这种无法避免的事实,其根源就是资本主义生产关系导致了社会的全面异化。而只有消灭生产资料私有制,实行生产资料公有,彻底消除剥削关系,才能恢复劳动者的主体地位,才能使人人共享劳动成果,才能实现个人利益与社会利益的完全统一。在共产主义社会里,劳动直接表现为人的本质力量的实现。劳动者可以享受自己劳动创造的物质文化生活,享有更多的闲暇时间来恢复和发展生命本质力量。自然地,人们在劳动中能够更好地理解生命的自由与生命的美感,体会人类生活的真正价值。

古往今来,人类社会一直在追求着一个"理想国",憧憬着一种"乌托邦",怀揣着一个"世外桃源"的梦想。实现人的劳动解放和自由,完成"共同富裕"这一人类夙愿也一

---

① 《马克思恩格斯文集》第2卷,人民出版社2009年版,第592页。
② 《马克思恩格斯文集》第2卷,第580页。

直激励着无数的思想家和实践者去探寻。但是至今,人类社会这个最高理想还在理论设想或现实迷误中行走。如果我们离开现实社会关系的视野,仅仅在个体生存境况上去谈论这个问题,便会在我们的头脑中或现实中呈现很多幻象。因而,我们必须立足历史与现实的生产关系维度去看待这一问题。

在人类迈向共产主义社会的历史进程中,作为共产主义的初级阶段形式——社会主义迎来了新的历史发展机遇。实现全体人民的共同富裕,就成为当前和今后一段时期,我们进行社会主义现代化建设的重要阶段性目标。它意味着社会主义国家的劳动者要自觉主动地投身到社会主义现代化建设事业中去,发挥每一个劳动者的劳动创造性,公平享有劳动权利,合理享用劳动成果,充分享受劳动幸福。要想达成这样的社会状况,除了发挥劳动者的主动性、积极性和创造性之外,更为重要的是国家、社会(包括家庭)等各种力量要汇聚成一种合力,建立起科学有效的劳动保障机制,创造出和谐公正的劳动正义风气,使社会的每个劳动者都各司其职、各显其才、各尽其能、各得其所、各享其乐。这样一来,整个社会都在劳动和奋斗中实现了自身价值和存在意义,也就在这个历史性阶段中一定程度上实现了劳动幸福、劳动自由和劳动解放。

如今,蓬勃发展的科技革命更是助推人类文明的新发展,人类社会也走向了新的历史发展关口。马克思劳动辩证法思想再次获得了现实资源,尤其是在中国式现代化发展的历史轨迹上,匡扶劳动正义、弘扬劳动价值、实现共同富裕、构建人类劳动命运共同体,成为中国特色社会主义事业发展的题中之意。共同富裕是中国特色社会主义的本质要求,也是中国式现代化区别于资本主义现代化的最显著特征之一。

中国共产党百余年的奋斗历程就是一部党领导中国人民艰苦奋斗、不断追求美好富裕生活的奋斗史。新中国成立伊始,毛泽东同志就明确提出"共同富裕"的奋斗目标,并进行了认真思考和初步探索。早在社会主义过渡时期,毛泽东就提出要走社会主义道路,通过实行合作化来发展生产力,使广大农民群众逐步摆脱贫困,日益富裕起来。当社会主义生产关系在我国确立后,广大劳动者在这种新型生产关系的鼓舞下,积极投身社会主义建设事业。生产关系的解放激发了无数劳动者的劳动热情,他们获得了前所未有的劳动自由,极大促进了人民群众劳动创造力的发挥,真正地使广大劳动者拥有了劳动幸福、劳动光荣的自豪感。正是在这种新型生产关系的激励下,中国社会涌现出无数的"劳动模范",形成了诸如"孟泰精神""铁人精神""红旗渠精神""雷锋精神"等精神谱系,极大地促进了社会生产力的迅速发展。改革开放后,中国共产党人继续高举"共同富裕"的奋斗目标,掀起了新一轮的创业奋斗浪潮。最终,解放和发展社会生产力,实现全体社会成员的共同富裕,防止两极分化,成为中国特色社会主义的本质要求。我们要始终坚持唯物史观特别是群众史观,始终强调劳动创造幸福,弘扬劳动人民的主体创造精神,尊重劳动、善待劳动者,坚持劳动正义立场,在全社会范围内践行劳动光荣、劳动幸福的价值理念。我们深知,中国式现代化的实现绝不是敲锣打鼓就能实现的,它必须依靠全体人民的辛勤劳动和创造性劳动才能实现。

在现有社会历史条件下,通过不断发展劳动生产力,改善现实社会关系,逐步消除劳动异化,最终实现人的自由全面发展,这是当代人实现劳动幸福的现实选择。特别是在资本主义还未完全丧失其历史存在价值之际,我们必将在较长时间内与资本、剥削关系共存。在这种态势下,我们就更加需要不断促进现实生产力的发展。可以肯定的是,资本主义的历史进步性并不能免除其在道义上和现实中的非人性。所以,它必将要在自我运动中扬弃自身,最终消除劳动异化,使人获得全部的本质属性。马克思对此指出:"但劳动过程的每个一定的历史形式,都会进一步发展这个过程的物质基础和社会形式。这个一定的历史形式达到一定的成熟阶段就会被抛弃,并让位给较高级的形式。"①这也就告诉我们,在社会主义阶段甚至整个人类社会历史发展中,大力发展现实生产力都是十分必要的。如果不能使生产力发达起来,"那就只会有贫穷、极端贫困的普遍化;而在极端贫困的情况下,必须重新开始争取必需品的斗争,全部陈腐污浊的东西又要死灰复燃"。②特别是在我国社会主义初级阶段,我们要满足人民群众日益增长的对美好生活的需要,唯有发展生产力,才能为实现"共同富裕"提供坚实的物质基础,才能为人民的劳动幸福提供有力的现实条件,才能充分体现出社会主义制度相比资本主义制度的现实优越性。

在劳动意义上,人的个性的全面又普遍的实现,意味着自由劳动的实现和劳动解放的真正获得。而"自由劳动"作为生命本身的确证和实现,是一种与异化劳动相反或相对的生命状态,意味着人对自身内在本质的积极肯定和全面占有。这种肯定和占有是自成目的的,因而也是人性之美的存在方式。对于社会主义社会来说,不仅要创造出远超资本主义社会的发达生产力,更要从根本上避免社会出现两极分化,真正实现全体人民的共同富裕,使劳动者切实获得劳动幸福。正是从劳动和人民性这个意义上说,共同富裕是对一切私有制社会两极分化状态的历史性超越,是人的劳动幸福的现实呈现。

劳动是财富的源泉,也是人类幸福生活的现实基础,更是推动人类社会进步的根本力量。然而,劳动至今还没有享有它应有的礼遇,真正的劳动本真状态仍在历史进程中淬炼。在现实生活中,还大量存在着鄙视劳动、逃避劳动、厌恶劳动等现象,也滋生了不劳而获、期待暴富等消极劳动观念。从这个角度说,弘扬劳动精神,倡导劳动幸福、劳动光荣的价值理念,对于当代中国社会主义现代化建设尤为重要。能否树立起积极正确的劳动观,营造出健康向上的尊重劳动、热爱劳动的社会氛围,将决定中国社会的价值风貌和发展前景。

---

① 《马克思恩格斯文集》第7卷,人民出版社2009年版,第1000页。

② 《马克思恩格斯文集》第1卷,第538页。

新时代背景下物质劳动生产与人的生产关系新叙事

——基于马恩"两种生产"理论[①]

彭　鸽，邢远阁

摘　要： 人们往往从人的基本生存视域出发,将物质生产的发展促进人的生产视为"两种生产"的内在规律。随着社会生产的日益发展,人类满足生存的能力逐步提高,两种生产也始终表现为一致性增长,直至发达国家和地区"高发展-低生育"现象的出现将这种一致性无情打破,使学术界匆忙转用质疑的眼光来打量"两种生产"理论的真理性。通过对低生育现象的深度开掘辨析发现:质疑者的错误在于忽略了理论前提的深刻变化,获得充分发展的发达国家和地区人口生产的触发机制已不在于人类基本生存需求的满足,低生育现象是理性经济行为、家庭功能变迁、后物质主义价值观等多重因素综合作用的产物。本文从而在理论前提与现实的互动中阐明了"两种生产"理论的真理性。

关键词： 两种生产;高发展-低生育;后物质主义价值观;人口质量

本文引文格式:彭鸽、邢远阁:《新时代背景下物质劳动生产与人的生产关系新叙事——基于马恩"两种生产"理论》,见何云峰主编:《劳动哲学研究》第9辑(2023年第2辑),上海教育出版社2023年12月版,第49-58页。

"两种生产"理论一经面世便一直饱受学界关注与争议,既受俄国主观社会学家米海洛夫斯基、俄国民粹派历史学家卡列也夫等反马克思主义阵营的批判与质疑,又受来苏联哲学家罗森塔尔、日本马克思主义者河上肇等马克思主义阵营内部的歪曲与误

① 基金项目:教育部青年项目"马克思'两种生产理论'与我国包容性生育政策构建研究"(项目编号:21YJC710075)。作者通信地址:彭鸽,杭州电子科技大学马克思主义学院,浙江杭州310018;邢远阁,杭州电子科技大学马克思主义学院,浙江杭州310018。

解。① 尤其是当代"高发展-低生育"现象在发达国家和地区的广泛出现，仿佛经济社会发展直接推动了人口生育率下降，并最终决定低生育率的出现。这同人们普遍信奉的"两种生产"理论中"物质生产的发展促进人的生产"的理论完全背离，从而使人们质疑"两种生产"理论真理性的呼声越来越大。

一、"两种生产"理论的哲学意蕴与现代危机

从"两种生产"理论形成的过程来看，恩格斯在《经济学批判大纲》中明确提出"人的生产"概念。早在《1844年经济学哲学手稿》中马克思就有过"两种生产"的相关论述，指出"劳动生产的不仅是商品，它还生产作为商品的劳动自身和工人，而且是按它一般生产商品的比例生产的"。② 其后，在《德意志意识形态》中，马克思指出"人的生产"分为两种：其一是"通过劳动而生产自己的生命"，③ 其二则是"通过生育而生产他人的生命"。④ 之后，马克思又在《1857—1858年经济学手稿》与《〈政治经济学批判〉导言》中论及有关"两种生产"的思想。直到恩格斯1884年在《家庭、私有制和国家的起源》(以下简称《起源》)第1版序言中系统地阐述了"两种生产"理论。

从"两种生产"的辩证关系来看，物质生产与人的生产之间相互制约、相互影响。一方面，物质生产决定人口生产，它是人口生产的一般物质前提。为了不断取得人类生存所必需的生活资料，必须首先进行物质生产。马克思曾指出，人的生产的首要物质条件就是人的吃、喝、住、穿等基本物质生活资料。因此，脱离了物质生产人类就无法实现自身的生存与发展。马克思指出："人在肉体上只有靠这些自然产品才能生活，不管这些产品是以食物、燃料、衣着的形式还是以住房等等的形式表现出来。"⑤ 因此，人类必须首先进行物质生产，获得了他们所需的物质生活资料之后才能进行人的生产。另一方面，"人口生产"是"物质生产"的主体保障，离开了主体性的人，物质生产丧失了人这一主体条件就无法开展，更遑论物质生产的发展与提高。主体性的人是生产者、消费者、生育者三重身份的有机统一。首先，人作为物质财富的生产者与创造者，离开了主体性的人就使物质生产缺乏生产要素；其次，人作为物质资料的消费者，为了维持自己的生存和繁殖，必然要消费一定量的物质资料；最后，人作为人口再生产即生育的承担者，只有进行生育才能保障人类自身的延续和更新。因此，人类社会的一切生产活动都必须以人为中心，围绕主体性的人来展开。

"高发展-低生育"现象凸显使"两种生产"理论遭遇理论危机。人们通常从人的基本生存视域将物质生产的发展促进人的生产视为"两种生产"规律，认为物质生产的发

---

① 赵家祥：《澄清对"两种生产"理论的误解》，《北京大学学报(哲学社会科学版)》2009年第5期，第11页。

② 《马克思恩格斯文集》第1卷，人民出版社2009年版，第156页。

③ 《马克思恩格斯文集》第1卷，第532页。

④ 《马克思恩格斯文集》第1卷，第532页。

⑤ 《马克思恩格斯文集》第1卷，第161页。

展只要满足了人类的基本生存需求就会促进人的生产,带来人口数量的同步增长。在人类社会发展进程中,世界人口的现实增长进一步强化了人们对这一"规律"的认识。长期以来,经济发展与人的生产之间都表现为正相关关系。最为明显的表现是:在物质生产方面,随着农业革命与工业革命的展开,人类生产方式的深刻变革,世界经济在这期间得到快速增长,物质生活资料获得极大丰富。在人的生产方面,尤其在二战后,随着物质生产的发展,全球人口数量呈现爆炸性增长态势。据联合国人口司数据显示:1960年世界总人口数量达到30亿,1994年达到40亿,2000年高达60亿,40年间世界人口增加1倍,总量增加了30亿。

然而,当今在高度发达的国家和地区,经济发展与生育率之间呈现出显著的反向关系,经济发展水平越高的地方生育率水平越低,反之则生育率越高。发达国家和地区经历过二战后短期的生育率回升,逐渐显现出经济发展与生育率之间显著的反向变动。社会经济高度发达的欧洲国家与地区在20世纪60年代中期生育率(TFR)陆续下降至更替水平,90年代相继下降到1.3以下,进入到极低生育率时代。[1] 发达国家和地区"高发展-低生育"现象的出现,使"两种生产"理论遭受了前所未有的质疑与挑战。从直观来看,似乎物质生产的发展对人的生产的动力作用不仅失灵了,而且还严重抑制了人的生产。这种现象一出现,学界就匆忙地否定"两种生产"理论在当代的真理性,并将"两种生产"理论圈定在原始社会的历史地位,仅仅将这一理论视为原始社会的一种特殊规律,而没有对当今社会"高发展-低生育"现象的成因进行深入的理性分析,如此一来,必然造成对真相的严重遮蔽。

二、当代"高发展-低生育"现象成因分析

当代,经济的高发展对低生育率的作用机制究竟是怎样的? 发达国家和地区普遍的低生育率现象何以出现? 这两个问题直接关系"两种生产"理论危机的化解。理论的真理性检验,应置其身于现实的纵深之中,使理论与现实构成一种互动与映照的关系。因而要破除这一理论危机,首要任务就在于寻根溯源、追本索因、深入分析"高发展-低生育"现象的具体成因。

(一)经济因素影响生育行为的"合理选择"

"合理选择"是指家庭层面对生育的考虑是在成本与效用比较后所做出的理性的经济行为。哈维·莱宾斯坦(Harvey Leibenstein)与加里·贝克尔(G. S. Becker)从"成本—效用"分析的角度探讨人类的生育行为,揭示了家庭内个体理性选择行为,生育决策往往是父母对其成本效用权衡的结果。

分析生育决策的相关因素发现,随着社会经济的高速发展、人民生活水平的日益提高与市场竞争的日趋激烈,孩子的抚育成本和机会成本直线上升。一方面,现代"精细化养育模式",使养育直接成本呈"陡崖式"上升。农业时代,在养育模式上"重数量、轻

---

[1] 靳永爱:《低生育率陷阱:理论、事实与启示》,《人口研究》2014年第1期,第3-17页。

质量",导致直接生育成本低,生育意愿高。在工业与城市时代,"精细化养育模式"使直接生育成本陡升。一来,虽然社会经济迅速发展,家庭收入显著增加,但人们的消费欲望也日益膨胀,竞争(攀比)效应普遍存在,使得生育家庭深陷"现代化养育"的高成本模式中。生育必然会挤占更多的家庭收入,在家庭内部资源有限的前提下,生育率自然随之下降。二来,随着城市化进程的日益加深,其内蕴的生育成本明显上升,其对生育率的压制作用愈发明显,尤其是住房、医疗、教育成本急剧增加,成为重压在人们身上的"新的三座大山",远远超过居民收入提高的幅度,衍生出人们强烈的"惧生情绪"。

另一方面,女性是生育的主要承载者,残酷的就业竞争促使女性生育的机会成本大幅提升,由此形成生育抑制的超强阻力。[①]农业时代,在收入结构上男性是家庭收入的主要来源,女性生育形成的间接生育成本很低,因而当时生育率水平居高。然而,在工业文明时代,劳动组织结构发生了翻天覆地的变化,女性大量地参与到劳动市场中,随着女性受教育程度的提高,其就业范围逐渐扩大,越来越多的女性在劳动市场中占据着主要职位。妇女有了比较独立的经济地位,女性经济收入日益成为家庭收入的主要来源之一,成为满足家庭消费不可或缺的一部分。然而,生育行为会对女性的经济收入产生负面影响,即女性生育的收入惩罚效应,不同程度地阻碍乃至中断生育女性的职业发展。根据肖洁对已婚女性收入分布的研究,显示已生育的女性要比未生育的女性收入低很多,生一个孩子会导致她们的收入下降5%~10%。[②]由于生育存在这种"收入惩罚效应",女性生育意愿无疑会大打折扣。另外,由于婚姻市场上的正向匹配,在高收入家庭中女性自身能力也较强,拥有较高的职业收入和较大的职业发展空间,那么,这部分女性生育的收入惩罚效应越明显,机会成本较一般女性则更高,相应的生育意愿就越低。

然而,从人类生育行为的具体收益来看,在当代社会,生育子女给家庭带来的主要收益为"心理收益"。生育子女的收益一般来看主要包括心理收入和货币收入,如贝克尔指出"对绝大多数父母来说,子女是一种心理收入或满足的来源……可以看成一种消费商品,有些时候,子女还可以提供货币收入"。[③]但是,随着生产力的发展与家庭规模和结构的变化,家庭养老功能的外化等,现代父母不再考虑把生育孩子作为家庭劳动力从而增加家庭收入,他们从生育中获得的更多的是心理上的收益。因此,"高发展-低生育"现象的出现,并非是因为孩子在当代社会成为一种"劣质品",乃是家庭出于成本收益的对比考虑。在高经济发展与高生育成本并存的条件下,在不损害生育家庭物质生活舒适度的前提下,"生育质量"替代"生育数量"的趋势日益明显,那么,"高发展-低生育"现象的出现也就不足为奇了。

---

① 周长洪:《经济社会发展与生育率变动关系的量化分析》,《人口研究》2015年第2期,第40-47页。

② 肖洁:《生育的收入惩罚效应有多大——基于已婚女性收入分布的研究》,《东南大学学报(哲学社会科学版)》2017年第3期,第91-99页。

③ 贝克尔:《人类行为的经济分析》,王业宇、陈琪译,上海人民出版社2008年版,第221页。

（二）家庭功能变迁对生育意愿的弱化

家庭作为人口生产和再生产的最小、最基本的社会单元，它是人口过程的起点。家庭的规模、结构与职能的变化都会影响人们的生育意愿与生育行为选择。家庭的产生与发展是同一定的社会物质条件联系的，是历史地变化着的社会现象。因此，要考察家庭对人的生产的影响，必然要深入具体的、历史的家庭形态中，从而在具体的家庭形态中来讨论人的生产。

纵观人类社会的发展史，家庭的形式、职能等也经历了深刻的历史变迁。原始社会时期，性生活和生产（包括物质生产和人的繁衍）是家庭的主要功能。到了原始社会后期，随着社会生产力水平的不断提高和剩余产品的出现，为家庭形式的发展提供了新动力，于是出现了专偶制家庭，这时家庭的功能较之早期更丰富，除了家庭原有的性生活功能和生产功能外，还增加了财产继承功能。恩格斯指出，"专偶制是不以自然条件为基础，而以经济条件为基础"。[①] 专偶制绝不是个人性爱的结果，它仍然是权衡利害的婚姻。在恩格斯看来，个体婚制是与身份和财产的继承制度极其紧密地联系在一起的。随着社会历史的演进，现代家庭的结构、规模日益小型化、核心化，部分家庭功能的社会化，使家庭逐渐丧失了作为一个生产单位的作用，尤其是家庭原有生育功能的日渐弱化，少生优育，甚至不生不育成为现代家庭的主要选择。

首先，家庭经济职能退化。婚姻是一种社会关系、生产关系，但本质上还是经济关系，关系到财产积累、劳动组织和资源分配。家庭经济关系是社会经济关系的一个重要方面，建立于人们在物质生产和人口生产过程中，是社会经济关系的微观形态。但是，随着物质生活的丰富，生产生活社会化程度不断加强，导致家庭成员间相互依赖性减弱，家庭成员互助功能弱化，家庭互助的经济职能出现萎缩，促使传统的生育功能开始弱化。与此同时，生产力的发展和生产关系的变更，女性社会地位与受教育程度不断提高，使得女性经济独立性增强，女性的整体意识提升，瓦解了女性的从属地位，对家庭对丈夫的经济依赖性降低，夫妻双方的互补性减少、凝聚力下降，家庭的不稳定因素上升，越来越多的女性从单一的"生儿育女"的传统角色中得以解放，生育意愿逐渐减弱。

其次，家庭养老职能退化。伴随着工业化、现代化和城市化的进程，高福利制度的完善、家庭结构变迁与人们生活方式的变化导致家庭养老功能逐步被剥离或削弱。首先，传统生育文化中"养儿防老"的养老方式逐渐淡出，发达国家的高福利制度强化了社会保障对于"养儿防老"的替代效应，子女的养老保障作用逐渐弱化，因而西欧各国普遍转型为低生育社会。其次，伴随着城市化和工业化的发展，现代家庭规模日益小型化，家庭结构也更趋核心化，这种家庭结构变化不仅不利于子女回馈和反哺由父母所组成的原生家庭，也明显弱化了家庭之间的互助功能。

另外，随着工业化和城市化的快速推进，加速了人们的生活节奏，导致人口流动性增强，在改变着人们的生活观念与生活方式的同时，不仅对家庭结构的稳定性提出挑战，也不断增加了人们生存的成本与压力，导致现代家庭在养老能力上力不从心。这样

①《马克思恩格斯文集》第4卷，人民出版社2009年版，第77页。

一来，少生优育甚至不生不育成为现代家庭的主要选择。

最后，家庭消费功能转变。当下，人们的消费需求不再停留在"丰衣足食"的基本物质需求层面，而是在追求"发展与享乐主义"层面，从而导致物质供应日益丰富与人的需求越来越难以满足的矛盾。一方面，教育、医疗以及住房等基本家庭支出成本大幅提高，导致人民生活水平日益提高，但并没有实现真正意义上的家庭消费水平的提升，反而在一定程度上影响家庭在其他领域的健康可持续消费。另一方面，家庭消费资料总量与家庭人口数量成反比，在家庭消费资料数量一定的条件下，如果家庭消费者人数越多，则每人平均的消费资料越少，家庭总消费水平越低。相反，家庭消费者人数越少，则每人平均的消费资料越多，家庭总消费水平越高。人口数量的增加势必会大幅增加家庭消费支出。再加上现代家庭消费观念和消费行为模式不同，个体消费总量日益增加并在家庭消费总量中占据了更大份额，这将会极大地挤占其他家庭成员享受型和发展型消费的预算空间，那么，为了保证家庭的生活质量，维持家庭原有的生活水平，家庭减少生育就成为必然选择。

（三）"后物质主义价值观"支持低生育

1977年，罗纳德·英格尔哈特（Ronald Inglehart）在其《寂静的革命》这一著作中首次提出了"后物质主义"的概念。根据英格尔哈特教授对各国的政治心理与政治观念的研究，他发现在西方发达工业社会中，民众价值观正在发生重大调整，即从物质主义向后物质主义转型。二战后，西方国家进入后工业化阶段，经历了长达几十年的经济繁荣期，在此期间，人们的物质需求得到充分的满足，与此同时，也催生了一种新的价值观即"后物质主义价值观"。陶文昭指出"所谓物质主义，指人们最主要的价值利益是物质利益，其他的价值需求都是由此派生的……后物质主义包括所有与物质主义相对立的方方面面"。[1]在物质主义价值观支配下，人们竭力追求经济和人身安全，而在后物质主义价值观下，"生活质量""自我实现"和"人身自由"则被赋予了最高优先级。

在西方发达国家普遍后物质主义价值观的深刻影响下，人们对物质财富和世俗权利的追逐欲望越来越微弱，而对生活质量、自我实现等的追求愿望越来越强烈。发达的工业社会摆脱了前工业化社会的资源匮乏与安全隐患，也摆脱了工业化社会人们极力寻求利益最大化的状态，因此，人们的优先价值观不再是谋求生存和安全，也不再是物质主义。王天楠指出"在发达工业社会，人们……优先价值观转向追求对个人主观幸福的后物质主义上来"。[2]当经济安全成为一种确定无疑的保障时，后物质主义价值观下人们开始追求更高层次的需求，更关注生活品质（包括外在生态环境和内在生活质量）、注重个性化消费，强调自我表达与自主选择。个人价值观的普遍改变是社会最深层次的革命，价值观的转变会导致个体行为的转变，并引起整个社会的结构性变化。

后物质主义价值观的产生对现代的生育选择具有非常重大的影响。个体主义价值

---

① 陶文昭：《后物质主义及其在中国的发轫》，《毛泽东邓小平理论研究》2008年第6期，第81页。

② 王天楠：《英格尔哈特代际价值观转变理论及其现实意义探究》，《武汉科技大学学报（社会科学版）》2014年第1期，第60页。

观的发酵势必侵蚀家庭的凝聚力,个体对家庭传统的生育、婚姻,家庭的观念和传统行为方式越来越持怀疑和批判的态度,导致家庭相对不稳定因素增加,生育率下降。孟宪范通过对家庭的深入研究,指出现代社会由于个人主义的发酵严重侵蚀了原来家庭成员相互之间的关爱、责任和义务,传统的家庭核心价值的消减甚至丧失加剧了家庭的不稳定,导致了社会离婚率逐渐提升。为了追求个人的自由与快乐,现代的年轻人以自我为中心,处处逃避其本应承担的家庭责任与义务,在家庭中越来越缺乏牺牲与容忍精神。[1]个体主义价值观发展,在削弱了人们的家庭责任感的同时,更严重冲击了家庭的稳定。文森特·帕里罗等通过对当代社会问题的研究指出,"对个人权利的日益强调,使得婚姻不再被定义为一种是社会义务或经济上有利的结盟关系,而成为一种个人满足的来源并导致离婚率越来越高"。[2]由于后物质主义价值观对个人权利的重视,导致现代婚姻家庭的不稳定性日益提高,严重破坏了家庭本应具有的人口生产功能,当代人们的生育意愿在这种价值观念的影响下明显弱化。此外,从现代社会的普遍情况来看,随着经济的发展,妇女受教育程度和就业参与率普遍提高,她们更愿意把更多的精力放在社会、经济、文化等活动上,生活态度和价值观更加自由。女性为了追求自我价值的实现,从传统"结婚生子"的生活束缚中解放出来,进一步推进了结婚率、生育率双双跌落趋势。

三、"两种生产"理论的澄清与发展

综上所述,现代发达国家和地区"高发展–低生育"现象的产生,不是单一因素作用的结果,而是社会经济发展中诸多因素交互作用的产物。对经济发展与低生育的逻辑关系做简单的线性理解,无疑脱离了社会现实,也背离了"两种生产"理论的应用实际。因此,对"两种生产"理论的理解和把握应首先从其产生的历史前提与原初语境出发,并立足于当前具体的社会历史环境,对"两种生产"理论进行论证和检验。

(一)澄清前提:"两种生产"理论的历史论证

理论分析发现,马克思、恩格斯的"两种生产"理论是以对原始社会时期"史前"各文化阶段(即蒙昧时代、野蛮时代)的研究为前提,这个"研究前提"的确定对理解和研究"两种生产"理论至关重要。正如马克思1859年提出的历史唯物主义原理是以文明时代为历史前提一样,恩格斯的"两种生产"理论也是有其特定的历史前提的,"两种生产"理论在不同历史时期、不同社会发展状况下其所揭示的相互作用关系并不完全相同。"两种生产"理论的科学性是无可非议的。从《起源》一书中,恩格斯明确指出原始社会的发展包括家庭史的发展最初是由人类自身的生产决定的,然后才是由物质生活资料的生产决定的。

在原始社会时期社会生产力水平低下,人类本身还具有相当程度的自然属性,即使

① 孟宪范:《家庭:百年来的三次冲击及我们的选择》,《清华大学学报(哲学社会科学版)》2008年第3期,第133页。
② 文森特、帕里罗等:《当代社会问题》,周兵等译,华夏出版社2002年版,第281页。

在这样的情况下，人类已经有了粗浅的分工与简单的生产工具，"物质资料的生产"依然存在并在相当程度上服从和服务于"人的自身的生产"。到了原始社会后期，随着畜牧业发展与金属工具出现，生产力逐渐发展到较高水平，"物质生活资料的生产"日益成为制约社会发展的主要力量。"物质生活资料的生产"是一种动态的、持续的历史性活动，在任何历史阶段都需要"现实的人"即劳动者的参与和推动，"人类自身的生产"始终是"物质生活资料生产"赖以发展的现实基础。同时，物质生产是维持"人类自身的生产"的基本物质条件，当人类所拥有的物质生活资料不能满足人类自身生产的需要时，就会导致人口总量减少。反之，随着社会生产力的逐步提高，物质生活资料的生产满足人类自身的生产需求的能力不断提高，物质生活资料日益丰富，人口总量日益增多。

事实上，人口增长的现实也佐证了物质生产对人的生产的促进作用。在人类社会早期，由于社会生产力水平非常低，出生率与死亡率呈现出双高状态，因此那时社会人口总体增长十分缓慢；当人们开始大规模发展农业后，物质生产力水平有所提升，粮食供应和医疗条件改善，人口增长速度逐渐加快；进入工业革命时期，随着工业化的发展，物质生产力水平大幅提升，物质生活资料大大超过了维持人类的基本生存所必需，为人口数量的大幅增加创造了条件，人类开始进入了人口数量与经济总量急剧膨胀的发展阶段；第二次世界大战后，相对和平的环境促进了生产力的快速发展，科技、医疗水平持续改善，西方工业化国家出现了一段生育高峰。直到20世纪70年代，发达的工业化国家生育高峰逐渐消退，经历了显著的人口转型过程，人口生育率开始逐渐下降。

然而，这种"促进作用"的有效作用范围仅限于物质资料相对匮乏的条件下，一旦这种匮乏状况得以改善，其他因素便一同参与进来综合影响人的生产。随着物质生活资料的极大丰富，两种生产之间的逻辑关系就表现得尤为繁芜复杂。现如今，发达国家和地区的社会发展环境与"两种生产"理论的历史前提——物质生活资料极度匮乏的原始社会大相径庭。发达国家和地区获得了物质资料的极大改善，彻底改变了"促进作用"的先决条件，因而出现了"高发展-低生育"的"怪相"。相反，物质匮乏的发展中国家和地区因尚未跳出"促进作用"的前提，则仍对应着较高的生育率。因此，要判定"两种生产"的正确性，应该将其放在其创立的历史前提中去把握，否则就会陷入形而上学的泥潭。

(二)时代扩展："两种生产"理论的发展

步入工业社会后，人口生育率开始显著下降。西欧、美国、日本以及其他工业化国家，人口转变与工业化相伴而来。工业文明时代，人口生产的触发机制已不在于人类的基本生存需求的满足，其影响机制变得日益复杂化，不仅受物质生产状况(即经济)的影响，还受到家庭职能变迁、后物质主义价值观的影响。在以机器劳动为基础的社会大生产条件下，尤其是现代科学技术的迅速发展和广泛应用，物质生产主要依靠技术进步，对人口数量的需求相对减少，而对人口质量的发展提出了新的要求。

其一，工业文明时代，人口生产越来越成为一种经济理性行为。物质资料在物资短缺的人类社会早期是人口生产的决定性因素，当人类生存的基本物质生活资料得到满足时就会促进人类生育。然而,受生产力发展水平的限制与制约,人类社会初期物质生活资料极度匮乏,人口增长模式呈"高出生率、高死亡率、低增长率"的原始型状态。步入工业文明时代,物质资料的短缺状态已经得到极大的改善,但是也并没有如英国人口学家托马斯·罗伯特·马尔萨斯(Thomas. Robert. Malthus)在1798年《人口原理》和1802年《政治经济学原理》中所预测的那样出现人口过度增长,在物质生活资料丰裕的国家与地区反而引发了低生育危机。在现代社会,家庭层面对生育的考虑是在成本与效用比较后所做出的"合理选择"。在现代社会,首先,孩子的生育成本和女性生育的机会成本显著上升。其次,物质生产的日益丰富与发展并没有真正同步提高现代的消费水平。除了孩子的抚育成本和机会成本直线上升以外,家庭部分耐用消费品如住房价格猛升,教育支出、医疗支出大幅提高。最后,消费需求提高,导致相对贫困出现。较之成本因素,孩子给家庭带来的主要是"心理收益",成本与收益失衡明显。从个体理性原则出发,必然倒向低生育一边。

其二,工业文明时代,人口生产受家庭职能变迁的影响。传统农业社会,社会分工水平不高,生产工具简单,生产力水平落后,自给自足的小农经济占主导地位,家庭不仅是日常生活的基本单位,还集生产、生育、消费等各种职能于一体。工业文明时代,首先,随着社会分工水平不断提高,物质资料生产的社会化程度不断加深,家庭逐渐丧失了作为一个生产、生活单位的作用;其次,工业社会还创造了大量老龄人口,由于现代家庭规模与家庭结构日益小型化,核心化,使得"夹心中层"的赡养负担越来越重。另外,消费文化的更替与演变使人类的需求不再停留在基本生存需求的满足,人们的消费需求不仅满足于吃饱穿暖等基本物质需求层面,而是跃升到了追求更高层次的享乐与标志性消费上,从而导致物质供应日益丰富与人的需求越来越难以满足的矛盾日益尖锐。家庭原有经济功能、养老职能日益退化与家庭消费职能的转变,都对家庭生育功能产生巨大的冲击。

其三,工业文明时代,人口生产深受"后物质主义价值观"的影响。经过长期高速的经济发展与物质繁荣后,西方发达国家物质主义价值观凸显,人们从以生存为首要目标转向追求生活质量、平等主义、自由选择的个体主义。从女性角度而言,在市场经济条件下,随着女性受教育程度与劳动力市场参与程度的提高,女性更重视个体发展和个人价值的实现,一方面个人与社会的关系得到强化,而另一方面与家庭的关系趋于弱化,生育行为容易导致女性陷入职业发展困境,因此从自由选择的个体主义角度出发,少生甚至不生成为女性的首要选择。再者,现代社会个体尤其是女性受"后物质主义价值观"的影响其生育观明显改变,她们越来越对家庭传统的传宗接代、养儿防老的生育观念持怀疑和批判的态度。人们日益追求个人自由与享乐的生活方式,个体选择和需求的增多,风险和不确定性增大,出现"低结婚率、高离婚率、低生育率"的可能性越高。

其四,当今人口质量对人口数量的替代趋势日益明显。从生产力发展的演进史来看,人类进行物质资料生产的方式已经由农业时期劳动密集型过渡到工业时期的技术和资金密集型,进而向现代知识密集型转变。由于农业社会以人工劳作作为主要生产方式，具有体力优势的男性在农业生产活动中具有明显的优势，这也进一步强化了农业社会生育模式中的男性偏好。为了获得劳动力，生产更多的农业产品，在农业社会人们普遍愿意多生育。工业化强化了大机器生产对传统手工业的替代作用，推动了社会生产力水平的大幅提高，自然而然也减少了生产对劳动人口的需求。与此同时，社会经济发展与生产方式的变革，需要人口质量的提高。当今世界，新一轮科技革命和工业革命孕育兴起，正在对现有的产业结构、生产方式、消费方式、生育观念等产生广泛而深远的影响。当今社会，社会生产力已经发展到一定水平，社会发展主要依靠劳动者质量的提高，而不是数量的简单增加。为适应世界产业革命的大趋势，必须培养大批对接技术革命的高质量人才，驾驭现代化生产的快速发展。这也就是为什么随着社会生产力发展、生产方式的变革、人们收入水平的提高，出生率反而下降，其实，这正是"两种生产"与现代社会相适应的表现。

根据"两种生产"理论，两种生产之间始终紧密相连，二者的相互作用在不同历史时期存在着差异，在同一时期不同国家和地区也不尽相同。物质生产对人的生产"促进作用"的发挥，必须在物质资料相对匮乏的历史条件下。否则，前提条件的改变必然会相应地出现异质性结果。当前，学界诸多学者手执异质性结果——"高发展-低生育"现象质疑"两种生产"理论的科学性，就在于忽略了理论前提的深刻变化。在工业文明时代，随着社会生产力的发展和物质财富的增加，发达国家和地区突破了"物质资料匮乏"的桎梏，人的生产受多重因素的影响和制约，因而绝不能从简单的线性逻辑关系出发来理解"两种生产"。

论马克思对英国古典经济学派的劳动价值论的变革及现实意义①

雷　玲

摘　要："劳动价值论"是对商品生产关系本质进行研究所得出的结论,它所讨论的主题是价值的源泉、表现及运动规律。古典经济学家们很早就提出了"劳动创造了价值"的观点,但是囿于资产阶级的阶级立场,他们对劳动价值论的认识最终止步于区分使用价值和交换价值。马克思在吸收古典经济学家们的观点的同时突破了资产阶级立场的局限性,跨出了关键性的一步,即在区分商品的使用价值和交换价值的基础上,从交换价值中抽象出了价值,在商品价值二重性的基础上发现了劳动的二重性,完成了对古典政治经济学派劳动价值论的变革。马克思的劳动价值论是剖析资本主义社会的理论工具,它论证了资本主义经济的运行体制以及生产和交换的规律。对马克思的劳动价值论的分析不仅有助于进一步认识资本主义社会,同时对于指导中国特色社会主义现代化的发展亦有十分重要的现实意义。

关键词：使用价值,交换价值,价值,具体劳动,抽象劳动

本文引文格式：雷玲:《论马克思对英国古典经济学派的劳动价值论的变革及现实意义》,见何云峰主编:《劳动哲学研究》第9辑(2023年第2辑),上海教育出版社2023年12月版,第59-69页。

一、英国古典经济学派对劳动价值论的发展

17世纪英国爆发的资产阶级革命使得英国资本主义经济迅猛发展,工场手工业蓬勃发展,产业资本开始代替商业资本在日常经济生活中占据重要地位。代表新兴资产阶级立场的威廉·配第提出了劳动时间决定商品价值的基本命题。在配第看来,劳动不仅是财富的源泉,劳动时间还是衡量商品价值的尺度。耗费在商品中的劳动量与商品

---

① 作者通信地址:雷玲,上海师范大学哲学与法政学院,上海200234。

的价值量成正向性的关系,生产商品所需的劳动的数量决定了商品的价值量。

　　配第认为商品的价值是由劳动时间决定的,他指出:"货币数量的变化会使我们按某些名称或符号(镑、先令及便士就是这些名称或符号)来计算的各种商品的价格发生变动。例如:假如一个人在能够生产一蒲式耳谷物的时间内,将一盎司从秘鲁的银矿采出来的白银运到伦敦来,那么后者就是前者的自然价格。"①可以看出,在配第那里,生产一蒲式耳谷物的时间与运一盎司的白银的劳动时间是相等的,白银之所以可以谷物互相交换,也是因为生产它们的劳动时间是一样的,因而一盎司的白银就可以被看作是一蒲式耳谷物的自然价格。配第把商品的价格分为"自然价格""政治价格"以及"实际的市场价格"。"自然价格"是商品的价值,在这里一蒲式耳谷物的价值就是一盎司的白银。"政治价格"是在"自然价格"基础之上计算出来的价格,"实际的市场价格"则是"如果将这种政治价格以人工的共同的标准银币来衡量,就可以得到我们所寻求的价格,即实际的市场价格(true Price Current)"。②

　　配第提出劳动是价值的源泉,揭开了古典政治经济学的"劳动价值论"的发展序幕,为古典政治经济学的劳动价值论发展奠定了基础。然而在关于劳动价值论的论述中,他没有进一步对劳动产生的价值进行区分,即便他区分了商品的自然价格和政治价格以及实际的市场价格,他也没有区分使用价值和交换价值。在他那里,使用价值和交换价值有时候甚至是混合在一起使用的。配第曾说:"假定这一个人前往生产白银的地方,在那里采掘和提炼白银,然后把它运到另一个人栽培谷物的地方铸成货币,并假定这一个人在从事这些工作的同时,也能得到生活所必需的食物和衣服。我认为这个人的白银和另一个人的谷物,价值一定相等。"③按照配第的描述,劳动可以分为两种,一种是挖掘和提炼白银的劳动,另一种是栽培谷物的劳动。然而不管是提炼白银的劳动还是生产谷物等普通商品的劳动,都是具体的劳动。可是在流通领域,提炼白银的这一劳动本身就是为了白银的交换价值而非使用价值,但是生产谷物的劳动创造的是谷物这种普通商品的使用价值,它们只有在与白银交换时才有交换价值。

　　到了亚当·斯密那里,他在对配第的劳动价值论进行了系统的分析和研究后,以此为基础对商品及其使用价值、交换价值作了进一步的剖析,比较全面地论述了劳动价值理论。斯密在结合了重商主义以及重农主义的基础上,提出了"劳动是衡量一切商品的交换价值的真实尺度"。④斯密把价值分为使用价值和交换价值。他指出:"应当注意,价值(value)一词有两种不同的含义:有时表示某一特定物品的效用,有时又表示占该物品时所带来的购买其他货物的力量。前者可以称为'使用价值';后者可以称为'交换价值'。"⑤斯密对商品的使用价值和交换价值作出了明确的区分。但是斯密也认为使用价

---

① 威廉·配第:《配第经济著作选集》,陈冬野、马清槐、周锦如译,商务印书馆2011年版,第74页。

② 威廉·配第:《配第经济著作选集》,第135页。

③ 威廉·配第:《配第经济著作选集》,第63页。

④ 亚当·斯密:《国民财富的性质和原因的研究》上卷,杨敬年译,陕西人民出版社2001年版,第41页。

⑤ 亚当·斯密:《国民财富的性质和原因的研究》上卷,第34页。

值和交换价值不是成正比的,甚至有可能是成反比的,比如说水,人们的生活离不开水,水在人们的日常生活中有巨大的使用价值,然而却不具有交换价值。

斯密在讨论商品的交换价值的形式时,主要围绕着三个层面:第一个是商品的真实价格是什么?第二个是构成商品真实价格的各个部分的要素是什么?第三个是为什么商品的实际价格即市场价格会偏离商品的真实价格?对这三个问题的详细阐述构成了斯密的劳动价值论。

斯密在回答第一个问题即阐述商品的真实价格时,提出了交换价值的真实尺度和商品的真实价格这两个概念,并认为交换价值的真实尺度与商品的真实价格是不同的。他说:"任何商品的价值,对拥有它但不想自己消费它而是要用它来交换其他商品的人来说,等于该商品能使他购得或支配的劳动的数量。"① 在这里,斯密明确地指出了劳动是可以购买的或者可以支配的劳动,这种可以购买或者可以支配的劳动就是交换价值的真实尺度,即劳动是交换价值的真实尺度。然后他指出:"每一件东西的真实价格,即每一件东西对于想要得到它的人的实际价值,是获得它时所付出的辛苦和麻烦。每一件东西对于已经得到它并想要处理它或用它来交换别的东西的人来说,它实际所值,是它能为自己省去的并能加诸他人身上的辛苦和麻烦。用货币够到的或用货物交换来的东西,都是用劳动够来的东西,就像我们用自己的辛苦得来的东西一样。"② 此处的辛苦和麻烦指的是耗费在生产商品上的必要劳动。商品的真实价格就由耗费在生产商品上的必要劳动决定。于是,问题就出现了。斯密明确地论述了作为衡量交换价值的真实尺度的劳动与衡量商品的真实价格的劳动是不同的。但在其他地方的叙述中,他又把二者相互混同,比如他又说:"财富的价值,对于拥有它并想要用它来交换某种新产品的人来说,正好等于它能使他们购得或支配的劳动的数量。"③ 在此,货物的价值等于购买的劳动,且又等于耗费在商品生产中的一般劳动。这样,斯密就完全地把商品交换价值的真实尺度和真实价格混为一谈了。

斯密在谈论第二个问题即商品的真实价格的组成部分时,他以资本积累和土地私有的完成情况为划分标准,把社会阶段分为原始社会和资本主义社会。他认为在原始社会中,生产商品的劳动量决定商品的价值,劳动者可以全部地占有自己的劳动产品,即"劳动是价值的唯一尺度"。"全部产品属于劳动者;在获得生产任何商品时普通使用的劳动数量,就是规定它普通应当购买、支配或交换的劳动数量的唯一条件。"④ 在这里,产品属于劳动者的劳动指的是"交换价值的尺度",它是衡量价值的外在标准。而生产商品所耗费的劳动量就是这个商品的"真实价格",是决定商品价值的关键因素。斯密在这个时候对商品的真实尺度和真实价格的认识,已经开始区分购买的劳动和耗费在商品价格上的自然一般劳动。在此基础上,斯密指出与原始社会不同的是,在资本主义

① 亚当·斯密:《国民财富的性质和原因的研究》上卷,第41页。

② 亚当·斯密:《国民财富的性质和原因的研究》上卷,第41–42页。

③ 亚当·斯密:《国民财富的性质和原因的研究》上卷,第42页。

④ 亚当·斯密:《国民财富的性质和原因的研究》上卷,第62页。

社会,全部的劳动产品并不完全属于劳动者,劳动者们无法再全部占有自己的劳动产品,他们还要与资本和土地所有者共分,在这种情况下,商品的真实价格不完全由生产商品所消耗的一般劳动单独决定,还要纳入利润和地租。因而在资本主义社会中,工资、利润、地租三种因素决定了商品的价值。他说:"在谷物价格中,一部分支付地主的地租,一部分支付在生产中所使用的劳动者的工资或役畜的维持费,第三部分支付农场主的利润。这三部分似乎直接或者最后构成谷物的全部价格。"①

接着,斯密开始论述第三个问题,他认为商品的价格分为自然价格和市场价格,商品的自然价格是生产商品时消耗在商品上的工资、利润和地租;商品的市场价格则是商品受市场规律的作用形成的实际交易价格。斯密发现市场价格与自然价格的发展趋势不是同步的,市场价格围绕自然价格而波动。

斯密关于劳动、商品和价值的三个问题系统论述了使用价值、交换价值、自然价格和市场价格等。但是他的劳动价值论是前后矛盾的,甚至在某些时候,他对三个问题的回答是互相矛盾的。"在斯密的价值学说中,科学和庸俗的成分和平共处,成为后来资产阶级经济学在价值理论上分歧的根源。"②

大卫·李嘉图对于劳动价值的讨论是接着斯密的价值论进一步深入的。李嘉图认同斯密对于使用价值和交换价值的论述,但在这两者的关系上,李嘉图认为使用价值是交换价值的前提,是交换价值的物质承担者。李嘉图认为构成商品交换价值的有两方面,一个是商品的稀缺性,另一个是耗费在商品上的劳动量。他指出:"有用商品的交换价值,得自两个泉源——一个是稀少性,一个是生产所必要的劳动量。"③稀缺性的商品交换价值是由其商品本身的稀缺性决定的,比如雕刻、画像和古籍等,它们的价值是由人们对它们的偏好以及自身的财富状况决定的,与耗费在它们身上的劳动量毫无关系。稀缺性商品交换只是在日常生活中占很小一部分。他说:"在人类所欲得的货品中,最大的部分,是由劳动而生。"④

在对商品价值的研究上,李嘉图没能走出交换价值的框架。他坚持商品的价值是由劳动时间决定的,并明确反对斯密在商品价值规定上的二元论。斯密认为商品的价值有两种:一种是生产商品时所耗费的劳动量,另一种是购买的劳动。李嘉图认为这两个不是可以等同的说法。因为耗费在商品生产上的劳动是固定不变的,但是购买的劳动是个变量,因为劳动的供求是不断波动的,工人所需的食物和其他生活必需品的价格也在持续变动,这些因素都会影响劳动的价值。劳动价值可变,它就不再是稳定的锚,这样,斯密把商品能够交换到的劳动量当作商品价值的尺度是说不通的。

李嘉图还批判了斯密关于第二个问题即交换价值是在资本主义社会是由三部分组成的观点。斯密把社会发展分为不同的阶段,认为价值会在不同的历史阶段有不同的

---

① 亚当·斯密:《国民财富的性质和原因的研究》上卷,第64页。

② 陈岱孙:《从古典经济学派到马克思——若干主要学说发展论略》,商务印书馆2021年版,第75页。

③ 大卫·李嘉图:《政治经济学及赋税原理》,郭大力、王亚南译,译林出版社2011年版,第1页。

④ 大卫·李嘉图:《政治经济学及赋税原理》,第2页。

决定因素,比如在前资本主义社会,价值由劳动所决定,但是到了资本主义社会,价值的决定因素是工资、地租、利润。李嘉图认为不同的社会历史阶段并不会对价值产生影响,价值依然是由生产商品所耗费的必要的劳动所决定的。已经生产出来的价值不会因为分割而改变原本的价值。李嘉图认为按照斯密的说法,工人生产的一定量的产品仅仅因为资本家和地主要参与分配产品的价值就会增加,这是无法理解的,正如一个做好的面包无论如何怎么分也不会影响到面包本身的大小,决定面包大小的是生产面的具体的劳动过程,这就是李嘉图与斯密不同的劳动价值论。

从配第到斯密再到李嘉图,古典经济学家们的价值论始终都没能对价值和交换价值作出科学区分。配第提出劳动决定价值的基本命题,为后来的古典经济学家们打开新世界,但在配第那里,价值还是个很笼统的概念,价值有时候是使用价值,有时候又当交换价值使用。斯密在配第的基础上区分了商品的使用价值和交换价值,从商品中抽象出了交换价值,但止步于此。李嘉图虽然对亚当·斯密的耗费必要和购买得的劳动有专门的辨析,但是他也没有对价值和交换价值作专门的论述,没有从交换价值中抽象出价值,他在《政治经济学及赋税原理》中,对交换价值和价值的使用甚至是混乱的,前后不一致的,他秉持劳动创造价值的理念,却推理出难以逾越的理论矛盾。这也为其后来的理论体系解体埋下了伏笔。

二、马克思对劳动价值论的科学阐释

古典经济学家们以研究资本主义生产方式的生产和交换为己任,他们在批判封建生产方式上确实有所建树,他们创立的劳动价值学说也有一定的科学成分,但受制于资产阶级的立场,他们缺乏辩证的、历史的眼光来看待资本主义的生产方式,从而对政治经济学的研究陷入停滞。他们没有从商品的交换价值中抽象出商品的价值,这一对资本主义生产方式的深度剖析的关键性步骤是由马克思完成的,由此马克思实现了对古典政治经济学的变革。古典经济学家们认为资本主义是天然的永恒的社会制度,资本主义社会的经济规律适用于任何社会的生产方式。这恰恰是古典经济学派的根本缺陷。古典经济学家们的视野里只能看到资本主义的生产方式和发展。所以李嘉图之后的经济学家们甚至开始为资本主义生产方式辩护而古典经济学沦为庸俗经济学。但滚滚的历史车轮永远是向前发展的,正如封建社会取代奴隶社会、资本主义社会推翻了封建社会一样,资本主义社会最终也将会被社会主义社会所取代。

（一）商品的二重性及其内部矛盾

马克思对资本主义生产方式的分析是从商品开始的,他从历史唯物主义的视角出发,在《资本论》中阐述了关于对商品分析的历史,论述了古典经济学派的劳动价值理论的提出、发展以及完成,并在此基础上提出:"为什么资产阶级经济学家不能够接触到事物的实质。"[①] 他一针见血地指出:"诚然,政治经济学曾经分析了价值和价值量(虽然不

---

① 陈岱孙:《从古典经济学派到马克思——若干主要学说发展论略》,商务印书馆2021年版,第85页。

充分),揭示了这些形式所掩盖的内容。但它甚至从来也没有提出过这样的问题:为什么这一内容采取这种形式呢?为什么劳动表现为价值,用劳动时间计算的劳动量表现为劳动产品的价值量呢?"[①] 马克思通过对资本主义社会和经济关系的深入研究,发现了无产阶级的形成和存在。他以无产阶级为立足点,以辩证唯物主义和历史唯物主义的思维方式改造了古典经济学家们的劳动价值论,并在此基础之上提出了自己的劳动价值学说,从而使劳动价值的理论摆脱了资产阶级立场的局限性,实现了对古典政治经济学劳动价值论的变革。

在提出劳动二重性之前,马克思运用辩证唯物主义的科学思维由表及里地从商品入手,提出了商品具有二重性,正是商品的二重性决定了劳动的二重性。商品的二重性就是商品同时具有使用价值和价值。古典经济学家们发现了商品的使用价值和交换价值,但遗憾的是没能从交换价值中抽象出价值来。

商品的使用价值是指商品作为一个外在于人的对象,能够满足人们的实际需求、有一定的实用性和实际功能。商品的使用价值代表了商品凭借其自身的属性满足人们需求的功能。商品的交换价值是能够使一种使用价值同另一种使用价值相交换的关系。在马克思看来,在商品经济中,使用价值是交换价值得以实现的前提,它是交换价值的前提和物质承担者。作为交换价值,商品必须有能够得以交换的使用价值。人们不会交换没有使用价值的商品。交换价值"首先表现为一种使用价值同另一种使用价值相交换的量的关系或比例",[②] 它是商品作为交换手段,用来与其他商品相交换的属性。这种属性是商品特有的,是非商品的一般劳动产品所没有的。这种属性的依据在于商品本身就是一个具有交换资格的实体,也就是价值。这个作为价值的实体,是一个凝结了无差别的人类劳动的实体。事实上在交换的过程中,使用价值经常是被忽略和抽象出去的。而当一个商品被抽掉使用价值时,就只剩一个属性,即劳动产品,又因为已经被抽掉了使用价值,最后这个劳动产品就是一个凝结了无差别的人类劳动的产品。因而交换价值其实不过就是价值的表现形式,价值是交换价值的基础。至此,马克思完成了对古典经济学派劳动价值论的理论超越。

在马克思那里,商品的价值是凝结在商品中的一般人类劳动。因而商品的价值量就是生产商品所耗费的劳动数量。劳动是用劳动时间来衡量的,劳动时间指的是制造、生产或提供一种商品所需的人类劳动力的数量和强度。因而价值量也应该是由劳动时间衡量。需要注意的是,商品的价值量是一个由社会规定的劳动时间,马克思称之为社会必要劳动时间。"社会必要劳动时间是在现有的社会正常的生产条件下,在社会平均的劳动熟练程度和劳动强度下制造某种使用价值所需要的劳动时间。"[③] 它之所以能够决定商品的价值量,就在于商品价值是一个社会性和历史性的范畴,生产商品耗费的劳动是因为要用于交换才成为价值的,所以价值量也就必然由交换的要求来决定,而交换

①《马克思恩格斯文集》第5卷,人民出版社2009年版,第98页。

②《马克思恩格斯文集》第5卷,第49页。

③《马克思恩格斯文集》第5卷,第52页。

的依据就是在现有的能够体现社会劳动的一般平均水平的生产力条件下,社会生产在一定时间内的劳动耗费的情况。尽管商品的价值量是由社会必要劳动时间所决定,但有时候商品的价值还会受到其他因素的影响,比如:自然资源的稀缺性、技术发展水平、劳动生产率以及市场需求和供应关系,等等。

商品的使用价值和价值是既对立又统一的关系。这两种价值都包含于同一商品中。这二者互相依赖、互为条件、缺一不可。"商品必须表现为使用价值和交换价值的统一,但同时又必须在这种统一中表现为这种二重物。"① 不存在单纯的只有使用价值的商品,也不存在纯粹只有价值的商品,任何商品都同时具有使用价值和价值。同时二者还互相对立,一方面商品是直接作为劳动产品生产出来的,它的第一形态是使用价值;另一方面,商品又是作为交换而生产出来的,所以它要求自己作为价值存在,作为能直接交换其他人商品的手段来存在,如此,直接的使用价值的形态,就有可能妨碍它作为价值的职能。所以商品是使用价值和价值的矛盾统一体。它的内部矛盾就推动着商品进入交换,也即它是价值,但是它直接表现为使用价值,因而它必须进行交换。在谈到交换价值时,马克思在吸收了古典政治经济学理论的基础上,比古典经济学家们走得更远,他从交换价值中抽象出了价值,认为交换价值不过是价值的表现形式。

(二)商品中的劳动二重性

商品的二重性进一步表明消耗在商品上的劳动也是具有二重性的。换言之,造成商品二重性的原因就是生产商品的劳动的二重性,即具体劳动和抽象劳动。商品之所以是商品,是因为耗费在商品中的个人的、具体的劳动以及抽象的、无差别的人类劳动。具体劳动产生了商品的使用价值,马克思说:"这种生产活动是由它的目的、操作方式、对象、手段和结果决定的。由自己产品的使用价值或者由自己产品是使用价值来表示自己的有用性的劳动,我们简称为有用劳动。"② 形成使用价值的具体劳动不同于构成价值的抽象劳动,抽象劳动是凝结在商品中无差别的人类劳动,它创造了商品的价值。

具体劳动是指特定生产活动中人所实际从事的劳动形式。它与特定的技能、知识和经验相关,是人与自然关系的现实反映。从人类社会诞生开始,人类就在通过具体劳动来满足自己的物质生活。具体劳动是人类从自然界获取劳动资源并且借助自然力进行改造客观世界的实践活动,它是有形的、对应于特定的劳动对象。具体劳动的多样性、特定性和个别性是其实际发挥作用并创造特定产品或提供特定服务的基础,不同的具体劳动形式创造不同的使用价值。

抽象劳动是消耗在商品生产上的无差别人类劳动。马克思以上衣和麻布为例来对抽象劳动进行解释。在马克思看来,作为价值,上衣和麻布是具有相同实体的物,是同种劳动的客观表现。"如果把生产活动的特定性质撒开,从而把劳动的有用性质撒开,劳动就只剩下一点:它是人类劳动力的耗费。尽管缝和织是不同质的生产活动,但二者都是人的脑、肌肉、神经、手等等的生产耗费,从这个意义上说,二者都是人类劳动。这只

① 《马克思恩格斯文集》第8卷,人民出版社2009年版,第432页。
② 《马克思恩格斯文集》第5卷,第55页。

是耗费人类劳动力的两种不同的形式。"① 这是一种创造价值的无差别的人类劳动。抽象劳动作为形成价值的劳动在不同的劳动中没有质的区别,不管是生产什么商品,在一定意义上都是对劳动的消耗,它们之间只有量多量少的区别。然而不同的劳动由于复杂程度不同,所以即便劳动同样长的时间,所耗费的劳动量也会存在差别。对此,马克思提出了简单劳动和复杂劳动的概念。简单劳动是指在相同时间内所创造的价值量相对较低的劳动形式。简单劳动通常对应于技能、知识和专业要求较低的劳动类型。"比较复杂的劳动只是自乘的或不如说多倍的简单劳动,因此,少量的复杂劳动等于多量的简单劳动。"② 那么,复杂劳动应该如何折算呢? 马克思说:"各种劳动化为当做它们的计量单位的简单劳动的不同比例,是在生产者背后由社会过程决定的,因而在他们看来,似乎是由习惯确定的。"③

综上所述,马克思的劳动价值论从劳动的二重性出发,超越了古典经济学家狭隘的劳动价值论,将具体劳动和抽象劳动的概念引入价值理论中,揭示了商品价值形成的基本原理,并对资本主义经济体系的剥削机制奠定了基石。马克思以批判的眼光,在吸收了古典经济学派的基础上总结道:"一方面是人类劳动力在生理学意义上的耗费;就相同的或抽象的人类劳动这个属性来说,它形成商品价值。一切劳动,另一方面是人类劳动力在特殊的有一定目的的形式上的耗费;就具体的有用的劳动这个属性来说,它生产使用价值。"④

三、马克思的劳动价值论对中国式现代化发展的启示

虽然马克思的劳动价值论是源于古典政治经济学,但是马克思对劳动价值论的剖析无论是在广度上还是在深度上都大大地超越了古典经济学家们对劳动价值论的研究,他突破了资产阶级的视野,从根本上揭示了资本主义经济体系的运行机制、资本主义私有制社会的生产关系以及资本主义的内在矛盾。这不仅让人们对资本主义生产方式有了更清晰而深刻的认识,同时也给中国特色社会主义社会的建设带来重要的启示性意义,对正确认识并发展中国特色社会主义市场经济以及创造性发展中国式现代化有着重要的指导意义。

第一,坚持中国特色社会主义制度不动摇。马克思的劳动价值论最大的贡献在于通过劳动价值论发现了资本主义社会生产和剥削的秘密。资本的内在本性是不断地自我增殖,它无法遏制住自己的增殖冲动,而资本增殖的关键在于对剩余价值的占有,剩余价值就是由劳动者创造的却被资产阶级无偿占有的劳动。换言之,无论资本主义的发展如何的繁荣,其最终的目的并不是为了改善普通大众的生活,而是为了满足自身的

①《马克思恩格斯文集》第5卷,第57页。
②《马克思恩格斯文集》第5卷,第58页。
③《马克思恩格斯文集》第5卷,第58页。
④《马克思恩格斯文集》第5卷,第60页。

增殖欲望。因而不管资本主义怎么发展,发展到什么阶段,都无法避免因自身的根本矛盾而带来的周期性经济危机。资本主义社会的根本性矛盾也决定了资本主义社会的劳动者永远无法摆脱异化劳动的状态。资产阶级"把人的尊严变成了交换价值,用一种没有良心的贸易自由代替了无数特许的和自力挣得的自由"。①马克思预言,资本主义最终是会被共产主义社会所代替的,在共产主义社会,资本主义私有制的生产方式将消逝在历史的长河中,也不会再有资产阶级和无产阶级的对立,"代替那存在着阶级和阶级对立的资产阶级旧社会的,将是这样一个联合体,在那里,每个人的自由发展是一切人的自由发展的条件"。②那将是一个没有剥削、没有压迫、能使人得到全面发展的社会。然而事实上,在资本主义的生产方式下,资本家越来越富有、工人越来越贫困,资本主义社会的两极分化日趋严重。相较于此,社会主义社会在制度上有着明显的优越性。首先,社会主义社会不管是从生产方式还是从分配方式上都与资本主义社会有着明显的区别。社会主义社会坚持人民至上,以增进人民的福祉为出发点和落脚点,以实现共同富裕和人的全面发展为目标。在分配方式上坚持以按劳分配为主体、多种分配方式并存,少劳少得、多劳多得。当前,我国在发展中国特色社会主义市场经济中虽然出现了困难和挑战,但是,只要坚定中国特色社会主义这个有着明显优越性的根本制度不动摇,中国人民对美好生活的期待和向往就一定能实现。中国特色社会主义更是中国共产党人长期探索形成的重大理论成果和实践成果,是我们取得一切成绩和进步的根本原因,是十几亿中国人民摆脱贫困、过上小康生活的必由之路,是进一步实现人与自然和谐共生、物质文明与精神文明相协调、全民共同富裕的现代化之路。在当代中国,坚持中国特色社会主义道路,就是真正地坚持社会主义。

第二,深化对市场规律的认识并在尊重市场规律的前提下,制定科学的社会主义市场经济的发展政策和相应的制度,处理好市场与政府之间的关系。马克思的劳动价值论认为,价值规律受供求关系的影响,价格是价值的货币表现,当市场上的商品供应超过需求时,商品的价格会降低,当市场上的商品供应小于需求时,商品的价格就会升高。由此就会自发地调节生产部门生产哪些商品,从而调动市场的资源配置,提升生产效率、促进生产力的发展。正如一个硬币有两面性一样,市场规律在调动资源配置的同时,其自身也会有盲目性和滞后性,直接导致恶性竞争甚至是垄断等后果。这就要求在尊重市场规律发展中国特色社会主义市场经济的同时,也要认识到市场规律不仅具有"决定性",同时也有"局限性"。斯密创建的古典经济学认为在市场经济体制中,应当充分发挥价值规律这只"看不见的手"的作用,并尽量减少政府干预。然而历史已经向人们证实,单纯地依靠价值规律调节市场的结果就是资本家越来越富有、工人越来越贫穷,最后不可避免的就是生产积累过多而有效需求不足,其最终的后果就是经济危机的爆发。因此,在充分发挥市场这只"看不见的手"的同时,也要正视政府这只"看得见的手"的宏观调控作用。在建设中国特色社会主义市场经济的过程中,要尤为注意协调好

①《马克思恩格斯文集》第2卷,人民出版社2009年版,第34页。

②《马克思恩格斯文集》第2卷,第53页。

政府和市场的关系,最大限度地发挥二者的作用。一方面,要充分发挥市场在资源配置中的决定性作用,实现产权有效激励、要素自由流动、价格反应灵活、公平竞争有序、企业优胜劣汰,最大限度地减少政府对市场主体经济活动的直接干预;另一方面,要更好地发挥政府作用,坚持竞争中性原则,保障不同的市场主体平等获取生产要素、公平参与市场竞争。

第三,进一步完善相应的法律法规,从法律层面最大限度地保障劳动者的权益,尊重劳动者的主体地位。对劳动者的权益保障和劳动主体地位的承认和尊重是建立公正的劳动关系的关键。劳动者是价值的创造者,是生产活动的主体,对于科学技术的创新、发展起着不可或缺的作用。只有使劳动者的权益得到保障以及对劳动者主体地位得到尊重,才能最大限度地提升劳动者的劳动积极性和主动性,进而提高劳动者的生产力和创造力。同时,对劳动者权益的保障有助于提升劳动者在社会中的地位和待遇,为建设更加公正、平等的中国特色社会主义社会奠定基础。对劳动者的权益保护包括与劳动强度匹配的工资收入、良好的劳动环境、充足的休息时间、完善的学习培训制度,以及建立和完善社会福利制度,保障劳动者在失业、疾病和年老等情况下的基本生活。此外,在当前的信息化数字化时代,随着数字技术与产业深度融合,各种商品生产的科技含量越来越高,科技创新对技术的操作以及管理活动的要求都远胜于以前的简单劳动,客观上对劳动者的劳动技能要求也越来越严格,因而完善对劳动者的学习培训计划也应该纳入劳动者的权益。

第四,创建多元化的人才培育体系和科学的人才评价体系。当前,百年未有之历史大变局正在加速演进,国际环境、社会环境处于多元且不断变化中,新的职业种类也不断涌现,催生新的劳动行业和领域,对人才的需求越来越精细化和专业化。多元化的培育体系能够培育出应对各种需求的多样人才。同时多元化的培育体系还可以激发个体的潜力和创新性,由此带来更多的多元性思维和观点的碰撞,在多元化的环境中进一步提升创造力。此外,通过实施多元化的人才培育体系和科学的人才评价体系,不同的个体、群体都能获得他们所需要的资源和机会,从而在客观上实现社会公平。从国家层面来说,应出台相关的政策以及相应的配套设施;从社会层面来说,要引导人们形成尊重劳动者的风气,形成良好的社会风尚和公平友爱的工作氛围;从个人层面来说,劳动者应积极接受新的职业技能培训,树立良好的职业价值观,在劳动中不断地自我提升,与时俱进。

第五,进一步深化市场供给侧改革。供给侧改革的本质是通过优化资源配置,提高全要素生产率,从而提高经济增长的效率和质量。从国际经济大环境来看,当前世界经济格局正在发生深刻的变化,西方资本主义国家为了改良资本主义发展而推行的新自由主义未能避免金融危机的发生。事实上,2008年美国次贷危机和后来的欧洲债务危机的发生大大地减少了国际市场的有效需求,其直接结果就是实际的经济增长远低于潜在的产出水平,世界经济出现了发展疲软、增长乏力的境遇。从国内情况来看,过去几年,中国经济可持续发展"三驾马车"拉动的局面受到前所未有的冲击和挑战,发展临着需求紧缩、供给冲击以及预期转慢等三重压力,经济发展下行、工业产品价格下降、实体企业盈利增收困难、财政税收收入下降、经济风险发生概率上升。事实上,导致这些问题的主要矛盾不是周期性的,而是结构性的。换言之,是需求与供给结构层面出现了问题,是实际供给与有效需求之间出现了矛盾。纯粹依靠刺激内需也不足以从根本上解决产能过剩的结构性矛盾。因而在这样的国际国内大环境下,必须从供给侧发力,进一步深化市场供给侧结构改革,把改善供给结构作为改革方向,实现由低水平供需平衡向高质量供需平衡跃升。同时,进一步深化供给侧结构改革,不仅能有效地增强我国的市场竞争力,而且还能有效地激发我国的经济活力,推动我国经济从数量扩张转向高质量发展。

　　总之,古典经济学家们认为资本主义生产方式是永恒的,资本主义社会也是永恒的。马克思在批判地吸收古典经济学家们思想的基础上,从交换价值中抽象出了价值,发现了商品价值的二重性,完成了劳动价值论的变革,从历史唯物主义的角度提出了科学的劳动价值论。马克思的劳动价值论揭开了商品价值的秘密,为剩余价值的发现奠定了基础。时至今日,这一理论并没有随着时代的变化而落伍,依然具有旺盛的生命力,依然是解剖资本主义社会和指导中国特色社会主义市场经济的理论基石。当前我国经济改革正处于深水区,更离不开劳动价值论这样的科学理论的指导,新时期我们要更进一步强化对马克思劳动价值论的研究,强化其在市场经济发展中的理论指导功能。

马克思劳动思想的生存论维度及其新时代价值①

魏泽文

摘　要： 劳动是人与感性现实世界的深层次接触，是人与自然、社会以及人本身三者产生联系的生命活动，因而也是人的本质活动。劳动使自然界独立分化出人类社会，并以此为场域构建人的生存生活本身，从而反过来推动人类社会的发展。从这个层面来说，劳动表现出生存论的意蕴，并最终促成马克思实践生存论思想的形成。劳动确证人之为人的存在。人不是抽象的存在，而是通过创生性的劳动实践到达的感性存在、对象性存在和现实存在。劳动是人类生活的永恒活动，但是劳动的形式、内容、方式会随着时代的发展出现历史性变化。在新时代，劳动仍是人安身立命的根本以及创造美好生活的现实动力，具体表现为：劳动是革命性改变人生活的实践活动，劳动正义是中国式现代化道路下人民幸福生活的可靠保障，劳动幸福是未来实现美好生活的现实基础。

关键词： 劳动；实践；存在论；生存论；美好生活；伦理关怀

本文引文格式： 魏泽文：《马克思劳动思想的生存论维度及其新时代价值》，见何云峰主编：《劳动哲学研究》第9辑（2023年第2辑），上海教育出版社2023年12月版，第70-81页。

习近平总书记指出："人世间的一切幸福都需要靠辛勤的劳动来创造。"② "人民创造历史，劳动开创未来。"③ 劳动是马克思主义语境中一以贯之的主题词。在政治经济学批判中，马克思揭示了雇佣劳动对人的宰制和异化，体现出马克思对人现实生活的关切，从而拓展了其生存论的内蕴。在共产主义的愿景中，劳动的解放展现出了马克思对美好生活的憧憬，表达了他对人该如何生存和生活的想法。总的来看，劳动是人与感性

---

① 作者通信地址：魏泽文，安徽师范大学马克思主义学院，安徽芜湖241002。

② 《习近平谈治国理政》，外文出版社2014年版，第4页。

③ 《习近平谈治国理政》，第44页。

现实世界的深层次接触,它既创造了人的本质,也构建了人存在和发展的方式。劳动是人的生命活动,一方面,劳动是人最基本的活动,确证人是现实的人。另一方面,劳动要成为超越谋生劳动的自由自觉的本体性创生活动,成为人的第一需要。新时代,劳动是人们安身立命的根本,美好生活的创造需要每一个人努力奋斗。

一、以劳动理解实践:劳动是马克思实践生存论的原初起点

国内学术界曾有学者把马克思哲学称为"实践哲学",或者"实践的唯物主义",以凸显实践在马克思主义理论中的重要地位。但是,无论是从马克思科学实践观的形成、发展、成熟过程,还是从其内容和作用来看,它的逻辑起点都是物质资料的生产劳动。同时,马克思实践基础上的生存论之原初起点也是劳动。劳动在马克思主义理论中发挥着基础性作用,是马克思哲学的世俗生活根基。所以,有学者指出:"马克思哲学可以被视为一种劳动哲学。"[①] 劳动使自然界分化出人类社会,并以人类社会为场域构建人的生存和生活本身,进而反过来推动人类社会的发展。从这个层面来说,劳动表现出生存论的意蕴,并最终发展为实践生存论。

(一)劳动与实践两者的关系

从马克思的文本来看,他并没有直接提出实践的概念,而是以物质生产劳动来表示劳动实践,进而对唯物史观进行诠释。学界诸多学者对此进行了相关的探讨,例如,张建云认为虽然马克思的"劳动与实践两个概念有区别,但本质上是一致的"。[②] 毛自鹏依据马克思1844年到1845年的文本,论述了马克思科学实践观的形成过程是从劳动到实践的发展过程。[③] 刘森林认为劳动一直被人们当作是拯救世界和通达美好价值实现的活动,从"劳动"到"实践"的转换,意味着"劳动哲学"上升为"实践哲学"。[④] 纵观马克思的文本,笔者认为,劳动与实践之间并没有直接冲突,而是一种视角转换,或者说是升华与发展。通过对马克思文本的梳理,我们可以看到从劳动到实践的概念转换过程。

马克思最初提到劳动对于人本质产生作用的文本是《1844年经济学哲学手稿》(以下简称《手稿》),他认为人的本质是人自由自觉的劳动,而不是资本主义的异化劳动。在这里,马克思对劳动的相关认识仍然具有人本学的意蕴,劳动使人区别于动物,构成人本身的类本质。马克思指出:"有意识的生命活动把人同动物的生命活动直接区别开来。正是由于这一点,人才是类存在物。或者说,正因为人是类存在物,他才是有意识的存在物,就是说,他自己的生活对他来说是对象。仅仅由于这一点,他的活动才是自由的活动。异化劳动把这种关系颠倒过来,以致人正因为是有意识的存在物,才把自己

---

① 毛勒堂:《论作为劳动哲学的马克思哲学》,《江汉论坛》2017年第4期,第76页。

② 张建云:《马克思主义哲学语境中的"劳动"与"实践"范畴辨析》,《求实》2016年第2期,第34页。

③ 毛自鹏:《从劳动到实践——论马克思科学实践观的逻辑演进》,《科学社会主义》2006年第6期,第50页。

④ 刘森林:《从"劳动"到"实践"——中国马克思主义哲学一个核心范式的演变》,《学术月刊》2009年第5期,第36页。

的生命活动,自己的本质变成仅仅维持自己生存的手段。"① 可见,劳动在马克思的语境中是一种生存劳动,或者说谋生劳动,更进一步说是一种异化劳动。紧接着,马克思又说道:"通过实践创造对象世界,改造无机界,人证明自己是有意识的类存在物。"② 这里的"实践"本质上也是劳动,这时候劳动与实践概念在马克思的语境下是混用的,内涵是一致的。

后来在《关于费尔巴哈的提纲》(以下简称《提纲》)中,马克思第一次以感性的对象性活动来解释实践概念,并以此来区别从前的旧唯物主义。首先,马克思认为从前的旧唯物主义"对对象、现实、感性,只是从客体的或者直观的形式去理解,而不是把它们当做感性的人的活动,当做实践去理解",③并指出唯心主义不知道现实的、感性的活动本身。此时的实践是与现实的、感性的活动在同一语义下,实践也因此被认为是一种感性对象性活动。其次,马克思把思维的真理性与实践结合起来,认为事物的真理性不是一个理论问题,而是实践问题,"人应该在实践中证明自己思维的真理性,即自己思维的现实性和力量,自己思维的此岸性"。④ 离开实践的理论思维是空洞的、不现实的、不真切的,是浮于空中楼阁的玄想。再次,马克思把实践与环境联系在一起,认为"环境的改变和人的活动或自我改变的一致,只能被看做是并合理地理解为革命的实践"。⑤ 可以看出,实践具有革命性的作用,它不是一种"改变"(change),即一般的变化,而是一种全新的范式,或者说质的飞跃。最后,马克思认为社会生活的本质是实践的,任何神秘莫测的东西都能在人的实践中得到解决,并且批判直观的唯物主义的缺点就是不懂实践,从而开创了新的哲学范式,即不是解释世界,而是用实践的方式改变世界。这里可以看出,实践是一种主体的实践,如果要理解客观事物就必须从人的实践活动中去理解,因为一切认识都是人的认识,动物不可能有理性的认识。

在《德意志意识形态》(以下简称《形态》)以及之后的文本中,马克思在哲学观上彻底抛弃劳动概念,而转向实践概念。他认为实践包括交往实践、生产实践、人口生产实践、革命实践,但是我们不可否认,劳动仍然是最基础的实践,是一种感性的对象性活动。马克思恩格斯写《形态》的时候,正在参与革命实践活动,所以他们的理论工作不是书斋里的学问,而是最关注实际的学问。在《形态》中,他们以实践完整地阐发了历史观,即属于他们的历史科学。以往的历史观只看到现存事物,而看不到现存事物总是有一个历史发展过程,"这种历史观和唯心主义历史观不同,它不是在每个时代中寻找某种范畴,而是始终站在现实历史的基础上,不是从观念出发来解释实践,而是从物质实践出发来解释各种观念形态"。⑥ 在《资本论》中,实践是贯穿其中的哲学思想,有学者

① 《马克思恩格斯文集》第1卷,人民出版社2009年版,第162页。

② 《马克思恩格斯文集》第1卷,第162页。

③ 《马克思恩格斯文集》第1卷,第499页。

④ 《马克思恩格斯文集》第1卷,第500页。

⑤ 《马克思恩格斯文集》第1卷,第500页。

⑥ 《马克思恩格斯文集》第1卷,第544页。

认为《资本论》是马克思实践哲学的运用，①体现为经济哲学、政治哲学和批判哲学。②

总之，劳动是实践的基础形式。实践概念并非马克思的原创，哲学史上有很多哲学家对此有不同的理解，例如亚里士多德认为实践是人有目的的活动，康德把实践与道德、自由联系在一起，只是在马克思这里实践有了更加符合实际的意涵。虽然实践有不同的分类，但是在马克思的语境中，生产劳动具有基础性地位。如果人不能生存生活，那么何谈其他什么形式的实践，更何谈有什么人类历史？

（二）劳动构建了人类社会与生存生活本身

人类社会并非自始存在，而是人通过劳动使自然界逐渐"人化"，并在这一过程中产生人与人之间的关系，从而独立分化出人类社会。劳动构建了人类生活本身，是人与社会以及人与人沟通交往的直接桥梁，也是社会生产力与生产关系辩证运动的"咬合齿轮"。劳动推动了人类社会的发展。

第一，劳动是人与自然的物质交换的活动。一方面，自然是人化自然，是社会历史范畴。这涉及一个"历史优先"还是"逻辑优先"的问题。马克思在《手稿》中最先提出人化自然的思想，"在人类历史中即在人类社会的形成过程中生成的自然界，是人的现实的自然界；因此，通过工业——尽管以异化的形式——形成的自然界，是真正的、人本学的自然界"。③从时间的角度看，自然界的存在是在人的存在之前。但是从逻辑上来看，正是因为人的存在，人在自然中从事生产活动，获取生存资料，从而自然才被人称为自然。换言之，没有人的存在，自然就不是对人存在而言的自然，马克思说："自然界的社会的现实和人的自然科学或关于人的自然科学，是同一个说法。"④因此，只有打上人类烙印的自然才是人的对象性自然界，才是现实属人的自然。马克思还说："作为自然界的自然界，这是说，就它还在感性上不同于它自身所隐藏的神秘的意义而言，与这些抽象概念分隔开来并与这些抽象概念不同的自然界，就是无，是证明自己为无的无，是无意义的，或者只具有应被扬弃的外在性的意义。"⑤由此可见，人的劳动让自然界关涉到人类的发展历史中，脱离人的劳动来讨论人与自然的关系没有任何价值和意义。

另一方面，人是自然中的人，人一刻也不能离开自然界。人通过劳动作用于自然界的时候不仅获得了生存所需，也促使自身各方面发展，例如肢体更加灵活和语言的产生。人之所以能够存在，是因为自然界能够提供他的肉体组织存活的需求，如果物质肉体生命消逝，那么何谈精神生命或者说意义生命？所以马克思认为，人们"为了生活，首先就需要吃喝住穿以及其他一些东西。因此第一个历史活动就是生产满足这些需要的资料，即生产物质生活本身"。⑥但是"没有自然界，没有感性的外部世界，工人什么也

① 刘新刚、卢鑫、王丽莎：《马克思实践哲学革命及其在〈资本论〉中的运用》，《东北大学学报（社会科学版）》2016年第2期，第192页。

② 鲍金：《实践哲学：〈资本论〉哲学性质的新阐释》，《学术界》2017年第11期，第55页。

③《马克思恩格斯文集》第1卷，第193页。

④《马克思恩格斯文集》第1卷，第194页。

⑤《马克思恩格斯文集》第1卷，第221-222页。

⑥《马克思恩格斯文集》第1卷，第531页。

不能创造",①因此,自然界是人存在的基础,劳动是人生存的前提。

第二,劳动是人与社会以及人与人沟通交往的直接桥梁。劳动把人与自然界区别开来,同时又把人与社会紧密联合在一起。通过人类的劳动活动,人们能够改造和利用自然资源,创造出社会生产力。在劳动活动中,人们不仅满足自身的物质需要,还为社会整体的利益和发展做出贡献。劳动让人从自然人转向社会人,只有在社会中自然界对人来说才算真正有意义,而在这样的社会中人是一种关系性的存在。然而,这一关系只能通过劳动才能够建立起来。这样一来,人不仅通过劳动生产出自身本质,也生产出一种对象性的存在,即社会关系。所以马克思说:"社会关系同麻布、亚麻等一样,也是人们生产出来的。"②可见,劳动促进人与社会的联系,也加深人对自身存在的确证,生产出人与人之间的联系。

第三,劳动是社会生产力与生产关系辩证运动的"咬合齿轮"。劳动不仅让人创造巨大的物质财富,也创造丰富的精神财富,拥有这样财富的劳动人民直接促使生产力与生产关系的辩证运动,从而推动社会历史的发展。一方面,劳动可以分为体力劳动和脑力劳动,还可以划分为简单劳动和复杂劳动等,而生产力的发展一定是劳动的形式、手段、工具、技术等发生变化,劳动的革新推进生产力的发展。马克思曾指出:"物质生活的生产方式制约着整个社会生活、政治生活和精神生活的过程。"③而这样的生产方式是人劳动的生产方式,包括劳动资料、劳动对象和劳动者,这三者直接构成生产力的必备条件。另一方面,生产关系也是关于劳动的生产关系,是人在劳动过程中形成的人与人、人与社会之间的各种社会关系。"各个人借以进行生产的社会关系,即社会生产关系,是随着物质生产资料、生产力的变化和发展而变化和改变的。"④所以,人们怎么样劳动就会产生什么样的生产关系。总之,劳动既推动生产力的发展也促使着生产关系的变革,劳动成为二者辩证运动的"咬合齿轮",从而推动社会历史的发展进步。

(三)劳动促使马克思实践生存论思想形成

劳动与人的生存生活息息相关。随着社会进步、科技发展,人的积极性、主动性、创造性及人的全面发展受到关注,人的劳动形式变得复杂、多样,因而必然产生更高层面范畴的实践。相应的,人的生存生活会有更高层次的追求。但是长期以来,学术界对于马克思是否有生存论争论不休。如果有的话,又是什么意义上的生存论,并且处在马克思哲学中的什么位置?陶富源认为马克思是有生存论的,并且是一种社会实践生存论,但是不能把马克思的哲学等同于生存论。⑤干成俊认为,实践是人的存在方式,它让马克思哲学转向了生存论的维度,即实践生存论。它以实践代替形而上学的思维方式,并以此对实体本体论进行超越,强调人生存生活的社会性,因而也蕴含着对人类命运的人

①《马克思恩格斯文集》第1卷,第158页。

②《马克思恩格斯文集》第1卷,第602页。

③《马克思恩格斯文集》第2卷,人民出版社2009年版,第591页。

④《马克思恩格斯文集》第1卷,第724页。

⑤陶富源:《关于马克思生存论的几个问题》,《马克思主义研究》2008年第5期,第48页。

文关怀指向。① 笔者赞同他们的观点,但是需要明确的是,马克思实践生存论是以"现实的个人"为基础,它的本质规定或者说原初起点是劳动。因此,不对劳动本身予以充分的重视和分析就不能理解马克思的实践生存论。

第一,劳动对人的进化发展有着基础性的作用。恩格斯在《劳动在从猿到人转变过程中的作用》中认为,以往的经济学家只知道劳动创造财富,但是"劳动的作用还远不止于此。劳动是整个人类生活的第一个基本条件,而且达到这样的程度,以至我们在某种意义上不得不说:劳动创造了人本身"。② 这主要体现为人在劳动中不仅器官得以不断进化进而可以直立行走和更加灵活地从事活动,而且产生意识进而形成语言,以至于让人成为自然界的主人。

第二,劳动是人生存和发展的基础。从上文中,我们可知,马克思非常重视生产意义上的劳动实践,这是因为"整个所谓世界历史不外是人通过人的劳动而诞生的过程,是自然界对人来说的生成过程",③ 人不能脱离或者凌驾于自然界而存在,只有在自然界中,劳动才能获得人生存的物质基础,才能为更进一步的自由自觉的劳动埋下伏笔。

第三,劳动是现实的人的感性对象性活动。首先,人是处在社会关系中的有生命的人,"人直接地是自然存在物",④ 这就决定劳动是感性的,这里的感性不是与理性相对的意思,而是一种看得见摸得到的、实实在在的含义,是人的一种外在性、自然性。其次,人为了维持生命就会产生基础的物质需要,为了满足这样的需要就要从事一定的生产。动物直接从自然界摄取物质,而人则会根据自身的需要改变自然界,让自然界符合自身的生活方式。这样一来,人特有的劳动活动不仅让人区别于动物,还使人生产出一种对象性关系,即人在劳动中产生的人与自然、社会以及人本身的关系。最后,劳动之所以是属人的活动是因为人在劳动过程中不是盲目的、机械的,而是有目的、有计划、有意识的。起初这样性质的活动只是人为了维持自身的生命,随着社会的进步,变得更有广泛性、多样性、复杂性,是更高层次的活动。这样一来,人的生存也不仅是谋生,而是有更高的追求。

总之,实践生存是人更高层次的生存方式,具有通往人解放的价值旨归。但是人的解放始终是一个历史发展的过程,而不是完美地、没有差错地、顺利地发展。劳动就是在这样的历史发展中的核心关键词,并在这一过程中呈现出了从一般劳动到雇佣劳动,再从雇佣劳动不断走向自由劳动的发展轨迹。基于此,笔者认为,劳动是马克思实践生存论的原初起点。

① 干成俊:《马克思哲学的实践生存论内蕴》,《哲学动态》2006年第9期,第15页。

② 《马克思恩格斯文集》第9卷,人民出版社2009年版,第550页。

③ 《马克思恩格斯文集》第1卷,第196页。

④ 《马克思恩格斯文集》第1卷,第209页。

二、从理性抽象存在到感性现实存在：劳动是人之为人的存在确证和生存尊严

马克思的生存论区别于其他哲学家抽象的存在论的。在哲学史上，哲学家们往往把人的存在理解为"超验"的、"实体"的、"逻辑"的，因而也是理性抽象的存在，例如德谟克利特的"原子论"、柏拉图的"理念论"、笛卡尔的"我思故我在"、黑格尔的"绝对精神"。马克思把人的存在理解为感性的、历史的、现实的存在。马克思正是在社会权力基础上从如何看待人存在的视角转换上发动了哲学革命。以前的哲学家认为，人与人之间的关系是理性的、合乎秩序的，但是在马克思所处的社会中，人与人之间的关系是支配与被支配、统治与被统治、奴役与被奴役的关系，这样的关系集中体现为一部分人占有另一部分人的劳动。从前的哲学研究对象都是抽象的，但是回归现实生活，理性的原则不能发挥作用，因为现实生活的物质利益问题往往是最感性、最符合人们生活实际的。基于此，马克思立足"现实的个人"从事政治经济学批判，从而回到了人们日常生活中最真实、最本质的现实生活。纵览下来，马克思是以作为感性对象性活动的劳动为出发点来发动哲学革命，从而彻底扭转了传统形而上学的思维方式，真正地实现了"内在性穿透"和哲学范式的变革，并在这一过程中展现出了人的存在确证和生存尊严。

（一）从作为感性对象性活动的劳动开始发动哲学革命

以往的哲学研究对象都是理性的、抽象的存在物，而马克思哲学的研究对象是现实的人的生存状况。人现实生活的基础就是如何从事生产劳动，这一事实构成了社会发展的真相。

劳动与人的生活关系是现实的，而不是理论原则上的可能。以往的哲学家，包括费尔巴哈，只是从直观角度去理解对象物或者客体，即"看到什么就是什么"，而不能理解"是什么导致了我们看到了什么"。我们不能将人如何生活的现实简单化理解为一种社会现象，还必须深挖背后的原因。例如，马克思在观察私有制环境下的工人异化劳动的时候，并没有从直观的角度去看待这样的社会现象，而是从社会生活的深处出发，发现这样的生产劳动是资本支配、控制、奴役下的劳动，是私有制下必然的社会现象，此时劳动虽然对于人来说是异己的，但是对于生活本身却是真实存在的。这时候人的生活虽然是不符合人性的生活，但是从历史发展来说，它依然是那个时候的人最真实的生活。基于此，马克思发现了作为感性对象性活动的劳动（生产劳动）这一存在论根基，从这点来看，马克思是从生存论的维度出发来理解哲学存在论，而不是从历来哲学家们关于存在论的普遍原则出发，所以马克思的哲学也是一种生活哲学。后来在《形态》中提出"生活决定意识"，也正是这一哲学思想的必然发展结果。由此马克思的哲学是"从人间上升到天国"而不是"从天国降到人间"。

马克思的上述哲学范式转换在哲学史上是空前的、颠覆性的。人的生命存在不是一种直接存在，而是一种实践生成，马克思在批判以往旧哲学的基础上，重新澄清或者剥离出人最真实的存在，还原了社会历史的真相，即马克思立足于人的感性对象性活动,或者说生产劳动来探讨人的现实而非主观想象的现实生活过程,揭示了人最真实的生活状况。

因此,马克思不是通过各种哲学原则来解释世界,而是通过人的劳动实践透视社会生活的本质。也就是说,在改造世界中去理解人的生活样态和社会发展,这样一来人的存在就不会变得无根,也不会局限于以往哲学家从认识论角度谈主客体的同一性,而是到人的生活领域来寻找答案。这从侧面告诉我们人不是抽象存在,而是进行感性对象性活动的现实存在。一方面,劳动是最初的创生性活动,是生活的本真样态。劳动是人的生命活动,人最初为了生存,就必须通过劳动与周围的自然界发生关系,这样的活动是自然而然、符合规律的,这一过程是自在的,而非受控制的。马克思没有预设劳动的前提,劳动就是人直接的生命活动,劳动不要任何理性原则。相反,任何理性认识都要从人的劳动中总结经验。

另一方面,劳动是人的感性对象性活动,确证着人是感性存在、对象性存在和现实性存在。首先,人的感性存在就是人自身活生生的生命活动(劳动),这样的存在不同于斯宾诺莎的实体性存在、黑格尔的绝对理性存在、谢林的绝对同一性存在、费尔巴哈的直观存在。其次,人的对象性存在就是人在劳动中填补自身的不足,即人与其他对象(包括自然的物质对象和社会的其他生命对象)之间的相互补充关系,而产生这样的关系是因为人为了维持生命就会产生需要,人对物的需要表现为满足生存的生活资料、生产工具以及生产出的物品,人对人(他者)的需要更多表现为社会关系的需要。人需要物是为了展现自身可以生产劳动的本质,人需要人(他者)是为了表达他作为一种社会存在的本质,所以马克思说人的本质是"一切社会关系的总和",[1] "非对象性的存在物是非存在物"。[2] 上帝之所以是非存在物是因为他没有一个与之相匹配的对象,他只是一种单独存在,实质上是抽象的想象存在,或者说思辨的抽象存在,是意识范畴,而不是物质范畴。最后,人存在的现实性是人不能脱离自然界而存在,也不能脱离社会而存在。人的存在不是直观的、僵死的,而是通过劳动沟通人与自然、社会以及人本身的现实生活过程。

(二)从异化劳动出发从事政治经济学批判

马克思完成哲学革命后并没有就此止步,而是以此理论深入人的现实社会生活深处,去观察人的生存生活状况。马克思说:"在思辨终止的地方,在现实生活面前,正是描述人们实践活动和实际发展过程的真正的实证科学开始的地方。"[3] 马克思带着自己的"哲学武器",不断地征战在人现实生活的"沙场",精准"击毙"每一个与现实生活不相符合的思想理论。一路走来,马克思经历了国民经济学批判,写作《1857—1858年经济学手稿》,以及最后完成了震古烁今的《资本论》,须知《资本论》的副标题就是"政治经济

---

[1]《马克思恩格斯文集》第1卷,第501页。

[2]《马克思恩格斯文集》第1卷,第210页。

[3]《马克思恩格斯文集》第1卷,第526页。

学批判"。由此可见,"不使哲学成为现实,就不能够消灭哲学"。[①]第一个哲学是以马克思劳动实践为原则的哲学,是生活哲学,第二个哲学是以往哲学家们抽象的、纯粹形而上学的哲学,是以柏拉图为代表的理念论哲学,是浮于空中楼阁的哲学。

马克思以异化劳动为核心开始政治经济学批判。这一政治经济学特指亚当·斯密和李嘉图的国民经济学。亚当·斯密开创了劳动价值论,李嘉图完成了劳动价值论。他们把经济学发展为一门科学,从而衍生出一系列经济范畴,包括资本、地租、工资等,这些范畴看似是关于社会的经济生产关系,但实际上是一种理论抽象,是理论的自我演绎和逻辑变化发展,此时的政治经济学只不过是一种黑格尔化的哲学原则,不是生活本身的经济学。国民经济学家们认为劳动是国民财富的源泉,但是这里的劳动只是"劳动一般",并没有关注劳动的社会历史性,即劳动的特殊性、具体性。马克思在《手稿》中深刻地批判了二者对于劳动理解的非历史性:国民经济学家们一方面认为劳动是财富的唯一来源,工人通过劳动应该获得产品的全部,另一方面又认为工人实际得到的产品只能维持工人的正常生存。由此国民经济学出现了"二律背反"。马克思认为,出现这种情况的原因是他们不了解工人是处在资本主义私有制下进行劳动的社会现实,而这样的劳动"是有害的、招致灾难的",他们仅仅在思想上把通过普遍抽象的一般劳动谋生的人当作工人。由此马克思提出了著名的异化劳动概念,其包括四个方面的规定性,即人通过劳动产生了人同劳动产品、劳动活动本身、人的类本质以及人的异化。

劳动作为一种对象化活动本身不会必然造成异化,异化只是对象化的一种社会表现形式,它的根源是私有制的存在。马克思后来提出的"消灭劳动"就是消灭私有制下的异化劳动,而消灭的途径便是通过对私有制的积极扬弃,使人与劳动产品、劳动活动本身、人的类本质以及人之间相背离的社会机制。

总之,劳动不是人的抽象活动,而是人的现实活动。马克思以自身哲学革命的成果来从事政治经济学批判,真正让其哲学达到了生存论的高度,即让生活本身成为哲学,表达了他对现实人的生存生活的伦理关怀,关注到了人的存在状态和生存尊严。

三、让理论映照生活:劳动是创造美好生活的现实动力

既然劳动是活生生的人的活动,是人生存生活的基础,那么在新时代,劳动也必然是人们创造美好生活的现实动力。中国人民也必须要在劳动中实现自己的"人生梦",中国也需要劳动人民的辛勤劳动、诚实劳动、创造性劳动来构筑"中国梦"。

当前,"美好生活"不仅是老百姓的日常生活用语,更是当前学术界的热点话题。不同学者对它从不同方面进行理解,并提出实现的途径。例如,陈学明认为美好生活是当代中国马克思主义的论题,是人的社会生命和精神生命的超越性体现,是区别于"动物式生存"的"人的生活",是人追求有意义的生活样态,而实现美好生活的关键是劳动幸

①《马克思恩格斯文集》第1卷,第10页。

福。①何云峰、李晓霞认为美好生活不是单个人的抽象梦,必须通过激发人的劳动内生动力才能成为现实。②许银英、贺汉魂认为美好生活的需要就是人美好人生的需要,实现美好生活需要让劳动变得体面。③学术界相关研究在此不一一列举,但有一点要明确的是,新时代的美好生活需要通过劳动来实现已然成为学者们的共识。

(一)劳动是革命性改变人生活的实践活动

不管是体力劳动,还是脑力劳动,都标志着人的现实活动。如何把握人生活的革命性变化,这就涉及劳动的辩证法。学者俞吾金认为劳动辩证法是通过劳动的对象化、外化、异化以及物化四个方面表现出来,其中最重要的是物化。④毛勒堂认为劳动辩证法主要通过对象化与非对象化、雇佣劳动与资本以及异化劳动与自由劳动之间的矛盾关系来展现。⑤事实上,马克思正是在劳动中把握人与自然、社会以及人本身三者之间的关系,即通过劳动建立起主客体之间的对立统一关系。在新时代,劳动是人们改变生活最基础性、最革命性的物质实践活动,它不仅具有工具性、手段性价值,更重要的是具有目的性价值。

第一,人在通过劳动建立与自然的主客关系中改善自然生存环境。对人与自然关系的认识在学术界有两大派别:一是人类中心主义,二是生态中心主义。但是这两派的主张都不能很好地指导我们国家的生态文明建设。坚持前者会导致更多的环境破坏,例如过度砍伐和排放;坚持后者会制约人的正常生活和发展,例如回归原始、反对工业。这两派的主张都是脱离实际的抽象辩证法。人的存在以自然存在为前提,自然的存在以人的存在为价值导向,而劳动直接建立了人与自然之间的物质交换关系,表现为人保护环境就是保护人类自己。基于此,中国提出要贯彻新发展理念,倡导人与自然的"生命共同体"。

第二,人在通过劳动建立与人自身的内在统一中充盈自我生命体验。劳动除了具有工具性、手段性价值,更重要的是目的性价值,并且是人未来生活的第一需要。人参加劳动不仅是因为需要改善物质生活,还因为需要充盈自我生命体验,即感悟生命之道,实践生命信念。我们总是在追寻生活和生命的意义,并思考:"人应该怎么样地生存和生活,能不能有更美好的生活,通过什么方式让世界更适合人的发展?"对此,笔者认为人生命的意义不是直接被赋予的,而是通过劳动实践不断生成和创造的。但这样的生成和创造不是个人主观随意的活动,而是要符合周围世界的规定,必须符合社会要求和历史发展规律。新时代,我们要为中华民族伟大复兴和建设社会主义现代化国家而劳动奋斗,我们的个人意义、价值要与国家、社会之间保持同步发展、协调并进。

① 陈学明、毛勒堂:《美好生活的核心是劳动的幸福》,《上海师范大学学报(哲学社会科学版)》,2018年第6期,第12页。

② 何云峰、李晓霞:《劳动内生动力与共创美好生活》,《济南大学学报(社会科学版)》,2022年第4期,第5页。

③ 许银英、贺汉魂:《人民的美好生活需要在体面劳动中实现——马克思体面劳动观的当代解读》,《河北大学学报(哲学社会科学版)》2021年第6期,第63页。

④ 俞吾金:《论马克思的"劳动辩证法"》,《复旦学报(社会科学版)》2011年第4期,第1页。

⑤ 毛勒堂:《马克思的劳动辩证法及其当代启示》,《上海师范大学学报(哲学社会科学版)》2020年第1期,第30页。

（二）劳动正义是中国式现代化道路下当代生活的可靠保障

中国式现代化是与资本主义现代化相区别的现代化。这种区别主要表现在它不是以"物"的发展凌驾于"人"的发展来片面发展生产力，更深入地来说是关于劳动正义的问题。劳动是否正义取决于一个社会的生产关系，即制度是否合理是劳动正义与否的关键。在新时代，确保劳动正义是中国式现代化道路下幸福生活的可靠保障。

第一，劳动正义体现了马克思主义理论的内在价值。马克思正是在批判资本主义不合理的社会制度以及以往的旧哲学基础上，形成了区别于之前一切哲学家的思想体系。他发现了当时资本主义社会下的工人被剥削、压榨的现实原因，深切地感受到工人在劳动过程中受到的不正义、不平等。马克思的睿智之处就在于抓住了当时最核心的劳资关系问题，为了解决这个问题，马克思提出了"自由劳动"的思想。他认为工人要通过劳动达到自由而全面的发展，而实现这一理想的关键就是进行社会制度的变革，让社会主义取代资本主义，并最终实现共产主义。在新时代，中国特色社会主义制度是马克思主义中国化的结果，是马克思主义理论的内在价值体现。也就是说，从制度上确立了劳动正义的价值原则，为我国人民的美好生活奠定了价值理念基础。

第二，劳动正义彰显了中国共产党治国理政的当代实践。在个人层面，中国共产党始终坚持劳有所得，努力实现劳动报酬与劳动生产率之间增长基本同步，让每个人都有充分展现自身才华和能力的机会。在社会层面，中国共产党在推进现代化的过程中注重各阶层的不同利益，坚持绝不牺牲大多数人的利益来实现少数人的发展，即不让多数人的劳动为少数人的不作为来买单。在国家层面，中国共产党积极避免西方资本主义现代化发展过程的各种危机，不把本国矛盾转移到世界人民的身上，不主动发动战争。从一定意义上说，中国共产党为劳动正义采取的积极行动为我国人民的美好生活奠定了现实的实践基础。

第三，劳动正义表明了中国遵循历史发展规律的自觉意识。中国式现代化发展是为了形成人类文明新形态。人类文明新形态是对资本主义发展模式的积极扬弃和超越，它意味每个人都可以各尽所能，社会中的人可以有更公平的劳动分配、更和谐的劳动关系、更温馨的劳动环境以及更自由自觉的劳动活动，也意味着劳动本身的"谋生性"转变为更加积极的"乐生性"和"创生性"，更意味着每个人劳动基础上的共同富裕。因此，中国道路中的劳动正义愿景为我国人民的美好生活探寻到了发展规律。

（三）劳动幸福是实现美好生活的现实基础

没有劳动正义的保障，就不会有真正的劳动幸福。劳动并不必然幸福，只有从制度、文化等方面尊重人民的劳动，人民才能在劳动中创造未来、感受幸福，即创造出人民现实生存生活的物质与精神基础。如今社会处于普遍加速的状态，当今世界仍然是以资本为主导的世界，资本逻辑仍然是阻碍劳动幸福实现的主要因素。[①]因此，在这一背景下思考"劳动幸福何以可能与实现"是亟须解决的理论难题，也是现实迫切的实践难题，而这一难题的解决也是实现未来美好生活的现实基础。

① 鲁品越：《资本论与当代世界》，学习出版社2022年版，第201页。

第一，超越社会加速实现劳动幸福。当今社会处在普遍的加速状态，而且这种加速越来越导致人们生活境况的恶化，阻碍了劳动幸福的实现。面对社会加速，实现劳动幸福，需要从以下几个方面努力：首先，保障劳动者有平等的劳动机会。社会的加速发展、科技的进步让一部分产业内部发生了巨大的变化，劳动密集型产业逐渐转变为知识密集型产业，许多劳动岗位逐渐取消，工人面临失业下岗的风险，所以我们在重视培训劳动者使其适应新的劳动形式的同时，还要完善重点群体的就业体系，必要时进行就业兜底帮扶，消除就业歧视，让每个人都有劳动实现自我价值的机会。其次，保障劳动者的劳动环境。劳动环境涉及劳动的时间、空间以及人与人之间的关系。企业工厂不能为了满足生产就让工人"加速劳动"，没有休闲，进而没有体面劳动。最后，保障劳动者的劳动所得。在资本主义国家，人民劳动的剩余价值被资本家和利益集团剥夺，而我们国家始终坚持人民至上，保障每一个劳动者的劳动所得，并确保人民收入提高与经济增长之间以及劳动报酬增加与劳动生产率提高之间基本同步。

第二，扬弃资本逻辑实现劳动幸福。社会加速背后本质的原因是资本逻辑，只有始终坚持马克思主义的资本逻辑批判，积极扬弃资本逻辑对劳动的肆意占有，处理好劳资关系，才能打破"资本增殖"与"社会加速"之间的双向合谋，才会有劳动幸福的实现。西方国家宣传社会加速可以为人民带来美好生活，但实则人民陷入强制的竞争机制中无法抽身，迷醉在虚幻的美好承诺中无法清醒，沉沦在无休止的社会循环中无法自拔。因此，我们国家积极扬弃资本逻辑，不断走向人民逻辑，让人民越来越有尊严感、获得感、实现感。一方面，我们在弘扬劳动精神中扬弃资本逻辑，不断把劳动幸福的权利返还给人民，整个社会崇尚劳动、热爱劳动、尊重劳动，从制度上保证了人民的劳动成果归人民本身所有。另一方面，我们在保障人民的自我发展和现实需要中扬弃资本逻辑，更加关注人民切身利益的相关问题，不断健全法律，规范劳资关系，积极推进社会环境和自然环境的治理，让人民拥有美好生活的空间，更加重视社会的二次分配和三次分配，坚持在全面建成小康社会的路途中一个也不能放弃。

卢卡奇对人的劳动"物化"的批判探究①

魏艳平

摘　要：卢卡奇物化理论包含两个方面：其一是探讨"抽象劳动"为何成为当下资本主义社会的规定性范畴，其二是关于物化意识的批判。他在阐述"物化"理论时重点剖析了劳动的物化，劳动原本是属人性的活动，现在却成为"异于人的自律性来控制人的东西"。劳动的物化使劳动具有合理化趋向，劳动过程的合理化导致社会必要劳动时间具有了可计算性，也使得作为劳动对象和劳动产物的劳动产品同劳动主体相割裂，人成为孤立化的原子，劳动的物化进一步渗入人的意识中，形成物化意识，使人陷入被物化而不自知的窘境。拥有无产阶级立场是人们克服物化，实现美好生活的根本出路。

关键词：卢卡奇；劳动；物化；物化意识；合理化

本文引文格式：魏艳平：《卢卡奇对人的劳动"物化"的批判探究》，见何云峰主编：《劳动哲学研究》第9辑(2023年第2辑)，上海教育出版社2023年12月版，第82-89页。

卢卡奇在融合马克思、韦伯等人的思想后得出结论认为，资本主义社会是非理性的物化社会。其物化理论在西方马克思主义甚至是整个马克思主义界影响深远。有学者将其与马克思的异化劳动进行比较，从而得出物化理论存在不足之处，以此拔高马克思异化劳动的思想，这种同一性的思维不利于深挖卢卡奇的物化思想，以致出现片面解读的情况。同时随着全球化和现代性的发展，人们不仅无法摆脱被物化的命运，而且深陷更复杂的物化之中而不自知，因此，需要深挖卢卡奇的物化思想以唤醒人们对自身处境的危机感，以及为人的自由全面发展提供现实指导。

---

① 作者通信地址：魏艳平，上海大学马克思主义学院，上海200444；上海师范大学知识与价值科学研究所，上海200234。

一、卢卡奇物化理论的来源

马克思的思想是卢卡奇思想的理论来源,但其思想资源绝不止于此,他与当代的各种思想资源遥相呼应,企图在当代思想资源中找到新的突破方向,因此,物化理论的思想来源是多线条的。如果粗略地将卢卡奇的物化理论来源进行概括,可以大体分为两个方面:马克斯·韦伯的合理化批判思想和马克思的商品拜物教批判思想。一方面,他写作的《历史与阶级意识》一书中多处引用了韦伯著作的内容,这说明韦伯对他的影响是巨大的,比如他正是在韦伯提出的合理化批判的思想以及其对合理化原则如何占有当代政治领域的洞见的基础上,进一步思考物化为何是商品经济社会中人的普遍命运,并且它为何成为笼罩在该社会中的最普遍的原则。在韦伯看来,产业革命的浪潮促使企业采用先进的机器,在提升生产力的同时也使企业自身和社会得到发展与进步,这种精确计算的形式在法律、国家、管理等方面被赋予了合理性。企业机械化的管理模式以固定资产的精确计算为前提,根据固定资产从而制定出适合该企业的管理模式,资本家和工人都被该管理模式所制约,生产领域的合理化、可计算的原则被应用于资本主义社会的方方面面,这必然导致所有人畸形发展。卢卡奇看到正是合理的客体化使人丧失主导地位,人的功能被商品取代,人与人的关系在商品交换中变成了物与物的关系,人变成了非人。相较于韦伯指出社会中的物化现象,卢卡奇走得更远,他从无产阶级的立场出发,针对资本主义社会的物化现象提出了无产阶级的历史任务。

另一方面,卢卡奇要用马克思阶级理论去拯救现代的政治危机。他在商品拜物教中论述其物化理论,同时也继承了马克思阶级革命理论与马克思辩证法思想的内在关联。卢卡奇大量引用了《政治经济学批判》和《资本论》第一卷,但是《巴黎手稿》本身并不是《历史与阶级意识》直接的文本支撑。卢卡奇的物化劳动思想中蕴含着马克思商品拜物教的影子。马克思指出,商品拜物教是商品经济社会的专属产品,其中所有人都是拜物教信徒,人与人的关系被物与物的关系所代替,此社会中的"人们使他们的劳动产品彼此当做价值发生关系,不是因为在他们看来这些物只是同种的人类劳动的物质外壳。恰恰相反,他们在交换中使他们的各种产品作为价值彼此相等,也就使他们的各种劳动作为人类劳动而彼此相等。他们没有意识到这一点,但是他们这样做了"。①

上述表明,人们在劳动中创造的物的价值不仅掩盖了社会中人与人的关系,而且人们已经普遍接受物的价值遮蔽人与人的关系这一现象。马克思对拜物教的分析分为两个方面:一是揭示物的关系对人的关系的遮蔽,二是揭示作为资本主义社会特定产物的拜物教。卢卡奇从物的关系对人的关系的遮蔽入手研究马克思的拜物教理论,用"物化"阐述人与人关系的异化,他通过解读物化对资本主义的本质有了更深刻的理解。同时他在马克思革命理论的影响下指出,只有激发无产阶级的阶级意识才能完成"去物化"的任务。

①《马克思恩格斯文集》第5卷,人民出版社2009年版,第91页。

虽说卢卡奇物化理论在形成过程中受到马克思的影响,但二者之间仍有不同。在概念上,马克思认为物化是对劳动的肯定,异化是对社会关系的否定。卢卡奇并没有区分物化和异化。在物化和异化形成的原因上,马克思主张私有制和分工导致劳动异化和人的本质的异化,卢卡奇则主张商品经济是物化形成的原因。在对商品拜物教的批判上,马克思着重揭示无产阶级遭受的奴役和压迫,卢卡奇则强调人的主体性的丧失。二者虽然对物化的理解有差异,但是卢卡奇正是在马克思商品拜物教的语境下展开了物化现象的研究。

二、劳动物化的主要表现

卢卡奇物化理论包含两个方面:其一是探讨"抽象劳动"何以成为资本主义社会的普遍范畴,其二是关于物化意识的批判。他在剖析商品经济社会时,并非从"抽象劳动"这一概念入手,而是以商品经济社会为起点,因此他的批判开始于前资本主义社会与资本主义社会之间最根本的区别是什么这一追问,当然,这一问题也是马克思和韦伯所追问的。马克思也是在追问这一区别时揭示了资本主义社会的内在危机。韦伯也并非是从"新教伦理"这一抽象概念出发,而是从新教广为流传的地方,从具有现代精神的社会出发,追问现代的生活方式与传统生活方式的本质区别。他们的基本思路是一致的,均是以社会现实为基础。卢卡奇从社会现实出发,认为商品形式的普遍性是两种社会之间的根本区别,由于前资本主义社会中的商品交换未成为普遍形式,所以商品对于社会生活的影响较小,"商品拜物教问题是我们这个时代,即现代资本主义的一个特有的问题"。①他认为两种社会存在质的不同原因在于生产的目的差别,在此他引用了马克思的话进行说明:"继续不断的交换和比较经常的为交换而进行的再生产,越来越消除这种偶然性……即把货币价格加以比较并把差额装入腰包的商人。"②商品经济社会物化现象的发生在于生产的目的不是使用价值,而是交换价值,是为了少数人获得更多金钱。当生产目的发生变化后,人的存在状态就会发生变化。卢卡奇用"物化"来形容商品形式普遍化之后人的存在状态。他根据马克思对商品形式的解释指出,物化的基本含义就是人与人的关系转化为一种物与另一种物的关系,这种物与物的关系看起来与人没有任何关系,并且自身具合理性,自己规定着各自的环节。值得注意的是,卢卡奇强调只有当商品形式普遍化之后,商品的本质才能暴露出来,在商品基础上形成的人的物化状态才得以显露。

卢卡奇在阐述"物化"理论时重点阐释了劳动的物化,他认为商品经济社会中劳动的物化致使社会全方面的物化。劳动原本是属人性的活动,现在却成为"异于人的自律性来控制人的东西",③即劳动的物化,他之所以能对资本主义社会展开深刻的批判,就

① 卢卡奇:《历史与阶级意识——关于马克思主义辩证法的研究》,商务印书馆1992年版,第144页。
② 《马克思恩格斯文集》第7卷,人民出版社2009年版,第367页。
③ 卢卡奇:《历史与阶级意识——关于马克思主义辩证法的研究》,第147页。

在于他对劳动的存在状态展开深入的分析。马克思从四个方面论述了劳动"非人化",卢卡奇则从主观客观两方面论述了劳动的"非人化":客观方面是指人们通过劳动创造出一个被商品充斥的客观世界,人们虽然可以利用客观世界,但是无法改变它;主观方面是指"人的活动同人自身相对地被客观化,变成一种商品……必然不依赖于人而进行自己的活动"。①在商品形式普遍化的社会,劳动创造的客观世界以及劳动本身都不再属于劳动者,而是成为控制劳动者的存在。在他看来,劳动在主观方面的物化必然引发客观方面的物化,为此,他引用了马克思的话:"资本主义时代的特点是,对工人本身来说,劳动力是归他所有的一种商品的形式……正是从这时起,劳动产品的商品形式才普遍化。"②从这句话得知,劳动力作为商品属于工人,当它以商品形式在市场上交换时不再属于工人,由它产生的劳动产品自然具有商品形式。

卢卡奇用劳动的抽象来说明劳动的物化,他也从主客观两个角度展开论述。"在客观方面,质上不同的对象的形式相同性原则只能依据它们作为抽象的(即形式相同的)人类劳动的产物的本质来创立。"③其意思表明,通过商品形式的普遍化,质上存在差异的对象借助形式同一原则成为彼此交换的商品。它们之所以如此,是因为自身作为"抽象的、形式上相同的人类劳动的产物"存在。"在主观方面,抽象人类劳动的这种形式成为支配商品实际生产过程的现实原则……它只是在这种发展过程中才成为一个这样的社会范畴。"④这段话中,卢卡奇指出商品形式的普遍性在主观方面使人的劳动成为抽象、可比较的劳动,抽象劳动并非是头脑中计算的各种产品都归于最终的共同性,而是它发生在现实中,即现实发生的劳动已经成为抽象的,形式上的相同性,它使人的劳动能够依据社会必要劳动时间进行精确的测量,并且劳动的抽象性作为社会生活方方面面的普遍原则像"光"一样倾洒在人间大地上。紧接着他指出,当人的具体劳动转变为抽象劳动后会导致作为主体的人与自然界对立,人与人之间的和谐关系沦为对抗性关系。

三、人的劳动的"合理化"趋向

卢卡奇认为劳动的物化、抽象化使劳动具有合理化的倾向,其对"合理化"的论述深刻地把握住了商品经济社会中劳动的特征。他认为"合理化"不仅是资本主义社会劳动的主要特征,同时也是对人的存在状态的根本性描述。他在对历史进行梳理中,在讲述劳动分工的历史发展中引用了马克思的经典论述,其从手工业到协作、手工工场和机器工厂的发展中剖析了资本主义如何成为社会"主流"。与马克思不同,卢卡奇关注的是在劳动分工的发展中发生的变化。他认为随着工业化的发展,合理化不断增加,劳动者

---

① 卢卡奇:《历史与阶级意识——关于马克思主义辩证法的研究》,第147–148页。

②《马克思恩格斯文集》第5卷,第198页。

③ 卢卡奇:《历史与阶级意识——关于马克思主义辩证法的研究》,第148页。

④ 卢卡奇:《历史与阶级意识——关于马克思主义辩证法的研究》,第148–149页。

的个性不断消减直至丧失。合理化的具体表现是什么呢?"劳动过程越来越被分解为一些抽象合理的局部操作,以至于工人同作为整体的产品的联系被切断,"①在卢卡奇看来,劳动的合理化可以理解为劳动过程的合理化,人的劳动变为抽象的局部操作,人们进行的是机械重复的操作。"也由于这种合理化,社会必要劳动时间,即合理计算的基础……都被提出来了。"②这段话表明劳动过程的合理化导致社会必要劳动时间具有了可计算性。这也是卢卡奇对合理化的解释,即根据计算加以调节的过程。那么,劳动的合理化产生的影响主要是由可计算性导致的。卢卡奇认为劳动始终是在主体与客体的结构中展开,那么劳动的合理化使得作为劳动对象和劳动产物的劳动产品和劳动主体被分割。可计算性需要将任何一个有机整体分割成各个部分,并将注意力集中于这些部分才能实现合理化。劳动分工越精细,劳动对象被分解得更加细化,进一步形成劳动对象的专门化,当其被精细化分解之后,所有劳动对象就会丧失自身的本质不同,主体面对的劳动对象都是丧失自身统一性的局部,局部与局部之间不存在根本性的差异,它们在形式上相同。换言之,劳动产品必须不断被分解、专门化后才具有可计算性。作用于劳动对象的劳动也被赋予相同性。特别是机器大量应用于生产领域,使得劳动具有了机械化的特征。工人之间没有本质的差异,他们都是由机器主导的劳动过程决定。对劳动过程的计算意味着对劳动进行计算,即对劳动主体进行计算。一旦对劳动者进行计算,意味着人与人之间只有量的区分没有质的差异,人与人之间的个性消失,因此,对劳动主体进行计算与他们作为人的本质是对立的。这导致的结果就是"人不表现为真正的主人,而是作为机械化的一部分结合到某一系统里去",③作为主体的劳动者失去了人的个性,被分解成可量化的东西纳入劳动过程中。资本主义社会是一个完全的自我规定着的商品生产过程,人和物中可以被计算的因素都被吸纳到这一过程中。由此看来资本主义社会是自动地合规律的,不需要从人的方面获得新的支撑和动力,面对这一过程工人只能采取直观的态度,人们只能顺从该过程,没有任何反抗的可能。这同时表明劳动时间决定一切,工人之间的差别在时间中毫无意义。卢卡奇想要说明的是人在劳动时间中贡献的多少与自身被承认的价值呈正相关,除此之外人什么都不是。在这里他引用了马克思的话,"时间失去了它的质的、可变的、流动的性质",④此时时间成为能够测量,可以按照某一标准逐步标识的空间化的存在,人的价值需要通过测量才被承认。劳动时间的空间化意味着人与人之间的关系被交付给资本主义商品生产过程,当劳动过程被机械化地分割为各个部分时,必然割裂了人们在原有生产关系中形成的有机的共同体,劳动者变成了孤立化、原子化的个体。人与人之间的关系依旧联结着,但是人与人之间联结的关系是由自动的合理化的生产过程主宰。

人的孤立化和原子化的存在正是由以可计算性为原则的劳动的合理化导致的。卢

---

① 卢卡奇:《历史与阶级意识——关于马克思主义辩证法的研究》,第149页。
② 卢卡奇:《历史与阶级意识——关于马克思主义辩证法的研究》,第149页。
③ 卢卡奇:《历史与阶级意识——关于马克思主义辩证法的研究》,第150-151页。
④ 卢卡奇:《历史与阶级意识——关于马克思主义辩证法的研究》,第151页。

卡奇强调人的孤立化和原子化在资本主义商品经济中具有必然性,"资本主义生产的'自然规律'遍及社会生活的所有表现……第一次使整个社会隶属于一个统一的经济过程"。①当社会被商品充斥时,人成为原子化的存在是必然的。商品充斥着整个社会时,一切都必须通过交换获得,这是所有人无法逃避的,在此情况下,人们不得不把自身当作孤立的商品同其他孤立化的个人进行交换。卢卡奇多次强调只有在商品经济占主导的社会中人才成为孤立的原子化存在。在他看来,形式自由的工人将自身的劳动力作为商品拿到市场上进行交换时,才会进一步产生劳动的合理化。因此,首先要产生在形式上自由的工人,而形式上自由的工人的产生离不开整个社会按照孤立的商品交换模式运作。卢卡奇认为充分认识"可计算性的合理化成为社会生活的全部表现形式"这一点极其重要,只有充分认识这一点才能理解商品经济社会带来的危害。

四、劳动的物化形成物化意识,并不断塑造人的物化命运

卢卡奇在对物化现象的批判中,其鲜明的色彩在于对物化意识环节的批判。他认为以孤立化、原子化为特征的劳动的物化进一步渗入人的意识中,形成物化意识,使人陷入被物化而不自知的窘境。

(一)物化意识的特征意味着一切阶级陷入被物化的命运

物化意识的形成意味着物化已经发展到"登峰造极"的地步。"商品关系变为一种具有'幽灵般的对象性'的物……使人的肉体和心灵越来越屈从于这种物化形式。"②卢卡奇强调物化会使人的意识物化,这会进一步导致人的能力趋于物化。物化意识具有直接性和总体性的特征,"当各种使用价值表现为商品时它就获得一种新的物性,它消灭了原来的真正的物性"。③劳动合理化的过程就是使客体丧失原来的物性,赋予其新物性的过程。原来的物性是对客体本质的反映,而新赋予的物性则是曲解客体,无法正确反映客体的真正本质。物化意识的直接性体现在它只能直观到客体获得的新的物性,误把曲解客体的物性视为能够反映这一客体本质的真正的物性。物化意识之所以只能直接地认识到非本真的物性,就在于缺少呈现客体多重结构的中介。它无法借助中介凸显客体与主体之间的关系,因此它也只能获得抽象的量的规定性,人们通过物化意识认识的只是一个平面的、缺乏立体的世界。物化意识的直接性渗透到人们的行为中,使行为也具有了直观性的特点,商品经济社会中人的行为以"合理计算"为主,合理计算就是计算出某事物有规律的过程,因此会导致人们停留于规律的可计算性上,而忽视了事物本身。④

物化意识的直接性特征进一步导致主体丧失总体性。"由于工作的专门化,任何整

①卢卡奇:《历史与阶级意识——关于马克思主义辩证法的研究》,第154页。

②卢卡奇:《历史与阶级意识——关于马克思主义辩证法的研究》,第164页。

③卢卡奇:《历史与阶级意识——关于马克思主义辩证法的研究》,第154页。

④卢卡奇:《历史与阶级意识——关于马克思主义辩证法的研究》,第161页。

体景象都消失了",①在"专门化工作"中的人不可能获得有关"整体景象"的认识。卢卡奇在这里指出"总体性范畴"既是马克思的方法论,又是无产阶级的阶级意识的内容。无产阶级的阶级意识要求其自身必须把握总体性,但由于无产阶级身处商品经济社会,他们作为孤立的原子化存在被物化意识充斥,只能被非本真的物性牵引着,丧失了把握社会总体性的能力。直接性的物化意识和人作为孤立的原子化存在相互"促进",商品经济社会中人的孤立的原子化存在方式导致人的意识的物化,使人的意识丧失了对总体性把握,这种丧失总体性、看不到对象本质的物化意识进一步加剧了人的孤立化和原子化。他强调以孤立化和原子化为原则的物化成为一切阶级的普遍命运,主体与客体的关系、主体与主体之间的关系均被切断之后,商品化过程中展开的劳动本身不足以体现人与人之间的社会关系,马克思指出人与人之间的联系是物质联系,是以能够感觉、触摸的实际生产过程为中介的关系,当资本主义的生产过程切断了主客体之间、主体之间的关系,使得劳动丧失了维持这种关系的能力后,即是说劳动的物化使得劳动无法塑造人与人之间的社会关系,因此在商品经济社会中的一切阶级都在劳动的物化中被冲散,沦为孤立的原子,物化就成为人的普遍命运。资本主义社会中包括精英在内的所有人在理性的机械过程中扮演了维护者的角色。卢卡奇在论述完物化意识后得出资本主义社会是非理性的观点,这一观点的提出表明他和韦伯的分离并趋向马克思。在他看来,资本主义社会只承认商品的性质,但是现实生活并非只由商品的性质构成,内容中蕴含着大量的非理性的因素,我们无法看到被删减掉的内容,无法看到总体性的生活的全部,只能看到一个个局部的被合理化的系统,这一系统之间的关系是不可控的,因此,资本主义社会是非理性的。

(二)无产阶级的阶级立场是克服物化,实现美好生活

卢卡奇不仅从劳动方面展开了物化现象和物化意识的批判,同时也提出了克服物化的路径,即拥有无产阶级立场。他认为资本主义社会中的一切都渗透着物化意识,无论是资产阶级的理论还是实践对于克服物化都是徒劳的。他与马克思强调的无产阶级这一主体不同,他认为无产阶级与无产阶级立场存在根本不同,无产阶级拥有无产阶级的立场才能称之为真正的无产阶级。在商品经济社会中,"无产阶级的意识暂时还屈从于物化",②不能因为他是无产阶级就认为他能够克服物化。无产阶级立场并非弹指之间就能确立的,人们需要在磨难中形成并坚定自身的立场。物化充斥在商品经济社会中,它是商品经济社会的本质特征,这意味着克服物化并非是某个个体的任务,而是需要整个无产阶级立场的觉醒,"无产阶级本身只有当它采取真正实践的态度时,它才能克服物化",③整个无产阶级具备阶级立场后不仅能够看清物化现象的本质,而且能够用行动克服劳动的物化,使劳动复归其应然状态,发挥其原本具有的联结人与人之间社会关系的功能。

---

① 卢卡奇:《历史与阶级意识——关于马克思主义辩证法的研究》,第168页。
② 卢卡奇:《历史与阶级意识——关于马克思主义辩证法的研究》,第164页。
③ 卢卡奇:《历史与阶级意识——关于马克思主义辩证法的研究》,第301页。

《历史与阶级意识》中蕴含着丰富的思想,他对劳动物化的批判在如今看来仍具有现实意义。当今社会的繁荣发展离不开人们采取市场经济的运行模式,然而这种运行模式在带来社会经济繁荣的同时,也加剧了卢卡奇所说的物化现象。卢卡奇从劳动物化入手指出人与人之间的关系转换为如同幽灵般的物与物之间的关系,现如今人际关系也沦为一种用金钱衡量的关系。劳动的物化与抽象性使得人的具体劳动变为可以分割计算的抽象劳动,如今劳动者也只能被吸入不受自身控制的"自律的合规律的系统中",以致人也成为被计算的对象。人的劳动以及人本身成为商品正逐渐成为当今社会整体的存在状态,孤立的原子化是现代社会人们无法摆脱的命运,今天社会的物化相较于卢卡奇所处时代的物化现象有过之而无不及。劳动的物化现象也使得人的意识被物化,物化的意识使人们认识事物的能力只停留于事物表象,从而无法获得全面深刻的认识。人们明明处于被物化、被合理化算计的社会,却无法对自身的处境拥有正确的认知,并以追求这种"非人"的生活为乐。只有当无产阶级意识觉醒并采取一系列克服物化现象的行动后,被物化意识主导的人们才能意识到以往非人的生存状态,当劳动重新获得维系人与人之间关系的功能时,劳动的实然状态才能转变为应然状态,人的本质才能得到真正的复归,由物化导致的非人生活才能被美好生活所代替。美好生活的实现意味着人民幸福指数的提升,人民幸福指数则与人的全面发展程度有关。当物化的劳动被能够确证人本质的自由自觉的劳动所代替时,人的自由全面发展的程度才会不断提升,人民才会感到幸福,美好生活才会真正得以实现。

历史唯物主义存在论视域中的
生产与交往
——兼论哈贝马斯对历史唯物主义劳动范式的误读①

邝光耀

摘　要： 哈贝马斯的历史唯物主义重建论缘自其不同于马克思对生产与交往关系的理解。哈贝马斯批判马克思混淆了生产劳动与交往活动之间的差异,并认为以劳动生产力解放范式为核心的历史唯物主义在晚期资本主义条件下已经过时,进而提出以交往范式为基础的行动理论。回到《德意志意识形态》这一马克思恩格斯"新世界观"的诞生地,可以发现其历史唯物主义在存在论视域下重释了生产与交往的关系,并在此基础上讨论了跨文明交往与世界性共产主义愿景的问题。哈贝马斯误把教条化马克思主义与庸俗化历史唯物主义的观点当作马克思主义的本真内涵,所谓历史唯物主义已经"过时"的批判则源于其对马克思"实践化"的劳动概念的误读。基于历史唯物主义的存在论视域重新审视哈贝马斯的改良主义政治理想,其所意图建构脱离生产劳动的交往行动理论,进而达成普遍利益共识的社会关系愿景,仍不过是一种纯思的理论幻想。

关键词： 历史唯物主义;存在论;哈贝马斯;生产;交往;劳动范式

本文引文格式： 邝光耀:《历史唯物主义存在论视域中的生产与交往——兼论哈贝马斯对历史唯物主义劳动范式的误读》,见何云峰主编:《劳动哲学研究》第9辑(2023年第2辑),上海教育出版社2023年12月版,第90—98页。

要论20世纪对马克思恩格斯所创立"新世界观"——历史唯物主义的批判与误解,除了卡尔·波普尔引起一时轰动的《历史决定论的贫困》之外,更具影响的当属法兰克福学派第二代学术领袖——哈贝马斯的历史唯物主义重建论。与波普尔不同,哈贝马斯作为社会批判理论的第二代旗手,首先继承了法兰克福学派肯定马克思主义资本批判和阶级分析的理论立场;但他批判马克思混淆了生产劳动与交往活动之间的关系,并断言传统以劳动生产力解放范式为基础的历史唯物主义已不再具有人类解放和社会进步

---

① 作者通信地址:邝光耀,复旦大学马克思主义学院,上海200433。

的意义。因此,哈贝马斯不再认可历史唯物主义解释晚期资本主义社会和现代福利国家的效力,转而提出应当重建交往范式的历史唯物主义(即交往行动理论),而非复兴马克思主义的理论传统。所谓重建,就是"把理论拆开,用新的形式加以组合,以便更好地达到这种理论所确立的目标"。①

要真正回应哈贝马斯对历史唯物主义的误读,必须从马克思恩格斯发起"哲学革命"的存在论视域中重新把握生产与交往的关系。首先,应当回到文本重新体会马克思恩格斯对于劳动生产和交往活动关系的直接论述,厘清人与人之间的交往及其社会关系何以基于物质生产活动而建构;其次,对马克思主义跨文明交往观的解读,必须基于马克思恩格斯对生产力解放与普遍交往必然带来世界性共产主义愿景的判断;最后,基于马克思恩格斯"劳动解放——人类解放"的历史唯物主义本真视域,重新审视哈贝马斯从劳动范式到交往范式的历史唯物主义重建论,会发现其所谓语言哲学转向基础上的交往行为理论建构仍然陷于意识哲学的窠臼,其对马克思劳动范式的批判仍是一种知性科学的误读。

一、存在论视域下的生产与交往:基于物质生产活动的社会关系建构

马克思恩格斯关于劳动生产和交往活动关系的论述集中于其"新世界观的诞生地"——《德意志意识形态》当中。而在《重建历史唯物主义》一著中,哈贝马斯批判马克思以劳动生产范畴来统摄解释社会历史发展的进程,并认为马克思混淆了交往活动和劳动生产之间的差异。换言之,他认为人与人之间的社会交往和人与自然进行交互的劳动生产应当是分离的。但回到历史唯物主义"新世界观"创立的原初语境,我们会发现马克思并非如哈贝马斯所言混淆了劳动与交往二者的关系,他明确指出:"生产本身又是以个人彼此之间的交往[Verkehr]为前提的。这种交往的形式又是由生产决定的。"②概而言之,在马克思看来,交往和生产是互为条件的:一方面,交往是直接生产过程的内在要素,生产决定交往形式;另一方面,交往是生产的前提条件,生产总是在人与人之间的交往及其社会关系中进行。学者侯振武和杨耕亦指出:"一部人类史,就是生产和交往相互作用、相互制约的历史。"③因此,我们至少可以得出结论,交往和生产此二者范畴,在马克思建构历史唯物主义新世界观时是处于同等重要地位的,或者说二者是不可分离的,既没有离开生产的交往,也没有脱离交往的生产。

进一步地,马克思恩格斯还论述了物质生产如何具体建构出人与人之间的社会关系:"他们只有以一定的方式共同活动和互相交换其活动,才能进行生产。为了进行生产,人们相互之间便发生一定的联系和关系;只有在这些社会联系和社会关系的范围

---

① 于尔根·哈贝马斯:《重建历史唯物主义》,郭官义译,社会科学文献出版社2013年版,第3页。

② 《马克思恩格斯选集》第1卷,人民出版社2012年版,第520页。

③ 侯振武、杨耕:《关于马克思交往理论的再思考》,《哲学研究》2018年第7期,第13页。

内,才会有他们对自然界的影响,才会有生产。"① 由此马克思恩格斯认为,一方面,物质生产首先是人与自然进行物质变换的过程;另一方面,交往活动是与物质生产同时进行的,在人与自然进行物质变换的基础上,交往活动实现了人与人之间的物质变换,正是基于这种人与人之间的物质变换,社会关系才得以形成。换言之,物质生产活动作为人类的第一个历史活动,同时生产出了人与自然的关系和人与人的社会关系,亦即交往活动是与物质生产同时共在的。哈贝马斯指责传统历史唯物主义的劳动生产范畴只具备所谓人通过劳动支配外部世界的工具理性旨趣,仍只是一个意识哲学解释框架下主客体对立的范畴。但通过上述文本解读与分析,可以很清楚地看到马克思论述的交往直接指涉人与人之间的社会关系,其实质是基于物质生产的人与人之间的互动关系,本身就带有西方哲学所谓"主体间性"的内蕴。

紧接着,马克思恩格斯继续分析了生产方式对交往形式更替的决定性影响:"在后来时代(与在先前时代相反)被看做是偶然的东西,也就是在先前时代传给后来时代的各种因素中被看做是偶然的东西,是曾经与生产力发展的一定水平相适应的交往形式。生产力与交往形式的关系就是交往形式与个人的行动或活动的关系。(这种活动的基本形式当然是物质活动,一切其他的活动,如精神活动、政治活动、宗教活动等都取决于它……)。"② 概而言之,历史唯物主义的交往观认为,交往形式是与同一时期生产力的发展水平相适应的,而生产力与交往形式的关系就是交往形式与个人的行动或活动的关系。因此随着生产力的进步,交往形式也必然会发生新旧更替。

马克思在1846年致安连柯夫的信中,曾首次直接明确地阐述了其"交往"范畴的内涵:"为了不致丧失已经取得的成果,为了不致失掉文明的果实,人们在他们的交往[commerce]方式不再适合于既得的生产力时,就不得不改变他们继承下来的一切社会形式。——我在这里使用'commerce'一词是就它的最广泛的意义而言,就像在德文中使用'Verkehr'一词那样……一切旧的经济形式、一切和这些形式相适应的社会关系、曾经是旧市民社会的正式表现的政治国家,当时在英国都被破坏了。可见,人们借以进行生产、消费和交换的经济形式是暂时的和历史性的形式。随着新的生产力的获得,人们便改变自己的生产方式,而随着生产方式的改变,他们便改变所有不过是这一特定生产方式的必然关系的经济关系。"③ 通过马克思在此处对生产与交往关系的直接论述可知,马克思所使用的交往(commerce)范畴,一方面,是与生产力发展和生产方式变化密切相适应的,关乎人与人之间进行生产、消费和交换过程的历史性范畴;另一方面,交往也同一定时期的社会制度、社会关系密切相关,随着生产力发展带来的社会制度和社会关系变化,交往形式也会相应地出现改变。

基于该信中对交往范畴的直接论述,再去比较哈贝马斯和马克思的交往观,二者的差异和特征便更加明晰:马克思所言交往,即"commerce",是建立在物质生产基础上,指

---

① 《马克思恩格斯选集》第1卷,第340页。
② 《马克思恩格斯选集》第1卷,第203页。
③ 《马克思恩格斯选集》第4卷,第409–410页。

涉人与人之间的物质变换交往活动;正如马克思所言,"语言也和意识一样,只是由于需要,由于和他人交往的迫切需要才产生的"。① 因此更广义上的交往(intercourse)作为主体间的范畴,则同时指涉人与人之间、国家与国家之间的交往,包含了物质交往和精神交往的内涵。而哈贝马斯所建构交往行为理论中的交往,指涉的乃是"沟通"(communication)之义,其交往理性意指:"这种交往理性概念的内涵最终可以还原为论证话语在不受强制的前提下达成共识这样一种核心经验。"② 其核心的商谈(discourse)话语理论则是为了某一特定议题达成共识,试图在理性重建基础上为晚期资本主义社会面临的民主政治危机寻找到改良道路。由此可知,哈贝马斯所言的"交往",是一个在根基上脱离了物质生产领域的精神交往范畴。正是基于对历史唯物主义劳动范畴的误解以及对精神交往概念的重新理解,哈贝马斯进而认为以劳动范式为核心,以经济基础、上层建筑和生产力、生产关系为基本分析框架的历史唯物主义,已不再适用于描述晚期资本主义社会的结构性特征。要拯救现代性、消解资本主义社会的政治合法化危机,必须发起从劳动范式为核心的意识哲学到交往范式为核心的语言哲学转向,进而重建能够恰当、准确描述现代社会的组织进化特征,基于主体间性而非主体性的历史唯物主义。

二、生产力解放与跨文明交往:马克思共产主义愿景下的文明交往观

单就"交往"范畴来看,与马克思相比,哈贝马斯对"交往"概念的不同理解主要体现在物质交往与精神交往二者的关系上。在论及观念生产与物质交往的关系时,马克思明确指出:"思想、观念、意识的生产最初是直接与人们的物质活动,与人们的物质交往,与现实生活的语言交织在一起的。人们的想象、思维、精神交往在这里还是人们物质行动的直接产物。表现在某一民族的政治、法律、道德、宗教、形而上学等的语言中的精神生产也是这样。"③ 换言之,马克思以物质生产及其交往活动为基础建构的历史唯物主义认为,物质生产和物质交往决定精神生产和精神交往,亦即物质生产过程和物质交往活动决定了精神交往的形式,精神交往的形成和发展并不具有独立于物质生产和物质交往的自身逻辑。与此相反,哈贝马斯则将人与人之间的社会关系局限于精神生产和精神交往的领域,他只看到以符号为媒介的人与人的关系,却忽视了生产与交往在原初意义上,或言在人作为类存在物而生存的存在论意义上的同一性。由此,哈贝马斯应对资本主义社会交往异化、社会危机的方案是要回到交往形式本身,进而落实到既定社会制度下的民主政治当中去寻找交往异化的根源。马克思基于物质生产首要性观点给出的结论则明确指出:交往异化的根源不在于交往本身,而在于资本主义的物质生产方式。

总体来看,马克思在《德意志意识形态》中对交往形式实则作出了三重规定:一是交

---

① 《马克思恩格斯选集》第1卷,第161页。
② 于尔根·哈贝马斯:《交往行为理论》,曹卫东译,上海人民出版社2018年版,第27页。
③ 《马克思恩格斯选集》第1卷,第151–152页。

往的属性规定,主要包括作为物质变换活动的物质交往和精神变换活动的精神交往;二是交往的主体规定,主要包括不同历史时期的个人交往与国家交往;三是交往的范围规定,主要包括"区域交往"和"世界交往"。马克思认为随着全球贸易的发展,当区域交往发展为世界交往时,历史也转变为"世界历史"。而马克思对交往范围的规定前提,是他首先区分了市民社会内部交往和各民族之间的外部交往:"各民族之间的相互关系取决于每一个民族的生产力、分工和内部交往的发展程度。这个原理是公认的。然而不仅一个民族与其他民族的关系,而且这个民族本身的整个内部结构也取决于自己的生产以及自己内部和外部的交往的发展程度。一个民族的生产力发展的水平,最明显地表现于该民族分工的发展程度。"① 换言之,马克思认为在资本逐利、增殖逻辑下形成的世界市场经济秩序中,各民族或各国家之间外部交往的形式和交往关系,取决于该民族、该国生产力、分工和内部交往的发展程度与发展水平。

由此马克思得出结论:普遍的世界性交往与资本主义的全球扩张是同时共在的。一方面,世界市场带来的发达生产力,尤其是交通技术的突破,使跨文明的交往活动得以可能,尤其是跨文明的世界文化交往逐渐形成。马克思在《共产党宣言》中提到:"各民族的精神产品成了公共的财产。民族的片面性和局限性日益成为不可能,于是由许多种民族的和地方的文学形成了一种世界的文学。"② 另一方面,资本的全球扩张也会导致文化殖民的霸权和先进文明对落后文明的消灭。马克思认为,"战争本身还是一种通常的交往形式",③ 他在评价英国殖民侵略对印度历史发展产生的影响时便指出:"不列颠人给印度斯坦带来的灾难,与印度斯坦过去所遭受的一切灾难比较起来,毫无疑问在本质上属于另一种,在程度上要深重得多。"④ "的确,英国在印度斯坦造成社会革命完全是受极卑鄙的利益所驱使,而且谋取这些利益的方式也很愚蠢。但是问题不在这里。问题在于,如果亚洲的社会状态没有一个根本的革命,人类能不能实现自己的使命? 如果不能,那么,英国不管犯下多少罪行,它造成这个革命毕竟是充当了历史的不自觉的工具。"⑤

在资本全球化和生产力普遍发展的前提下,马克思同时还将"生产力的普遍发展——普遍交往——世界性共产主义"联系起来。他指出:"只有随着生产力的这种普遍发展,人们的普遍交往才能建立起来;普遍交往,一方面,可以产生一切民族中同时都存在着'没有财产的'群众这一现象(普遍竞争),使每一民族都依赖于其他民族的变革;最后,地域性的个人为世界历史性的、经验上普遍的个人所代替。"⑥换言之,在马克思看来,共产主义不可能是"局部的共产主义",共产主义必须建立在一切民族无产阶级广泛

① 《马克思恩格斯选集》第1卷,第147页。

② 《马克思恩格斯选集》第1卷,第404页。

③ 《马克思恩格斯选集》第1卷,第206页。

④ 《马克思恩格斯选集》第1卷,第849页。

⑤ 《马克思恩格斯选集》第1卷,第854页。

⑥ 《马克思恩格斯选集》第1卷,第166页。

受到压迫、区域性工人运动转变为全球性无产阶级革命运动的基础上,因此,高度发达的生产力和世界范围的普遍交往,是实现共产主义的必要条件。

由此,当我们理解马克思主义的跨文明交往观时,实际上要真正把握的乃是马克思提出社会主义国家在共产主义愿景下应当持有的文明交往观:其一,跨文明交往使得区域性的人类历史进一步转化为世界历史,为实现个体解放、人的自由全面发展提供历史条件。马克思认为,"交往的普遍性,从而世界市场成了基础。这种基础是个人全面发展的可能性"。①换言之,在生产力和世界交往都得到充分发展后,个人才有自由全面发展的可能,全世界工人的联合、世界性的共产主义也才有可能。其二,马克思反对经济霸权带来的文化霸权,重视各个文明所创造文化的独特价值。马克思指出,"凡是民族作为民族所做的事情,都是他们为人类社会而做的事情"。②其三,马克思批判且反对资本文明对其他民族文明的同化乃至毁灭,主张在文明平等交往基础上进行多样性文化交流互鉴。正如习近平总书记多次指出,"文明是多彩的,人类文明因多样才有交流互鉴的价值""各种人类文明在价值上是平等的""文明没有高低、优劣之分",③这一点与经典马克思主义作家的观点高度一致。只有不断深化对跨文明交往多样性的认识,才能"同其他文明交流互鉴、取长补短,才能保持旺盛生命活力。"④

三、劳动的张力:哈贝马斯对历史唯物主义的知性科学误读

究其根源,哈贝马斯的交往行动理论与马克思恩格斯以劳动范式为核心的历史唯物主义之核心分歧,首要体现在其认为马克思恩格斯主张通过劳动生产力解放达致人类解放的目标在晚期资本主义社会已经过时。换言之,哈贝马斯虽承认阶级矛盾和经济危机在资本主义福利国家中依然潜在,但已经不是推动社会进步和生产关系变革的决定性力量。具体而言,哈贝马斯批判传统历史唯物主义已经过时的理由有如下四点:

其一,历史唯物主义核心的经济基础和上层建筑阐释范畴不再有效,无法继续用以描述晚期资本主义社会的结构性特征。哈贝马斯指出,随着福利国家的产生和国家干预经济活动力度的不断加强,晚期资本主义社会的国家政治越来越不表现为上层建筑的一部分,而是直接参与到经济生产的市场秩序当中。由此,哈贝马斯认为传统历史唯物主义建立在国家与市民社会分离基础上的"经济基础—上层建筑"二分描述模式已经失效。在哈贝马斯看来,我们虽然可以把生产力的发展"理解成为产生问题的机制,它尽管可以引起,却不能导致生产关系的变革和生产方式的革新。"⑤

其二,历史唯物主义的劳动价值论和剩余价值学说已经过时。哈贝马斯认为20世

---

① 《马克思恩格斯文集》第8卷,人民出版社2009年版,第171页。

② 《马克思恩格斯全集》第42卷,人民出版社1979年版,第257页。

③ 习近平:《习近平著作选读》,人民出版社2023年版,第229页。

④ 《习近平谈治国理政》第3卷,外文出版社2020年版,第469页

⑤ 于尔根·哈贝马斯:《重建历史唯物主义》,第118页。

纪的一大重要特征是出现了技术"科学化"和科学"技术化"不断融合的新趋势。由于科技被直接应用于经济生产从而极大提高了劳动生产率,他首先提出科学技术已成为"第一位的生产力"①的论断。由此,马克思恩格斯基于自由主义的资本主义发展阶段所提出的政治经济学判断——资本家对工人劳动产品和绝对剩余价值的直接占有与剥削,在晚期资本主义阶段越来越转变为资本家对科技生产力所创造出相对剩余价值的占有,即科学技术成为"独立的变数"和"独立的剩余价值来源"。②哈贝马斯据此断定,历史唯物主义的劳动价值论和剩余价值学说在科技成为"第一生产力"面前已经失效。

其三,马克思主义阶级斗争理论不再适用于理解晚期资本主义的社会关系。一方面,科技进步带来了生产力高度发展和物质财富的极大丰富,另一方面,同福利国家的出现相伴生的是资本主义分配制度和补偿机制的日益完善。哈贝马斯由此认定,在福利国家内部,资产阶级和无产阶级的关系已不再直接表现为剥削和被剥削的利益对抗关系,而是二者均成为与生产利益紧密相关的"伙伴关系"。在此基础上,哈贝马斯认为晚期资本主义的国家机器已不再是代表资产阶级利益的阶级统治工具或"公共事务管理委员会",而是超越了潜在的阶级界限,实行的是"一个阶级主体把另一个阶级主体作为可以同自己平等的集团来看待"③的统治形式。

其四,生产力的线性进步不再可能作为解放潜力引起人类解放运动。哈贝马斯反对马克思的历史唯物主义"总是以生产力的发展为轴心来重复(历史的)直线型进步和用辩证的思维方法表述生产关系的发展"④。他提出,除了作为工具理性活动的生产劳动带来技术知识领域的进步之外,社会的进化发展更取决于道德—实践领域的规范学习过程和组织原则的进步。因此,哈贝马斯判定以劳动范式为核心的历史唯物主义所强调的生产力解放,并不能同步带来人与人之间交往冲突的减少和社会组织原则的进步,亦即生产力进步已不再具有推动社会向前发展和人类要求解放的革命潜力。哈贝马斯进而得出结论:"即使技术上拥有的维持生活和使生活轻松愉快的物质条件和社会条件达到了马克思为共产主义的发展阶段所假设的那样一种规模,十八世纪的启蒙思想家和十九世纪的青年黑格尔分子所说的那种社会解放,也不一定就会自动地随技术所拥有的物质条件和社会条件而一同出现。"⑤

正是由于哈贝马斯认为生产力发展在晚期资本主义社会不再能够直接带来生产关系变革,历史唯物主义所持有的阶级斗争主张和"经济危机—暴力革命"的分析框架在他看来亦不再生效。哈贝马斯进而转换了理论视域:他提出社会进化发展的动力在于两种学习过程的协调发展,除了利用工具的劳动生产领域的学习过程外,主体间以语言为媒介进行的交往和社会同一性共识的形成也至关重要。因此,消解社会危机的关键

① 于尔根·哈贝马斯:《作为"意识形态"的技术与科学》,李黎、郭官义译,上海学林出版社1999年版,第58页。

② 于尔根·哈贝马斯:《作为"意识形态"的技术与科学》,第62页。

③ 于尔根·哈贝马斯:《作为"意识形态"的技术与科学》,第56页。

④ 于尔根·哈贝马斯:《重建历史唯物主义》,第133页。

⑤ 于尔根·哈贝马斯:《作为"意识形态"的技术与科学》,第93页。

在理论上是要以交往范式代替劳动范式进而重建历史唯物主义,在实践上是要复归到福利国家的民主政治领域寻求平等的对话与交往的共识。由此可见,从劳动范式到交往范式的理论重建,表明哈贝马斯虽然认同马克思的阶级分析方法和对资本主义商品拜物教的批判,但对资本主义民主政治的不同理解促使他走向了拯救现代性、重建民主政治的改良主义道路。不同于自由主义把现代民主政治理解为理性政治(capitalism for democracy),马克思把民主政治理解为资产阶级利益的代言人(democracy for capitalism);也不同于第一代批判理论家霍克海默、阿多诺认为民主政治已经走向极权主义(capitalism without democracy)。哈贝马斯认为通过话语协商达成利益共识的方式重新介入现代民主政治,可以改变资本和技术合谋带来的社会危机(democracy against capitalism)。真正的问题不在于通过变革生产关系和统治阶级以消灭阶级矛盾,而是如何在理性共识的基础上达成普遍利益和特殊利益关系的正确摆放,进而解决国家和个体间被资本支配所带来的冲突。

哈贝马斯对马克思劳动概念的误读,与其混淆了马克思恩格斯本人思想和后来的教条化马克思主义思想不无关系。马克思恩格斯逝世后,第二国际理论家考茨基、伯恩施坦等人把历史唯物主义错误地理解并歪曲为物质决定论和机械经济决定论,普列汉诺夫又把历史唯物主义降格至同费尔巴哈的直观唯物主义一样的水平,并未真正把握历史唯物主义和自然唯物主义的本质区别。列宁则提出历史唯物主义是辩证唯物主义在社会历史领域的"推广应用";此后斯大林一锤定音:"历史唯物主义就是把辩证唯物主义的原理推广去研究社会生活,把辩证唯物主义的原理应用于社会生活现象,应用于研究社会,应用于研究社会历史。"① 传统辩证唯物主义与历史唯物主义二分式的教条化马克思主义,正如哈贝马斯批判的那般,把交往关系与交往活动消解在了物质生产活动和以物质本体为载体的所谓"自然辩证法"之中。

可以说,哈贝马斯的历史唯物主义重建论对教条化的马克思主义主张的"经济决定论""历史进步论"和"唯生产论"等错误观点的批驳是正确、合理的,但哈贝马斯的谬误在于把教条化马克思主义和苏联教科书体系的错误归结为马克思恩格斯本身的错误,把被歪曲、矮化了的历史唯物主义误当成了马克思恩格斯的历史唯物主义。首先,马克思的历史唯物主义是在人类史与自然史相统一的基础上讨论生产劳动、主体间交往和社会历史发展的。马克思恩格斯认为,"所谓人的肉体生活和精神生活同自然界相联系,不外是说自然界同自身相联系,因为人是自然界的一部分"。② 马克思恩格斯始终认为,应当坚持人类史同自然史的相统一,不能将人类史同自然史相分离,任何脱离历史谈自然或者脱离自然谈历史的理论都只能是"意识的空话"。③ 马克思还认为,历史研究的根基就在于自然史和人类史相统一的同一部历史当中,而其本质乃是人类的感性实践活动及其历史运动的过程。哈贝马斯脱离了人类史与自然史相统一的生产逻辑

① 《斯大林选集》下卷,人民出版社1979年版,第424页。

② 《马克思恩格斯选集》第1卷,第56页。

③ 《马克思恩格斯选集》第1卷,第153页。

去批判马克思恩格斯的交往和交往活动概念,显然是没有把握到历史唯物主义所言革命的实践乃是"环境的改变和人的活动或自我改变的一致"① 这一命题的存在论意蕴。其次,哈贝马斯没有意识到的是,马克思的确把劳动"实践化",但并不是混淆了二者。因为马克思一开始就不是从劳动作为工具理性活动这一知性科学的意义上理解劳动,而是从历史存在论的意义上把劳动"实践化"。所谓劳动的"实践化",即马克思赋予劳动以建构社会关系的感性活动的内涵——实践化的劳动是在人与自然相统一的关系中建构出人与人社会关系的感性活动。历史唯物主义之所以能够达至对过往一切旧哲学和理性形而上学的革命性批判,正在于马克思以作为感性对象性活动、实践化了的劳动作为其立论的根基和出发点。劳动作为感性对象性的活动,其带来的生产力的解放乃是"人的对象性的本质力量的主体性的增强"。② 换言之,生产力变革的意义不仅仅在于物质财富的丰富和增长,马克思恩格斯更强调的是在此过程中人的感性需要的增长和感性意识的变革。历史唯物主义正是从作为感性对象性活动的劳动出发,揭示了人的劳动不仅生产出了作为人的对象性存在的物质财富,同时还建构了人与人之间现实的社会关系。由此可见,历史唯物主义的生产力、生产关系范式和经济基础、上层建筑范畴,本身就包含了劳动的工具性和交往性彼此规定、内在统一、不可分割的必然联系。劳动和生产力的解放也即意味着人与人之间新的社会关系和社会属性的降临。正是在这一意义上,马克思提出由劳动解放达至生产力的解放,并在此意义上进一步成为人类解放的"前夜"。

总之,哈贝马斯在语言哲学转向基础上重建历史唯物主义及建构精神交往理论的理论探索,一方面是对教条化马克思主义及其物质本体论思想将历史唯物主义庸俗化的有力批判,其对晚期资本主义政治危机的诊断和主体间交往关系变化的深刻洞见也极富思想启迪。但另一方面,由于混淆了被歪曲矮化的历史唯物主义与马克思恩格斯的历史唯物主义的本真意蕴,导致哈贝马斯仍然局限在知性科学视域中,并对"实践化"的劳动概念和建基于劳动范式上的历史唯物主义做出了错误的解读与重构。劳动作为感性对象性活动,同时创生出人与自然的对象性关系和人与人之间社会关系的内涵,始终没有进入他所谓重建历史唯物主义的理论视域。从马克思恩格斯基于生产力解放的跨文明交往观重新审视哈贝马斯改良主义的政治解放理想,就不难发现,其脱离了生产劳动范式的交往行为理论规范及其意图建构达成普遍利益共识的社会关系愿景,仍不过是一种纯思的理论幻想。正如马克思早在《论犹太人问题》中得出的结论所预示的那样:不首先解放无产阶级、解放异化劳动,就不可能解放异化的交往,也就无法实现政治解放和全人类解放。

---

① 《马克思恩格斯选集》第1卷,第134页。

② 夏巍:《对历史唯物主义的存在论新探》,山东大学出版社2018年版,第23页。

先秦儒墨文化中的劳动叙事辨析①

刘璐璐

摘　要： 春秋战国转型时期,诸子百家争相竞起,以政治文化理想入世,力图解决时代问题,儒墨二家尤为突出。在以小农经济为基础的古代传统社会之中,农业生产劳动是社会的主要劳动形式,底层劳动人民是社会劳动的主体,安顿社会政治秩序的关键在于对劳动人民的观照。因此在政治的建构中,儒墨二家注重对劳动叙事的建构。由于二家所代表的阶级利益有所不同,因而形成了两种差异较大的劳动观。儒家代表贵族利益故以统治者为叙事核心,在王道理想的政治理念下对人民施行劳动教化。而墨家则代表手工业劳动者的利益故以劳动人民为叙事核心,以兼爱非攻的政治思想为基础平等地安置每位劳动人民。先秦儒墨二家的劳动叙事不仅在无形中形塑着古代人民的德性品格,也在与政治文化的纷繁交杂中影响着每位劳动人民的个体宿命。

关键词： 儒墨;劳动叙事;德性塑造;政治文化

本文引文格式： 刘璐璐:《先秦儒墨文化中的劳动叙事辨析》,见何云峰主编:《劳动哲学研究》第9辑(2023年第2辑),上海教育出版社2023年12月版,第99-107页。

恩格斯说:"劳动创造了人本身。"②人在劳动中确证为人,并在这一过程中呈现自身的属人性和社会性。劳动使个体实现生命的自我展开,逐渐体验生命的丰富性、多样性。因此劳动不仅是个人生存的源泉,也是生命的依托。中国古代诗歌总集《诗经》中描绘的劳动人民对劳动的热爱与欢欣既是劳动创造人的理想写证,又是塑造个体劳动幸福观念的叙事方式。在春秋战国时期,诸侯争霸、战乱征伐、人性沦丧、文化失落,个体生命无法在劳动中禀天地之德安顿自我从而超越有限的自身。面对无道之世,儒墨等诸派俱兴,以不同的文化理想入世,试图安顿个体生命与重建生存秩序。劳动作为一

---

① 基金项目:上海师范大学博士研究生拔尖人才培育项目"熊十力经学思想研究"(项目编号:209-AC9103-23-368072025);上海师范大学研究生科研项目"熊十力经学观研究"(项目编号:23WKY208)。作者通信地址:刘璐璐,上海师范大学哲学与法政学院,上海200234。

② 《马克思恩格斯选集》第3卷,人民出版社2012年版,第988页。

种安顿方式,儒墨二家的思想文化中均对此有所自觉和论述。而由于孔墨二人所代表的阶级立场不同,从而形成了不同的劳动观念,并影响着德性塑造与政治文化的形成。本文力图通过对儒墨思想文化中的劳动叙事进行辨析,呈现二家在有限的劳动中安顿无限生命的不同面向,以及所折射出的政治思想倾向性。

一、先秦儒家劳动叙事

(一)先秦儒家劳动观

先秦儒家有关劳动的最著名论述即是樊迟问稼于孔子,这一点也成为学界对儒家劳动叙事的争议所在。《论语》中有樊迟请学稼:"子曰:'吾不如老农。'请学为圃。曰:'吾不如老圃。'樊迟出。子曰:'小人哉,樊须也! 上好礼,则民莫敢不敬,上好义,则民莫敢不服;上好信,则民莫敢不用情。夫如是,则四方之民襁负其子而至矣,焉用稼'?"①对于樊迟问农业生产之事,孔子将其判定为小人之儒。因此学界认定孔子有鄙视生产劳动之嫌。

但所谓小人儒并不是指斥樊迟道德上的败坏抑或是智力上的低等,而是教育樊迟不要拘泥于基本的劳动生产之事。因为孔子对学生的期望是"女为君子儒,无为小人儒"。②君子儒以弘扬儒家之道为己任,而小人儒则是专务具体细节,但心忘世道,属于谨密有余,宏大不足。两种儒者形态最关键的区分不在于价值判断,而在于两种为儒之路的不同。对于孔子所处之世来说,礼崩乐坏、君臣失序,尽管小人儒在基本的劳动生产、社会琐事上有所成就,但在春秋转型时期,孔子认为应先当君子儒立乎其大,在担当儒家仁道上有所弘毅。因此《论语》中有"君子之德风,小人之德草"。③君子因其内在的德性和所担当的道义而具有治理小人之能。故孟子提出:"然则治天下独可耕且为与? 有大人之事,有小人之事。 且一人之身而百工之所为备,如必自为而后用之,是率天下而路也。故曰:或劳心,或劳力。 劳心者治人,劳力者治于人;治于人者食人,治人者食于人。天下之通义也。"④孟子认为劳心者是统治人的,而生产劳动者则是政治上的被统治者。许多人也据此将孟子判定为君主专制的维护者。

普遍来看,樊迟问稼与圃专指体力劳动,而劳心者即是依靠智力而统治的人。在这个意义上,孔孟天然地代表了贵族的阶级利益,在表达统治阶级的治理之道时孔孟将劳动区分为体力劳动与智力劳动,并被许多人认为其思想中包含贬低以体力为主的生产劳动。但这并不代表着儒家完全轻视贬低体力劳动。《论语》中有关孔子行道的论述:"富而可求也;虽执鞭之士,吾亦为之。如不可求,从吾所好。"⑤孔子并未表达对执鞭这

① 杨伯峻:《论语译注》,中华书局1982年版,第135页。

② 杨伯峻:《论语译注》,第59页。

③ 杨伯峻:《论语译注》,第129页。

④ 杨伯峻:《孟子译注》,中华书局2016年版,第132页。

⑤ 杨伯峻:《论语译注》,第69页。

一体力劳动的鄙视,而是以道义可求之富为前提。也就是说,智力劳动与体力劳动本身并没有高低贵贱的区分,关键在于孔子以追求道为先义。孟子承接了孔子之思,明确提出了阶级所代表的劳心与劳力的不同,但恰恰是大人与小人共成天下之事,既不可只有体力劳动的独耕,亦需有教化的担纲者制礼作乐,使大道行于天下。

可以说,儒家的劳动观并不能以轻视体力劳动一言以概之。儒家的劳动叙事与其政治思想是一体两面的。儒家之道以王道为理想,如何使圣王行教化于天下是孔孟思想的核心内容。因此对于先秦时期的儒者来说,劳动的分工主要在于"劳心",而非"劳力"。

(二)德性塑造中的劳动叙事

儒家最核心的德性是"仁"。仁是在与他人的实践关系中进行呈现与推扩,在礼的约束之下,人与人之间逐步达到仁的境界,这既是仁的呈现过程又是对仁之德性的塑造过程。在父慈子孝的关系当中,儒家以孝悌为行仁之根本,而子女尽孝的表现之一为"劳而不怨"。"事父母几谏,见志不从,又敬不违,劳而不怨。"① 儒家主张在孝顺父母时,应尽心尽力、尊敬父母,遇到劳己之事,无所抱怨,从而实现真正意义上的孝。仁亦为仁者爱人。"爱之,能勿劳乎?忠焉,能勿诲乎?"② 孔子认为在与他人的关系中实践仁关键在于"劳"的过程。杨伯峻先生引用《国语》为此做注脚,"夫民劳则思,思则善心生;逸则淫,淫则忘善,忘善则恶心生"。③ 在劳动中个体实现劳与思的结合,塑造自身的德性。《论语》开篇即为"学而时习之,"④ 儒家主张的是学习礼乐制度、仁义礼智的仁智双彰。但是此学并不是特定知识的学习与记忆,而是在如琢如磨的过程中逐渐觉解。因此强调"时习",在劳动实践中切身体验并内化于心,德化自身的生命。

(三)劳动叙事之于政治文化

人既具有个体性,又具有社会性。每个个体生命的社会性主要体现在政治的创造当中。先秦儒家文化强调有德行的君主行仁政于天下,因此注重对人的德性塑造与文化教化。而劳动作为人的一种生存方式,政治文化必然对此有所观照。儒家借助对劳动叙事的建构,也形成了自身的一套政治文化理念,在政治秩序中安顿每个个体生命。

《论语·子路》中有:"子路问政。子曰:'先之,劳之。'请益。曰:'无倦'。"⑤ 子路在问政于孔子时,孔子认为统治者应先以身作则,取得民众的信任后才能使民辛勤劳动,无所抱怨。由此可见,儒家的劳动叙事是围绕统治者来展开的。中国传统社会以小农经济为基础,重视农业生产力,在某种程度上来说,统治者要依赖于劳动人民的劳动为国家提供物质基础。因此孟子提出了"民为贵,社稷次之,君为轻"的君民关系,劳动人民就像水一样能够保持船的稳定,但同时也能使船沉没。所以在这个层面上来说,儒家是

① 杨伯峻:《论语译注》,第40页。

② 杨伯峻:《论语译注》,第147页。

③ 杨伯峻:《论语译注》,第147页。

④ 杨伯峻:《论语译注》,第1页。

⑤ 杨伯峻:《论语译注》,第133页。

非常注重体力劳动的,且强调统治者的身体力行。孟子也曾列举三代的事迹,"当尧之时,天下犹未平;洪水横流,泛滥于天下;草木畅茂,禽兽繁殖,五谷不登;禽兽逼人,兽蹄鸟迹之道,交于中国。尧独忧之,举舜而敷治焉。舜使益掌火,益烈山泽而焚之,禽兽逃匿。禹疏九河,瀹济、漯,而注诸海;决汝、汉,排淮、泗,而注之江。然后中国可得而食也"。① 尧舜禹代表着三代圣王之治,恰恰是劳动占据了政治事务的主体,三代圣王才得以成为儒家行王道的典范,只有圣王先劳带领民众后劳才能真正地实现王道一体。儒家的政治文化以王道为核心,"圣王"或"圣人"效法天地之道制礼作乐,在天地之间以行王道教化。因此,"王"是天道的象征,古代民众对天命的信仰很大程度上都转移到了对君王的忠心与信赖。在这样的政治叙事当中,对民众的教化主要取决于"王"的在体性品质。而对民众的劳动教化是儒家安顿政治秩序的重要一环。统治者通过自身劳动的率先垂范,使民众劳无所怨,实现君民和谐的共生关系,进而达到社会秩序的稳定与平衡。

由此孟子还提出了为劳动提供保障的制民之产,"无恒产而有恒心者,惟士为能。若民,则无恒产,因无恒心。苟无恒心,放辟邪侈,无不为已"。② 使士阶层的知识分子有信念与经邦济世之心,但劳动人民最主要的需要在于固定的物质保障,即用于生产劳作的土地,获得了劳动的保障后,劳动人民就会"仰足以事父母,俯足以事妻子,乐岁终身饱"。③ 除此之外,儒家秉承"中"的劳动教化理念。子曰:"因民之所利而利之,斯不亦惠而不费乎?择可劳而劳之,又谁怨?欲仁而得仁,又焉贪?"④ 在劳动教化中,儒家强调要选择可以劳动的情况、时间再去劳动。正如孟子所说:"不违农时,谷不可胜食也;数罟不入洿池,鱼鳖不可胜食也;斧斤以时入山林,材木不可胜用也。谷与鱼鳖不可胜食,材木不可胜用,是使民养生丧死无憾也。养生丧死无憾,王道之始也。"⑤

总的来看,儒家的劳动叙事之于政治文化是十分重要的。儒家注重统治者身体力行的体力劳动施行劳动教化,同时围绕劳动提出了一系列的保障措施。在对劳动的观照下,儒家建构了新的君民关系。通过劳动联结了君与民共同对美好生活向往的情感纽带,亦是自此,王道行于天下。

二、先秦墨家劳动叙事

(一)先秦墨家劳动观

墨子可以说是中国古代劳动者的象征。毛泽东曾评价墨子:"还有一个墨子,也是

---

① 杨伯峻:《孟子译注》,中华书局2016年版,第133页。

② 杨伯峻:《孟子译注》,第126页。

③ 杨伯峻:《孟子译注》,第18页。

④ 杨伯峻:《论语译注》,中华书局1982年版,第210页。

⑤ 杨伯峻:《孟子译注》,第5—6页。

一个劳动者,他不是官,但他是比孔子更高明的圣人。"① 毫无疑问,学界普遍认为墨子非常重视体力劳动,甚至称之为劳动者的圣人。

首先,墨子以劳动为人的生存方式。《墨子·非乐上》说:"今人固与禽兽、麋鹿、飞鸟、贞虫异者也。今之禽兽、麋鹿、飞鸟、贞虫,因其羽毛,以为衣裘,因其蹄爪,以为裤屦,因其水草,以为饮食。故虽使雄不耕稼树艺,雌亦不纺绩织纴,衣食之财,固已具矣。今人与此异者也:赖其力者生,不赖其力者不生。"② 墨子认为人存在于世间与飞鸟走兽最大的区别在于,人只有依靠自身的体力劳动才能延续肉体生命。因此在这个层面来说,墨子直观地以体力劳动作为人生存的基本条件。但墨子不仅仅重视体力劳动,同时也注重智力劳动。为了满足自身的需要,人既可竭肱骨之力也可宣思虑之智。

除此之外,墨子极其重视科学技术的发明与创造,《墨子》一书中记载了有关制陶、冶金、制革、刺绣、缝纫、制鞋、土石建筑、造铠甲等手工业的劳动技术。由此墨子也在其劳动叙事中创发了工匠精神,而这一劳动观念也与墨子的"非攻"思想相辅相成。在宋楚相争的战争中,墨子凭借劳动技术在武器上胜过宋国,在与公输班的论战中,成功退兵,避免了战争。《墨子》中有记载:"臣之弟子禽滑厘等三百人,已持臣守御之器,在宋城上,而待楚寇矣。"③ 对于墨子来说,劳动的意义在于保民与安民,因此可以说,墨子的劳动观是以劳动人民的利益贯穿始终的,贴近百姓生活且涉及方方面面。

并且,墨子非常珍惜劳动人民的成果,提出了节俭、节用并加入到对战争的价值判断之中。"攻伐无罪之国,入其国家边境,芟刈其禾稼,斩其树木,堕其城郭,以湮其沟池,攘杀其牲牷,燔溃其祖庙,劲杀其万民,覆其老弱,迁其器重。"④ 春秋战国时期多无义战,诸侯各国争相抢夺势力,墨子对不义之战的判定是攻伐无罪之国,且破坏劳动人民的成果以及杀戮普通百姓。在墨子看来,劳动是人的本质存在,因此其将劳动叙事从个人生活一直扩展到政治文化之中。

当然,劳动尽管伴随人的生命始终,但墨子强调适度劳动。"人之所得于病者多方,有得之寒暑,有得之劳苦。"⑤ 人如果一味耽溺于劳动这一件事本身,那么劳动之于个体生命来说反而具有消极的影响。劳动的目的在于人的基本满足与精神富足,在适度的劳动下人能够处于幸福的生命状态之中,但如果过度劳动,最终则会失去劳动的意义。

在墨家的劳动叙事中,墨子的劳动观呈现出多种不同的面向,既包含劳动人民的生存之道亦包含政治文化中的劳动规定。同时墨子既肯定了劳动的生存价值亦肯定了劳动的思想价值。劳动满足了人的生存需求,也给予了人以精神安慰,展现生命希望。

(二)劳动塑造德性

墨家的劳动叙事从根本上塑造了人的勤劳品质。只有在劳动中,个体才能生存并

① 中共中央文献研究室:《毛泽东著作专题摘编》,中央文献出版社 2003 年版,第 2280 页。

② 周才珠、齐瑞端:《墨子全译》,贵州人民出版社 1995 年版,第 298 页。

③ 周才珠、齐瑞端:《墨子全译》,第 609—610 页。

④ 周才珠、齐瑞端:《墨子全译》,第 175 页。

⑤ 周才珠、齐瑞端:《墨子全译》,第 581 页。

参与到生活之中,没有不依赖自身的劳动而生存的人,因此人只有自身足够勤劳,才能实现人生价值。因为"强必富,不强必贫,强必暖,不强必寒"。① 在这个意义上来说,劳动本身就是人与生俱来的一种德性。

墨子在教育弟子时,也强调通过劳动教育塑造德性。禽滑厘跟随墨子学习三年,"手足胼胝,面目黧黑,役身给使,不敢问欲"。② 墨子使弟子在劳动实践中获得劳动经验、坚毅自身的品质、体悟生命的意义。

在《墨子·节用》篇中,墨子提出了统治者应当"冬服绀緅之衣,轻且暖,夏服絺绤之衣,轻且清,则止";③ 在饮食方面应"足以充虚继气,强股肱,耳目聪明,则止";④在住房方面,应当"可以圉风寒,上可以圉雪霜雨露,其中蠲洁"。⑤ 也就是说,统治者在满足自身的基本需求后,不应过度放纵自身的欲望,如果过度纵欲就会家破国亡,劝诫统治者要珍惜劳动成果,养成节俭、节用的品质。

墨子劳动叙事的德性塑造既包含统治者,也包含士民阶层。在劳动的叙事之中,个体以勤劳为德性担当,坚定地安于社会中的不同角色,获得自身生命的独特体验。

(三)劳动叙事与政治建构

墨子提出了与儒家仁爱不同的"兼爱"理论,他认为"天下之人皆相爱",⑥ "人无长幼贵贱,皆天之臣也"。⑦ 墨子在根本上规定了人无差别,肯定了每位劳动人民的生存价值,从而在政治构想中实现人人平等的状态。通过这样的建构,人与人之间不受地域、资源、出身、等级、物质差别的限制,劳动成为唯一的决定方式,也成为每个人在政治上得以平等的前提。就此来说,统治者必然需要重视劳动在统治中的地位与作用。

因此墨子作为一名经邦济世的政治家,在其政治文化的建构中以劳动叙事为核心。他认为教人耕者其功多,传授劳动人民以劳动技能与耕稼方式的人,是具有大功之人。《墨子·七患》中有"凡五谷者,民之所仰也,君之所以为养也。故民无仰,则君无养。民无食,则不可事"。⑧ 而人民在农业生产劳动中,得以平等地呈现自身,并获得同等价值,安于自身的生存空间,担当主要生产力。而作为统治者,则要珍惜劳动成果,保障阶层的自然流动,使民得以尽其用,得其所得,最终实现整个社会的安定与和谐。由此可见,对"耕"的处理方式决定了统治者以何种方式进行统治以及国家存亡。由此墨子提出了非攻的理论主张,建议统治者应以非攻为政治方向,战争的存在意味着劳动人民无法获得劳动生产的保障,同时更会劳民伤财,进而影响稳定的社会秩序,所以墨子是主张避战的。

① 周才珠、齐瑞端:《墨子全译》,第328页。
② 周才珠、齐瑞端:《墨子全译》,第655页。
③ 周才珠、齐瑞端:《墨子全译》,第198页。
④ 周才珠、齐瑞端:《墨子全译》,第197页。
⑤ 周才珠、齐瑞端:《墨子全译》,第200页。
⑥ 周才珠、齐瑞端:《墨子全译》,第128页。
⑦ 周才珠、齐瑞端:《墨子全译》,第24页。
⑧ 周才珠、齐瑞端:《墨子全译》,第29页。

在墨子的劳动叙事中,人民以劳动为保障,在社会之中充分享有自由的权利且得以实现阶层的跨越。墨子提出尚贤的理想主张。《尚贤上》说:"农与工肆之人,有能则举之。民无终贱,有能则举之。"①墨子认为统治者应以劳动能力作为选拔人才的标准。无论是农民还是商人,全无贵贱之分,无论是男耕女织,还是百工强事,他们的劳动价值具有同样的意义,凭借突出的劳动能力即能入仕。在这种规定之下,劳动成为人与人之间的绝对竞争力,既在根本上规定了劳动的存在,同时在现世生活中肯定了劳动的价值。人民可以通过自身的劳动能力从而实现政治上的平等以及阶层的跨越。在劳动的叙事中,墨家建构了平等的竞争机制,并塑造了人人平等的政治观念。

总的来说,墨子的政治建构与劳动叙事在于消除特权阶级,以劳动实现政治平等。以兼爱非攻为政治基础,保障人民的劳动方式,切实地安置每个个体生命。"必使饥者得食,寒者得衣,劳者得息。"②

三、先秦儒墨劳动叙事辨析

(一)阶级利益不同

先秦孔墨二家的思想产生于春秋战国转型的时代,儒墨分别建构了不同的政治理想解决时代问题。劳动叙事作为政治建构的方式之一,在儒墨二家的思想中均占据着重要的位置。但二家却在相同的时代提出了不同的劳动主张。

先秦儒家的劳动叙事主要以孔孟的思想为代表。孟子提出所谓"劳心者治人,劳力者治于人"③的明确分工。从这个角度来看,儒家将统治者认定为劳心者,而被统治者则是劳力之人。因此具有重视智力劳动,轻视体力劳动之嫌。而在审视了儒家在君民关系中对底层劳动人民劳动成果的重视后,儒家是否有此之嫌答案是不言自明的。重要的是,在儒墨二者不同的叙事方式背后包含着怎样的逻辑是值得说明的问题。孔子的出身实则为宋国的商朝贵族后裔,后因家道中落逃亡到鲁国,曾辗转从政,做过大司寇,一生的政治理想是"吾从周",即恢复周礼。而孟子则为鲁国贵族孟孙氏的后裔。孔孟二人均出身于贵族,并且都认同周代的礼乐制度,所以可以说先秦儒家的劳动叙事代表着贵族阶级的利益,因此儒家主张以劳心为主。而墨家的劳动叙事以墨子为代表。墨子出身于木工世家,自小受到了浓厚的手工业劳动教育,代表的是手工劳动者的阶层利益,因此关于士阶层如何选拔人才,墨子坚持人无贵贱之分,主张开放阶层的跨越渠道。

因此,在不同的阶级立场的基础上,墨子的劳动叙事主要围绕劳动人民的体力劳动而展开,而儒家的劳动叙事主要围绕统治者的智力劳动来展开。李泽厚先生也曾指出:"强调劳动特别是物质生产的劳动在社会生活中的重要地位,是墨家思想的基础和出

---

① 周才珠、齐瑞端:《墨子全译》,第54页。

② 周才珠、齐瑞端:《墨子全译》,第323页。

③ 杨伯峻:《孟子译注》,第132页。

发点。"①

（二）理念基础不同

儒家的劳动论建立在王道理想之上。王道理想内在地包含着"圣王"或"圣人"与普罗大众的区分。其实现方式在于"圣王"或"圣人"以自身的语言或行动呈现王道，以华夏文化教化人民建构王道秩序。劳动作为个体切己的生存方式之一，自然成为实现王道理想的教化方式之一。

墨子的劳动论建立在兼爱的政治思想基础之上。"兼相爱交相利"的理论前提是天之下的每个个体具有平等的地位，相互之间的关系仅在于生命的流行，而无关乎任何阶级、物质、利益等外在条件。个体赖其自身之力而生，个体之间也赖此力而相互作用。

（三）劳动教育与劳动教化

墨家的劳动观以劳动本身为人的本质存在，因此劳动在墨家的叙事中占有重要的位置。墨家以劳动教育为主实现劳动的普遍化。《墨子》一书中详细描述了男耕稼穑之艺、手工劳动技术以及机械制造的方法，力图通过对劳动人民的劳动教育使民众掌握劳动这样一种生存方式，在自我劳动的努力中奋发向上，每个个体在劳动中实现对个我生命的安顿。

而儒家的劳动叙事方式则侧重于以劳动对人民进行教化。儒家并不像墨家那样直接地传授具体知识，而是在其建构的礼乐制度中，呈现一套以天道为基础的人伦秩序，使劳动人民各安天命、各司其职，在固有的劳动教化中完善自身的生命。

（四）建构方式的不同

综观儒家文化中全部的劳动叙事，儒家关切劳动人民以及体力劳动，侧重于君民关系的建构；以天命信仰为根基，实行神道设教。墨家依据劳动叙事，赋予劳动个体生而平等的政治权利，在墨子的政治理念中，不存在君王替天行道教化百姓这样三位一体的关系，而是以天志为基本的运行法则，不是具有位格性的天神以个人的主观意志决定人事，强调的是人要遵循基本的规律与自然法则，在农业生产劳动中则要遵循农事规律，在墨家的劳动叙事中，劳动人民"强必富，不强必贫"。②

总之，综上可以看出，儒墨二家的劳动叙事在阶级、理念、建构方式、教育教化上存在较大的差异。但就儒墨二家的出发点来看，孔孟、墨均是作为"劳心"的政治家出场，关键的区别不在两者之间是否躬耕劳动，而在于二者在不同的叙事建构中折射出不同的政治观念。正是在二者的政治建构当中，劳动叙事才实现了自身的价值。

由于各自所代表的阶级利益不同，儒墨在历史上也因此具有了不同的历史命运。笔者认为，不应以固有的价值理念对儒墨二家的劳动观进行价值分判。劳动叙事对于二家来说，都是政治理念建构中的特定呈现。通过对儒墨的劳动叙事进行分析可以看到，劳动叙事在政治的建构当中发挥作用，同时政治也为劳动叙事提供了基本的权力基础和政治保障。劳动作为人的生存方式，也为历代儒生以不同的方式所重视。明代大

---

① 李泽厚：《中国思想史论》上，安徽文艺出版社1999年版，第58页。

② 周才珠、齐瑞端：《墨子全译》，第328页。

儒吴与弼非常注重耕与读的合一,通过身体力行,培养自身德行,以求圣人之道。新中国成立初期,共产党人以墨子为劳动的圣人,倡导体力劳动,以劳动为社会美德,主张全民共同劳动进而发展生产力。而在以马克思主义中国化为指导的新时代,习近平总书记在同全国劳动模范代表座谈时指出,劳动是财富的源泉,也是幸福的源泉。作为新时代青年的我们更应秉持"空谈误国,实干兴邦"的前进理念,在劳动教育中感悟劳动的意义,在劳动实践中实现生命的价值。

劳动幸福与美好生活的辩证关系探究①

齐旭旺，齐明杰

摘　要：劳动幸福是人在劳动中展现类本质并获得深层次需要的满足；美好生活是人在劳动中获得物质需要、精神需要和发展需要，民生获得最大限度保障和满足。劳动幸福与美好生活都需要依靠劳动创造来满足人的需要，二者相互联系，不可分割。劳动幸福是美好生活的前提，不能离开劳动幸福独立谈论美好生活。美好生活的核心是劳动幸福，只有实现自我本质、符合自我本质的生活才是美好生活。美好生活的实现要以提高人参与劳动的合意愿性为基础，以个体生存社会化为主要手段，以劳动创造可持续性为保障。

关键词：劳动幸福；美好生活；辩证关系

本文引文格式：齐旭旺、齐明杰：《劳动幸福与美好生活的辩证关系探究》，见何云峰主编：《劳动哲学研究》第9辑（2023年第2辑），上海教育出版社2023年12月版，第108-117页。

新时代开启了建设美好生活的新征程。习近平总书记多次强调在新时代全体社会成员要共同奋斗创造美好生活，不断实现人民对美好生活的向往。美好生活的实现需要依靠劳动创造变为现实，同时，人的劳动幸福有保障是美好生活的核心。从劳动创造人的角度来看，劳动幸福是人本质的展现，是美好生活的关键。美好生活作为一个真实的生活过程，要在劳动幸福中不断提升劳动的美好性，为共同富裕创造物质和精神基础，帮助人实现自由全面发展，确保最大化地实现深层民生保障。本文通过系统梳理劳动幸福与美好生活的内涵及其辩证关系，对美好生活的实现路径进行探究。

① 基金项目：本文受上海师范大学博士研究生拔尖人才培育项目专项资金资助（项目编号：209-AC9103-23-368072025）。作者通信地址：齐旭旺，上海师范大学知识与价值科学研究所、上海师范大学哲学与法政学院，上海200234；齐明杰，河北工程大学医学院，河北邯郸056038。

一、劳动幸福与美好生活的内涵阐释

劳动幸福与美好生活都是基于新时代发展需求提出的新要求,具有不同的内涵。劳动幸福作为一种最高形态的幸福,主要是指人通过劳动获得的深层次满足,展现人本质的持久性幸福。美好生活是在劳动的美好性基础上,满足人民的物质和精神需要、实现人自由全面发展、民生保障获得最大化实现的生活状态。

（一）劳动幸福的内涵

劳动幸福整个理论体系的构建是基于"劳动创造了人本身"[①] "'劳动的绝对自由'是劳动居民幸福的最好条件"[②] 这两个原初假设。从第一个原初假设来看,劳动创造了人是指劳动让人与动物产生区别,人在劳动中成为人,确证人的类本质,获得属人性。也就是说,离开劳动,人就不能成其为人。其实,这里也表明,马克思把劳动当作一种目的,即人通过劳动实现自己作为人的资格。劳动展现的是人作为人的类本质的最高幸福的获取过程。恩格斯曾在《劳动在从猿到人的转变中的作用》中指出,"劳动是整个人类生活的第一个基本条件,而且达到这样的程度,以致我们在某种意义上不得不说:劳动创造了人本身"。[③] 这表明,人在劳动中满足基本的生活需要,并通过劳动获得类本质的展现。当然,需要明白的是劳动创造人是指在漫长的历史中人通过劳动不断进化、发展,并不是指人在劳动中实现了从无到有。所以,一方面劳动作为手段创造幸福,既能帮助人谋生,还能帮助人获得尊严、解放和发展。另一方面劳动作为目的,人在劳动中展现自己的类本质,当劳动不以外在的某种目的和功利强迫时,劳动本身就是幸福。从第二个原初假设来看,能带给人劳动幸福的劳动是自由劳动,不是异化劳动。"自由劳动的本质就是具有快乐性、享受性和合意愿性的创造性诚实劳动。"[④] 只有自由劳动才能与人的类本质相一致,才会有劳动幸福。

何云峰教授认为劳动幸福是指:"人通过劳动使自己的类本质得到确证进而得到深层愉悦体验的过程。它体现的是劳动过程和劳动所获与人的幸福追求和幸福期待之间的一致程度,也体现自我价值得以展现的程度。"[⑤] 这里的劳动幸福强调幸福是一种深层次的满足,人要通过劳动创造展现类本质而获得持久的幸福。幸福与劳动结果和劳动期待有关系,因而具有主观性。这就决定了劳动幸福不是单个人的幸福感受,而是社会整体的幸福状态。劳动能展现自我价值,社会要保障每个人的劳动价值创造能力得到最大限度和可持续的发挥。

---

① 《马克思恩格斯文集》第9卷,人民出版社2009年版,第550页。

② 《马克思恩格斯全集》第16卷,人民出版社1964年版,第491页。

③ 《马克思恩格斯文集》第9卷,第550页。

④ 何云峰:《劳动幸福论》,上海教育出版社2018年版,第18页。

⑤ 何云峰:《劳动幸福论》,第19页。

"劳动幸福是最高形态的幸福。"① 人在劳动中确证自己的类本质，世上不可能有比展现人的类本质更幸福的事情。但是，严格来讲并不是所有的劳动都能展现人的类本质。因为"劳动作为一种客观存在的现象，是属人性与非属人性并存的统一体"。② 劳动创造了人，但劳动中又有对人存在的否定，阻碍人获得属人性。例如当劳动是奴役劳动、被迫劳动、异化劳动、没有尊严的劳动时，劳动就不能展现人的本质，劳动幸福就不能实现。人们从事劳动的本意是展现人的本质属性，实现人的价值。然而，当劳动的非属人性力量大于属人性力量时，劳动就会成为折磨人和摧毁人的活动。这就意味着，人要以在劳动中实现以人的方式存在，获得属人性，就必须提高劳动的可享受性，降低劳动的折磨性，消除劳动的负向力量。

（二）美好生活的内涵

美好生活是一种令人向往和期待的理想生活状态。虽然我们很难用一句话来表述美好生活到底是一种什么样的生活状态，但是大致来讲，美好生活至少应有三个基本标志：一是劳动美好，二是共同富裕，三是深层民生保障。

劳动美好是人民美好生活的重要需要。"只有所有有劳动能力的人一起共同创造，才称得上美好生活。"③ 这表明，美好生活是在每一个人的劳动中创造出来的，只有劳动才能把美好生活变为现实。虽然美好生活要求每个人都能积极地投身于劳动的创造中，但是并不代表所有人的劳动所创造的都一定是美好生活。因为劳动本身具有美好性和不美好性。这也就决定了人们所从事的劳动要具有美好性才能创造美好生活。劳动的美好性即劳动美好，主要是指：人所从事的劳动是以合意愿性为基础的，也就是人所从事的劳动建立在人自觉自愿的基础上。同时，人能在所从事的劳动中获得发展和完善，不是从事被奴役、被压迫的劳动，人能在所从事的劳动中实现个人创新创造能力的提升。劳动本身也具有不美好性，这种不美好性也就是劳动的异己性。如马克思所说："劳动的异己性完全表现在：只要肉体的强制或其他强制一停止，人们就会像逃避瘟疫那样逃避劳动。"④ 当劳动表现为不美好性时，人们会逃避劳动、不愿意劳动。所以，美好生活需要美好劳动。

共同富裕是人民美好生活的重要指征。在这里，我们理解共同富裕主要是围绕作为主体的人来探究。一般来讲，共同富裕就是人的需要的满足和实现。而人的需要是多纬度的，既包括物质需要、精神需要，还包括发展需要。所以，共同富裕就是对物质需要、精神需要和发展需要三个维度的满足和实现程度。也就是说，共同富裕体现在物质富裕、精神富裕和发展富裕上。物质富裕和精神富裕是满足人民生存和享受的基础条件；发展富裕是促进人民自由全面发展，是共同富裕的终极目标。此外，共同富裕还强

---

① 何云峰：《劳动幸福论》，第19页。

② 何云峰、齐旭旺：《论劳动教育的本质——基于劳动的属人性与非属人性及其关系的视角》，《南京社会科学》2023年第7期，第125页。

③ 何云峰、李晓霞：《劳动内生动力与共创美好生活》，《济南大学学报（社会科学版）》2022年第4期，第7页。

④《马克思恩格斯文集》第1卷，人民出版社2009年版，第159页。

调共同,所谓共同就是富裕的不是单个人,而是全体人民都被纳入富裕的范围当中,惠及每一位社会成员。正如习近平总书记所说:"我们说的共同富裕是全体人民共同富裕,是人民群众物质生活和精神生活都富裕,不是少数人富裕,也不是整齐划一的平均主义。"① 当全体社会成员都能在生活中实现物质富裕和精神富裕,也都实现自我价值、获得自由全面发展时,我们认为这样的生活就是美好生活。所以,共同富裕是人民生活美好与否的重要指征。

深层民生保障② 是人民美好生活的重要向度,关系着美好生活的实现程度。美好生活是一种民生获得最大保障的良善社会状态。民生保障有两种基本类型:一种是基础性的兜底式民生保障,另一种是深层民生保障。基础性的兜底式民生保障是以传统民生保障为核心内容,强调精准识别某些特殊的弱势群体,并对其在教育、医疗卫生、文化体育、就业等公共服务领域进行兜底式的保障。这是一种生存型的兜底保障,不能最大化地帮助每个人实现美好生活。而深层民生保障是传统民生保障的升级版,它突破兜底式民生保障对特殊人群进行特殊照顾的理念,破除将弱势群体等级化、给弱势群体贴标签的问题,不再是救济型、施舍型,而是坚持以人为本,强调每一个人都被同等地对待,具有很强的普惠性,实现了从人道主义到人本主义的转变,每一个人的美好生活都能得到最大化的保障。

美好生活建立在劳动创造基础上,重视依靠劳动具有的美好性来创造物质需要和精神需要的满足,强调人在劳动中实现自由自觉的发展,每个人的民生都能获得最大保障。

二、劳动幸福与美好生活的辩证关系

劳动幸福与美好生活都需要依靠劳动创造来满足人的需要,二者相互联系,不可分割。劳动幸福是人在劳动中获得人本质展现的深层次需要的满足;美好生活是人在劳动中获得物质需要、精神需要和发展需要,民生获得最大限度保障和满足。劳动幸福是美好生活的前提,不能离开劳动幸福独立谈论美好生活。美好生活的核心是劳动幸福,也就是说实现自我本质、符合自我本质的生活就是美好生活。

(一)劳动幸福是美好生活的前提

美好生活不是抽象的美梦,而是一个真实的生活过程。通过上述对美好生活的内涵阐释可知,美好生活具有劳动美好、共同富裕、深层民生保障三个基本标志。劳动幸福作为展现人本质的最高幸福,既能为美好生活提升劳动的美好性,还能为共同富裕创造物质和精神基础,帮助人实现自由全面发展,还可以确保最大化地实现深层民生

① 习近平:《扎实推动共同富裕》,《奋斗》2021年第20期,第4—5页。
② 关于"深层民生保障"的概念是何云峰教授最近提出的,指的是比传统兜底式民生保障更加高质量更加全面而深入的保障,是强调以人为本,基于广大人民美好生活需要得到最大化满足的保障,而传统兜底式保障主要是基于生存需要的保障。

保障。

第一，劳动幸福提升劳动的美好性。劳动本身具有美好性，主要表现在劳动能确证人的本质，展现人的属人性。但客观存在意义上的劳动具有两面性，劳动在具有美好性的同时也具有不美好性，即劳动否认人的本质，将人变成非人的存在，展现人的非属人性。劳动非属人性的不美好性主要表现为人在劳动中感受到的只有痛苦和折磨，劳动"不是自由地发挥自己的体力和智力，而是使自己的肉体受折磨、精神遭摧残"。①劳动异化为纯粹折磨人的工具。人能否以人的方式存在，要通过劳动来确认。所以，提升劳动的美好性，消减劳动的不美好性，获得劳动的属人性要以劳动幸福为前提。对人来说，确证自己以人的方式而不是物的方式或动物的方式存在是最幸福的事情。从劳动幸福角度来提升劳动的美好性，消减劳动的不美好性，就要努力减少和克制劳动中的野蛮性、惰性和兽性，远离动物式、物式的存在，并在此基础上努力保持已经获得的属人性，避免反向发展，还要不断地超越已有的属人程度，积累人性的厚度。

第二，劳动幸福为共同富裕创造物质和精神基础，实现人的自由全面发展。劳动创造人生存所必需的物质生活资料，满足人的生活生产需要。共同富裕的物质基础是物质生活资料，所以共同富裕首先指的就是物质富裕。物质富裕需要全体社会成员都参与到具体的劳动创造中，这就需要鼓励更多人热爱劳动、辛勤劳动。劳动幸福就是提升劳动的美好性，增强人们参与劳动的合意愿性，在社会形成人人劳动、人人创造的氛围，进而为物质生活资料的生产提供劳动力，为实现共同富裕创造物质基础。同时，人通过劳动还直接参与社会精神财富的创造，劳动幸福保障社会精神财富、社会精神产品的形成和发展，为精神层面的共同富裕提供文化氛围。此外，共同富裕的最终目标是使人获得自由全面发展，满足人的发展需要。这与劳动幸福所追求的价值目标相同。劳动幸福是一种发展性幸福，"劳动和人本身都是未完成的形态，是处于发展和完善过程中的存在，并且是永远处于未完成的状态"。②劳动幸福是一个永续的发展过程，在为人提供发展机会的同时，也为共同富裕提供发展环境。

第三，劳动幸福确保深层民生保障最大化地实现。美好生活的状态不能是适者生存、弱者淘汰的社会，必须克服弱肉强食的动物式生存法则。"强者不可能因为抛弃弱者而更具有属人性，相反强者只有在呵护弱者的过程中才获得更丰富的属人性。"③社会领域如果按照自然选择的原理进行治理和发展，便是把人同一般动物等同了。人与一般动物的主要区别在于人类是一个整体，"人类联合一致行动是人类应当践行的共同价值观"。④社会达尔文主义是将人和动物一样分为弱者和强者，并且二者互不相容，强者对弱者随意践踏、抛弃。这样的社会不可能有美好生活。劳动幸福要实现的是每一个劳动者的幸福，防止社会达尔文主义的丛林法则对人的践踏，确保不会因为一部分人

①《马克思恩格斯文集》第1卷，第159页。

② 何云峰：《劳动幸福论》，第22页。

③ 何云峰、潘二亮：《美好生活、民生保障与劳动幸福权的最大化实现》，《学术月刊》2022年第2期，第84页。

④ 何云峰：《劳动幸福论》，第242页。

丧失劳动力而被非人地对待。每一个人都有劳动幸福应当是当下有需要和未来有需要的人都能平等地享受劳动幸福。深层民生保障既是对弱势群体的关爱,也是为自己未来的不确定性增添保险,所有人属人性的必然选择。所以,劳动幸福能最大化地实现深层民生保障,为所有人的美好生活提供前提保障。

(二)美好生活的核心是劳动幸福

人正是在劳动中确证自己的本质,"真正地证明自己是类存在物",① 劳动是"个人的自我实现"。② 世界上不可能有比能展现人的本质更幸福的事情,这是劳动幸福所强调的核心观点。而美好生活的关键是人的本质的实现,这恰恰与劳动幸福所追求的一致。劳动从根本上保证人的需要,成就美好生活,从而劳动幸福也本质地成为美好生活的要义。

第一,美好生活的关键是人本质的实现。在马克思主义看来,人的本质是自由自觉的活动,也就是劳动。马克思在《资本论》中指出:"劳动首先是人和自然之间的过程,是人以自身的活动来中介、调整和控制人和自然之间的物质变换的过程。人自身作为一种自然力与自然物质相对立。为了在对自身生活有用的形式上占有自然物质,人就使他身上的自然力——臂和腿、头和手运动起来。当他通过这种运动作用于他身外的自然并改变自然时,也就同时改变他自身的自然。他使自身的自然中蕴藏着的潜力发挥出来,并且使这种力的活动受他自己控制。"③ 这表明劳动是人体力和智力的表现,是人的自我实现;人在劳动中使自己得到发展,成为人自身。人只有在劳动中才能真正地实现自己的潜能和本性,而人通过劳动使自己的类本质得到确证进而获得深层愉悦体验的过程就是劳动幸福。美好生活所具备的三个基本标志都是以劳动作为关键,劳动幸福实现劳动的美好性,劳动幸福使共同富裕得到实现,劳动幸福确保民生得到最大化保障。离开劳动,就难以把握人的本质和真理,难以解释人的幸福基础和美好生活。

第二,劳动幸福本质地构成美好生活的要义。作为美好生活核心的劳动幸福同异化劳动相对立。马克思在《1844年经济学哲学手稿》中阐明了异化劳动下人的类本质得不到展现,人民的生活没有幸福美好可言。异化劳动主要有四重表现:一是人同自己的劳动产品相异化,在资本主义社会中由于资本家掌握了社会的生产资料,人通过辛勤劳动生产的产品不能为人所有,反而成为支配人的异己的力量,当人生产的产品越丰富,他就越贫困。人在劳动中所获得的不是作为人而是为了生存所必要的那一部分最小的劳动产品,人在劳动中更像是劳动机器。二是人同劳动本身相异化,"工人只有在劳动之外才感到自在,而在劳动中则感到不自在,他在不劳动时觉得舒畅,而在劳动时就觉得不舒畅"。④ 从这里我们看到劳动像瘟疫一样让人想要逃避,资本家为了获取利润的最大化,迫使人长时间劳动,使劳动成为一种机械的活动,劳动者在劳动中感受到的只

---

① 《马克思恩格斯文集》第1卷,第163页。

② 《马克思恩格斯文集》第8卷,人民出版社2009年版,第174页。

③ 《马克思恩格斯文集》第5卷,人民出版社2009年版,第207-208页。

④ 《马克思恩格斯文集》第1卷,第159页。

有痛苦,没有快乐和幸福可言。三是人同自身的类本质相异化,"异化劳动把自主活动、自由活动贬低为手段,也就把人的类生活变成维持人的肉体生存的手段"。[①] 在资本主义私有制条件下,人的类本质变成人异己的本质,人失去了赖以实现和确证自己生命活动的对象世界,失去了人在劳动中的自由性和自觉性,劳动成为勉强维持劳动者生存的手段。四是人与人的社会关系相异化,"在实践的、现实的世界中,自我异化只有通过对他人的实践的、现实的关系才能表现出来"。[②] 在马克思看来,由于人同自己的劳动产品、劳动过程及类本质相异化就会产生人与人社会关系的异化。在私有制经济条件下,尤其是在资本主义私有制条件下,人与人、人与社会间形成普遍的异化现象:工人被贬低为商品,在与资产阶级剥削与被剥削的对立关系中集中表现出人同人关系的异化;农业、商业、银行等资本家为追求各自的利益最大化,进行不择手段的竞争,进而变成资本的奴隶,造成人与人之间尖锐的对立、人与社会的矛盾与冲突。异化劳动中人的美好生活不可能存在,只有劳动幸福才能本质地构成美好生活。

三、美好生活的实践路径

习近平总书记在党的二十大报告中明确指出:"鼓励共同奋斗创造美好生活,不断实现人民对美好生活的向往。"[③] 美好生活的前提是劳动幸福,满足人民对美好生活的向往,就要首先实现劳动幸福。劳动幸福又是美好生活的核心,实现美好生活就是劳动幸福的获得。所以,要在劳动幸福的指引下探究美好生活的实践路径。

(一)以劳动美好为基础,提高人参与劳动的合意愿性

"劳动的属人性和非属人性是劳动本身内在地包含的两极属性。"[④] 劳动的属人性带给人美好和幸福,劳动的非属人性具有折磨性。因而提高人参与劳动的合意愿性,就是要提高劳动的属人性,消减劳动的非属人性。这需要从以下三个方面来进行:

一是人获得劳动解放。人的劳动解放是劳动带给人的折磨和痛苦不断地最小化,回归到劳动的属人性幸福和美好中。虽然人只要从事劳动,就会带来肉体上的痛苦和精神上的折磨,但是人的身心是有自我恢复能力的。只要人的劳动不过度、不超过人的可修复能力,就不会对人的身心产生不良影响。当劳动"不是自由地发挥自己的体力和智力,而是使自己的肉体受折磨、精神遭摧残",[⑤] 人就成为劳动的奴隶,在这种情况下,不可能有劳动幸福。"人的劳动解放就是消除各种过度劳动,让劳动回归到有利于人的

①《马克思恩格斯文集》第1卷,第163页。

②《马克思恩格斯文集》第1卷,第165页。

③ 习近平:《高举中国特色社会主义伟大旗帜 为全面建设社会主义现代化国家而团结奋斗——在中国共产党第二十次全国代表大会上的报告》,人民出版社2022年版,第46页。

④ 何云峰、齐旭旺:《论劳动教育的本质——基于劳动的属人性与非属人性及其关系的视角》,《南京社会科学》2023年第7期,第127页。

⑤《马克思恩格斯文集》第1卷,第159页。

身心健康方向上来。"① 人的劳动解放不是摆脱劳动不参加劳动,而是把人从单调、机械、危险的劳动中解放出来,帮助人参加展现人的生命存在方式、展现人的本质的劳动。提高人参加劳动的合意愿性,需要帮助人获得劳动解放,鼓励全体社会成员积极投入创造性劳动中来展现自己的本质。

二是人获得劳动尊严。"人必须有尊严地参加劳动。"② 人的劳动尊严如果不能得到满足,人的本质的展现就是一句空话。劳动是人的存在方式,尊重劳动就是尊重人的本质的实现。马克思曾经说过:"尊严是最能使人高尚、使他的活动和他的一切努力具有更加崇高品质的东西。"③ 劳动能带给人自我实现的尊严满足。也就是说,人在劳动中获得尊严,劳动就会作为一种正向的力量更好地展现人的本质。如果人在劳动中不能被有尊严地对待,就会出现马克思所描绘的:"工人越是感到自己是人,他就越痛恨自己的工作。"④ 人的劳动不能实现自我尊严的需要和满足,人的本质就无法通过劳动展现出来。当然,人从事劳动的目的不是为了获得尊严,但人在劳动中能否获得尊严,往往会成为能否展现人本质的重要方面。提高人参加劳动的合意愿性,就要帮助人获得劳动尊严。

三是人在劳动中获得自由全面发展。劳动幸福追求的终极目标就是人的自由全面发展,因为当人得到自由全面发展,就意味着人更像人,更接近真正的人。在马克思那里,人的自由全面发展就是人的自由劳动的发展,因为人的发展要"表现为活动本身的充分发展"。⑤ 劳动正在历史的动态发展中走向自由劳动,并推动人逐步实现自由全面的发展。劳动和人的发展是始终相伴的,人在劳动中生存,在劳动中发展。人想要丰富和全面化地以人的方式存在,必然要在劳动中获得自由全面的发展。人在劳动中所获得的人本质越多样、越丰富、越全面,人的本质就越稳定。提高人参加劳动的合意愿性,就要确保人在劳动中能获得自由全面发展。

(二)美好生活不是单个人固有的美梦,要通过个体生存社会化来共同打造

每个个体都在劳动中获得人的本质,拥有属人性,成为实在的独立个体。但单个个体无法以单打独斗的劳动方式最大化地确证人的本质,因为"属人性最大化实现的方式是个体生存社会化"。⑥ 所谓个体生存社会化,指的是个体不能像动物一样弱肉强食,不能适用丛林法则。每一个社会上的人都处于一个彼此有关联的集合体中,每一个人的生存都要同其他人的生存发展紧密相连。"不应该让个体孤独地存在,要通过社会的

---

① 齐旭旺:《马克思主义劳动幸福思想及其新时代启示》,见何云峰主编:《劳动哲学研究》第8辑(2023年第1辑),上海教育出版社2023年6月版,第160-161页。

② 何云峰:《劳动幸福论》,上海教育出版社2018年版,第23页。

③《马克思恩格斯全集》第1卷,人民出版社1995年版,第458页。

④《马克思恩格斯文集》第1卷,第432页。

⑤《马克思恩格斯文集》第8卷,第69页。

⑥ 齐旭旺:《马克思主义劳动幸福思想及其新时代启示》,见何云峰主编:《劳动哲学研究》第8辑(2023年第1辑),上海教育出版社2023年6月版,第163页。

体制和机制优化去保障每个人的劳动幸福。"① 美好生活的状态应该是既能保证强者可以出人头地，也能给予弱者生存和发展的机会。

劳动幸福虽然与个人的主观感受有关，但主要反映的是社会的整体状态。马克思认为人天生是社会动物，人的社会性体现在人由劳动而结成的各种社会关系中，他曾指出，"如果一个人只为自己劳动，他也许能够成为著名的学者、伟大的哲人、卓越的诗人，然而他永远不能成为完美的、真正伟大的人物"。② 单个人只为自身奋斗，则会导致人与人、人与社会的矛盾极度尖锐。人与人之间只有增强合作与共享，将个人的劳动幸福融入整个社会的劳动幸福中，才能实现劳动幸福的最大化，实现的才是真正的美好生活。

只要人参加劳动，就都展现人的本质。但是，单个人在单次劳动过程中，人的本质并不能被充分展现。正如何云峰教授所认为的："在单个的劳动中，人的本质处于未完成状态，具有不确定性。"③ 劳动创造人本质不是一个一次性完成的动作，它是一个永恒的过程。也就是说，人本质的构建只有在无数次的劳动中才能展现出自己的创造性本质，实现自我价值。所以，在单个劳动中，人的本质处于未完成状态，要站在全体社会成员的发展性劳动中才能最大化地展现人的本质。

个体生存社会化也对社会中的弱者提供美好生活的保障。社会中总会有弱者存在，例如：未成年人处于为未来劳动的准备阶段，尚未参与具体的实际劳动；无劳动能力的残障人士或老年人等弱势群体的劳动幸福也要得到保障。每一位当下具有劳动能力的人都有可能因突发情况或年龄增长而失去劳动能力，这就需要整个社会建立完善的合作与共享的体系，也就是个体生存社会化，其目的是"我们要给自己的未来发展增加确定性，所以要建立健全对残障人士和所有弱势群体的保护和保障制度"。④ 这种社会合作与共享的保障不是对不能劳动的人的怜悯和同情，更不是在养懒人，而是通过每一位有劳动能力的人辛苦劳动、努力奋斗、积极进取来创造更多社会财富，在维护弱势群体获得劳动幸福时也为整个社会实现劳动幸福提供保障，也就为我们未来个人劳动幸福的实现提供保障。正如黑格尔指出的："个人劳动时，他既是为他自己劳动也是为一切人劳动，而且一切人也都为他而劳动。"⑤ 所以，当全部社会成员的劳动幸福能够实现，个人的劳动幸福也就可以实现，美好生活也就自然实现了。

（三）站在健康发展角度考虑劳动创造可持续性问题，让每一代人都能享受美好生活

劳动幸福是一种发展性的幸福，在其实现的过程中主要有两种劳动形态：一种是未

---

① 何云峰：《马克思劳动幸福理论的当代诠释和时代价值》，《上海师范大学学报（哲学社会科学版）》2018年第5期，第35页。

②《马克思恩格斯全集》第1卷，第459页。

③ 何云峰：《马克思劳动幸福理论的当代诠释和时代价值》，《上海师范大学学报（哲学社会科学版）》2018年第5期，第35页。

④ 何云峰：《劳动幸福论》，第80页。

⑤ 黑格尔：《精神现象学》下卷，贺麟、王玖兴译，商务印书馆1979年版，第235页。

完成形态,另一种是完成形态。但是,严格来说没有完成形态的劳动幸福。因为"不存在任何最终的东西、绝对的东西、神圣的东西;它指出所有一切事物的暂时性;在它面前,除了生成和灭亡的不断过程、无止境地由低级上升到高级的不断过程,什么都不存在"。① 劳动和人的关系作为一种未完成的过程关系,二者处于永无止境的共同发展和演化中。人在劳动中生存、在劳动中发展、在劳动中创造自身。在劳动幸福的发展过程中,大致要经历四个阶段:"从奴役劳动到谋生劳动,再到体面劳动,最后趋近于完全形态自由劳动"。② 也就是说,劳动幸福的实现必须要摆脱奴役劳动、超越谋生劳动、实现体面劳动,最后使劳动逐步发展成为自由劳动。劳动幸福的最大化必须在接近完全自由劳动时才能有可能。但是,在人类走向自由劳动的过程中,可能会出现各种因为贪欲而产生自私和短视的行为,最为典型的包括水资源污和短缺、陆地沙漠化扩大、酸雨污染、大气臭氧层破坏等生态问题,这些问题可能会影响一代又一代人的生存和发展。

劳动的目的是为了获得美好生活,不是为了积累比别人更多财富。极度追求物质利益最大化,很容易将人合理的欲望变为贪欲。正是人的贪欲和过度追求利润的自私欲望,导致资本在整个世界肆虐横行,从而直接将短视的利益追求压倒性地放在一切之上,对未来的劳动幸福、对幸福的可持续性、对他人的幸福感全不顾及。要解决人的贪欲问题,唯一的出路就是回到劳动幸福本身上来。劳动幸福的原初假设之一就是劳动创造人,人天然就拥有追求劳动幸福的初始权利。实现劳动幸福是人的正常欲望,不能离开劳动幸福去盲目追求财富的聚集,否则就会从正常欲望蜕化为贪欲。回归劳动幸福的正常欲望,人将会自觉遏制贪欲,使自己和后代都能享受劳动幸福,拥有美好生活。

---

① 《马克思恩格斯文集》第4卷,人民出版社2009年版,第270页。

② 何云峰:《劳动幸福论》,第25页。

美好生活视域下劳动的三重样态①

李 磊

摘　要： 美好生活依靠劳动创造。美好生活的实现呼唤劳动尊严、劳动解放和劳动发展三重样态。美好生活中的劳动尊严样态是人能在劳动中获得尊严，人因劳动而有尊严，人要参与有尊严的劳动。美好生活中的劳动解放样态是人在劳动中获得解放，人从奴役劳动走向自由劳动，并在自由劳动中实现美好生活。美好生活中的劳动发展样态是人在劳动中获得全面发展，人的全面发展取决于劳动本身的发展，是美好生活的最高定义。在美好生活视域下，劳动尊严、劳动解放、劳动发展的三重样态是动态、同步、内在统一的关系。

关键词： 美好生活；劳动尊严；劳动解放；劳动发展

本文引文格式： 李磊：《美好生活视域下劳动的三重样态》，见何云峰主编：《劳动哲学研究》第9辑（2023年第2辑），上海教育出版社2023年12月版，第118—124页。

美好生活是"现实的人"持续不断地构建生命美好存在的过程，是人类孜孜以求的理想生活。学界在对于"美好生活"如何实现的研究中，劳动常常成为动力性的关键词，"劳动创造美好生活"成为人们的共识。从马克思主义劳动观的角度来看，劳动不仅是谋生的手段，而且是生活的第一需要。劳动在帮助人摆脱"人与人的依附关系"和"物的依赖性"的同时，还能彰显人的全面发展和他们共同的社会生产能力。那么，什么样的劳动能弥合"现实性劳动"和"彼岸性美好"的鸿沟，在历史和现实的发展过程中创造并实现美好生活的"美好性"？美好生活呼唤的劳动的应然样态是怎样的？本文拟对这些问题进行探究，以期在对美好生活深入理解的基础上，对新时代的劳动实践提供一点借鉴。

---
① 基金项目：上海市教育科学一般项目"新时代大学生劳动观教育研究"（项目编号：C2022376）。作者通信地址：李磊，上海师范大学哲学与法政学院，上海200234；上海旅游高等专科学校马克思主义教研部，上海201418。

一、劳动的第一重样态之劳动尊严

劳动尊严的实质是从事现实的劳动活动的人的尊严,是一种社会性属性的存在表现。从社会关系的角度来看,"人的劳动尊严指的是一个人的劳动是否受到尊重、是否有人格尊严地被对待、是否像人一样参与劳动和成为劳动主体、是否符合人的劳动意愿"。① 劳动作为人的类本质具有自由自觉性,劳动者无论是直接进行个体劳动,还是在劳动群体中劳动,劳动都不能成为损害人的尊严的因素,劳动都必须是有尊严的。马克思非常重视人能否在劳动中获得尊严,他曾指出:"尊严是最能使人高尚、使他的活动和他的一切努力具有更加崇高品质的东西。"② 在马克思的思想语境下,人的劳动尊严无疑要通过劳动来体现和确证,因为尊严是基于劳动者的内心感受和社会实践,对自我和他人的满意和认同。马克思对"劳动尊严"的考察始于生产性劳动,并在《1844年经济学哲学手稿》中通过异化劳动得以窥探。在资本主义生产、劳动异化的过程中,工人呈现动物化的趋向,在通过劳动仅仅满足基本的生理物质和繁衍后代的需求之后,丧失了自我发展的权利和能力,工人与劳动产品相分离,他们生产的产品越多,生活就越贫困;工人成为利润的工具,劳动不再是自愿的,而是强制的,相继而至的是工人摒弃了人的那种自由自觉的类本质,作为劳动主体的工人其劳动尊严荡然无存;人与人之间的相互尊重和尊严关系也随之而异变。马克思从现实社会的角度尖锐地批判资本主义社会不能保证人的劳动尊严的状况,认为工人要联合起来进行政治和经济斗争,实现自由劳动和人的全面发展。事实上,劳动尊严自人类的生产活动开展以来,就成为人类社会发展的第一个重大问题。因而劳动尊严也以现实的劳动的人为主体基础,成为创造美好生活的首要前提。

劳动能够创造美好生活,就必须满足人在劳动过程中获得尊严的条件。一是人因劳动而有尊严。劳动首先是"不以一切社会形式为转移的人类生存条件,是人和自然之间的物质变换即人类生活得以实现的永恒的自然必然性"。③ 劳动作为一种中介,通过人化自然形成主客体关系,人通过劳动改造客观世界、创造物质财富获得生存基础,劳动发挥了基础性作用。劳动创造了人类社会,从人的本质"是一切社会关系的总和"④角度来说,人之所以成为人,根本原因是劳动的属人性,即非劳动无以成人,只有每一个劳动个体进行劳动实践才能获得劳动尊严。人人都要劳动,才能有劳动尊严。二是人要参与有尊严的劳动,主要表现为人在劳动过程中既要尊重劳动本身,也要尊重所有从事劳动的人。只有劳动本身受到尊重,劳动的价值获得肯定,才能使美好生活具备实现的可能性。有尊严的劳动不是纯粹的手段,更是目的,是人之为人的价值源泉。这种价

① 何云峰:《劳动幸福论》,上海教育出版社2018年版,第145页。
② 《马克思恩格斯全集》第1卷,人民出版社1995年版,第458页。
③ 《马克思恩格斯文集》第5卷,人民出版社2009年版,第58页。
④ 《马克思恩格斯文集》第1卷,人民出版社2009年版,第505页。

值并非资本主义社会中把人异化为具有"交换"属性的价值,而是诉诸现实的感性的活动,破除了资本逻辑的固有的"价值"理念,也就是"劳动不是作为对象,而是作为活动存在;不是作为价值本身,而是作为价值的活的源泉存在"。① 这样,劳动的人才会摆脱其"劳累"特性,正向确证人的类本质,由被迫劳动转向自愿劳动,在劳动尊严的保障下实现美好生活。

美好生活的实现需要从物质、精神、社会层面来保证人的劳动尊严。习近平总书记在党的二十大报告中指出:"必须坚持在发展中保障和改善民生,鼓励共同奋斗创造美好生活,不断实现人民对美好生活的向往。"② 美好生活的实现要依靠人民群众的共同奋斗来创造。从劳动尊严角度看,要满足人民群众的物质需求,消减劳动异化样态,就要通过深层民生保障,民生保障的程度外在地决定了劳动尊严的程度,能反映人民生活的幸福美好水平。美好生活的劳动尊严样态应该是"以最大化地保障人民的劳动幸福权为目的来落实"。③ 这种民生保障体系超越了人的生存需要和人道主义,不仅能够保障劳动者的物质需要,更重要的是保障了人在劳动过程中的获得感和幸福感,从劳动者的生理满足上升到精神状态的满足。正如马克思批判用单纯人的外在价值肯定人的尊严,例如职务、身份、财富和权势等,认为人的内在价值才是尊严的根据。另一方面,从美好生活的社会维度看,要形成全社会尊重劳动的观念共识。即只要付出了劳动,无论是体力劳动还是脑力劳动,只要对社会的发展进步起积极作用,就应当受到尊重。尊重劳动必须坚持"因劳称义"的基本法则,因为"劳动是一切合理性、公正性和平等性的源泉和终极说明"。④ 尊重劳动实质上也是文化价值观念的重要组成部分,人只有在劳动中付出,在劳动中展现价值和本质,并且在劳动中尊重他人,才能获得尊重,可以说,尊重劳动是劳动尊严关系的起点。当然,尊重劳动不能只停留在口头上和思想文化观念中,美好生活的实现需要从基础法则、劳动道义、法律体系、道德体系等方面进行制度安排和思考,这样,美好生活在劳动尊严维度上呈现为物质保障条件、精神文化价值和社会制度的有机合一的整体系统。

二、劳动的第二重样态之劳动解放

人的解放本质上是人在劳动中获得解放。人在劳动中获得解放是"让劳动复归为符合人的意愿、摧残性低的劳动"。⑤ 也就是说,劳动解放意味着超脱了劳动异化的现实存在。马克思对人的解放的认识是从现实的"劳动"切入的,对经济解放、政治解放、

① 《马克思恩格斯全集》第30卷,人民出版社1995年版,第253页。
② 习近平:《高举中国特色社会主义伟大旗帜 为全面建设社会主义现代化国家而团结奋斗——在中国共产党第二十次全国代表大会上的报告》,人民出版社2022年版,第46页。
③ 何云峰、李晓霞:《基于劳动幸福权的新型民生保障探析》,《改革与战略》2021年第11期,第3页。
④ 何云峰:《劳动幸福论》,第161页。
⑤ 齐旭旺:《马克思主义劳动幸福思想及其新时代启示》,见何云峰主编:《劳动哲学研究》第8辑(2023年第1辑),上海教育出版社2023年6月版,第161页。

精神解放等的考察也根源于劳动。他认为:"'解放'是一种历史活动,不是思想活动。"①同时,"只有在现实的世界中并使用现实的手段才能实现真正的解放"。② 人的解放实质上也是从抽象的思辨解放到现实的社会关系的解放。在黑格尔那里,劳动对人的解放表现为三个方面:其一,在主奴劳动辩证关系发展中,奴隶的自我意识觉醒,由依附性的存在变为自在自为的存在。其二,劳动在满足人的需要的过程中实现自由。换言之,人类能够通过劳动改造自然,创造更广泛的需要,从而达到更高的自由层次。其三,劳动可以作为一种实践教育促进人的解放,劳动的实践教育可以使人克服野蛮人的惰性而逐渐进化和发展。当然,黑格尔所谓的人的解放最终也不过是抽象的精神劳动,是绝对精神的演化过程。而马克思所述的人的解放指的是,市民社会中普遍的人不仅要从宗教的束缚,而且要从私有权及建立其上的各种压迫关系下解放出来,实现人的自由而全面的发展。"任何解放都是使人的世界即各种关系回归于人自身。"③异化劳动对社会关系的破坏只能通过劳动解放加以解决。在资本主义私有制条件下,占人口大多数的无产阶级创造的物质财富越来越集中到少数资本家手中,无产阶级和资产阶级的矛盾日益尖锐,阶级的对立逐渐达到顶峰而引起社会的变革。其中,无产阶级是推动社会变革的决定性力量,通过无产阶级革命彻底推翻资本主义制度及其统治,劳动者发展的羁绊被消除,才能真正将自己从异化劳动中解放出来,实现人与人、人与自身、人与社会关系的和解,最终,人类经由劳动获得解放。

美好生活实现的过程其实就是人类劳动解放的过程。随着劳动的解放,美好生活越来越具备实现的可能性。人类劳动解放的过程大致经历了从奴役劳动到谋生劳动再到体面劳动最后走向自由劳动四个阶段。奴役劳动阶段的劳动无法带来美好生活。在奴役劳动时代,人处于被自然和社会奴役的状态下,活在各种枷锁和桎梏中,人的解放程度最低。谋生劳动阶段,人的生活和生存压力作为主要的驱动力量,迫使人们参与劳动,但人的解放有了很大进步,劳动逐步成为使人像人一样活着的主要手段。谋生劳动的"谋生性"所占的比重是劳动解放程度的重要衡量指标,与社会发展和美好生活的"美好性"呈反比。体面劳动阶段的劳动摆脱了奴役和谋生枷锁。对于劳动者来说,体面劳动不仅使人的解放程度大大提高,还更深层次地保障了劳动者的劳动尊严。自由劳动阶段的劳动是真正的享受劳动,人的解放彻底完成。劳动的奴役性和谋生性降到了最低限度,劳动成为人不可或缺的内在追求,体现了人的类的自由自觉性。正如马克思所说:"我的劳动是自由的生命表现,因此是生活的乐趣。"④实现美好生活过程中的不同劳动样态并非是区间分明的,同一个社会发展阶段中各种劳动样态可能兼而有之,不同的是,随着科技发展、生产力水平的提升,劳动的"奴役性""谋生性""体面性"和"自由性"在不同社会发展阶段所占比重发生变化,劳动的解放程度应是随着美好生活的"美好"程度不断加深的。

①《马克思恩格斯文集》第1卷,第527页。

②《马克思恩格斯文集》第1卷,第527页。

③《马克思恩格斯文集》第1卷,第46页。

④《马克思恩格斯全集》第42卷,人民出版社1958年版,第38页。

自由劳动能够最大限度地实现美好生活。自由劳动不是任性的自由,真正的自由劳动是更加投入的劳动,是更加符合主观意愿且具有快乐性和享受性的劳动,在劳动解放的过程中,劳动活动本身对人的摧残性和折磨性逐渐降低,劳动的享受性和快乐性逐渐提升。在马克思那里,自由劳动是克服异化、真正符合人的本质的"第一需要"的劳动。自由劳动之所以能最大限度地实现美好生活原因在于自由劳动的"双重解放"属性。在自由劳动中,人增强对自然的科学认知,提升社会生产力水平,把人从自然的束缚关系中解放出来;同时,人类提升认识社会历史发展规律的水平,把人从不合理的社会关系中解放出来,劳动本身成为目的。"劳动一解放,每个人都变成工人,于是生产劳动就不再是一种阶级属性了。"① 人与人之间不再存在所谓阶级的差别,随之而来的是现实的劳动联合体,劳动者在自己劳动确立的劳动联合体中自由劳动的同时,平等地参与和享受物质、精神、社会和文化生活。

总之,美好生活的实现和劳动解放的历程是重合的,当自由劳动实现之时,美好生活的图景就会显现,如马克思所述:"自由王国只是在必要性和外在目的的规定要做的劳动终止的地方才开始;因而按照事务的本性来说,他存在于真正物质生产领域的彼岸。"② 人类只有真正做到自然和社会的"双重解放",才能进入自由发展的王国。

三、劳动的第三重样态之劳动发展

劳动发展意为劳动推动人自由而全面的发展,也即人在劳动中得到不断发展。从"劳动创造人"的角度来说,劳动是人的类本质,人的本质一直处于发展中。劳动实现人自由而全面的发展,推翻和扬弃"使人成为被侮辱、被奴役、被遗弃和被蔑视的东西的一切关系",③ 实现自由人的联合体,一直都是马克思最根本的理论关切。在整个社会历史发展进程中,劳动本身和人本身都处于未完成的形态,是处于发展和完善过程中的存在。人在劳动过程中存在,并通过劳动获得自我完善和发展;劳动本身在人的完善和发展过程中不断进化和衍生新的形式和内容。人的本质从个体意义上讲,是存在于他所有的劳动中的。"人同作为类存在物的自身发生现实的、能动的关系,或者说,人使自身作为现实的类存在物即作为人的存在物实际表现出来,只有通过下述途径才是可能的:人实际上把自己的类的力量统统发挥出来……"④ 显然,现实劳动的人都具有发展的潜能,且在劳动中强化和完善自我,而美好生活由劳动创造,所以劳动的发展性体现了美好生活的社会发展性特征。也正因为劳动同人的关系是一种未完成的关系,所以劳动创造美好生活是一个历史过程,体现了历史生成性特征。在个体意义上,劳动创造人,意味着劳动是个人价值的实现,但劳动具有积极的和消极的双面性,人的发展因而具有

①《马克思恩格斯文集》第3卷,人民出版社2009年版,第158页。

②《马克思恩格斯文集》第7卷,人民出版社2009年版,第928页。

③《马克思恩格斯文集》第1卷,第11页。

④《马克思恩格斯全集》第42卷,第163页。

不确定性。因此,要想实现个人的自由而全面的发展,就需要克服劳动本身的异化性,发挥劳动本身的充分性,符合必然性发展规律,美好生活才能实现。

人自由而全面的发展要通过个体生存社会化来保障。人自由而全面发展的前提条件是人的持存,人要首先满足自我保存,才能谈发展。人即使不直接从事生产某种产品的劳动,也可以通过交换实现自身需要的基本满足。劳动让人能够自食其力生存下来,通过社会化的方式,人可以在现实中从事不同的劳动形式,维持劳动的可持续性,并改进劳动工具和提高生产水平。但劳动个体之间的差异性使得现实中的部分人没有劳动或者劳动得较少,如儿童、退休的人或者丧失劳动能力的人等,他们同样享有劳动发展的权利,此时,就需要通过个体生存社会化来保障他们在社会中的持续性发展。个体生存社会化不是对社会弱势群体的人道主义援助和慈善关怀,而是一种归于社会现实的良善的治理方式,需要将每一位公民纳入其中,无论是社会"强者",还是"弱者",都要满足他们发展的条件,保障他们未来的发展。从人类文明进步的趋势看,这样的生存方式可以最大限度地减少劳动的压迫感。人有了自由和自觉的劳动选择,就能激发劳动创造力,积极主动进行创造性劳动。这种社会生存方式也会大大提升人对劳动美好的主体感受,这对美好生活的实现是非常重要的,因为在美好生活不断实现的过程中,人不仅关注看得见摸得着的物质利益,而且注重更高层次的劳动情感和劳动精神。劳动者能否在使用劳动工具、劳动技术的过程中获得愉悦感和幸福感,能否体验创造性劳动带来的满足感,能否充分展现劳动道德和劳动价值是判定生活主体是否"美好生活"的重要标准,直接决定了美好生活的实现程度。毕竟人作为生活主体是活生生的、现实的存在。所以,个体生存社会化保障了人的劳动的发展性权利,为人的自由而全面发展提供了基本条件,为美好生活的实现做好准备。

人的自由而全面发展是美好生活的最高定义。美好生活表现为丰富的物质选择和社会发展的多样性,创造美好生活的人因而必须是全面发展的,才能满足生活多重向度的"美好性"。人的全面发展最根本的是人的劳动能力的全面发展,表现为人的智力和体力充分统一的发展,身心协调的发展,社会交往和社会关系的和谐发展,人在实现美好生活的劳动过程中得到自由而全面的发展。随着当前社会生产力的提高,人工智能、大数据和云计算技术的进步,劳动条件得到较好保障,为人摆脱单向度的发展提供有利条件。人在劳动中感受到美好和幸福,成为高素质的劳动主体的同时,也成为美好生活的参与者和享受者。美好生活中的劳动达成了目的性和手段性的统一。另外,人的全面发展还要从整体意义上来理解,那就是作为社会成员的个人都要有美好幸福的生活,美好生活的根本标志就是共同富裕。作为马克思主义的坚定信仰者,中国共产党始终坚持人的自由而全面的发展,追求美好生活这个终极目标,从民族的独立和人民的解放,到改革开放不断"富起来",再到新时代政治、经济、文化、社会和生态等各领域的发展,带领人民不断过上美好生活,让人民"有更好的教育、更稳定的工作、更满意的收入、更可靠的社会保障、更高水平的医疗卫生服务、更舒适的居住条件、更优美的环境"。①

①《习近平谈治国理政》,外文出版社2014年版,第4页。

美好生活满足的是现实的人、具体的人、实践的人的愿望和需求,促进每个人都可以按照自己的天赋、特长、爱好,自由地选择活动领域、选择生活空间、选择发展方向,既能参加物质生产劳动,又能参加精神文化活动,促使每一个人自由而全面的发展,促进每一个人都成为自己的主人。

总之,美好生活视域下的劳动样态主要体现在劳动尊严、劳动解放和劳动发展三个方面,美好生活是对人的劳动尊严的最高限度的维护,是人从劳动异化的状态下解脱,从而实现自由劳动的彻底解放,在最高程度上定义了人的自由而全面的发展。美好生活的历史生成,也是这三者不断实现的过程,劳动尊严在劳动解放中得到维护和呈现,人在劳动中越是解放,劳动尊严获得性就越高,人的发展性权利就越大;而劳动解放与劳动发展也是分不开的,劳动解放实质是人的解放,人的解放的历程就是人的劳动发展性权利被不断保证,人逐步走向自由而全面发展的进程。因此,以上劳动的三重样态并非是先后存在的关系,而是动态的、同步的和内在统一的。

数字经济时代的劳动幸福何以可能①

占舒琪

摘　要： 劳动幸福是指人通过劳动使自己的类本质得到确证所获得的深层次愉悦体验,它体现的是劳动与人的幸福追求和幸福期待之间的一致程度,也体现自我价值得以展现的程度。随着数字经济的快速发展,人们在面对劳动场所、劳动形式和劳动分工等变化的同时,劳动幸福程度也获得显著提升。本文立足于数字经济的大背景,从人的劳动解放、劳动发展、劳动尊严三重维度对劳动幸福何以可能进行探析。

关键词： 劳动幸福;劳动者;数字经济;数字劳动

本文引文格式： 占舒琪:《数字经济时代的劳动幸福何以可能》,见何云峰主编:《劳动哲学研究》第9辑(2023年第2辑),上海教育出版社2023年12月版,第125-132页。

　　劳动创造人,人在劳动中确证自己的类本质,以求获得最高形态的幸福。近年来,数字经济快速发展,习近平总书记强调,"数字经济……正在成为重组全球要素资源、重塑全球经济结构、改变全球竞争格局的关键力量"。② 数字经济以其强渗透性、广覆盖性存在于人们生活的方方面面,改变了人们现有的生产生活方式。那么在数字经济高度发达的今天,人们能否在其所从事的劳动中获得幸福呢? 本文拟通过对数字经济时代,人的劳动解放、劳动发展、劳动尊严三重维度的分析,探究人们在数字经济时代的劳动中如何展现人的类本质,能否通过劳动使人获得劳动解放、自由全面发展以及劳动尊严。

---

① 作者通信地址:占舒琪,上海师范大学知识与价值科学研究所,上海200234。
② 《习近平谈治国理政》第4卷,外文出版社2022年版,第204页。

一、数字经济与数字劳动

（一）数字经济的概念界定

"数字经济"一词最早出现在20世纪90年代,由美国学者唐·泰普斯科特在《数字经济:网络智能时代的前景与风险》一书中提出。他在这部著作中并没有给出数字经济的确切定义,而是用它来泛指互联网技术出现之后所出现的各种新型经济关系。到了今天,我们所说的数字经济通常是指利用数据来引导资源以发挥作用且推动社会生产力发展的经济形态。数字经济是相较于农业经济、工业经济更高一级的经济发展阶段,主要是以不断发展起来的数字化信息和技术为生产要素,以当前发达的信息网络作为其发展的重要载体,不断推动传统经济和数字经济更深层次融合,对我国传统产业的进一步优化起着强有力的助推器作用。[1]国务院在《关于印发"十四五"数字经济发展规划的通知》中也明确指出,数字经济是"以数据资源为关键要素、以信息网络为主要载体、以信息通信技术融合应用、全要素数字化转型为重要推动力,促进公平和效率更加统一的新经济形态"。[2]这表明,数字产业化和产业数字化是数字经济的重要组成部分,数字产业化是指以数字信息技术为基础建立起来的产业,如平台经济、通信服务技术等;产业数字化是指传统产业在和数字经济的交互融合中,传统产业借助数字技术实现自己的产业转型升级,例如传统工厂引进自动化设备。由此可以看出,在数字经济时代,数字信息技术贯穿人们生产和生活的全过程,改变了传统行业以自然为对象的情况。但是更应该注意的是,数字技术仍然离不开人,人与数字的关系、人与人的关系依旧是数字技术的最重要组成部分。

（二）数字经济下产生的数字劳动

"数字劳动"一词最早由意大利那不勒斯大学学者蒂齐亚纳·泰拉诺瓦('Tiziana Terranova)在《免费劳动:为数字经济生产文化》一文中提出,他通过对数字经济中互联网的"免费劳动"的研究,对"数字劳动"进行了初步探索。他认为数字劳动是数字经济时代下的特有产物,是由数字信息技术快速发展而出现的一种以数字为媒介的新型劳动形态。克里斯蒂安·福克斯在其著作中提到,在以信息技术为主要内容和手段的生产中进行资本积累需要投入的所有劳动称之为数字劳动,[3]主要是指以云计算、大数据、互联网、人工智能等手段为依托,劳动成果是以信息和数据的形式呈现出来的新型社会劳动形式,其主要有三种表现形式:第一种是劳动者在各类平台上根据用户的喜好自发形成一种自我雇佣劳动,如短视频生产者;第二种是劳动者根据资本提出的要求为其提供如软件开发技术、通信设备的维护以及智能产品的生产等服务;第三种是数字平台使用者

---

① 李佳媛:《数字经济时代马克思劳动价值论的发展》,《经济研究导刊》2023年第7期,第7页。

② 国务院:《关于印发"十四五"数字经济发展规划的通知》,https://www.gov.cn/zhengce/zhengceku/2022-01/12/content_5667817.htm,2023年9月26日检索。

③ Scholz T. *Digital Labor:The Internet as Playground and Factory*.New York:Routledge Press,2013,p.212.

所提供的非物质性、无酬性和非生产性的劳动,如用户在生活娱乐平台上购物、观看视频、搜索资料等会给平台和发布者带来流量和热度,从而给他们带来利润。可见,在当下数字劳动日益成为人们生活中必不可少的内容,它以其多种类型广泛覆盖于人们的生活,大大提高了人们劳动幸福感的获得。

二、人在数字劳动中获得解放

在劳动中获得解放就是劳动者在劳动的过程中所感受到的折磨性和摧残性逐步降低,人们参加劳动的自愿性提高,劳动带来的快乐性最大化。马克思在《1844年经济学哲学手稿》(以下简称《手稿》)中论述了资本家对劳动者的剥削,提出了异化劳动的四种形式。当劳动者同自己的劳动活动相异化、劳动者同自己的劳动产品相异化、人同自己的类本质相异化、人和人相异化时,劳动成了痛苦劳动,劳动本身的折磨性增强以及劳动结果变成了折磨劳动者的工具,劳动幸福就不会存在。而"人的解放强调的正是劳动解放,既回归到劳动的快乐和幸福的本质中去"。[1]劳动的异化导致劳动者们身心受到痛苦与折磨,因此现在的人的解放就是要使劳动成为人的意义的实现,成为人的价值的体现之处,使劳动者在劳动中感受到的痛苦最小化,感受到的快乐最大化。劳动者在劳动中越是感到快乐,劳动幸福感也就越高,这样人的解放程度也就越高。而必须要指出的是,"在劳动中获得解放,不是从劳动中解脱出来不劳动"。[2]不劳动或消灭劳动意味着没有劳动幸福与痛苦之分,也就使人不能成其为人。而当压迫人、剥削人的劳动关系消除了,劳动者可以自由地进行自觉自愿的劳动时,人们的劳动幸福感就会得到提高,人们也会更加自觉主动地进行劳动,感受劳动带来的欢乐和自身价值实现时的满足感。

在数字经济时代,人们在数字劳动中感受到的折磨性降低,劳动解放程度提高,主要表现在三个方面:首先,在数字经济得到普及之前,人们的工作场所固定化,劳动者必须要到固定的地点才能进行工作,自主创业者更是因为时间和空间上的限制而被局限于一方狭小的天地,无法更好地融合"走出去"与"引进来",这就限制了人们的工作自由。而劳动者在劳动时因场所的局限致使其在劳动过程中感受到的折磨性很强,一些人将劳动视作为了生存而迫不得已从事的谋生手段。并且,只要是在生存得到满足的情况下,"劳动确实像瘟疫一样让人想要逃避",[3]劳动者在劳动过程中更多地受到自身和劳动的分离。因此,人的解放程度不高,劳动幸福难以获得。而数字经济使劳动者的劳动场所不再局限于线下的实体办公室、工厂以及门面房等,劳动者的劳动场所灵活性大大提高,大量的工作转向了线上,远程即可操作。劳动者对于工作场所有了更广泛的选择,这就催生了很多的新型职业,如自媒体运营者、网络营销工作者等,进一步为劳动

---

① 何云峰:《劳动幸福论》,上海教育出版社2018年版,第23页。

② 齐旭旺:《马克思主义劳动幸福观视角下乡村人民的劳动幸福感探析——以安徽省岳西县五河镇为例》,《安徽理工大学学报(社会科学版)》2019年第3期,第2页。

③ 齐旭旺:《新时代大学生的劳动幸福观教育路径探究》,《井冈山大学学报(社会科学版)》2023年第3期,第90页。

者提供了更多的工作选择。灵活的劳动场所使得劳动者工作强迫性降低,很多工作只需要一部手机或电脑就可以在任何地点完成。这样,劳动者在劳动过程中所感受到的折磨性就有所降低,劳动者对劳动的排斥性降低,能够自主自觉地从事劳动,从而人们的劳动幸福感得到提升。

其次,数字经济时代的职业具有多样化、智能化、个性化的显著特征。其一,多样化特征:数字经济给人们带来了更多的工作机会,除去上文中提到的几个新型职业,还有网约配送员、物联网工程技术人员、互联网营销师等新型职业,这些职业的增加不仅给很多既有工作者更加广泛的选择,还给很多在以往因为种种原因不能参加工作的人创造了工作机会,如在家带小孩的宝妈、身体缺失劳动能力的人,令他们能够通过自身劳动来实现人生价值,使得自己的类本质得到确证,在劳动中获得解放,这就大大提高了人们的劳动幸福感。其二,智能化特征。人工智能等数字技术正在深刻地变革着传统行业,智能机器取代了低端劳动,在劳动中人们逐渐摆脱枯燥乏味的工作,转而可以从事更有趣味性的劳动。同时,在某些行业智能机器替代了人力,减少了劳动者对廉价体力劳动力的出卖,有效降低了劳动中的折磨性,劳动欢乐性得到进一步提升。其三,个性化特征。数字经济提供给人们更多的就业机会,这也促使劳动者在选择职业时越来越多地考虑职业给自己带来的自由性以及舒适度,劳动者可以根据自己的兴趣、能力、时间等来选择自己喜欢的工作。越来越注重工作和生活的平衡。上述三大特征,突出了数字经济给劳动者带来的职业选择的益处。劳动者职业选择的范围扩大,所供选择的职业越来越优化,使得劳动者在劳动过程中更加热爱劳动,愿意自觉地参加劳动,劳动和劳动者的适配性更高,劳动者在劳动中感觉到快乐和幸福,自身的价值得到进一步实现,人的解放程度和劳动幸福感得到提升。

最后,数字经济给人们的劳动方式带来颠覆性变化。传统的劳动方式多以人的体力劳动为主,人们在劳动的过程中因体力的过度消耗而感受到巨大的折磨性,感受不到劳动带来的幸福,劳动创造人变成了折磨人,劳动作为人的内本质无法得到确证。但是,随着人工智能、大数据、云计算等新兴技术的普及,劳动方式也随之发生变化,这主要表现在三个方面:其一是纯粹的数字劳动方式。这种劳动方式就是指在劳动的过程中劳动者运用数字技术在数字平台创造出数据产品,例如短视频、电子游戏等都是这种劳动方式的产品,这些产品只是一种数字产品或信息产品。其二是以实体劳动和数字劳动的结合为劳动方式共同创造出来的劳动产品,这些劳动产品往往附加了实体劳动和数字劳动双重劳动,即附有数字内容的实体产品或附有实体内容的数字产品。其三是智能劳动方式。这种劳动方式是指完全以人工智能为主导的劳动产品生产过程,如无人机的工作过程,它能够在没有劳动者干预的过程中收集人们所要的信息,劳动者在劳动的过程中不发挥主要的作用。以上三种劳动方式都是数字经济时代所产生的新型劳动方式,使人从出卖体力的劳动中解放出来,逐渐摆脱了繁重的体力劳动、单调乏味的简单重复劳动、危险性高的摧残性劳动等,进入越来越快乐的劳动中,劳动的享受性和快乐性充分展现出来,极大地提高了人们参加劳动的意愿性,因此劳动者在劳动中的幸福感得到大幅度提升。

三、人在数字劳动中获得全面发展

在劳动中获得全面发展就是人自身价值在劳动中的最大化实现。何云峰教授指出,"劳动本身的广度和深度就是人的发展程度的体现"。[①] 人们在劳动中借助外界因素推动劳动深化发展的同时促进自身劳动能力的协调统一发展,如人工智能的引进不但扩展了劳动对象的范围和深度,也促进了人们认知能力的极大提高。劳动和人的发展具有同步性,将其理解为先后关系是欠妥的,在现实生活中那些整天幻想着不劳而获的人都没有意识到这一点,将劳动与自身的发展分裂开来,最终只能得到伤害自己的结果。"劳动创造人,劳动发展人,并不是一个瞬间完成的动作,而是一个永续的过程。"[②] 这就启发劳动者在劳动过程中不能想着短暂的劳动,暂时的劳动只能得到短时间内的发展,要深刻地认识到劳动对人的发展是一个永无止境的过程。因此,劳动是人本身不能停止的活动,只有在劳动活动中,人的自身价值才能得到最大化实现,人的全面发展才会持续,从而走向劳动幸福。

在数字经济时代人们以更加灵活的方式参加劳动,上文中提到劳动者劳动场所的变化、职业的发展以及劳动方式的变化,这些都促进了劳动者在数字劳动中获得全面发展,而在数字劳动中获得的全面发展需要从物质和精神两个层面来讨论。"物质可以带给人享受,但却总是短暂的,能真正带给人持久幸福感的是在精神上获得满足。"[③] 所以,数字时代人们的劳动幸福感要通过在数字劳动中实现物质和精神两个层面的全面发展来体现。

（一）劳动本身的发展丰富了劳动者的物质和精神世界

在数字经济时代来临前,劳动一直以实体化为主,大多数劳动者从事的劳动仍然是体力劳动。随着数字时代的到来,数字劳动在一定程度上实现了对传统劳动的更新发展。

1.劳动的专业化程度越来越高

传统劳动中劳动者从事的劳动活动大多是体力劳动,在劳动的过程中基本不需要脑力劳动的参与,劳动者变成了只会工作的机器,从而丧失其作为人的类本质。而随着数字劳动在人们生活中的渗透,它不仅给劳动者的劳动形式、劳动对象和劳动结果带来了巨大的变化,还使得劳动本身在专业性上得到深化发展,进而推动劳动者物质和精神世界的丰富。数字劳动具有的较强的分散性,促使劳动者不再像传统劳动一样被局限于某一固定地点从事着相同的劳动,其更多要求每一个劳动者对自己面临的工作任务

---

① 何云峰:《劳动幸福论》,第22页。

② 何云峰:《劳动幸福论》,第22页。

③ 齐旭旺:《马克思主义劳动幸福观视角下乡村人民的劳动幸福感探析——以安徽省岳西县五河镇为例》,《安徽理工大学学报(社会科学版)》2019年第3期,第4页。

和工具具备深入的了解,劳动者和劳动者之间往往不会有密切的联系,其经济利益也是完全独立计算的。

2.劳动成果更加注重社会共享性

传统劳动的劳动成果实体性较强,无法在短时间内将其分配给每位用户,而数字劳动具有虚拟性质,使得其劳动成果达到了能够实时共享的状态。数字劳动者在电脑或手机一端进行操作,等到其完成了自己的工作内容后,就立刻可以将劳动成果发布到平台上让用户收到,且数字劳动的共享性范围极其广泛,只要是处于同一个平台的所有用户都可以在第一时间收到数字劳动者所发布的信息内容。同时,数字劳动成果的共享性使得数字劳动中劳动者和用户的身份界限变得模糊,劳动者和用户可能同时以双重身份出现在数字平台中,在劳动的同时又会享受到他人的劳动成果。这种成果的共享性推进劳动者接收知识、社会信息的广度和深度,从而丰富劳动者的物质和精神世界。

(二)数字劳动丰富弱势群体的物质和精神世界

以往因为工作地点、时间和方式的限制,大多数弱势群体不能亲身参加劳动,因此弱势群体劳动幸福感的获得具有一定的难度。而随着数字经济时代的到来,数字劳动帮助弱势群体克服了以往劳动中所存在的众多问题,提供给弱势群体更多的劳动机会,以此丰富了弱势群体的物质世界和精神世界,促进其全面发展。其一,数字劳动的门槛降低,提供给弱势群体参加劳动的机会。数字劳动相比传统劳动的门槛更低,传统劳动不仅在时间、地点上有严格的局限性,在学历、劳动者身体素质等方面也有一定的限制,因此在传统劳动中弱势群体中的一部分人很难亲身参与劳动,其幸福感往往通过社会保障的形式体现出来,造成了弱势群体的劳动幸福感难以获得的境况。而在当下数字劳动快速发展,任何人都可以通过数字平台进行劳动,以网红博主为例,每一个人都有权利申请一个网络账号,对自己的账号进行管理并发布作品,后台会根据作品所属种类推荐给相应的人群,只要作品有一定的点赞量和浏览量,就能够通过发布作品的方式持续赚取劳动利润。这种低门槛的劳动大大保障了弱势群体参加劳动的权利,在丰富其物质世界和精神世界的同时劳动幸福感获得了提高。其二,弱势群体对数字劳动的参与使其在精神层面得到极大的满足。弱势群体在进行数字劳动的过程中,其本身会对自己所要从事的劳动做更深一步的认识,从理论和实践两个方面进行深入研究,以谋求劳动利益最大化。在这一进程中,劳动者本身的知识库得到填充,视野更加开阔,在获得数字劳动能力的同时丰富其精神世界,这是劳动者本身隔离不掉的无价之宝。

四、人在数字劳动中获得尊严

人的劳动尊严是指劳动者在劳动过程中能够像人一样进行劳动,能够获得尊重且自身劳动价值可以得到承认。马克思在《手稿》中提到:"生产不仅把人当做商品、当做商品人、当做具有商品的规定的人生产出来;它依照这个规定把人当做既在精神上又在肉体上非人化的存在物生产出来。"① 在资本主义社会劳动者被迫进行劳动,资本家没有把劳动者当作"人"来对待,在他们看来,劳动者只是"商品",是能够生产产品的"商品",他们和生产出来的商品的区别就在于前者能产出无止境的价值,后者的价值是固定的及不能增殖的。资本主义生产中的劳动者虽然称为人,但是又不是"完全的人",他们无时无刻不在从事着劳动,但是这样的劳动没有体现出他们作为人的本质,而是把他们变成了"非人",这样劳动幸福就完全不存在了。何云峰教授指出,"劳动具有维持生计的功能,但是人不能为了维持生计而丧失人格尊严,不能因为参加劳动而被奴役,不被当作人看待。人必须有尊严地参加劳动"。② 在劳动的过程中人们获得了应有的尊严,就会使劳动活动成为自觉自愿的活动,同时人的劳动积极性也会随之提高,劳动者在这样的劳动中就会感受到劳动带来的满足和幸福。数字经济时代,一定程度上,劳动者在劳动过程中不再感受到"非人"的对待,而是感受到自身的劳动尊严得到维护,人们参加劳动的自觉性提高,数字劳动有效地保障了劳动者的尊严。主要体现在:数字劳动过程中职业的数字化转变、数字劳动中新型劳动关系的建立以及数字劳动中职业自由化程度提高。

（一）数字劳动过程中职业的数字化转变

数字经济不断改变生产要素的配置,职业作为生产力与生产要素结合的具体体现,必会受到影响并有所改变。③ 因此,所有职业都有数字化的需求,传统职业与数字化技术的融合就是"职业的数字化"。同时,职业的数字化促进人们在劳动中提升劳动尊严,有利于劳动者劳动幸福感的获得。其一,职业的数字化转变增加了人们就业机会。在《中华人民共和国职业分类大典（2022年版）》收录的168个新增职业中,由于数字经济的发展而增加的职业占相当大的比例。数字化职业的增加给人们提供了更多的选择机会,劳动者在择业时的主动性提高,劳动尊严得到维护。其二,职业的数字化转变要求人们职业具有更高的专业化和技术化。数字劳动的出现不是一蹴而就的,数字技术的掌握更不是简单容易的,它要求劳动者们拥有过硬的专业本领,能灵巧地使用数字技术。因此,人们在选择数字职业前,必须对数字技术进行系统的学习与实践,要求每个数字劳动者不是盲目跟风地选择数字职业,只有这样才能在数字劳动中实现自己的人生价值,相应地提高自身的劳动幸福程度。综上,数字职业的发展推动了高质量充分就业和体面就业,劳动机会、数字技术的掌握等职业形式发展,改善了人们工作的环境,提高了人们的劳动尊严。

（二）数字劳动中新型劳动关系的建立

数字经济时代产生的数字劳动建立了有别于传统劳动的新型劳动关系,其相比于传统劳动关系具有多元化、附属性减弱等特征。

---

① 《马克思恩格斯文集》第1卷,人民出版社2009年版,第171页。

② 何云峰:《劳动幸福论》,第23页。

③ 许远:《适应数字经济发展实现高质量充分就业和体面劳动——面向新时代的我国数字技能开发策略及展望》,《教育与职业》2023年第3期,第59页。

在传统劳动关系中,劳动者在一定时期内与某个特定单位签署合同,产生劳动关系,且单位只在特定的上班时间内与该劳动者是管理者与支配者的关系。而在数字经济时代下,数字劳动创造的劳动关系有明显的多元化特征,劳动者可以随时随地按照自己的意愿选择工作与否,不需要和任何其他人建立管理与被管理的关系,劳动者很多时候在为自己进行劳动,所缔结的劳动关系也只是与自己建立的关系,这就使劳动者具有更高的自主性,并且提高了劳动力生产要素的配置效率。

劳动关系中的附属性有所减弱。传统劳动关系中劳动者和公司或个人的依附性很强。而在数字劳动过程中,劳动关系呈现多元化,这就意味着劳动者"自由选择"越来越成为可能,劳动者在一定程度上掌握了生产要素的配置权。劳动者的劳动时间大大缩短,获得工作机会的成本降低,这在客观上使劳动者与公司或个人的附属性减弱。但是需要强调的是,这里的附属性减弱并不代表附属性从此消失,相反附属性或多或少还是存在的,如外卖骑手不能够随意取消顾客的订单,如果外卖骑手拒单过多,平台会对骑手进行一定的惩罚。

（三）数字劳动中职业自由化程度提高

数字劳动的一个典型特征就是职业的自由化,传统劳动中的劳动者受制于雇主及环境的影响,其自身劳动尊严难以得到维护,劳动者往往是通过出卖自己的时间、体力、脑力的方式获得微薄的工资,大部分时间没有劳动尊严可谈,更不可能有劳动幸福的获得。而在数字经济时代,随着数字职业对人们日常生活和工作的渗透,数字劳动发展到无处不在,每个人都可能成为数字职业的劳动者和利益获得者,劳动的限制因素越来越少,人们参与劳动的时间、地点的自由化程度逐渐提高,推动人们在劳动中获得应有的劳动尊严。

职业自由化程度还体现在劳动者就业观念的转变上,传统劳动职业具有较高的稳定性,人们为了生存不得不进行繁重的劳动,休息和生活时间不断被压缩,工作时间不断过界,严重损害了人们的身体健康,妨碍了对劳动幸福的感知。当下数字经济快速发展,数字劳动中的不确定性促使越来越多的劳动者喜欢从事灵活自由的工作,想要追求生活与工作的平衡,看重自由和平等,以此谋求自身价值的实现,从而使自身的劳动尊严得到满足。

亚里士多德幸福理论及其当代启示①

黄小燕

摘　要：亚里士多德认为幸福是最高的善，是合乎德性的现实活动。在亚里士多德的幸福理论中，德性是前提条件，德行是核心基础，个体与集体的统一是本质，他还把身体的善、外在的善和灵魂的善三者的统一作为幸福实现的条件。这要求我们从理论和实践上重新审视既有的幸福思想，积极重构适应社会主义社会和谐发展的幸福理论体系。因此，对亚里士多德幸福理论的梳理及探讨，将有助于在形成正确的幸福思想基础上，从认知层面到情感层面再到行为层面逐步强化对幸福真谛的理解与感受，帮助人们更好地迈向幸福之路。

关键词：亚里士多德；幸福；当代启示

本文引文格式：黄小燕：《亚里士多德幸福理论及其当代启示》，见何云峰主编：《劳动哲学研究》第9辑（2023年第2辑），上海教育出版社2023年12月版，第133—140页。

自古以来，人们对幸福的探讨与追求就从未停止过，尤其在新时代背景下，人们更加注重对幸福的探索。然而，伴随着自媒体技术的发展，社会道德滑坡、信仰缺失的现象屡见不鲜，这使得人们的幸福感逐步减弱。诚如麦金太尔所说，我们当下处在一个碎片化的时代，德性的意义早已被抽象成为"不考虑个人将来的目的，而仅仅做其自身是正当的事"。②过度强调规范伦理的重要性，却忽视了作为个体内在美德的培养，遗忘了伦理学研究的最终目标——幸福，这是现代伦理学发展的弊病。所以，麦金太尔提倡"回到亚里士多德"。在《尼各马可伦理学》中，亚里士多德以当时城邦式的生活为依托，对幸福进行了细致的描绘与诠释。因此，通过研究亚里士多德的幸福理论，可以帮助人

---

① 基金项目：安徽高校人文社会科学研究项目（项目编号：SK2021A0455）；安徽省高校人文科学研究重点项目（项目编号：SK2020A0375）。作者通信地址：黄小燕，皖南医学院马克思主义学院，安徽芜湖 241002。

② 麦金太尔：《德性之后》，龚群译，中国社会科学出版社1995年版，第212页。

们厘清幸福的真谛,把握获得幸福的正确方式。

一、幸福的内涵与本质

在西方伦理学史上,最早对幸福进行理论探索的哲学家是梭伦,他指出"幸福在于善始善终"。① 其后的苏格拉底和柏拉图都基于德性幸福论的立场进行阐释,而作为集大成者的亚里士多德在历经雅典城邦的盛衰之后,对如何挽救城邦和公民问题始终在进行着艰难探索。因此,幸福贯穿他的整个伦理思想体系之中,并以此为核心构建起一套完整系统的理论体系。

(一)幸福是最高的善

《尼各马可伦理学》的开篇就谈到"每种技艺与研究,同样地,人的每种实践与选择,都以某种善为目的"。② 我们发现,亚里士多德是基于目的论的视角来对其幸福理论进行阐释的,这里的"善"并不是我们一般意义上使用的与"恶"相对的形容词,而是指一切事物所具有的功用。为了解释这一点,亚里士多德通过举例说明:"医术的目的是健康,造船术的目的是船舶,战术的目的是取胜,理财术的目的是财富。"③ 因此,更确切地说,这里的善指的是一种具体的目的善。他认为,世间万物都是因追求某种目的而存在,人类亦是如此,将幸福作为进行一切活动的最终目的。基于此,幸福首先是一种善。其次,"幸福是完善的和自足的,是所有活动的目的"。④ 这是说,人们不会为了幸福之外的任何事物进行活动,而只是为了幸福本身,只有幸福才是人一切活动的最终目的。我们通常所说的快乐、财富、荣誉等是与幸福不等同的,它们只是人们获取幸福的手段,只有幸福本身才能称为最终的目的。总之,在亚里士多德这里,幸福具有完满性和自足性,是一切善的目的,是最高的善。

(二)幸福是合乎德性的现实活动

亚里士多德在得出幸福是最高的善之后,又指出,"说最高善就是幸福似乎是老生常谈。我们还需要更清楚地说出它是什么"。⑤ 基于此,他提出,"幸福是灵魂的一种合乎于完满德性的实现活动"。⑥ 首先,什么是德性? 在伦理学中,德性是指功能的完满实现。亚里士多德在此观点的基础上认为德性即是灵魂功能的良好发挥。人的灵魂包括两个部分,即无逻各斯和有逻各斯,对于德性的划分也同灵魂的划分相呼应,其包括理智的德性与伦理的德性。理智的德性是在长期训练与教育中得出的,比如智慧、明智、理性等。伦理的德性则是源于习惯,指的是慷慨、友善、诚实等,这里的德性即是一

① 冯俊科:《西方幸福论》,中华书局2011年版,第43页。

② 亚里士多德:《尼各马可伦理学》,廖申白译,商务印书馆2003年版,第3页。

③ 亚里士多德:《尼各马可伦理学》,第4页。

④ 亚里士多德:《尼各马可伦理学》,第19页。

⑤ 亚里士多德:《尼各马可伦理学》,第19页。

⑥ 亚里士多德:《尼各马可伦理学》,第32页。

种中庸。亚里士多德指出一个人只有在具备良好德性的条件下才能获得幸福,倘若一个人没有德性,也就失去了向善的能力,那么他是得不到幸福的。其次,幸福不仅仅是指合乎德性,它还是一种具体的现实活动。"我们探讨德性是什么,不是为了知,而是为了成为善良的人。"① 为此,亚里士多德用"生活得好和做得好"② 对幸福进行诠释,指出幸福不是天然存在的,而是要在人们的实践活动中去获得,真正获得幸福的人是那些"做得好"的人。也就是说,幸福的生活只能通过合乎伦理品德的现实活动去实现。

(三)思辨活动是最高的幸福

亚里士多德认为德性可以分为理智德性和伦理德性,二者相比,理智德性要高于伦理德性。因为,如果人能够用理智的思想来掌控自己,那么理智的生命将会成为最高的幸福,并且是完满的幸福。所以,亚里士多德把人的幸福最终归于理智德性的实现。另外,理智德性是借助于思辨活动形成的,所以,思辨活动才称得上是最高的幸福。苗力田先生也曾指出"最后以思辨是最大幸福的最强音而终曲"。③ 亚里士多德将人的生活划分为三种,即享乐的生活、政治的生活和思辨的生活。享乐的生活追求肉体上的快乐,政治的生活崇尚德行与荣誉,这两种生活在亚里士多德看来都太浅薄。他认为只有思辨的生活才能称得上是最高的幸福。因为思辨本身是目的,是最令人愉悦、最为自足的活动。思辨的生活是最高的幸福,但在现实中,亚里士多德的这种思辨幸福只有少数人可以达到,即指那些爱好智慧的哲学家。从这个层面来说,哲学家的生活才能算得上是最幸福的。因为哲学家从事思辨活动的动机是纯粹的,他们只是为了探求真理,而不为名誉、权力等其他目的。

总的来说,幸福是个人在实践活动中获得的一种满足感,其本质是一种德性,是灵魂的合乎德性的现实活动,幸福的生活只能存在于合乎伦理品德的现实活动之中。

二、幸福的基本特征与实现条件

通过分析亚里士多德的幸福理论可以发现,他的幸福理论包含着三个基本特征:德性是前提条件,德行是核心基础,其本质在于公民个人幸福与城邦整体幸福的统一。同时,只有当全部拥有身体善、外在善、灵魂善三者时,个体才能实现幸福。

(一)幸福的基本特征

亚里士多德幸福理论的基本特征主要包括以下三个方面,即作为前提的德性、作为核心的德行以及作为本质的统一。

---

① 汪子嵩、范明生、陈村富、姚介厚:《希腊哲学史》第3卷,人民出版社2003年版,第920页。
② 李兰芬、倪黎:《财富、幸福与德性——读亚里士多德〈尼各马可伦理学〉》,《哲学动态》2006年第10期,第51页。
③ 苗力田:《思辨是最大的幸福——亚里士多德〈尼各马科伦理学〉新版译序》,《哲学研究》1998年第12期,第50页。

1.作为前提的德性

亚里士多德指出,"幸福是灵魂的一种合乎于完满德性的实现活动",① 这是其在界定幸福是最高的善之后,又进一步作出的对幸福概念的阐释。基于此,德性幸福也就成为其幸福理论思想的重要内容。也就是说,幸福不仅是最高的善,它还是灵魂的合乎德性的现实活动,这就将抽象的概念具体化了。要实现真正的幸福,具备良好的德性是基础,并且还要积极实践合乎德性的现实活动,这就实现了幸福与德性的统一。也就是说,德性是追求与实现幸福的前提,并且幸福只能存在于合乎德性的现实活动之中。不具备德性的人是凶狠残暴、充满欲望和贪婪的,他们没有办法获取真正的幸福。综上可知,德性不仅是追求幸福的条件,同时也是实现幸福的条件。

2.作为核心的德行

在亚里士多德看来,幸福不仅仅是拥有德性,而且还要将德性贯彻到实践中去。基于此,亚里士多德区分了实践与理论,并且把德性划分为伦理的德性与理智的德性。理智的德性主要表现为单靠学习就能获得的知识。而伦理的德性是必须通过不断地实践和培养才能形成的一种习惯,而不能单纯地依靠知识。在这一点上,他反对苏格拉底"美德即知识"的观点,认为苏格拉底只是把美德这一品质归结为一种知识性的理论,并不追问和研究美德在人们的生活和行为中是怎样出现以及实现的。从本质上来说,这就抹杀了伦理学的感性经验内容,在"知"和"行"这二者中只是片面地强调知识的重要性,错误地认为只要知道了也就肯定能做到,忽视了实践的真正作用。真正的幸福的确要具有德性的品质,但实现这种德性的具体活动并不是与生俱来就能掌握的,它是需要在德性理论的指导下,并且个体以一种积极主动的心态去创造幸福的漫长过程。

3.作为本质的统一

亚里士多德认为人们天生是政治动物,一旦离开城邦,个人便不能独立自主地生活。"个人追求的善与城邦集体所追求的善具有一致性,如果对城邦有利的善也必将会对个人有利,个人与城邦根本就不存在利益上的冲突和矛盾。"② 也就是说,个人的幸福不仅表现为让自己处于良好的状态中,而且表现为通过个体的努力,让他所处的集体也保持在良好的状态之中。在这种情况下,个人才能称得上是真正实现了幸福。另一方面,亚里士多德也认为城邦幸福高于个人幸福。"个人的善和城邦的善即使是相同的,但是获得和保持城邦的善显然比个人的善更大更完满。一个人获得善是有价值的,但为了民族和城邦获得善,更加光荣,更加神圣。"③ 因此,亚里士多德的幸福理论实质上是将个人幸福和城邦幸福联系在了一起,当个体在追求幸福时,既要追求自身的幸福,同时也要兼顾到城邦的利益。当个人幸福和城邦利益发生冲突时,人们需要优先考虑城邦的利益,甚至为了维护城邦的利益牺牲个人利益。

① 亚里士多德:《尼各马可伦理学》,第32页。
② 唐凯麟:《西方伦理学名著提要》,江西人民出版社2000年版,第53页。
③ 汪子嵩、范明生、陈村富、姚介厚:《希腊哲学史》第3卷,第913页。

（二）幸福的实现条件

幸福是合乎德性之善，是最高的善，也是人类一切活动的最终目的。但是，幸福的实现必须要以一定的善来作为补充条件。亚里士多德将善分为身体的善、外在的善和灵魂的善，他认为只有拥有了这三种善，才能算实现了幸福。

1.身体的善：实现幸福之前提

身体的善包括健康的身体、标致的长相等，它是实现幸福的前提。幸福生活的终极目的在于身体的无痛苦和灵魂的无烦恼。亚里士多德提出，一个人具有完善的道德，却遭遇很大的不幸，人们还认为此人幸福，是荒唐至极的。也就是说，真正的幸福是指内在道德修养与外在客观条件达到一致的状态。所以，让身体保持健康状态是人的生命得以存在与延续的物质基础，是实现幸福的保障。因此，在三种善之中，身体的善是实现幸福的前提。

2.外在的善：获得幸福之手段

外在的善包括权力、财富、荣誉、朋友等，它是实现幸福的物质基础。正如亚里士多德所说，一个人的行为在合乎德性的前提下，还需要具有诸多外在的善，才有可能成为幸福之人。作为实现幸福的物质基础，这里我们以财富为例对外在的善进行阐释：一方面，财富是人获得物质富足的幸福和精神愉悦的幸福的重要条件；另一方面，财富并不能被认为是幸福的真正缘由，只能作为实现幸福的外在条件。所以，在获得幸福的条件之中，外在的善在实现幸福方面起着重要作用，是获得幸福的手段。

3.灵魂的善：认识幸福之实践

灵魂的善包括节制、勇敢、明智、正义等，它是三种善当中最高的善。亚里士多德将幸福定义为灵魂的善，他指出"但如若这样，政治家就需要对灵魂的本性有所了解"，[①]并且对灵魂的认识更为重要。简单来讲，幸福实则是合乎灵魂的实践活动。在亚里士多德看来，灵魂有理性和非理性之分。人拥有理性，善良之人有了理性的指导，就能对公正的快乐与否等问题给出对的回答，最终成为公正的人、良善的人。在灵魂之中，利用理智对事物进行不断的否定与肯定、怀疑与坚定，便是力求真理的过程。

亚里士多德认为，只有当全部拥有身体的善、外在的善和灵魂的善时，才能被称为至福之人，即"至福之人拥有全部这些善"。[②]当个体完满地拥有了这些善之后，又从事着符合德性的活动，才能被称为幸福的人。

三、亚里士多德幸福理论的当代启示

当前，人们的物质生活虽然已得到了充分保障，但这并不足以给人带来幸福。相反，物质主义、消费主义、享乐主义等消极思潮在不断地冲击着人的精神世界，无形中加剧了自我价值的迷失，充斥着不幸福感。可以说，现代社会已经进入了"幸福危机"的困

---

① 亚里士多德：《尼各马可伦理学》，第32页。

② 亚里士多德：《亚里士多德全集》第9卷，颜一等译，中国人民大学出版社1994年版，第230页。

境。因此,扬弃亚里士多德的幸福理论,对于当下构建符合新时代的正确幸福理论有着重要的指导与借鉴意义。真正的幸福不仅在于对物质生活和精神生活的准确认知,更在于情感上对社会幸福的认同,并将这种认知积极践行到现实活动中。

(一)平衡物质与精神,廓清幸福的本质

随着物质生活水平的提高,人们越来越关注自身的幸福。"幸福"一词逐渐成为人们最关注的问题。但当下,人们对于幸福的追求似乎与其应然状态出现了偏差,越来越多的人试图通过对物质的索取和占有,来诠释自己想要的幸福生活。生活的本真已经被这物化的世界快速地消解了,同时也掩盖和遮蔽了真正的幸福。这导致人们自我价值逐步丧失,并日益沦为物质的奴隶。人们"贪婪地消费着一切,吞噬着一切,世界成了填充我们胃口的巨大物品……我们则永远期待,一方面永远在希望,另一方面却也永远在失望"。① 当代人沉迷于物欲的享受,精神世界愈来愈空虚,找不到心灵的归宿,对于幸福生活的追求也更加迷惘。

亚里士多德指出幸福是合乎德性的实践活动。幸福与德性有关,人要重视理性的运用,同时,外在善只是必要的条件,要"对我们的灵魂关心"。也就是说,真正的幸福在于我们对精神世界的关护。正如习近平总书记所讲的:"中国特色社会主义进入新时代,我国社会主要矛盾已经转化为人民日益增长的美好生活需要和不平衡不充分的发展之间的矛盾。"② 这种对美好生活的需要实质上就是对于幸福生活的诉求,更进一步说,幸福的本质并不是指外部环境的优越或者外部条件的富足,而在于个体的精神世界的诉求是否得到合理的满足。探寻当代社会出现的越来越多的抑郁症病例,不难发现这一群体中的大多数并不是由于贫困而致病,更多的则在于情感问题以及生活的高压力问题。

(二)权衡幸福与财富,寻求幸福的真谛

当今社会,很多人沉迷于物欲的享受,失去了对人生价值的追求,而逐步沦为金钱、物质和权力的奴隶,即马克思所说的"人的异化"。随着自媒体技术的发展,网络在促进虚拟经济发展的同时,也引发了大量的网络乱象,如当下"网红"层出不穷,越来越多的人怀有"一夜暴富"的不良心理,在错误财富思想的支配下从事着与核心价值观不符的行为,背离了个人正常发展的轨迹。物质生活的丰富始终无法填补精神世界的空白,有的人整日沉迷于物欲的享受,找不到心灵的归宿,精神世界只能愈来愈空虚。

亚里士多德指出:"幸福也需要外在的善。因为没有那些外在的手段就不可能或很难做高尚(高贵)的事。许多高尚(高贵)的活动都是需要朋友、财富或权力这些手段。"③换言之,财富只是实现幸福的一种手段,只有幸福才是人类追求的最高目的。一方面,作为外在善的财富对于实现幸福来说是必要的,因为它不仅可以满足人的基本生存的需要,更是人们从事德性活动的具体手段;而另一方面,对个人来说,并不是拥有的财富

---

① 埃里希·弗罗姆:《爱的艺术》,陈维纲等译,四川人民出版社1999年版,第97页。

②《习近平谈治国理政》第3卷,外文出版社2020年版,第9页。

③ 亚里士多德:《尼各马可伦理学》,第24页。

越多就越好。亚里士多德告诉我们,只要中等财富就足够了,凡事过犹不及。也就是说,财富是获得幸福的必要条件,但不是充分条件。真正的幸福源自我们对自身与他人精神世界的关护,拥有过多的财富并不意味着拥有最高的幸福,恰恰相反,其将会掩盖幸福的实质。对于个人如何看待和处理幸福与财富的关系这一问题,亚里士多德提出的解决途径是中道。这就需要教育者担负起育人责任,通过形式多样、丰富多彩的道德教育,弘扬积极健康的思想文化,在教育引导中传递幸福实质,为迷茫的人们廓开迷雾,助力他们找寻到幸福的真谛,走向心灵的小康。

(三)厘清个人与社会,助力幸福的实现

亚里士多德认为个人幸福的实现必须要以城邦生活为前提。一方面,人是社会中的人,是理性动物,幸福必须在城邦中实现;另一方面,幸福需要各种外在善作补充,人如果脱离城邦生活,将无法实现幸福。此外,城邦健全的法律法规也保障了个人幸福的实现。

城邦幸福在亚里士多德幸福理论中具有重要的作用。他强调人的幸福离不开城邦的观点,在今天发展为个人利益的实现不能脱离社会整体利益的观点。这在某种程度上蕴含着集体主义精神的趋向。个人只有身处集体,才能实现幸福。个人利益必须从促进社会进步出发,着眼于集体利益,达到个人、社会利益的协调统一,才能实现共同幸福。这一幸福理论,就其本质而言,是在推崇集体主义,集体与个体共生共存,并且个体寓于集体之中,同时,集体幸福又给予个体幸福以保障。因而,我们不能只关心个人利益而忽视集体利益。但当下,中国社会出现了个人主义价值趋向,其体现为片面追求个人利益,不考虑集体利益,有时为了个人利益甚至会以牺牲集体利益为代价,这极其不利于和谐社会的构建。亚里士多德强调以社群主义重建当代品德论,主张品德是人类实践中培植的内在的善,它为社会共同体提供道德基础。[1] 因此,学习借鉴亚里士多德的幸福理论,这对于我们当下贯彻集体主义原则,弘扬集体主义精神,抵制个人主义的腐朽思想,具有重要的现实意义。为此,我们一方面应强化自身学习意识,学习伦理道德规范,吸纳中西方文明精华,积累辨别善恶美丑的知识,在理性的指导下考量各种乱象,抵制各种诱惑,弘扬中华美德,积极奉献社会;另一方面,要学会与他人相处,对己友爱,待人友爱,为构建和谐美好社会贡献力量。

(四)明晰知与行,培养幸福的德行

亚里士多德的幸福理论不仅在于知,更强调行的重要性。在他看来,人是由质料和形式构成的,肉体是质料,灵魂是形式。人活着的意义在于不断地把潜能转化为现实,实现自身的优秀性,才能获得幸福。并且,他认为幸福不是人先天就有的,更不是神赐予的,而是通过后天的个人学习和培养获得的,努力才是获得幸福的重要途径,幸福最终是要将德性在现实活动中进行具体实践。

基于此,可以得出三点启示:第一,获得德性之知。在现实生活中,传播关于幸福知

---

[1] 王成光、刘笔利、王立平:《论亚里士多德的幸福观及其当代意义》,《四川大学学报(哲学社会科学版)》2010年第2期,第34页。

识的重要中介在于道德教育。人们可通过接受教育、加强学习等途径,有意识地训练自己发现事物意义的能力,以此来完善自己的德性。第二,获得关于德性的知识理论后必须要将其付诸具体的生活实践中去,通过反复实践,让其转化为一种现实的能力。亚里士多德曾说,幸福意味着自我满足。这种自我满足表现为幸福是一种感觉,是一种信仰,更是一种生活方式。因此,个体需要在日常生活中不断地思考幸福、践行幸福,提升感受幸福、获得幸福的能力。第三,要最大限度地发挥个体的主观能动性,因为真正的幸福是借助于努力奋斗和积极进取而获得的,每个人幸福感的高低与努力程度是成正比的。正如习近平所说"只有奋斗的人生才称得上幸福的人生",反观当下的年轻一代,时常抱怨生活的不幸福,滋生悲观消极情绪,其主要症结还在于缺少努力改变的精神,而把幸福仅仅看成是命运的安排,消极处世。因此,我们应努力争做新时代的奋斗者,坚持不懈地追求幸福生活,不断地完善自己的德性,幸福才会悄然而至。

亚里士多德的幸福理论与我们相距虽有千年之久,但对当下社会如何树立正确的幸福思想仍具有十分重要的借鉴意义。伴随着蓬勃发展的市场经济,人们在享受丰腴物质财富的同时,精神世界越来越空虚,进而产生了越来越多的现实困惑,坠入"幸福危机"的困境。文章通过对亚里士多德幸福理论的回顾,以期帮助人们逐步走出现实困境,从而迈向幸福之路,达到人与人、人与社会和谐相处的最佳状态。

新时代乡村振兴助力共同富裕的五维向度[①]

张　晓，柴阳燕

摘　要：实现共同富裕是中国共产党领导人民不懈追求的理想目标。我国在脱贫攻坚中取得伟大成就，消除了绝对贫困，为实现共同富裕打下了坚实的基础，但农村在产业、人才、组织、生态、文化等方面仍存在一些突出问题。所以实现共同富裕的重难点仍在农村。实施乡村振兴战略巩固脱贫攻坚成果，以有力的举措促进人的全面发展和全体人民共同富裕，这是解决当前我国社会主要矛盾的题中应有之义。深入解读乡村振兴战略的产业振兴、人才振兴、文化振兴、生态振兴、组织振兴五维向度，为扎实推进共同富裕的实践提供了参考。

关键词：乡村振兴；共同富裕；五维向度

本文引文格式：张晓、柴阳燕：《新时代乡村振兴助力共同富裕的五维向度》，见何云峰主编：《劳动哲学研究》第9辑（2023年第2辑），上海教育出版社2023年12月版，第141—148页。

中共中央、国务院在《关于做好二〇二三年全面推进乡村振兴重点工作的意见》（以下简称《意见》）中指出："全面建设社会主义现代化国家，最艰巨最繁重的任务仍然在农村。世界百年未有之大变局加速演进，我国发展进入战略机遇和风险挑战并存、不确定难预料因素增多的时期，守好'三农'基本盘至关重要、不容有失。"[②]我国制定了分阶段实现共同富裕的战略安排，但农村与城镇相比，实现共同富裕的难度较大，阻力较多。

① 基金项目：山西省政府重大决策咨询课题"数字人文赋能山西革命文化资源活化传承策略研究"（项目编号：ZB20233022）。作者通信地址：张晓，山西财经大学马克思主义学院，山西太原030006；柴阳燕，山西财经大学马克思主义学院，山西太原030006。

② 中共中央、国务院：《关于做好二〇二三年全面推进乡村振兴重点工作的意见》，《人民日报》2023年2月14日第1版。

乡村振兴是我们实现共同富裕的关键一程。党的二十大报告强调："加快建设农业强国，扎实推动乡村产业、人才、文化、生态、组织振兴。"① 乡村振兴是具有全局性、战略性和政治性的国家项目，是乡村物质财富、精神财富、生态财富均衡扩张的过程，是新时代中国共产党从我国社会主要矛盾出发，为助力实现共同富裕，实现社会主义现代化国家建设，并最终实现中华民族伟大复兴做出的战略规划。无论是乡村振兴战略的实施还是共同富裕的推进，都要从产业动力、人才支撑、文化导向、生态基础、组织保障五维向度切入。

截至2022年末，中国人口城镇化率已达到65.22%，② 但由于目前还未从体制上破除城乡二元化，导致农民增收依然困难，农村人口流失情况依然严重。农民的共同富裕离不开乡村振兴，对于农民来说乡村的高质量发展是共同富裕的前提。要实现农民的共同富裕就需要充分利用产业驱动、强化人才和技术支撑、坚持文化价值导向、贯彻绿色生态理念、发挥基层组织保障，促进农业转型升级，激发农民振兴乡村的内在动力，创造更多的社会财富。

一、产业振兴是重点：发展现代农业之维

乡村要振兴，产业必振兴。乡村振兴要立足于当地特色产业，组建成集生产、销售、物流、旅游观光等为一体的产业基地，辐射带动当地村民走上致富路。乡村产业振兴是畅通城乡经济循环、构建新发展格局的重要内容，是实现农民增收的基础与前提，其实践方式决定了共同富裕能否顺利实现，事关民生与国家战略的顺利实施。自脱贫攻坚战役取得全面胜利以来，我国农村产业发展取得了阶段性成果，脱贫地区主导的产业产值、人均收入不断增长，党中央用于脱贫攻坚衔接乡村振兴的补助资金不断加大，为推进乡村振兴提供了充足的资金，做好产业扶贫与产业振兴的政策衔接是乡村振兴工作重心所在。一方面，产业振兴决定了乡村振兴的成败，相对落后的产业发展导致乡村振兴发展缺乏内生动力，为乡村的人才、文化、生态、组织振兴带来负累；另一方面，产业振兴的力度与乡村居民的物质富裕挂钩，产业振兴的有效推进有利于缩小城乡贫富差距，促进乡村振兴与共同富裕的实现。

步入新时代以来，在农村农业现代化进程中，推进产业兴旺助力共同富裕仍存在许多阻碍。其一，农村教育、医疗、养老服务和基础设施建设仍存在短板，导致乡村产业振兴主体大量流失，依然存在主体老弱化、活力不足等问题。其二，受仓储、物流等基础设施和公共服务供给的影响，农村营商环境不佳，优质企业入驻乡村的风险和成本较高，从而导致农村剩余大量劳动力。但由于乡村并不能提供更多就业岗位，所以青壮年劳动力大量外流，农业产业链条短、附加值低的现象加剧。其三，农村劳动力外流必然存在土地流转现象，许多不良资本趁机投机土地，从农户手中流转大量土地，套取国家政策补贴，再高价流

① 习近平：《高举中国特色社会主义伟大旗帜 为全面建设社会主义现代化国家而团结奋斗——在中国共产党第二十次全国代表大会上的报告》，人民出版社2022年版，第31页。

② 国家统计局：《中华人民共和国2022年国民经济和社会发展统计公报》，《人民日报》2023年3月1日第9版。

转给外来种地大户,损害农民利益。同时,乡村农业农户和乡村企业较为分散,产业的规模化和市场化有待提升。

推动产业兴旺,助力共同富裕,突破阻碍要从以下几方面努力:首先,加强乡村基础设施和公共服务建设。进入新发展阶段,产业政策要逐步从集中资源支持产业扶贫的全面覆盖向更高质量的产业振兴平稳转变,要加强基础设施建设,加大乡村道路铺设、电力保障、房屋改造等基础设施建设。利用财政资金引导城市教育、医疗、养老等公共服务助力乡村建设,解决影响主体行动的关键因素,改变农业发展后继无人的趋势,对农村产业发展关键难题进行攻关,突出重点、补齐短板,拓宽村民实现共同富裕的道路。

其次,推动绿色农业发展,不断壮大新型农民队伍。乡村产业振兴在坚持农民主体地位前提下,要坚持新发展理念,加大农村网络电商人才的培养,强化科技支撑,依托先进科技,以科技助力绿色农业发展和数字化建设,大力推进大数据、物联网、云计算等数字化新技术在乡村产业中的应用。

再次,持续推进城乡融合,加大财政投入。当前中国乡村产业振兴整体仍然处于较低水平,优先对乡村产业振兴的财政支持与持续投入是乡村振兴工作中应坚持的一般遵循。通过降低壁垒引导各类生产要素下乡,开拓资本投入空间,引导社会资本帮扶乡村产业,使社会资本形成长效的激励带动效应,持续缩小区域间差距,加快农村产业整合,特别是充分发挥"以城带乡、以工促农",促进城乡融合对乡村产业的带动作用。

最后,不断完善针对农村一、二、三产业的补贴政策。我国农村农户众多且分散,21世纪以来,我国针对农村农业发展相继实施了一系列惠农政策,农业的补贴范围和力度呈现出持续增强态势。随着农村产业也呈现出多样化态势,要持续推动一、二、三产业统一开发、融合发展,围绕农业全产业供应链与分销链,打造农村特色产业集群,不断提高农产品附加值。

二、人才振兴是关键:筑牢人才支撑之维

人才兴,则农业农村兴。乡村要振兴,人才必先行。人才振兴是推进乡村振兴战略的核心要素,是解决好"三农"问题的关键所在。随着乡村振兴战略不断推进,当前乡村人才发展状况有了明显的飞跃,人才振兴有效促进乡村生产力提高,带动乡村文化繁荣,激发乡村组织活力,使乡村建设更为快速高效。人才振兴贯穿乡村振兴的全过程,对于乡村产业发展、文化繁荣、组织建设及生态环境保护都具有十分重要的意义。

当前,许多农村地区仍存在着生产力水平低下、发展前景有限、配套服务不足等问题,导致人才体系难以维持,人才流动性增大。此外,人才总量不足、优惠政策单一、综合素质偏低、人才发展环境和培养体系不健全等问题阻碍着乡村振兴的长期发展。"引才难、留才难、育才难、用才难"的乡村人才现象使共同富裕缺乏发展引擎。在城市及安全的基础设施、充足的资源、优越的薪酬等条件的吸引下,农村籍毕业生返乡意愿不强。同时,城市高水平的教育、医疗、养老服务使大量人才流入城市的同时也将子女家庭一同迁入城市,形成了乡村人才流动逆差,乡村人口老龄化、妇孺化现象持续加剧,乡村与城镇整体发展差

距逐渐拉大，削弱乡村人才后续潜力，回流难度增大。乡村人才匮乏成为推进乡村振兴、实现共同富裕的重要短板。

推动人才振兴，助力共同富裕，突破阻碍要从以下几个方面努力：首先，加强乡村本土人才培养。与引进外来人才相比，对本土人才进行培育教育能够得到可观的效果。本地人对本土有更加深厚的乡土情感，更熟悉当地情况，更容易适应本土环境，为本地乡村建设更好地发挥自身所长。因此，可以开展新型职业农民培育，扎实做好人才服务工作，有序引导大学毕业生、农民工返乡，企业家入乡，健全乡村人才培养、使用、评价、激励机制。大力发展面向乡村振兴的职业教育，深化产教融合和校企合作，加大物流、电商等专业培训力度，拓展生产经营、专业技能、社会服务等方面的专业技能，大力培养新型职业农民，促进农民职业转型，适应乡村经济发展的需要。

其次，完善乡村人才保障体系和收入分配制度。乡村振兴是新时代青年参与社会实践的主阵地，而收入分配优化对乡村人才振兴具有显著驱动效应。因此，想要盘活人才存量，提高人才质量，政府必须优化政策措施，健全城乡一体化公共服务制度体系，完善收入分配制度，引进乡村振兴人才。乡村人才保障体系和收入分配制度应以缩小收入差距为导向，通过完善乡村收入分配制度，优化居民收入分配结构，促进乡村振兴高质量发展。通过完善初次分配，提高农民的劳动收入与非劳动收入；要完善再分配，加大社保、转移支付等对乡村的倾斜；完善第三次分配，鼓励、引导和支持社会力量参与乡村振兴。搭建乡村人才服务平台，加大农业人才资金投入，不断提高农村人才生活保障和就业保障。

再次，拓宽乡村人才引进渠道。无论是实现共同富裕，还是推进乡村振兴战略的实施，人才都是第一资源，必须在人才引进上做功课。除了可以引进返乡农民工、退伍军人、大学毕业生、企业家，还可以引进已退休的党员和领导干部，拓宽引进渠道，吸收各类人才，加强人才队伍建设。党员和干部带头，不仅可以解决乡村用人难的问题，还可以完善干部队伍，为乡村建设建言献策。大学生作为高素质人才，应深入推进大学生村官项目，将高校毕业生"三支一扶"计划、"特岗计划""国培计划""优师计划""西部计划"等与乡村振兴战略相结合，推进"大学生乡村医生"专项计划，为大学生返乡入乡提供保障。拓宽人才引进渠道，各地要实施高层次高质量人才引进政策，建立统一管理中心，对人才工程项目申报、服务期满后就业等方面予以优惠政策，营造人才返乡良好氛围。

最后，创新乡村人才评价体系。放宽乡村人才准入机制，坚持以需求为导向，建立乡村人才等级评价制度，分时段、分周期对乡村人才进行考核，对成绩突出者予以恰当奖励。完善乡村激励机制，要充分发挥经费支持、政策倾斜、荣誉奖励、职位晋升等激励机制的作用，对长期服务乡村的在职务晋升、职称评定方面予以适当倾斜。

三、文化振兴是灵魂：打造乡村文化繁荣之维

文化是人类社会生活中一切实践和意识形态的综合，乡村振兴不仅要实现物质上的丰盈，更要实现乡村主体精神面貌的提升。文化振兴作为乡村振兴中精神文明建设

的重要内容和价值导向,是在精神文化层面促进共同富裕的核心途径。党的二十大报告指出:"全面建设社会主义现代化国家,必须坚持中国特色社会主义文化发展道路,增强文化自信,围绕举旗帜、聚民心、育新人、兴文化、展形象建设社会主义文化强国,发展面向现代化、面向世界、面向未来的,民族的科学的大众的社会主义文化,激发全民族文化创新创造活力,增强实现中华民族伟大复兴的精神力量。"① 伴随着农民物质生活条件的改善,如何提供符合其精神需求的文化产品成为乡村振兴的重要内容。另外,乡村文化在外部文化的冲击下如何实现自身的振兴也成为重要议题。

当前,乡村文化建设仍存在一些问题,不利于乡村振兴和共同富裕的有序推进。习近平总书记在中央农村工作会议上强调:"乡村不仅要塑形,更要铸魂。"② 自全面建成小康社会以来,乡村建设的各方面都取得了一定的成果,但总体来看,农村文化建设依然处于初级阶段,在农村"文化铸魂"的过程中,还存在着一系列的不足,表现为:农村公共文化服务体系设施分散、机构闲置、内容单一、供需脱节;基层组织对农村文化建设重视不够,组织建设脆弱,传统文化保护力度不强,公共文化服务水平不高;乡村文化传承落后、教育落后、工业文明冲击、农民价值观淡薄、文化产业滞后、文化建设主体缺失、低俗文化泛滥、文化生存空间萎缩等现象。这些问题使乡村文化振兴陷入困境,不利于乡村文化发挥凝聚人心的作用,不利于人的精神面貌、思想观念和个人综合素质的提高,阻碍了乡村文化的振兴。

推动文化振兴,助力共同富裕,要从以下几个方面努力:首先,推动优秀文化深入人心。振兴乡村文化,必须要充分发挥社会主义核心价值观的引领作用,牢固树立中国特色社会主义文化在农村的地位,通过弘扬优秀传统文化,倡导社会先进文化,传播光荣革命文化,进一步培育和践行社会主义核心价值观,不断强化广大农民共同的心理基础和精神支撑,增强广大农民共同的价值认同和情感归属,在广大农村铸牢中华民族共同体意识。基于培育文明村风、好家风、淳朴民风,大力传播社会主义先进文化和传统优秀文化,围绕精神文明建设,开展一系列农村道德评选活动,提高农村精神文明建设。

其次,深挖农村地方文化潜力。梁漱溟指出:"中国文化以乡村为本,以乡村为重,所以中国文化的根就是乡村。"③ 特色文化产业具有地域性较强、附加值和品牌辨识度高的特点,文化振兴要以乡土红色资源和农村传统文化资源为基础,深挖本土文化,通过将乡村文化与旅游、农业产业相结合,使文化价值进一步转化为产业价值。打破乡村同质化发展的现状,避免选用"复制粘贴"的发展模式,打造特有的乡村特色文化产业。

再次,创新乡村精神弘扬机制。针对不同群体开展精准宣传教育,以网络电视、互联网平台、宣传教育读本、农村娱乐活动广场为平台,结合传统文学作品、戏曲作品、本

① 习近平:《高举中国特色社会主义伟大旗帜 为全面建设社会主义现代化国家而团结奋斗——在中国共产党第二十次全国代表大会上的报告》,人民出版社2022年版,第42-43页。

② 习近平:《坚持把解决好"三农"问题作为全党工作重中之重 举全党全社会之力推动乡村振兴》,《奋斗》2022年第7期,第15页。

③ 中国文化书院学术委员会:《梁漱溟全集》第1卷,山东人民出版社2005年版,第612页。

土文化故事，采取群众喜闻乐见的方式，重新讲述农村地方文化，广泛开展铸牢中华民族共同体意识教育，充分发挥文化凝心聚力的作用，提高广大农民的精神面貌、思想观念和综合素质，提升对国家、对中华文化和本土文化的归属感、认同感、自信心和自豪感。

最后，塑造乡村特色文化品牌。乡村精神文明建设要进一步坚持文化事业与文化产业相结合，结合非物质文化遗产、民族服饰等，加强农村文化品牌建设，探索创建特色农产品销售渠道，通过打造农村特色文化产业为乡村文化的振兴注入活力，实现经济和社会双重效益。

四、生态振兴是基础：勾勒生态宜居之维

农村是生态文明的重要支撑，是维持生态环境系统稳定的区域基础，是人类社会赖以生存、实现共同富裕的环境基础。生态振兴作为乡村振兴战略的重要组成部分，对农业农村发展和实现共同富裕具有重要意义。中国式现代化是人与自然和谐共生的现代化。全面推进乡村振兴战略，必须牢固树立和践行绿水青山就是金山银山的理念，从人与自然和谐共生的角度谋划发展。[1]人作为生态系统中的重要组成部分，在追求物质发展的同时，更要强调人与自然的和谐共生，乡村居民不仅自身对生态系统具有重要影响，一个稳定繁荣的生态系统也能给村民带来积极价值。脱贫攻坚全面胜利以来，农村生态明显改善。

当前，由于治理主体权责不清以及生态环境属于公共产品的局限性，乡村振兴的参与主体呈现多元化的趋势，陷入了多主体协同的困境，使得生态环境上主体的集体认同和协同工作方面难度较大。再者，农民作为农村的主体，环境保护意识淡薄，环境治理能力不足，导致农村出现工业污染、畜禽养殖污染、农作物焚烧污染等一系列困境。同时也存在一些弊端，如生活垃圾处理不完善、"厕所革命"不彻底等。而且乡村地区一些官员为了GDP持续增长，对企业的环保管理较为松懈，导致存在有意污染的行为。一些企业由于自身生产技术问题也会出现无意识的破坏环境的生产行为。

推动生态振兴，助力共同富裕，要从以下几个方面努力：首先，明确主体地位和责任，激发多主体合作共创。生态宜居美丽乡村需要多主体协商，系统解决生态振兴过程中存在的问题，这是实现共同富裕的必要条件。要充分发挥基层党组织的领导核心作用，充分发挥社会主义市场经济的制度优势，鼓励企业和村民积极参与乡村生态振兴，做到共商、共建、共享。基层组织要健全和完善与农村生态资源分类相适应的制度体系，加强土地资源开发、工业产品污染、生活垃圾回收利用等方面的制度约束。

其次，加强生态保护与修复，促进农村生态产品价值的实现。广大农村地区与国家重点生态功能区、生态脆弱区、生态保护区高度重叠，需要不断提高区域生态系统服务供给水平，以保持和提高生态产品供给能力。[2]生态文明是共同富裕的环境基础，在生

---

[1] 曹立、徐晓婧：《乡村生态振兴：理论逻辑、现实困境与发展路径》，《行政管理改革》2022年第11期，第14页。

[2] 曹立、徐晓婧：《乡村生态振兴：理论逻辑、现实困境与发展路径》，《行政管理改革》2022年第11期，第14页。

态振兴的实现过程中,需全面贯彻"绿水青山就是金山银山"的理念,强化生态产品价值实现的制度基础,积极探索生态产品价值实现的途径和手段,通过市场机制配置环境资源,加强生态税费的征收,实现生态产品的市场化。以市场作为资源配置的基础手段,大力发展绿色金融,实现生态资产的保值增值。

最后,促进乡村三次产业融合发展,加强产业利益联系。实现乡村振兴,生态宜居是关键。如何协调好生态宜居与经济发展的内在矛盾,使两者齐头并进,已成为乡村振兴系统发展的重要内容。乡村生态环境建设应进一步与产业振兴相结合,实现生态与产业共同进步,在为乡村居民提供宜居环境的同时,将生态振兴转化为乡村振兴推动共同富裕的"金山银山";持续增强农村产业融合发展的内生动力,加快农村产业内部发展;要进一步加强村集体、村民与新型经营主体的互利合作,实现利益共享和风险共担,这是村民继续共享乡村生态振兴产业发展成果的关键。

五、组织振兴是保障:优化乡村治理体制之维

组织振兴是全面推进乡村振兴战略的"第一工程"和根本保障。对于乡村振兴全局而言,要坚持把加强乡村党组织建设作为推进乡村振兴的"先手棋"和"主心骨"。全面推进乡村振兴、加快建设农业强国,关键在党。党的十八大以来,各级党组织始终坚持发挥战斗堡垒作用和党员先锋模范作用,优化基层治理,始终坚持将党建工作和乡村振兴战略深度融合,充分发挥党委总揽全局、协调各方的领导核心作用,持续增强基层组织的凝聚力、战斗力和创造力,坚持一切从群众中来,到群众中去,与群众同频共振,赢得了脱贫攻坚的伟大胜利。实现乡村振兴战略,基层组织必须坚强,自身本领必须过硬。乡村基层党组织作为党在农村开展各项工作的战斗堡垒,需要全面的组织团队——领导者、实干家、孺子牛。

农村基层党组织要在各领域体现党的政治工作能力,全面领导协调好各类社会基层组织,做好组织振兴工作,将组织活力转化为乡村振兴的动力,才能发挥党的政治优势、组织优势、密切联系群众优势,全面引领乡村振兴。但是当前,我国部分农村基层组织仍存在一些问题,表现在各组织定位不清晰,责任意识薄弱,组织管理软弱涣散,管理机制和体系不完善,人才储备不足,干部水平参差不齐,基层党组织边缘化等方面。其次,部分农村基层党组织在推动乡村经济建设方面能力欠缺,创新不足,难以推进农村农业产业化发展。

推动组织振兴,助力共同富裕,要从以下几个方面努力:首先,坚持以人民为中心,坚定不移走乡村振兴发展战略。乡村振兴,关键在人、关键在干。对美好生活的向往是每个人的本能行为,人们都会本能地追求更好的生活水平和生活状态,对美好生活的向往是人类社会进步的不竭动力。因此,促进乡村振兴必须要坚持"以人为本",坚持以人民为中心的发展思想,必须坚持共建共享,形成人人参与、人人尽力、人人贡献的共建格局。深化村民自治,注入乡村振兴强劲动力。定期开展各乡村组织理论水平、服务水平培训活动,提升村民自治能力,改变传统乡村单一治理的模式,凝聚各方力量,促进形成多元共治的乡村治理生动局面。这就为我们实施乡村振兴发展战略指明了前进方向,

聚焦"人"来实施乡村振兴发展战略,推进"三农问题"的解决。

其次,坚持以示范促全局,因地制宜出台组织振兴举措。《意见》指出:"深化乡村治理体系建设试点,组织开展全国乡村治理示范村镇创建。"①乡村振兴不仅仅是产业经济等方面需要解决问题,更要在组织方面推进切实有效的改革。不仅要从党和国家事业发展全局着眼,还要从乡村振兴示范区的实际工作入手,推动顶层设计与基层工作的良性互动。一方面,要从顶层设计方面入手,明确组织振兴的原则性和方向性问题。另一方面,要给基层留下探索空间,在乡村振兴示范区总结出可推广、可复制的经验,以便各地发挥因地制宜的灵活性,在实践中探索有效路径。

再次,坚持以实绩论英雄,旗帜鲜明追求乡村振兴实效。培育基层干部,锻造乡村振兴骨干力量。基层组织要建设一支政治过硬、本领过硬、作风过硬的干部队伍,吸引各类人才在乡村振兴中建功立业。这就需要基层组织健全组织体系,激发乡村振兴组织动能,明确基层组织职责定位,将乡村振兴实绩纳入各级基层党建述职评议考核内容,通过传导压力、激发动力,切实将基层工作抓实抓牢,带动乡村振兴抓出实效。

最后,坚持建立健全党委领导、政府负责、社会协同、公众参与、法治保障的现代乡村治理体制。加强农村基层党组织政治功能和组织功能,提高乡村治理的效果。通过加强党组织建设来引领乡村治理,同时强化县、乡、村三级治理体系的功能,落实县级政府的责任,推动乡镇政府授权和授能,加强村级基础设施建设和管理。健全乡村治理监督体系,在资金流向、资产申报等方面设立专项监管部分,搭建民情反馈、违纪举报渠道,使各乡村组织切实为实现乡村振兴提供坚实的组织保障。推广和发扬符合新时代要求的"枫桥经验",建立更加完善的社会矛盾预防、调处、化解机制,以应对多样化的社会矛盾和纷争。

乡村振兴战略是一项长期、系统的工程,不是一蹴而就的,要循序渐进,统筹兼顾产业振兴、人才振兴、文化振兴、生态振兴、组织振兴五维向度,必须持续发力、落实到点、全面推进。全面推进乡村振兴,实现全体人民共同富裕,必须始终围绕发展不平衡不充分的问题,始终坚持乡村高质量发展,促进乡村振兴和共同富裕的良性互动,以乡村振兴赋予共同富裕新动力,为夺取新时代中国特色社会主义伟大胜利、实现中华民族伟大复兴迈出坚实步伐。

---

① 中共中央、国务院:《关于做好二〇二三年全面推进乡村振兴重点工作的意见》,《人民日报》2023年2月14日第1版。

"劳动美"的思想政治教育意涵①

汪盛玉

摘　要："劳动美"不是简单的形而上观念诉求，而是真实呈现社会生活本身的形而下行动遵循。"劳动美"，美在我们能够身体力行诚实守信劳动的真谛；美在我们能够理性认知虚心求教劳动人民的实质；美在我们能够守正创新劳动精神的穿透力与感召力。也就是说，热爱诚信劳动才能真正领悟"生活本身"的意义美，尊重劳动人民才能真正把握"增强本领"的规律美，弘扬劳动精神才能真正讲好中华民族"勤劳故事"的力量美。

关键词：劳动美；思想政治教育；意义美；规律美；力量美

本文引文格式：汪盛玉：《"劳动美"的思想政治教育意涵》，见何云峰主编：《劳动哲学研究》第9辑（2023年第2辑），上海教育出版社2023年12月版，第149-155页。

"劳动最光荣、劳动最崇高、劳动最伟大、劳动最美丽"是党的十八大以来习近平总书记在各种场合对"劳动美"的深刻阐发。"劳动美"意味着人因确立正确的劳动认知而美、因养成良好的劳动习惯而美、因坚守诚实的劳动品德而美，我们需要坚守辛勤劳动、诚实劳动、创造性劳动的内在美。尽管理论界不乏存在论维度的"劳动美"解读抑或价值观视角的"劳动美"阐释，但从思想政治教育层面分析"劳动美"意涵的成果不多。思想政治教育的一个重要方式方法是"体验"，即不回避现实问题本身去寻找归因和解开症结。社会生活本身是人们的实践活动的展开，交织着不同的思想对话与心灵激荡，这恰恰是开展思想政治教育的原生态情境。如何看待"劳动"，尽管有些老生常谈，但仍然需要我们理性审视不同的思想见解，尤其需要我们从思想政治教育学科视角矫正不正确的认识。因此，本文力求从以下三个方面梳理"劳动美"的铸魂育人意义。

① 基金项目：安徽省高校"三全育人"试点省建设暨高校思想政治能力提升项目"马克思恩格斯列宁经典著作选读"（项目编号：sztsjh-2022-3-4）。作者通信地址：汪盛玉，安徽师范大学马克思主义学院，安徽芜湖241002。

一、热爱诚信劳动以领悟"生活本身"的意义美

现实生活中有人认为,劳动是折磨;也有观点指出,劳动是纯粹谋生的手段;当然,还有人坚持认为,劳动不仅是生存的需要,更是人的价值和人生意义的体现。实践中,重视"劳动的事实"多,而重视"劳动的品质"少。少数人对辛勤劳动、诚实劳动、创造性劳动的意义和作用不屑一顾、无动于衷。甚至在极少数人看来,炫富是荣耀、不劳而获是能耐、辛苦劳动是无能、诚实劳动是卑贱。也就是说,辛勤劳动被一些人看作是没本事;诚实劳动被一些人视为愚蠢行为;创造性劳动被一些人视为无用之功。无疑,这些不健康不正确的认识不利于良好社会风气的养成,对青少年开展劳动教育也产生了一定程度的消极影响。其实,思想政治教育视角的"劳动美",不仅要回答"劳动"到底意味着什么,而且需要解释"美的劳动"究竟是一种怎样的劳动。

"美的劳动"是对象性活动。马克思恩格斯对劳动的认识建立在对社会关系的认识、对资本实质的批判的基础之上。在《资本论》中,马克思揭示出,资本有资本的一般与资本的特殊之分,资本的一般是人类历史上一种以私有制为基础的生产方式的代称,而资本的特殊则是指资本主义条件下资本家对工人所进行的压榨和剥削,在整个资本主义社会,资本家是人格化资本,工人是劳动力商品。这显示出劳动是兼具经济学与哲学的一个范畴。因而要理解劳动是什么,离不开对特定社会进行政治经济学的分析。劳动因人的生存需要、发展需要而出现,"满足需要"是人的劳动的最重要内在动因,只不过在人类私有制社会最高阶段的资本主义社会,扭曲了人之为人的劳动本性,劳动者的创造与劳动者的需要相去甚远。在《哥达纲领批判》中,马克思强调,以生产资料公有制和按劳分配为基本制度的社会主义社会,人的劳动本性逐步得到还原,劳动是满足人的需要的最基本活动,从劳动的尺度到需要的尺度的一步步契合,为共产主义社会按需分配的到来提供了重要前提。因此,作为对象性活动的劳动,既遵循社会发展的规律,也遵循人自身成长的规律,即合规律性与合目的性相统一。在"对象性"认识活动和改造活动中,人把自身的目的性融入实践之中,同时,外部事物也以人所需要的样子走进人们的视野之中。劳动乃至美的劳动,影响着人的成长和发展,这诚如恩格斯在《自然辩证法》中所指明,从古猿到人、从猿脑到人脑、从古猿的心理到人的意识,劳动起了决定性的作用。

"美的劳动"是求真求善求美相一致的劳动。正如马克思在《1844年经济学哲学手稿》中所指出:"动物的生产是片面的,而人的生产是全面的;动物只是在直接的肉体需要的支配下生产,而人甚至不受肉体需要的影响也进行生产,并且只有不受这种需要的影响才进行真正的生产;动物只生产自身,而人再生产整个自然界;动物的产品直接属于它的肉体,而人则自由地面对自己的产品。动物只是按照它所属的那个种的尺度和需要来构造,而人却懂得按照任何一个种的尺度来进行生产,并且懂得处处都把固有的

尺度运用于对象;因此,人也按照美的规律来构造。"① 也就是说,人的劳动能够按照生存性需要和发展性需要相统一的尺度来进行。其中,尺度之一:真。只有符合劳动对象本身的特点和内在规律的劳动过程才会成功。尺度之二:善。劳动是一定社会关系中的行为,只有得到特定社会关系接纳以及与特定社会伦理道德和习俗规约相一致才会被绝大多数社会成员认可和接受。尺度之三:美。人能够自觉地通过和谐的劳动关系愉悦地感受到劳动过程以及积极评价劳动成果,美是人追求和谐、均衡、协调利益关系的积极表现。劳动者在劳动过程开始前已经在头脑中对劳动过程进行了观念的加工,这是人的主体性使然。比如,日常生活中的直观"美":干净利落、整洁匀称,这成为"爱美之心,人皆有之"生活之美的直接前提;社会生产中的理性"美":平等对待、利益均衡与兼顾,这成为"美在人间,美美与共"社会之美的可靠保障;劳动道德的境界"美":超越私利之心、功利之见,统筹协调自我与他人、个体与集体之张力,这成为"君子人格"心灵之美的内生动力,等等。

"劳动美"的要义在于尊重生活、热爱生活。无论"对象性",抑或"真善美相统一",都表明马克思主义对劳动美的追求是积极而强烈的,这也是我们今天在思想政治教育理论和实践中应持有的态度。青年群体面对竞争日益激烈的现实环境,不贪图享受,主动接受挑战,学会学习、学会做事、学会合作、学会发展。生活即教育的意义便能够入情入理。其一,劳动的诚实源于生活的真实。人的生命个体在劳动中生成和展开,人的每一次收获以及每一处收获都因生活的希冀和辛勤的付出而得以兑现。其二,劳动的守信源于生活的透明。生命个体的生存和发展的各种需要无法空穴来风、自在获得,唯有同等意义的实践创造才能契合生活本身的酸甜苦辣,没有坚韧的体力智力支出也就没有生活本身的真正获得感。其三,劳动的唯美源于生活的和谐。生命个体的衣食住行用等各个方面的相依相存决定着劳动应有的尊严、包容与适度。不刻意追求奢靡豪华方能带来劳动本身的惬意与舒适,即人不是为了贪图享受而劳动,才有可能真正体会到劳动的甜美和有趣,每个个体尊重各种类型、各种层次的劳动并且投入其中,尽自己所能参加劳动、热爱劳动才能营造真正的劳动光荣、劳动伟大的和谐氛围。

因而,劳动美,美在劳动者的诚信,美在劳动者的内在品格。这个意义上的"美",为思想政治教育工作者考量人们看待劳动的态度以及为实现劳动对抗"假丑恶"现象的纠偏价值具有直接指引意义。

二、尊重劳动人民以把握"增强本领"的规律美

思想政治教育是代表国家意志、体现民族取向的重要育人理论及其实践过程。我们今天的思想政治教育专业、思想政治教育学科、思想政治教育原理、思想政治教育行为就是在实践需求、实践探索以及实践发展的过程中产生和发展起来的。一切改造社会现实的最基本实践在于生产劳动实践,生产劳动实践的动力源泉在于劳动人民的智

---

① 《马克思恩格斯文集》第1卷,人民出版社2009年版,第162—163页。

慧与付出。韩愈所言"业精于勤,荒于嬉",表明不辛勤劳动就不可能获得可喜业绩,并且人在惰性驱使下会变得越来越慵懒无为;高尔基曾说"走正直诚实的生活道路,定会有一个问心无愧的归宿",表明诚实劳动必将得到生活应有的回馈;叶圣陶提出"培育能力的事必须继续不断地去做,又必须随时改善学习方法,提高学习效率,才会成功",说明掌握科学合理的方法能够使得劳动及其过程富有成效。

劳动人民是社会历史变革的决定力量。中国共产党的奋斗史就是一部引领人民、服务人民的历史。取消人剥削人的社会、还原人民群众历史的主人地位,是中国共产党的原初使命。在革命、建设、改革的不同时期,尽管任务、目标有所不同,但在所有的奋斗中,中国共产党始终坚持人民至上,坚持为中国最广大人民谋幸福,党的路线、方针、政策以及中国共产党人的全部工作都围绕着为人民服务这个目标、这个主题。从一定意义上说,中国共产党百年来的奋斗史就是坚持人民至上、以人民为中心的实践史。党的百年奋斗史是一部依靠广大劳动人民的历史。人民造就历史的深刻启迪之一在于,人成长的过程、成熟的过程、成功的过程归根到底都要靠辛勤劳动、诚实劳动、科学劳动。反过来说,"诚实""辛勤""科学"是广大劳动人民变革现实世界的关键词,体现出劳动美的内在规律,也确证着一代代青年人"增强本领"所努力的方向。

增强本领需要尊重和学习人民的诚实劳动。本领和能力同属于人的认识和实践相一致的范畴,意味着人们能够在认识世界改造世界的过程中不断涵育自身阅历和综合素养。曾经兴盛一时的"天才论"可能预料到了机缘巧合出场在部分人生历程之中,但这绝不是必然性出场,不可能是常态化现象,更不可能永恒存在下去。"天才论"在根本上忽略了诚实劳动的地位和价值。机会总是欣赏有准备的头脑,本领、才华都是后天实践的产物,幸运儿是因为一直在诚实劳动着、奋斗着,所以最终有一天收获了成功。学习劳动人民的诚实劳动,一方面意味着凡事需要愿意付出劳动。没有侥幸所以不苦等侥幸,不能无所事事所以不能陷于无所事事。生产劳动是人之为人的本质特征之一,生存、发展所依赖的一切都必须靠实实在在的劳动才能获得。当今社会的"巨婴""啃老""躺平"等现象,很大的诱因之一在于家庭环境的娇生惯养与行为主体的贪图享受。从心理上认同劳动、接受劳动上升到理念上尊重劳动、热爱劳动进而身体力行共同倡导"劳动可贵、劳动光荣",这是家庭教育、学校教育、社会教育等各方面汇聚合力可以持续的结果。在这个意义上,劳动教育作为入脑入行的教育,需要贯穿人的成长过程始终。另一方面意味着凡事愿意坚持劳动。顺境中的劳动与劳动中的顺境,是两个含义不同的范畴。国泰民安背景中的劳动,无疑是我们劳动幸福的最重要保障,属于顺境中的劳动。劳动中的顺境,指的是劳动付出能收获同等劳动回报,劳有所得,多劳多得、少劳少得。但是,世事难料,人生不如意事十有八九,现实生活中人们有时候付出的劳动不一定有所得、有所回报,劳动中的顺境不是时时都有的。即便如此,不能因此轻易放弃劳动,遇到挫折就贬损劳动。对劳动的持之以恒是对人生意志力的考验,杂交水稻之父袁隆平研发三级杂交水稻的过程并不一帆风顺,他启示我们育米如育人,劳动教育是启迪心智、锻炼体魄、增强本领的重要教育。坚持劳动就是相信"山重水复疑无路,柳暗花明又一村"阳光总在风雨后。对劳动的坚持就是对胜利的守护。

增强本领需要尊重和学习人民的辛勤劳动。党的十九大报告所提及的党的执政本领主要包括学习本领、政治领导本领、改革创新本领、科学发展本领、依法执政本领、群众工作本领、狠抓落实本领、驾驭风险本领等八个方面。这些既是中国共产党的本领内涵，又是国民素养提升的重要指标。笔者认为，就一般的劳动个体而言，增强本领主要包括增强学习本领、生存本领、社会适应本领、生产劳动本领以及文化创新本领等五个方面，也就是说，学习、生存、交往、合作、发展等能力是个体本领构架的基本方面，其形成和提升是一个积少成多、由弱到强的过程，也是一个潜移默化、文化传承的过程。自古英雄出少年，诚如梁启超在《少年中国说》中所指出，少年智则国智，少年富则国富；少年强则国强，少年独立则国独立；少年自由则国自由，少年进步则国进步。青年人是富有可塑性的群体，增强本领的可行路径之一在于辛勤劳动。勤劳团结是中华民族的宝贵精神财富。勤劳的内涵之一，在于无怨无悔付诸辛勤劳动。青年一代需要传承民族优秀传统，尊重和学习人民的辛勤劳动。一方面，学习人民的辛勤劳动是个体前进道路的内在动力。"辛"在吃苦耐劳，"勤"在循序渐进。从日常起居到学习上进再到创新创业，各个环节和事物绝大多数都是劳动人民辛勤汗水的创造物和劳动成果，其间凝聚着成人的符号、成功的密码、成才的标识。敬畏生活中的点点滴滴并且使之回馈自己励志笃行便是本领逐步增强的轨迹。另一方面，学习人民的辛勤劳动是个体持续进步的美德品质。"辛"在不辞劳苦，"勤"在勤勉努力。保持劳作的状态是优秀品质的另一种诠释，当外在的约束内化为自在的品格时，增强本领便有了行动自觉的深厚基础。

增强本领需要尊重和学习人民的科学劳动。增强本领是合乎目的又合乎规律的过程，既要关照个体主体的发展需要，又要关照人民群众的根本利益；既要遵循客观事物固有的规律，又要遵循认识发展的规律。既然本领的形成不是主观独立自存的过程，那么，就必须悉心求教于劳动人民的奋斗实践，从科学性（合目的性与合规律性相统一）的角度把劳动视为高度自觉的实践历程。从劳动目标的规划制订，到劳动过程的实施展开，再到劳动结果的成效检视，都需要遵循劳动主体、劳动客体、劳动中介三者之间及其内在的规律和准则，使得劳动环节各个方面和谐有序，体现劳动过程的张力之美。广大人民群众的科学劳动更能体现出劳动本身的社会需求和社会评价，比如"勤能补拙"促进人的发展，"勤劳致富"实现社会发展，等等。首先，养成良好的劳动习惯。良好的劳动习惯是劳动素质的重要内容。其中的关键词有：自信、自觉、自律。我们在内心世界要相信劳动最光荣、劳动最崇高、劳动最伟大、劳动最美丽；我们要脚踏实地从而每天做起，自己的事情自己做，自己能处理好的事情决不求助人；我们认真地从内心提醒自己，一定做勤劳的人，自己今天能做好的事情决不拖延到明天。其次，培育高尚的劳动品德。劳动美是因为人的良好品质赋予其中。美的劳动是一种高品质的科学劳动，具有规范的操作程序和合乎劳动对象的内在规律，不仅能够给劳动者本人带来幸福和快乐，也能够给他人和世界带来幸福和安康。再次，锻炼全面的劳动能力。劳动实践能力从尊重劳动、喜欢劳动、热爱劳动做起。因此一方面需要读好有形之书，即书本和理论，尤其要认真学习马克思主义哲学,学习马克思主义的世界观、人生观和价值观;另一方面需要领悟无形之书,即生活和实践,向身边的典型看齐,比如勤劳的父母、优秀的学长、杰出的劳模。劳动精神、劳模精神、工匠精神等内在品德需要我们发扬光大。最后,崇尚"真的劳动""善的劳动""美的劳动",自觉抵制"假的劳动""恶的劳动""丑的劳动"。假冒伪劣的劳动产品给社会带来了负价值和负能量;滥用技术制造"基因编辑婴儿"颠覆了社会科技伦理道德;国家政治生活中的贪污腐败行为是对劳动伟大理念的"倒行逆施"。因此,坚守劳动的个人价值与社会价值相统一,维护和谐劳动关系,人人有责。青年一代必将在美好的劳动中创造出绚丽多彩的美丽人生。

三、弘扬劳动精神以讲好中华民族"勤劳故事"的力量美

讲好故事,是思想政治教育的重要方法。故事的情节、哲理、反响会在人的心理上激起一股向上向善的力量。中华民族以劳动为荣,以懒惰为耻,在每一个具体时代都有最美奋斗者的故事,故事背后的劳动精神是砥砺青年一代勇往直前、奋发向上的强大动力。这诚如习近平总书记2020年在全国劳动模范和先进工作者表彰大会上的讲话中指出的:"在党的领导下,我国工人阶级和广大劳动群众与祖国同成长、与时代齐奋进,奏响了'咱们工人有力量'的主旋律,各条战线英雄辈出、群星灿烂。"[1]扶贫攻坚取得阶段性胜利、抗击疫情取得世界性成功无疑是新时代中国特色社会主义最辉煌的故事,中华民族还具有其他无数感人至深的勤劳故事,勤劳的中国人民给时代新人以智慧的启示。

劳动精神是尊重劳动、崇尚劳动、热爱劳动、诚实劳动、辛勤劳动、创新劳动的精神,是劳动者在劳动过程中所体现出来的劳动理念认知、劳动价值追求、劳动品格品质以及劳动行为自觉状态等主体综合性风貌。其中,创新劳动最能体现新时代的劳动精神。首先,创新劳动是辩证的否定。劳动与生产相结合是育人工作的基本路径。创新劳动意味着肯定劳动中的合理之处的同时否定劳动中不合理的方面和倾向,这不仅包含着对旧社会制度和旧思想观念的批判,而且表明对符合时代潮流的劳动精神和劳动美德的发扬光大。其次,创新劳动是人的进取过程。不囿于现有状态方能赢得更有希望的明天,上至宇宙星辰,下至深海世界,只有不畏艰难险阻勇往直前,才会拥有更新的业绩。最后,创新劳动是超越时代的举措。在批判性中建构是创新的表征之一,劳动中的创新赋予创新劳动以继往开来的力量之源,批判性思维、全局性理念、紧握时代特征的理论,为人的创新发展状态注入活力。

中华民族的"勤劳故事"承载勤奋创业的力量。勤奋创业是劳动精神的现实表现。勤奋作为人们劳作中的状态,一般有常态性勤奋和发展性勤奋两种。所谓常态性勤奋,即人们为了生存必须把劳动作为必备的存在方式,无论程门立雪、匡衡凿壁偷光、孙敬悬梁,还是屈原洞中苦读,都具有这个意义上的勤奋。所谓发展性勤奋,即人们为了集体和社会更好的发展而把努力钻研、精心奋斗作为首要任务,少年包拯学断案、毕昇发

---

[1] 习近平:《在全国劳动模范和先进工作者表彰大会上的讲话》,人民出版社2020年版,第2页。

明活字印刷等,都具有这个意义上的"勤奋"。无论家业、职业还是事业,当人们把吃苦耐劳、诚恳踏实的作风和行为体现在平凡的岗位,始终保持一颗追梦的心并不断地付出辛勤的努力,定能书写壮美人生篇章。其中的兴趣、情感、意志等具有历史穿透性与永久感染性,能够激励青年一代奋发向上。

中华民族的"勤劳故事"内含勤俭持家的力量。勤俭是个人治理的重要路径,人们相信勤能补拙、天道酬勤以补给生活中的不顺心和不如意。《左传》有言:"俭,德之共也;侈,恶之大也";荀子强调"强本而节用,则天不能贫";《墨子·非命下》指出:"必使饥者得食,寒者得衣,劳者得息"。从尧、舜、禹起,各个历史时代的广大人民群众,乃至封建统治阶级的有识之士,无不以勤劳为做人的美德、持家的要诀和治国的法宝,大力倡导,身体力行。勤俭持家,在很大程度上体现出"家国同一""内外一致"的人生哲理,劳动尽管是主体对客体的认识和改造实践,但人们在一开始的行动中就注入了希望的种子,美好的期待和足够的信心,因此劳动精神本身就富有拼搏进取、无怨无悔,激励自己也感染他人的力量。无论集体共同的家园还是个体依存的小家,都以艰苦朴实的劳动为前提和支撑,失去了劳动的斗志也必将失去家的根基。

中华民族的"勤劳故事"富有勤勉生活的力量。生活是人的本质力量的展现过程。一勤天下无难事,勤劳是生活的内生动力。女娲补天、后羿射日、精卫填海、愚公移山等故事从忠诚、敬业、勤快、坚忍等方面诠释了现实生活的精神支撑主要源于实践主体的自我约束、自我激励、自我督促和自我服务。在一定意义上,劳动的属人性最大限度地展示了人的活动的自主性、能动性、创造性、发展性。人们在认识和改造外界的同时,也在重塑和完善自身的需要、能力、个性等基本内容。既然外界无法自动满足人的发展需要,那么,人就只能在自我重塑中找到发展自身的路径。一方面,化理论为方法。联系的观点、全面的观点、发展的观点等基本方法论为勤勉生活保驾护航。另一方面,化理论为能力。适应能力、耐挫能力、提升能力,渗透在勤勉生活的方方面面,启示全社会要共同努力"从劳动精神面貌、劳动价值取向、劳动技能水平入手,培养'爱劳动''会劳动''懂劳动',具有劳动素养、坚守劳动精神的时代新人"。[1] 全员育人、全过程育人、全方位育人是开展劳动教育的必要路径。

总之,世情、国情、党情、民情是进行思想政治教育的生动素材,生活本身即是教育。在这个意义上,"劳动美"不是简单的形而上观念诉求,而是真实呈现社会生活本身的形而下行动遵循。"劳动美"美在我们能够身体力行诚实守信劳动的真谛;美在我们能够理性认知虚心求教劳动人民的实质;美在我们能够守正创新劳动精神的穿透力与感召力。也就是说,热爱诚信劳动才能真正领悟"生活本身"的意义美,尊重劳动人民才能真正把握"增强本领"的规律美,弘扬劳动精神才能真正讲好中华民族"勤劳故事"的力量美。

---

[1] 战帅:《培育具有劳动精神的新时代学生团员和少先队员》,《中国青年报》2020年11月5日第5版。

科学的劳动财富观：劳动教育的根本指针①

罗建文，詹壹惠

摘　要：科学的劳动财富观是决定和指引人们关于劳动创造财富的认知、践行、享受、占有和评价等人的类本质行为的根本指针。劳动教育对培育人们具有科学合理的劳动财富观负有义不容辞的责任。劳动教育必须让学生正确认知劳动与财富的本质联系以及劳动财富的价值论属性；引导学生祛除和消释各种"财富幻象"和"财富错觉"，树立正确的劳动创造财富和奋斗创造美好生活的劳动价值观；引导学生全面掌握和准确理解劳动财富观的本质属性，自觉把提升智慧性劳动创造和自我发展的主体性财富作为人生发展的追求目标；开展多种形式、多彩内容的劳动体验活动和劳动创造活动，让学生们在劳动教育实践中感受到财富创造的艰辛和人性价值确证的快乐，培养学生对劳动人民的深厚感情；将党和国家对各级各类学校劳动教育要求精神的督查与劳动教育的制度保障工作落到实处。

关键词：劳动财富观；劳动教育；智慧性劳动；主体性财富；主体性能力

本文引文格式：罗建文、詹壹惠：《科学的劳动财富观：劳动教育的根本指针》，见何云峰主编：《劳动哲学研究》第9辑（2023年第2辑），上海教育出版社2023年12月版，第156-172页。

党的二十大报告指出："要鼓励共同奋斗创造美好生活"，②"坚持多劳多得，鼓励勤劳致富"，"规范收入分配秩序，规范财富积累机制"，③扎实推进共同富裕。我们的教育

---

① 作者通信地址：罗建文，湖南科技大学马克思主义学院，湖南湘潭411201；詹壹惠，长沙医学院马克思主义教研部，湖南长沙410302。

② 习近平：《高举中国特色社会主义伟大旗帜　为全面建设社会主义现代化国家而团结奋斗——在中国共产党第二十次全国代表大会上的报告》，人民出版社2022年版，第46页。

③ 习近平：《高举中国特色社会主义伟大旗帜　为全面建设社会主义现代化国家而团结奋斗——在中国共产党第二十次全国代表大会上的报告》，第47页。

是要培养德智体美劳全面发展的社会主义建设者和接班人,培养具有高尚劳动情怀、高水平价值创造能力、科学劳动财富观的社会主义建设者和接班人是各级各类学校劳动教育的根本任务和应有共识,也是实现高质量发展推进中国式现代化的现实要求和时代指针。习近平总书记指出:鼓励勤劳创新致富是我们的基本原则,"幸福生活都是奋斗出来的,共同富裕要靠勤劳智慧来创造",要通过各级各类教育和培训,"提升全社会人力资本和专业技能,提高就业创业能力,增强致富本领",牢固树立劳动最光荣、劳动创造财富的基本理念,积极倡导和全面支持勤劳致富的有效通道,"要防止社会阶层固化,畅通向上流动通道,给更多人创造致富机会"。① 这是对如何创造财富、如何实现共同富裕的最佳诠释,是实现社会主义共同富裕的基本途径和根本出路。因此,共同富裕是社会主义的价值目标,勤劳致富是社会主义的致富路径,劳动创造财富是联结价值目标与基本路径的实践逻辑,更是驱动高质量发展推进共同富裕的内在动力和生活追求,这应是全社会成员的基本共识和价值观念。无论从教育的社会本质和教育的价值目标来说,还是从教育的社会主义基本职能和时代要求来看,帮助学生树立科学的马克思劳动财富观是各级各类学校劳动教育的应尽职责和根本指针。那么,究竟马克思劳动财富观是怎样的? 马克思劳动财富观对于疏浚勤劳致富有效通道的意义在哪里? 现有生活中的"财富幻象""财富错觉"对于教育究竟有哪些危害? 劳动教育如何才能培育学生科学的劳动财富观? 这些都是值得理论界和实践工作中的同志们高度重视和认真对待的问题。

一、马克思财富观是科学的劳动财富观

所谓财富观是指人们对财富的产生和本质、财富对人们生活的意义和价值、如何追求和获取财富、如何评价社会财富与人的终极目的等基本问题的整体态度和根本观点,对财富的不同态度和观点直接影响和制约着人们的生活追求、价值内涵和人生轨迹。因此,人们的财富观对于人们的历史与现实来说是至关重要的。培养和梳理人民大众科学的财富观是是学校教育义不容辞的责任,是只有教育才能做得到的事情,这是由教育的社会本质和价值责任决定的。

对待财富的态度和获取财富的方法对于不同的人具有不同的认识和取向,不同历史条件下的人们更是有不同的价值认知和实践态度,古今中外概莫能外。由于财富观本身就是一个哲学的问题,因此,中国古代财富观都是哲学思想家们关于财富的不同认知和价值态度,主要反映和体现在财富和道义的关系上,较为集中的是儒家的义利观和法家的义利观。西方财富观起源于古希腊时期,古希腊哲学家们提出财富就是满足人的欲望的有用的东西,不能满足人的需要的就不是财富,因而欲望的满足是人们创造财富的内在动力。到了15至17世纪时期,西方出现了早期的重商学派财富观和后来的重农学派财富观。重商学派财富观虽然看到了金银等贵重物品可以交换到人们所需要的

① 《习近平谈治国理政》第4卷,外文出版社2022年版,第142页。

用品，将财富局限于有交换价值的商品上，只看到了这些商品能满足人的欲望的属性，但没有看到商品有用性的真正内涵是劳动创造价值来满足人的需要的本质属性。重农学派的财富观特别注重农业生产领域的产品，强调农业在国家经济中的重要性。

到了18世纪，随着资本主义生产方式的改变和巨额使用价值的剩余，经济学家们开始深入地思考和广泛地探讨资本主义劳动方式和财富的内在关系以及财富的本质属性问题。最典型的是亚当·斯密在《国富论》中发现了财富就是直接的劳动产物的秘密，认为每个生产部门的劳动都是国民财富的源泉，这相对于重商学派和重农学派的财富观来说，最大的进步在于超越了以往的财富形式上关于商品的外在性和无思想的对象性存在，注重商品生产的劳动形式了。因此，马克思赞扬道："恩格斯有理由把亚当·斯密称做国民经济学的路德。正像路德把信仰看成是宗教的外部世界的本质，因而起来反对天主教异教一样，正像他把宗教笃诚变成人的内在本质，从而扬弃了外在的宗教笃诚一样，正像他把僧侣移入世俗人心中，因而否定了在世俗人之外存在的僧侣一样，由于私有财产体现在人本身中，人本身被认为是私有财产的本质，从而人本身被设定为私有财产的规定，就像在路德那里被设定为宗教的规定一样，因此在人之外存在的并且不依赖于人的——也就是只应以外在方式来保存和维护的——财富被扬弃了，换言之，财富的这种外在的、无思想的对象性就被扬弃了。"[①] 这种将财富的内在本质从财富的外在形式上超越出来定义在人的劳动之上，找到了财富的真正本质特征，为国民经济学和财富理论发展做出了重要贡献。亚当·斯密将劳动产品的属性划分为使用价值和交换价值两种属性，看到了商品的价值是生产商品时生产者付出的艰辛努力和劳动汗水，这个劳动生产者占有商品不是为了自己消费，也就是说他看重的不是商品的使用价值，而是可以用它来换取其他商品的可交换性，实际上在自己生产的商品与想要交换的商品之间存在着一个可以衡量的内在尺度，这个尺度就是商品生产中所耗费的劳动时间。这样就第一次将不同商品或不同使用价值物品的内在属性归根到底地落到了劳动创造本质上来了，使得具有不同实用价值的商品可以进行价格数量的比较和交换了，因而找了财富的真正本源就是劳动时间的付出，清楚地界定了财富的真正内涵就是凝结在商品生产中的劳动时间，也为马克思的政治经济学和财富观奠定了根本的学理基础。正是因为亚当·斯密的财富观将核心点和本质点落在了生产商品的劳动时间支出上导致人们为了创造更多的财富和拥有更多的财富，就必须高度重视和精于算计凝结在商品生产中的劳动时间；于是，通过改进生产技术和生产组合方式来改变生产商品过程中的劳动时间支配，节省必要劳动时间，增加剩余劳动时间就是增加财富的拥有，因而亚当·斯密的财富观极大地促进了英国的经济发展和资本主义世界的财富创造。

到了19世纪，马克思在批判地继承了前人财富观的基础上，将财富范畴具体化和历史化为资本主义生产关系之中的劳动财富范畴。他在《资本论》中指出："资本主义生产方式占统治地位的社会的财富，表现为'庞大的商品堆积'，单个的商品表现为这种财富

---

① 《马克思恩格斯文集》第1卷，人民出版社2009年版，第178-179页。

的元素形式。因此,我们的研究就从分析商品开始。"①通过对商品生产的具体劳动形式和抽象劳动形式的分析,财富的本质就具体到了劳动的对象性存在上了,是人类物化劳动的交换性特征,是物化劳动具体到了价值化和数量化的使用价值物上了。由于商品生产过程中的劳动呈现出人与人之间的主体性关系,因而资本主义生产关系中的财富本质上就是资本主义生产方式中劳动者的主体性特征的集中体现。马克思将商品生产过程中的劳动和劳动时间从财富主体内容中抽象出来,定格在商品等使用价值物之外,看到了财富成为超乎劳动而奴役劳动者的异己之物,形成了对私有制生产方式中的劳动者本身价值的否定性支配,这就是私有制生产方式中的财富对商品生产者和无产者的主体性本质的对象性存在。马克思分析和批判了英国古典经济学家们对财富本质的热情赞扬,也分析和批判了这些经济学家对资本主义生产方式的合理性断定和永久性辩护,揭示了财富创造中劳动者和无产阶级的被剥削命运和悲惨实质,为劳动者的最终解放指明了方向——资本主义生产方式中的财富生产就是对劳动者的无穷剥削和压榨,财富的最高形式就是资本化劳动支配,无产阶级的状况因为商品劳动的异化而成为自身的贬值和被奴役,只有消灭私有制生产方式最终实现劳动者自由人联合体的自由劳动才能解放自身。这就是马克思高明和伟大之所在,揭示了私有制劳动方式对劳动者的无穷剥削和异化本质,为无产阶级的解放和人的自由发展找到了现实的出路,而分析财富的产生和财富的本质的《资本论》成为无产阶级的"圣经"。所以,马克思的财富观是为无产阶级的主体性辩护和对人的本质意义的确证,是在对古典政治经济学家们财富思想的批判和超越基础上形成的,更是在对资本主义生产方式中劳动创造财富的本质属性和内在规律的深刻剖析基础上形成的科学的劳动财富观。

马克思基于唯物史观的立场和方法论分析了财富的产生和形成过程,剖析了资本主义生产方式中财富的本质特性和财富的分配关系,既肯定了财富的物质属性和历史意义,更是深刻地分析了财富的抽象性本质和主体性内涵。马克思认为,作为财富主体的内容抽象,凝结在使用价值生产中的劳动时间即价值是财富的具体表现,并且是交换过程中的具体尺度,在商品交换过程中集中体现在货币上。因此,货币在许多时候就成了财富的标志和象征,具有使用价值的财物就是作为交换价值的财富的物质载体。正如马克思指出的,在私有制雇佣劳动中,"生产表现为人的目的,而财富则表现为生产的目的"。②因而人们将货币等交换价值的物质载体认同为财富的全部,这是因为"货币在它作为财富的物质代表的规定上,使抽象的享受欲得到实现",③给人们的错觉就是拥有了货币就拥有了财富,以致形成了货币拜物教现象,其实这是颠倒了财富的主客体关系和混淆了财富的人本性内涵。因此,我们想准确理解和把握马克思财富思想的科学内涵就一定要全面理解和深刻认识财富的对象性内容、社会性内容和主体性内容,既要全面理解财富的物质属性和物质效用,更应准确理解财富的抽象性内涵和劳动的主

①《马克思恩格斯文集》第5卷,人民出版社2009年版,第47页。

②《马克思恩格斯文集》第8卷,人民出版社2009年版,第137页。

③《马克思恩格斯全集》第46卷上,人民出版社1979年版,第172页。

体性价值，人对自由时间的支配情况。具体表现在以下几个方面：

第一，财富的对象性存在和价值表现。财富是由人的活劳动与物化劳动和自然资源条件有机结合的产物，其中，人的活劳动和物化劳动是财富的源泉，离开了人的劳动，财富的产生和创造是不可能实现的；自然资源和物质条件的价值转化只是财富产生的重要基础，这是马克思主义劳动财富观的基本立场。正是因为财富的物质存在形式和对象性内容能够满足人们的某种欲望和客观需要，人类对它产生了特别的崇拜和梦寐以求的向往，以致在人的一生中都贯穿着对财富的追求、积累、消费和拥有等对象性行为。大力提倡和热情赞扬劳动创造价值和辛勤劳动创造美好生活就是对财富的对象性存在和价值表现的充分肯定。

第二，财富的社会性存在和价值本质。财富的生产都是在特定的社会关系中进行的，也必定是特定社会关系和利益关系的体现，是特定社会关系的固化形式，无论是财富的生产和形成，还是财富的分配和占有都是一定社会关系的反映和再现。马克思从劳动创造价值的历史性和现实性两个层面对财富的本质属性进行了分析，也从价值创造的感性具体到理性具体两个层面分析了财富的社会历史性内容，"财富不表现为生产的目的，财富都以物的形式出现，不管它是物也好，还是以存在于个人之外并偶然地同他并存的物为媒介的关系也好"。① 生产的最终目的是为了满足人的需要，但是在生产财富过程中凝结着和蕴含着复杂的社会关系，最重要的就是生产资料和劳动资料的拥有关系以及劳动成果的分配关系。对财富的拥有和占用决定了一个人在社会关系中的位置以及与他人的关系，特别是在非产品经济生产方式中，占有社会财富越多的人就越处在社会的统治地位和支配作用中，社会属性就呈现出阶级的属性。"个人在自己的某个方面把自身物化在物品中，他对物品的占有同时就表现为他的个性的一定的发展；拥有羊群这种财富使个人发展为牧人，拥有谷物这种财富使个人发展为农民，等等。"② 无产者只有自己的劳动力可供出卖，因而就成了资本家剥削的对象，而地主和资本家占有了社会的绝大多数财富就是社会的统治者。

第三，财富的主体性存在和价值抽象。财富不是简单的使用价值，财富不仅仅是使用价值的物质载体，更是人的价值关系的综合呈现，是人的价值关系的抽象综合。因为财富的物质内涵和对象性存在物是以交换价值为尺度的物质载体，因而衡量财富使用价值的大小往往是以交换价值的大小为标志的。在资本主义私有制生产关系中，价值创造表现为劳动时间的物质化凝结，财富就成了人们追求的价值目标；到了社会生产高度发达的共产主义生产方式中，财富的主体内容就回归到人的主体属性层面上来，社会生产的目的不再完全是人的物质需要的满足，而是以人的各种能力和属性的充分发展为根本标志，物质效用的满足下降到人们对财富的占有的最低层次。马克思对此做了精确的描述："事实上，如果抛掉狭隘的资产阶级形式，那么，财富不就是在普遍交换中产生的个人的需要、才能、享用、生产力等等的普遍性吗？财富不就是人对自然力——

---

① 《马克思恩格斯全集》第46卷上，第485-486页。

② 《马克思恩格斯全集》第46卷上，第171页。

既是通常所谓的'自然'力,又是人本身的自然力——的统治的充分发展吗?财富不就是人的创造天赋的绝对发挥吗?"① 具体理解马克思财富范畴的科学内涵,就是人的主体性与客观需要性、劳动创造性与自然资源实在性的有机统一,对财富的评价标准必定上升到人的主体性的充分发展和人的价值抽象的综合体现,人作为财富的奴隶才会得到解脱,人的全面发展才具有了现实的可能。

第四,财富的评价性标准和价值目的。马克思分析了商品经济条件下财富的表现形式就是交换价值,谁拥有了更多的交换价值谁就拥有了更多财富;但是,到了生产资料和劳动资料直接与劳动者结合的生产方式中,交换价值在社会经济生活中失去意义或作用消失,社会主义生产关系实现了对私有制生产关系的超越,衡量价值大小的标准已经超越了交换价值,转移到人们对社会的贡献大小上来,即以劳动者对社会贡献的数量和质量作为衡量人们的社会价值标准。消除了人与人之间的物的依赖关系,建立起自由人联合体,这时的生产目的和评价标准就完全改变。"社会生产力已经发展到资产阶级不能控制的程度,只等待联合起来的无产阶级去掌握它,以便建立这样一种制度,使社会的每一成员不仅有可能参加社会财富的生产,而且有可能参加社会财富的分配和管理,并通过有计划地经营全部生产,使社会生产力及其成果不断增长,足以保证每个人的一切合理的需要在越来越大的程度上得到满足。"② 一个人改造自然的能力和改造社会的能力越强,他的社会价值就越大,他的主体性作用和主体性特征就越充分,他拥有的财富和社会价值就越大。财富生产在自由人联合体内进行时,人的劳动由历史的必然性转向了人的本性的回归和自由,生产的目的也不再仅仅是为了使用价值的对象性内容,而是为了主体性解放和自由发展,"通过人并且为了人而对人的本质的真正占有;它是人向自身、也就是向社会的即合乎人性的人的复归。"③ 那时的财富的拥有就是人的主体性的回归和自由意志的彰显,因而财富的标志就变成了人的自由而全面发展的程度。"因为真正的财富就是所有个人的发达的生产力。那时,财富的尺度决不再是劳动时间,而是可以自由支配的时间。"④ 这时的财富范畴已经不再是人的劳动所能提供的交换价值了,对财富的理解和评价也就不再是人们对使用价值的经验直觉和感官体验,而是与所处社会关系属性相一致的主体性充分发挥和价值关系充分彰显的有机结合和综合表现,就是人的自由而全面发展;这个时候的财富生产和拥有已经实现了人的劳动与人的自由生命、使用价值与人的主体性存在内容、人的财富占有与人的自由发展的高度一致,人的真正解放就实现了。

---

① 《马克思恩格斯文集》第8卷,第137页。

② 《马克思恩格斯文集》第3卷,人民出版社2009年版,第460页。

③ 《马克思恩格斯文集》第1卷,第185页。

④ 《马克思恩格斯选集》第2卷,人民出版社2012年版,第787页。

二、现实生活中"财富幻象"对劳动教育的严重影响

恩格斯认为，财富"生产以及随生产而来的产品交换是一切社会制度的基础；在每个历史地出现的社会中，产品分配以及和它相伴随的社会之划分为阶级或等级，是由生产什么、怎样生产以及怎样交换产品来决定的"。[①] 人类对财富的生产和拥有是随着社会生产方式的发展而改变的，这是历史唯物主义的基本观点。在我们所处的社会主义市场经济生活中，财富的交换价值还处在社会生活中的重要地位。因此，关于财富的认识和理解、对财富的创造和分配、对财富的追求和评价都打上社会的时代烙印，还呈现出许多"财富幻象"和"财富错觉"，严重地扭曲了人们的人生观、价值观和财富观，影响到了社会生活的方方面面，以致在各级各类学校的劳动教育中难以准确地把握和讲解合理的财富观和劳动创造的价值内容。

现实生活中的"财富幻象"和"财富错觉"主要体现在以下几个方面：

第一，把财富的对象性存在形式误解为财富的本质和财富的全部内容。许多人只从财富的一般交换价值和使用价值存在形式来看财富的真正内涵，以为占有了财富的货币形式就是拥有了财富全部，最典型的就是商品拜物教和货币主义人生态度，例如《人民的名义》里被查出的一位贪官，直到他被查处时也没有使用过他非法所得的财富——满屋子的人民币，他看到整屋子的人民币和闻到尚未松动的成捆成捆的人民币气味就感到很满足和很兴奋，这就是典型的财富本质错觉。其实财富不仅仅是作为一般交换价值而存在的货币形式，虽然在商品生产方式中，财富具有一般货币所表现出来的交换价值职能，但是根本上还是劳动的一般具体时间和劳动的抽象时间，是劳动者所创造的使用价值和交换价值的统一体。财富以商品的形式或自然存在物形式满足人的某种需要，就是"在特殊商品上，财富表现为商品的一个要素，或者说，商品表现为财富的一个特殊要素"。[②] 这是用财富的一般表现形式取代了财富的抽象性本质，把财富的一般存在物形式等同于财富的全部本质，把财富的特殊交换价值等同于财富的一般存在价值。"货币成为财富本身的化身，既是对财富特殊存在方式的抽象，又是对财富总体的表征。由此，货币成为人的观念中的一种财富的虚幻存在"。[③] 这种"财富的虚幻存在"导致人们错误地认为拥有了商品和货币就等同于拥有了财富的真正内涵和全部内容，以致成为这种"财富的虚幻存在"的奴隶，甚至以身试法和奋不顾身地去占有商品和货币的这个"特殊要素"和财富的"虚幻存在"，最终失去了自己应有的初心使命和生命的本真价值——人的价值存在和自由的真正内涵。

第二，把财富的创造和生产等同于对货币的获取和交换价值的占有。财富的创造和生产本应是人的活劳动与物化劳动和自然资源的有机结合，是活劳动引起的源泉形

---

① 《马克思恩格斯文集》第9卷，人民出版社2009年版，第283-284页。

② 《马克思恩格斯全集》第30卷，人民出版社第1995版，第172页。

③ 范宝舟：《财富幻象：马克思的历史哲学解读》，《哲学研究》2010年第10期，第33页。

态,是物化劳动和自然资源的价值转换,离开了人类劳动,财富就不可能被创造出来,这是关于财富创造的本真来源。但是由于把财富的一般代表符号即货币误认为财富本身,其实这是对货币交换价值的职能放大,误认为交换价值的使用效用就是财富的本真内涵。这样的错误观念导致人们对财富的追求简单地等同于对货币的获取和交换价值符号的拥有,看重的是自己每天劳动所获得的货币多少或交换所需商品的数量,而看不到劳动创造对人类社会的价值贡献和自身价值的确证,将人的劳动等同于或下降为一般动物的寻找所需行为和简单的谋生手段,将劳动创造财富直接看成是获取货币和交换价值了。这样使得劳动被看成是"人为财死鸟为食亡"的行为,使得人的本质属性完全湮灭在交换价值符号的获取中。在现实生活中大量地存在着以获取货币和交换价值符号为目的的劳动价值观,特别是在法律制度不健全、市场监管不到位、经济行为道德丧失、商品化深入到人的一切生活领域的商品时代,对货币的崇拜取代了对劳动创造价值的崇尚,不仅让社会经济发展的动力被歪曲了,而且严重地扭曲了人们应有的善良和纯真。

第三,财富的使用价值湮灭了财富的社会性存在和主体性价值内容。财富具有满足人们某种需要的属性和效用,如果财富不能满足人的某种需要,对人们来说就是无效用和无意义的。因而所有财富都是能用来满足人们的某种需要的,都能在不同的商品之间架起等价交换的通道,起到满足人们需要的中介作用。这样一来,虽然货币是财富的一种代表符号,但它可以在商品交换中获得实质性的使用价值或实际效用存在物,往往给人们以主体性需求的满足而被误认为是财富的真实的价值内涵。其实,无论是在早期的商品经济生活,还是现代的市场经济生活中,财富的社会性存在内容都是抽象地存在于使用价值之中,存在于人们对财富的感觉直观和感官享受之上,不通过理性的主体性抽象和人的本质属性的确证是无法领会和感知到财富的价值性内容的,因而许多人将获取财富的使用价值属性当做自己的人生追求,从而忽视了劳动作为人的本质属性所应有的主体性价值存在,将自己的劳动下降为动物式的获取所需行为,等同于丧失了人的社会性价值和主体性内涵的"寻物活动"。"货币的量越来越成为货币的唯一强有力的属性;正像货币把任何存在物都归结为它的抽象一样,货币也在它自己的运动中把自身归结为量的存在物。"①失去了人的劳动的本真价值和主体性价值内涵就无异于将劳动的本质属性和人的属性也抛弃了,与一般动物的满足生存需要的觅食活动类似,这种"财富幻象"和"财富错觉"是多么可悲的错觉啊!

第四,把财富对人的需要的满足误认为是对财富的真正拥有。前面我们分析了财富所具有的能够满足人们某种需要的使用价值效用属性,这是财富的基本存在属性,但不是财富的全部属性。财富的属性除了劳动的对象性内容以外,还有体现社会关系的社会性存在内容、主体性存在内容和目的性存在内容,不仅包含着满足人的需要的属性,更重要的是体现人的生命价值和社会存在意义的属性。人的价值存在和自由的真正内涵是人的生命价值所在,虽然生物性存在是人的生命存在的自然基础,没有了自然

---

① 《马克思恩格斯文集》第1卷,第224页。

生命的基础，人的价值和意义也不再存在。但是，人的生命价值存在绝不仅仅是生命的生物存在，还应该有更广泛更丰富的社会价值内容，这些内容就体现在对于人类社会的意义和价值上；如果抽去了这些内容，就无异于将人的生命价值存在等同于一般动物的自然存在形式。这样对财富的拥有和消费就成了满足人的基本需要的目的和手段，人就成了追求财富的社会动物而失去了对财富占有的真正内涵。如果将这种对财富的感官直觉和感官享受当作人生的目的和价值意义，那么，人类社会的现实生活就成了财富动物的"竞技场"和财富饥饿症患者的"搏击馆"，正如恩格斯批判资本主义社会利己主义行为时所说的，人们追求财富就"是用激起人们的最卑劣的冲动和情欲，并且以损害人们的其他一切秉赋为代价而使之变本加厉的办法来完成这些事情的"，这是多么可怕的社会行为，还要用"实际流行的伪善"来"粉饰"那种财富的追求行为，是"一种最卑劣的忘恩负义行为"。① 我们是社会主义国家，社会主义的劳动教育绝不能让受教育者成为这种"财富动物"和"财富饥饿症患者"。

第五，把财富使用价值的消耗当作对财富的终极目标和人生意义的内涵。财富能满足人们的生活需求，这是财富的对象性存在本性，也是财富所具有的一个基本的自然属性，这是由劳动者的具体劳动形式创造的，但这不是财富的全部本质。财富的根本意义和终极价值是促进人类文明的进步和人的自由而全面发展，满足人的需要只是财富的使用价值属性的自然体现，财富的属性和内容更多的是推动社会的进步和人的解放的实现。财富的基本职能和使用价值属性就是满足人的需要和提升人的自我解放的能力，这两个方面缺一不可，特别是提升人的自我解放的能力、实现人的自由而全面发展更应是财富的主体内容和本质属性所在。如果误将财富的基本属性理解为财富的终极价值和全部内容的"财富幻象"，会导致人们把财富的对象性存在价值看成是超越人的本质力量和最终价值关怀，将财富的物质享用看作是财富拥有的目的，将财富的物质享用效用夸大成对财富的无限崇拜和功能神圣化，以致造成对财富的拥有和占有成了人生的终极存在和价值目标，将财富的本来职能——使用价值属性——推崇为凌驾于主体性存在物之上的神圣力量，把本是人创造的财富异化为奴役主体的异己力量，因而由财富的效用幻觉导致人们的主体性本质的"财富错觉"，导致人的本质与人生价值之间关系的幻象和认知错觉。例如，现实生活中的人们产生许多的"财富错觉"：用"天生我来拥财富"的先验主义财富观来主导自己的人生航向和追求财富的至高无上，用财富拥有的数量多少去度量人的本质和价值意义，用获取财富的手段和技巧去衡量人的发展能力和主体性发展程度，用财富使用价值的消费档次来评价人生意义和社会地位的尊卑高低，用实用主义的财富观和巧取豪夺的财迷心理湮灭勤奋劳动和创新劳动的财富观，用"走捷径"的歪门邪道和为富不仁的生财之道讥笑和鄙视辛勤劳动、诚信经营、诚实劳动等崇高品格。

"财富幻象"的结果是必然导致社会的"财富错觉"和"消费错觉"，而人们的"财富错觉"必然导致全社会的"三观错觉"和行为选择错觉，社会的思想道德和文化价值体系就

---

① 《马克思恩格斯文集》第4卷，人民出版社2009年版，第196页。

会被"财富幻象"和"财富错觉"全面摧毁,我们苦心经营的社会主义核心价值体系就会被财富至上和财富崇拜所摧毁和湮灭,培养出来的接班人就一个个都是财迷心窍、膜拜财富的财富奴隶和金钱奴仆,那就是我们教育的悲哀。由于认知错觉而导致的行为选择错觉和价值判断错觉必定会给社会的理性认知系统和价值评价系统带来颠覆性影响,也就是给社会的教育系统带来颠覆性破坏。教育的颠覆性破坏最严重的是本末倒置和是非颠倒,使社会的主流教育价值导向颠覆成错误价值导向,将本来应是引领和主导社会前进方向的教育价值目标颠倒成社会发展进步的反动价值取向,这是教育的大忌,也是劳动教育的大忌。如果学校的劳动教育价值导向错误,培养出来的学生是充满着"财富幻象"和"财富错觉"的财富奴隶,那么我们的劳动教育就是彻底的失败,必须引起高度重视和切实警觉。

从上述分析可以看出,现实生活中的"财富幻象"和"财富错觉"对人们的劳动财富观产生的影响主要是:对财富内涵的认知错觉、对财富本质的理解错觉、对财富生产行为的选择错觉、对财富占有的价值判断错觉、对财富使用的消费效用错觉、对财富终极价值的评价错觉等方面。这些"财富幻象"和"财富错觉"对社会的劳动教育和高尚劳动情怀的培育将产生不可低估的负面影响:

其一,对财富内涵的认知错觉就是看不到财富的真实内涵,只注重财富能够满足人的欲望和需要等对象性存在功能,看不到财富的真实内涵和全部内容,用财富的使用价值效用遮蔽了财富内涵的人的本质力量和社会价值,将人对财富的认知降低到一般动物的觅食层次,其结果就是导致人们关于财富和劳动的"三观"错误和行为选择错误等严重后果。

其二,对财富本质的理解错觉就是对财富的劳动本质和人的本质视而不见,只注重财富的使用价值效用,只注重财富能满足人们的欲望和需要,只注重财富构成中交换价值的意义和数量,忽视财富创造中人的主体性积淀,看不到劳动创造财富进程中的活劳动和物化劳动的本质,形成财富的资本崇拜和货币崇拜——交换价值崇拜,其严重后果就是劳动的贬值和劳动者的不受尊重,就是财富观念上的劳动异化,直接导致的将是鄙视劳动创造,崇拜资本权力和公共权力来获取财富的短平快行为,滋生和助长不劳而获和少劳多获的财富获取行为错觉。

其三,对财富生产行为的选择错觉就是只看到财富创造中资本和公共权力所带来的巨额财富和财富暴利,看不到活劳动和物化劳动及其主体的属性存在,只看到了资本要素、公共权力和科技要素在组织、配置社会生产要素和获取社会财富时的暴利效应,看不到这些生产要素中劳动者的智慧性创造、物化劳动的积累和主体性因素及其重要作用,更看不到资本对劳动的剥削和劳动的财富异化本质,以致产生盲目的财富崇拜和资本崇拜,不重视劳动创造财富的积极意义,这与辛勤劳动和努力奋斗实现全体人民共同富裕目标背道而驰。

其四,对财富占有的价值判断错觉就是误认为获取财富和占有财富就是人生最终的价值所在。这是人生终极意义的认知漠视和判断错觉。只看重财富的交换价值和使用价值的对象性存在效应，看重财富拥有者生活方式的纸醉金迷和醉生梦死，不注重人的社会责任和应有价值，更是内心空荡和精神空虚的体现。这样的价值观对于国家、社会、个人都将是灾难性的，不仅侵蚀人的类本质属性，把人当成了财富的奴隶和金钱的奴仆，而且会吞噬社会发展和文明进步的创新动力。如果全社会都是一群不劳动而只会享受的吸血鬼，那就不可能有人类的发展和社会的进步了，正如马克思所说："任何一个民族，如果停止劳动，不用说一年，就是几个星期，也要灭亡，这是每一个小孩子都知道的。小孩子同样知道，要想得到与各种不同的需要量相适应的产品量，就要付出各种不同的和一定量的社会总劳动量。"①

其五，对财富消费的效用错觉是指对待财富的最终用途和消费方式的错觉，主要是无理性和无节制的炫耀性消费。拥有这种错觉的人认为，财富消费追求的是个人的感官直觉和感觉享受，甚至是不健康和不合理的消费，不注重社会的责任和对别人劳动成果的尊重，只注重今天的欲望满足而不注重人本属性的确证和财富消费的社会效应，只注重消费财富的数量自由而不注重消费财富的主体性自由，错把财富消费的基础性目的当成财富消费的最终目的，错把财富消费的社会性行为当成了满足欲望的单向度的消费行为，其严重后果就是对社会财富的浪费、对别人劳动成果的不敬畏和对自我价值的贬损。

其六，对财富终极价值的评价错觉就是误认为拥有财富就是拥有了一切，认为对财富的追求和占有就是人生的目的和终极价值所在。这种错觉注重的是财富的物质效用，忽视的是人对社会的责任和贡献，注重的是财富创造中的使用价值和交换价值的具体劳动形式，忽视的是蕴含在财富中的主体性存在形态和人类本质的精神性财富，不仅阻碍了社会文明和科学技术的进步，而且也消减和销蚀了人的全面发展的能力和对自由劳动时间的支配，把人变成了财富的奴隶和金钱的奴仆。

三、怎样的劳动教育才能培育科学的劳动财富观

劳动教育是近几年来的一个热门话题，许多学者和教育工作者都在探讨劳动教育的本质和意义，探索劳动教育的内容和形式，探寻劳动教育的途径和保障，探秘劳动教育的规律和逻辑，探求劳动教育的制度和政策，发表的论文和出版的著作可谓汗牛充栋，数不胜数。但是各级各类学校的劳动教育依然没有多少改观，劳动教育的本质和意义被人云亦云的说教所淹灭，劳动教育的内容和形式在从上到下的"重视"中虚化和淡化，劳动教育的规律和内在必然性被"卫生大扫除"和"义务劳动"所代替和取消了。劳动教育应有的职能和作用、应有的课程设置和教学组织、应有的实施措施和保障条件等没有引起各级各类学校教育工作者和教育行政主管部门的重视和落实，学生应有的劳动觉悟和劳动情怀、价值创造的技巧和能力、劳动的习惯和劳动的终极价值、对待劳动成果和劳动正义制度的维护、热爱劳动人民的感情和善举在"掌握学科知识体系"和"练

①《马克思恩格斯文集》第10卷，人民出版社2009年版，第289页。

就创造财富本领"的紧张忙碌中被虚化和割舍掉了。总体上讲,高层关于劳动教育的实质精神没有得到有效的落实,劳动教育的根本指针和价值目标没有得到应有的重视和切实的贯彻。

其实,劳动教育的意义和重要性人人都懂,为什么贯彻落实很难呢? 根本的原因是现有劳动教育者对劳动财富观的认知和理解、贯彻和执行还存在很大的差距和不足。科学的劳动财富观是指引人们认知劳动创造财富、实现劳动创造财富、享受劳动创造财富、占有劳动创造财富和评价劳动创造财富等人的类本质行为的基本方针,是贯穿人们关于劳动与财富本质联系的认知理解、追求财富的创造方式、追求劳动创造财富的能力和水平、维护劳动创造财富的正义秩序、评价劳动财富的终极目标等一系列行为中的知识性思想性观念。唯有正确的劳动创造财富的思想认知才会形成科学的劳动财富观;唯有科学的劳动财富观自觉才能形成和坚持合理的劳动财富行为选择和正确的劳动财富价值判断。因此,劳动教育对培育人们科学合理的劳动财富观负有义不容辞的责任,只有培育起科学合理的劳动财富观才能培养出高素质的劳动者;只有拥有科学合理的劳动财富观的人,才能担当起推动历史进步和民族复兴重任。针对当前我国劳动教育的现实情况,只有从以下几个方面入手来达成关于劳动教育的应有共识,才能实现我们的劳动教育的目的:

第一,必须让各级各类学校的师生正确认识劳动与财富的本质联系,劳动财富的价值论属性是劳动教育灌输科学的劳动财富观的第一原则。主体性思想认知决定着人的行为实践,唯有正确的思想认知和理性自觉才会有深刻的情感认同和正确的行为选择,没有对劳动创造财富的理性自觉,就不可能产生高尚的劳动财富价值自觉。[1]然而,现实情况不容乐观,现在许多从事劳动教育的教师和教育行政主管人员对劳动与财富的内在关系、劳动创造财富的本质与属性、财富的边界和结构等学理性知识性问题了解甚少,这样就很难和学生讲清楚劳动与财富关系的理论问题,就很难将深奥的劳动财富理论讲得深入浅出和生动活泼而易于让学生接受。学生在没有关于财富的生产和创造等方面正确而坚实的理论基础时,很难养成科学的劳动创造财富的理性认知自觉,就很容易受到外来的"财富幻象"和"财富错觉"的侵袭和影响。从皮亚杰的认识发生学角度来看,对特定对象的认识发生进程进行研究表明,首先应该确认劳动创造财富这一事实的本质性因素和内在逻辑关联,然后在分析财富社会属性的过程中,将本质性因素置入对劳动与财富之间本质联系和结构边界的认识发生过程,结合劳动创造财富的社会性效用和主体性内在本质,形成关于劳动财富观的认识结构和理性认识自觉。其中,劳动创造财富的本质性因素是关于财富范畴的根本性解读,是认识和理解财富范畴的关键,一旦主体的本质性因素认识发生偏离,主体关于财富的生产和创造、本质与属性、价值和意义、拥有和占有等认知理解和行为选择便失去了正确的理念导航和行为方向,可能误入财富认知和财富评判的邪路和歧途。因此,无论是劳动教育的教育主体和督查主体,还是劳动教育的受教育者,都应该对劳动与财富的本质联系、财富的内在属性和内容边

---

① 龚天平、赵凯:《道德记忆与道德生活的连续性》,《云梦学刊》2022年第1期,第72页。

界、财富的价值和意义、财富与人的本质和价值的关系等理论有深刻而全面的理解和掌握，只有这样，人们对财富的认知和选择行为才不会产生"幻象"和"错觉"。

第二，将科学的财富观培育作为立德树人的重要内容贯穿学校的思想政治教育全过程，让学生在准确理解财富本质与结构、财富内容与种类、财富形式与价值的基础上努力提升自我、追求人的全面发展。从现有的研究成果来看，财富的本质内容主要包括三个方面：第一是能够满足人们生存发展和社会文明所需的使用价值形态的物质财富，例如房产财富、汽车和家具等具有使用价值属性的物质财富，这是财富的对象性存在本性，也是对象性劳动的具体表现形态，这是财富的基本形态和存在意义；第二是能够换取人们生存和发展所需要的物质条件和社会条件的交换价值形态的货币财富，例如资金、贵重珠宝、银行存款、股票等有价证券具有交换价值形态的财富符号，这是财富的社会性存在形态，是反映和活跃在经济利益关系及其社会交往关系中的货币财富，这是财富的中间媒介的交换性社会形态和意义；第三是以人的本质属性和人的自由发展为标志的主体性财富，例如作为社会生活的现实的人和劳动者的专业技术知识和能力、主体的身心健康状况、主体的审美情趣和精神情怀、人的社会地位和身份象征、人的社会关系及其协调能力、人的声誉名望和社会影响等以人的自由发展为基础和标志的主体性财富，这是财富的最高层次和最终的主体性价值形态及意义所在，其内涵是个体对社会的贡献和社会对个体的肯定性评价。在私有制生产方式中，人们普遍对物质财富和货币财富特别崇拜，因而出现唯利是图的理性"经济人"与类本质异化了的金钱奴隶和商品拜物教的"抽象人"都是很正常的现象，这是资本逻辑驱使下片面追求使用价值效应和剩余价值的结果，也带来忽视人的本质属性和人的主体性财富形态的严重后果，人成了物质化的单向度的人和消费主义的"财富动物"。对此马克思等经典作家进行了深刻的分析和批判，对人类社会最终理解财富的社会制度进行了设计和展望，认为人正是经由劳动这种体现人的本质关系和属性的自觉的、富有创造性的实践活动，才创造出了能满足人的需要和社会发展需要的财富世界，并以此彰显人类自身区别于其他动物的本质属性和主体性力量因而只有"社会化的人，联合起来的生产者，将合理地调节他们和自然之间的物质变换，把它置于他们的共同控制之下，而不让它作为一种盲目的力量来统治自己；靠消耗最小的力量，在最无愧于和最适合于他们的人类本性的条件下来进行这种物质变换。但是，这个领域始终是一个必然王国。"我们的劳动教育的最终目的就是要让受教育者追求财富的最高层次即主体性财富形态和最终价值目的，就是要让受教育者成为消除了"盲目力量"的自由的人，实现向劳动创造财富的自由王国飞跃。"在这个必然王国的彼岸，作为目的本身的人类能力的发挥，真正的自由王国，就开始了。但是，这个自由王国只有建立在必然王国的基础上，才能繁荣起来。"① 社会主义学校的劳动教育如果忘记了或是忽视了劳动财富的最高层次和最终意义的主体性价值形态，那就无异于资本主义私有制中财富奴隶的生产和消费主义"财富动物"的培养，那是社会主义劳动教育的大忌和社会主义学校教育的悲哀。

① 《马克思恩格斯文集》第7卷，人民出版社2009年版，第929页。

第三，引导各级各类学校学生剖析已有的"财富幻象"和"财富错觉"，帮助学生祛除和消释各种"财富幻象"和"财富错觉"，在学生中树立正确的劳动创造财富、奋斗创造美好生活的劳动价值观。真理总是在与谬误的斗争中发展和前进的，人们的正确认识和价值观念也总是在同各种各样的错误认识和虚假幻象的斗争中胜出和养成。劳动教育的价值目标就是实现学生的主体发展与社会进步的一致性，让科学的劳动观念和劳动觉悟、价值创造能力的提高与高尚劳动情怀的培育、对劳动创造财富的本质属性和结构性内容的理解和执着、对财富的终极意义和主体性价值的正确判断、对人的类本质属性与财富的关系的认知和理解等劳动创造财富的理性认知和行为选择深深扎根于学生心田，养成他们自觉而高尚的信念坚持和价值坚守。然而，社会现实纷繁复杂而又变化多样，总会在各个方面影响和制约着青少年学生的世界观和价值观，特别是涉及人们现实生活需要的财富观念和财富行为深受社会因素的制约和影响，因此帮助学生避免受到各种"财富幻象"和"财富错觉"的消极影响就成为劳动教育的基本任务和根本职责。劳动与资本的对立在社会主义初级阶段还将长期存在，资本对财富的支撑和实现价值还在支配意义上影响着人们的生活，因此，对资本的崇拜和对财富的崇尚与对劳动的不重视就是难以消释的社会困惑。"劳动作为资本的对立物，作为与资本对立的存在，被资本当作前提，另一方面，劳动又以资本为前提。"①资本主宰着社会经济的发展和财富的创造，劳动对资本提供就业机会的依存和依赖，导致"劳动作为主体，作为活劳动是财富的一般可能性"难以独立实现，资本对劳动的剥削成为社会的合理性现象，同时"劳动作为对象性活动"被资本的剥削程度在现代技术发展的今天更加严重了，因而又可能出现"绝对的贫穷"状态。②这就导致了人们很难形成关于劳动与财富的正确认知，"财富幻象"和"财富错觉"就充斥在人们的现实生活周围，时刻影响着青少年的世界观和价值观。部分青年学生把使用价值性存在物视为财富的全部内容，漠视和忽视财富的社会性存在形式和主体性存在形态，将金钱财富的追求和物质感官的直接享受当做自己的人生目标，并看作是衡量人生价值和个人成功的标尺，从而产生一系列不劳而获或者少劳多得、"厌恶劳动""轻视劳动"的"财富幻象"和"财富错觉"，追求不付出就能获取财富的投机行为，或者枉顾道德法纪通过掺杂使假、不择手段来获取财富的行为，却对诚实劳动、勤奋劳动和踏实经营嗤之以鼻，甚至不屑一顾，并认为这是"不灵活""老实"和"无能"的代名词，因而资本财富观、片面财富观、权力财富观和消费主义财富观成为青少年的"时尚"而被追捧，这就需要全社会的劳动教育进行深刻的反省。国家应不断完善社会主义的法律制度和社会财富分配制度，严肃划定财富的内涵边界、严格制约财富的实现行为、严厉打击财富的不良获取，斩断权力与资本的勾结链条、打破不劳而获与少劳多获的幻象，让辛勤劳动和努力奋斗才能获取社会财富和实现财富目标成为决定性指标和褒扬性标杆，使所有勤劳奋斗的人都能获得真正出彩的机会；营造反对腐败、劳动致富的良好氛围和社会环境，坚决打击非法窃取别人劳动成果和社会财富的非正义行

①《马克思恩格斯全集》第30卷，第254页。

②《马克思恩格斯全集》第30卷，第253页。

为，整肃影视娱乐"高片酬"和一夜成名的"人生错觉"，打击偷税漏税、资本暴利和金融假象等资本野蛮生长的行为和观念，还青年学生以积极的人生财富观和正确的生活态度。

第四，通过开发各种劳动教育课堂和劳动创造财富的知性理论专题讲座，引导学生全面掌握和准确理解劳动财富观的本质属性，自觉把提升智慧性劳动创造和自我发展主体性财富作为人生发展的目标。在市场经济冲击下，资本逻辑的财富观念已经深入人心，资本主义的财富观念和财富异化现象在我们的现实生活中也有不小的影响。一小部分青年学生，对劳动创造财富和奋斗实现美好人生的认知和理解有所偏差，就需要劳动教育课程的培育和训示、矫正和引导。通过劳动教育课程中的理论讲解与学生讨论、劳动财富理论的自主学习与专题辅导、劳动创造财富的理论分析与案例剖析、勤劳致富典型人物的经验讲述与人物访谈相结合等多种方式和途径，提升学生的劳动创造财富的思想认知，丰富和健全学生们高尚劳动情怀和人格品质，锤炼学生们勤劳致富的奋斗意志，自觉地将崇高的人生追求与高水平的价值创造能力和自我发展能力作为自己人生价值实现的第一原则，真正贯彻和扎实推进"勤劳智慧创造美好生活"的新时代社会主义财富观念进教材、进课堂、进头脑的劳动教育"三进工作"。特别是在货币化、数字化和商品化的现实生活中，当代青年学生必须自觉扬弃价值形态的物质财富和交换价值形态的货币财富、注重和崇尚以人的自由和全面发展为内涵的主体性财富，全社会都应养成科学合理的财富观念和营造劳动创造美好生活的文化氛围，客观评价使用价值形态的物质财富、理性对待交换价值形态的货币财富、积极提升以发展能力和个性修养为内涵的主体性财富，促进广大青年学生人生发展境界的提升、生命价值意义的回归、对人的自由发展的追求、高尚人格心灵的净化。正如习近平总书记提出的："幸福生活都是奋斗出来的，共同富裕要靠勤劳智慧来创造。"[1] 要让青年学生明白只有勤奋劳动才能创造美好生活的人生道理，"提升全社会人力资本和专业技能，提高就业创业能力，增强致富本领。要防止社会阶层固化，畅通向上流动通道，给更多人创造致富机会，形成人人参与的发展环境，避免'内卷''躺平'"。[2]

第五，因地制宜开展劳动财富观教育，结合学校及所在社区实际开展多种形式和多彩内容的劳动体验活动和劳动创造活动，让学生们在劳动实践中感受到财富创造的艰辛和人性确证的快乐，培养学生对劳动人民的深厚情怀。"纸上得来终觉浅，绝知此事要躬行。"深刻理解和全面掌握劳动财富观必须要在践行中体验和感受劳动创造财富的真谛和要义，劳动教育必须结合实践才能收到应有效果。正如马克思在分析现代社会教育与劳动实践相结合时所说的："未来教育对所有已满一定年龄的儿童来说，就是生产劳动同智育和体育相结合，它不仅是提高社会生产的一种方法，而且是造就全面发展的人的唯一方法。"[3] 特别是现代科学技术和生产工艺不断发展，数字化经济和智能资本

① 《习近平谈治国理政》第4卷，第142页。

② 《习近平谈治国理政》第4卷，第142页。

③ 《马克思恩格斯文集》第5卷，第556–557页。

时代已经来临,"不断地把大量资本和大批工人从一个生产部门投到另一个生产部门。因此,大工业的本性决定了劳动的变换、职能的更动和工人的全面流动性"。[①]这样就要求劳动者必须不断地发展和丰富自己的主体性能力,从现有劳动者的人力资本构成要素来看,优化"人力资本的存量"、提质"人力资本的增量"就显得格外重要了。[②]这里"人力资本的存量"就是劳动者在进入实际劳动过程之前所具备的劳动技能和价值创造性知识的积累及储备,"人力资本的增量"就是劳动者在生产实践和劳动过程中不断学习和积累价值创造技能和生产管理经验,这是在劳动过程中不断积累和增加的主体性发展能力,也是人的主体性财富的积累和增量。这就是现代科学技术对劳动者的新要求。"用那种把不同社会职能当做互相交替的活动方式的全面发展的个人,来代替只是承担一种社会局部职能的局部个人。"[③]那种只适应某一个劳动岗位和单一就业职业的"承担一种社会局部职能的局部个人",很难满足社会的发展和新技术采用的要求,有可能成为社会进步的淘汰对象,这是每一个青年学生都必须认真面对的社会现实。因此,学校的劳动教育有必要开展一些针对性强的劳动教育实践形式,在坚持一些学生力所能及的卫生扫除、环境绿化、校园建设、家务劳动等常规性劳动教育活动以外,各级各类学校的劳动教育应以就地取材和因地制宜为原则,适当开展多种形式的劳动教育活动。例如,对于农村学校的学生来说,可以进行粮食的播种和收割、农作物的植保管理和技术学习、农村土地资源调查与保护、各种经济作物的种类识别和成果收获、各种畜牧养殖业的劳动参与和实用价值讲解等劳动参与活动。对于城镇学校的学生来说,在做好安全防护的前提下,可以根据所在社区的厂矿企业实际和社区环境情况,通过对企业生产过程参观与学习、了解产品生产流程与工艺、体验与观摩基建工地劳动、参与社区环境美化和建设、劳动模范慰问和走访、勤劳致富模范进校园、协助家人经营生产等劳动教育实践活动。通过让学生们在农业生产或工业生产过程中体验劳动丰收的喜悦和劳动创造财富的快乐,感受劳动汗水的艰辛和劳动成果的价值,培养学生正确的劳动价值观、高尚的劳动情怀、高素质的价值创造技能。

　　第六,将国家对各级各类学校劳动教育要求精神与劳动教育的制度保障工作落到实处。自2020年中央颁布《关于全面加强新时代大中小学劳动教育的意见》(以下简称《意见》)以来,各级教育行政主管部门和学校出台了许多贯彻和落实《意见》的政策和措施,学术界关于劳动教育的研究成果也有很多。但是,具体落实和贯彻《意见》精神在实际层面是很不理想的。首先是对劳动教育的理性认识不到位,没有真正引起学校领导和老师们的高度重视。中小学的教育理念还是贯彻以高考为指挥棒的应试教育,劳动教育成为"讲起来重要,做起来次要"的课程,现有中小学老师能够讲清楚劳动在人类社会进步中的要义和作用的很少,没有理性认识上的高度重视就不可能有实际的落实行动。其次是劳动教育的教学制度和教学内容没有落实,以什么样的形式开设劳动教育

---

① 《马克思恩格斯文集》第5卷,第560页。

② 崔琳娜:《能力与情怀并重:劳动教育造就新时代高素质劳动者》,《云梦学刊》2021年第4期,第66–74页。

③ 《马克思恩格斯文集》第9卷,第312页。

课程,开展什么内容的劳动教育,劳动教育的课时和课程如何保障,劳动教育的师资和场地等条件如何落实,劳动教育在人才培养过程中地位和作用如何考核和评价,劳动教育的资源和生产单位如何落实等问题都没有得到应有的解决。因此,大多是流于形式或应付上级检查而已。再次,全社会对劳动教育的文化氛围和高尚劳动情怀的关注和重视不到位。一段时间以来,由于资本的力量渗透在社会经济生活发展中,人们对物质财富和货币财富的认识和把握普遍侧重于对社会性财富和主体性财富的认识和把握,对人的本质和终极意义的财富的认知存在错觉和盲区,一些青年人不懂得劳动的意义和价值、不崇拜劳动模范而是崇拜影视明星、不爱劳动而是爱直接"争粉"、不爱奋斗而是爱"坐享其成",社会生活中还有少数害群之马的违法乱纪、贪污腐化的"财富疯狂行为",劳动保护不到位、侵占劳动成果等现象时有发生,辛勤劳动的"打工人"往往难以实现美好生活等,这些"社会乱象""财富错觉"与劳动教育的价值目标和根本指针是格格不入的,必须引起全社会的高度警觉。

总之,对于劳动与财富的关系、财富的本质与属性、财富与人生的意义等重要问题的阐释和引导,应是劳动教育的重要内容和根本理念。无论是实现全体人民的共同富裕,实现人民对美好生活的向往,还是实现每个人的人生价值目标,让自己生活得精彩,都离不开辛勤劳动和努力奋斗,都离不开将自己的价值追求与社会的文明进步有机统一起来,这是我们的劳动教育必须让学生们清楚的基本内容,也是学校劳动教育的应有共识。只有在劳动中彰显自己的主体性能力,体现出自己的主体性财富,实现自我的主体性价值,我们的劳动才会确证自己人性的本质,才会享受到价值创造的快乐。正如马克思指出的:"我既在活动时享受了个人的生命表现,又在对产品的直观中由于认识到我的个性是物质的、可以直观地感知的因而是毫无疑问的权力而感受到个人的乐趣。"[1]只有在辛勤劳动和努力奋斗中不断彰显自己的主体性能力和主体性财富,个人的社会价值和人生意义才会得到社会的充分肯定和高度认同,自己的生命活动才会光彩夺目,"我在劳动中肯定了自己的个人生命,从而也就肯定了我的个性的特点。劳动是我真正的、活动的财产",[2]充分发展了的主体性能力和主体性财富是一个人的自由而全面发展的标志,"我的劳动是自由的生命表现,因此是生活的乐趣"。[3]这不仅是劳动教育应有的基本共识和主要内容,也应是劳动教育的根本指针和实践遵循。

---

① 《马克思恩格斯全集》第42卷,人民出版社1979年版,第37页。

② 《马克思恩格斯全集》第42卷,第38页。

③ 《马克思恩格斯全集》第42卷,第38页。

新时代高校劳动教育课程实施现状考察

——基于80所高校政策文本内容分析①

周仕德，刘永帆

摘　要：近年来各高校全面贯彻党的教育方针,落实劳动教育课程建设工作,先后出台劳动教育实施细则。对各高校出台的政策文本进行分析后发现:高校高度重视劳动教育课程建设工作,凸显具有时代特征的高校劳动教育课程体系初步形成,但存在课程目标形式化、课程内容泛化、课程评价简单化三大问题。高校劳动教育课程未来要注意结合自身办学特色和学生学情,构建劳动教育课程体系顶层设计、重视两大课堂联动育人的课程衔接研究、形成高校劳动教育课程长效评价机制,推进中国特色高校劳动教育课程,助力教育高质量体系发展。

关键词：高等院校;劳动教育课程;实施细则;政策文本分析

本文引文格式:周仕德、刘永帆:《新时代高校劳动教育课程实施现状考察——基于80所高校政策文本内容分析》,见何云峰主编:《劳动哲学研究》第9辑(2023年第2辑),上海教育出版社2023年12月版,第173-183页。

一、问题提出

劳动教育对于推进立德树人根本任务具有重要意义,高质量发展是新时代劳动教育的现实需要。② 2020年3月20日,中共中央、国务院发布《关于全面加强新时代大中

---

① 基金项目:国家社会科学基金项目“新中国70年课程与教学论的知识书写研究(1949—2019)”(项目编号:19FJKB003);广东省教育科学规划(高等教育专项)课题“从中国经验到中国方案:新中国高等教育课程演进知识书写及对广东启示研究”(项目编号:2022GXJK189);汕头大学科研启动基金资助项目(项目编号:STF21030);汕头大学研究生教育教学改革研究项目“以‘知识构建’为取向教育学研究生人才培养理论和实践探索”(项目编号:SDYG202301)。作者通信地址:周仕德,汕头大学高等教育研究所,广东汕头515063;刘永帆,汕头大学高等教育研究所,广东汕头515603。

② 侯美祺、李乾坤:《高质量发展和共同富裕:新时代大学生劳动教育的现实需要和价值旨归》,《劳动教育评论》2022年第2期,第28页。

小学劳动教育的意见》（以下简称《意见》）指出，"设置劳动教育课程。整体优化学校课程设置，将劳动教育纳入中小学国家课程方案和职业院校、普通高等学校人才培养方案，形成具有综合性、实践性、开放性、针对性的劳动教育课程体系"。①《意见》对大中小学劳动教育课程的设置提出了原则性要求，将高校劳动教育课程的地位提升到新的高度，也标志着高校劳动教育课程建设进入新时期。2020年7月7日，教育部印发《大中小学劳动教育指导纲要（试行）》（以下简称《纲要》）进一步在《意见》基础上，详细地指明了高校劳动教育课程开展相关要求，即"独立开设劳动教育必修课。普通高等学校要将劳动教育纳入专业人才培养方案，明确主要依托的课程，可在已有课程中专设劳动教育模块，也可专门开设劳动专题教育必修课，本科阶段不少于32学时；课程内容应加强马克思主义劳动观教育，普及与学生职业发展密切相关的通用劳动科学知识，并经历必要的实践体验"，②并再一次强调"劳动教育是新时代党对教育的新要求，是中国特色社会主义教育制度的重要内容，是全面发展教育体系的重要组成部分，是大中小学必须开展的教育活动"。③在此背景下，国内各高校以《纲要》为基础，先后颁布新时代大学生劳动教育实施方案，对劳动教育课程开展形式进行多样化探索。

从学术界现有研究来看，基于高校劳动教育政策作为研究对象的有政策逻辑解构、④基于政策工具视角的高校劳动教育政策文本量化分析、⑤教育方针与政策的视角来探讨高校劳动教育价值取向的百年嬗变、⑥对新中国成立以来高校劳动教育政策发展演变及内容进行考察与分析⑦等代表性成果，但如何从政策文本视角分析高校劳动教育实施现状的研究未引起关注。通过中国知网数据库，以"高校和劳动教育课程"为检索词（截止统计时间2023年4月25日），发现对高校劳动教育课程体系的构建进行探讨的一些代表性成果，如劳动教育课程的建构策略、⑧高校劳动教育与专业教育相融合的课程体系、⑨推动劳动教育课程规范化见解、⑩大学劳动教育课程框架、特征与实施关

① 中共中央、国务院：《关于全面加强新时代大中小学劳动教育的意见》，http://www.moe.gov.cn/jyb_xxgk/moe_1777/moe_1778/202003/t20200326_435127.html，2023年9月25日检索。

② 教育部：《大中小学劳动教育指导纲要（试行）》，http://www.moe.gov.cn/srcsite/A26/jcj_kcjcgh/202007/t20200715_472808.html，2023年9月25日检索。

③ 教育部：《大中小学劳动教育指导纲要（试行）》，http://www.moe.gov.cn/srcsite/A26/jcj_kcjcgh/202007/t20200715_472808.html，2023年9月25日检索。

④ 吴嘉佳、周芳：《新时代高校劳动教育实施的政策逻辑解构》，《中国高等教育》2022年第Z3期，第52页。

⑤ 周烽、叶晓力、徐培鑫：《改革开放以来我国高校劳动教育政策文本量化分析：基于政策工具视角》，《中国成人教育》2022年第13期，第18页。

⑥ 李欢欢：《高校劳动教育价值取向的百年嬗变：教育方针与政策的视角》，《江苏高教》2021年第11期，第39页。

⑦ 郑露：《新中国成立以来高校劳动教育政策研究》，中南民族大学2021年硕士学位论文，第35页。

⑧ 罗生全、张雪：《劳动教育课程的理念形态及系统构建》，《广州大学学报（社会科学版）》2022年第2期，第150页。

⑨ 阎燕：《构建新时代高校劳动教育与专业教育融合的课程体系》，《中国大学教学》2022年第8期，第56页。

⑩ 曲霞、李珂：《高校劳动教育必修课程规范化建设探析》，《中国高教研究》2022年第6期，第91页。

键①等。同时,也有部分学者关注微观层面,有学者认为部分高校对劳动教育理论课程与实践课程的开展形式存在疑虑,②高校劳动教育课程与中小学劳动教育课程同质化的问题仍然存在,③有学者从课堂理论教学、学科专业实践、校园文化建设与社会劳动服务四个方面提出建设路径,④基于"融通"育人理念和高校劳动教育第一、二课堂维度课程体系论,⑤搭建劳动教育通识教育课程、专业融合课程与素养拓展课程架构体系说,⑥有批评指出"高校劳教课程体系的虚化"⑦论。学者们提出的相关问题在政策文本检索的过程中也可以得到印证。仍有许多高校尚未出台开展劳动教育课程相关的政策文本。因此,对高校已颁布的相关政策文本进行内容分析,可以明晰高校劳动教育课程的实施现状,进而总结实行过程中存在的问题,推动高校劳动教育课程体系的进一步优化,为尚未落实劳动教育课程的高校提供可借鉴的经验。

"劳动教育既是'五育并举'育人原则的重要组成部分,也是高等教育方式变革创新的重要路径,在新时代高等教育人才培养过程中发挥着越来越重要的作用。"⑧鉴于此,本文借助NVivo11软件从课程目标、课程内容与课程评价三个维度,对高校颁布的劳动教育政策的课程实施细则进行内容分析,以期进一步从新视角推进我国高校劳动教育问题探讨。

二、研究设计

(一)政策文本的检索与选择

政策文本的选择必须遵循权威性、全面性和多样性三原则。⑨从权威性的角度看,本研究选取的政策文本均来源于各个学校的官方网站,以高校党政办公室和教务处等信息公开网站为主。从全面性和多样性的角度看,本研究选取的政策文本来源于80所不同办学层次和类型的高校,涉及"双一流建设高校"35所和地方普通本科院校45所。其中,综合类院校28所,理工类院校22所,师范类院校10所,农林类、财经类院校6所,医药类院校5所,政法类院校2所,艺术类院校1所。经过整理后发现,高校颁布此类政

① 卢晓东、曲霞:《大学劳动教育课程框架、特征与实施关键:基于劳动要素的理论视野》,《中国大学教学》2020年第Z1期,第8页。

② 王飞、车丽娜、孙宽宁:《我国高校劳动教育现状及反思》,《中国大学教学》2020年第9期,第75页。

③ 刘向兵、柳友荣、周光礼等:《全面加强新时代高校劳动教育(笔谈)》,《中国高教研究》2021年第4期,第9页。

④ 佟晓丽、任金玉:《新时代高校劳动教育课程建设的思考》,《辽宁工业大学学报(社会科学版)》2022年第1期,第93页。

⑤ 倪志宇、白金、李卫森:《高校劳动教育课程的体系建构》,《中国高等教育》2022年第1期,第36页。

⑥ 时伟:《高校劳动教育课程的特征、架构与实施》,《中国高教研究》2022年第6期,第85页。

⑦ 王玮妮:《新时代高校劳动教育的问题境遇及实践旨向》,《劳动哲学研究》2022年第2期,第209页。

⑧ 吴磊:《新时代高校劳动教育的现实意蕴与实践路径》,《中国成人教育》2021年第16期,第12页。

⑨ 秦琼:《高质量发展视域下高职实践教学改革路向探索:基于政策文本的NVivo分析》,《高等职业教育探索》2022年第1期,第21页。

策文本的时间基本集中在近三年。其中2021年颁布的高校数量最多,共达39份,2020年15份,2022年12份,2019年1份,未明确标注颁布时间的文本13份。

(二)研究工具、研究方法与过程

本文使用NVivo11这一质性研究工具,对所收集到的80份涉及高校劳动教育课程的文本内容进行分析,以期探寻当前高校劳动教育课程的实施现状,进而发现实行过程中存在的问题,推动高校劳动教育课程体系的进一步优化。本文将筛选出的80份文件导入NVivo11中进行编码,首先采用开放式编码对政策文本中涉及高校劳动教育课程的内容逐一进行编码,经过整理后共建立1131个参考点;其次,采用轴心式编码的形式对上述1131个参考点进行归纳整合,建立了政治目标、发展目标、思想目标等24个二级节点;接着,对上述轴心式编码完成的24个二级节点继续进行抽象概括,建立了课程目标、课程内容和课程评价三个一级节点,一级节点是对二级子节点进行质性分析得到的结果,位于从属关系的最高层。在上述工作完成的基础上形成了一个层次分明的树状节点,指向高校劳动教育课程的实施现状。

三、研究结果分析

(一)政策文本词云分析

词频数量大小将凸显政策对该主题重视程度,频次越大说明越重视,反之则表现为重视程度较弱。通过NVivo11对收集的80份不同类型的高校劳动教育课程实施政策文本进行可视化的政策词云基本分析,出现频次的高低可以从词频云中显示字词的大小直接看出(见图1)。对高频词汇进行归类总结后可以发现:第一类高频词指向的是政策文本颁布的出发点和落实主体,即由各学院培养单位组织落实高校劳动教育课程,如"劳动教育""开展""工作""组织""培养""单位"等词汇。第二类高频词指向的是高校劳动教育课程的基本路径,即理论教学与实践教学相结合,加强校内和社会联动机制,如"实践""课程""活动""专业""教学""结合""服务""创新""学校""社会"等词汇。

(二)政策文本分析的三个维度

1.课程目标

课程目标是课程设计的中心环节,课程目标的制定决定了课程内容的设置和教学方法的选择。[1]综合各高校政策文本中对于课程目标的阐述,可以从政治目标、发展目标、思想目标、实践目标和能力目标五个层面加以概括。政治目标是高校以习近平新时代中国特色社会主义思想为指导,全面贯彻党五育并举的教育方针,以立德树人和社会主义核心价值观为导向,探索适应新时代人才培养要求的劳动教育课程模式。发展目标是高校基于自身定位,希望通过劳动教育课程的建设完善人才培养体系,丰富劳动理论研究成果。思想目标强调的是劳动教育课程的价值引领作用,借由马克思主义劳动

---

[1] 汤素娥、柳礼泉:《高校劳动教育课程化的价值意蕴与实践方略》,《思想理论教育导刊》2021年第1期,第99页。

观的思想渗透性,培育劳动精神,激发学生投身劳动实践的内生动力。实践目标是大学生通过劳动教育后养成良好的劳动习惯和品质,珍惜劳动者的付出成果。能力目标是通过劳动教育课程推动知识的传播。这种知识既包括理论知识(如劳动工具的认识),也包括在真实劳动中掌握的必备技能(如动手操作能力、解决问题能力、团队合作能力等)。

图1 高校落实劳动教育实施细则词频云

表1 课程目标编码表

父节点	子节点	材料来源	参考点	编码内容参考示例
课程目标	政治目标	10	18	立德树人、时代新人、社会主义核心价值观
	发展目标	26	39	一流大学建设和一流人才培养、搭建劳动实践锻炼平台、营造浓郁劳动文化氛围、特色的劳动教育理念、可复制可推广的理论研究成果
	思想目标	66	234	劳动观念、劳动素养、全面发展、时代新人、优良传统
	实践目标	47	60	劳动习惯、消费习惯、职业经验
	能力目标	54	119	劳动知识能力、劳动实践能力

2.课程内容

各高校关于劳动教育课程内容的设置可以总结为理论学习、思想成长、校内实践、社会实践、志愿服务和创新创业六大类。根据高等院校的培养环境,高校教学可以分为第一课堂和第二课堂。第一课堂是高校人才培养方案中要求进行课堂教学的课程,是高校育人的主渠道。[①]第二课堂是第一课堂的延伸概念,指在第一课堂教学计划之外,

① 倪志宇、白金、李卫森:《高校劳动教育课程的体系建构》,《中国高等教育》2022年第1期,第36页。

有组织、有计划地实施与第一课堂相关的教学活动。[①]根据这种分类,理论学习类的课程内容归属于第一课堂,其他五类课程内容归属于第二课堂。劳动教育理论课程的形式较为丰富:依据三级节点的排序,采取增设劳动理论必修课的高校数量最多,达到55所,以必修或选修的形式要求学生在规定时间内进行修读,设置相应的学分,内容包括但不限于劳动教育通论、劳动与社会保障、劳动法,引导学生树立正确的劳动价值观;其次是融合课程,有36所高校采取这一形式进行劳动教育课程化建设。主要有两种形式,一种是以大学生就业指导、职业生涯规划和创新创业课程为依托,开展理论课教学,另一种是将劳动教育融入已有人才培养方案中的思想政治理论课程和专业课程。将专业劳动伦理融入学生的专业课程,在思想道德修养与法律修养、中国近现代史纲要、马克思主义基本原理、毛泽东思想和中国特色社会主义理论体系概论课程中有机融入马克思主义劳动观等内容;还有6所高校采取精品线上开放课程修读的形式开展劳动教育,通过智慧树、中国大学MOOC等优质平台引入劳动教育精品课程,纳入通识选修课,丰富劳动教育课程资源。校内实践类的劳动教育是将学生置于劳动场景中,增强学生的劳动体验。有49所高校强调校园卫生实践的重要性,调动学生参与宿舍内务整理、校园卫生清洁、环境绿化、公共场所打扫和公共设施维护等劳动活动的积极性,给予必要的劳动时长。有26所高校设置劳动周或劳动月,但政策文本中并没有明确指出实施时间。有20所高校采取增设勤工俭学岗位的形式给予在校大学生劳动机会。社会实践类的劳动教育依托人才培养方案中的专业实习和就业实习板块,鼓励学生深入劳动一线进行生产劳动实践。志愿服务类的劳动教育依托社区、街道、敬老院、福利院等公共服务资源,建立志愿者服务基地,组织学生参加社区公益活动,并结合大学生志愿服务西部计划、"三支一扶""青年红色筑梦之旅""三下乡"等服务性劳动活动,强化公益服务意识和主动奉献精神。思想成长类的劳动教育侧重校园劳动文化氛围的建设,高校结合特殊节日(如植树节、学雷锋纪念日、劳动节等)开展劳动教育学习宣传活动,邀请大国工匠、劳动模范进校园开展主题讲座,发挥榜样人物的示范作用。同时,借助新媒体平台立体化宣传校园劳动教育,营造浓郁的劳动教育氛围,增强学生劳动教育认同感。有29所高校认识到创新创业在劳动教育课程体系中的重要性,开展"挑战杯"、学科竞赛、创新创业企划等活动,提升大学生就业创业的认知能力、适应能力和实践能力。

表2 课程内容编码表

父节点	子节点	材料来源	参考点	编码内容参考示例
课程内容	理论学习类	68	112	劳动理论课程、融合课程、精品线上开放课程
	思想成长类	43	91	校园讲座、劳动教育特色节日、社团活动、榜样人物进校园、媒体宣传
	校内实践类	63	132	校园卫生实践、劳动周(月)、勤工俭学岗位、校内生产劳动实践基地、校内劳动体验岗、大型活动服务、研究生"三助"岗位、文体活动

① 孙九思、蔡克勇、姚启和:《高等学校管理》,华中工学院出版社1983年版,第308—321页。

178

（续表）

父节点	子节点	材料来源	参考点	编码内容参考示例
	社会实践类	25	26	就业见习
	志愿服务类	49	105	社区公益、"三下乡"、大学生"西部计划"、"三支一扶"、"青年红色筑梦之旅"、回访家乡、扬帆计划
	创新创业类	29	37	"挑战杯"、学科竞赛、创新创业企划、创新创业实践班

3.课程评价

劳动教育课程评价在各高校颁布的政策文本中可以总结为评价主体、评价内容与评价对象、评价方法和评价结果四个维度。在评价主体上，有9所高校统一由学院进行大学生劳动教育课程考核与成绩管理，有7所高校将考核权利交由教师进行，其中5所高校要求任课教师统一进行考核评价，2所高校由辅导员对学生申报材料进行审查并初步给出学院评定结论，有4所高校成立专门的劳动教育课程负责机构（如湖南工学院成立的劳动教育教研室）进行考核评价。在评价对象与内容上，大多数高校在政策文本中只体现对学生进行劳动教育课程评价，以学生劳动教育课程修读情况和劳动活动参与情况为主，只有3所高校在政策文本中提及对教师的评价，但也仅从教学工作量和教学能力的角度进行绩效考核。在评价方法上，72所高校采取合格评价的形式，将学生劳动教育课程考核情况分为合格、不合格两个等级，考核结果合格者方可毕业。有8所高校采取水平评价的形式，将学生劳动课成绩分为优秀、良好、中等、及格、不及格五个等级。过程性评价主要通过建立学生劳动教育档案，对学生开展劳动教育过程监测与纪实评价，只有1所高校在政策文本中提及学段综合评价的终结性评价形式。定性评价与定量评价相结合的形式在文本中也有所呈现，但并未指明具体的实行方案。在评价结果的使用上，接近50%的高校强调将劳动素养纳入学生综合素质评价体系，作为衡量学生全面发展情况的重要内容和评优评先的重要依据，有7所高校主张发挥劳动教育课程评价的育人导向和反馈改进功能。

表3 课程评价编码表

父节点	子节点	材料来源	参考点	编码内容参考示例
评价主体	单一主体	20	20	学院考核、授课教师、劳动教育教研室、劳动教育工作小组、辅导员
	多元主体	6	6	教师、同伴、家长、服务对象、用人单位与个人、教师与个人、教师与用人单位、用人单位、学生互评与个人、用人单位与个人
评价对象与内容	教师	3	3	教学能力、工作量
	学生	46	46	劳动活动参与情况、劳动素养、劳动课修读情况、劳动周表现、家务情况
评价方法	定量评价	4	4	采取定量评价与定性评价相结合

（续表）

父节点	子节点	材料来源	参考点	编码内容参考示例
	定性评价	4	4	
	合格评价	72	72	考核结果分合格、不合格两个等级,考核结果不合格者不能毕业
	水平评价	8	8	考核实施细则由学院确定。劳动课成绩分为优秀、良好、中等、及格、不及格五个等级
	过程性评价	5	9	建立学生劳动教育档案、开展劳动教育过程监测与记实评价、坚持日常评价
	终结性评价	1	1	进行学段综合评价
评价结果使用	综合素养评价	37	39	纳入综合素质评价体系
	奖励措施	38	39	评优评先、入党推优、研究生推免、就业推介、课时津贴
	反馈	7	7	发挥评价的育人导向和反馈改进功能

四、研究结论与进一步讨论

(一)政策文本内容的总体评价

利用NVivo11软件对所获取的政策文本进行分析后发现,各高校积极响应《意见》和《纲要》指示,先后颁布相关政策文本对劳动教育课程建设工作进行落实,高校高度重视劳动教育课程建设工作,具有时代特征的高校劳动教育课程体系初步形构,体现了高校对新时代劳动教育课程建设工作的高度重视。主要成就可概括为三方面:

一是基本把握劳动教育课程的时代内涵和目标定位。从政策文本内容上看,高校充分认识到"劳动教育是国民教育体系的重要内容,是学生成长的必要途径,具有树德、增智、强体、育美的综合育人价值"。[1]在课程目标的描述中,高校重视学生思想和能力二者的培养,通过劳动教育促进学生马克思主义劳动观的形成和基本劳动能力的掌握。

二是劳动必修课程探索取得初步进展。在理论课程方面,除了单独设立劳动教育理论课程之外,还积极探索劳动教育与其他专业课程的融合教学,如根据各专业课程和思想政治理论公共课程的学科特点,将劳动教育融入专题教学或在其中单独设立劳动模块。在实践课程方面,以专业实践为抓手开展生产劳动实践,以劳动周(月)和校园体验岗为平台积极开展日常生活实践,结合产业新业态、劳动新形态和社区公益活动开展服务性劳动。无论是理论课程还是实践课程,都设置一定的学时要求,赋予劳动学分,与学生毕业资格挂钩。

三是劳动素养评价制度基本确立。各高校在政策文本中都强调将在校生的劳动素养纳入学生综合素质评价体系,建立学生劳动教育档案,开展劳动教育过程监测与纪实

---

[1] 张志勇、杨玉春:《深刻认识新时代劳动教育的新思想与新论断》,《中国教育学刊》2020年第4期,第2页。

评价,全面客观记录学生课内外劳动过程和结果,明确奖励和惩罚机制,把劳动素养评价结果作为学生评优评先的重要依据,评价结果不合格者取消毕业资格。

但目前高校劳动教育课程实施仍存在三个问题:

一是课程目标形式化,忽视学生发展特点和学校自身特色。首先,由于不同年龄段学生学情的差异,高等教育阶段劳动教育课程目标也不同于中小学阶段。正如习近平总书记所言:人的成长同生理发育一样是一个循序渐进的过程,要注意各个阶段的铺垫。[①]据此,高校劳动教育课程目标要在衔接中小学阶段课程目标的基础上体现差异性。《意见》明确指出各阶段劳动教育课程目标设置的侧重点,基础教育阶段要重视劳动意识的培养、劳动知识的积累和劳动能力的提高,高等教育阶段要注重培养创新创业能力,积累职业经验,树立正确择业观。[②]但政策文本中对高校劳动教育课程目标的界定较为宽泛,对于思想目标的重视程度远高于创新创业目标,缺乏对学生未来职业的考虑。其次,高校具有自身独特的本质属性和社会职能,具有适应社会需求和引领社会进步的使命,[③]不同类型高校对社会需求的满足各异。但就收集到的政策文本来看,不同类型高校对于劳动教育课程目标的描述呈现趋同化的特征,尚未做到结合学校定位和自身办学特色进行课程体系建设。

二是课程内容泛化,劳动教育认知有待进一步提高。通过政策文本的内容梳理发现,部分高校采取融合课程进行劳动教育时只是将原本专业课的学时进行适当延长,并未进行系统化的劳动教育元素设计。还有一些高校直接将人才培养方案中的实践环节(如实习与毕业设计)替换为劳动教育课程的学分,并未开发劳动教育理论课程。苏霍姆林斯基指出,"劳动教育最重要的准则之一,就是脑力劳动和体力劳动的结合"。[④]如果将高校实践环节直接等同于劳动教育,就变相承认了"劳动教育是一种单纯的体力劳动"的传统观念,只有对学生进行理论和实践的系统性教学,才能在认知层面形成科学的劳动认识,在情感层面形成正确的劳动认同,在行动层面激发参与劳动的内生动力。[⑤]上述现象归其原因在于对劳动教育的认知存在误区,认为高等教育中只有专业课才是最有价值的,高校专业教育本身的实践环节便已经具备劳动教育的属性。

三是课程评价简单化,现有考评制度尚未能成为推进劳动教育课程建设的有效手段。首先,从政策文本呈现的考评制度看,高校劳动教育的课程评价更多局限于对学生劳动素养的评价,关注教师评价的高校寥寥无几。考核评价作为检验高校课程不可或缺的环节,既要对学生的学习成效做出客观的判断,又不能忽视对教师教学实效性的反馈。其次,绝大部分高校对学生劳动教育课程采取合格性评价的形式,对于学生成绩的

---

① 习近平:《思政课是落实立德树人根本任务的关键课程》,《求是》2020年第17期,第1页。

②《中共中央 国务院关于全面加强新时代大中小学劳动教育的意见》,《人民日报》2020年3月27日第1版。

③ 康乐:《试论大学社会责任》,《中国高教研究》2012年第4期,第26页。

④ 苏霍姆林斯基:《帕夫雷什中学》,赵玮等译,教育科学出版社2017年版,第375—376页。

⑤ 卢晓东、曲霞:《大学劳动教育课程框架、特征与实施关键:基于劳动要素的理论视野》,《中国大学教学》2020年第Z1期,第8页。

核定只有合格和不合格两种形式,以此为主导的评价方式对大学生的激励效果并不显著,学生只需要完成规定的学时,拿到对应的学分,为了达到毕业的最低要求跻身合格行列,并不能调动学生积极参与劳动的积极性。

(二)高校劳动教育课程的未来展望

一是加强课程体系建设。结合高校学生特点和办学特色,做好劳动教育课程体系顶层设计。劳动教育始终是中国特色社会主义教育的重要顶层设计。劳动教育的本体地位体现在教育选择和政治选择两个方面,教育选择强调以五育融合的方式实现学生的全面发展,政治选择强调坚持人民立场、以人民为中心的价值理念。① 高校劳动教育课程目标影响课程内容的选择、课程教学的实施和课程评价等环节,是构建劳动教育课程体系的基础环节,必须做好顶层设计。首先,高校内部应组建劳动教育管理机构。管理机构的重要责任之一是统筹劳动教育课程的整体设计,合理制定劳动教育课程实施方案,明晰课程目标、规划课程设置、分配师资力量、制定考核方式和加强课程保障。管理机构可由校内外教育学专家组成,负责劳动教育课程理论研究。"理论是行动的先导,只有理论上的自觉自信,才有实践上的笃定有为。"② 通过把握劳动教育科学理论前沿,把握时代脉搏,为劳动教育课程实践的开展提供重要支撑。其次,必须根据学生学情特点进行课程定位。与基础教育阶段以劳动常识和劳动习惯培养为主的课程目标不同,高校劳动教育课程的目标定位应该"承前启后",且重点在于"启后",即高校学生未来的职业发展,这也是高校学生在校期间最为关注的事情。目前,高校学生对于职业发展的认知受到社会观念的极大冲击,出现"考公热""考编热"的现象,甚至有"宇宙的尽头是编制"这种职业观,这种现象的产生事实上是大学生劳动价值观出现了偏差。因此,高等教育阶段劳动教育课程目标的设定应突出思想性与教学性,在学理层面引发学生对劳动崇高性、平等性与创造性的思考,树立职业平等观。最后,不同类型高校应结合自身办学特色进行课程目标的设定。如理工类院校应侧重工匠精神的培育和职业道德素养的提升;师范类院校应突出"育人"特色,侧重教师表率性和奉献精神的培养;农林类院校应培养知农爱农、以强农兴农为己任的时代新人;③ 医学类院校的课程目标应将"医德"置于首位,要发挥劳育课程的导向功能、协同功能,完善学校劳动教育课程体系。④

二是加强课程场域效果。理论教学和实践教学并重,重视两大课堂联动育人的课程衔接研究。"课程是教育的关键环节",⑤ 无论何种课堂均离不开课程的重要作用。高校第一课堂要发挥"课程育人"的核心阵地作用,从思想层面提升学生的劳动素养。首

---

① 田鹏颖:《再论劳动教育》,《劳动教育评论》2022年第2期,第1页。

② 张万玉:《新时代劳动教育的三重维度考量》,《上海师范大学学报(哲学社会科学版)》2022年第5期,第38页。

③ 应义斌:《坚守本色、彰显特色,着力培养全面发展的农林业时代新人》,《中国农业教育》2019年第5期,第12页。

④ 陈辉、伍醒:《新时代学校劳动教育的时代定位、逻辑理路与实现路径》,见何云峰主编:《劳动哲学研究》第4辑(2021年第1期),上海教育出版社2021年版,第295页。

⑤ 周仕德、高思超、关荆晶、刘永帆:《新中国基础教育课程论研究的演进、重点特征与展望》,《广东第二师范学院学报》2022年第1期,第9页。

先,以必修课的形式确立劳动教育通识课程,传授劳动科学知识,如劳动伦理、劳动文化、劳动法律、劳动心理、劳动权益保障等内容,①全方位提升学生的劳动素养。其次,将劳动教育融入思想政治理论课程和专业课程的教学中,以润物无声的方式强化学生对马克思主义劳动观的理解,在专业课程的实习实训环节中掌握劳动技能,为未来职业发展做准备。再次,劳动教育课程内容要贯彻整个本科学习阶段,除了人才培养方案中规定的课程之外,还可以在新生入学教育阶段进行劳动教育专题讲座,邀请社会劳动模范进校园交流,学习其劳动意志品质。职业生涯教育是高校就业指导中不可或缺的一部分,通过学生自我认识能力的培养,使学生明晰自我定位和未来发展方向,提高大学生职业胜任力。最后,可以引入线上精品开放课程,以选修课的形式,利用中国大学MOOC、"智慧树"等平台供学生选读。高校第二课堂是第一课堂的有益补充,也是劳动教育实践课程的主阵地。"大学的本质是研究和应用高深学问,其特质在于学术性。"②因此,高校劳动实践课程不是简单的校园卫生实践活动,也不是单纯的模拟劳动,而是探索性和真实性的项目式活动。如以学科前沿为基础的"互联网+""挑战杯"等赛事活动,培养学生的创新创业精神。真实性的劳动活动以实习实训和志愿服务为主,前者通过真实的社会岗位历练,学习如何在真实情境中运用理论知识,后者在服务社会的过程中培育甘于奉献的时代精神,"要在促进国家育人重大战略需求实践中充分发挥课程研究的衔接使命",③进而实现立德树人的根本任务。

三是加强评价实施引领。强化劳动教育课程督导评价,建立教师荣誉激励的长效评价机制。"评价是教育活动的'指挥棒',有什么样的评价指挥棒,就有什么样的办学导向。"④教育督导评价对高校劳动教育课程质量的提升发挥了关键作用。从基础性、发展性和创新性三大维度对高校劳动教育督导评价指标体系进行规范设立,其中"思政劳育"和"课程劳育"相关指标可以用于检验第一课堂的劳动教育成效,"专业劳育"相关指标对于第二课堂实践评价亦可进行借鉴,"特色劳育"相关指标旨在评价高校是否根据自身发展特点和定位进行劳动教育课程创新,⑤以此实现高校间的纵向评价,提升劳动教育课程建设水平。针对目前高校劳动教育课程教师激励效果不显著的问题,应该弱化劳动教育课程教学评价单一性,建立教师荣誉制度。但对于教师来说,内部动机比外部压力具有更大的激励作用。受过较高层次教育的人主要是由自我激励的。外部压力可以迫使他们达到最低的标准,但很难使他们达到优良的水平。⑥让教师置身于劳动教育课程教学评价单一性之下,无法从根本上调动行为主体做好劳动教育课程教学的主

---

① 鲁扬、姜雪纯:《新时代高校劳动教育课程建构初探》,《学校党建与思想教育》2022年第15期,第50页。

② 张文江:《大学治理的回归与超越——兼论大学行政化的"去"与"取"》,《高教探索》2012年第4期,第8页。

③ 周仕德、刘翠青:《建构有中国气派的课程论学科体系》,《中国人民大学教育学刊》2020年第3期,第101页。

④ 司林波:《新时代教育评价改革的现实背景、内在逻辑与实践路向》,《陕西师范大学学报(哲学社会科学版)》2022年第1期,第96页。

⑤ 任国友、曲霞:《新时代高校劳动教育督导评价体系研究》,《劳动教育评论》2020年第1期,第56页。

⑥ 陈玉琨:《教师评价:假设、观察与对策》,《高等师范教育研究》1993年第5期,第16页。

动性。当今教师专项荣誉中科研专项荣誉数量远多于其他荣誉项目,[①]这种科研荣誉偏好倾向容易将高校教师引向"重科研,轻育人"的轨道。为此,必须探索建立高校教师荣誉制度中教学、科研、立德树人三者的互促机制,使三者在教师荣誉感获得过程中达到同等效用,扭转单一的科研荣誉取向。在这种机制的引领下,可以考虑单独设立"高校劳动教育课程教学"卓越荣誉项目,激发教师在参与劳动教育课程开发中的积极性。新时代劳动教育须注重探索建立必要的长效机制,形成具有中国特色的高校劳动教育课程实施评价体系。真正实现高校劳动教育"课程评价机制的重建",[②]还需要我们攻坚克难,共同致力于理论和实践的深入探讨。

---

① 卢晓中、谢静:《大学教师荣誉制度与荣誉体系刍议》,《江苏高教》2017年第11期,第1页。

② 汪杰锋、王一雯、郭晓雅:《新时代高校劳动教育课程实施的问题与消解》,《齐鲁师范学院学报》2023年第2期,第54页。

新时代青年劳动品质的三维解读：
科学构成、价值意蕴和培育路径①

张　磊，伍美橙

摘　要： 劳动品质是个体在生活学习工作中形成的一种稳定的认识劳动、热爱劳动、参与劳动的美好品质，这种品质的养成能够帮助个体更好地融入社会，担负起社会赋予的角色。青年作为新时代的未来，其劳动品质的构成包括劳动认知、劳动情感和劳动意志。培育青年的劳动品质具有促进青年的全面发展、彰显中国特色社会主义大学的特征、创造中华民族美好未来的重要价值意蕴。建议从思想认识上理解劳动的本质、从情感态度上认同劳动的开展、从意志能力上践行劳动教育的理念三个方面来培育青年的劳动品质，使他们具备满足日常生活劳动、生产劳动、服务性劳动发展需要的基本劳动能力，形成良好的劳动习惯。

关键词： 青年；劳动品质；科学构成；价值意蕴；培育路径

本文引文格式： 张磊、伍美橙：《新时代青年劳动品质的三维解读：科学构成、价值意蕴和培育路径》，见何云峰主编：《劳动哲学研究》第9辑（2023年第2辑），上海教育出版社2023年12月版，第185—193页。

新时代青年具备良好的劳动品质，关系着我国未来建设者的综合素质和创造水平。习近平总书记十分关心青年的全面成长，在学校思想政治理论课教师座谈会上强调"坚持教育同生产劳动和社会实践相结合"，②在党的二十大报告中也明确提出："全面贯彻党的教育方针，落实立德树人根本任务，培养德智体美劳全面发展的社会主义建设者和

---

① 基金项目：青海省"十四五"教育科学规划2022年度重点课题"青海省依托国家公园开展青年生态文明教育路径研究"（项目编号：22QJG11）；青海省2022年度"昆仑英才·教学名师"青海大学思想政治理论课教学名师工作室成果之一。作者通信地址：张磊，青海大学马克思主义学院，青海西宁810016；伍美橙，青海大学马克思主义学院，青海西宁810016。

② 《习近平关于青少年和共青团工作论述摘编》，中央文献出版社2017年版，第77页。

接班人。"① 习近平总书记关于青少年劳动教育的系列论述,体现了"五育并举"的现代化教育方针,彰显了综合育人的价值理念。同时,在中共中央、国务院发布的《关于全面加强新时代大中小学劳动教育的意见》(以下简称"意见")中,更是指出要培养青年正确劳动价值观和良好劳动品质,② 强调培育广大青年热爱劳动、尊重劳动、投身劳动的良好劳动品质是各级各类学校的重要任务。因此,分析研究青年劳动品质的科学构成、价值意蕴和培育路径是全面推进新时代青年劳动品质养成的题中之意。

一、青年劳动品质的科学构成

劳动品质是个体在生活学习工作中形成的一种稳定的认识劳动、热爱劳动、参与劳动的美好品质,这种品质的养成能够帮助个体更好地融入社会,担负起社会赋予的角色。劳动品质是青年思想道德品质的核心构成,在思想上表现为确立劳动最光荣、劳动最崇高、劳动最伟大、劳动最美丽的认识,在行为作风上表现出认识劳动、热爱劳动、尊重劳动、主动参与劳动的实践倾向。具体来说,劳动品质由劳动认知、劳动情感和劳动意志构成,三者共同诠释了青年劳动品质养成的复杂心理过程。在我国,儒家道德思想以《易经》《书经》《诗经》为理论基础,"《书》为政事史,由意志方面,陈述道德之理想者也;《易》为宇宙论,由知识方面,本天道以定人事之范围;《诗》为抒情体,由感情方面,揭教训之趣旨者也。三者皆考察伦理之资也";③ 在西方,亚里士多德的美德伦理理论强调人的理性和知识、选择和意愿、快乐和幸福三个方面。④ 在近代伦理学中,中国伦理学之父蔡元培先生指出,一个人的品质包括知、情、意三个部分,"德者,良心作用之成绩。良心作用,既赅智、情、意三者而有之,则以德之原质,为有其一而遗其二者,谬矣"。⑤ 在现代伦理学中,高国希认为实践智慧、情感、理智能力是德性的重要组成;⑥ 王海明和孙英认为认识、感情、意志是道德品质的重要结构;⑦ 李兰芬和王国银也在道德品质的构成上达成一致,认为认知、情感、意志、信念和行为是品质的核心组成;⑧⑨ 目前,国内对于劳动品质的研究相对比较薄弱,仅有几篇文章作了论述。毕文健等认为,劳动品质指人的劳动行为和作风所显示的情感、态度、观念、习惯、品行、精神等;并认为劳动品质是劳动教

① 习近平:《高举中国特色社会主义伟大旗帜 为全面建设社会主义现代化国家而团结奋斗——在中国共产党第二十次全国代表大会上的报告》,人民出版社2022年版,第34页。

② 中共中央、国务院:《关于全面加强新时代大中小学劳动教育的意见》,http://www.moe.gov.cn/jyb_xxgk/moe_1777/moe_1778/202003/t20200326_435127.html,2023年9月25日检索。

③ 蔡元培:《中国伦理学史》,广西师范大学出版社2010年版,第1页。

④ 亚里士多德:《尼各马可伦理学》,廖申白译,商务印书馆2003年版,第11页。

⑤ 高平叔:《蔡元培全集》第2卷,中华书局1984年版,第253页。

⑥ 高国希:《德性的结构》,《道德与文明》2008年第3期,第37页。

⑦ 王海明、孙英:《美德伦理学》,北京大学出版社2011年版,第236页。

⑧ 李兰芬:《善政与善的社会——德治的定位研究》,《江苏社会科学》2006年第2期,第238页。

⑨ 王国银:《德性伦理研究》,吉林人民出版社2006年版,第22页。

育的重要组成部分;①王君认为劳动品质的维度有劳动认知、劳动情感、劳动意志和劳动行为习惯等。②雷颖认为个体的劳动品质由其劳动认知、劳动情感、劳动意志、劳动行为四个基本要素构成。③宋姝霈认为,劳动品质就是个人在社会生活和日常生活中所表现出来的劳动心理和劳动精神,同时也是社会基本劳动原则和劳动意识影响和渗透在个人行为和观念中的外部呈现。④基于上述学者的观点,以及《意见》从思想认识、情感态度、能力习惯三个方面为学校指明了劳动品质培育目标,我们认为劳动品质是一种内化、稳定的美好心理品质,它与劳动行为是相对的。现阶段,我国积极开展劳动教育,就是为了内化青年爱劳动、尊劳动、愿劳动的品质,最终外化为实施劳动行为、投身劳动实践。据此,劳动认知、劳动情感、劳动意志是劳动品质的科学构成。

(一)劳动认知

青年对劳动的认知,是其对劳动内涵以及劳动观念的准确把握,是对劳动的本质、类型以及劳动与人类社会的关系、劳动教育与专业教育之间关系的正确定位,是对自我或他人劳动行为的客观评价,以及劳动对于个体发展价值的认识,是培育劳动品质的基础和重要前提。青年认知劳动的本质,首先要剥离传统文化下对劳动的认识误区,同时要深刻理解马克思主义劳动观,认识到劳动作为整个社会发展的主引擎作用。青年正处于心智和身体逐步成熟的阶段,人生观、价值观和世界观都容易受到社会主流价值和校园文化环境的影响。高校只有引导他们从思想认识上理解劳动教育的本质,从自我意识觉悟到劳动是实现自我价值的内在需要,他们才会有积极投身劳动的内驱力和主动性。

首先,要主动剥离传统文化下对劳动的认识误区。在中国传统观念中,"劳心者治人,劳身者治于人""万般皆下品唯有读书高"的思想广为传播,导致青年对劳动教育在认识上产生误区,仅重视个人的学业和智力发展,轻视体力劳动的价值。广大青年作为时代新人,应该客观、全面、理智地看待和认识传统文化对劳动的轻视问题。过去,由于社会发展程度和条件的限制,劳动阶级没有接受教育的权利和机会,默默无闻地为士人和官僚阶层提供其生活所必需的食物、衣物、房屋、交通工具等产品。学而优则仕者和村野草莽成了社会中对比鲜明的两个阶层。但是在现代中国特色社会主义社会中,阶级之分被逐渐淡化,行政工作者、学术研究者、高级管理者、各行各业的工人、从事农业生产的农民等,都被冠以"劳动者"的称谓。随着中国特色社会主义进入新时代,以习近平总书记为核心的党中央"赋予了'以劳动托起中国梦'的崇高地位,提出了构建德智体美劳全面发展的教育体系,为新时代教育强国做出了新的贡献"。⑤因此,青年应该深刻认识到,在新时代对劳动精神的弘扬就是时代强音,开展劳动教育就是中国特色社会主

---

① 毕文健、顾建军、徐维炯:《重视学生劳动品质的培养——积极心理学视域下劳动品质教育的调查研究》,《中国教育学刊》2021年第8期,第97页。

② 王君:《回归生活的小学生劳动品质养成研究——以Q市M小学为例》,曲阜师范大学2020年硕士学位论文,第56页。

③ 雷颖:《新时代青少年劳动品质的现状调查与对策思考》,西华师范大学2020年硕士学位论文,第33页。

④ 宋姝霈:《初中道德与法治课学生劳动品质培育研究》,沈阳师范大学2022年硕士学位论文,第35页。

⑤ 王斌:《习近平关于劳动教育的重要论述探析》,《教育导刊》2019年第7期,第5页。

义大学教育的核心内容之一。

其次,要深刻理解马克思主义劳动观。对青年的劳动教育,必须要让其在理论的高度上认识劳动的本质。马克思认为,"整个所谓世界历史不外是人通过人的劳动而诞生的过程",①并指出:"未来教育对所有已满一定年龄的儿童来说,就是生产劳动同智育和体育相结合,它不仅是提高社会生产的一种方法,而且是造就全面发展的人的唯一方法。"②马克思主义的劳动观是教育与生产劳动相结合的产物,是马克思主义关于教育的基本原理的生动体现。推进马克思主义劳动观中国化时代化是一个追求真理、揭示真理、笃行真理的过程。中国共产党对马克思主义的教劳结合思想做了创造性实践和发展,并把这一原理作为党的教育方针。毛泽东同志指出:"教育必须为无产阶级政治服务,必须同生产劳动相结合。劳动人民要知识化,知识分子要劳动化。"③进入新时代,习近平总书记也多次论述劳动教育,指出"劳动是推动人类社会进步的根本力量",④要"培养德智体美劳全面发展的社会主义建设者和接班人。"⑤无论是过去、现在还是将来,劳动教育都是我国高等教育落实立德树人任务的重要内容。新形势下,加强青年的劳动教育,更是培养全面发展的社会主义建设者和接班人的本质要求。实践是检验真理的唯一标准,理论是开展一切实践的指导。青年的生理特征和心理特征使得他们对理论学习有着渴望,但是,只有让青年切实理解劳动的重要内涵、重要价值、实践方式,他们才能够从情感上认同、从行动上践行。一方面,青年应该认识到,是劳动创造了人,并将人和动物从本质上区分开来。社会劳动又使得人与人通过产品生产和社会服务建立密切的联系。概言之,要让青年认识到劳动是人与人类社会产生、存在和发展的基础。另一方面,马克思主义关于人的自由全面发展的观点,指出劳动不但是人们谋生的重要手段,还是人们获得自我创造、自我实现与自我升华的重要力量。习近平总书记在党的二十大报告中指出,"新时代的伟大成就是党和人民一道拼出来、干出来、奋斗出来的!"⑥劳动不仅是青年实现个人价值的前提,更是实现中华民族伟大复兴梦的基础。当代青年作为社会主义的建设者和接班人,要树立劳动创造价值的人生观,要将辛勤劳动、诚实劳动、创造性劳动作为自觉行动,在劳动中奉献社会,实现个人理想和中国梦的统一。

最后,要全面认识到劳动作为整个人类社会发展的主引擎作用。劳动在人类演进发展中具有重要作用。古猿通过劳动进化为人,成为劳动力,这是人类生产力形成的标志和人类历史的开始。恩格斯认为,从本原看生产力就是具有劳动能力的人与生产资料相结合进行劳动,从而人类具备了改造自然的能力。因此,在现代商品经济生产体系中,人们使用和支出劳动力的过程实际上就是劳动的过程。马克思也指出劳动力的使

①《马克思恩格斯文集》第1卷,人民出版社2009年版,第196页。
②《马克思恩格斯文集》第5卷,人民出版社2009年版,第556-557页。
③《建国以来重要文献选编》第19卷,中央文献出版社1998年版,第68页。
④《习近平谈治国理政》,外文出版社2014年版,第44页。
⑤《习近平著作选读》第2卷,人民出版社2023年版,第195页。
⑥习近平:《高举中国特色社会主义伟大旗帜 为全面建设社会主义现代化国家而团结奋斗——在中国共产党第二十次全国代表大会上的报告》,人民出版社2022年版,第15页。

用就是劳动本身。劳动力的买方消费劳动力,就是让劳动力的卖方为其提供劳动。由此,从本质上看,人类的一切政治、经济和文化活动都是具有社会价值的劳动,而各种不同形式的价值之间是可以不断转换、循环、增值的。劳动是中国特色社会主义制度的重要基石,直接决定社会主义建设的成果。

（二）劳动情感

"情感是个体对客观事物的态度体验和相应的行为反应。"[1]劳动情感是青年基于现实生活中对劳动行为的主观感受和客观体察而产生的一种情绪态度,是人们对劳动本身进行认同的核心和关键。在劳动认知的基础上,青年对劳动的情感认同体现在对劳动活动的理解、认可、依赖等方面。青年形成劳动情感,必须具备"三真":热爱劳动的真情、尊重劳动者的真心、投身集体劳动的真诚。

首先,劳动情感就是热爱劳动的真情。习近平总书记曾指出,"要在学生中弘扬劳动精神,教育引导学生崇尚劳动、尊重劳动,懂得劳动最光荣、劳动最崇高、劳动最伟大、劳动最美丽的道理,长大后能够辛勤劳动、诚实劳动、创造性劳动"。[2]诚然,只有发自内心地热爱劳动,悟出劳动的伟大崇高之处,广大青年学生才能自发养成劳动品质。因此,劳动情感首先是对劳动这一人类社会赖以存在的基础和手段在智慧和道德上臻于完善的热爱。热爱劳动的真情,在任何一个时代都会给人带来收获的快乐,使得人们获得生活中真正的幸福感。

其次,劳动情感就是尊重劳动者的真心。"任何对人类做出了贡献的劳动都应该受到尊重,劳动成果也应得到珍惜。"[3]马克思主义唯物史观指出,人民是历史的创造者,所以,尊重劳动实际上就是指对人民群众的尊重。人民群众中蕴藏着丰富的资源,因此,学习和锻造劳动精神必须要深入到群众的汪洋大海中。毛泽东同志指出,"人民,只有人民,才是创造世界历史的动力"。[4]中华文明在漫长的历史发展过程中,物质文明和精神文明之所以还能如此光辉灿烂,与广大劳动群众的辛勤劳动密不可分。然而,随着社会的不断发展进步,青年学生的活动空间范围主要是从家门到学校,从学校到学校,缺乏真正的社会生活实践、缺乏直接机会进行劳动创造。中国特色社会主义建设取得了丰硕的成果,离不开劳动者辛勤付出。因此,劳动精神的锻造首先要从人民群众中汲取知识。

最后,劳动情感就是投身集体劳动的真诚。劳动情感要让青年体验在集体活动中通过团结协作、互帮互助而收获的友爱,体会通过集体协作的力量而形成的伟大合力,从而对劳动者产生崇敬之情,进而对劳动者的劳动活动和劳动成果产生认同的情感。人的社会属性表明,每个人都是社会群体中的一员。这样的情感帮助青年深刻地理解到劳动可以开创未来,是创造人类幸福的基础。苏联著名教育家马卡连柯和苏霍姆林斯基在劳动教育理论和实践探索方面,都主张"劳动集体是劳动教育的目的、对象和手

---

① 李振华:《教学中的情感因素分析》,《中国教育研究与创新》2006年第5期,第35-36页。

②《习近平著作选读》第2卷,第202页。

③ 宋宝萍、刘慧:《劳动精神融入青年创新创业教育的实践路径研究》,《黑河学刊》2020年第2期,第126-128页。

④《毛泽东选集》第3卷,人民出版社1991年版,第1031页。

段，因此要为了集体、在集体中、通过集体来开展劳动教育"。①更有研究指出，充满各种劳动关系的劳动集体是学生劳动热情的主要产生地和存在地。

（三）劳动意志

青年的劳动意志是指个体自觉主动地确定劳动目的，再依据劳动目的调整和支配自己的劳动行为，努力克服困难，从而实现预定劳动目标的心理过程。劳动意志是指围绕怎样开始着手劳动，以及进行什么样的劳动等问题，并针对每种劳动的特性或者当前劳动活动的本质，开展劳动的一种理性思考。然而，劳动意志最终体现在实践上。劳动意志的实践性体现在两个方面：一是执行准备阶段。在这一阶段中，第一位的是动机斗争，这是首要解决的问题；紧接着是要确定好行动的目标，同时要选择达到目标所需的有效策略、方法和手段；最后，在前两者的基础上制定出切实可行的行动计划。二是执行决定阶段，这一阶段的主要目标是实现制定的行动计划。在这一过程中，努力克服主观和客观上的各种困难，坚定地执行既定的行动计划并最终完成。总体上，劳动意志是培育青年劳动品质的落脚点和最终目标。

首先，劳动意志的执行准备阶段。心理学认为，意志是人自觉地确定目的，并支配行动去克服困难以实现预定目的的心理过程。当前，诸多青年家庭物质生活条件优越，父母更多重视的是其学业成绩，而忽视了培养他们的劳动品质，使得他们不会劳动，养成了不想劳动、害怕劳动的观念，甚至出现了不珍惜劳动成果的行为。进一步说，当面对摆在自己生活和学业中的难题、将来工作中的困境，他们不是积极去解决，而是选择逃避。这些现象的根源在于这些青年没有主动劳动的意志力。习近平总书记指出："要坚持艰苦奋斗，不贪图安逸，不惧怕困难，不怨天尤人，依靠勤劳和汗水开辟人生和事业前程。"②只有依靠坚强的意志力来支撑他们克服惰性和畏难的情绪，才会积极解决困难。因此，劳动意志的执行准备阶段就是使青年克服对劳动的恐惧感，设定长远劳动目标的原动力。

其次，劳动意志的执行决定阶段。采取决定阶段主要是从心理上克服恐惧劳动的心理，执行决定阶段则是要在实践上果断并坚韧地朝着既定目标不懈努力。劳动意志的强大作用就在于它可以直接支配人的劳动行为，因此劳动意志的执行决定阶段就是在确定劳动目标的前提下，迅速而合理地为了完成一定的劳动任务而组织起来的阶段。在劳动意志的执行决定阶段，调节人的劳动行为是劳动意志的主要表现方式。一方面表现为组织和发起各类劳动行为，可以是生活劳动、生产劳动以及社会公益劳动等，并在劳动过程中积极主动战胜困难、坚定劳动意志。另一方面表现为制止和消除某些不良的劳动行为，如消极劳动、破坏劳动成果等。因此，在劳动意志的支配下，青年以理性的思维对自己的行为进行鼓励、调节和实现，使其在劳动目标的指引下，更加有意识、有目的、有计划地去调节和支配自己的劳动行为，卓有成效地完成自己应该完成的劳动任务，取得良好的劳动效果。

---

① 胡君进、檀传宝：《劳动、劳动集体与劳动教育——重思马卡连柯、苏霍姆林斯基劳动教育思想的内容与特点》，《国家教育行政学院学报》2018年第12期，第40页。

② 习近平：《在知识分子、劳动模范、青年代表座谈会上的讲话》，人民出版社2016年版，第11页。

二、新时代培育青年劳动品质的价值意蕴

（一）促进青年的全面发展

劳动具有树德、增智、强体、育美的全面育人的综合价值。人生最美好的时期正是大学阶段，这一时期身体、知识、才干都得到迅速的增长和提升。青年风华正茂，每天都有新收获，每天都有新期待。大学校园为青年提供了展示才华的舞台，在这样一个开放、自由的殿堂中，青年各方面的能力都得到了培养和发展。大学不仅要培养青年爱国、好学、诚信、友善等良好的道德品质，还需要进一步培养他们吃苦、耐劳、肯干、实干等优良的劳动品质。人具有社会属性，每一个人都生存和活动于具体的、特定的现实社会。青年光有知识难以满足新时代对全面综合型人才的需求，还需努力培养自己的劳动品质、把握劳动的真谛，在劳动中实现自我价值和社会价值。劳动品质的养成对于青年的成长成才如同推动器，使其在注重完善个人知识结构的同时，能够通过参与社会实践劳动，成长为有创新、有道德、有理想、有信念、有社会责任感的时代新人。因此，以劳动教育为抓手，培养青年的劳动品质和奋斗精神，就是找到了提高青年综合素质的切入点。通过劳动，一方面让他们树立正确的劳动观念，改变忽视体力劳动的错误观念，使其明白不管是体力劳动还是脑力劳动，只要是付出自己辛劳的汗水，都是值得尊重和鼓励的。另一方面让他们明白劳动没有高低贵贱之分，一切劳动都是平等的。这一过程诠释了由劳至德、劳德相生、劳智共长、劳情共育的发展过程，让处在人生"拔节孕穗期"的青年，在德智体美劳五个方面都得到精心引导和栽培。

（二）彰显中国特色社会主义大学的特征

中国的大学是中国共产党领导下的中国特色社会主义高校，扎根中国大地办教育、扎实开展劳动教育是新时代中国大学最重要的特征之一。马克思和恩格斯根据辩证唯物主义和历史唯物主义的基本观点，在分析现代社会和现代教育关系的基础上，指出将教育和生产力相结合是现代教育发展的一条普遍规律。新时代，在培养人才的过程中，将劳动教育纳入教育体系当中，把教育与生产劳动相结合，积极探索具有中国特色的劳动教育模式，充分彰显了中国大学的本质属性。回眸历史，新中国成立之初，毛泽东同志明确表示，教育要与生产劳动相结合，劳动人民要知识化，知识分子要劳动化；邓小平同志也曾多次提到，随着现代经济和技术的迅速发展，要将教育与生产劳动相结合，使学生所学内容和未来的就业岗位尽量吻合。党的十八大以来，习近平总书记高度重视劳动教育，多次强调劳动教育在五育中的独特地位："扎根中国大地办教育，同生产劳动和社会实践相结合，加快推进教育现代化、建设教育强国、办好人民满意的教育，努力培养担当民族复兴大任的时代新人，培养德智体美劳全面发展的社会主义建设者和接班人。"① 由此，在高校，培育青年的劳动品质，关系着新时代高校立德树人根本任务能否真正落地，关系着培育和践行社会主义核心价值观的成效如何，更关系着中国大学能否自信地向世界彰显中国特色社会主义的属性。

---

① 《习近平谈治国理政》第3卷，外文出版社2020年版，第328页。

（三）创造中华民族的美好未来

任何一个民族，如果停止劳动，终究是要消亡的；只有辛勤的劳动才是任何一个民族长盛不衰的内生动力。中华民族历经了新民主主义革命及社会主义革命、建设与改革的磨难，改变了旧中国山河破碎、贫弱受辱的历史，使得新中国充满生机与活力，呈现出繁荣昌盛的新面貌。其中，正是依托中国人民吃苦耐劳、艰苦奋斗、敢拼敢闯的勇气，不计得失、乐于奉献的责任担当，更依托的是一代又一代仁人志士脚踏实地、真抓实干的劳动。党的二十大向世界宣告，我们正处于中国式现代化建设的光明前景之中，但这绝不是轻易就能实现的，而是靠每一个中国人民通过辛勤劳动、诚实劳动和创造性劳动实现的。今天高度重视对下一代的劳动教育，明天就能实现国家富强、民族振兴、人民幸福。因此，培养具有劳动精神面貌、劳动价值取向和劳动技能水平的社会主义建设者和接班人，对新时代中国百年复兴大业有着极为重要的支撑作用。实现中华民族伟大复兴的道路上，离不开每一位辛勤付出的中华儿女，更离不开每一位中国未来的主力军。青年为梦助力，是实现这一伟大梦想不可或缺的坚实力量，用自己的"青春梦"托起了"中国梦"。

三、新时代青年劳动品质的培育路径

（一）从思想认识上理解劳动的本质

培养青年的劳动品质，高校应根据教育目标，针对不同学段、类型、专业学生的特点，引导青年学生从思想认识的高度理解劳动的本质。一是要树立正确的劳动观念。习近平总书记强调："劳动创造了中华民族，造就了中华民族的辉煌历史，也必将创造出中华民族的光明未来。"[1] 新时代的劳动教育要注重培养青年尊重劳动、热爱劳动的观念，引导青年正确认识劳动对中国特色社会主义建设大业的重要作用。同时，必须摒弃传统文化对劳动的轻视，旗帜鲜明地反对一切不劳而获、贪图享乐、崇尚暴富的错误观念，鼓励青年通过诚实劳动、辛勤劳动来实现人生梦想、改变自己的命运。二是要深入认识马克思主义劳动观。要以马克思主义劳动观作为行动指引，准确把握劳动的重要性，在社会实践中诚实劳动、踏实劳动。同时，将马克思主义劳动观作为一面镜子，审视青年在劳动观问题上存在的不良现象，学会崇尚劳动、尊重劳动，懂得劳动最光荣、劳动最崇高、劳动最伟大、劳动最美丽的道理，毕业后成为辛勤、诚实、创新的劳动者。三是认识到积极参加各类劳动的重要价值。注重引导青年深入理解生产劳动是创造财富和价值的活动，对中国特色社会主义的建设大业起着关键性作用；服务型劳动具有较强的时代特点，每个公民都应该注重利用知识、技能、工具、设备等为他人和社会提供服务，特别是要在志愿服务和公益劳动过程中，强化自身社会责任感，培养良好的社会公德。

（二）从情感态度上认同劳动的开展

培养青年的劳动品质，高校必须引导广大青年学生从情感态度上认同劳动活动的开展。一是要形成热爱劳动的态度。这充分体现在树立劳动光荣、创造伟大的先进理念。在情感态度上笃定劳动是光荣的，才能克服鄙薄劳动、轻视劳动者的错误认知，才

---

[1]《习近平谈治国理政》，第46页。

能切实体会无论是外卖小哥还是环卫工人,都是社会主义的劳动者,他们的劳动创造了一座座美丽的城市,他们在疫情中的无私奉献使全社会充满正能量。所有人热爱劳动的态度汇聚在一起,才能不断增进社会物质财富和精神财富的创造,才能建设和谐的社会。二是要形成尊重劳动者的正确的观念。"由于社会分工的不同,凡是从事让所有人民赖以生活和发展的劳动职业都应该受到社会的尊重。"①让尊重劳动者成为青年的共识,主动把在抗疫救灾等重大事件中涌现出来的典型劳动模范,以及各行各业辛勤劳动、诚实劳动、创造性劳动的普通劳动者作为学习对象。三是要充分调动青年的劳动兴趣。要准确把握青年的个性特长爱好,让劳动教育与青年的特长爱好结合起来,以喜闻乐见的方式开展"走心"的劳动教育。以校园中各类劳动社团为载体,给青年学生们提供在劳动中体验快乐、激发创造力的基地,引导青年学生们在劳动活动中实现自我价值,加深对劳动的认同,促进青年学生在劳动教育中主动、生动地发展。

(三)从意志能力上践行劳动教育的理念

空谈误国,实干兴邦。"幸福不会从天降,美好生活靠劳动创造。"②培养青年的劳动品质,高校不能停留在一般号召,更不能开展在课上"听"劳动、在课外"看"劳动、在网上"玩"劳动等形式主义的劳动教育活动,必须从意志能力上践行劳动教育的理念。马克思主义劳动观将劳动分为生产劳动和非生产劳动,高校可以根据青年劳动品质养成的需要,依据《纲要》的实施要求,将劳动教育分为专业劳动教育、日常生活劳动教育和服务性劳动教育三个方面。一是开展专业劳动教育。高等教育阶段是实现青年从学生到劳动者的身份转变,这一过程需要劳动品质的保驾护航。因此,"高校要重视生涯教育生涯教育、职业规划教育以及创新创业教育,通过专业实习实训环节和各类创新创业实践的开展,让学生真正体验并感受劳动的付出所带来的成就感,在劳动中学会总结、学会思考、学会创新;要营造良好的劳育环境,让学生自然成为劳动积极的践行者"。③通过具体的社会实践活动以及劳动锻炼培养良好的劳动品质,努力提升青年劳动技能。二是重视日常劳动。以陶行知为代表的教育家在探索实践中提出的"生活即教育"思想,为我们进一步拓宽劳动教育的载体。高校要倡导老师在做中教、青年在做中学的理念。特别要以生活中的事实作为劳动教育的重要素材,设立勤工助学岗位,鼓励青年学生申请岗位,充分利用校内资源(校园、教学楼、宿舍等),让青年学生承担打扫卫生等责任和义务。这不仅为青年提供劳动的机会,同时也提高青年学生的思想政治素质和劳动技能。三是积极培养服务性劳动。高校的社会实践课程要充分走向农村、走向社区、走向社会,通过整合一切社会资源,与其他高校或社会有关部门、社团等共建劳动教育基地。通过校企合作为毕业生提供实习岗位,建立可靠、可持续发展的实习基地。④同时,鼓励青年在国家面临重大社会公共问题时主动挺身而出,提供服务性劳动,从而培养团结、奋斗、创新、奉献的劳动品质。

---

① 赵伟:《试论劳动、劳动教育和职业教育的关系》,《中国高教研究》2019年第11期,第103—108页。

② 习近平:《在知识分子、劳动模范、青年代表座谈会上的讲话》,第7—8页。

③ 姚婷:《高校劳动教育该如何推进》,《中国科学报》2019年12月11日第4版。

④ 闫新科:《新时代高校加强劳动教育的路径探析》,《改革与开放》2019年第7期,第96页。

辛勤劳动、诚实劳动、创造性劳动的历史意蕴与教育启迪①

党　印，周海勇

摘　要： 劳动是价值的源泉,是社会进步的动力。党和国家在不同时期关于劳动的论述和价值导向在演进中发展,新中国成立初期大力倡导辛勤劳动,改革开放后增加了诚实劳动的论述,新时代以来进一步鼓励创造性劳动,党和国家关于劳动的话语体系与时俱进。新时代需要继续坚持辛勤劳动、诚实劳动、创造性劳动,为产业升级和经济高质量发展提供全面支撑。

关键词： 辛勤劳动;诚实劳动;创造性劳动;劳动实践观

本文引文格式:党印、周海勇:《辛勤劳动、诚实劳动、创造性劳动的历史意蕴与教育启迪》,见何云峰主编:《劳动哲学研究》第9辑(2023年第2辑),上海教育出版社2023年12月版,第194-206页。

建设社会主义现代化强国需要亿万人民辛勤耕耘、奋力实干、开拓创新。党的十八大以来,习近平总书记多次围绕"辛勤劳动、诚实劳动、创造性劳动"作出重要讲话和论述,在全社会倡导"劳动最光荣、劳动最崇高、劳动最伟大、劳动最美丽"的劳动观,弘扬"崇尚劳动、热爱劳动、辛勤劳动、诚实劳动"的劳动精神。目前,学界对"辛勤劳动、诚实劳动、创造性劳动"的研究主要是围绕其本质意蕴、价值旨归和内在关联展开,而对它们

① 基金项目:教育部产学合作协同育人项目"劳动教育新文科建设与配套资源开发"(项目编号:202102126044);中国劳动关系学院2022年研究生教育教学改革项目"劳动教育管理领域研究生人才培养模式的优化与提升研究——以中国劳动关系学院为例"(项目编号:YJG2204)。作者通信地址:党印,中国劳动关系学院劳动教育学院,北京100048;周海勇,中国劳动关系学院劳动教育学院,北京100048。

的历史演进和现实意义的研究较少。本文基于1921年以来的历次党代会报告、1954年以来的历年政府工作报告、1991年以来的历届国家主席新年贺词和2012年以来习近平主席的公开讲话文本及其他相关文献,梳理党和国家在不同时期关于劳动价值导向的论述,分析辛勤劳动、诚实劳动与创造性劳动在党的文献中的表述转换的背景及演进逻辑,以丰富对马克思主义劳动观和习近平新时代劳动观的理解,并对新时代劳动教育提供参考。

一、辛勤劳动、诚实劳动、创造性劳动的文献演进脉络

一个时代有一个时代的目标,国家实行的政策方针和倡导的社会观念均是对时代目标的呼应。一代又一代的中国人以辛勤劳动、诚实劳动、创造性劳动实现了一个又一个梦想。

(一)在不同时期均强调辛勤劳动

辛勤劳动是中华民族的传统美德,也是中国共产党和中国政府大力倡导的劳动实践观。自1955年政府工作报告专门强调辛勤劳动的重要性之后,辛勤劳动成为政府工作报告的关键词。1955至2006年间政府工作报告中共有24次论及辛勤劳动。在中国共产党历次全国代表大会报告中,1956年、2002年和2017年也分别论及辛勤劳动。

在社会主义革命和建设时期,党和国家号召亿万人民辛勤劳动,提高生产力和人民生活水平,发展国民经济。1955年政府工作报告指出:"经过六万万人克勤克俭的劳动,在进行几个五年计划大大地提高我国的生产力之后,就有可能大大地提高人民的物质生活和文化生活的水平。这是我国人民提高生活水平的唯一的康庄大道,其他的捷径是没有的。"[①] 1956年中共八大上毛泽东作报告时指出:"从我们党的第七次全国代表大会以来的十一年间,在全中国和全世界,为了共产主义和人类解放事业而英勇奋斗和辛勤工作,因而付出了自己生命的同志和朋友,是很多的,我们应当永远纪念他们。"[②] 1957年政府工作报告指出:"有些人不从我国上述的实际情况出发,以为一进入社会主义,人民生活水平马上就能够有很大的提高,而不懂得必须经过长期的辛勤劳动和艰苦建设才能逐步提高人民生活的道理。过去我们对于这些道理向全国人民说明得不够,宣传得不够,这是有缺点的。"[③] 在此背景下,党和政府发出辛勤劳动的号召。随之涌现出广大人民群众积极投身建设社会主义的大生产热潮,也涌现出了一大批劳动模范和先进工作者,为社会主义建设提供了强大动力。1964年政府工作报告进一步指出:"社会主义国家只有从本国的具体情况出发,依靠本国人民的辛勤劳动,充分利用本国的资

---

① 李富春:《关于发展国民经济的第一个五年计划的报告——在一九五五年七月五日至六日的第一届全国人民代表大会第二次会议上(之四)》,《人民日报》1955年7月8日第6版。

②《建国以来重要文献选编》第6册,中央文献出版社1993年版,第349页。

③《建国以来重要文献选编》第10册,中央文献出版社1994年版,第329页。

源来进行建设，才能比较迅速地发展本国的经济，从而增强整个社会主义阵营的威力。"①在这一时期，国家大力倡导辛勤劳动。辛勤劳动与个人生活水平、国民经济发展和社会主义阵营建设密切相关。

在改革开放和社会主义现代化建设新时期，针对社会主义发展过程中出现的浪费现象，党和政府继续强调劳动成果来之不易，要珍惜劳动成果，继续辛勤耕耘，以只争朝夕的干劲发展生产。1979年政府工作报告指出："我们一定要坚决克服基本建设中目前存在的严重浪费现象，使全国人民经过辛勤劳动创造出来的建设资金在现代化事业中充分发挥巨大的作用。"②1981年政府工作报告指出："一年来经济建设中取得的成就，是在中国共产党领导下，全国各族人民共同奋斗的结果。经济战线上的工人、农民、知识分子和广大干部，作了紧张的努力，付出了辛勤的劳动。"③1985年政府工作报告指出："我们的全体社会主义劳动者，都要通过自己的辛勤劳动和卓有成效的工作，为社会提供多种多样的物美价廉的产品和优质服务，为繁荣社会主义市场和保持物价的基本稳定作出贡献。"④与此同时，面对发展中的矛盾和复杂问题，党中央运筹帷幄，允许一部分人先富起来，鼓励先富带后富，激发了广大人民的劳动热情。20世纪90年代至21世纪以来，政府工作报告在总结成绩时多次专门指出，这些成就是全国各族人民辛勤劳动、团结奋斗的结果。

新时代，我国已成为世界第二大经济体，不过亦面临发展的不平衡、不协调问题，需要深化改革、继续奋斗，需要亿万劳动人民深化共识、再接再厉，以辛勤劳动实现更加美好的生活。为此，要积极保障和改善民生，保障基本公共服务，鼓励每个人努力工作、勤劳致富。习近平总书记在2014、2019、2020、2022年的新年贺词中专门问候千千万万坚守在工作岗位的劳动者，包括工人、农民、知识分子和干部，还有快递小哥、环卫工人和出租车司机等。在2013、2014、2015、2019、2020年五一劳动节的问候中，习近平总书记专门提及辛勤劳动，强调辛勤劳动、实干工作的重要意义。例如：2013年4月28日，在中华全国总工会机关同全国劳动模范代表座谈时，习近平总书记说："必须牢固树立劳动最光荣、劳动最崇高、劳动最伟大、劳动最美丽的观念，让全体人民进一步焕发劳动热情、释放创造潜能，通过劳动创造更加美好的生活。"⑤2014年4月30日，在新疆乌鲁木齐接见劳动模范和先进工作者、先进人物代表时，习近平总书记说："劳动模范和先进工作者、先进人物不仅自己要做好工作，而且要身体力行向全社会传播劳动精神和劳动观念，让勤奋做事、勤勉为人、勤劳致富

①《周恩来选集》下卷，人民出版社1984年版，第440页。

②华国锋：《政府工作报告——一九七九年六月十八日在第五届全国人民代表大会第二次会议上》，《人民日报》1979年6月26日第1版。

③赵紫阳：《当前的经济形势与今后经济建设的方针——一九八一年十一月三十日和十二月一日在第五届全国人民代表大会第四次会议上的政府工作报告》，《人民日报》1981年12月14日第1版。

④赵紫阳：《当前的经济形势和经济体制改革——一九八五年三月二十七日在第六届全国人民代表大会第三次会议上的政府工作报告》，《人民日报》1985年4月12日第1版。

⑤《论坚持人民当家作主》，中央文献出版社2021年版，第28页。

在全社会蔚然成风。"① 2016年4月26日,习近平在知识分子、劳动模范、青年代表座谈会上强调:"梦想属于每一个人,广大劳动群众要敢想敢干、敢于追梦。说到底,实现中华民族伟大复兴的中国梦,要靠各行各业人们的辛勤劳动。"②

总体而言,倡导辛勤劳动既是对中华民族优良传统的继承,又是与新中国具体国情相结合的重要举措,在不同时期有不同的指向。在新中国成立初期,倡导辛勤劳动主要是为了发展生产力,提高人民生活水平;改革开放后主要是为了建设社会主义,更好地发展生产,防止收入差距悬殊;新时代以来立足于实现中国梦,倡导劳动创造美好生活,使每个人都有发展的机会。

(二)改革开放后多次重申诚实劳动

诚实劳动指劳动者遵守劳动纪律,尊重科学规律,不懈怠耍滑,不急功近利,不以次充好,不粗制滥造。诚信诚实是古今中外各国均倡导的优良品质,中国人推崇言而有信、货真价实、实事求是,西方有"欺人只能一时,诚信才是长久之策"的谚语,均强调诚信诚实乃做人之本。诚实劳动与劳动形式和社会法治密切相关。在农业劳动中,不诚实的劳动将导致收成不佳。在商业交换和工业生产中,如果法治不完善,容易出现不诚实劳动。

在社会主义革命和建设初期,劳动人民饱含"主人翁"的热情,积极投身生产活动,脚踏实地,爱岗敬业,取得了举世瞩目的建设成就和经济成果。之后的"大跃进"生产建设运动不符合生产劳动规律,给党和人民造成了严重的伤害。这一时期党和国家没有关于诚实劳动的专门论述,对诚实劳动的引导体现为正视发展成绩,认识发展中的困难,要努力克服困难,实现更大的发展。十一届三中全会以后,党中央实事求是地提出了以公有制经济为主体,多种所有制经济共同发展的经济制度,以利于解放和发展生产力。在一系列政策利好下,广大劳动者的劳动热情被进一步激发,一些人通过辛勤劳动,积累了财富,另一些人不愿辛勤劳动,游手好闲,收入有限。贫富差距现象出现后,部分劳动者的思想受到了侵蚀,开始幻想一夜暴富,一本万利,把歪门邪道当捷径,从事非法生产获得非法收益,诚实守信的劳动精神受到了冲击。有的企业投机倒把,以次充好,通过偷工减料,欺骗大众获取暴利。如果任其发展下去,整个社会可能出现信任危机,陷入人人自危的局面。

面对以上种种现象,党和政府强调诚实劳动、守信经营。1987年政府工作报告指出:"我们一方面要继续克服平均主义,坚持拉开合理差别,鼓励一部分人依靠辛勤劳动先富裕起来,引导人们充分认识这样做有利于促进社会生产力的发展,从而也将有利于实现全社会共同富裕的目标。"③ 1988年政府工作报告指出,要"改善国民收入的分配,继续克服平均主义,坚持让一部分靠诚实劳动和合法经营的人先富起来的政策,同时坚

---

① 谢环驰:《习近平在乌鲁木齐接见劳动模范和先进工作者、先进人物代表 向全国广大劳动者致以"五一"节问候》,《人民日报》2014年5月1日第1版。

② 《论坚持人民当家作主》,第159页。

③ 赵紫阳、刘宇:《政府工作报告——1987年3月25日在第六届全国人民代表大会第五次会议上》,《人民日报》1987年4月13日第1版。

持共同富裕的目标"。① 之后1993、1994、2001、2003、2009年的政府工作报告亦曾论及合法经营、诚实劳动或诚实守信。例如，1993年政府工作报告指出："要坚持允许一部分地区、一部分人通过辛勤劳动和合法经营先富起来的政策，继续克服平均主义，同时注意研究和采取具体政策措施，防止收入差距过分悬殊，带动和促进共同富裕。"② 2001年的政府工作报告强调，要"大力倡导诚实守信的职业道德，加快建立健全社会信用制度"。③ 与此同时，在1987、1997、2002、2022年的中国共产党全国代表大会报告中，共有5次论及诚实劳动，既一以贯之，又逐步深化，坚持让一部分靠诚实劳动和合法经营的人先富起来的政策。例如，2002年十六大报告指出："初次分配注重效率，发挥市场的作用，鼓励一部分人通过诚实劳动、合法经营先富起来。"④ 在这一时期，辛勤劳动与合法经营、诚实劳动被同时提及，先后从"鼓励一部分人依靠辛勤劳动先富裕起来"转向"让一部分靠诚实劳动和合法经营的人先富起来"，再进一步转向"鼓励一部分地区、一部分人通过辛勤劳动和合法经营先富起来"，主要表述的微调反映出国家对防止贫富差距、实现共同富裕的关注和重视。

新时代以来，诚实劳动依然是大力倡导的行为规范。2013年，习近平总书记在同全国劳模座谈时指出："劳动是财富的源泉，也是幸福的源泉。人世间的美好梦想，只有通过诚实劳动才能实现；发展中的各种难题，只有通过诚实劳动才能破解；生命里的一切辉煌，只有通过诚实劳动才能铸就。"⑤ 2018年习近平给中国劳动关系学院劳模本科班学员回信中说："我一直强调，劳动最光荣、劳动最崇高、劳动最伟大、劳动最美丽。全社会都应该尊敬劳动模范、弘扬劳模精神，让诚实劳动、勤勉工作蔚然成风。"⑥

总体而言，改革开放以来既强调辛勤劳动，也强调诚实劳动。不诚实、不诚信的劳动将危害社会，整个社会需要诚实的辛勤劳动。改革开放以来诚实劳动正式成为党和政府大力倡导的劳动理念，并逐渐与辛勤劳动并列，成为实现个人财富增长的重要前提。

（三）新时代以来大力倡导创造性劳动

创造性劳动是劳动者在具体的生产劳动中，运用各种经验、技能和理论知识，发挥主观能动性，改进生产活动，产出新结果的过程。在建国初期，我们从只能造桌子椅子、茶碗茶壶，到后来能造汽车、飞机、坦克、拖拉机，这其中离不开无数劳动者的创造性劳动。1964年的政府工作报告就提及创造性劳动："我们依靠广大工人、科学技术人员的忘我劳动和

---

① 李鹏：《政府工作报告——1988年3月25日在第七届全国人民代表大会第一次会议上》，《人民日报》1988年4月15日第1版。

② 李鹏：《政府工作报告——1993年3月15日在第八届全国人民代表大会第一次会议上》，《人民日报》1993年4月2日第1版。

③ 朱镕基：《关于国民经济和社会发展第十个五年计划纲要的报告——2001年3月5日在第九届全国人民代表大会第四次会议上》，《人民日报》2001年3月17日，第1版。

④《江泽民文选》第3卷，人民出版社2006年版，第550页。

⑤《习近平谈治国理政》，外文出版社2014年版，第46页。

⑥《习近平书信选集》第1卷，中央文献出版社2022年版，第170页。

聪明才智,增强了我国自力更生地进行生产和建设的力量。"①

新中国成立以来的历年政府工作报告中323次论及创造,历次党代会报告中153次论及创造,涉及的领域包括党的建设、人才培养、经济发展和科技水平等。在社会主义革命和建设时期,创造性劳动主要指技术工人的发明创造,以及群众以积极性和创造性提高劳动生产率,参加国家建设。在改革开放和社会主义现代化建设时期,创造性劳动主要指向艺术领域。1983年的政府工作报告指出:"为了保证精神产品的质量,各级思想文化领导部门,必须尊重艺术规律,尊重作家艺术家的创造性劳动。"②在2002、2007、2012年的党代会报告中,"尊重劳动,尊重知识,尊重人才,尊重创造"的论述与创造性劳动直接相关。在1991年以来的新年贺词中,共有37次关于创造的论述,虽然没有明确表述为"创造性劳动",但是不少内容与创造、劳动和工作相关。

在新时代,我国产业转型升级和经济增长方式转变处于关键的攻坚克难时期,亟须完成从"中国制造"到"中国智造"的转型,一些领域的关键技术仍受制于西方国家,这就要求全社会打造一支技术精湛、高素质、有创造性的产业工人队伍,加强研发,突破难关,进一步提高科技水平。习近平总书记在党的二十大报告中指出,要"在全社会弘扬劳动精神、奋斗精神、奉献精神、创造精神、勤俭节约精神,培育时代新风新貌"。③创造精神与其他精神并列,成为新征程中大力弘扬的精神之一。

总体而言,在新时代,辛勤劳动、诚实劳动与创造性劳动并列重申,表明新时代在继承之前劳动理念的基础上,注重对创造性劳动的引导和鼓励。

(四)三种劳动与劳动方针、劳动观的关系

辛勤劳动、诚实劳动和创造性劳动是劳动人民创造财富、推动社会进步的劳动形式,也是劳动实践中应秉承的观念。新中国成立70多年来,毛泽东、邓小平等党和国家领导人在不同时期均为马克思主义劳动观中国化做出了重要贡献,均重视普通劳动者,强调实现劳动者的自由和发展。④在新中国成立初期,党和国家没有专门提出明确的劳动观或劳动方针,但在之后的不同时期中,党和国家分别强调了某一种或多种劳动观和劳动方针,而随着其不断完善,三种劳动与劳动观、劳动方针的关系也逐渐明晰。

在21世纪初,党和国家提出"四个尊重"的劳动方针。2002年十六大报告中指出:"必须尊重劳动、尊重知识、尊重人才、尊重创造,这要作为党和国家的一项重大方针在全社会认真贯彻。要尊重和保护一切有益于人民和社会的劳动。不论是体力劳动还是脑力劳动,不论是简单劳动还是复杂劳动,一切为我国社会主义现代化建设作出贡献的劳动,都是光荣的,都应该得到承认和尊重。"⑤"四个尊重"成为劳动领域的重要方针,

---

① 《建国以来重要文献选编》,中央文献出版社1998年版,第467页。

② 《十二大以来重要文献选编》上,人民出版社1986年版,第347页。

③ 习近平:《高举中国特色社会主义伟大旗帜 为全面建设社会主义现代化国家而团结奋斗——在中国共产党第二十次全国代表大会上的报告》,人民出版社2022年版,第44-45页。

④ 陈美华:《新中国成立70年来马克思主义劳动观中国化探索》,《毛泽东邓小平理论研究》2019年第11期,第58页。

⑤ 《改革开放三十年重要文献选编》下,中央文献出版社2008年版,第1247页。

"尊重劳动"为"四个尊重"之首，反映党中央对劳动的一贯重视。2007年十七大报告进一步指出要贯彻这一方针，"坚持党管人才原则，统筹抓好以高层次人才和高技能人才为重点的各类人才队伍建设。创新人才工作体制机制，激发各类人才创造活力和创业热情，开创人才辈出、人尽其才新局面"。① 2012年十八大报告在重申"四个尊重"的基础上指出："统筹推进各类人才队伍建设，实施重大人才工程，加快确立人才优先发展战略布局，造就规模宏大、素质优良的人才队伍，推动我国由人才大国迈向人才强国。"② 2022年二十大报告继续重申"四个尊重"，进一步要求"实施更加积极、更加开放、更加有效的人才政策，引导广大人才爱党报国、敬业奉献、服务人民。完善人才战略布局，坚持各方面人才一起抓，建设规模宏大、结构合理、素质优良的人才队伍"。③

新时代以来，劳动方针有了新的发展。从2013年开始，在"四个尊重"的基础上，习近平总书记进一步丰富和强调了"尊重劳动"的现实意义，在2013年五一劳动节前同全国劳动模范代表座谈时，他指出："实现我们的奋斗目标，开创我们的美好未来，必须紧紧依靠人民、始终为了人民，必须依靠辛勤劳动、诚实劳动、创造性劳动。"④ "必须牢固树立劳动最光荣、劳动最崇高、劳动最伟大、劳动最美丽的观念，让全体人民进一步焕发劳动热情、释放创造潜能，通过劳动创造更加美好的生活。"⑤ 之后数年中，习近平总书记在多个场合重申辛勤劳动、诚实劳动、创造性劳动的重要性，号召弘扬"劳动四最"。在2018年9月10日全国教育大会上，习近平总书记提出："要在学生中弘扬劳动精神，教育引导学生崇尚劳动、尊重劳动，懂得劳动最光荣、劳动最崇高、劳动最伟大、劳动最美丽的道理，长大后能够辛勤劳动、诚实劳动、创造性劳动"。⑥ 2020年3月，中共中央、国务院发布《关于全面加强新时代大中小学劳动教育的意见》，要培养"勤俭、奋斗、创新、奉献的劳动精神"。⑦ 2020年11月24日的全国劳模表彰大会将劳动精神概括为十六个字：崇尚劳动、热爱劳动、辛勤劳动、诚实劳动。以上脉络表明，"辛勤劳动、诚实劳动、创造性劳动"是在现有劳动方针和劳动观的基础上，结合当前社会发展特点提出的劳动实践观，进一步明确了新时代广大人民劳动实践的基本观念和根本遵循。三种劳动、"劳动四最"与劳动精神是习近平总书记关于劳动的系统论述，这些论述阐释了国家发展与个人发展、劳动实践与理论学习、艰苦奋斗与劳动保障、淡泊名利与尊重劳动之间的辩证关系。

①《改革开放三十年重要文献选编》下，第1740页。

②《十八大以来重要文献选编》上，中央文献出版社2014年版，第41页。

③ 习近平：《高举中国特色社会主义伟大旗帜 为全面建设社会主义现代化国家而团结奋斗——在中国共产党第二十次全国代表大会上的报告》，第36页。

④《习近平谈治国理政》，外文出版社2014年版，第44页。

⑤《习近平谈治国理政》，第46页。

⑥《习近平著作选读》第2卷，人民出版社2023年版，第202页。

⑦ 中共中央、国务院：《关于全面加强新时代大中小学劳动教育的意见》，《人民日报》2020年3月27日第1版。

二、辛勤劳动、诚实劳动、创造性劳动的价值意蕴

辛勤劳动、诚实劳动、创造性劳动与人类的生产力发展水平密切相关,在不同时期,人们的主要劳动形式存在差异,相应的劳动观念也不断演进。辛勤劳动与农业社会的农业劳动形式密切相关,也是之后工业社会和信息化社会创造财富的必然要求。诚实劳动关乎劳动正义,是人们持续勤奋付出的内在要求。创造性劳动是知识经济时代、人工智能时代的现实呼唤,需要更多的人从事创造性劳动,创造更多财富,实现更好的发展。

（一）辛勤劳动、诚实劳动、创造性劳动的哲学渊源

劳动是人们生存和发展的必要条件,勤劳是为了更好地生存和发展。古语"春种秋收,晨昏力作"既是对劳动时间的描述,也是勤劳的写照。很多倡导勤劳的警句含义隽永,如"业精于勤,荒于嬉""一分耕耘,一分收获"。勤劳之于个人,"修身惟德,格物惟勤","勤能补拙是良训"。勤劳之于家庭,"民生贵勤,勤则不匮","一家之中勤则兴,懒则败"。勤劳之于国家,"功崇惟志,业广惟勤"。在西方,早期基督教在理论和实践上系统地反对轻视劳动的传统思想,中世纪基督教徒修道院崇尚劳动进一步提高了劳动者地位,清教徒"天职"思想构成资本主义精神的基石,在此基础上形成的古典政治经济学构成马克思主义的理论来源之一。① 马克思主义哲学、政治经济学和科学社会主义均以劳动为起点和核心,以改造世界为导向,而改造世界要靠广大劳动者辛勤劳动。勤劳也是人们获得真知的途径,近代教育家陶行知从救国救民的理想出发,结合中华文明的历史,以西方现代教育为主要参照对象,强调"行是知之始",通过辛勤劳动获取真知。他指出,"我们拿'行是知之始'来说明知识的来源,并不是否认闻知和说知,乃是承认亲知为一切知识之根本。闻知与说知必须安根于亲知里面方能发生效力",② 阐述了实践出真知与间接读书获取知识的区别。

诚实劳动是诚信品质在劳动领域的延伸。古人云,"人而无信,不知其可也"。倡导"言必信,行必果"。又曰:"诚者天之道,诚之者人之道。不诚无物。"(《中庸》)"行不信者,名必耗。"(《墨子 修身》)颜元主张要"犯手实做其事",③ 汪辉祖强调"人须实做""士不好学,农不力田,便不成为士、农"。④ 各行各业各类人物,只要是有所名称的职业或行业,终需落到一个"做"字,"求践其名,非实做不可"。⑤ 在国家层面,"空谈误国,实干兴邦",诚实劳动要表现为实干,落实到具体的事业中。马克思从异化劳动角度对资本主义进行哲学层面的批判,从资本雇佣劳动角度对资本主义进行政治经济学层面的批

---

① 王帆、甘玲:《马克思主义"劳动观"的思想理论来源》,《社会科学家》2017年第4期,第29—32页。

② 陶行知:《中国教育改造》,人民出版社2008年版,第115页。

③ 颜元:《颜元集》下册,中华书局1987年版,第645页。

④ 夏家善:《双节堂庸训》,天津古籍出版社1995年版,第27页。

⑤ 夏家善:《双节堂庸训》,第27页。

判，反对异化劳动和劳动剥削，呼吁提高劳动者的地位和报酬水平。诚实劳动也有利于积累知识，王阳明认为，"行"是"知"的必然呈现，没有诚实的劳动去行，就没有知识的升华。王阳明提出"格物致知"，认为"格物"是一丝不苟、认真到极致的诚实劳动的行为状态，"致知"就是将"知"真正落实到具体的诚实劳动中去。王阳明亦提倡"知行合一"即"行之明觉精察处，便是知，知之真切笃实处，便是行"。① 在他的哲学观中，人们在进行劳动时必须秉持认真负责的态度，笃行敦实，一言一行要对得起诚实价值原则，把具体的诚实要求落实到实践的方方面面，任何的马虎和懒怠都会影响个体道德实践的具体效果，不仅会浪费时间和精力，也会阻碍在诚实劳动修养层面的积淀和发展。

创造性劳动的本质是进取创新。劳动创造人、创造世界、创造价值，劳动的创造性是人与动物的本质区别，个人成功、国家发展和社会进步都是在创造性地解决一个又一个难题中实现的。个人在创造性劳动中突破自我，实现全面自由发展；社会在创造性劳动中提高生产力，实现跨越式进步。技术进步是经济增长的重要动力，科学技术是第一生产力，这些均与创新创造密切相关。人类历史中，从农业劳动到工业生产到服务业劳动，均在不断探索中优化改进。从衣食住行到琴棋书画，从大禹治水到庖丁解牛，从鲁班造锯到李冰修建都江堰，从四大发明到艺术瑰宝，从唐诗宋词到元曲和明清小说，从万里长城到火车飞机，无不凝结着创造性劳动的智慧。创造性劳动在农业社会中不够明显，但在工业社会和信息化社会中至关重要。随着时代发展，创造性劳动的重要性愈发凸显。在共产主义社会中，人的创造性劳动真正成为"生活的第一需要"，人也就真正成为自由的全面的人。

总之，辛勤劳动反映劳动强度，人人均可实现；诚实劳动体现劳动品质，人人均需遵循；创造性劳动体现劳动的最本质属性，人人心向往之。三种劳动层次分明而内在统一，融入劳动者的具体劳动中，是劳动者追梦过程中必须践行的。

（二）辛勤劳动、诚实劳动、创造性劳动的现实价值

1.辛勤劳动是生存发展的基础

在漫长的人类发展史中，在采摘和狩猎的原始社会，劳动是本能，是生存的第一要务。在农业社会，主要的劳动形式是农业劳动。农业劳动的典型特征是男耕女织、春种秋收，土地是赖以生存的财富之源，人们在土地上花的时间和精力越多，单位面积土地的产出就越多，因此土地是财富之母，劳动是财富是父。生活在地球各处的民族均倡导辛勤劳动。只有辛勤劳动，才能创造出更多的产出和财富，懒惰将导致土地荒芜，接着便是挨饿受穷。幸福生活是奋斗出来的，只有辛勤劳动才能获得丰厚的回报。在物质匮乏年代，人们辛勤劳动是为了吃饱穿暖，不挨饿、不挨冻。在满足温饱、衣食无忧后，人们辛勤劳动是为了提高生活质量，实现更大的理想。今天的生产力比之前发达，人们依然辛勤劳动。随着未来的生产力进一步发展，人类仍然将辛勤劳动，只是劳动形式和内容有新的变化。

新中国刚成立时，全国主要处于农业社会，为发展经济，需要大力倡导辛勤劳动，加强

---

① 凡喆、一芬：《中国古今教育家》，上海教育出版社1982年版，第108页。

农业生产。党和政府在多个报告中倡导辛勤劳动,既是对中华民族勤劳传统的传承,也是当时社会条件下尽快提升综合国力的必要引导。随着"一五计划""二五计划"到"五五计划"的实施,在1978年改革开放前后,中国已建立起独立的工业体系,工业在国民经济中已占半壁江山,与农业和服务业的总和持平。然而国民经济的发展既要靠工业劳动,也要靠农业生产和服务性劳动,要靠各行业人民的共同努力,辛勤劳动。改革开放后,党和政府继续强调辛勤劳动,倡导勤劳致富。新世纪以来,尤其是新时代以来,科技发展速度加快,人工智能不断普及,人们只有辛勤劳动,才能跟上时代步伐,实现个人价值。习近平总书记在多个讲话中强调热爱劳动、辛勤劳动的重要性,它们既是对中华民族优良传统的继承,也是对马克思主义劳动创造价值的呼应。

2.诚实劳动是公平正义的要求

诚实劳动是践行公平正义原则的内在要求。第一,诚实劳动关乎劳动分配是否公平、是否正义。古往今来,人们尊崇勤劳致富,反对投机钻营。没有诚实劳动的前提,劳动分配将不再公平,那些不劳而获、少劳多获的人违背正义,将影响其他人辛勤付出、持续创造。没有分配正义,就没有劳动正义;没有劳动正义,就没有社会正义。第二,诚实劳动是辛勤劳动的思想指引。长存诚实劳动之心,才能时刻心怀敬畏,才能在劳动中杜绝敷衍了事、不劳而获的想法,真正做到辛勤付出。第三,诚实劳动是获得劳动成果的保障。个人或企业要想长期可持续发展,获得良好口碑,就必须诚实守信、诚恳实干、脚踏实地,如此才能经得住时间和市场的考验。

新中国成立伊始,人们从苦难的旧社会走来,珍惜来之不易的新社会,齐心协力、励精图治,在一穷二白的基础上生产出丰富的生产生活资料。在社会主义革命和建设时期,"人勤地不懒,人懒地不产",为获得粮食产出,人们必须实实在在地辛勤付出。改革开放后,工业和服务业发展起来,个别人借"双轨制"的差异倒买倒卖,以不当方式率先致富,引起其他人不满,并滋生攀比心理,出现一些投机取巧、偷工减料、缺斤短两的现象。为遏制这些现象,党和国家在多个报告中提出诚信经营、诚实劳动,营造公平正义的劳动氛围,让诚实劳动者屹立于市场潮头,让不诚实劳动的人们受到法律和市场的惩罚。今天,中国在建设社会主义市场经济中,需继续倡导诚实劳动的理念,让诚实劳动者受到应有的尊重,让诚信经营的企业获得应有的市场回报。

3.创造性劳动是智能时代的呼唤

创造性劳动是人类智慧的集中体现。劳动的定义即人类创造物质财富和精神财富的活动,劳动本身就有创造性。有史以来,人们使用的各种工具是在劳动实践中摸索、创新、总结、演化而来的,凝结着众多人的智慧结晶。人们在创造性劳动中全面自由发展,工具在创造性劳动中迭代升级,社会在创造性劳动中繁荣进步。在第一次工业革命之前,人们的创造性劳动发展缓慢,积累有限,在此之后,创造性劳动数量增加,频率加快。今天,人们进入信息化社会和知识经济时代,智能机器正在全面普及,并渗透到人类生产生活的多个方面,劳动形式正在发生变革,生产效率正在快速提高,单靠以前那样的直接体力劳动创造的财富有限,不足以创造人们期望的财富,人们必须借助新的知识和工具,才能创造出更多成就,因此对创造性劳动的需求越来越多,创造性劳动是人类不断突破发展的必要条件。未来,人们将从简单、重复的体力劳动中解放出来,有更多时间和精力从事创造性劳动,今天的普通劳动者也将越来越多地加入到创造性劳动者的队伍中,以创造性劳动创造美好生活,成就精彩人生。

在新中国成立初期,创造性劳动主要指个别劳动群体的工作,一般劳动者群体不需要专门考虑创造性劳动。改革开放40多年以来,经济社会各方面快速发展,教育投入持续增加,劳动力综合素质不断提高,全体劳动人民的创造性成果大量涌现,人人皆可创造,人人皆在创造。党的十八大以来,政府提出"大众创业,万众创新",民众的创业精神和创新动力被进一步激发,全社会需要高素质劳动者大军,肩负时代赋予的创造任务,全面提高生产力水平,实现更好的发展前景。2021年,习近平总书记提出鼓励勤劳致富,创新致富,[①] 创新创造被列为与勤劳并列的致富方式。随着人工智能技术、工具和设备越来越普及,人类社会正期待更多的创造性劳动,开发更好的创新成果。

三、辛勤劳动、诚实劳动、创造性劳动的教育启迪

在庆祝改革开放40周年大会上,习近平总书记指出,"40年来取得的成就不是天上掉下来的,更不是别人恩赐施舍的,而是全党全国各族人民用勤劳、智慧、勇气干出来的"。[②] 回顾"辛勤劳动、诚实劳动、创造性劳动"在1949年以来不同时期表述的历史背景和发展脉络,不难看出它们对经济发展和社会进步的积极作用,以及党和政府的重视。在建设社会主义现代化强国和实现中华民族伟大复兴中国梦的进程中,社会各界尤其是教育界需继续弘扬这三种劳动实践观,发挥其对广大劳动者和青少年的教育功能。

(一)坚持发扬辛勤劳动精神

"勤俭节约、艰苦朴素"一直是中华民族的优良传统,"自力更生、丰衣足食"深深地烙印在每一个中华儿女心中。科技水平的进步、机器人的发展和人工智能的普及,都不能作为我们丢弃辛勤劳动精神的借口。习近平总书记强调,"全面建成小康社会,进而建成富强民主文明和谐的社会主义现代化国家,根本上靠劳动、靠劳动者创造"。[③] 针对社会上一些不良风气,一切向钱看、不劳而获、躺平等负面消极现象,应重申社会主义是干出来的,新时代是奋斗出来的。辛勤劳动一直是个人素质提升、经济快速发展和社会风清气正的有力抓手,任何时候都不应该舍弃。劳动教育在学校中被弱化、在家庭中被软化、在社会中被淡化的现象更应该得到纠正,辛勤劳动是立德树人的重要基础,是

---

① 习近平:《在庆祝改革开放40周年大会上的讲话》,人民出版社2018年版,第19页。

② 《论坚持人民当家作主》,中央文献出版社2021年版,第118页。

③ 习近平:《在庆祝"五一"国际劳动节暨表彰全国劳动模范和先进工作者大会上的讲话》,人民出版社2015年版,第2页。

形成劳动习惯、培养劳动品质、发扬劳动精神的基本要义。

（二）继续弘扬诚实劳动品质

诚实劳动既是生产活动中的基本准则、劳动纪律，也是社会发展过程中不可或缺的信任基础。在全社会大力提倡诚实劳动精神，有助于形成人人平等的社会风气，劳动者之间应友爱互助、敬业奉献，更加珍惜自己的劳动成果和企业信誉，促进企业和行业发展，从而实现自身的社会价值。党中央一直强调，在坚持共同富裕的前提下，可以合理拉开收入差距，并防止贫富差距悬殊，在初次分配的过程中，提倡发挥市场的调节作用，鼓励一部分人通过诚实劳动和合法经营先富起来，促进生产效率提高、社会经济发展和人民生活水平提高。在市场经济的背景下，一批批诚实守信的劳动者尊重劳动规律，打造了坚实可信的诚信品牌，赢得了消费者的信任，获得了社会的尊重。无论是保洁阿姨、外卖小哥、网约车司机，还是航天工程师、大国工匠、劳动模范，都离不开勤勤恳恳、脚踏实地，一步一个脚印，一步一个台阶地诚实劳动，担当工作职责，践行初心使命。诚实劳动、诚实守信是树立个人口碑和组织品牌的重要基础，关乎个人和组织的成长与发展，需在各级各类教育中长期弘扬。

（三）大力倡导创造性劳动理念

创新型人才对国家发展有重要价值与意义，劳动是创新的基础与途径。我国正处于从"中等收入国家"向"高等收入国家"迈进的转型关键期，需从"中国制造"转为"中国智造"。习近平总书记强调，"把做好新形势下职工群众工作、调动职工群众积极性和创造性作为中心任务"，[①]"要实施职工素质建设工程，推动建设宏大的知识型、技术型、创新型劳动者大军"。[②] 在新时代，直面百年未有之大变局，需要大力提倡创造性劳动，推动科技进步，才能进一步解放和发展社会生产力，实现"两个一百年"奋斗目标和中华民族伟大复兴的中国梦。创造既可能发生在高大上的实验室，也可能发生在普通的生产车间，不单科技人员创造，一般的劳动者也要创造，创新创业不仅要靠企业家，也要靠亿万大众，因此需要劳动者强化创造性劳动理念，广大青少年也应从小认识创造性劳动的价值。

总之，在漫长的人类历史中，先后经历农业社会、工业社会和信息化社会，农业生产、工业制造和服务业劳动先后成为重要的劳动形式。新中国成立70多年来，尤其是改革开放40多年来，中国走过了西方发达国家几百年的工业化历程，从新中国成立初期国民经济以农业为主导，到改革开放后以工业为主导，到新时代以来服务业占国民经济半壁江山，智能制造及其配套服务成为新的发展趋势。[③] 不同时期的经济背景下，对全社会劳动者的观念与素质要求不尽相同，党和国家审时度势，先后提出与时俱进的劳动观，引导广大劳动者树立正确观念，成为社会主义事业的建设者和接班人。

---

① 《习近平关于社会主义政治建设论述摘编》，中央文献出版社2017年版，第180页。

② 习近平：《在庆祝"五一"国际劳动节暨表彰全国劳动模范和先进工作者大会上的讲话》，第9页。

③ 党印、咸丽楠：《服务业人才培养中融入劳动教育的内在逻辑与现实路径》，《劳动教育评论》2020年第3期，第145页。

纵观新中国成立以来的重要会议报告和领导讲话文稿,"辛勤劳动"在各个时期均被提及,出现的次数最多,"诚实劳动"主要集中在改革开放后,"创造性劳动"主要集中在新时代以来。改革开放前的"辛勤劳动"主要与继承传统、提高生活水平有关,改革开放后的"辛勤劳动"主要与增加收入、实现富裕有关,新时代以来的"辛勤劳动"主要与实现更好的发展有关。在倡导一部分人先富起来的过程中,早期倡导"辛勤劳动",后来转向"诚实劳动"。"创造性劳动"早前集中于艺术领域、精神产品领域,后来推延至各个行业和所有产品领域。

从马克思主义劳动观演进的视角,"辛勤劳动、诚实劳动、创造性劳动"的劳动实践观是习近平新时代中国特色社会主义劳动思想的重要组成部分,是对马克思主义劳动思想和中国优秀传统劳动观念的继承发扬,更是对当今时代和当前中国发展实际做出的科学回应。辛勤劳动因实干笃行而崇高,诚实劳动因实干求真而美丽,创造性劳动因进取创新而伟大,赋予了新时代中国特色社会主义鲜明的实践特色。在新时代,广大劳动者从思想上、行动上坚持辛勤劳动、诚实劳动和创造性劳动,将促进产业升级和经济高质量发展,劳动者也能在服务人民、建设国家、促进社会进步的同时实现自我价值。

毛泽东劳动教育思想的理论渊源、科学内涵与当代价值①

徐晓光，张　瑜

摘　要： 毛泽东劳动教育思想是对马克思主义劳动教育思想的守正创新、对优良家风与中华传统文化的批判传承、对时代语境与现实需要的科学解答，因而有着丰富的科学内涵：以培养"有社会主义觉悟的有文化的劳动者"作为目标引领、以促进"教育与生产劳动相结合"为手段引导、以推动"教育为无产阶级政治服务"为价值指向。当今，毛泽东劳动教育思想依然发挥着重要的价值作用，为促进新时代劳动教育本质回归、开辟新时代劳动教育实践路径、指明新时代劳动教育发展方向、揭示新时代劳动教育理论旨趣提供了历史借鉴。对此进行研究，不仅是对毛泽东思想进行全景透视的一个重要维度，也是全面推进中华民族伟大复兴的题中应有之义。

关键词： 毛泽东劳动教育思想；理论渊源；科学内涵；当代价值

本文引文格式： 徐晓光、张瑜：《毛泽东劳动教育思想的理论渊源、科学内涵与当代价值》，见何云峰主编：《劳动哲学研究》第9辑(2023年第2辑)，上海教育出版社2023年12月版，第207-219页。

毛泽东劳动教育思想在继承马克思主义劳动教育思想的基础上与时俱进，批判继承中华优秀传统文化，并对时代与现实问题进行科学解答。基于此，毛泽东相继提出了"我们的教育方针，应该使受教育者在德育、智育、体育几方面都得到发展，成为有社会主义觉悟的有文化的劳动者"，②"党的教育工作方针，是教育为无产阶级的政治服务，教

---

① 基金项目：2022年度安徽省高校科学研究重点项目"马克思主义中国化的历史走向研究"（项目编号：2022AH050148）。作者通信地址：徐晓光，安徽师范大学马克思主义学院，安徽芜湖 241002；张瑜，皖南医学院马克思主义学院，安徽芜湖 241000。

② 《毛泽东文集》第7卷，人民出版社1999年版，第226页。

育与生产劳动结合"。①这清晰点明了毛泽东劳动教育思想的目标、手段与价值所在,对新时代如何持续推进劳动教育发展的目标、内涵、路径等提供了一定的历史借鉴,特别是其中研究劳动教育的立场、观点与方法的重要性不言而喻。因而研究毛泽东劳动教育思想的理论渊源、科学内涵与当代价值是一个重大的理论与现实问题,既是探究与弘扬劳模精神、劳动精神、工匠精神的理论回溯,也是以劳动教育推动中国式现代化,进而全面推进中华民族伟大复兴的题中应有之义。

一、毛泽东劳动教育思想的理论渊源

毛泽东劳动教育思想出场于特定的历史语境之中,具有鲜明的特色与时代气息,是历史性、现实性与时代性的逻辑统一。历史地看,马克思主义劳动教育思想为毛泽东劳动教育思想奠定了根本性的思想与政治基础,优良家风和中华优秀传统文化为其萌芽提供了丰富养料,挽救民族危亡与建设新中国的现实需要为其营造了出场的具体语境。

(一)对马克思主义劳动教育思想的守正创新

马克思、恩格斯以及列宁等在对资本主义进行批判考察,以及建设社会主义国家过程中,作出了一系列关于劳动的重要论述,为毛泽东劳动教育思想奠定了理论基调,成为其发展创新的理论基础。

首先,马克思主义关于劳动教育本质与重要性的论述,为毛泽东劳动教育思想提供了目标指引。在马克思主义看来,劳动是人类通过各种手段,将自然和社会的资料加工成生活所需产品的过程,因而劳动是推动人类社会发展的基本条件,无论哪个民族,一旦停止劳动,"不用说一年,就是几个星期,也要灭亡"。②恩格斯也强调:"劳动是整个人类生活的第一个基本条件。"③因而加强人们的劳动教育,能更好地推进社会发展。列宁也在苏俄建设的过程中,提出要加强劳动者的素质,培养劳动者的全面发展,尤其是加强对青年的劳动教育,将书本知识的学习和参加社会劳动生产结合起来,进而提升国家的科技文化水平和劳动者的素质,社会主义的理想才有可能最终实现。④毛泽东充分吸收并发展了这些理论主张,以此探明了中国劳动教育的现代化指向,逐渐明确了劳动教育的目标是培养有社会主义觉悟的有文化的劳动者。

其次,马克思主义关于"教育与生产劳动相结合"的思想理念,为毛泽东劳动教育思想提供了手段指导。"教育与生产劳动相结合"是马克思主义教育思想的重要组成部分,也是毛泽东劳动教育思想的核心内涵之一。马克思主义将教育与生产劳动的结合看作是社会改造的重要途径,而个体改造又与社会改造息息相关。因为彻底改造社会需要对个体进行全面培育,而全面培育个体,促进个体的全面自由的发展,又需要从根源处

①《中共中央文件选集(一九四九年十月——一九六六年五月)》第29册,人民出版社2013年版,第34页。

②《马克思恩格斯选集》第4卷,人民出版社2012年版,第473页。

③《马克思恩格斯选集》第3卷,人民出版社2012年版,第988页。

④《列宁全集》第2卷,人民出版社2013年版,第67—68页。

对社会进行改造,因此社会改造与人类个体改造本质上是在同一个进程中完成的。基于此,马克思主义认为要把"教育同物质生产结合起来",①并进一步强调"生产劳动同智育和体育相结合,它不仅是提高社会生产的一种方法,而且是造就全面发展的人的唯一方法"。②这样就将教育与生产劳动相结合从作为手段,提高到是推进社会发展与实现人的自由而全面发展的唯一方法的高度上来,从变革社会转向实现共产主义的最终目标。列宁在总结苏俄建设的实践基础之上指出:"没有年轻一代的教育和生产劳动的结合,未来社会的理想是不能想象的。"③列宁高度重视生产实践活动中的劳动教育,提倡实行"普遍劳动义务制"。毛泽东在对马克思主义提出的"教育与生产劳动相结合"思想的基础上,结合实践后坚信,想要实现教育的目标,就必须使用"教育与生产劳动相结合"这一强有力的手段。

最后,马克思主义关于劳动者主体地位、提高劳动生产率以及劳动价值与分配等理论观点,为毛泽东劳动教育思想提供了价值指向。人们的劳动生产活动可以为社会创造经济价值,马克思在分析并批判资本主义劳动异化的基础上提出为"我们的共同事业即劳动解放的事业而斗争"。④将社会主义劳动教育的出发点立足于劳动者立场,促进他们的全面发展,从而与无产阶级解放相联系。此后,又在劳动分配中强调社会主义初级阶段的分配按照"每一个生产者,在作了各项扣除以后,从社会领回的,正好是他给予社会的。他给予社会的,就是他个人的劳动量",⑤而在共产主义社会实行"各尽所能,按需分配"。列宁则指出,在社会主义建设过程中,根本任务就是要提高劳动生产率,而提高的两个条件之一是"提高居民群众的文化教育水平"。⑥同时,列宁高度重视提升劳动者的主体地位,认为在社会主义国家建设过程中,必须激发劳动者的劳动热情,促使他们参与到建设中来,这就需要提高他们的地位。突出他们的主体地位,才能充分发挥他们的作用。"在一个经济遭到破坏的国家里,第一个任务就是拯救劳动者。全人类的首要的生产力就是工人,劳动者。"⑦此外,列宁还强调在劳动教育的过程中,加强劳动者的无产阶级道德教育,"使培养、教育和训练现代青年的全部事业,成为培养青年的共产主义道德的事业"。⑧这不仅丰富了"教育与生产劳动相结合"思想的内涵,也为毛泽东劳动教育中提出的知识分子与工农群众相结合的方法,即"知识分子劳动化"与"劳动人民知识化"的途径提供了理论方向。马克思主义关于劳动教育的基本立场,指明了毛泽东劳动教育思想的价值指向:"教育为无产阶级政治服务。"⑨

①《马克思恩格斯选集》第1卷,人民出版社2012年版,第422页。

②《马克思恩格斯选集》第2卷,人民出版社2012年版,第230页。

③《列宁全集》第2卷,第463页。

④《马克思恩格斯选集》第3卷,第72页。

⑤《马克思恩格斯选集》第3卷,第363页。

⑥《列宁全集》第34卷,人民出版社2017年版,第169页。

⑦《列宁全集》第36卷,人民出版社2017年版,第346页。

⑧《列宁选集》第4卷,人民出版社1972年版,第351页。

⑨《中共中央文件选集(一九四九年十月——一九六六年五月)》第29册,第34页。

（二）对优良家风与中华传统文化的批判传承

毛泽东劳动教育思想的形成与发展,既大量吸收了外来有益思想,也离不开优良家风的熏陶,人生经历的影响,以及中华优秀传统文化的滋养。

一方面,优良家风带来的道德规范和行为准则,启蒙了毛泽东关于劳动教育的思考。一是毛泽东在参加各类劳动活动中,明白劳动与教育之间的辩证关系。毛泽东从小就在父亲的监督下,参加各类劳动,"如果没账要记,就叫我去做农活"。①毛泽东又以读书可以赚钱的理由换取父亲同意他外出读书的机会。而在这个过程中,毛泽东不仅很早就体会到劳动的艰辛,也初步认识到劳动与教育的辩证关系。二是在观察劳动者的过程中,认识到劳动者的不公正待遇。毛泽东的母亲是一位善良慷慨的女性,常接济穷人,"同情穷人并且当他们在荒年里前来讨米的时候,常常送米给他们"。②在母亲的影响下,毛泽东也喜欢帮助别人,和他们一起进行劳作,与劳动者建立了深厚的感情。这些经历,也引发了他对劳动人民的怜悯,奠定了毛泽东劳动教育思想的情感基础。

另一方面,中华优秀传统文化是毛泽东劳动教育思想的重要开端与历史起点。毛泽东劳动教育思想有着深厚的中华优秀传统文化根基,一是批判继承了"知行合一"思想。"知行合一"思想的实质在于将思想回归实践,强调知与行在目的上的统一。毛泽东站在唯物辩证法的角度上,对"知行合一"思想进行批判继承,提出教育要与生产劳动相结合,促进人的全面发展。二是批判中华传统文化中重文轻劳思想。中华传统文化一方面歌颂劳动,提倡知行合一,但另一方面在传统"官本位"影响下,也有着重视文化,轻视劳动的观点与行为。毛泽东对此进行了有力批判,强调要重视劳动与劳动者,积极推进教育与生产劳动的结合,并且推动知识分子、干部等加入劳动队伍,激励劳动者通过劳动来发展国家与推进社会进步。在此基础上,还要强调锻造劳动者的无产阶级革命思想与意志,塑造他们尊重劳动的精神。

（三）对时代语境与现实需要的科学解答

毛泽东劳动教育思想的形成与发展是伴随中国发展的进程而不断发展的,有着深刻的时代与历史背景,在解答现实问题中诞生和发展。

历史发展背景与社会现实条件为毛泽东劳动教育思想的逻辑演进与发展提供了目标引领。首先,毛泽东劳动教育思想回应了近代中国救亡图存的政治实践与落后生产力的挑战。鸦片战争以来,资本主义生产方式涌入中国,中国自然经济开始解体。在帝国主义和封建主义的双重压迫下,近代中国生产力落后,面临民族危亡的重大危机。面对无产阶级劳动者的悲惨生活状况,毛泽东迫切希望解放长期被剥削与压迫的劳动者。而旧式教育又造成了劳动者劳心与劳力的分离,"现在的中国社会,是受教育的人不能做工,做工的人不能受教育"。③毛泽东观察到学生只学习而不接触社会,根本无法做到知行合一,而广大劳动者深受压迫也没机会学习。在思考与解答这一问题中,毛泽东开

① 金冲及:《毛泽东传（1893—1949）》,中央文献出版社2004年版,第2页。

②《毛泽东自述》,人民出版社1993年版,第6页。

③《毛泽东早期文稿:1912.6—1920.11》,湖南出版社1990年版,第676页。

始接受马克思主义教育与生产劳动结合起来的理论主张,这不仅萌发了毛泽东通过劳动教育促进劳动者意识觉醒,进而凝聚真正的革命力量改造中国社会的想法,也成为"教育与生产劳动相结合"手段提出的重要缘由。

其次,毛泽东劳动教育思想回应了如何巩固无产阶级革命政权的政治诉求。五四运动后,无产阶级登上历史舞台,面对他们如何夺取政权,毛泽东从劳动教育角度也进行了有力论述。特别是全面抗战时期,毛泽东敏锐地观察到应当通过教育传播真理,武装广大劳动者,使其变成物质力量。"教育为促进社会进化之工具,教育者为运用此种工具之人",①从而推动社会发展进步,挽救民族危亡。此后,毛泽东提出要运用多种形式,积极发动革命干部、妇女、儿童等不同群体进行学习与生产劳动,诞生了诸如"自己动手,丰衣足食"的大生产运动理念、人民军队既是战斗队又是生产队、妇女参加生产劳动等理论观点。

最后,毛泽东劳动教育思想回应了建设新中国的实际需要。新中国成立初期,党虽然有力地对旧式教育体制进行了革除,但因教育设施不完善、教育资源短缺、教育人才不足等问题,造成了教育结构的严重失衡,无法满足新中国建设发展的人才需要。如何完善教育和人才培养体系,以人才促社会发展,成为新中国建设过程中需要解决的一个关键问题。面对这种困境,毛泽东从中国实际出发进行考虑,意识到开展劳动教育的重要性,提出继续进行教育要与劳动生产相结合,以此来不断完善教育与人才培养体系。这既能满足个体的全面发展,也能为社会主义建设培养合格的建设者与接班人,以此来推动社会发展。

二、毛泽东劳动教育思想的科学内涵

毛泽东经过艰辛的探索,在曲折中前进,对劳动目标、手段和价值进行了系统论述,在不断深化认识中丰富了劳动教育思想的科学内涵。

（一）目标引领:"有社会主义觉悟的有文化的劳动者"

早在全面抗战时期,毛泽东就酝酿出了"自己动手,丰衣足食"的大生产理念,成为毛泽东劳动教育思想目标提出的思想雏形。当时,面对根据地的实际困难,毛泽东较早就指出:"我们来一个动员,我们几万人下一个决心,自己弄饭吃,自己搞衣服穿,衣、食、住、行统统由自己解决。"②面对敌人的封锁围困,毛泽东号召要"自己动手,丰衣足食",坚定地指出:"假使全国党政军学,办党的,做官的,大家干起来,那还不是一个新的中国吗?"③他还一再强调根据地经济出现的"一切问题的回答就是'自己动手'四个字"。④毛泽东等党中央领导人以身作则,发挥示范带头作用,进行生产,对干部群众进行思想

---

①《毛泽东早期文稿:1912.6—1920.11》,第495页。

②《毛泽东年谱(1893—1949)》中卷,中央文献出版社2013年版,第101页。

③《毛泽东年谱(1893—1949)》中卷,第122页。

④《毛泽东文集》第2卷,人民出版社1993年版,第461页。

教育,强调劳动生产的重要性,还树立典型,发挥示范激励作用,如引导开展"吴满有运动",宣扬"南泥湾运动"等。此后,面对新中国建设的实践要求,毛泽东进一步完善劳动教育目标的内涵:推动社会革命与建设发展,促进人的全面发展,即培养有社会主义觉悟的有文化的劳动者。

因此,培养有社会主义觉悟的有文化的劳动者,需要明确劳动教育的对象进行针对性培养。第一,针对工农群众普遍文化水平较低的情况,毛泽东在保障生产的前提下,利用他们的闲暇时间。通过组织创办识字班、夜校、开展冬学、进行卓有成效的扫盲运动、加强工农学校建设等一系列方法,不仅帮助他们提升了科学文化素质,也树立起他们的革命信念,锻炼了他们的政治素养,成为坚强有力的革命与建设力量,有力地推动了社会变革。

第二,毛泽东要求学生必须通过劳动成为党和国家真正的后备力量。毛泽东历来重视劳动对教育的重要作用,他批判了传统教育中社会教育与劳动分离的状态,号召广大学生走出学校,在生产实践中进行劳动教育,改变课本理论与社会实践脱离的现状,鼓励他们不论文、理科生,都应当进行社会实践。只有这样,才能培养出"共产主义社会的全面发展的新人,就是既有政治觉悟又有文化的、既能从事脑力劳动又能从事体力劳动的人",[1]从而为社会主义建设服务,改变国家落后的面貌。

第三,毛泽东强调劳动是对知识分子进行无产阶级改造的重要途径。毛泽东认为知识分子不但要进行马克思主义理论学习,还应积极参加到劳动实践中,在劳动生产的参与中培养与人民群众的感情,从而锻造他们的无产阶级思想,坚定革命意志。毛泽东鼓励他们"必须继续改造自己,逐步地抛弃资产阶级的世界观而树立无产阶级的、共产主义的世界观",[2]强调这是根本的改变。

第四,毛泽东提倡妇女也要积极参加劳动。毛泽东批判了封建专制统治体制下对妇女人身和精神自由的扼杀与禁锢,同情妇女的悲惨境遇,强调男女平等。他认为解放妇女的一个重要途径就是鼓励她们参与到劳动生产中去,对她们进行新的解放观念教育,肯定妇女参与劳动生产的重要性,认为"妇女的伟大作用第一在经济方面,没有她们,生产就不能够进行",[3]鼓励给予她们更多的工作机会,引导她们有组织地进行劳动生产,锻炼革命意志。

第五,毛泽东强调人民军队既是战斗队,也是生产队,通过劳动培养人民军队的优良作风。劳动生产不仅是服务革命、建设的有力保障,也是人民军队更好联合工农群众,从而保障军民团结的有效策略,保证了人民军队的战斗力与凝聚力。从革命时期,毛泽东动员人民军队"自己动手,丰衣足食",号召他们"人人个个不但会打仗,会作群众

---

①《中共中央文件选集(一九四九年十月——一九六六年五月)》第29册,第34-35页。
②《毛泽东文集》第7卷,第225页。
③《中国妇女运动历史资料(1937—1945)》,中国妇女出版社1991年版,第46页。

工作,又会生产",①就会"无敌于天下",②"军队不但是一个战斗队,而且主要地是一个工作队"。③新中国成立后,毛泽东对社会主义革命与建设进行了探索,要求人民军队认识到"要组织生产,生产也是作战"。④面对从夺取政权到巩固政权的转变,毛泽东强调军地关系,要求人民军队学会管理和建设城市,提出"从我们接管城市的第一天起,我们的眼睛就要向着这个城市的生产事业的恢复和发展",⑤要用"极大的努力去学习生产的技术和管理生产的方法,必须去学习同生产有密切联系的商业工作、银行工作和其他工作"。⑥如此,人民军队的劳动生产不仅保障了军民生活,还形成了新的军队内外关系,提升了城市管理与建设水平,为社会主义建设奠定了坚强依托。

第六,毛泽东认为干部需要参加劳动,以劳动永葆初心使命。毛泽东十分重视干部的培养,强调劳动是培养与考察干部的重要途径,认为"干部要参加生产指挥和劳动。劳动可以改造思想,改造人",⑦并且强调"这就是政治工作"。⑧干部参与劳动生产也成为党的优良传统,在革命时期对战胜经济困难,改善党群关系、干群关系以及官兵关系都起到重要作用。毛泽东等人更是以身作则,亲自参与劳动生产,推崇集体劳动,认为这可以有效避免干部脱离群众与实际。干部通过劳动,促进"党和群众就打成一片了,主观主义,官僚主义,老爷作风,就可以大为减少,面目一新"。⑨毛泽东还将此作为一种制度固定下来。"各级的领导干部参加一部分体力劳动,使脑力劳动和体力劳动逐步结合",⑩就是发扬我们党联系群众、艰苦奋斗这个优良传统的一个制度。通过劳动生产培养正确的干部观,保持干群间血肉联系,在与人民群众一起劳动中,"使我们的干部成为既懂政治、又懂业务、又红又专,不是浮在上面、做官当老爷、脱离群众,而是同群众打成一片、受群众拥护的真正好干部"。⑪

第七,毛泽东认为劳动教育可以改造罪犯。毛泽东认为改造罪犯的目的是帮助他们重新成为合法公民,这就需要劳动教育作为其中的有效手段。他在总结新民主主义革命经验的基础上指出:"我们的监狱不是过去的监狱,我们的监狱其实是学校,也是工厂,或者是农场。"⑫从而制定出了劳动改造罪犯的政策,并坚持人道主义原则,强调生产劳动只是劳动改造的手段,目的不是为追求经济效益,而是对他们进行政治改造,将人

①《毛泽东选集》第3卷,人民出版社1991年版,第929页。
②《毛泽东选集》第3卷,第929页。
③《毛泽东选集》第4卷,人民出版社1991年版,第1405页。
④《毛泽东文集》第6卷,人民出版社1999年版,第10页。
⑤《毛泽东选集》第4卷,第1428页。
⑥《毛泽东选集》第4卷,第1428页。
⑦《毛泽东文集》第6卷,第10页。
⑧《毛泽东文集》第6卷,第10页。
⑨《毛泽东文集》第7卷,第294页。
⑩《中共中央文件选集(一九四九年十月——一九六六年五月)》第25册,人民出版社2013年版,第329页。
⑪《中共中央文件选集(一九四九年十月——一九六六年五月)》第44册,人民出版社2013年版,第337页。
⑫辛国恩:《毛泽东改造罪犯理论研究》,人民出版社2006年版,第34页。

改造好才是劳动改造的最终目标。

(二)手段指导:"教育与生产劳动相结合"

青年时期的毛泽东在分析中国实际的基础上就指出,中国传统教育中劳动与教育分离的弊端,强调"图脑力与体力之平均发展,并求知识与劳力两阶级之接近,应注意劳动"。[①]通过多年的实践,毛泽东指出党的教育方针,即必须"教育与生产劳动相结合"。质言之,一是要加强劳动教育,通过教育树立劳动观念,端正态度,形成全社会热爱劳动的风尚与尊重劳动的社会新风气;二是在生产实践中进行学习与教育,总结劳动经验,提高自身知识与劳动技能;三是要学会理论联系实际,以生产劳动为方法将所学知识转化为现实生产力,并在生产实践中检验知识的科学性;四是工农群众要与知识分子互相学习,各取所长。

"教育与生产劳动相结合"就其实质与重要目标,就是促使"知识分子劳动化"与"劳动人民知识化"的过程。一方面,毛泽东就什么是"完全的知识分子"进行了系统论证,他从完全的知识应当是通过感性认识和理性认识两个阶段获得着手,强调理论联系实际的必要性。知识必须要运用到实践中,并经过实践验证才是能真正成为自身所学,因而想成为完全的知识分子,"唯一的办法就是使他们参加到实际工作中去"。[②]他还进一步指出:"知识分子如果不和工农民众相结合,则将一事无成。"[③]另一方面,毛泽东始终要求不断提升劳动者的科学文化素质,保障他们的受教育权利,用各种方法提升他们的科技文化水平,培养具有全面知识的劳动者。

首先,毛泽东提出"以后要学校办工厂,工厂办学校""学生要勤工俭学,教师也要搞""老师也要参加劳动,不能光动嘴不动手"。[④]知识分子必须参与到生产劳动的实践中去,而广大劳动者也要不断接受文化知识教育。其次,毛泽东提倡"亦工亦农亦军"的做法。工人从事生产劳动为主的同时,必须兼顾学习政治理论、农业、文化和军事知识;农民主要从事农业生产的过程中,必须兼顾加强生产技能培训和基本文化知识的学习;学生在学习课本知识为主的前提下,农业、工业、军事相关知识也不可偏废;领导干部、军队在做好本职工作的同时,利用工作余暇积极参与生产劳动。再次,毛泽东从中国的具体国情出发,提出"两条腿走路"的主张,既创办正规学校,也积极发动人民群众,激发他们的积极性与创造性,开办民间学校,要求"在教育工作方面,不但要有集中的正规的小学、中学,而且要有分散的不正规的村学、读报组和识字组"。[⑤]最后,毛泽东大力推行勤工俭学、半农半读、半工半读,但要根据教学规律和特点,将普通中学与农村中学进行区分,普通中学学生可以利用一部分假期和休息日进行劳动,实行勤工俭学,但不主张

①《毛泽东年谱(1893—1949)》上卷,中央文献出版社2013年版,第84页。

②《毛泽东选集》第3卷,第816页。

③《毛泽东选集》第2卷,人民出版社1991年版,第559页。

④腾纯:《毛泽东教育活动纪事》,湖南教育出版社1993年版,第302页。

⑤《毛泽东选集》第3卷,第1011-1012页。

使用半工半读等方式。①这样就能真正促进脑力劳动与体力劳动的结合,做到理论联系实际,教育与生产劳动相结合。毛泽东认为,旧式教育严重脱离实际与生产劳动,因而要求学校必须将生产劳动列为正式课程,鼓励学生走出学校,迈向社会劳动实践,并且在条件允许的前提下,"每个学生必须依照规定参加一定时间的劳动",②并"在学校自办的工厂和农场中劳动,也可以到校外的工厂和农业合作社去参加劳动",③"派教师住到合作社去,使理论和实际结合"。④而且还针对高等教育中文、理科的不同,指出理科学生可以在学校实验室、工厂或者合作社进行劳动实践,可以和当地工厂订立劳动合同,学校也可以自己开办实践场所或者和工厂合作,提供合适的实习环境。而文科学生性质特殊,很难单独设置实践的场所,因而"要把整个社会作为自己的工厂",⑤多与劳动人民接触,在社会中进行广泛实践,提高自己的劳动能力与社会适应力。

(三)价值指向:"教育为无产阶级政治服务"

毛泽东认为教育要与政治结合,提倡教育应为无产阶级政治服务。在苏区时期,毛泽东就充分发挥劳动教育服务革命与生产建设的作用,强调教育要"以共产主义的精神来教育广大的劳苦民众,在于使文化教育为革命战争与阶级斗争服务"。⑥新中国成立后,毛泽东再次强调这一主张并将其列为党的教育方针,从而成为毛泽东劳动教育思想的价值指向。

毛泽东十分强调劳动教育对发展生产的重要性,认为这既是推动革命取得胜利的物质保证,也是促进国家和社会经济发展的重要途径,因而要多学习相关生产劳动知识,只有这样才能推动国家经济事业得到快速恢复与发展,进而提高和改善人民生活,得到他们的拥护,使党站得住脚。对此,毛泽东一方面重视科技创新,强调要提高劳动生产率,认为"发挥劳动人民的生产积极性,合理使用劳动力,发掘国民经济各部门中潜在的能力,并改进管理,提高和采用新技术,以不断提高产量,提高劳动生产率"。⑦从革命时期动员一切力量进行生产劳动,到社会主义建设时期提倡通过科技、文化教育等方式,依靠提升劳动人员科技文化水平来提高劳动生产率,激发全社会劳动人员的创造力。特别是针对手工劳动比重大,技术水平含量低等问题,提出"有必要广泛开展技术革新和技术革命,来解决这个不平衡",⑧用先进的生产技术带动国家与社会更好发展。另一方面,毛泽东依据中国发展的实际,着重强调按劳分配的原则,以此最大限度激发劳动者的生产积极性,认为"物质的分配也要按照'各尽所能按劳取酬'的原则和工作的

①《中共中央文件选集(一九四九年十月——一九六六年五月)》第27册,人民出版社2013年版,第332页。

②《中共中央文件选集(一九四九年十月——一九六六年五月)》第29册,第35页。

③《中共中央文件选集(一九四九年十月——一九六六年五月)》第29册,第36页。

④《毛泽东文集》第7卷,第360页。

⑤《毛泽东年谱(1949—1976)》第5卷,中央文献出版社2013年版,第401页。

⑥《建党以来重要文献选编(1921—1949)》第十一册,中央文献出版社2011年版,第127页。

⑦《中共中央文件选集(一九四九年十月——一九六六年五月)》第8册,人民出版社2013年版,第130页。

⑧《毛泽东文集》第8卷,人民出版社1999年版,第120页。

需要，决无所谓绝对的平均"。①特别是新中国成立之初，恢复国民经济必须发动人民群众积极参与到生产建设中来，如何变革分配制度，保障劳动者收入就成了重要问题。因而毛泽东提出保证国家财政收入的前提下，使集体与个人都能获得相应报酬。通过工资制度改革、工分制等措施，一定程度上改变了绝对平均思想下的不劳而获的观念，调动了劳动生产积极性，完善了分配制度，推动了生产力快速发展。

毛泽东重视劳动阶级的地位与作用，认为劳动教育是推进社会主义建设的关键，也是促进中国走向现代化，实现中华民族伟大复兴的关键。党的七届二中全会上，毛泽东就指出，党如果"不能使生产事业尽可能迅速地恢复和发展"，②不提高人民生活水平，"那我们就不能维持政权，我们就会站不住脚，我们就会要失败"。③面对新中国的建设，毛泽东要求大力开展生产劳动实践，提出四个现代化的奋斗目标，喊出了"共产党是要努力于中国的工业化的"的口号，强调："如果我们不能解决经济问题，如果我们不能建立新式工业，如果我们不能发展生产力，老百姓就不一定拥护我们。"④而通过劳动教育，可以促进全社会共同开展生产劳动，不仅提高了劳动生产率，也变革了生产方式，推进了教育事业改革，提升了人民的科技文化水平与综合素质，在全社会树立了正确的劳动价值观，使得劳动生产、劳动平等、劳动教育、尊重劳动等观念深入人心，教育为无产阶级政治服务的价值得以体现。

三、毛泽东劳动教育思想的当代价值

毛泽东劳动教育思想是在守正中不断创新，既对革命与建设中的劳动生产实践经验进行总结，也是毛泽东对劳动教育发展的系统梳理与思考，具有历史与现实的双重效应。而中国特色社会主义进入新时代，时代与现实发生巨大转变，我们应当继承与创新发展毛泽东劳动教育思想，不断赋予其新的内涵与形式。并在新的条件下，遵守其实质与规律的基础上对其进行创造性发展、创新性转化，发挥它应有的时代价值，特别是对新时代劳动教育发展的历史镜鉴之功能。

（一）促进新时代劳动教育本质回归

习近平总书记依据时代特征与现实发展需要，在继承毛泽东劳动教育思想与实践经验的基础上，提出一系列劳动教育新理念，促进新时代劳动教育本质回归，即回归人的本性价值，提升教育个体的内在生命力。

首先，习近平总书记指出劳动教育的根本任务是培养社会主义建设者和接班人，并围绕此阐述了劳动教育是"推动人类社会进步的根本力量"，⑤在推进中华民族伟大复兴的征

①《毛泽东选集》第1卷，人民出版社1991年版，第91页。
②《毛泽东选集》第4卷，第1428页。
③《毛泽东选集》第4卷，第1428页。
④《毛泽东文集》第3卷，第147页。
⑤《习近平谈治国理政》，外文出版社2014年版，第44页。

程中必须依靠人民、为了人民,依靠"辛勤劳动、诚实劳动、创造性劳动"。①因而人民才是劳动教育的根本出发点与落脚点,提高人民的劳动素质是进行劳动教育的核心要素,是推动人民全面发展的重要手段,也是促进社会进步发展的关键。其次,形塑了新时代劳动价值观念,明晰了劳动育人的目标所向。一是形成正确的劳动意识与观念,在全社会营造"尊重劳动、尊重知识、尊重人才、尊重创造的环境"。②二是强调了劳动者的主体地位,赋予他们历史使命与任务,"重视发挥工人阶级和广大劳动群众的主力军作用"。③三是丰富了劳动教育的价值取向新内涵。在全社会重申劳动最光荣、最美丽、最伟大、最崇高的价值理念,既激励了人民创造劳动产品的热情,也塑造了他们的劳动品格。最后,升华了劳动教育的意义。习近平总书记指出劳动创造幸福的理念,在劳动的动机与出发点上,树立了为人民谋幸福的初心;在归属中突出了创造大家共同的幸福生活与美好未来;在过程中强调注重体验劳动本身的乐趣,特别"要在学生中弘扬劳动精神,教育引导学生崇尚劳动、尊重劳动……长大后能够辛勤劳动、诚实劳动、创造性劳动"。④习近平总书记站在新的历史起点上,将劳动视作目的而非手段,彰显了人的价值本性。

(二)开辟新时代劳动教育实践路径

新时代继续发挥"教育与生产劳动相结合"的手段,尊重劳动教育的原则与特点,创新劳动教育形式与手段,开辟新时代劳动教育的实践路径新路向。

习近平总书记强化实践育人的导向作用,着力建设高素质人才大军,构建更高层次人才的培养体系,"把劳动教育纳入人才培养全过程,贯通大中小学各学段和家庭、学校、社会各方面"。⑤一是以家庭劳动教育为基础,促使劳动教育日常化。毛泽东劳动教育思想的逻辑起点就来自良好的家风熏陶,因而新时代需要继续开展家庭劳动教育,树立崇尚劳动的良好家风,家长通过日常生活的言传身教、潜移默化,让孩子从小养成热爱劳动的好习惯。家庭是劳动教育开展的首要场域,也是劳动教育得以顺利生根的先决要素与条件,是促使劳动教育日常化的第一场所。家庭劳动教育应当着眼于日常生活,将教育寓于学习基本生活技能、认知脑力劳动与体力劳动并重、启蒙劳动知识与意识之中,培养良好劳动习惯以及勤俭节约、艰苦奋斗、热爱劳动等优良作风,形成正确的劳动价值观。二是以学校劳动教育为主导,推进劳动教育规范化。毛泽东在批判旧式劳动教育体制的基础上,要求教育应当与生产劳动相结合。新时代需要视学校为劳动教育主阵地来发挥其作用。一方面,根据大中小不同学段设置不同的劳动教育课程与不同层次的劳动目标,推动劳动教育课程化。推动高校劳动教育形式与手段的多样化发展,将劳动教育融入思政课堂,发挥思政课堂立德树人主渠道的作用。另一方面,要

① 《习近平谈治国理政》,第44页。
② 《习近平谈治国理政》第4卷,外文出版社2022年版,第202页。
③ 习近平:《在庆祝"五一"国际劳动节暨表彰全国劳动模范和先进工作者大会上的讲话》,人民出版社2015年版,第3页。
④ 《习近平著作选读》第2卷,人民出版社2023年版,第202页。
⑤ 习近平:《在全国劳动模范和先进工作者表彰大会上的讲话》,人民出版社2020年版,第5-6页。

将理论与实践贯通起来,将劳动教育融入实践教学环节,引导学生将劳动教育与实训、实习、创新创业等结合,积极将劳动教育融入日常校园生活,并且经常性深入社会进行实践,培养为人民服务的意识。三是以社会劳动教育为支撑,促进劳动教育多样化。社会劳动教育是一个辐射范围更加广泛、受众群体更多的一种教育方式,将此作为劳动教育的依托,创设一条更多群体能够广泛参与的教育与劳动生产相结合的途径。但社会的广泛性与复杂性决定了社会劳动教育的复杂性,因而要根据行业与特点,制定相应的、有针对性的不同教育方案,评选与宣传劳模精神、工匠精神的代表人物与事迹,以此大力弘扬劳动精神,通过树立典范发挥社会引领作用,在全社会营造热爱劳动、尊重劳动的风气。质言之,以社会劳动为平台,引导更多的人树立正确的劳动价值观念,树立榜样的力量引领大众投入社会主义现代化建设之中,达到劳动教育的目的,提高人的全面素质与社会责任感,有效推动社会发展进步。

(三)指明新时代劳动教育发展方向

毛泽东劳动教育思想是站在历史的高度之上,抓住历史特点,基于中国革命、建设的前途方向与人的全面发展这一时代命题与现实关切而生成。新时代劳动教育同样基于时代转换与实践发展的现实问题而积极回应,这需要拓展深化劳动教育内涵,增添新内容,在对新时代中国特色社会主义发展的现实关切中指明发展方向,有力促进以中国式现代化全面推进中华民族伟大复兴。

一方面,通过构建"五育"并举的育人体系,培养堪当大任、全面发展的时代新人。毛泽东提倡学生参加劳动,"不论在德育、智育或体育方面都有好处,这是培养全面发展的新人的一条正确道路"。①习近平总书记对此创新发展,提出培养德智体美劳全面发展的时代新人的重要命题,他将劳动教育提升至人全面发展的重要组成部分的高度之上。从工具的理性价值回归人的主体性价值的重要维度,习近平劳动教育思想是对培养什么人的具体展开,指明了新时代劳动教育发展的方向,也是教育的归宿。新时代牢牢围绕立德树人的目标,发挥劳动教育在"五育"中的贯通作用,发挥劳动立德、增智、强体、育美的创新作用,促使"五育"成为一个内部既相互联系又相互促进的育人体系,实现多维性与整体性的统一。另一方面,坚持党的领导,明确劳动教育的正确政治方向,进而秉持人民立场,准确把握育人方向。毛泽东强调"教育工作必须由党来领导",②因而通过劳动教育培养时代新人,既要由党牢牢掌握意识形态领域的话语权,也要将人民立场视作为党的根本立场。在党的统一领导下,将教育摆在优先位置,有效开展劳动教育,坚持为党育人,为国育才,搭建合理的劳动教育实践平台,为人民群众劳动习惯、劳动观念的养成提供政治保障,始终将为谁培养人、培养什么人、怎样培养人作为新时代劳动教育的核心问题来对待,培养符合新时代中国特色社会主义建设需要的劳动大军。

(四)揭示新时代劳动教育理论旨趣

毛泽东劳动教育思想丰富发展了马克思主义劳动教育思想,确立了尊重劳动永不

---

①《中共中央文件选集(一九四九年十月——一九六六年五月)》第29册,第35-36页。
②《中共中央文件选集(一九四九年十月——一九六六年五月)》第29册,第34页。

过时的观念,具有重要的时代价值与世界意义,至今仍旧为世界各国工人运动提供借鉴。新时代提倡劳动创造幸福的理念主张,是对毛泽东劳动教育思想的跨时空回应,揭示了新时代劳动教育理论命题的旨趣。

习近平总书记在继承劳动创造人本身、创造历史、创造世界等理论的基础上,赋予劳动创造幸福新的内涵,认为:"劳动是财富的源泉,也是幸福的源泉。"①具体来说,第一,劳动是获得幸福的重要手段,"人世间的一切幸福都需要靠辛勤的劳动来创造"。②人只有通过劳动才能满足自我需要,才能创造个人与社会存在、享受和发展的物质基础。③第二,劳动是实现自我价值的重要途径,"人世间的美好梦想,只有通过诚实劳动才能实现",④因为人只有在劳动中才能真正解放自己,促进自我发展。同时,也只有通过劳动,才能将自我实现的目标对象化,将主观愿望客观具体化。所以劳动不仅满足了人的需要,也不断提升人的价值。第三,劳动是创造人民美好生活的重要方式。社会主义现代化国家的建设"根本上靠劳动、靠劳动者创造"。⑤为人民谋幸福是超越个体幸福的更高层次、主体更广泛的一种幸福,是实现从个体价值到社会意义的突破。以集体主义荣誉感号召和教育全社会一起劳动奋斗,重视科技创新提升劳动生产率,提出更加合理公平的分配方式,劳动将成为创造人民美好生活的可靠路径。第四,劳动本身就是幸福。不同于资本主义社会,社会主义的劳动是一种主动劳动,劳动过程中自我意志得到了有效发挥,自我本质力量不断强化,人性的自由得到确证,劳动是一种积极作为,劳动本身成为幸福的化身。劳动作为丰富人的物质与精神的活动而被尊重,作为一种幸福被人感受。劳动创造了幸福,本身也是幸福。

新时代新条件,毛泽东劳动教育思想依然发挥着重要作用,新时代劳动教育筑牢了精神根基,提供了教育合力机制构建经验,揭示了劳动教育在新条件下遵循的基本规律。一方面,创新了劳动教育理念并完善了相应课程教学实施,为社会主义现代化建设奠定了人才基础。在不断汲取劳动教育经验与教训中,推进了对劳动教育格局的新认识,促进形成教育与劳动相结合的新方式,保障了劳动者主体地位,推进了职业教育体系纵深发展,拓展了劳动教育体系的构建范围。另一方面,毛泽东劳动教育思想成为我们传承中华优秀传统劳动精神的学理溯源,构建和谐劳动关系的理论基石。强调理论要联系实际,树立问题意识,坚持问题导向,加强调查研究,向人民学习,为人民服务等等这为中国式现代化下的共同富裕提供了行动指南,有力地推动了实现中华民族伟大复兴的征程。

---

①《习近平著作选读》第1卷,人民出版社2023年版,第118页。

②《习近平著作选读》第1卷,第60页。

③ 何云峰:《劳动幸福权:通过劳动兑现的人之初始权利》,《湖北大学学报(哲学社会科学版)》2020年第3期,第48页。

④《习近平著作选读》第1卷,第118页。

⑤ 习近平:《在庆祝"五一"国际劳动节暨表彰全国劳动模范和先进工作者大会上的讲话》,第2页。

三全育人视域下研究生劳动教育的
实践与思考①

马建珠

摘　要： 加强和改进研究生劳动教育不仅是贯彻落实新时代劳动教育的必然要求，也是提升研究生培养质量的必由之路，这是落实立德树人根本任务的重要途径，具有重要价值意蕴。在研究生劳动教育中，要把劳动教育贯穿教育教学全过程，构建全员、全程、全方位育人的机制。同时，还要注意研究生群体的特殊性，遵循研究生教育规律，创新劳动教育的方式方法，充分发挥劳模精神与工匠精神对研究生的精神引领作用。

关键词： 三全育人；劳动教育；研究生

本文引文格式：马建珠:《三全育人视域下研究生劳动教育的实践与思考》，见何云峰主编:《劳动哲学研究》第9辑(2023年第2辑)，上海教育出版社2023年12月版，第220—227页。

2018年9月，习近平总书记在全国教育大会上强调:"要努力构建德智体美劳全面培养的教育体系，形成更高水平的人才培养体系。"②2020年3月，中共中央、国务院印发了《关于全面加强新时代大中小学劳动教育的意见》，为构建德智体美劳全面培养的教育体系提出了指导性意见。2020年7月，教育部印发了《大中小学劳动教育指导纲要(试行)》，对劳动教育的性质和基本理念、目标和内容、途径和评价、规划与实施、条件保障与专业支持等方面作出了具体的阐述和规定。党和国家在短时间内高密度地为劳动教育制定方针政策，表明劳动教育在构建德智体美劳全面培养的教育体系中的重要功能越来越得到重视。

研究生教育是我国培养最高层次人才的教育，它不仅是国家教育水平的重要标志，

① 基金项目:江西省学位与研究生教育教学改革研究项目"'三全育人'理念下的研究生思想政治教育工作模式构建与研究"(项目编号:JXYJG-2018-176)。作者通信地址:马建珠，井冈山大学人文学院，江西吉安343009。

②《习近平著作选读》第2卷，人民出版社2023年版，第203页。

还是国家发展、社会进步的重要基石。习近平总书记曾对研究生教育工作作出重要指示,强调研究生教育要不断适应党和国家事业发展需要,培养造就大批德才兼备的高层次人才。劳动教育是教育的重要内容,直接决定社会主义建设者和接班人的劳动精神面貌与劳动价值取向。因此,要加强和改进研究生劳动教育,发挥其以劳树德、以劳增智、以劳健体、以劳育美、以劳创新的重要育人作用。在新时代背景下,以三全育人理念为引导,围绕全员、全过程、全方位的育人格局,探索新时代研究生劳动教育路径,对于培养德智体美劳全面发展的社会主义建设者和接班人具有重要的实践价值和指导意义。

一、研究生劳动教育的价值意蕴

研究生作为最高层次的教育对象,有其群体的独特性,他们既是受教育者,又是科研工作者,还是推动未来社会发展的重要承担者。因而,相比其他教育阶段的学生而言,他们更要具备吃苦耐劳的精神与正确的劳动价值取向。将劳动教育纳入研究生人才培养全过程,是落实立德树人根本任务、构建德智体美劳五育融合人才培养体系的重要途径,具有重要价值意蕴。

首先,加强与改进研究生劳动教育,是全面建设社会主义现代化国家与实现中华民族伟大复兴的必然要求。在《中共中央关于制定国民经济和社会发展第十四个五年规划和二〇三五年远景目标的建议》中,中国共产党为我国擘画了在全面建成小康社会、成功实现第一个百年奋斗目标的基础上,开启全面建设社会主义现代化国家新征程、向第二个百年奋斗目标进军的宏伟蓝图。我们比历史上任何时期都更加接近实现中华民族伟大复兴的宏伟目标,也比历史上任何时期都更加渴求高素质人才。新时代赋予高校立德树人根本任务更多新内涵,也对研究生教育提出了更多的新挑战新要求。全面加强和改进研究生教育工作已成为培养担当民族复兴大任的时代新人的重要内容与必然要求。

习近平总书记曾指出:"全面建成小康社会,进而建成富强民主文明和谐的社会主义现代化国家,根本上靠劳动、靠劳动者创造。"[①] 高校研究生作为高素质人才,他们将要成为社会主义现代化事业的合格建设者和接班人,能够具备昂扬向上的劳动精神面貌、正确的劳动价值取向和卓越的劳动技能水平至关重要。然而,在研究生群体中一定程度上也存在着不珍惜劳动成果、不想劳动、不会劳动的不良现象,"劳动的独特育人价值在一定程度上被忽视,劳动教育正被淡化、弱化"。[②] 2021年9月,中共中央、国务院在北京召开了新时代以来的首次人才工作会议,习近平总书记在会上深刻论述了"为2035年基本实现社会主义现代化提供人才支撑,为2050年全面建成社会主义现代化强国打

① 习近平:《在庆祝"五一"国际劳动节暨表彰全国劳动模范和先进工作者大会上的讲话》,人民出版社2015年版,第2页。

② 中共中央、国务院:《关于全面加强新时代大中小学劳动教育的意见》,http://www.moe.gov.cn/jyb_xxgk/moe_1777/moe_1778/202003/t20200326_435127.html,2023年10月8日检索。

好人才基础"①的人才策略,明确了新时代人才发展目标,为人才素质优化与人才结构布局提供了新思路。因此,全面加强与改进研究生劳动教育,是落实全面建成小康社会战略目标的人才保证,是实现中华民族伟大复兴的根本大计,是全面建设社会主义现代化国家的必然要求。

其次,加强与改进研究生劳动教育,是服务社会发展和国家经济建设的必由之路。新中国成立以来,中华民族实现了从站起来到富起来再到强起来的历史飞跃,这些举世瞩目的成就离不开广大劳动人民的辛苦劳动与智慧。目前我国正处于百年未有之大变局,处在全面建成小康社会的决定性阶段。这就需要大批高素质人才投身到社会发展与国家建设当中来,继承发扬劳动精神,发挥个人聪明才智,以奋发有为的精神面貌担当历史重任。党的十九大强调:"人才是实现民族振兴、赢得国际竞争主动的战略资源。"②人民幸福、国家富强都是靠劳动实现的,只有通过劳动才能助力伟大中国梦的实现。青年大学生依然需要在乡村振兴、科教兴国、人才强国、航天强国、创新驱动等国家重大战略上贡献自己的青春力量。中共中央、国务院在《关于全面加强新时代大中小学劳动教育的意见》中提出:"劳动教育是中国特色社会主义教育制度的重要内容,直接决定社会主义建设者和接班人的劳动精神面貌、劳动价值取向和劳动技能水平。"③

最后,加强与改进研究生劳动教育,是落实立德树人根本任务和"三全育人"综合改革的题中应有之意。将劳动教育纳入党的教育方针,不仅是马克思主义劳动观的重要体现,还是构建我国人才培养体系的基本要求,也是落实立德树人的重要途径。马克思主义教育思想向来主张"教育与生产劳动相结合",这是培养全面发展的人才的有效途径。习近平总书记在全国教育大会中指出:"要努力构建德智体美劳全面培养的教育体系,形成更高水平的人才培养体系。要把立德树人融入思想道德教育、文化知识教育、社会实践教育各环节。"④立德树人是高校的根本任务,是开展一切工作的出发点和落脚点,做好"立德树人"工作,既要建立健全"三全育人"的系统化育人长效机制,实现全员育人、全过程育人、全方位育人,又要以"五育并举"为育人导向,推进学生德、智、体、美、劳全面发展。加强与改进研究生劳动教育,构建"三全育人"与"五育并举"的融合育人体系,是落实高校立德树人根本任务的重要举措,也是推动教育深化改革、创新发展的基本遵循。

二、三全育人理念下研究生劳动教育的实践路径

习近平总书记曾在全国高校思想政治工作会议上指出:"要坚持把立德树人作为中

---

① 新华社评论员:《为社会主义现代化强国筑牢人才基础》,https://baijiahao.baidu.com/s?id=1712248486218522071&wfr=spider&for=pc,2023年10月8日检索。

② 习近平:《决胜全面建成小康社会 夺取新时代中国特色社会主义伟大胜利——在中国共产党第十九次全国代表大会上的报告》,人民出版社2017年版,第64页。

③ 中共中央、国务院:《关于全面加强新时代大中小学劳动教育的意见》,http://www.moe.gov.cn/jyb_xxgk/moe_1777/moe_1778/202003/t20200326_435127.html,2023年10月8日检索。

④《习近平著作选读》第2卷,第203页。

心环节,把思想政治工作贯穿教育教学全过程,实现全程育人、全方位育人,努力开创我国高等教育事业发展新局面。"新时代以来,研究生教育越来越受到党和国家的重视。三全育人理念是对教育的过程、载体和资源要求的强化,为提高研究生教育质量提供了基本遵循。培养德智体美劳全面发展的社会主义建设者和接班人,就必须在学生中弘扬劳动精神,加强和改进研究生劳动教育,这是中国特色社会主义教育制度的重要内容,也是提升研究生教育质量的有效途径。

(一)构建全员育人机制,形成对劳动教育的有效合力

在"三全育人"语境下,研究生的培养管理必须充分考虑其科学性和系统性,对不同专业、不同类别的研究生的劳动教育做到有系统的设计和规划。要充分发挥各学科教师的育人力量,实现高效联动,建立教师全员协同机制,形成对劳动教育的有效合力,切实提升研究生人才培养质量。

首先,要充分发挥研究生导师作为首要责任人的育人作用。研究生导师是研究生培养过程中的首要责任人,他们"应该在政治思想上、道德品质上、学识学风上,以身作则,率先垂范,为人师表"。①他们对研究生的成长成才会产生至关重要的作用,因而,加强和改进研究生劳动教育,必须充分发挥研究生导师作为首要责任人的育人作用。导师在指导研究生开展研究课题的科研实践中,不仅要给研究生传授课题设计、实验论证等研究方法,提升研究生的劳动技能水平,还要让研究生树立劳动最光荣、劳动最崇高、劳动最伟大、劳动最美丽的观念,培养研究生勤俭、奋斗、创新、奉献的劳动精神。当前很多高校实行"双导师"联合培养制,更是要调动校内、校外导师的劳动资源,充分发挥校内、校外导师对研究生劳动教育的联合培养作用。

其次,要充分发挥思政课教师与辅导员中坚力量的作用。思政课教师和辅导员是高校思想政治教育的中坚力量,他们专门负责大学生的思想政治教育工作。然而,在教育实践中,他们育人方式又有所区别。思政课教师主要采用课堂教学的方式,偏向于理论性,因而思政课教师在课堂教学中,应系统讲述马克思主义劳动观,包含马克思主义的劳动思想、劳动观念和劳动价值等重要内容;辅导员则主要是通过在日常性事务管理工作中对学生进行思想政治教育,偏向于实践性,辅导员要在对研究生的日常事务性管理中,讲述劳动方法,培养劳动习惯,深化劳动意识,培养终身劳动价值观,使得研究生在劳动实践中形成正确的劳动观。另外,思政课教师与辅导员之间要打破不同部门归属之间的壁垒,确保两者之间能进行有效沟通;要加强思政课教师与辅导员队伍的一体化建设,采用"双向兼岗"的管理制度,鼓励辅导员兼任思想政治理论课教师,思想政治理论课教师兼职辅导员工作,充分发挥两者之间进行劳动教育的优势互补作用,推动两者的有机融合,有效发挥两者之间的育人合力。

最后,要充分发挥专业课教师潜移默化的导向作用。专业课教师是高校人才培养中的重要教育主体,他们在进行专业知识传授的同时,还要承担思想教育的功能。习近平总书记曾指出:"要把立德树人融入思想道德教育、文化知识教育、社会实践教育各环

①《习近平谈治国理政》第2卷,外文出版社2017年版,第376页。

节,贯穿基础教育、职业教育、高等教育各领域,学科体系、教学体系、教材体系、管理体系要围绕这个目标来设计,教师要围绕这个目标来教,学生要围绕这个目标来学。"① 专业课教师要将劳动价值理念、劳动精神等融入各自的专业课教学,以自己渊博的专业知识与高尚的人格力量感染学生,潜移默化地教育引导研究生培育和践行社会主义核心价值观,让他们树立高远志向,培养敢于担当、不懈奋斗的精神,具有勇于奋斗的精神状态、乐观向上的人生态度,促使研究生在专业学习中形成正确的世界观、人生观、价值观。

(二)构建全程育人机制,推进劳动教育的一体化进程

全程育人主要是在时间上体现出育人工作的整体性、一贯性与连续性。构建研究生劳动育人的全程育人机制,并不仅仅是指研究生从入学到毕业整个过程的教育工作,更强调的是劳动教育要贯穿研究生成长全过程,要求高校结合研究生在不同成长阶段的思维特点、身心发展特点以及学业特点,有针对性地开展研究生劳动教育,促进研究生的健康成长成才。

首先,要在入学教育中融入劳动教育元素,实现研究生思想政治教育与劳动教育同向同行。入学教育是高校研究生思想政治教育中的重要环节。学校要充分利用研究生刚入学的新鲜与激情,加强对研究生的劳动教育。在校情校史教育中,应将劳动价值与劳动精神跟学校的发展奋斗历程结合起来,增加研究生对学校艰苦奋斗精神的认同感。在生活适应性的教育中,不仅要向研究生传授日常生活的劳动技能,还要向研究生强调日常生活劳动习惯的养成也是劳动素养评价的重要指标。在专业认知教育中,要明确专业实践的目标与要求、学制与学分、课程与学时等问题,提升研究生的专业实践意识。在安全教育中,不仅要向研究生强调人身安全、财产安全与政治安全等,还应向研究生强调劳动安全,提升研究生劳动安全意识。通过将劳动教育融入入学教育,引导研究生尊重劳动、崇尚劳动,把劳动精神熔铸成研究生内在的精神品质,为党和国家培养合格的社会主义建设者与接班人。

其次,要在专业实践教育中融入劳动教育内容,实现研究生专业实践教育与劳动教育同频共振。在研究生培养中,要坚持劳动教育与智育培养相结合的原则,专业教育才能真正发挥实效。教育部发布《关于进一步加强和改进研究生思想政治教育的若干意见》(教思政〔2010〕11号)指出:"要强化研究生实践教育环节,将社会实践纳入研究生培养方案,作为研究生培养的必要环节,做到有计划、有规范、有考核,形成长效机制。"② 因此,学校要积极与企事业单位、部队、地方政府等共同建立研究生社会实践基地,为研究生培养建立社会实践保障体系。研究生要结合个人专业知识和研究成果,以科研报告、技术开发和推广、挂职锻炼等形式为经济社会发展服务,通过理论学习与劳动实践相结合的方式夯实学习成果,实现研究生劳动教育与专业教育同频共振,达到"以劳树

①《习近平著作选读》第2卷,第203页。

② 教育部:《关于进一步加强和改进研究生思想政治教育的若干意见》,http://www.moe.gov.cn/srcsite/A12/moe_1407/s6875/201011/t20101117_142974.html,2023年10月8日检索。

德""以劳增智"的学习效果,铸造吃苦耐劳的劳动精神与品质。

再次,要在学术道德教育中融入劳动伦理教育内容,实现研究生学术道德教育与劳动伦理教育相结合。开展学术研究是研究生培养的重要目标。因而,学术道德教育也是研究生教育中的重要内容。在研究生学术文化建设过程中,要注意在研究生学术道德教育或学术活动中融入劳动伦理教育内容,促进研究生学术科研能力和学术伦理水平同步提高。"培养研究生不畏艰难的科学作风、严谨求实的优良学风、求新探异的创新意识、艰苦奋斗的创业品格、合作沟通的团队精神。"[①] 要制订研究生学术道德规范,加强对研究生的学术道德教育,并将其纳入学校研究生教育培养体系,提升研究生的学术道德规范意识。不仅要引导研究生恪守学术道德规范,尊重他人的学术成果,也要引导研究生遵循劳动伦理规范,尊重他人的劳动成果,实现研究生学术道德教育与劳动伦理教育相互结合、相互促进。

(三)构建全方位育人机制,实现对劳动教育的有效联动。

全方位育人就是从育人空间的维度充分挖掘并探索各种人才培养的渠道和途径,实现育人空间维度的延展性和立体性。构建研究生劳动教育全方位育人模式,要从教育课程、教育管理、教育评价等方面充分拓展各种教育渠道与途径,搭建科学规范的劳动教学体系,从而实现育人体系的立体化与系统化,实现由平面一维向立体多维的教育转变。

一是要明确研究生劳动教育课程的教学内容。明确劳动教育内容是新时代高校加强劳动教育的关键。在研究生的劳动教育课程中主要是解决"劳动是什么""为什么劳动""如何劳动"等问题,其教学内容主要是日常生活劳动、生产劳动和服务性劳动中各种相关的劳动知识、劳动技能及其价值观。同时,还应针对研究生群体的特殊性,进一步明确劳动的内涵及其偏重于脑力劳动的特殊性。随着社会与科技的发展,劳动方式与观念等也随之改变,研究生的劳动教育也应与时俱进。因而,研究生的劳动教学内容还要与当前的新产业、新工艺与新技术紧密结合,体现出时代的"新"特征。只有不断完善以劳动教学为主要内容的教学体系,不断更新教学内容中陈旧的劳动观念与劳动方式,才能使劳动教育课程充分发挥育人功能与价值,服务于研究生综合劳动素养的培育与正确劳动价值观的养成,这是构建研究生劳动教育全方位育人机制的重要举措。

二是要创新劳动教育的管理理念。高校的管理制度也是育人的重要载体。因而,要善于把劳动教育融入学校的管理之中,建立他律与自律、约束与激励有机结合的长效工作机制。研究生劳动教育要真正取得实效,还需充分发挥研究生管理方面的积极作用。一方面,学校要转变管理理念,创新管理方法,提高对研究生的管理服务水平。学校要由"行政干预型"向"服务型"转变,让学生在高校的日常管理服务中提升劳动意识、感悟劳动价值,引导研究生崇尚劳动、尊重劳动,使得研究生由"不愿劳动"转变为"主动劳动",树立正确的劳动观。另一方面,学校要建立健全各项劳动管理制度,真正做到依

---

① 教育部:《关于进一步加强和改进研究生思想政治教育的若干意见》,http://www.moe.gov.cn/srcsite/A12/moe_1407/s6875/201011/t20101117_142974.html,2023 年 10 月 8 日检索。

章办事,确保劳动教育的有效运行。研究生的劳动教育是一个自上而下的系统过程,学校应积极探索新时代研究生劳动教育的管理方法,做好顶层设计。在制定人才培养方案时就应做好劳动教育的方案设计,适当提高劳动教育实践课程的学分比例,明确研究生每个学习阶段的劳动目标,量化每个学期的劳动任务,为研究生劳动教育的有效实施提供制度保障。

三是要规范劳动教育评价的方式与要求。在研究生教育中,提升研究生劳动素养与精神是实现立德树人的重要要求。因而,向研究生开设劳动教育必修课,结合工匠精神、劳模精神与劳动法规等设计劳动教育内容,将劳动教育评价调节功能、诊断功能与导向功能等全面体现出来。对研究生劳动教育效果进行科学分析,能够充分评估劳动教育的实施效果。

2020年10月,中共中央、国务院印发的《深化新时代教育评价改革总体方案》中提出了要"加强劳动教育评价",强调要"探索建立劳动清单制度,明确学生参加劳动的具体内容和要求,让学生在实践中养成劳动习惯,学会劳动、学会勤俭。加强过程性评价,将参与劳动教育课程学习和实践情况纳入学生综合素质档案"。[1]学校应严格实施大中小学劳动教育指导纲要,明确研究生阶段的劳动教育的目标要求,引导研究生崇尚劳动、尊重劳动。同时,还要结合自我评价、家长评价、学校评价与实践单位评价等多种评价方式,作为评价研究生劳动素养的重要参考。通过规范与建立劳动教育评价体系,切实保障研究生劳动教育提质增效。

三、三全育人理念下研究生劳动教育的经验与启示

在三全育人理念指引下,做好研究生劳动教育工作,既要注意建构协同育人体系,整合学校各方资源,形成全员、全程、全方位育人合力,又要注意研究生群体的特殊性,让劳动教育契合他们的内在需要,让劳动精神与劳动价值观入脑入心,外化于行。

(一)遵循研究生教育规律,做到因材施教

在我国教育体系中,研究生教育是最高层次的教育,这就决定了研究生的劳动教育不同于大学生与中小学生的劳动教育。如果说中小学生还处于教育的初始期,更侧重于对劳动的认知,要引导他们"爱劳动""会劳动";大学生则侧重于对劳动知识的掌握和劳动技能的训练,要培养他们"懂劳动""善劳动";对于研究生则要培养他们研究问题、分析问题与解决问题的能力,通过撰写论文与智库报告等展现劳动成果,表现为一种脑力上的技能。因而,做好研究生的劳动教育,不仅要做到中小学生、大学生与研究生劳动教育的有效衔接,还要深入把握研究生教育的自身规律,找准劳动教育的着力点和切入点,做到课堂教育与课外教育相结合、理论教育与实践教育相结合。一方面,坚持课堂教学是教育教学活动的主阵地原则,根据专业特点开设与专业密切相关的劳动教育课程,与专业课同向同行,形成教育合力。另一方面,建立劳动教育实践基地。新时代

---

① 中共中央、国务院:《深化新时代教育评价改革总体方案》,https://www.gov.cn/gongbao/content/2020/content_5554488.htm,2023年10月8日检索。

的研究生劳动教育应当逐步建立教、产、研、用一体的实践教学模式,构建校内实践教学基地与校外实习基地联动的实践教学平台,为研究生培养提供平台保障。研究生劳动教育的开展也必须依托这些平台开展生产劳动,通过产教融合、校企合作等方式方法推动劳动教育内涵式发展,让研究生全面健康成长。

(二)创新劳动教育的方式与方法,做到与时俱进

改革开放以来,中国高等教育的发展水平日新月异,研究生教育也得到了很大程度的发展,无论是教育环境,还是教育对象的年龄结构、知识结构、心理认知与思想状况,与改革开放初期的研究生教育相比都已发生了重大变化。同时,劳动又是一个发展性的概念,不同的历史时期会有不同的历史内涵。在新时代,"劳动的内容将会越来越丰富多彩;劳动形式将会是越来越富于变化;劳动者的流动性将会逐渐增强……劳动者的体力支出会越来越少,而智力支出会越来越多"。[1] 因而,新时代的研究生劳动教育的方式与方法也应随之发生改变。如在劳动教育目标上,全面提升研究生的劳动素养是新时代高校劳动教育的主要目标,这就要求对研究生的专业教育、创新创业教育、社会实践与产教融合等育人环节,不仅要关注研究生知识技能的学习,更要关注劳动素养的提升;在劳动教育目的取向上,新时代高校劳动教育强调外在价值与内在价值的统一,其目的是引导研究生"在劳动创造中追求幸福感、获得创新灵感,在此基础上为国家建设培养具有社会责任感、创新精神和实践能力的高级专门人才"。[2] 这都要求研究生的劳动教育必须不断适应劳动教育主题内容的变化,创新研究生劳动教育的方式方法,提升劳动育人实效。

(三)发扬劳模精神与工匠精神,做到精神指引

劳模精神是一种不断追求卓越、勇于创新、孜孜不倦与努力奋斗的精神品质,是一种劳动精神的化身。工匠精神的内涵主要指爱岗敬业、精益求精、专注细致与创新卓越,它是职业道德、职业能力与职业品质的体现。劳模精神与工匠精神都是对劳动精神的偶像化与人格化,发挥着引领和标杆作用,它们作为新时代发展的现实需求,是高校提升育人实效,培养学生德智体美劳全面健康发展的必然选择。在开展研究生劳动教育时,一方面要将劳模精神与工匠精神引入理论课堂,引导研究生深入领会两种精神的实质内涵。发挥思想政治理论课育人主渠道的作用,将两种精神渗透到研究生教育的各个环节中,真正实现全过程育人。另一方面要做到将劳模精神与工匠精神的宣传日常化、具象化。学校应充分发挥新媒体即时性、广泛性与共享性的传播优势,利用微信、QQ、抖音、快手等媒体平台,大力宣传劳模精神与工匠精神,尤其是对科研领域的优秀劳动模范典型事件,更要加大宣传力度,真正做到对两种精神宣传的日常化与常态化。同时,在一些重要的节日,比如劳动节、国庆节等,在校内开展劳模评选与表彰活动,将劳模精神与工匠精神全方位地体现在研究生的日常学习与生活中,使这两种精神的宣传立体化、具象化,真正提升劳动精神引领育人的效果。

---

① 王凤兰,黎延年:《论知识经济条件下劳动的内涵和外延》,《社会科学论坛》2003年第5期,第5页。

② 曲霞、刘向兵:《新时代高校劳动教育的内涵辨析与体系建构》,《中国高教研究》2019年第2期,第73页。

新时代大学生劳动价值观培育的内涵要义与实践指向①

李　霞，刘明合

摘　要： 新时代大学生劳动价值观培育具有重要的时代价值。培育新时代大学生的劳动价值观能够为社会主义现代化建设注入不竭的创造活力，深化新时代大学生对社会主义核心价值观的理解和践行，促进自身的全面发展。新时代大学生的劳动价值观旨在使大学生认同劳动是人本质活动的价值定位，端正尊重一切劳动和创造的基本态度，培养辛勤劳动、诚实劳动、创造性劳动的精神，树立为大多数人劳动的职业追求。为实现这一培育内容，需要从价值引领、课程建设、平台搭建、队伍塑造、环境营造五个方面具体施策。

关键词： 劳动价值观；新时代；大学生

本文引文格式： 李霞、刘明合：《新时代大学生劳动价值观培育的内涵要义与实践指向》，见何云峰主编：《劳动哲学研究》第9辑（2023年第2辑），上海教育出版社2023年12月版，第228—236页。

　　"劳动是推动人类社会进步的根本力量。"② 面对中国式现代化全面推进中华民族伟大复兴的任务，大学生作为中坚力量必须通过踏实劳动、艰苦奋斗引领时代前进。同时，新时代经济社会发展环境变化带来多元价值挑战，大学生的劳动意识和劳动观念呈现复杂性。因此，必须结合新时代大学生发展的规律，站在时代发展的高度，重新审视新时代大学生劳动价值观的内容，并认真思考该通过何种方式培育社会主义新型劳动者，这不仅有利于促进新时代大学生个人价值的实现，也有利于国家未来劳动者素质的普遍提高，推动社会主义现代化建设的高质量发展。

---

　　① 作者通信地址：李霞，中国地质大学（武汉）马克思主义学院，湖北武汉430074；刘明合，泰山学院马克思主义学院，山东泰安271000。

　　②《习近平谈治国理政》，外文出版社2014年版，第44页。

一、新时代大学生劳动价值观培育的价值意蕴

新时代大学生身处实现中华民族伟大复兴的重要战略机遇期,对时代发展承担着重要的社会责任。培养大学生的劳动价值观,能够发扬其奋斗精神,进一步践行社会主义核心价值观,激发其创造活力,在服务社会主义现代化建设的过程中彰显其人生价值。

（一）提升社会主义现代化建设的创造活力

培育新时代大学生的劳动价值观能够为社会主义现代化建设注入不竭的创造活力。习近平总书记强调:"实现中华民族伟大复兴,必须依靠知识,必须依靠劳动,必须依靠广大青年。"① 新时代大学生是青年人的代表,他们有知识、有梦想、有激情、有创造力,在科学劳动价值观的加持下,能够提升社会主义现代化建设的质量和速度。有劳动觉悟的青年学生投身祖国全面建设社会主义现代化的火热实践。不但能够为人才缺乏的地区提供具备专业能力和道德素养的青年人力支撑,而且大学生的知识和技能在实践中得以检验和运用,也在实践中得以提高。个人的专业素质与国家发展共同进步,各行业劳动生产效率不断提升,有利于提高社会整体劳动认同度和劳动质量。此外,新时代大学生具有同时代前行的独特优势,能敏锐地感应和机敏地应对世界发展变化,给社会主义现代化建设带来无限可能。培育新时代大学生的劳动价值观有利于激发其创造活力,增强我国劳动力的国际竞争水平,有效提高同国际经济科技对抗的实力。

（二）深化社会主义核心价值观的理解践行

劳动价值观是社会主义核心价值观的重要内容,对于实现社会主义核心价值观不同层面的目标具有重要意义。培育新时代大学生的劳动价值观既是在马克思主义思想指导下实现社会发展目标的必然要求,也是对中华民族精神、民族文化的传承。首先,马克思主义劳动观是新时代大学生要掌握的基本劳动观,在马克思主义劳动观的引导下,新时代大学生对劳动与劳动力、对自身劳动价值与整个人类的幸福目标有了更清晰的认知,有利于深化社会主义核心价值观的思想引领力,引导新时代大学生提高认识世界和改造世界的能力。其次,劳动价值观本身传递着爱国的热情、勤勉的劳动态度,这是中华民族精神的呈现,新时代大学生将这种劳动精神内化于心、外化于行,是对中华优秀传统文化的传承发展,有利于民族文化的精髓渗透入新时代大学生的灵魂,培养其家国情、民族义。同时,新时代劳动价值观包含着改革先锋、时代先锋传达出的工匠精神、敬业精神、奋斗精神、奉献精神等,新时代大学生在时代精神的引导下,追随时代先行者的步伐,在自身的劳动过程中加深对国家富强、人民幸福的理解。最后,劳动价值观代表着社会整体的劳动思维取向,作为观念性的力量,它是应对国际思想文化交锋的重要武器。培育新时代大学生的劳动价值观有利于深化共同的思想基础,凝聚起新生力量的精气神,应对资本主义意识形态的侵蚀,增强文化软实力,激发追求美好精神生

---

① 习近平:《在知识分子、劳动模范、青年代表座谈会上的讲话》,人民出版社2016年版,第2页。

活的动力。

（三）促进新时代大学生的自由全面发展

劳动作为最淳朴的道德活动，一定程度上体现着人类追求自由的进程和高度。新时代弘扬爱岗敬业、艰苦奋斗、勇于创造、甘于奉献的劳动精神，这是新时代经济社会发展对道德文化发展的要求，新时代大学生践行符合时代发展要求的劳动价值观，有利于自身道德素质水平跟上时代发展的节奏，在通过劳动创造物质财富的同时提升道德水平和精神境界，找到自觉劳动、幸福劳动的价值，在自由自觉的劳动、高尚的劳动活动中，不断冲破物化劳动的束缚力，提高追求自由和自我价值实现的高度。自我价值的实现与社会价值的实现是相统一的。"只有把自己的小我融入祖国的大我、人民的大我之中，与时代同步伐、与人民共命运，才能更好实现人生价值、升华人生境界。"①新时代大学生通过劳动创造自我和社会所需的物质财富，社会整体发展水平的上升又能为大学生提供更高精神追求的条件。新时代大学生在科学劳动价值观的指引下，明确个人价值与社会价值的关系，将个人梦想的实现融入中华民族伟大复兴的国家梦，深刻认识个人全面发展与国家综合实力的关系；将个人价值与国家发展相统一，将个人命运与人民命运相统一，增强对国家和人民的情感，提高道德素养；将个人的自由发展融入实现中华民族幸福目标的奋斗中，在为实现更多人的梦想中收获幸福感，收获劳动的价值，从而找到通过劳动实现真正自由的通道，促进自身的全面发展。

二、新时代大学生劳动价值观培育的内涵要义

认同劳动的价值定位是培育大学生劳动价值观的首要内容，马克思主义劳动价值观引导大学生走向正确的劳动认知和劳动方向。在认同劳动是人的本质活动的基础上，进一步摆正劳动态度，尊重一切劳动和创造，学习和发扬劳动精神，最终提升自己的劳动境界，树立为大多数人劳动的理想，成为国家需要的高素质劳动者。

（一）认同劳动是人本质活动的价值定位

劳动是体现人本质的活动。劳动创造了社会，也创造了人本身。首先，劳动创造人本身。"人们首先必须吃、喝、住、穿，就是说首先必须劳动，然后才能争取统治，从事政治、宗教和哲学等等。"②劳动首先是保障人类生存的手段，人类通过劳动实践满足物质生产生活需求，这是最初级的价值诉求，从物质生产诉求到精神发展需求的满足是一个很难跨越的阶段，人的劳动本质的彰显需要长期的过程。在资本主义社会，劳动作为异己的力量存在，"只要肉体的强制或其他强制一停止，人们就会像逃避瘟疫那样逃避劳动"，③劳动异化为奴役自身的工具。马克思认为在共产主义社会的高级阶段劳动成为生活的第一需要，此时的劳动真正回归其人的本质的价值，这是以生产力水平的高度发

---

① 《习近平谈治国理政》第3卷，外文出版社2020年版，第334页。

② 《马克思恩格斯文集》第3卷，人民出版社2009年版，第459页。

③ 《马克思恩格斯文集》第1卷，人民出版社2009年版，第159页。

展、社会财富的极大丰富和人的道德水平的提升为前提基础的,在此之前的劳动都在一定程度上限制着人的自由,人们通过不自由的劳动追求自由的本质。在社会主义社会初级阶段还不能满足人们更高价值的诉求,实现自由自觉的劳动仍需要每个人的共同努力。

其次,劳动创造社会历史。人类在通过劳动实践满足自身的生存与发展需求的同时也将自然打上了人类的烙印,自然界不仅成为人类无机的身体,也见证着人类创造历史和改造社会的历程。"最蹩脚的建筑师从一开始就比最灵巧的蜜蜂高明。"① 人类的劳动活动是自身意识的表达,劳动实践体现人的主体性与创造性,劳动者根据自己的意愿改造世界从而也改造自身。人类社会在螺旋式发展的过程中,产生了不断进步的历史文明,它们是创造性劳动的成果,是劳动人民的智慧结晶,认同劳动作为人本质活动的创造价值,更要认同劳动人民作为历史创造者的重要地位。

最后,劳动创造一切幸福。劳动在现实世界不断释放的程度代表着人类幸福不断提升的高度,新时代大学生生活在前人用劳动甚至是鲜血铸就的和平年代,应当传承辛勤劳动的优秀品德。面对全球化和市场经济的冲击,新时代大学生在资本的裹挟下容易抛弃劳动的本质追求,鄙视普通劳动,向往不劳而获,贪图安逸,放弃踏实劳动,甚至出现"啃老族"等现象,这不仅是对劳动的轻视,更是对人生幸福的不负责任。青春时光短暂且可贵,应当在劳动中为自己的幸福人生打好基础,在实现人生价值的基础上逐步追求自由实现的高度。

(二)端正尊重一切劳动和创造的基本态度

"劳动没有高低贵贱之分,任何一份职业都很光荣。"② 任何一种劳动形式都是社会发展不可或缺的,都在为社会运行创造价值,每一份劳动成果中都凝结着无差别的人类劳动。新时代大学生要端正劳动态度,首先要尊重包括体力劳动者和脑力劳动者在内的一切劳动者。在经济社会发展的起步阶段往往更倚重体力劳动,重视体力劳动者的价值。随着社会进步程度的提高,对脑力劳动的需求逐步胜过体力劳动,脑力工作者深受人们的青睐,脑体倒挂的现象不但消失了,甚至出现青年人对体力劳动者的轻视,很多大学生不愿从事体力劳动工作。社会分工不同,创造价值的途径不同,无论体力劳动还是脑力劳动,在普通劳动岗位上精益求精的优秀劳动者都值得尊重和学习。

其次,要尊重劳动创造的过程。新时代大学生首先要明确劳动与成功并不是必然的关系,很多学生因惧怕"劳而无获"产生躺平心态,为满足付出必有回报的心态,不惜铤而走险。③ 在学习、工作生活中不能因为结果不尽如人意而否定劳动的过程,也不能因为惧怕失败而放弃努力的尝试,每一次付出劳动的过程都是对实践的探索,对自我的检验与提升,对未来实现飞跃的经验积累,即使是没有达到理想目标的劳动过程仍然在为未来创造价值。同时,新时代大学生不能只羡慕别人光鲜亮丽的成果展示,而轻视别

① 《马克思恩格斯文集》第5卷,人民出版社2009年版,第208页。

② 习近平:《在知识分子、劳动模范、青年代表座谈会上的讲话》,第9页。

③ 刘向兵、李珂:《论当代大学生劳动情怀的培养》,《教学与研究》2017年第4期,第83-89页。

人的劳动付出,也不能因歧视普通劳动者而忽略他们的劳动过程,每一个成功的创造都是辛勤的汗水汇聚而成,每一个付出劳动的过程都值得尊重。

最后,要尊重劳动成果。劳动成果中凝结着劳动者的劳动价值。作为新时代大学生,首先要对祖国发展的成就有自信,自觉抵制历史虚无主义和民族虚无主义的陷阱,了解国家成长发展的历史进程,尊重一切科学创造,尊重每一位推动国家进步的时代英雄,尊重并敬畏他们用艰苦奋斗铸就的国家富强史。同时,新时代大学生要从日常生活中培养尊重一切劳动成果的意识。一粥一饭,当思来之不易;半丝半缕,恒念物力维艰。从树立勤俭节约,艰苦奋斗的观念开始表达对点滴劳动成果的敬畏。

（三）培养辛勤劳动、诚实劳动、创造性劳动的精神

辛勤劳动、诚实劳动、创造性劳动是中华民族的传统美德,也是践行社会主义核心价值观的重要内容。首先,辛勤劳动、诚实劳动、创造性劳动是对民族精神的传承和践行。正是因为一代代劳动人民的辛勤劳动、诚实劳动才创造了中华民族延续不断的文明,才使中华民族能够自立于世界民族之林,才使今天的青年学生更有自信地诉说中国奇迹。习近平总书记强调"我们要在全社会大力弘扬劳动精神,提倡通过诚实劳动来实现人生的梦想、改变自己的命运,反对一切不劳而获、投机取巧、贪图享乐的思想"①。新时代大学生要学习劳动精神,践行劳动精神,用辛勤劳动、诚实劳动涵养劳动品格,创造社会财富,提升自我价值,为社会主义现代化建设贡献力量。

其次,辛勤劳动、诚实劳动是踏实劳动的重要表现,踏实劳动是对辛勤劳动、认真劳动、诚实劳动的最好注解。新时代谋生手段多种多样,尤其是新媒体技术的发展,带来了更广阔的就业领域,面对市场经济条件下催生出的众多非生产性劳动行业,一些投机取巧者靠网络环境博眼球,靠哗众取宠收获关注度,这种靠热度维系的形式并不能长久,新时代大学生应当擦亮眼睛,明辨是非,在复杂环境中抵御好逸恶劳的思想侵蚀,遵守行业规范,坚持求真务实的精神,向劳动实践学习,向人民群众学习,靠辛勤劳动、诚实劳动满足自身的物质和精神需求,为广大人民群众的美好生活贡献力量。

最后,创造性劳动体现劳动的价值。当今世界国际竞争越来越聚焦于科技创新、文化创新,人才成为国家间竞争的重要因素。新时代大学生担负着民族复兴的重要使命,要发挥自身的创新创造才能,努力掌握科学文化知识,积极进行个人劳动创新,参与集体性劳动创造;将创造性劳动与社会发展需求相结合,实现劳动过程的创造性、实用性、精致性,通过辛勤劳动、踏实劳动将创新成果打造到极致,在劳动成果惠及更广大人民的同时提高我国劳动竞争力。

（四）树立为大多数人劳动的职业追求

慎重地选择职业、珍视职业是对劳动的尊重,是对自我价值的尊重。首先,从本质上来说,选择为大多数人劳动,实现大多数人的幸福,才能真正实现自身的幸福,大多数人达不到幸福的彼岸,单个人本身就难以真正实现劳动的本质价值。新时代大学生将职业选择的视野拓宽到为大多数人劳动,选择为大多数人劳动的职业,能够使个人劳动

---

① 习近平:《在知识分子、劳动模范、青年代表座谈会上的讲话》,第9-10页。

的价值突破为自己服务的界限,在奉献他人服务社会的劳动中实现自身的价值,彰显新时代大学生追求自由解放的担当意识、奉献精神。

其次,在为实现社会主义现代化建设奋斗的时代目标下,为大多数人劳动也就是要为实现中华民族伟大复兴的国家梦劳动,将个人幸福与同时代人的幸福相结合,将个人理想实现与人类社会进程相结合。马克思认为"在选择职业时,我们应该遵循的主要指针是人类的幸福和我们自身的完美"①。自身完美的实现要通过为大多数人的创造性劳动来实现,对所要从事的职业做出慎重的选择是大学生走向社会,开启全新人生的第一步,影响着理想目标在漫长人生道路的实现过程。为千百万人谋幸福所带来的成就感使大学生的职业追求变成一生的志业,从辛勤劳动到创新创造,每一次探索都更接近人类命运共同体的整体目标,有利于进一步培养新时代大学生为人类幸福而献身的无产阶级革命情怀。

最后,精益求精是对待劳动过程的态度,也是对劳动价值的最高要求。各行各业的劳动模范正是凭着精益求精的工匠精神,才创造出高质量的劳动成果,保证了社会主义现代化建设的高质量发展。新时代大学生身处纷繁复杂的社会环境,容易被各种欲望吸引,缺乏甘于寂寞的定力和耐性。面对高质量发展的时代目标,新时代大学生首先应当充实自己的知识,提升自己的专业素养,练就过硬本领,这是做到精益求精的技术保障,在此基础上要真正耐得住寂寞,"无论从事什么劳动,都要干一行、爱一行、钻一行"。② 做国家需要的高素质劳动者,创造高质量的劳动成果。

三、新时代大学生劳动价值观培育的实践指向

新时代大学生劳动价值观培育首先要把握住价值引领,强化高校对马克思主义劳动价值观的宣传引导,保障马克思主义在高校意识形态领域的指导地位,通过具体的课程建设使劳动价值观培育更加正规化、科学化、有序化,高校要充分运用各种手段为大学生搭建好劳动价值观培育的宣传、实践平台,并强化包括教师、劳模、学习标兵在内的队伍力量,通过家、校、社合力共同营造大学生劳动价值观培育的良好氛围。

(一)价值引领:深化马克思主义劳动价值观教育

马克思主义劳动观是进行劳动价值观教育的指导思想,必须强化新时代大学生对马克思主义劳动价值观的学习与践行,强化理想信念,树立劳动最光荣、劳动最崇高、劳动最伟大、劳动最美丽的观念。首先,高校党委要把握好大学生劳动价值观教育的方向,发挥党的领导和监督作用,保障马克思主义在高校意识形态领域的指导地位。意识形态的构建对时代的稳定发展具有重要意义,高校党委必须要做好马克思主义劳动价值观的宣传引导,预防西方敌对势力以及非主流思想对大学生劳动观念的侵蚀。其次,高校要将劳动融入教育教学的全过程,落实"五育并举"。劳动教育包含多重因素,孤立

---

① 《马克思恩格斯全集》第40卷,人民出版社1982年版,第7页。

② 习近平:《在知识分子、劳动模范、青年代表座谈会上的讲话》,第9页。

的劳动教育只在有限的范围内有意义。① 劳动教育开展的过程中，要科学理解"教育与生产劳动相结合"的现代化意义，将劳动教育融入德、智、体、美四育，鼓励大学生在每个学习的过程都能全身心地投入自己的努力与智慧，体会新时代劳动价值的中国特色社会主义阐释，深化对劳动创造幸福的科学理解与践行。最后，高校要结合时代发展要求做好对新时代大学生的劳动价值观引导。结合思想政治理论课的教学，结合时代发展使大学生通过对党史、新中国史、改革开放史、社会主义发展史的学习，认同国家发展成就的取得，了解劳动实践的过程，理解劳动人民的伟大，深化新时代大学生对马克思主义劳动观的理解与认同，立足新时代社会主义建设实际，树立辛勤劳动、诚实劳动、科学劳动的观念，做出正确的劳动选择，坚定为祖国发展和人民幸福付出无悔劳动的信念。

（二）课程建设：推动劳动价值观培育一体化进程

课程建设使劳动价值观培育更加正规化、科学化、有序化。新时代大学生的劳动价值观培育是对中小学劳动价值观培育的承接，遵循立德树人的教育目标，尊重学生的成长发展规律，在培育过程上体现一体化。首先，高校劳动价值观培育课程要重点聚焦三个方面：一是从观念上进行劳动精神、奋斗精神、劳模精神、工匠精神以及应对重大疫情、灾害的主动奉献精神等专题教育。"要在学生中弘扬劳动精神，教育引导学生崇尚劳动、尊重劳动，懂得劳动最光荣、劳动最崇高、劳动最伟大、劳动最美丽的道理，长大后能够辛勤劳动、诚实劳动、创造性劳动。"② 结合新时代社会发展实际增强对新时代大学生关于空谈误国、实干兴邦的思想引导，将青春汗水挥洒到祖国建设最需要的地方。二是劳动技能的教育。结合大学生所学专业，引导大学生积极进行相关劳动实践，加深对专业方向的思考和探索，培养创造性劳动能力。三是围绕大学生就业，加强对正确择业观的引导和对具体社会实践的训练。其次，将劳动价值观培育重点与思想政治理论课程结合。在课堂上加强对马克思主义劳动观的解释，通过思政课教师向大学生讲明白劳动的概念、劳动的价值和意义；进一步展示社会主义现代化建设成就的取得和国际竞争现状，鼓励青年学生为国劳动，为人民造福；结合历史发展过程和历史成就，向学生传达劳动创造历史、劳动创造文明的意义；加强对社会主义核心价值观内容的现实阐释，增强对爱国精神、劳模精神、时代精神以及在应对重大危机事件中的担当与奉献精神的直观解读，增加对时代青年奋斗事迹的案例支撑，鼓励青年学生向朋辈学习，践行社会基本道德规范，勇担时代责任。最后，将劳动价值观培育融入其他课程教育，引导文科生走向自然、走到社会深处、走到人民群众中，通过实践探索增强学术劳动的科学性；进一步增强理工科学生的实习实践活动的专业针对性，精准安排实习场所和实践内容，感受劳动创造价值的魅力。

（三）平台搭建：优化劳动价值观培育的现代方式

高校要充分运用各种手段为大学生搭建好劳动价值观培育的平台。一方面是宣传

---

① 檀传宝：《何谓"教育与生产劳动相结合"——经典论述的时代诠释》，《课程·教材·教法》2020年第1期，第4页。

②《习近平著作选读》第2卷，人民出版社2023年版，第202页。

教育平台的搭建。高校要探索大学生喜闻乐见的形式进行劳动价值观的宣传教育。高校除借助校园媒体广播和课堂直观宣传教育等传统方式,可探索新媒体宣传教育平台,在校园公众号开设劳动价值观宣传专栏,在校园媒体运营中心成立专门的劳动价值观宣传教育工作室,与校外媒体平台合作,开发宣传学校劳动标兵的软件,通过微视频、微课程、微讲座等形式吸引大学生关注劳动,在潜移默化中逐步树立科学劳动价值观。另一方面是实践平台的搭建。一是校园本身开展劳动月、劳动周等活动,重视发挥学习雷锋月等践行劳动价值观契机的作用,实现劳动价值观在日常学习生活中对大学生思想的渗透。二是增设校内勤工助学岗位,与校外企业机构合作,优化创新创业教育基地建设,给大学生创设更多的校内劳动机会。三是优化与校外实践平台的合作。组织大学生定期参与志愿服务活动、社会调研考察活动甚至深入田间地头的劳作活动,在深入群众、了解社会的过程中体会劳动的真实性与创造魅力,在服务他人、奉献社会的过程中体会劳动的价值。重点优化高校与实习机构的合作,给大学生提供更多更优质的实习场所,尽快适应劳动节奏,激发创造活力。

(四)队伍塑造:增强劳动价值观培育的主体力量

新时代大学生的劳动价值观培育主要通过学校来实现,教师是对其进行价值观培育的主体力量。首先要加强对思想政治理论课教师的培训。"老师的人格力量和人格魅力是成功教育的重要条件。"[①]思政课教师要以身作则,尊重劳动、尊重劳动者,认真对待教学科研工作,为学生树立榜样。思想政治理论课教师要加强对马克思主义劳动价值观的深化理解,对所教授的思想政治理论课程中涉及劳动教育相关知识点准确把握,结合课程内容和现实社会发展实际,运用权威案例和身边的典型劳模形象向学生做最亲切、直观的劳动教育。思想政治理论课教师不仅要传达正确的劳动观念,还要做好劳动实践引领,发挥身教示范的功能,强化大学生的劳动体悟,真正实现对大学生劳动价值观培育的思想引领、价值引导和实践激发。其次,强化对校内辅导员老师的培训,加强与校外导师的联系。校内辅导员要做好对学生职业选择的帮助与指导,并与校外导师和实习就业机构积极沟通合作,对大学生进行实际劳动指导,为学生提供更多劳动实践和劳动素质培训的机会。再次,在校内成立由党员先锋模范组成的劳动价值观宣讲团队,强化理论教育;邀请优秀校友、劳动模范等定期进校开展讲座,为大学生提供更多精神洗礼;请宿舍管理人员、食堂工作人员现身说法,使大学生了解平凡岗位的不平凡,树立尊重一切劳动的观念。最后,发挥优秀学生党员、学生干部、学习标兵的作用,开设专门的校园劳动标兵论坛,通过校园新媒体平台或者采取演讲、沙龙等形式,请学生代表讲述自己的奋斗故事,以达到感染大多数同学努力上进的目的。

(五)环境营造:创设劳动价值观培育的践行氛围

崇尚劳动的氛围有利于新时代大学生劳动价值观的形成和发展。首先,"家庭是孩

---

① 习近平:《做党和人民满意的好老师:同北京师范大学师生代表座谈时的讲话》,人民出版社2014年版,第6页。

子的第一个课堂,父母是孩子的第一个老师"。[①] 父母要以身作则,用尊重劳动的实际行动感染孩子,向孩子传递勤劳勇敢的中华民族传统美德,形成辛勤劳动、勤俭持家的家风家教,培养孩子家国一体的情怀,为孩子创设劳动创造幸福的家庭环境。其次,学校是大学生进入社会前最集中、规范且系统的教育场所。学校要弘扬崇尚劳动的风气,坚持立德树人的育人理念,注重尊重劳动、热爱劳动、科学劳动的优秀劳动品德的培养,培育尊崇劳动的师风、教风、学风,践行教育与生产劳动相结合的理念,注重对优秀教师和学生的表彰,高校要在学习、生活、体育、卫生、文艺活动、志愿服务等各个方面,为学生创设积极开放的劳动氛围,培养学生在学习生活中踏实劳动、乐于奉献的价值取向。最后,社会营造弘扬劳动精神的氛围。通过表彰劳动模范、时代先锋、英雄楷模等形式,形成劳动最光荣、劳动最伟大的价值观念,借助重大危机事件宣传英雄精神,如在抗击疫情中坚守岗位、辛勤劳动,为国家和人民生命健康安全无私奉献的先锋模范,通过国家权威平台表彰人民英雄,用实际案例分析时代楷模的爱国情怀,感染新时代,使其大学生时刻准备为祖国发展和人民幸福付出全身心的劳动。社会要与家庭和学校协同合作,共同激发新时代大学生的劳动热情和创造激情,使大学生在追求劳动创造幸福的氛围中不断成长进步。

①《习近平谈治国理政》,第184页。

劳动教育的本体追问、价值辨析
与系统实践①

黄黎明

摘　要： 大力发展劳动教育是全面提升人才培养质量的内在要求,是中国式教育现代化的重要内容。然而新时代劳动教育在理论与实践研究中仍存在较多问题,从历史观思维对劳动教育本体问题的追问较少,从辩证法思维对劳动教育多重价值的内在关系缺乏应有的科学论证,从系统论思维对劳动教育创新举措之间的协同性研究不足。因此,要从马克思主义理论视角出发,进行劳动教育的存在论与本源论探讨,辨析劳动教育的个体性、社会性和政治性价值之间的内在统一关系,动态研判劳动教育目标要求,系统把握劳动教育纵横结构,整体推动劳动教育要素融合,普及深化劳动教育的价值共识,全方位、多层次稳步促进劳动教育学科的独立话语体系构建,从而不断提升新时代劳动教育的整体实施水平和育人成效,扎实推进劳动教育高质量发展。

关键词： 劳动教育;存在论;价值论;系统论

本文引文格式： 黄黎明:《劳动教育的本体追问、价值辨析与系统实践》,见何云峰主编:《劳动哲学研究》第9辑(2023年第2辑),上海教育出版社2023年12月版,第237—247页。

劳动教育是推进中国式教育现代化不可忽视的重要课题,自习近平总书记寄语青少年学生积极参加劳动,创造有价值的人生,到劳动精神被纳入第一批中国共产党人精神谱系,学界对劳动教育的价值内涵、理论逻辑和创新路径等方面的研究热情至今未减。新时代劳动教育在政策、理论和实践层面均有大量推进举措和研究成果。② 但是,

---

① 基金项目:2022年国家社会科学基金青年项目"新时代大学生劳动精神协同培育路径及评价体系研究"(项目编号:22KSE00058);2022年度上海市教育科学研究项目"大中小学劳动教育一体化纵横联动的协同体系与机制研究"(项目编号:C2022014)。作者通信地址:黄黎明,上海立信会计金融学院马克思主义学院,上海201620。
② 黄黎明:《新时代劳动教育改革发展成效与未来展望——基于可视化知识图谱分析》,《教育与职业》2023年第1期,第5页。

十余年来劳动教育尚未构建起更具批判力、深度性和说服力的理论支撑,存在着"宣介性概说有余而学理性探讨不足、单向度论说较多而整体性阐释不够的现象",① 始终难以破除人们对劳动教育真正价值和目的的认识偏见和误解。因此,劳动教育之于教育的意义确证需要基于对其自身理论可能性的哲学逻辑清理,从本体论、价值论与系统论三个方面,进行形而上和形而下的综合探讨,以更好地厘清新时代劳动教育存在现实偏差的缘由,从根本上把握劳动教育发展的应有走向。

一、存在与本源:劳动教育本体的历史性追问

(一)回答劳动教育"有没有""是什么"的存在论问题

早在2004年,黄济先生就曾指出,"关于劳动教育的有无问题,似乎没有什么争论,因为没有人否定它的重要性",② 但对劳动教育的内涵及其在社会主义教育方针中的地位尚存争议。劳动教育经过几十年的再发展,其"是什么"得到进一步的明确。但过往的研究者对"劳动教育"概念内涵的理解众说纷纭,这在一定程度上阻滞了劳动教育理论研讨及实践工作的开展。

目前学界共存在三种理解:第一种观点认为,劳动教育是对劳动进行教育的活动,倾向于将劳动教育理解为谋生性或身体性的教育,即劳动教育是体力劳动的、技术技能的教育,意在扭转长期以来社会中存在的"重劳心、轻劳力"的错误教育观念,以有效改变部分学生不爱、不会或不想劳动的现象。③ 第二种观念将劳动教育作为教育的一种类别,认为通过生活性、生产性和服务性劳动来实施教育,最终将实现"以劳树德、以劳增智、以劳健体、以劳益美"的综合育人成效,④ 旨在说明劳动教育在五育中更基础、更基本、更原初的意义和价值,从而为"五育并举"的合法性立言。第三种观点认为,教育是具有劳动属性的教育活动,即劳动教育不是某个具体的教育活动类型,而是指所有的教育都必须具备劳动育人的基本属性,无论是"心育""身育",还是技术技能教育,都要与生产劳动相结合。这一理解事关劳动教育是否"扎根中国大地"的、具有社会主义性质的重大问题。⑤

在当前劳动教育理论与实践话语体系的构建中,以上三种理解都具有各自的合理性,但因其指向的教育机理不同,劳动教育所承担的具体任务也不尽相同,要想完全兼顾三者存在一定困难。⑥ 然而,当我们立足中国共产党百来年劳动教育的发展历程与经验,回归劳动教育的本质层面进行综合考量,就会生发对劳动教育概念的普遍性判断,即劳动教育是指将劳动既看作教育目的又看作教育手段,具有社会主义属性的独立的教育类型,是对学生进行有目的、有计划、有组织的日常生活劳动、生产劳动和服务性

① 毛勒堂、郭亭:《新时代劳动精神:何以必需及如何可能》,《思想理论教育》2021年第5期,第42页。
② 黄济:《关于劳动教育的认识和建议》,《江苏教育学院学报(社会科学版)》2004年第5期,第17页。
③ 徐海娇:《劳动教育的价值危机及其出路探析》,《国家教育行政学院学报》2018年第10期,第22页。
④ 顾建军、毕文健:《刍议新时代劳动教育课程的一体化设计》,《人民教育》2019年第10期,第11页。
⑤ 檀传宝:《何谓"教育与生产劳动相结合"——经典论述的时代诠释》,《课程·教材·教法》2020年第1期,第4页。
⑥ 班建武:《劳动与劳动教育的关系辨析及其实践意义》,《广西师范大学学报(哲学社会科学版)》2021年第2期,第51页。

劳动,以促进学生全面素养发展的热爱劳动和劳动人民的教育活动,是坚持和践行马克思主义"教育与生产劳动和社会实践相结合"的教育方针和方向的重要教育内容,在推进中国式教育现代化事业中具有深远意义。

(二)回答"劳动教育起源于劳动还是教育"的本源论问题

"劳动教育起源于劳动还是教育"的本源论问题,即劳动教育是否就是"劳动"加"教育"的寻踪问祖式追问。有学者认为,劳动教育的"父根"是劳动,"母体"是教育。教育起源于生产劳动,"原始社会的教育就是生产劳动的教育",其主要内容是体力劳动,"教育是附带其中的"。① 因而,我们研究和反思劳动教育,必须从"劳动"开始,"劳动是劳动教育之所以成为教育的前提"。② 就此,有学者从历史逻辑的角度将劳动教育的起点推演至中西方远古时期,提出古代的劳动教育以体力劳动教育为主要特征,是与"劳心者"教育和"教养"教育并存的特殊教育形态。③ 另一些学者则提出反对意见:"有研究从恩格斯的劳动在从猿到人转变过程中的重要作用出发,认为人的最终本性就是劳动,进而得出劳动教育是人的存在方式,有其本体论价值。"④ 这是形式逻辑中因概念混淆而导致的典型错误。这种观点认为,劳动是人们使用工具处理人与自然关系的中介,而教育的核心在于处理人与人的关系,劳动教育的一个重要目的是教导人学会如何处理人与自然的关系。因此,劳动作为人的存在方式,不能证明劳动是劳动教育的本源,其真正本源是教育。

上述争论实质上是人们对"教育"概念在广义与狭义理解上的不同而产生的观念偏差。广义的教育是指在人类各种生产和生活活动中,一切增进人们知识、技能、身体健康以及形成和改变人们思想意识的过程。⑤ 因而我们会认为教育和劳动教育的产生,同人与劳动的出现几乎是同步的。狭义的教育则是指"教育者按照一定的社会要求,向受教育者的身心施加有目的、有计划、有组织的影响",以使受教育者发生预期变化的一种制度化的正规教育活动。⑥ 因而,有人提出在没有学校教育之前,不存在劳动教育,即使古代学校教育产生以后,在教育自身发展水平还十分低下的情况下,也没有开设劳动教育的需求。伴随着人类劳动形态的迭代发展,"脑力劳动和体力劳动的对立状态被逐渐消除,而且劳动的基本权利也得到一定保障的时候",⑦ 劳动从奴役性向生命性、从生产力向创造力的转变,劳动从社会生产领域逐渐进入具体的教育领域之中,教育与劳动的结合才最终成为可能。

毋庸置疑,人的劳动为劳动教育提供了历史和现实基础,教育是劳动教育不断优化发展的载体,劳动教育是人在社会实践中因劳动与教育耦合而生发的一种教育存在形

① 徐辉:《从生产性到育人性:西方劳动教育思想的历史演变及启示》,《教育科学》2020年第5期,第27页。

② 田鹏颖、李雨珊:《劳动教育的本体地位、本体价值及实践创新》,《中国劳动关系学院学报》2021年第1期,第34页。

③ 杨兴芳:《我国劳动教育的意涵、历史逻辑及其实践形态》,《职业技术教育》2019年第19期,第12页。

④ 徐乐乐:《劳动教育是什么?》,《广西师范大学学报(哲学社会科学版)》2021年第2期,第116页。

⑤ 肖川、胡乐乐:《"教育"概念的词源考古与现代研究》,《大学教育科学》2010年第3期,第3页。

⑥ 南京师范大学教育系:《教育学》,人民教育出版社1984年版,第18—19页。

⑦ 何云峰:《从体面劳动走向自由劳动——对中国"劳动"之变的再探讨》,《探索与争鸣》2015年第12期,第54页。

式。如研究者所言,劳动教育实践不应将劳动与教育割裂为两张皮。[1]虽然劳动蕴含着重要的教育因素,但是,如果它欠缺必要的教育策划,就只能是一种隐匿的教育要素;教育围绕着人的发展而展开,生长性而非生产性是其遵循的基本行动逻辑,但教育是具有劳动属性的教育,而不是脱离生产的纯粹的知识教育。因此,劳动教育只要不脱离人所预设的劳动具有教育潜质的基本厘定,不论我们将劳动与教育哪一方当成劳动教育的本源,劳动教育都不是简单地继承"父根"与"母体"的基因,而是熔铸双方的影响。一旦劳动与教育真正走向融合与同一时,将创造出劳动教育所独有的特色和价值。

二、个人、社会与国家:劳动教育价值的辩证性统一

劳动与教育的联姻究竟只是劳动为教育的存在补充了新的"装备",还是劳动充当着教育的媒介,通过具有教育属性的劳动和具有劳动属性的教育,从而为个人、社会和国家的进步增加了价值含量? 这个问题的澄清和解答事关劳动教育能否真正成为一个历史节点而得到价值确证。《关于全面加强新时代大中小学劳动教育的意见》(以下简称《意见》)指出,新时代的劳动教育具有重大的价值意蕴,"是中国特色社会主义教育制度的重要内容,直接决定社会主义建设者和接班人的劳动精神面貌、劳动价值取向和劳动技能水平",[2]全党全社会必须高度重视。从《意见》中可以窥见,劳动教育的价值至少包括促进人的发展的个体性价值、推动时代进步的社会性价值和实现中华民族伟大复兴的政治性价值三个方面。目前,研究主要从不同维度展开劳动教育价值的简单解读,一定程度上造成劳动教育价值空心化现象。[3]实质上,劳动教育的三重价值都是正确的,但概略性、非此即彼的价值叙述却是片面的,不够科学的,极易造成人们对劳动教育价值体认的偏差,给新时代劳动教育的实践带来困扰。故此,从辩证法思维视角对劳动教育价值取向之间的对立实质和内在联系进行科学论证,在劳动教育实践中实现个人发展、社会进步和民族复兴的具体的历史的统一至关重要。

(一)劳动教育促进个人全面发展,是其社会性和政治性价值实现的前提

劳动教育的个体性价值观源于文艺复兴时期人文主义的教育思想,强调教育应倡导人的个性解放,维护人的尊严,尊重人的价值,主张劳动教育要从人的需要出发,挖掘人的潜能,丰富人的个性,为人的发展服务。中西方众多著名理论家曾对劳动教育的个体性价值进行了较为全面的论述,提出劳动教育对促进人的全面发展具有举足轻重的作用。卢梭从自然主义视域出发,认为合乎自然法则的合人格化的劳动教育,能够形成"保卫自己的生存"和"富有社会的责任"的身心和谐发展的人。[4]裴斯泰洛齐认为,劳

① 班建武:《劳动与劳动教育的关系辨析及其实践意义》,《广西师范大学学报(哲学社会科学版)》2021年第2期,第51页。

②《中共中央国务院关于全面加强新时代大中小学劳动教育的意见》,《人民日报》2020年3月27日第1版。

③ 李建蕊、吴荣:《国内学界劳动教育问题研究的再审视》,《井冈山大学学报(社会科学版)》2022年第3期,第87页。

④ 郭志明、成建丽:《劳动教育:人全面发展的重要场域——卢梭自然主义劳动教育思想评析》,《天津师范大学学报(社会科学版)》2021年第2期,第54页。

动教育能够使人形成诚实的品质,"教会人蔑视那些跟事实脱节的语言",① 多种方式的劳动教育是发展儿童体力和智力的良好手段。马克思主义认为,人的劳动不同于动物的无意识活动,"最蹩脚的建筑师从一开始就比最灵巧的蜜蜂高明"。② 人类劳动是人的主观需要和对客观规律认识相统一的对象性活动,通过劳动实现了人的本质的自我确认。因此,作为"地球上呼出和吸入一切自然力的人",③ 只有通过劳动教育这一中介,才能实现人对自然物的占有和改造,实现人自身的发展。

显然,劳动教育的价值首先强调劳动教育对人自身发展的意义。劳动教育不仅增强了人的主体性,提升了作为主体的人的实践能力,而且把人培养成满足社会和时代发展需要的合格的社会成员。同时,劳动教育也使人实现了对现有社会和阶级的超越,从而促进更高水平的社会进步,为民族国家的发展培养有用之才。因此,劳动教育的个体性价值是其社会性价值和政治性价值实现的必要前提。《意见》明确指出,通过劳动教育帮助学生确立正确的劳动观,使他们体会劳动创造美好生活的道理,培养他们勤俭节约、艰苦奋斗、勇于创新、甘于奉献的劳动精神,使其具备满足生产发展的基本劳动能力,形成良好的劳动习惯,这些均体现了党和国家对劳动教育个体性价值的重视。当然,如果我们过分偏重或强调劳动教育的个体属性,忽视劳动教育个体价值的社会化,就极易产生个人主义和利己主义倾向,最终倒向片面强调抽象人的发展价值的窘境之中,劳动教育促进时代进步和民族复兴便成了一句空话。

(二)劳动教育推动社会全面进步,是其个体性向政治性价值飞跃的关键

春秋战国时期,墨子就十分重视对自然科学、生产技能、军事知识的训练,推崇生产劳动的教育,"凡天下群百工,轮、车、鞼、匏、陶、冶、梓、匠,使各从事其所能",④ 并认为这些对社会的发展具有积极作用。⑤ 19世纪中叶,随着自然科学的进步和工商业的发展,劳动力和技术在创造物质财富中的作用愈发凸显,劳动教育的社会性价值被愈加推崇。以涂尔干和孔德为代表的一批近代社会本位教育目的论者认为,教育的价值只能以其对社会的影响来衡量,"教育的职能正在于使个人社会化,在个人的我之上,建设一个社会的我,而非使个人离开社会而发展其所谓个人人格"。⑥ 马克思主义认为,劳动教育是实现人与社会关系转换的中介,"人的本质不是单个人所固有的抽象物,在其现实性上,它是一切社会关系的总和"。⑦ 人之所以称为人,不仅意味着能动的人,还意味着社会的人,人是被动的社会的产物,更是能动的推动社会进步的主体。人在劳动教育中不断获得改造自然界为自己服务的能力,构成了人类赖以存在的现实社会,人的劳动实践也只有在一定的社会关系中才能实现和发展。人类在劳动成果的分配中形成了各种复杂的社会关系,又进一

① 戴本博:《外国教育史》中,人民教育出版社1990年版,第247页。

②《马克思恩格斯文集》第5卷,人民出版社2009年版,第208页。

③《马克思恩格斯文集》第1卷,人民出版社2009年版,第209页。

④ 孙诒让:《墨子间诂》,中华书局2001年版,第163-164页。

⑤ 曾天山、顾建军:《劳动教育论》,教育科学出版社2020年版,第87-88页。

⑥ 吴俊生:《教育哲学大纲》,台湾商务印书馆1974年版,第150页。

⑦《马克思恩格斯文集》第1卷,第505页。

步增强了人的社会性。正如费希特所言:"人注定是过社会生活的;他应该过社会生活;如果他与世隔绝,离群索居,他就不是一个完整的、完善的人。"①

劳动教育的社会性价值不仅体现在人的个体性价值的实现上,更重要的是通过人的劳动的社会性转化,使处于教育阶段的学生形成服务国家和人民的社会责任感,养成探索未知的创造精神,淬炼解决社会问题的实践能力,从而实现劳动教育的个体性价值向政治性价值的跨越。正如《大中小学劳动教育指导纲要》(以下简称《纲要》)指明的,劳动教育不仅培养了作为个体性的人的劳动意识和生活技能,也培养了作为社会性的人对"劳动是一切财富源泉""劳动者是国家的主人""一切劳动者都应得到尊重"等政治性价值的认同感。当然,如果我们只是片面强调劳动教育在积累社会财富和促进社会发展上的工具或技术理性价值,不注重劳动教育的个体性价值和政治性价值的实现,就如同在资本主义精神主导下,劳动仅仅被当作是创造剩余价值的唯一源泉,"把个体看作社会机器上被动的螺丝钉,个体得不到充分发展,社会发展最终也要落空",②个体性价值向政治性价值的飞跃也将无法实现。

(三)劳动教育助力民族复兴伟业,是其个体性和社会性价值实现的保障

伴随阶级社会的出现和国家的产生,教育具有鲜明的阶级特性。③ 马克思、恩格斯在《共产党宣言》中曾强调,无产阶级夺取政权之后,必须把"教育同物质生产结合起来",④ 因为这是实现人的全面发展和提高社会生产力的有效途径,能够强有力地改造现代社会。列宁坚持以马克思"教育与生产劳动相结合"的思想作为社会主义教育的基本遵循和实践纲领,认为"没有年轻一代的教育和生产劳动的结合,未来社会的理想是不能想象的:无论是脱离生产劳动的教学和教育,或是没有同时进行教学和教育的生产劳动,都不能达到现代技术水平和科学知识现状所要求的高度"。⑤ 从国家教育事业发展的角度看,欧美日等国家基于资产阶级的政治立场,其劳动教育旨在引导学生逐步形成适应未来职业生活的责任态度和工作能力,从而推动社会经济的发展进步。而社会主义国家则更加注重发挥劳动教育的政治性价值在个体成长和社会发展中的作用,通过劳动教育培养具有无产阶级正确意识形态的劳动者,进而克服资本主义社会中劳心与劳力相分离的教育弊病,最终造就真正全面发展的人、服务人民贡献社会的人。

习近平总书记从国家发展的战略高度和实现中华民族伟大复兴的历史性远见出发,曾多次强调劳动教育的政治性价值,指出"正是因为劳动创造,我们拥有了历史的辉煌;也正是因为劳动创造,我们拥有了今天的成就",⑥ 要实现第二个一百年的奋斗目标,"必须

① 费希特:《论学者的使命 人的使命》,梁志学译,商务印书馆1984年版,第18页。

② 刘复兴:《教育的本体价值与工具价值关系管窥》,《山东师大学报(社会科学版)》1991年第6期,第53页。

③ 杨志成、柏维春:《教育价值分类研究》,《教育研究》2013年第10期,第18页。

④《马克思恩格斯文集》第2卷,人民出版社2009年版,第53页。

⑤ 列宁:《列宁全集》第2卷,人民出版社1984年版,第461页。

⑥ 习近平:《在庆祝"五一"国际劳动节暨表彰全国劳动模范和先进工作者大会上的讲话》,人民出版社2015年版,第4页。

牢固树立劳动最光荣、劳动最崇高、劳动最伟大、劳动最美丽的观念",① "引导广大人民群众树立辛勤劳动、诚实劳动、创造性劳动的理念,让劳动光荣、创造伟大成为铿锵的时代强音"。② 因此,劳动教育是中国特色社会主义教育制度的重要内容,是扎根中国大地办教育的本质要求。"劳动教育既是教育问题,更是政治问题,是政治立场、政治情感、政治认同问题",③ 其政治性价值是实现个体性价值和工具性价值的重要保障。

然而,相关研究和实践在强调劳动教育的政治性价值的同时,往往忽视了它在培养人的个性和发展人的社会性潜能等方面的作用;在寄予劳动教育能够产出即时性和显性的社会效能的同时,却轻视了它对个人发展的长期效用和增强个体政治认同的隐性价值。这种片面化和功利性的价值取向,导致劳动教育价值的系统性和本真性被弱化。因此,只有将个体性价值放在人的发展的基础性地位,社会性价值放在时代进步的先导性地位,政治性价值放在民族复兴的战略性地位,始终坚持将劳动教育三重价值放置于个人、社会和国家三者当中进行辩证性考察,才能真正实现劳动教育的长效性发展。

三、新时代劳动教育体系构建的系统性实践

系统观念是马克思主义哲学重要的认识论和方法论,是贯穿习近平新时代中国特色社会主义思想的立场观点方法之一。新时代劳动教育是一项由理论内涵、时代特质、价值理念和实践要求构成的复杂系统工程,具有整体性、结构性、动态性、开放性和协同性等系统思维特征。党的二十大报告指出:"只有用普遍联系的、全面系统的、发展变化的观点观察事物,才能把握事物发展规律。"④ 因此,新时代劳动教育应以马克思主义系统论和习近平的系统思维方法为重要遵循,不仅要对劳动教育进行系统的理论研究和全面的价值判断,以诠释"是什么"和"为什么"的问题,而且需要以劳动教育系统性实践作为逻辑落脚点,前瞻性思考和全局性谋划劳动教育的现实路径,全方位多层次稳步推进劳动教育学科的独立话语体系构建,从而不断提升新时代劳动教育的整体实施水平和育人成效。

(一)动态研判劳动教育的目标要求

纵观劳动教育发展演变的历史进程,不同时期的劳动教育承载着不同时代的使命,劳动教育的发展程度、发展特点和目标要求都与不同时期的时代特征密切相关。新时代劳动教育既具有不同时期劳动教育所具有的共性特征,又具有时代赋予的新的历史使命。因此,作为历史发展中的局部,新时代劳动教育应放眼于全局着眼于当下,动态研判时代的发展新方位、新理念、新格局。面对着完整的劳动世界,在贯彻马克思主义劳动观、遵循劳动教育教学客观规律、传承中华民族优秀劳动文化和弘扬中国共产党伟

① 《习近平著作选读》第1卷,人民出版社2023年版,第118页。

② 习近平:《在庆祝"五一"国际劳动节暨表彰全国劳动模范和先进工作者大会上的讲话》,第4-5页。

③ 田鹏颖:《高校劳动教育的本体价值和实施途径》,《中国高等教育》2020年第Z3期,第7页。

④ 习近平:《高举中国特色社会主义伟大旗帜 为全面建设社会主义现代化国家而团结奋斗——在中国共产党第二十次全国代表大会上的报告》,人民出版社2022年版,第20页。

大劳动精神的基础上,结合职业世界、技能世界和生活世界的新变化,数字化经济时代的新特点,中国式现代化发展道路的新要求,适时构建起服务于新时代的劳动教育目标体系,这是强化劳动教育成效聚合的基本前提。

《纲要》从劳动理念认知和劳动行为实践两个维度,提出了劳动教育相互依存的四个子目标,即树立正确的劳动观念、具备必备的劳动能力、培养积极的劳动精神、养成良好的劳动习惯和品质。目前,一些学校忽视了劳动理念和劳动实践的统一性,仍然存在着传统劳动教育惯性,单纯地将劳动教育重点落脚于单一维度或单一目标中,削弱了劳动教育总体目标的科学引领作用。只有进一步明确劳动教育新的目标要求,才能在"坚守"中破除固有思维定式,持续深化劳动教育的理论创新与实践变革。首先,始终坚守马克思主义劳动观在劳动教育总目标中的主导性作用。不断优化劳动在创造人、创造价值、创造财富和美好生活,劳动推动人类社会发展进步等道理的系统解读,使学生牢固树立正确的劳动思想观念,从而对劳动教育其他子目标产生实质性影响。其次,高度重视劳动教育在学生劳动能力培养中的时代性价值。未来生活和职业世界对劳动者应具备的能力提出了更高的要求,不仅要掌握具体知识和经验以提升智力能力,还需要在新经济新业态新产业新模式快速涌现的时代背景下,通过劳动教育培养学生的创新创造能力以推动人类社会的发展进步,培养他们的感性思维能力以具备洞察人性、体察他人、尊重劳动者和劳动成果的意识,培养他们对外部环境的适应和应变能力以创造幸福的人生。最后,充分认识学生劳动精神和劳动品质塑造在劳动教育中的重要性意义。倡导劳动教育与先进劳动思想、观念和文化的有机融合,加强劳动教育与国家的现代化建设和社会发展实践的直接联系,其最终目的在于促进学生形成积极的劳动精神和良好的劳动品格,从而使他们树立崇尚劳动的价值取向,做出热爱劳动的情感选择,孕育辛勤劳动的实践态度,产生诚实劳动的道德自觉。故此,学校在劳动教育的顶层设计上应以创建系统性的目标体系作为出发点,始终关注劳动教育四个子目标之间的相互联系和辩证统一关系,并使其在具体劳动教育计划与实践中能够得到充分落实。

(二)系统把握劳动教育的纵横结构

新时代劳动教育实践离不开不同学段之间的纵向贯通和各学段内外环境要素之间的横向互动。从当前研究趋势看,我国劳动教育一体化的协同研究在价值内涵和现实困境的理解上较为准确,劳动教育实践已充分渗透和体现在不同学段、多学科课程和各类社会活动中,呈现出全面发展的良好态势。但理论研究和具体实践尚未形成劳动教育一体化纵横向的"聚合效应"和"毗邻效应",各层级学校和各空间主体通过"协同建设"从而达到"协同育人"的探索还处于初步阶段,在现实中仍存在着参差不齐的现状。劳动教育过程呈现出的不连贯、不畅通特点是制约劳动教育协同体系构建的一个关键因素。从系统理论的层次性和类型性特征来看,不同层次的子系统因素构成和排序的不同而具有不同质的规定性,而不同质的系统之间又有联系性,系统的这种功能使得系统始终处于不同层次的普遍联系之中。同理,我们也可以从横向揭示系统的状态和相对稳定的类型。而一定类型往往贯穿多个层次,一定的层次也贯穿着多个类型。层次与类型之间的辩证关系,表现出了作为整体、有序的系统发展的连续性和阶段性、稳定性和发展性的统一。就此而言,新时代劳动教育只有通过不同质的层次和类型之间的密切融通,系统把握劳动教育的纵横结构,适时构建大中小学劳动教育纵向和横向双核联动的协同体系,才能在育人总体目标指引下,进一步明确各学段的侧重点,精准落实劳动教育的衔接性;形成家校社的协同合力,有效提升劳动教育联动性。

一方面,以层级性目标为核心,统筹协同性。落实和完善劳动教育一体化的衔接体系,离不开必要的定性和定量分析,从一定量的问卷和实地调查中归纳当前各级学校劳动教育在纵向衔接建设过程中的现状和存在短板的深层原因。在此基础上,大中小学校和教师协同研究各学段学生身心发展的特点和规律,"因时制宜、因事制宜、因地制宜"地构建一个相互衔接的目标框架,既充分考虑"全面提高学生劳动素养"的总体目标要求,又要努力确保不同学段和不同类型学校学生成长目标的阶段性与递进性,进而将层级目标框架融入劳动教育课程、教材、内容和教法之中,使各学段劳动教育实现平稳、有序、良性的阶段性过渡。另一方面,以类型协同为重点,兼顾学段性。我国学校教育正日益走向开放,劳动教育的系统类型复杂多样,包括劳动教育体系同德育、智育、体育、美育体系之间的相互协同联系,劳动教育课程同各学科课程的融合渗透,劳动教育教师之间以及劳育教师与其他课程教师之间的协同合作,家庭与学校劳动教育的有机联接,劳动教育优质社会资源的均衡调配等方面。这些看似形式多元的协同类型实质上是围绕着学校、家庭与社会三位一体的劳动教育支持系统而展开。[①] 因此,要在横向上形成劳动教育的育人合力,离不开"家-校-社"三个空间主体的共同努力。在兼顾不同学段层级目标的基础上,劳动教育理论与实践应加强不同空间主体与劳动教育之关系的专题研究,以及多个空间主体协同促进劳动教育发展的融合研究力度,搭建起契合劳动教育现代化发展需求的"家-校-社"三方良性互动合作平台。最终形成劳动教育在纵向上螺旋上升、有序过渡,横向上彼此相连、相互统一的协同育人的良好格局。

(三)整体推进劳动教育的要素融合

一般系统论认为,系统具有整体性,构成系统的要素始终处于非线性相互作用之中,作为系统子单元的要素一旦有机组合成系统整体,就具有了独立要素所不具有的性质和功能,[②] 从而表现出整体的性质和功能大于各要素性质和功能的简单叠加或机械组合。劳动教育是由制度保障、课程建设、师资队伍、评价反馈等要素紧密联系并相互作用而构成的有机整体。当前各学校根据相关指导方针和实施细则积极开展劳动教育改革实践,但在实地调查研究中发现,仍有不少学校存在着劳动教育课程设置不尽如人意,教材规划随意凌乱,内容选择重复或断层,评价机制功能尚未得到充分发挥等现象,与学生发展的适切性之间充溢着冲突和矛盾,离《纲要》的组织实施要求还存在较大差距。有学者提出,因"要素间彼此各自孤立、各自为政,忽略了'整体'这一核心",使劳动

---

① 黄如艳、成丽宁:《论新时代劳动教育支持系统的构建》,《教学与管理》2021年第15期,第20页。
② 魏宏森、曾国屏:《试论系统的整体性原理》,《清华大学学报(哲学社会科学版)》1994年第3期,第57页。

教育课程各要素被割裂,课程领域实践也由此走入艰难处境。[①] 因此,深刻认识劳动教育课程建设各要素间的多元交互关系,整体推进各要素的有机融合,是祛除劳动教育课程体系建设阻碍与遮蔽的有效举措,也是促进劳动教育独立学科发展的有效路径。

第一,学校制度设计是保障。学校是实施劳动教育的主体,在对标上级文件总体布局要求的基础上,应充分发挥其主体性地位,进行劳动教育整体方案设计,科学制定劳动教育的实施管理制度、培养制度和评价考核制度,既能满足学生特性和体现办学特色要求,又能在各类具体学科教学中隐性渗透劳动教育理念。最终形成"自上而下"确保学校劳动教育的顺利开展和"自下而上"打通效果反馈通道的良好格局。第二,专门课程建设是核心。专门的劳动教育课程既能从根本上保障劳动教育课时,也能有效解决劳动教育课程在学校课程体系中被边缘化的窘境。劳动教育课程设置和实施必须坚持"以目标为导向"的意识,在主要内容、重点难点、学时安排、课程类型等方面有的放矢,并且课程的教材编制、项目设计、项目安排、过程指导、周次节次设置、教学方法的选择等方面都要确保有具体课程目标的引领,避免笼统、空泛和单一。第三,师资队伍建设是关键。落实劳动教育的关键在教师,加强劳动教育师资队伍建设是当前贯彻落实新时代劳动教育新要求的重要支撑,而劳动教育师资供给不足、数量有限是队伍建设的首要挑战。立足劳动教育本专科专业定位,把握教育科学与劳动科学的交叉学科特性,加强劳动教育专业人才培养,是推进劳动教育可持续发展的重要突破口。同时,在现有师资队伍建设上,抓实劳动课程教学研究和教师专业培训力度,充分发挥专职劳动类课程教师的主体地位,深入发掘并培养一批具有特定专长的兼课教师,[②] 在条件允许的情况下特聘能工巧匠、劳动模范、职业行家担任指导教师。第四,课程评价反馈是驱动。劳动教育评价具有导向性作用,是驱动课程实施的重要环节,面对当前学校劳动教育重实施轻评价、评价维度重结果轻过程、评价主体较单一的现状,新时代劳动教育迫切需要构建实用的评价反馈机制。一方面需要建立科学的多元评价指标体系,既注重学生劳动能力和劳动成果的评价,又关注劳动观念和意识的评价;注重劳动教育过程中学生的发展性评价,更加关注成效的形成性评价;在考核学生劳动教育理论知识的过程中提高其理论转化为实践的评价指标系数。另一方面,在劳动教育纵横协同结构的基础上,注重评价主体的多元化,切实构建"教师评价-学生自评-学生互评-家长评价-社会评价"的多元主体共同参与的评价体系。与此同时,注重评价结果的反馈和运用,将评价结果作为考核学校教学水平和教师教学业绩的主要依据之一,作为改进劳动教育方法和增强劳动教育效果的重要手段,进而引导劳动教育逐步常态化和规范化。

(四)普及深化劳动教育的价值共识

多渠道多路径普及推广劳动教育的价值并形成全社会共识,对提升新时代劳动教育的开放性程度具有重要作用。从系统论的角度看,一个开放的系统具有与外部环境

---

① 罗生全、张雪:《劳动教育课程的理念形态及系统构建》,《广州大学学报(社会科学版)》2022年第2期,第150页。

② 黄黎明、马前锋:《加强新时代中小学劳动精神教育》,《中学政治教学参考》2020年第18期,第43-45页。

进行交流、相互作用、吸收信息和能量的功能。劳动教育开放程度的不断提高反过来助推劳动教育系统结构的优化升级,增强人们对开展劳动教育的必要性和重要性的普遍认知。然而,长期以来受"重劳心、轻劳力"这一传统观念影响,社会上仍然存在着知识教育同生产劳动、社会实践相脱节的现象。据走访调查,在全面推进"双减"政策的形势下,有些学校积极组织学生参加劳动周活动,但回归课堂和家庭,知识性学习仍是师生和家长的唯一目标,劳动教育形同走马观花。另外,在国家要求大中小学校独立开设劳动教育必修课程的指标下,部分高校针对谁来承担开课任务还没有形成育人共识。部分学校虽然将劳动教育纳入人才培养方案,但依托何种课程进行开设并未明确,如何单独开设劳动教育课程模块迟迟未能落实落地。究其原因,劳动教育普及程度不高、宣传力度不够、开放程度不足是使不同主体产生观念偏差、重视程度差异的主要原因。

因此,劳动教育应加强与社会、技术、学科等环境的互动,建立劳动教育开放体系,使劳动教育在整个社会中得到更加广泛的认可和支持。一是强化劳动教育与社会环境的互动。劳动教育目的在于培养学生正确的劳动观念和职业技能,使他们在未来的职业生涯中能够更好地适应社会需求和发展。为此,劳动教育应与社会环境进行密切交流与相互作用。通过与社会各界的对话互动,学校劳动教育能够更好地了解社会的需求和趋势,并有针对性地进行教育内容和方法的改进。同时,劳动教育通过与企业合作和开展社会实践,能够让学生更加深入地了解职业技能和职业道德,增强他们的职业素养和竞争力。这样的互动过程有利于全社会形成关注劳动教育、推崇劳动精神的价值共识。二是充分利用现代传播技术。通过利用互联网、移动通信、微信等多种通信方式,建立多样化的信息传递渠道,将劳动教育的理念和经验向更广泛的受众传递,促进社会对劳动教育的关注。在具体操作上,可以通过专题栏目、主题板块和实况转播等方式推广劳动教育的典型经验和举措,宣传正确的劳动观念、先进的劳动技术和崇高的劳动精神,介绍劳模、工匠和技术能手等人物的先进事迹和高尚品格,实况报道劳动技能大赛、劳动文化主题演讲等,让社会各界了解和体验劳动教育的魅力。这种方式可以满足多主体在任何时间和地点都能够接收到最新的教育信息,有效地提高了劳动教育的传播效率和互动性,形成了更加紧密的社会价值共识和文化共识。同时,这也有助于提升学生的劳动素养和适应能力,培养其对劳动的热爱和认同,为未来的职业生涯打下坚实的基础。三是促进学科的交叉融合研究。劳动教育不仅是一门学科,更应加快推进跨学科合作,促进多学科交叉融合研究的广度和深度。唯有树立"大劳动教育观",在所有学科中渗透劳动教育思想,支持和鼓励学科教师根据自身专业背景积极参与劳动教育学科共同体构建,深入挖掘各学科劳动教育元素,方可转变学科教师的劳动育人观念,形成育人共识。例如,与科学教育的结合可以让学生更好地理解劳动的技术和科学性,与文化教育的结合可以让学生更好地理解劳动的文化内涵和历史意义,与艺术教育的结合可以让学生更好地理解劳动的美学价值和表现形式等。

新时代劳动精神的生成逻辑、基本内涵与弘扬路径①

袁 民

摘 要： 新时代劳动精神是对优秀文化传承的持守，是劳动理念与实践向度的呈现，也是文明延续基础上当代文化的创新发展。贯通新时代劳动精神生成的历史逻辑、理论逻辑与实践逻辑，对于构建现实生活意义、维护劳动者尊严及权益、维系民族价值情感、传承人类文明成果具有发展性意义。从内涵上看，崇尚劳动是新时代劳动精神的价值要求，热爱劳动是新时代劳动精神的发展趋向，辛勤劳动是新时代劳动精神的实现要义，诚实劳动是新时代劳动精神的道德准则。健全弘扬新时代劳动精神的体制与机制，营造有利于劳动精神传播的氛围与环境，提升社会公众对于劳动精神的认知程度，深入挖掘劳动精神中的当代意义及价值，推动劳动精神融入思想政治教育全过程则是弘扬新时代劳动精神的应然路径。传承中华民族传统劳动精神，加强学理性研究，推动实现新时代劳动精神的创新发展是传播社会主义核心价值观的重要支撑，是提升中国特色社会主义精神文明建设水平、建设社会主义文化强国的关键路径。

关键词： 新时代；劳动精神；生成逻辑；基本内涵；弘扬路径

本文引文格式： 袁民：《新时代劳动精神的生成逻辑、基本内涵与弘扬路径》，见何云峰主编：《劳动哲学研究》第9辑（2023年第2辑），上海教育出版社2023年12月版，第248—256页。

习近平总书记在党的二十大报告中强调要"统筹推动文明培育、文明实践、文明创建，推进城乡精神文明建设融合发展，在全社会弘扬劳动精神、奋斗精神、奉献精神、创

---

① 基金项目：上海市哲学社会科学规划课题青年项目"新赶考路视域下中国共产党人民主体观创新发展研究"（项目编号：2022EKS001）的阶段性研究成果。作者通信地址：袁民，浙江理工大学马克思主义学院，浙江杭州310018。

造精神、勤俭节约精神,培育时代新风新貌"。[1]劳动精神与劳动实践紧密相关。劳动精神是劳动者在劳动实践过程中所展现出的劳动态度、劳动原则、劳动理念、劳动习惯和劳动品格的思想凝练与精神凝练。马克思主义理论与共产主义理想信念是新时代劳动精神的思想支撑与理论面向。现有研究认为:新时代的劳动精神源于马克思主义劳动观,[2]并具有以因劳称义为核心的多重内涵层次,是以因劳称义为原则对人的劳动的属人性的精神追求,[3]是广大劳动人民劳动实践的精神本色,[4]也是中国精神和时代精神的体现,[5]为民族复兴进程提供了驱动力量。[6]

梳理新时代劳动精神的生成逻辑,明确新时代劳动精神的基本内涵,规划新时代劳动精神的弘扬路径,不仅有利于全社会形成推崇和践行劳动精神的风尚,还有利于创造思想文化、发展时代精神、汇聚集体力量,赋能中国式现代化新道路,创造人类文明新形态铸就中华民族伟大复兴新的历史辉煌。坚持和发展新时代劳动精神,应深刻把握其中的生成逻辑、基本内涵及弘扬路径。

一、新时代劳动精神的生成逻辑

新时代劳动精神的生成逻辑具有历史性、理论性与实践性三个层次。

(一)新时代劳动精神生成的历史逻辑

劳动是人类存在的方式,是人维持自我生存和自我发展的唯一手段,劳动创造了人类本身,也创造了人类社会,人类不仅可以获取物质财富,还能获取精神财富。新时代劳动精神的生成,是传统劳动精神的传承与创新,它植根于中国五千年传统文化的深厚土壤中。中华民族之所以繁衍壮大,生生不息屹立于世界民族之林,源自千百年来中华儿女热爱劳动、辛勤劳动的优秀文化,其优秀品格也同样反映于中华民族优秀传统文化中。在璀璨的中华文明中,从古至今都有歌颂描写劳动的诗篇,对劳动的赞美数不胜数,《论语》中有"择而劳之""劳而无怨"等观点,《国语》中也有"劳则思,思则善心生"的记载。中华优秀传统文化一直秉持重视劳动生产、劳动育人、劳动治国等思想观念并延续至今。经过一代又一代人的继承与发展,不断开拓创新,凝结成新时代劳动精神的伟大果实,这是中华优秀传统文化的现代表达和时代结晶,鼓舞着中华儿女凝心聚力,积极投身于全面建设社会主义现代化国家中去。在中国共产党百年奋斗史中,共产党人

---

① 习近平:《高举中国特色社会主义伟大旗帜 为全面建设社会主义现代化国家而团结奋斗——在中国共产党第二十次全国代表大会上的报告》,人民出版社2022年版,第44-45页。

② 郑子君:《劳动精神在新时代的内涵和价值》,《人民论坛》2021年第19期,第82页。

③ 何云峰、李晓霞:《劳动精神的四个层次及其辩证关系》,《湖南科技大学学报(社会科学版)》2022年第1期,第84页。

④ 宇文利:《中国共产党人对劳动精神的弘扬和培育》,《马克思主义理论学科研究》2022年第1期,第104页。

⑤ 宇文利、奚佳梦:《新时代劳动精神的弘扬与培育》,《新疆师范大学学报(哲学社会科学版)》2023年第2期,第134页。

⑥ 汤素娥、柳礼泉:《习近平论弘扬劳动精神的三重意涵》,《思想教育研究》2021年第1期,第3页。

不断继承和发扬中华优秀传统文化,并结合不同历史时期的社会发展现状,带领广大人民群众开展劳动实践。新民主主义革命时期,中国共产党人在根据地打土豪、分田地,开展轰轰烈烈的大生产运动,为革命胜利奠定了基础。社会主义革命和建设时期,中国人民在中国共产党的领导之下,自力更生,艰苦创业,实现了三大改造顺利完成、社会主义制度确立以及在社会主义建设道路探索中创造了一个又一个奇迹。改革开放和社会主义现代化建设新时期,中国共产党开启了中国人民从站起来到富起来的历史,人民的劳动积极性被持续激发,并依靠自己勤劳的双手实现了从温饱到总体小康的历史性跨越。中国特色社会主义发展进入新时代,劳动精神也将为中国特色社会主义事业发展迈入新征程提供坚强支撑。

(二)新时代劳动精神生成的理论逻辑

劳动正义的实现离不开对于劳动本质的探寻。[1]劳动是一种自由自觉的创造性活动,是自由的生命表现,它不仅可以满足人们最基本的生存需要,进行社会财富的积累与创造,从而实现人之为人的自由本质,也是劳动伦理形成的前提。[2]马克思在《1844年经济学哲学手稿》中提出"整个所谓世界历史不外是人通过人的劳动而诞生的过程",[3]指出劳动对于人类和社会发展具有决定性作用。劳动创造了人,又创造了人类社会,它既把人和动物区别开来,也充分肯定了劳动人民是历史的创造者。劳动精神是中国共产党人以马克思主义劳动观为理论源泉,结合中国发展实际而产生的新思想。中国共产党人在坚持马克思主义劳动观的基础之上,结合不同时期的社会劳动实践现状,不断赋予马克思主义劳动观新的时代内涵。抗战期间,毛泽东提出"自己动手、丰衣足食"的口号,并以身作则踊跃参加生产运动。改革开放后,邓小平强调知识分子是工人阶级的一部分。江泽民强调从工人阶级和广大劳动群众中涌现出来的先进模范人物,为全社会树立了光辉的榜样。胡锦涛指出,要在全社会大力弘扬伟大的劳模精神,推动全社会进一步形成尊重劳模、爱护劳模、学习劳模、争当劳模的良好风尚。随着中国特色社会主义进入新时代,习近平总书记多次强调劳动的重要性,讴歌劳模精神、劳动精神、工匠精神,勉励广大劳动者敢于创造、勇于奋斗,他指出:"劳动创造了中华民族,造就了中华民族的辉煌历史,也必将创造出中华民族的光明未来。"[4]在推进马克思主义中国化发展过程中,中国共产党始终坚持将马克思主义劳动观与中国具体实践相结合,带领劳动人民自力更生,艰苦奋斗,取得了一系列成果。新中国成立初期对社会主义劳动规律进行初步探索,重视劳动生产的作用,着力提高劳动生产效率。改革开放后,又创造性地发展了中国特色社会主义劳动思想,重视劳动者的素质,科学技术和知识分子的作用日益突出。党的十八大以来,习近平总书记就劳动价值、劳动关系、劳动精神等作出了一系

① 岑朝阳:《劳动正义的空间辩证法阐释》,见何云峰主编:《劳动哲学研究》第7辑(2022年第2辑),上海教育出版社2022年12月版,第27—39页。

② 谭泓:《中国特色劳动伦理的理论阐释》,《哲学研究》2022年第7期,第39页。

③《马克思恩格斯文集》第1卷,人民出版社2009年版,第196页。

④《习近平谈治国理政》,外文出版社2014年版,第46页。

列重要论述,立足于当代劳动的特点、发展方向和趋势,强调劳动在新时代的重要性。不同时期的理论探索,为马克思主义劳动观中国化的发展作出了重要贡献,也为全面实现社会主义现代化和中华民族伟大复兴提供了重要的理论基础。

(三)新时代劳动精神生成的实践逻辑

新时代,我国经济进入新发展阶段,需要深入贯彻新发展理念,构建新发展格局。站在新的历史方位和历史起点上,世界百年未有之大变局加速演进,我国正处在实现中华民族伟大复兴的关键时期,面对新时代的复杂形势、复杂矛盾、艰巨任务,劳动本身也发生了多维度的特征变化。[①]劳动者呼唤着劳动精神的创新。由此,新时代劳动精神应运而生,它印证了社会历史发展的时代变迁,回应了时代加速演变对劳动精神的诉求。新时代劳动精神是全社会热爱劳动、崇尚劳动和辛勤劳动以创造美好生活的集中体现,[②]也是全体社会成员在新阶段所信奉、追求的价值观和实践导向。近代以来,实现中华民族的伟大复兴是一代又一代中华儿女的伟大梦想,在中国共产党的领导下,中国人民不惧艰难、勇于进取、踏实肯干,不断进行伟大探索与实践,取得了革命、建设和改革的伟大胜利。新时代大力弘扬和践行劳动精神,对于当代中国具有深远意义。新时代劳动精神激励劳动人民在建设社会主义现代化强国的新征程上,积极进取、投身劳动、排除万难,成为实现中华民族伟大复兴源源不断的劳动精神源泉。不同地区、不同阶层对美好生活的现实需求仍然存在着较大差异,如何面对并思考这些差异,这对劳动者提出了更高要求。在新时代劳动精神的激励与鼓舞下,劳动者将更好地发挥自己的潜能,以极高的热情投入为中国特色社会主义发展创造物质生活保障以及精神生活保障的工作之中去,用实际行动去创造更大的价值。[③]新时代,习近平总书记关于劳动做出的一系列重要论述,开辟了马克思主义劳动观发展的理论新境界,并为新时代劳动精神的创新提供了现实力量。

二、新时代劳动精神的基本内涵

新时代劳动精神的基本内涵在于:崇尚劳动是其中的价值要求、热爱劳动是其中的发展趋向、辛勤劳动是其中的实现要义、诚实劳动是其中的道德准则。

(一)崇尚劳动是新时代劳动精神的价值要求

崇尚劳动,即推崇劳动的价值、认可劳动者的主体地位、对劳动和劳动者抱有尊重和赞美的态度。弘扬劳动精神、尊重劳动成果、崇尚劳动实践,不仅是运用社会主义核心价值观铸魂育人的重要举措,还是全面建设社会主义现代化国家的新要求。习近平

---

① 岑朝阳、肖香龙:《消弭的界限:当代数字劳动的二重性及其现实应对》,《观察与思考》2022年第5期,第17页。

② 岑朝阳:《劳动创造美好生活:内在含义、现实路径与价值意蕴》,见何云峰主编:《劳动哲学研究》第6辑(2022年第1辑),上海教育出版社2022年8月版,第148–158页。

③ 成龙:《从世界大视野看中国式现代化的独特创新》,《学术界》2023年第2期,第37页。

总书记指出:"无论时代条件如何变化,我们始终都要崇尚劳动、尊重劳动者,始终重视发挥工人阶级和广大劳动群众的主力军作用。"①无论处在何种历史时期、无论外部环境如何变化,劳动始终是个人享有的基础性权利,②也是一个国家、一个民族生生不息、不断发展的磅礴力量。自古以来,中华民族持守并传承着崇尚劳动的优良传统。在成书于春秋中期的《诗经》中有大量描绘劳动生产的农事诗,如《伐檀》中的"坎坎伐檀兮,置之河之干兮",就是一首描写伐木工人辛勤劳作的民歌;发展到明清时期,皇家对于"二月二"节日格外重视,在那天,皇帝亲自扶犁耕田,与百姓一起劳作;近代以来,在中国共产党的领导之下,中国人民辛勤劳作,不断进取,敢于斗争,摆脱贫困与剥削,成为国家的主人;在新时代,全社会弘扬"劳动最光荣、劳动最崇高、劳动最伟大、劳动最美丽"的社会风尚。由此可见,中华民族对于劳动的推崇与重视一直是主旋律,并对时代的进步与发展起着积极的推动作用。新时代,劳动者的劳动创造有力地推动全面迈入小康社会和脱贫攻坚取得了历史性成就,为实现中华民族的伟大复兴打下了坚实基础。

(二)热爱劳动是新时代劳动精神的发展趋向

热爱劳动,即对劳动采取主动的情感选择、发自肺腑地热爱劳动及其主体、积极投身于劳动。习近平总书记强调,"全社会都要以辛勤劳动为荣、以好逸恶劳为耻"。③中国特色社会主义进入新时代,热爱劳动更是全体社会成员所追求的情感寄托。劳动是幸福的源泉。通过劳动,人们不仅可以获得物质上的满足,更可以获得精神上的满足,在劳动中体会到本身的幸福感、价值感和获得感。正是这种精神的满足,让劳动者由衷地热爱劳动、认同劳动、选择劳动。新中国成立以来,人们对劳动的热爱情绪不断高涨,参加各种劳动生产的积极性不断提高,从而取得了一系列举世瞩目的成就。中华儿女热爱劳动、爱岗敬业,将对劳动的热忱转变为现实中的劳动成果,为中华民族的伟大复兴贡献了自己的力量。热爱劳动情感的形成不是一蹴而就的,更不是凭空产生的,它来源于人们在社会主义的环境下对劳动的切身体会,以劳动发现自己,认识自己。在社会主义制度下,劳动真正有利于人民群众实现自身价值,进而激发对于劳动的真挚情感,形成正面的情感认同和从事劳动生产的热情。

(三)辛勤劳动是新时代劳动精神的实现要义

辛勤劳动,即在劳动过程中将个人"小我"与国家"大我"结合起来并坚持脚踏实地、埋头苦干的行为状态和优秀品格。习近平总书记多次强调:"人世间的一切幸福都需要靠辛勤的劳动来创造",④"大家撸起袖子加油干,我们就一定能够走好我们这一代人的长征路"。⑤新时代,弘扬和培育劳动精神必须要强调敢干、真干、苦干的重要性,只有辛

---

① 习近平:《在庆祝"五一"国际劳动节暨表彰全国劳动模范和先进工作者大会上的讲话》,人民出版社2015年版,第2-3页。

② 岑朝阳、袁民:《新时代中国共产党推动人权事业发展的价值逻辑、实践主张与世界意义》,《社会科学动态》2023年第1期,第5页。

③ 习近平:《在庆祝"五一"国际劳动节暨表彰全国劳动模范和先进工作者大会上的讲话》,第5页。

④《习近平谈治国理政》,外文出版社2014年版,第4页。

⑤ 习近平:《习近平主席新年贺词(2014—2018)》,人民出版社2018年版,第9页。

勤劳动才能最大限度上实现劳动者自身的价值,才能最大限度地发挥劳动者自身的潜力。民生在勤,勤则不匮。辛勤劳动是中华民族代代相传的优秀品质,也是时代发展社会进步的动力。实实在在的劳动不仅催生了中华民族五千年历史中的辉煌成就,也是世世代代人们追求美好生活的可靠路径。历经百余年的艰苦奋斗与辛勤耕耘,久经磨难的中华民族实现了从站起来、富起来到强起来的历史性飞跃。在新的历史阶段,面对全面建成社会主义现代化强国、实现第二个百年奋斗目标、以中国式现代化全面推进中华民族伟大复兴的中心任务,种种历史现实和伟大成就表明,辛勤劳动仍然是发展的必由之路。

(四)诚实劳动是新时代劳动精神的道德准则

诚实劳动,即在劳动过程中劳动者要遵循既定的劳动准则和道德规则、尊重自己和他人的劳动成果、诚实守信、恪尽职守、坚守底线。党的二十大报告中指出:"实施公民道德建设工程,弘扬中华传统美德。"① 诚实劳动是最基本的劳动伦理和事业基础,也是中华民族优秀的劳动观念。劳动权是每个人皆拥有的不可转让的初始权利,并且每个人都需要在创造性的诚实劳动中实现劳动幸福权。② 在各个历史时期,广大劳动人民恪守诚实守信的道德准则和底线,与祖国发展同向同行,坚决同投机取巧、损人利己、不劳而获等行为作斗争。诚信劳动有助于增强劳动者对劳动的认同感。我国作为一个人口大国,有着丰富的劳动力资源。面对庞大的劳动群体,如何充分发挥劳动力优势,如何让劳动者树立积极的劳动观和开展正向的劳动活动显得尤为重要。诚实守信的劳动道德准则如一条无形的纽带将个体、社会、国家和民族联系在一起。习近平总书记指出:"要在全社会大力弘扬劳动精神,提倡通过诚实劳动来实现人生的梦想、改变自己的命运,反对一切不劳而获、投机取巧、贪图享乐的思想。"③ 新时代劳动精神将中华民族优秀的劳动基因赋予新的时代内涵,诚实守信、脚踏实地恰恰是整个时代最重要的劳动品格。

三、新时代劳动精神的弘扬路径

新时代劳动精神的弘扬路径包括:健全弘扬新时代劳动精神的体制与机制、营造有利于劳动精神传播的氛围与环境、提升社会公众对于劳动精神的认知程度、深入挖掘劳动精神中的当代意义及价值、推动劳动精神融入思想政治教育全过程。

(一)健全弘扬新时代劳动精神的体制与机制

新时代劳动精神的弘扬与培育必须以健全的机制体制为依托,为营造良好的社会氛围保驾护航。中国共产党作为中国特色社会主义事业的坚强领导核心,在培育和弘

① 习近平:《高举中国特色社会主义伟大旗帜 为全面建设社会主义现代化国家而团结奋斗——在中国共产党第二十次全国代表大会上的报告》,人民出版社2022年版,第44页。

② 何云峰、潘二亮:《美好生活、民生保障与劳动幸福权的最大化实现》,《学术月刊》2022年第2期,第79页。

③ 习近平:《在知识分子、劳动模范、青年代表座谈会上的讲话》,人民出版社2016年版,第9-10页。

扬新时代劳动精神过程中必须充分发挥好领导作用。全面弘扬新时代劳动精神,各级党委应加强统一领导、强化宣传引导、把握舆论方向、强化责任意识,正确把握弘扬和培育新时代劳动精神的规律和要求,大力加强新时代劳动精神的弘扬与传播。政府应坚持以人民为中心,牢记全心全意为人民服务的宗旨,树立大局意识和协同观念、联结社会多方力量,把劳动者摆在关键位置,将家庭、企业、个人融入劳动精神培育机制体制之中去,多方融合构建"以人为本、家校社企"为一体的劳动精神弘扬与培育体系。[①]在弘扬培育新时代劳动精神的过程中,党应在保证各类政策得以实施的同时,营造良好宽松的社会氛围,积极引导大众配合与支持各方工作,主动参与到弘扬与培育新时代劳动精神的实际行动之中,让尊重劳动、尊重劳动者在全社会蔚然成风。

(二)营造有利于劳动精神传播的氛围与环境

弘扬新时代劳动精神,要着力引导社会主流舆论,营造有利于劳动精神传播的浓厚氛围,为新时代劳动精神的传播提供丰厚的精神滋养。重视劳动精神氛围的营造,必须在全社会各级单位、学校、企业等组织中定期开展学习新时代劳动精神的各类活动,在常学常新中积极培养个体对于劳动精神的理论认同和情感认同,弘扬主旋律,激励引导广大人民群众在劳动创造幸福、奋斗成就梦想的实践中,体现"强国有我"的责任担当,展现劳动者风采。营造良好的劳动精神传播氛围,必须要深入工人阶级,充分利用好劳动模范、最美职工、大国工匠、能工巧匠等先进典型,宣传中国特色社会主义伟大事业建设者的事迹,组织开展劳动模范进企业、进校园等常态化活动。通过面对面交流、主题宣讲等接地气、多样化的形式,向社会大众展现新时代劳动者的精神面貌,充分发挥劳动模范的示范带动作用,增加大众对劳动及劳动者的认知和了解,在全社会营造劳动光荣、劳动伟大的舆论环境。全社会应积极开展劳动实践教育活动,使广大学员在劳动实践中切实感受劳动的光荣,认识劳动者劳动成果的宝贵、劳动者人格的高尚、劳动者劳动的艰辛,并以实践认同塑造劳动氛围、以劳动教育培养时代新人。

(三)提升社会公众对于劳动精神的认知程度

随着全球化进程的不断加快以及网络的高速发展,西方拜金主义、享乐主义等不良思潮逐渐影响到我国人民。为应对这一情况,必须充分发挥互联网、新媒体平台、社交平台等宣传阵地作用,协调各类媒体积极开设有关劳动精神的主题专栏,构建宣传矩阵,传播"光荣属于劳动者,幸福属于劳动者"的理念。"提升劳动自由自主程度,加强劳动价值的普遍保护,让每个劳动者充满劳动热情"[②]是劳动精神的重要意义。个体只有通过辛勤劳动才能获得自我价值的实现和人生的幸福。传统媒介在提升公众对于劳动精神的认知上也起着不可或缺的作用,有关劳动的报刊书籍、雕塑绘画、器物工具等都是传播新时代劳动精神的有效载体。对于客观实体的开发利用应深入挖掘其背后的深刻含义,不应流于表面或泛泛而谈,而要在全社会形成浓厚的劳动文化氛围,提升社会公众对于劳动精神的认知程度。需要立足于客观现实,牢固树立公众尊重热爱劳动的

---

① 何云峰、张正光:《历史新坐标》,上海人民出版社2022年版,第255页。

② 何云峰、李晓霞:《劳动内生动力与共创美好生活》,《济南大学学报(社会科学版)》2022年第4期,第5页。

信念,在理论与实践、感悟和反思的过程中,不断对劳动精神进行"否定之否定"的探索。

(四)深入挖掘劳动精神中的当代意义及价值

深入挖掘新时代劳动精神,对于全面建设社会主义现代化国家具有深刻意义。意识形态工作是中国共产党人所面临的一项极为重要的工作。新时代劳动精神的传播与弘扬,是对当前我国意识形态领域存在的一系列挑战、问题和考验的有效应对。面对意识形态领域的严峻环境,必须毫不动摇地坚持党的领导,营造弘扬和培育新时代劳动精神的良好氛围。新时代劳动精神不仅丰富了中国共产党人精神谱系的当代内涵,也为培育新时代社会主义劳动者提供了思想指南。弘扬和培育劳动精神,是新时代中国共产党人构建精神谱系、增强精神力量、夯实精神堡垒的新成果、新选择和新遵循,彰显了党的思想认识的不断深化和发展,有力鼓舞了全党全国各族人民积极投身于社会主义建设。新时代劳动精神以社会主义核心价值观为引领,它既包含新时代对劳动价值的准确判断,也体现了对劳动及劳动者的鲜明态度。深入挖掘新时代劳动精神,必须使社会主义核心价值体系更好地走进群众、引领群众、团结群众,使其自觉践行社会主义核心价值观,从而进一步激发不同阶层、不同认知水平的劳动者的劳动热情。

(五)推动劳动精神融入思想政治教育全过程

新时代劳动精神对推动立德树人、文化育人具有重要作用。一方面,应加强对新时代劳动精神的理论学习和内涵把握,将新时代劳动精神融入思想政治教育的方方面面。劳动精神融入思想政治教育,首先要积极主动对党和国家领导人关于劳动精神的文件、讲话、批示等的精神领悟和研读学习,充分利用理论资源,把握劳动精神的丰富内涵。针对不同职业岗位的劳动者,要坚持职业教育、高等教育、继续教育三者齐头并进,精准定位劳动精神在思想政治教育中的地位,将劳动精神的理论学习融入与之相对应的思想政治教育体系当中。另一方面,劳动精神融入思想政治教育更应强调知行合一,坚持理论与实践相结合,不断深入开展现场实践学习。具体而言,应开展形式多样的实践体验活动、交流互动活动、实地调研活动等,这些都是进行劳动精神与思想政治教育相融合的有力抓手。思想政治教育必须立足于实践,让劳动者可以通过体验不同岗位、不同阶层的工作,真切地投入到不同生产部门劳动生产的实践之中,提升对劳动精神的认知和体会。

总之,文明形态,劳动成之,精神铸之。新时代的劳动精神是一面镜像,映现了劳动者在中国特色社会主义文明场域内建设与发展中国特色社会主义的劳动风采。作为劳动者在从事劳动活动过程中所凝练的信念与本色,新时代劳动精神已经成为社会主义劳动者保持先进性、前进性的重要思想指引与关键理论引领。为国家立心,为民族立魂。习近平总书记深刻指出:"劳模精神、劳动精神、工匠精神是以爱国主义为核心的民族精神和以改革创新为核心的时代精神的生动体现,是鼓舞全党全国各族人民风雨无阻、勇敢前进的强大精神动力。"①山长水阔不辞其远,赴汤蹈火不改其志。今天,劳动文化的各类形态在我们的日常生活、生产活动中存续发展。我们要坚持和发展新时代劳

---

① 习近平:《在全国劳动模范和先进工作者表彰大会上的讲话》,人民出版社2020年版,第4页。

动精神,用好劳动文化资源,构建劳动文化叙事体系,涵养人民劳动情怀,推进劳动精神传承。

文化兴则国家兴,文化强则民族强。新时代劳动精神的兴旺繁荣不仅凸显了中华儿女的勤劳与坚韧,还昭示出中华民族的过去与未来:中国共产党对建设和发展中国特色社会主义事业的领导,离不开新时代劳动精神的弘扬;中国人民对未来中国发展道路的探索,离不开新时代劳动精神的传承;中华民族最终实现民族伟大复兴梦想,离不开新时代劳动精神的创新。新的思想呼唤新的目标,新的目标指引新的征程。站在新时代新征程的崭新历史起点上,新时代劳动精神之花将在中国特色社会主义发展之路上绚丽绽放、卓然而立,为中国特色社会主义文明图景增添一抹绚烂的光明色彩。以新时代劳动精神的传播赋能中国在新征程上的发展,有利于坚持国家发展与时代发展相统一,奠定中国在百年未有之大变局中的历史坐标;有利于坚持经济效益和社会效益相统一,实现物质文明与精神文明相协调;有利于坚持本土观照与全球视野相统一,坚持把发展主动权牢牢掌握在自己手中。

中职生对工匠精神的认知现状
及提升策略探析
——以贵州省中职生为例①

李　高

摘　要：工匠精神是人对工作认真负责、对技艺精益求精、追求更高更好的理念。中职校是培育具备工匠精神的高素质技能人才的重要基地，是助推中国制造业转型升级的重要力量。中职生培育工匠精神，有利于他们树立正确的价值观，为今后的就业奠定基础。通过对贵州省中职生的工匠精神认知情况进行调研后，发现他们对工匠精神的认识还有诸多不足，需要在国家层面出台支持政策；社会层面构建崇尚工匠精神的氛围；学校层面强化实践性教育教学，重视理论与实践相结合；个体层面积极主动认知，将工匠精神内化于心、外化于行。

关键词：中职生；工匠精神；认知现状；问题与对策

本文引文格式：李高：《中职生对工匠精神的认知现状及提升策略探析——以贵州省中职生为例》，见何云峰主编：《劳动哲学研究》第9辑（2023年第2辑），上海教育出版社2023年12月版，第257—264页。

近年来，无论是国家层面还是社会层面，都在大力提倡工匠精神，工匠精神也正以其内涵的"敬业、精益、专注、创新"等精神力量日益激励着广大劳动者踔厉奋发、精益求精、更上层楼。中职生作为未来中国制造业的主力军，工匠精神在他们身上能否得到传承、弘扬与精进，关乎中国制造业的未来。但长期以来，在就学、就业等观念和环境诸因素的影响下，职业类院校（无论中职校还是高职校）几乎都被视为"差生集中营"或"差生收容所"。②其实，纵览欧美发达国家职业教育的发展历程，职业类院校实则是其培养国

---

① 作者通信地址：李高，上海师范大学哲学与法政学院，上海200234；贵州省社会科学院，贵州贵阳550002。
② 中国新闻网：《职业教育是"差生集中营"？全国政协委员苏华：应转变传统观念》，http://baijiahao.baidu.com/s?id=1726650583370329240&wfr=spider&for=PC，2023年9月25日检索。

家各级各类制造业人才的核心基地和主要阵地。但是,反观国内职业教育的发展历程,则令人担忧。这种状态若长期得不到有效改观,则对中国制造业的转型升级、创新发展等都将形成巨大的阻滞力,既不利于中国经济实现高质量发展,也不利于中国从"世界工厂"迈向"智造强国"。①

笔者身处的贵州省正处于新型工业化、新型城镇化、农业现代化、旅游产业化如火如荼进行的新阶段,而这一新阶段亟需大量具有工匠精神的劳动者。同时,据《贵州省2022年国民经济和社会发展统计公报》数据显示:截至2022年年末,贵州省共有中等职业教育(学校)183所,在校生52.44万人。②而今日之中职生,正是明日国家制造业之生力军与主力队。所以,"工匠精神"在他们身上能否得到较好的承载与充分的体现,对中国制造业的发展至关重要。因此,笔者以贵州省中职校作为田野点,以问卷调研和个别访谈为主要方式,希望能较好了解当前中职生对"工匠精神"的认知现状,并探寻存在的问题及影响因素,进而有针对性地提出对策建议。

一、样本总量、调查方法及样本统计信息

本次调查从2023年5月到7月,以贵州省内中职生为主要调查对象,对有关工匠精神的认知现状进行了问卷调研。本次调查抽样选择了贵州省内东中西6所中职校作为样本,调查对象涵盖了6所中职校一年级、二年级、三年级三个学年段的学生。调查问卷设计参考了成熟的工匠精神评价指标体系模型,并结合贵州省中职校特点,以网络问卷形式进行调查。网络问卷结束后,共收回有效问卷780份。

(一)总样本量

本研究综合考虑研究所需、精确度、调查费用、调查实施的可行性等因素,最终样本量确定为780个。笔者认为这基本可以满足本研究对总体的估计,是较为科学和合适的样本量。

(二)调查方法

本研究以微信问卷星小程序发放电子问卷,针对收回的有效问卷数据,运用社会统计软件对定量资料进行频数分析、相关分析等,进而再以相关方法分析定性研究资料。

(三)样本统计信息

1.样本性别构成

在本次调查总样本量780人中,男生223人,占比28.59%;女生557人,占比71.41%。

① 光明网:《中国:从"世界工厂"迈向"智造强国"》,https://baijiahao.baidu.com/s?id=1769734411216834988&wfr=spider&for=pc,2023年9月25日检索。

② 贵州省统计局 国家统计局贵州调查总队:《贵州省2022年国民经济和社会发展统计公报》,https://www.gui-zhou.gov.cn/zwgk/zfsj/tjgb/202305/t20230517_79768889.html,2023年9月25日检索。

此处需要说明的是,女生比例之所以高于男生比例,是因为本研究调研的中职校主要是以医科、文科为主,所以,女生比例显著高于男生比例。因此,样本性别构成总体上是合理的。

2.样本学科构成

在本次调查样本量780人中,文科占比67.44%(526人),理科占比2.05%(16人);工科占比3.97%(31人);医科占比26.03%(203人),农科占比0.51%(4人)。结合本次电子问卷调研实际,学科构成的人数分布情况符合实际情况。

3.样本生源构成

在本次调查样本量780人中,农村生源显著地多于城镇生源。其中,农村生源630人,占比80.77%;城镇生源150人,占比19.23%。这组数据说明,贵州中职校在校生中,农村生源大大高于城镇生源,这基本符合贵州中职校生源情况。

二、中职生对工匠精神的认知现状及相关问题分析

(一)高度认可应该培育工匠精神,但对工匠精神缺乏了解

了解工匠精神与培育工匠精神二者相辅相成,互为促进。调查数据显示:中职生对是否应该培育工匠精神的看法,认为"完全应该"的占比25.38%(198人),认为"应该"的占比53.08%(414人),认为"比较应该"的占比17.69%(138人),认为"不太应该"的占比3.33%(26人),认为"非常不应该"的占比0.51%(4人)。从统计数据来看,认为"不太应该"和"非常不应该"的共占比3.84%(30人),这个比例相当低,这就说明超过九成的中职生都认可需要培育工匠精神。但是,另一组数据的出现,却让笔者又比较诧异。因为调查还发现:中职生对于工匠精神的了解情况中,"非常了解"的仅占比9.36%(73人),"了解"的只占比21.79%(170人),"比较了解"的占比25.13%(196人),"不太了解"的竟高达40.38%(315人),"非常不了解"的占比3.33%(26人)。通过数据分析,发现中职生对工匠精神高度认可,但缺乏了解的主要原因在于:其一,中职校对工匠精神的理论教育不足。其二,社会上过度追求速度与效率的风气对中职生正确认识需要慢功夫养成的工匠精神产生影响。

培育工匠精神必须要了解工匠精神,这是培育工匠精神的基础。因为了解工匠精神可以帮助中职生激发职业热情,提高他们对工作的投入度和积极性,可以让他们学习到如何不断提高自己的工作质量和技能水平,提升他们的专业素养、工作能力、创新能力、竞争能力等等。

但是,从调研数据来看,尽管有超过九成的中职生认为需要培育工匠精神,可是"比较了解""了解"和"非常了解""工匠精神"的中职生却占比不到六成。这就说明:当前,贵州省内多数中职校对于中职生有关工匠精神的宣传教育做得不够多。

此外,就中职校对工匠精神培育的重视程度而言,调研数据显示:认为"足够重视"

的占比21.79%（170人），认为"重视"的占比39.36%（307人），认为"比较重视"的占比30.51%（238人），认为"不太重视"的占比7.56%（59人），认为"非常不重视"的占比0.77%（6人）。同时，在中职生对学校关于工匠精神培育方法的满意程度方面，认为"非常满意"的占比19.23%（150人），认为"满意"的占比41.15%（321人），认为"比较满意"的占比31.67%（247人），认为"不太满意"的占比6.54%（51人），认为"非常不满意"的占比1.41%（11人）。由此可见，中职生对学校关于工匠精神培育的重视程度和学校关于工匠精神的培育方法的满意程度而言，优良率并不高，前者为61.15%（477人），后者为60.38%（471人），即刚刚超过及格线。这又正好可以解释在中职生对于工匠精神知晓率的选项中，为何"不太了解"的和"非常不了解"的竟然占比高达43.71%（341人）。

（二）积极肯定实践性教学对于培育工匠精神的效用，但对学校实践教学效果满意度不高

实践性教学融理论知识与实际操作于一体，能够在实践中切实提高中职生的实际操作能力和解决实际问题的能力，进而可以培育中职生的创新能力和团队合作精神。[①]因此，这对培育中职生的工匠精神相当重要。调查数据显示：中职生普遍地认为实践性教学对于培育工匠精神最有效。具体而言，选择"实践教学"的占比61.79%（482人），选择"生产实践"的占比7.18%（56人），二者合计占比68.97%（538人），比例接近七成；而选择"理论学习""校园文化""教师身传"的分别占比13.33%（104人）、11.79%（92人）、5.9%（46人），合计占比仅为31.03%（242人）。

但是，中职生对于学校实践教学效果的满意度并不是很高。其中，"非常满意"的仅占比17.05%（133人），"满意"的也只占比43.21%（337人），"比较满意"的占比32.18%（251人），"不太满意"的占比5.90%（46人），"非常不满意"的占比1.67%（13人）。该结果说明：中职生对于学校关于培育工匠精神实践教学效果的满意度的优良率并不高，仅为60.26%（470人），刚过及格线。究其原因：其一，目前中职校在教学设备、实训场地、财政资金支持等方面仍存在诸多短技。其二，中职技师资力量薄弱，如工作经验不足、知识更新慢。

此外，现实经验也告诉我们：实践性教学可以激发中职生的兴趣和潜能，培养其创新能力和团队合作精神；工匠精神可以引导学生将所学知识和技能应用到实际工作中，并不断追求更高的工作品质和技艺的精湛。通过实践性教学的培养，中职生可以在日后的工作中展现出工匠精神，做出优秀的成果；工匠精神也可以进一步激发中职生对实践性教学的热情和积极参与度，形成良好的循环。目前的问题则是在中职校的实践性教学过程中，二者处于"两张皮"的状态，并没有有机地融合起来，没有实现汇通的目的。

（三）对于树立质量意识和标准化意识不强

从欧美发达国家制造业发展历程来看，打造一支深具工匠精神的制造业从业人员队伍至关重要。而这其中，积极树立质量意识和标准化意识则是决定性因素。可以说，

[①] 张小郁、蔺美玲、陈红梅等：《学生参与型实践性教学模式在医学生理学教学中的探索》，《基础医学教育》2022年第7期，第469页。

质量意识、标准化意识和工匠精神相辅相成,共同构成了一个良好的工作态度和价值观体系。调查数据显示:中职生对于要培育工匠精神就必须树立质量意识和标准化意识的认识一般。具体而言:"非常认同"的占比24.23%(189人),"认同"的占比46.15%(360人),"比较认同"的占比25%(195人),"不太认同"的占比3.59%(28人),"非常不认同"的占比1.03%(8人)。由此可见,中职生对于培育工匠精神必须树立质量意识和标准化意识的认识并不是很理想,认知度并不高,这是一个令人忧虑的结果。

与此同时,另一组调查数据似乎又可以印证这一结果。在有关中职生对于产品的"初加工阶段"就是"粗加工"的看法中,"完全赞同"的竟然占比14.74%(115人),"赞同"的也占到了38.21%(298人),"比较赞同"的占比32.18%(251人),"不太赞同"的和"非常不赞同"的只分别占比12.95%(101人和1.92%(15人)。其实,在制造业中,不论"初加工阶段"还是"精加工阶段",工匠精神都是不可或缺的。如果说"初加工阶段"就是"粗加工",那么,以这种思想指导实践的话,绝对会影响到后来的"精加工阶段"。因为,所谓"初加工阶段"或是"精加工阶段",仅仅只是产品生产或是制作的不同阶段,并不存在说前者只要"粗加工"即可,而后者就必须要"精加工"才行,这两个阶段都需要以工匠精神而善待之,否则前者的粗制滥造,后者如何来"精加工"?

此外,调查数据还显示:中职生认为培育工匠精神,除了"人的因素"外,排在第一位的因素是"环境",占比49.49%(386人),其次是"资金",占比19.87%(155人),第三是"物资",占比15.26%(119人),第四是"时间",占比11.92%(93人),最后是"信息",占比3.46%(27人)。该数据则说明:在"人的因素"之外,"环境"对于培育中职生的工匠精神具有极其重要的作用。因此,在培育中职生的"工匠精神"的全过程中,如何给他们提供各方面良好的环境,助力塑造其工匠精神,这是一个值得思考的课题。

(四)绝大多数中职生就读中职校都属于自愿选择,且都有进一步深造的愿景

以当前中职校发展所面临的现状而言,选择就读中职校,若情非所愿,则很难对所学专业有热爱之情和强烈兴趣;而兴趣则正是学习最好的老师,没有兴趣的驱动,就没有专业的热爱,更无法培育工匠精神,甚至会背道而驰。调查数据显示:有95.26%(743人)的中职生是自愿选择就读中职校,仅4.74%(37人)的学生选择就读中职校是不自愿的。这就至少在一定程度上说明:中职生在选择就读中职校时是有较高的自主性的,而不是一种被动的选择。因此,这对中职生进入中职校后的学习也将具有良好的促进作用,也能够较好地提升中职生的专业学习兴趣,更有利于中职生工匠精神的培育。

同时,调查数据还显示:有91.03%(710人)的中职生还准备进一步深造(即读大专或者本科),仅有8.97%(70人)的中职生打算不准备继续深造。从社会发展的趋势来看,作为一名中职生,如果其接受学历教育仅止步于此,则其"工匠精神"的养成与承载大体上是比较单薄的。因为21世纪的技术革命——人工智能革命,正在开启超级智能新时代。可以预见,人工智能革命将深刻影响未来中国与世界的发展,工匠精神的培育必将与时俱进,才能适应这一发展趋势。一个人的学历教育如果仅止于中专学历,大概率是不能适应人工智能革命时代和社会的。因此,中职生继续深造无疑对于培育其工

匠精神具有重要意义。这既可以有效提升他们的专业技能和知识水平,增强其解决问题的能力,开拓其创新思维,更能够为他们的职业发展提供更多、更好的机会和回报,也必将有助于推动其个人的成长以及促进社会经济的发展。

(五)中职生对所学专业的喜欢程度及其应用前景和发展动态了解一般,且学习目标也不够明确

调查数据显示:中职生对自己所学专业"非常喜欢"的仅占比 17.56%(137 人),"喜欢"的占比 37.82%(295 人),"比较喜欢"的占比 32.95%(257 人),"不太喜欢"的占比 9.36%(73 人),"非常不喜欢"的占比 2.31%(18 人)。该组数据表明:中职生对于自己所学专业的喜欢程度仅为一般水平,"非常喜欢"的(17.56%、137 人)和"喜欢"的(37.82%、295 人)共计占比为 55.38%(432 人),比例尚未达到 60%,这对于工匠精神的培育则比较堪忧。因为工匠精神本身即内涵了对专业的热爱与执着,所以,我们很难想象一群对所学专业不热爱、不执着的人,怎么可能去涵育、承载和践行工匠精神?

同时,另一组调查数据还显示:中职生对所学专业的应用前景和发展动态"非常了解"的仅占比 15.38%(120 人),"了解"的占比 36.03%(281 人),"比较了解"的占比 33.59%(262 人),"不太了解"的占比 13.46%(105 人),"非常不了解"的占比 1.54%(12 人)。该数据说明:中职生对所学专业的应用前景和发展动态的了解非常一般,"非常了解"的和"了解"的分别占比 15.38%(120 人)和 36.03%(281 人),合计占比为 51.41%(401 人),这就从另一个方面说明:中职生在专业选择时的盲目性与随意性,这种状态也不利于工匠精神的培育。

此外,调查数据还显示:多数中职生的学习目标也不够明确。其中,学习目标"非常明确"的仅占比 16.28%(127 人),"明确"的占比 33.08%(258 人),"比较明确"的占比 28.97%(226 人),"不太明确"的占比 19.74%(154 人),"非常不明确"的占比 1.92%(15 人)。该数据则说明:在中职生群体中,学习目标"非常明确"的(16.28%、127 人)和"明确"的(33.08%、258 人)合计占比仅为 49.36%(385 人)。这个结果还未过半,离及格线都还差 10.64%,因此也令人担忧。学习目标正如暗夜里的指路明灯、远航时的高耸灯塔,为个人艰苦而漫长的学习之旅明路径、定方向;而学习目标若是不明确甚至是相当模糊,则会迷失方向或是半途而废,更谈不上培育工匠精神了。

不过,另一组关于中职生对学校职业规划指导是否满意的数据,则似乎又可以在某种程度上对中职生对所学专业喜欢程度一般、对其应用前景和发展动态了解一般、学习目标也不够明确等诸问题做出一定的解释。该数据显示:中职生对学校职业规划指导的满意度的优良率不到六成,仅为 59.36%(463 人)。其中,"非常满意"的仅占比 17.31%(135 人),"满意"的占比 42.05%(328 人),"比较满意"的占比 34.23%(267 人),"不太满意"的占比 5.26%(41 人),"非常不满意"的占比 1.15%(9 人)。该数据则说明:中职生对于学校职业规划指导的满意状况很一般。而中职校对学生的职业规划指导与中职生是否喜欢所学专业、是否了解所学专业的应用前景、发展动态以及其学习目标是否明确,都有着重大的关系。前者与后三者之间相辅相成、相互促进,因为有效的职业规划指导

可以切实提升中职生对于专业学习的兴趣,为中职生提供明确的学习方向,并积极助力中职生实现其职业发展目标。然而,调研数据所显示的结果则恰恰相反,这必须引起高度重视。

三、提升中职生工匠精神的对策建议

党的二十大报告指出:要"加快建设制造强国",[①]要"推动制造业高端化、智能化、绿色化发展"。[②]这些目标的高质量实现,都离不开高质量的职业教育。职业教育的重要意义,正如两办在2021年所印发的《关于推动现代职业教育高质量发展的意见》中所指出的:职业教育是国民教育体系和人力资源开发的重要组成部分,肩负着培养多样化人才、传承技术技能、促进就业创业的重要职责。在全面建设社会主义现代化国家新征程中,职业教育前途广阔、大有可为。[③]

因此,中职教育作为职业教育的基础阶段,这是培养数以亿计高质量劳动者的必由之路,更是中国从"世界工厂"迈向"智造强国"的不二选择。同时,这也是新时代中国经济社会高质量发展的重要基础,更关乎中国式现代化的进程,具有不可替代的作用,意义重大。所以,结合本次问卷调研数据所呈现的问题,以及目前贵州省中职教育的实际情况,也为了更好促进当前中职教育的发展,特别是更好培养和提升中职生工匠精神,本文从具体方面提出如下建议。

在国家层面,一要出台相关支持政策,积极鼓励中职校及职业培训机构大力培育中职生的工匠精神。例如,提供专项经费支持、设立专项奖学金、完善相关奖励机制等,激励中职生主动参与工匠技能培养和实践活动。二要切实优化中职教育体系,与时俱进建立完善的教学计划和课程体系,不断强化中职教育的实践性教学,大力开展中职校技能培训,要把职业教育理论知识、中职生实践动手能力、实际操作能力等有机融合,全面提高中职生解决实际问题的能力。三要不断建强中职校师资队伍,着力打造一支高素质的中职校教师队伍,不断提高中职校教师教学水平和工匠技能,要积极为中职校教师提供更多的交流学习机会,搭建更多更好的交流学习平台,不断提升中职校教师的知识水平和技术能力。四要建立健全中职校评价体系,要切实通过各级各类技能竞赛、评优评先等活动,不断激发中职生的潜能才智并对表现突出者给予奖励,以此增强中职生的荣誉感和积极性,进而提高中职生对工匠精神的认同感与自觉性。

在社会层面,一要积极构建崇尚工匠精神的社会氛围,要在全社会积极引导人们认

---

① 习近平:《高举中国特色社会主义伟大旗帜 为全面建设社会主义现代化国家而团结奋斗——在中国共产党第二十次全国代表大会上的报告》,人民出版社2022年版,第30页。

② 习近平:《高举中国特色社会主义伟大旗帜 为全面建设社会主义现代化国家而团结奋斗——在中国共产党第二十次全国代表大会上的报告》,第30页。

③ 中共中央办公厅、国务院办公厅:《关于推动现代职业教育高质量发展的意见》,https://www.gov.cn/zhengce/2021-10/12/content_5642120.htm,2023年9月25日检索。

识到工匠精神的重要性,要通过大力宣传向全社会传递工匠精神的意义和价值,要不断激发人们对工匠精神的关注和追求。二要大力提倡爱岗敬业的精神,要在全社会积极倡导爱岗敬业,切实培养人们对工作的责任感和使命感,以及人们对工作的持续投入精神和积极负责的态度,并让人们深切认识到工作并无高低贵贱之分,只是社会分工不同。三要选树一批新时代的先进典型,通过评选和表彰各行各业的先进典型,让更多的人了解和认可工匠精神,并积极学习榜样,争当先进,让工匠精神入脑入心,践履于行。四要不断强化企业文化建设,企业作为现代社会的重要部门之一,是工匠精神的重要培育场所,要通过加强企业文化建设,扎实筑牢企业职工工匠精神的理念,并要积极为企业职工提供发展和展示工匠精神的机会,进而真正推动全社会对工匠精神的重视和追求。

在学校层面,一要切实强化实践性教育教学,要重视理论知识与实际操作的有机结合,要通过大量的富有成效的实践性教育教学活动的展开,切实培养和提升中职生的实际操作能力及相关经验,让中职生在实践性教育教学中,深切感知工匠精神所蕴含的细致、精确、卓越等优秀品质,并能不断涵泳化育。二要大力开展专业技能培训,要尽最大努力为中职生提供丰富的专业技能培训机会,不断提升中职生的专业技能,要让中职生及时了解行业标准和要求,积极助力中职生工匠精神的养成。三要不断强化实训基地建设,要切实加强中职校实训基地建设,要尽量提供真实的工作环境和先进的操作设备,要让中职生在实训基地中进行充分的实际操作,扎扎实实培养中职生的专业技能和工匠精神。四要注重培养团队合作意识,工匠精神绝不是单干主义和个人主义,培养工匠精神必须要强调团队合作和集体荣誉。因此,必须要培养中职生的团队意识、合作意识、集体荣誉感等。要通过各级各类项目实践、各种形式的小组活动等,让中职生在团队中合作交流、相互协作、互帮互助,进而培养中职生的沟通、合作和协调能力。

在个体层面,一是中职生要切实认识到自己的短板和不足,要有"笨鸟先飞"的认识和精神,要奋发图强,奋勇追赶和前进,不论是学习理论知识还是实践知识,都要充分利用一切可以利用的时间和机会,补短板,填不足。二是中职生要树立良好的心态,要经得住外面花花世界的物质利诱,要有"咬定青山不放松"的精神,脚踏实地地学习,刻苦勤奋地钻研,精益求精,积极践履,真正把工匠精神内化于心,外化于行。

论两种人工智能对马克思"劳动"概念的影响①

高俊杰，吴　杨

摘　要：人工智能按照其自主性可以分为两种，即"图灵机"和"超图灵机"。马克思的"劳动"概念是人与自然进行物质变换甚至是获取自由的必由之路，展示了人的类本质。"图灵机"和"超图灵机"的出现对马克思的"劳动"概念产生影响。"图灵机"的广泛应用，有助于丰富劳动对象，消除异化劳动，获得劳动解放；但是"超图灵机"的出现会削弱马克思"劳动"概念的社会性、合目的性甚至可能消灭劳动主体，进而消解马克思的"劳动"概念。因此，我们应当明确区分两种人工智能，避免"超图灵机"消解马克思的"劳动"概念。

关键词：人工智能；图灵机；超图灵机；马克思；劳动

本文引文格式：高俊杰、吴杨：《论两种人工智能对马克思"劳动"概念的影响》，见何云峰主编：《劳动哲学研究》第9辑（2023年第2辑），上海教育出版社2023年12月版，第265—273页。

随着人工智能的不断发展，有论者担心人工智能将导致劳动的消失。②那么，人工智能的发展会导致劳动的消失吗？围绕这一问题，学界进行了激烈的讨论。支持者认为，人工智能的发展将导致劳动的消失，进而使人失去生活意义。③反对者指出，人工智能的发展不会导致劳动的消失，而是会使异化劳动消失，使劳动的合目的性与合规律性相结合，进而实现一种"美学劳作"。④这一问题的争议点在于对"劳动"概念的界定。因此，我们将对人工智能进行分类，进而围绕不同种类的人工智能对"劳动"概念的影响进

---

① 作者通信地址：高俊杰，上海师范大学哲学与法政学院，上海 200234；吴杨，上海师范大学马克思主义学院，上海 200234。

② 赵汀阳：《人工智能的神话或悲歌》，商务印书馆2022年版，第57页。

③ 赵汀阳：《人工智能的神话或悲歌》，第28页。

④ 王惠民：《人工智能时代的美学劳作》，《哲学研究》2021年第8期，第51—61页。

行研究，以揭示人工智能的发展对"劳动"概念所造成的影响。

一、"图灵机"与"超图灵机"：人工智能的两个层次

人工智能（AI）是区别于人类智能的概念，是一门模拟、拓展人类智能的理论和技术的科学。自1950年由艾伦·图灵提出著名的"图灵测试"至1956年的达特茅斯会议，使人工智能成为一门新兴的学科，至今已有近70年历史。而今，人工智能在人的劳动中发挥着越来越重要的作用。人工智能以各种形式存在于人类社会之中，贯穿我们的日常生活，对我们的生活产生了重大的影响。近年来，人工智能还出现了大量的新兴用途，如人工智能写作、人工智能绘画、人工智能对话（如ChatGPT、GPT-4)等。由于人工智能对人的生活的影响愈发深远，人们对人工智能日益重视，并制定了相关发展规划以适应和规范人工智能技术的飞速发展。2017年，我国制定并颁布了《新一代人工智能发展规划》，对人工智能的总体技术和应用进行了长远而细致的规划。与此同时，劳动问题最近也成为学界关心的重要问题，尤其是在哲学领域。目前已有不少学者就人工智能对劳动的影响问题进行了研究。个别学者对人工智能对劳动的影响持较为乐观的态度，认为人工智能能够替代人类劳动，推动人的全面发展，故有必要推广人工智能，以改善人的生活质量。[①]这种观点肯定了人工智能作为劳动工具，对人的劳动过程和结果产生了正面的效用，但也点明了人工智能对人类劳动的替代挑战了人类的劳动权利；同时，也有学者对于人工智能发展对劳动的影响持悲观的态度，认为人工智能的发展会带来两个问题："一个问题是大量失业；另一个问题是，当人们失去了劳动，生活也就失去了大部分的意义，日子也就不知道该如何度过了。"[②]这一观点暗含着人工智能的发展将会替代人的劳动，进而使人的生活失去了大部分的意义。更有甚者，有学者认为人工智能将会使权力与技术相结合而导致"文明的重新野蛮化"[③]，将劳动及劳动者引向异化，进而产生"新奴隶制"。对于这些问题的讨论，我们不由提出疑问：人工智能的发展有没有限度呢？人工智能对劳动的影响是否具有"适度"的节点呢？人工智能的发展能否对劳动的概念产生影响呢？如果人工智能过度发展，是否会导致劳动的消失或劳动异化呢？这些问题都值得我们深入研究。

人工智能并不是铁板一块，至少可以被分为两个层次。学界经常将人工智能被分为弱人工智能和强人工智能。[④]弱人工智能是指"各种模拟人或动物智能解决各种问题的技术，包括问题求解、逻辑推理与定理证明、自然语言理解、专家系统、机器学习、人工

---

① 何云峰：《挑战与机遇：人工智能对劳动的影响》，《探索与争鸣》2017年第10期，第107页。

② 赵汀阳：《人工智能的神话或悲歌》，第57页。

③ 张永超：《存在论革命：人工智能神话与人性悲歌——兼与赵汀阳〈人工智能的神话或悲歌〉商榷》，《关东学刊》2022年第6期，第27页。

④ 姜子豪、陈发俊：《弱人工智能向强人工智能转向中的生态伦理本质》，《常州大学学报（社会科学版）》2019年第5期，第108页。

神经网络、机器人学、模式识别、机器视觉等"。①弱人工智能的目的是解决某一特定领域的问题,而不具备自主意识。这种人工智能在现代社会中已经得到了广泛运用,对我们的生产、生活产生了非常重大的影响,贯穿人类现代劳动过程中。强人工智能是指在弱人工智能的基础上具有"自我意识、自主学习、自主决策能力的人工智能"。②这种人工智能至今尚未发展成熟,属于正在形成或未来将形成的产物。对于这种人工智能的评价,学界仍存在较大的争议。个别学者认为"强人工智能"的出现将会大幅改善社会生活,增进人类福祉;同时,也有学者认为"强人工智能"的出现可能会导致"人类内部的'存在论'层级式巨变"。③

对照上述定义可知,强人工智能和弱人工智能的主要区别就在于自主性。所谓的"自主性"是指人工智能具有自我意识,能够自主学习、自我反思并自我决策的能力。类似于学界常见的分类方法,赵汀阳按照人工智能是否具有自主性,将人工智能分为"图灵机"和"超图灵机"。他认为"超图灵机"是"具有自我意识和神级能力的人工智能"。④其"关键能力是发明语言的能力和反思自身整个系统的能力",尤其是后者。这种人工智能被称为"超图灵机"(赵汀阳将其称为 ARI,即 artificial reflexive intelligence),是为了区别于"图灵机"。所谓"图灵机"是指"机械算法机,逻辑—数学运算加上大数据资源,具有在有限步骤内完成一项能行构造(feasible construction)或者说一项运算任务的能力,但是没有反思并修改自身系统的功能"。⑤"超图灵机"和"图灵机"最为重大的差别"不在于运算能力,而在于反思能力"。⑥因此,上述两种分类方法的差别主要在于人工智能的自主能力或反思能力。到目前为止,自主能力或反思能力仍然是人类的"专利"。相较于人类智能而言,目前人工智能的优势主要在于运算能力、数据储存、数据传输。近期出现的人工智能绘画或人工智能编程以及人工智能对话等工具(如 Adobe Firefly、GPT-4 等)虽然表现出了一定的自主创造能力,但是这种创造能力仍是基于对人类所提供的数据库进行机器学习、深度学习或自然语言处理。尽管当前人工智能所具备的一定的绘画、编程和对话能力在不断地迭代和更新,也仍然无法脱离人类所提供的数据训练集。因此,"超图灵机"是正在形成的强人工智能。除了"图灵机"和"超图灵机"之外,近期还有学者提出一种"超级人工智能"(ASI),这种智能在一切领域中都远超人类能力。⑦不过,由于这仅仅是在"智能方面具有极高类人性的人工智能,而非具有独立意识和情感的人工智能",⑧"超级人工智能"短期内难以成为现实,我们难以估量"超级人工

① 莫宏伟:《强人工智能与弱人工智能的伦理问题思考》,《科学与社会》2018年第1期,第17页。

② 莫宏伟:《强人工智能与弱人工智能的伦理问题思考》,《科学与社会》2018年第1期,第20页。

③ 张永超:《存在论革命:人工智能神话与人性悲歌——兼与赵汀阳〈人工智能的神话或悲歌〉商榷》,《关东学刊》2022年第6期,第21页。

④ 赵汀阳:《人工智能的神话或悲歌》,第2-3页。

⑤ 赵汀阳:《人工智能的神话或悲歌》,第30页。

⑥ 赵汀阳:《人工智能的神话或悲歌》,第139页。

⑦ 王惠民:《人工智能时代的美学劳作》,《哲学研究》2021年第8期,第51页。

⑧ 杨帆:《论超级人工智能的人权主体资格》,中国人民公安大学2021年硕士学位论文,第1页。

智能"对于劳动的影响。因此,我们暂且对"超级人工智能"存而不论。根据这一区分,我们将人工智能大致分为"图灵机"和"超图灵机"两类,并围绕人工智能对劳动的影响问题,分别对两个层次的人工智能进行考察,以对人工智能发展的限度进行界定,探讨人工智能是否会导致劳动消失的问题。在此之前,我们首先要对"劳动"的概念进行界定,再来探赜人工智能对"劳动"概念的可能影响。

二、马克思的"劳动"概念

要想探讨人工智能是否会导致劳动消失的问题,首先要搞清楚"劳动"是什么,即需要对"劳动"概念进行界定。自古希腊以来,思想家们一直将"劳动"看作属于底层民众的、不自由的活动。"劳动"在古希腊诗人赫西俄德的眼里是宙斯因普罗米修斯使人类得到了火种而对人类的惩罚,目的是使人类终年"为生活而劳作"并得不到休息,进而变得劳累和困苦。[①]直到进入近代,思想家们的观念才逐渐转变。近代以来的"劳动"观念,脱胎于亚里士多德的"实践"概念。亚里士多德指出:"我们是怎样的就取决于我们的实践活动的性质。"[②]这为人类从事实践对人性产生影响的观念奠定了基础。不过,亚里士多德所说的"实践"概念与近代以来的"劳动"概念还是相去甚远。亚里士多德的实践概念主要是指"与伦理的、政治的目的性的行为和活动相关的事务"。[③]康德对亚里士多德的"实践"概念进行了扬弃。一方面,康德通过区分理论理性和实践理性,继承了亚里士多德的实践概念,并将其内涵发展为道德实践;另一方面,康德肯定了实践理性,并将实践理性放置于理论理性之上,凸显了实践理性的地位。至此,"实践"的地位得以逐渐抬升。黑格尔更是将理论与实践紧密统一,并指出:"理念就是实践的理念,即行动。"[④]这种观念弥合了康德及其之前的哲学家将认识与实践割裂的关系,使实践能够与认识相结合。马克思对"劳动"的理解,始于对近代思想家的扬弃。马克思曾经对亚当·斯密进行批评,并提出劳动具有合目的性,"劳动尺度本身……是由必须达到的目的和为达到这个目的而必须由劳动来克服的那些障碍所提供的。但是克服这种障碍本身,就是自由的实现"。[⑤]劳动作为一种尺度,取决于劳动主体的目的以及劳动对象对主体所带来的障碍。在马克思看来,劳动的过程就是克服障碍的过程,也就是自由实现的过程。"进一步说,外在目的失掉了单纯外在自然必然性的外观,被看作个人自己提出的目的,因而被看做自我实现,主体的对象化,也就是实在的自由——而这种自由见之于活动恰恰就是劳动。"[⑥]劳动是人的自由之体现,人在劳动时,个人的内在目的取代了外在目的并

---

① 赫西俄德:《工作与时日》,商务印书馆2017年版,第2—3页。

② 亚里士多德:《尼各马可伦理学》,商务印书馆2003年版,第37页。

③ 亚里士多德:《尼各马可伦理学》,第49页。

④ 黑格尔:《逻辑学Ⅱ》,先刚译,人民出版社2021年版,第432页。

⑤《马克思恩格斯文集》第8卷,人民出版社2009年版,第174页。

⑥《马克思恩格斯文集》第8卷,第174页。

得以实现,即主体对象化。劳动的过程也就成了人获得自由的过程。这是因为马克思认为,劳动是"人和自然之间的物质变换的一般条件,是人类生活的永恒的自然条件,因此,它不以人类生活的任何形式为转移"。①劳动的过程是人与自然之间物质变换的条件,如果没有劳动,那就没有人与自然之间的物质变换。人如果没有劳动,就不能克服必然性,也就不可能获得自由。紧接着,马克思转向对黑格尔的辩证法进行批评。在批评的过程中,马克思肯定黑格尔抓住了劳动的本质:"黑格尔的《现象学》及其最后成果——辩证法,作为推动原则和创造原则的否定性——的伟大之处首先在于,黑格尔把人的自我产生看做一个过程,把对象化看做非对象化,看做外化和这种外化的扬弃;可见,他抓住了劳动的本质,把对象性的人、现实的因而是真正的人理解为人自己的劳动的结果。"②可见,在黑格尔看来,人是其自身劳动的结果,辩证法将对象化的人看做了非对象化的人,是人的劳动使人的自由得以实现,进而使人自身得以产生。黑格尔的劳动观因此得到了马克思的肯定。马克思对劳动的理解在对斯密和黑格尔的扬弃中得以形成。接下来,我们结合马克思的"劳动"观念,对劳动所具有的属性进行阐发。

劳动的过程体现于劳动的"活性"之中,即劳动能够赋予物以新的形式。"劳动是活的、造形的火;是物的易逝性,物的暂时性,这种易逝性和暂时性[III—41]表现为这些物通过活的时间而被赋予形式。在简单生产过程中——撇开价值增殖过程不谈——物的形式的易逝性被用来造成物的有用性。"③劳动的活性源于物的暂时性,由于物易被外物所影响,因此物的暂时性为劳动的结果带来了可能性。此处需要特别强调"物"与"物质"的关系。"物质"是在众多"物"中抽象出来的概念,概念是不变的;而"物"是人可以通过感官经验的,是空间与时间中的存在,是可变的,因而具有暂时性。物的变化部分地源于人的劳动。尽管物本身在自然的作用之下是不断变化的,但人的劳动不仅使物产生变化,而且还塑造了物,赋予了物以新的形式,使物成为对人有用之物,即对人产生价值。因此,由于人的劳动和物的暂时性,使人能够通过劳动赋予物以新的形式。

马克思认为,并非所有劳动都具有生产性,故劳动可以分为生产性劳动和非生产性劳动。"劳动可能是必要的,但不是生产的。"④也就是说,劳动有一些是必要的,但并不都具有生产性。这就是说,劳动并不总是与生产画上等号。个别劳动不创造新的价值,因而不具有生产性。人的劳动可以分为生产性劳动和非生产性劳动。生产性劳动是指人对物质财富的创造;而非生产性劳动主要是指围绕生产性劳动而进行的教育、医疗、艺术、仓储、广告、管理和服务等劳动创造。尽管非生产性劳动不具有生产性,但仍然是必要的。因为非生产性劳动有助于生产性劳动的进行,能够推动社会经济发展,丰富人的精神世界。无论是生产性劳动还是非生产性劳动,均贯穿于整个人类历史的始终,是人们维持生活的基本历史活动。"人们从几千年前直到今天单是为了维持生活就必须每日每时从事的历史活动,

① 《马克思恩格斯文集》第5卷,人民出版社2009年版,第215页。

② 《马克思恩格斯文集》第1卷,人民出版社2009年版,第205页。

③ 《马克思恩格斯文集》第8卷,第73页。

④ 《马克思恩格斯全集》第30卷,人民出版社1995年版,第532页。

是一切历史的基本条件。"①生产性劳动和非生产性劳动构成了人类劳动的两大组成部分。尽管人类劳动不一定具有生产性,但是非生产性劳动对于人类来说,仍然是必要的。

马克思认为劳动具有超越性、普遍性,是超越于任何社会之上的一般生产活动。"人借以实现人和自然之间的物质变换的人类一般的生产活动,它不仅已经脱掉一切社会形式和性质规定,而且甚至在它的单纯的自然存在上,不以社会为转移,超越一切社会之上,并且作为生命的表现和证实,是尚属非社会的人和已经有某种社会规定的人所共同具有的。"②劳动具有三大要素,即劳动主体、劳动对象和劳动资料。这三大要素贯穿人类历史的始终,超越任何社会形式。从劳动三大要素的关系上说,劳动资料是沟通劳动主体和劳动对象的桥梁。"劳动是从制造工具开始的。"③劳动始于工具制造,如果没有工具,人也就无从劳动。工具作为劳动资料,其发展将会影响到劳动的发展。从历史上说,人类劳动的重大变革,往往发端于以工具为代表的劳动资料之变革。同时,劳动也是对人的生命的展现。人类劳动不断发展的过程,也是人类历史发展的过程。这种超越性和普遍性,在某种程度上,意味着即便在人工智能时代,劳动仍然能够持存,而不会随着人工智能的发展而消亡。

马克思认为异化劳动虽然是有害的,但仍然展现了人的力量。"劳动本身,不仅在目前的条件下,而且就其一般目的仅仅在于增加财富而言,在我看来是有害的、招致灾难的,这是从国民经济学家的阐发中得出的,尽管他并不知道这一点。"④马克思对国民经济学家进行了批判,发现异化劳动即便增加财富,但仍然是有害的。因为异化劳动使工人仅仅将劳动当做了谋生的手段,是必要的但非生产的。"国民经济学把工人只当做劳动的动物,当做仅仅有最必要的肉体需要的牲畜。"⑤异化劳动使工人无法通过劳动获得自由,反而被劳动所创造出来的物所压迫。不过,异化劳动又在某种程度上展示了人的力量。"人确实显示出自己的全部类力量——这又只有通过人的全部活动、只有作为历史的结果才有可能——并且把这些力量当做对象来对待,而这首先又只有通过异化的形式才有可能。"⑥人类通过劳动,才能展现其改变世界的力量。虽然劳动在一开始仅仅被当做了谋生的手段,但是在历史活动中,异化劳动展示了人的力量。因此,在这个意义上说,异化劳动虽然将人的力量看做对象来看待,并反过来压迫人,但异化劳动仍然展示了人的力量。

---

①《马克思恩格斯文集》第1卷,第531页。

②《马克思恩格斯文集》第7卷,人民出版社2009年版,第923页。

③《马克思恩格斯文集》第9卷,第555页。

④《马克思恩格斯文集》第1卷,第123页。

⑤《马克思恩格斯文集》第1卷,第125页。

⑥《马克思恩格斯文集》第1卷,第205页。

三、两种人工智能对马克思的"劳动"概念的影响

在对人工智能和"劳动"概念进行考察以后,我们需要围绕人工智能对马克思"劳动"概念的影响进行探研。如上所述,人工智能分为"图灵机"和"超图灵机"两类。因此,我们对两类人工智能进行分类讨论。

(一)"图灵机"对马克思的"劳动"概念的影响

"图灵机"的广泛应用,有助于丰富劳动对象,消除异化、解放劳动。一方面,"图灵机"丰富了劳动对象。如上所述,劳动包含了三大要素,即劳动主体、劳动对象和劳动资料。随着"图灵机"的广泛运用,人的劳动效率得到了提升。效率的提升在一定程度上增加了人的闲暇时间。当然,人的劳动效率提升,并不总是能够增加人的闲暇时间。因为人的劳动效率不断提升,其所提出的劳动目标也可能水涨船高,以至于劳动效率的提升无法增加人的闲暇时间,反而可能因为劳动目标的提高,将人卷入持续不断的劳动中。不过,劳动目标的设立问题涉及人性问题,持续提高的劳动目标与人类不断增长的欲望有密切的关系。劳动对象的丰富就在于,人的闲暇时间增加以后,能够投入到更丰富的劳动对象中去。人不仅仅在自己所从事的工作领域中劳动,还能够在其他的领域中进行劳动。比如赵汀阳担忧的娱乐专业化,认为歌舞、体育等非生产性的活动并非劳动。[1]然而,随着社会分工的深化,歌舞、体育甚至是电子游戏等娱乐活动均成为经济活动,尽管这些活动未必涉及物质生产,也仍然能够提高人的生活水平、丰富人的精神世界、促进物质生产的发展。因而这些非生产性活动仍然是人类劳动的一部分,"将给所有的人提供健康而有益的工作,给所有的人提供充裕的物质生活和闲暇时间,给所有的人提供真正的充分的自由"。[2]因此,"图灵机"丰富了劳动对象。

另一方面,"图灵机"有助于消除异化、解放劳动。"图灵机"通过提高劳动效率,能够有更多的闲暇时间,使人们从专业分工中抽身出来。"任何人都没有特殊的活动范围,而是都可以在任何部门内发展,社会调节着整个生产,因而使我有可能随自己的兴趣今天干这事,明天干那事,上午打猎,下午捕鱼,傍晚从事畜牧,晚饭后从事批判,这样就不会使我老是一个猎人、渔夫、牧人或批判者。"[3]人们可以自由地选择自己的生产,支配自己的自由时间。在"图灵机"的帮助下,"各个人在自己的联合中并通过这种联合获得自己的自由"。[4]虽然"所有的人都必须劳动",但是"所有的人都将有可以自由支配的时间,发展自己的自由时间"。[5]人们借助"图灵机",克服异化劳动,从而"我在劳动中肯

---

① 赵汀阳:《人工智能的神话或悲歌》,第58页。

②《马克思恩格斯全集》第28卷,人民出版社2018年版,第652页。

③《马克思恩格斯文集》第1卷,第537页。

④《马克思恩格斯文集》第1卷,第571页。

⑤《马克思恩格斯全集》第35卷,人民出版社2013年版,第229页。

定了自己的个人生命"，[①] 解放了人的劳动，使劳动不再仅仅作为一种谋生的手段。因此，"图灵机"有助于克服异化、解放劳动，使人的劳动充分展示人的力量，进而使人在劳动中自由发展，体验生活乐趣。在这种意义上说，"图灵机"丰富了马克思的"劳动"概念。

（二）"超图灵机"对"劳动"概念的影响

"超图灵机"可能削弱马克思"劳动"概念的社会性、合目的性甚至可能消灭劳动主体，进而消解马克思的"劳动"概念。

首先，"超图灵机"可能削弱马克思"劳动"概念的社会性。马克思的"劳动"概念蕴含着"劳动"的社会性，人劳动的过程也就是构建社会关系的过程，人的本质"是一切社会关系的总和"。[②] 人作为劳动主体，在劳动过程中起着不可或缺的作用。然而，"超图灵机"却可能削弱"劳动"的社会性，从而导致人对人关系的异化。随着人工智能的不断发展，人与人协作的需要将逐步减弱。"超图灵机"成了与人协作的主体，人在劳动的过程中不需要与他人沟通和互动，成为孤立的个体。霍克海默和阿多诺曾经对异化劳动中的工人工作情况进行了描述："他们在强行统一的集体中彼此孤立。桨手们不能彼此交谈，他们相互以同一节奏扭连在一起，就像在工厂、影剧以及集体中的现代劳动者一样。"[③] 社会中的劳动主体只需要与"超图灵机"互动即可实现自身的目的，包括社交、娱乐等具有社会性的活动，都无须他人的加入，只需要凭借"超图灵机"即可实现。因此，"超图灵机"可能削弱马克思"劳动"概念的社会性。

其次，"超图灵机"可能削弱马克思"劳动"概念的合目的性。如上所述，马克思的"劳动"概念蕴含着合目的性。劳动主体在劳动的过程中，凭借劳动客体的可塑性或暂时性，克服劳动客体对劳动主体的阻碍，实现劳动主体的目的，使劳动客体对象化。在这一过程中，马克思的"劳动"概念展现出了合目的性。这种合目的性的前提是，劳动主体为人类，而非其他存在。然而，随着人工智能的发展，"超图灵机"可能会削弱"劳动"的合目的性。因为"超图灵机"与"图灵机"的重要区别在于自主能力和反思能力。具有自主能力的"超图灵机"在劳动过程中可能有自己的目的。拥有这种能力的"超图灵机"可能也会成为劳动主体，一旦"超图灵机"的目的与人的目的相违背，那么劳动主体的目的不仅代表了人的目的，而且代表了"超图灵机"的目的。因此，"超图灵机"的发展可能削弱"劳动"的合目的性。

最后，"超图灵机"可能消灭马克思"劳动"概念中的劳动主体，进而消灭马克思的"劳动"概念。如上所述，"超图灵机"具有自主能力和反思能力。这意味着"超图灵机"未必遵循人类的价值观。即便"超图灵机"遵循人类的价值观，人类的价值观内部也并非同一的，而存在各种悖谬。因此，如果"超图灵机"的价值观与人类的价值相违背，那

①《马克思恩格斯全集》第42卷，人民出版社1979年版，第38页。

②《马克思恩格斯文集》第1卷，第501页。

③ 马克斯·霍克海默、西奥多·阿道尔诺：《启蒙辩证法：哲学断片》，渠敬东、曹卫东译，上海人民出版社2006年版，第34页。

么"超图灵机"可能会向人类发动战争,甚至最终毁灭人类。因为人作为劳动主体是马克思"劳动"概念的要素之一,所以人类如果被"超图灵机"所消灭,那么马克思的"劳动"概念便因为失去根基而不复存在了。

由于"超图灵机"与"图灵机"之间存在着自主性的差异,而这一差异对马克思的"劳动"概念造成了不同的影响。一方面,"图灵机"的广泛应用,丰富了劳动对象,消除异化、解放劳动,拓展了马克思的"劳动"概念;另一方面,"超图灵机"的不断发展,则可能削弱马克思"劳动"概念的社会性、合目的性,甚至可能消灭劳动主体,进而消解马克思的"劳动"概念。因此,我们应当审慎、适度地发展人工智能,以"超图灵机"的标准——自主能力和反思能力——作为人工智能发展的限度,以免由于"超图灵机"的过度发展而消解了马克思的"劳动"概念。通过限制"超图灵机"的发展,我们才能够充分运用马克思的"劳动"概念,以"改变劳动功利主义价值观,确立劳动幸福价值观"。①

---

① 生蕾、何云峰:《从劳动功利主义走向劳动幸福——人工智能时代人类劳动价值观的变革》,《财经问题研究》2021年第12期,第4页。

情感劳动的异化向度：
基于数字资本批判视角[①]

王慧芳

摘 要： 随着大数据、人工智能、云计算等数字技术的应用，情感劳动在新技术场域中的变化成为我们绕不开的重要议题。从数字资本批判的视角看，情感劳动过程的本质是数字资本借助数字技术隐秘地操控情感劳动的生产性过程，致使情感劳动异化为服务于资本剩余价值创造的环节。马克思对大工业时期劳动异化的分析为思考情感劳动异化提供思想资源，资本通过数字技术对人的情感实现更深层的介入，导致情感劳动的四重异化。情感劳动异化的实质是资本追求剩余价值的逻辑，而对于数字资本主义时代情感劳动异化的消解，一方面需要划清资本和技术的界限，打破数字技术唯资本驾驭的魔咒，探索数字技术的合理化发展路径；另一方面，需要主体自我意识的觉醒，将自由自主的情感劳动作为价值追求。

关键词： 情感劳动；数字资本；数字技术；异化

本文引文格式： 王慧芳：《情感劳动的异化向度：基于数字资本批判视角》，见何云峰主编：《劳动哲学研究》第9辑（2023年第2辑），上海教育出版社2023年12月版，第274—283页。

近年来，随着大数据、人工智能、云计算等数字技术的迅速发展，人类社会进入了由数字资本主导的数字资本主义时代。数字资本通过将数字技术应用于社会的各个层面，从而将权力渗透到社会的各个方面。情感劳动也不可避免地被数字技术所重塑，情感不再抽象难以把握，而是变成被算法操纵的一连串公开的可视化数据，情感关系也变成了数字关系，这些数据随时可以用于服务价值创造过程。社会学家伊娃·易洛思（Eva

① 基金项目：江苏省研究生科研创新计划"从情感劳动到情感生产力：情感资本主义批判研究"（项目编号：KYCX23_0027）。作者通信地址：王慧芳，南京大学马克思主义学院，江苏南京210023。

Illouz)认为,"资本主义的形成与高度专业化的情感文化的生成是齐头并进的"。① 因此,在数字资本主义时代,关注和反思由数字资本介入、专业化操控情感等现象导致的情感劳动异化问题,显得尤为重要。从本质上讲,关注情感劳动异化问题核心在于对数字资本主义的生产方式进行反思和批判。特别是数字资本通过对数字技术的应用实现了对情感劳动过程的重塑,资本权力和生命权力的博弈已经发展到了人们出让生命的阶段,我们不得不对数字资本进行反思。从马克思资本批判的视角来看情感劳动的现状和发展,思考原本是私人的情感劳动如何一步步被资本逻辑重构,成为创造剩余价值的生产性情感劳动以及发生情感劳动异化。这对于我们深入理解数字资本主义的生产方式以及探索如何消解情感劳动的异化具有重要的理论和实践意义。

一、资本逻辑与数字技术的情感劳动面向

(一)面向双重情感劳动:Emotional labour 和 Affective labour

在日常生活领域,情感劳动常常被理解为生产和操纵情感的劳动,具体过程包括情感管理、情感调动和情感传递,这些情感包括放松、快乐、满足、兴奋和激动。这些情感劳动体现在许多服务业中,例如心理咨询、法律援助、空乘或者餐饮服务人员。在理论研究视阈,如何准确定义情感劳动尚存在分歧,主要是对 Emotional labour 和 Affective labour 的理解有不同看法。目前,由于翻译者的理解偏差,Emotional labour 和 Affective labour 常常被混同翻译为情感劳动,少数将前者翻译为情绪劳动,后者为情感劳动。在情感劳动概念的使用上,也多呈现出混合使用情况,一些学者不加分别地使用两个概念,也有学者对两个概念作了区分研究。

具体来看,有两个典型例子:其一是社会学家阿莉·拉塞尔·霍克希尔德(Arlie Russell Hochschild)的情感劳动(Emotional labour)概念。霍克希尔德在其代表作《心灵的整饰:人类情感的商业化》中讲情感劳动"要求一个人为了保持恰当的表情而诱发或抑制自己的感受,以在他人身上产生适宜的心理状态——就空乘而言,就要产生在一个欢乐又安全的地方得到关怀的感觉"。② 在霍克希尔德的描述中"保持恰当的表情"更符合 Emotional labour 的含义,突出社会文化意义上的情感表现形式,而"自己的感受"更符合 Affective labour 的含义,强调人内在的身体和心灵的状态。其实,内在的情感状态和外在的情感表现是无法分离的,即没有脱离 Affective labour 的 Emotional labour,Emotional labour 只有借助于 Affective labour 才得以实现。霍克希尔德使用的是 Emotional labour,她开辟了社会学领域情感劳动研究的先河,从社会学的角度以空姐的情感劳动现状为例透视了情感劳动商品化的具体面貌,关注的是在私人生活和社会工作领域资本主义

---

① 伊娃·易洛思:《冷亲密》,汪丽译,湖南人民出版社2023年版,第7页。

② 阿莉·拉塞尔·霍克希尔德:《心灵的整饰:人类情感的商业化》,成伯清、淡卫军、王佳鹏译,上海三联书店2020年版,第21页。

整饰情感的代价和收益问题[①]。当情感劳动过程变成可以清点的一次次微笑，那么情感劳动者就必然和自身的微笑相疏离，当情感劳动过程需要对自我情感的压抑和目标情感的深层表演，那么情感劳动过程中，人彻底失去了真实自我，没有剩余情感留给自己。其实，霍克希尔德描绘的整个情感劳动过程像是人的 Emotional labour 和 Affective labour 的肢解和分离过程，并且越来越呈现出 Emotional labour 取代 Affective labour 的倾向。其二是安东尼奥·奈格里（Antonio Negri）和迈克尔·哈特（Michael Hardt）的情感劳动（Affective labour）理论，这一情感劳动面向是继承了德勒兹沿着斯宾诺莎哲学发展的情动（Affect）概念。奈格里和哈特认为，情感劳动是"与作为精神现象的情绪不同，情感既指涉肉体，也指涉精神。事实上，像快乐和悲伤这样的情感所揭示的，是整个人体组织中的生命状态，它既表征了肉体的某种状态，也表征了思维的某种模式"。[②] 其中，他们指认的 Affective labour 是既关乎精神又关乎身体的情感劳动，不同于"作为精神现象的情绪"，这里的情绪指向的是 Emotional labour，可以看出奈格里和哈特似乎在有意识地区分 Emotional labour 和 Affective labour，然而当把情感劳动作为同时包含身体和思维两种模式也就意味着 Affective labour 内在的包含了 Emotional labour。与霍克希尔德不同的是，奈格里和哈特不仅看到了情感劳动与资本结合创造了剩余价值，他们还看到了情感劳动中存在着一种共同性情感资源的积累，这种共同性中孕育着解放的力量。在奈格里和哈特这里，情感劳动亦是生命政治的重要环节，情感作为关涉生命状态的重要部分，深刻地影响着人的发展，因此，Affective labour 更适合表达这层内涵。他们认为 Affective labour 蕴含着积极的、无意识的主体性向度，是难以被操纵的，是生命政治的内容；而 Emotional labour 往往是可被捕捉的以及被塑造和操控的，几乎没有主体性可言，所以不可能指向解放，这也是奈格里和哈特放弃使用 Emotional labour 的原因。

作为情感劳动的两重面向，无论是霍克希尔德对 Emotional labour 面纱的揭露，还是奈格里和哈特对 Affective labour 寄寓美好的希望，两者都关注到了情感作为人类生命重要组成部分的存在状态的变化，情感劳动的变化深刻地影响社会关系、生产和再生产等各个环节。正如易洛思总结的那样，"透过情感的棱镜来看，资本主义的工作场所远非如人们历来想象的那样匮乏感情"。[③] 资本主义生产中已经充满了情感劳动的影子。当从马克思的资本批判视角去思考情感劳动所发生的变化时，我们将会发现，伴随着资本逻辑版图的布展，情感劳动的两重面向都不同程度地被资本和技术联合围剿，我们很难说哪一种情感劳动被资本化或发生了异化，因此我们对情感劳动的分析同时指向这两重向度。

（二）情感劳动过程：资本逻辑与数字技术的联合

随着资本主义的发展，情感劳动被纳入资本逻辑的程度逐渐加深。保罗·维尔诺

---

① 阿莉·拉塞尔·霍克希尔德：《心灵的整饰：人类情感的商业化》，第23页。

② Michael Hardt and Antonio Negri, *Multitude: War and Democracy in the Age of Empire*. London: Penguin, 2004, p.108.

③ 伊娃·易洛思，《冷亲密》，第34页。

(Paolo Virno)认为情感劳动是一种与资本主义交织在一起的关于主体性和产品的生产和再生产，[①]这里提到了"再生产"，意味着资本已经深入人生活领域的情感劳动。奈格里和哈特认为资本永远无法控制整个生活过程，但事实是整个生活过程已经完全被资本重塑，资本规定了人自由选择生活方式的边界。他们还认为在劳动过程中重要的是有创造力的人，但事实是人的创造力也是被资本塑造的，甚至情感本身也变成了资本。情感资本被认为是一种"通过暴露、经验和实践获得的感知、执行和管理语境相关情感的能力（在这种能力存在的情况下）"，[②]表现为在恰当的时刻微笑，在特定时刻表示出尊敬，在复杂关系情况下体现出谦虚和谨慎等情感能力，这是一种经济能力，这种能力从根本上改变了情感劳动的性质，产生了"无情感的情感劳动"，"当情感被锁定在这种能力中时，它就变成了有待观察和操纵的研究对象"。[③]进而，当数字技术成为情感资本的条件，情感劳动将发生新的转变。

在以数字资本为主导的数字资本主义时期，数字资本的核心在于数字技术。数字资本通过数字技术将触角布展到社会生产和生活的方方面面，情感劳动也被纳入其中，成为生产性情感劳动，是价值生产的重要环节。首先，数字时代的情感劳动以是否为资本创造价值以及是否有雇佣关系和是否获得报酬，可以划分为有酬劳动和无酬劳动，实则是在数字技术的加持下，无论有酬劳动抑或无酬劳动几乎都在创造价值。在有酬情感劳动中，通过算法操纵实现情感劳动的数字化、可量化，情感迅速转化为一种生产力，而且有酬情感劳动常常伴随着一个结果，即明码标价的、可以买卖的情感产品。在无酬情感劳动中同样如此，情感常常并非自发形成，总是无意识地被技术操纵和数据化并被平台无偿占有，甚至算法比我们更了解我们自己的情感需要。我们的情感需要被转化为一种无酬的情感劳动和数字化的情感个人图绘，并被纳入数字空间。通过有酬劳动和无酬劳动来区分情感劳动是从资本和劳动的关系角度来解构人类的情感劳动，是将自然的、流动的、丰富的情感劳动过程转化为以价值创造逻辑为中心的情感劳动过程。实际上，在数字资本主义时期的情感劳动过程中，即使运用数字技术也很难准确分辨出情感价值创造是来自有酬的一方还是无酬的一方。例如，在一次直播活动过程中，博主在精心设计好的环境下开展情感输出，她的每一句看似自然表达的台词和每一个看似不经意的表情动作，都是以大数据技术分析后的用户需求为导向设计好的，中间包括无痕植入的广告，直播结束后博主可以从平台、广告商和用户打赏三方取得收益，故直播博主的情感劳动是一种有酬劳动。然而，参与这场直播活动的大多数人进行的是无酬劳动，主要包括看直播的观众，他们的每一次点赞、欢呼、送礼物、点广告链接以及评论区积极互动等情感输出都是这次直播活动得以开展的必要环节，但是他们在直播活动中没有任何报酬，收获的只有所谓的愉快情感体验。在此过程中，情感流动是双向的，博主通过情感带动观众的情绪，观众再将自身的情感反馈给博主。然而，值得思考的

[①] 保罗·维尔诺：《诸众的语法》，董必成译，商务印书馆2017年版，第82页。

[②] Jenna Ward and Robert McMurray, *The Dark Side of Emotional Labour*. New York, 2016, p.93.

[③] 伊娃·易洛思：《冷亲密》，第48页。

是，双方的情感真实性和价值的关系问题。其中，专业博主的情感是经过训练的，是缺乏真实情感的情感表演，却得到了报酬；而观众的情感往往是自然流露，却是无酬的。于是，出现了严重的价值和真实情感的分离，会让人误以为虚假的情感才能创造价值，因此，必须再次澄清情感劳动过程中的价值和交换价值问题。当情感作为劳动力商品出卖给资本家，那么情感劳动的核心目的就变成了创造交换价值，产生剩余价值。于是，市场供需的状况成为考量的对象，以市场需求为导向而生产情感。此时，情感必须与情感主体的真实情感相分离，转而与算法等数字技术相结合满足市场中的情感需求，成为一种生产性情感劳动，这是资本把剩余价值积累转向生命情感的确证，进而出现"情感的整饰"现象。因此，我们必须思考在资本逻辑和数字技术的联合作用下，情感劳动发生了什么变化？生产性情感劳动和自然的情感劳动有什么不同？

二、情感劳动的异化征候

马克思在早期著作《1844年经济学哲学手稿》中对劳动的四重异化展开了详细分析，随后在《1857—1858年经济学手稿》以及《资本论》中进一步深化了对异化问题的思考。马克思分析劳动异化以资本主义社会为背景，核心观点是基于资本主义的私有制和雇佣关系，劳动者的生产性劳动以及其劳动成果转化为自己的对立面。20世纪后的哲学家在研究异化时往往泛化马克思的异化范畴，认为异化已经越出了生产和劳动领域，成为生活中普遍化的现象。马克思异化理论的泛化和普遍化应用很难让我们不把其与情感劳动也联系在一起，但这种联系并不是牵强附会。因为在数字资本和数字技术的联合作用下，情感劳动转化为生产性情感劳动的过程中出现的核心征候确实是情感劳动异化，这是数字资本主义时期情感劳动最显著的特征。马克思以及其后继者的异化思想对于我们思考数字时代的情感劳动是否异化以及呈现什么样的症候具有重要的启发意义。

第一，在资本主义的情感劳动过程中，情感劳动者与其情感劳动相异化。当劳动力成为商品用来为资本创造剩余价值时，也就是劳动具有生产性时，马克思说："劳动对工人来说是外在的东西，也就是说，不属于他的本质；因此，他在自己的劳动中不是肯定自己，而是否定自己，不是感到幸福，而是感到不幸，不是自由地发挥自己的体力和智力，而是使自己的肉体受折磨、精神遭摧残。"[①] 同样，在数字时代，情感劳动一旦具有了生产性，就发生了马克思所说的劳动异化，因为那部分情感劳动力是被资本占有的，进而表现为资本对劳动的权力，是一种对情感劳动的控制力、支配权，情感劳动不再是自发地开展。数字技术监督下的情感劳动输出了情感，而输出的情感恰好遮蔽了主体本身的情感，可以说劳动的产品作为异己的力量是对主体自身情感的压制，主体很难同时保有真实的情感和生产性的情感。正如马克思所说："作为单纯形式的劳动，其纯粹主体

---

① 《马克思恩格斯文集》第1卷，人民出版社2009年版，第159页。

性必须被扬弃,而且劳动必须被对象化在资本的物质中。"① "劳动只有在它生产了它自己的对立面时才是生产劳动,"② 我们发现当情感劳动被投入到资本中去,劳动者首先将放弃主体性的情感,以一般性的普遍人类情感作为生产资料,按照市场要求的模样加工整饰一般情感,最后将具体的情感对象化到需要的地方,这就是情感劳动的生产性过程。因此,情感劳动一旦卷入资本增殖过程中便立刻丧失了劳动者的主体地位,情感劳动者转而成为生产性情感劳动过程的傀儡,就像是资本的奴隶一般任其摆布。

第二,情感劳动者与其劳动产品相异化,劳动产品反过来支配劳动者。马克思在分析当时国民经济的事实之后,发现工人生产的财富越多反而越贫穷,是因为"劳动所生产的对象,即劳动的产品,作为一种异己的存在物,作为不依赖于生产者的力量,同劳动相对立"。③ 也就是马克思指认的劳动者与其劳动产品相异化。在情感劳动过程中,情感劳动创造的劳动产品常常不被个人重视,像是在社交平台上的情感内容分享、直播平台的个人情感抒发以及作为粉丝的情感互动等都被当作个人娱乐行为,完全忽视了背后的实质是情感劳动产品被数字技术平台无偿占有。数字平台以数字技术手段保存人们共同创造的情感数据、情感资料,虽然这些数据并不能直接变成商品,但是却存在着转化为商品的生产资料的潜能,而且平台常常依据人们生产的情感数据来实现对用户的监督和隐性控制。这种由情感劳动者创造出来的数据和资源反过来控制劳动者的现象充分体现了情感劳动者与其创造的劳动产品相异化。这种异化往往难以被察觉,因为情感劳动在数字时代呈现出娱乐和剥削二重特性。情感劳动的影子遍及数字资本和数字技术搭建的各种平台,例如抖音、快手等,这些平台的特点是门槛低、娱乐性和社交性,从而消解人们的被剥削感。用户在录制抖音等短视频记录的时候,大部分人在记录生活和期待视频有人点赞,少数人思考通过扩大流量争取更多粉丝,进而通过直播带货的方式进入下一个环节,他们的目的不再是个体情感的抒发,而是指向流量经济。流量就是数字时代最典型的产品,当情感劳动者不再追求情感本身,转而追求流量,人就沦为流量的奴仆,被它牵着鼻子走。总体来看,情感劳动的劳动产品就是其中一系列特定的情感输出,当然这个情感输出不是凭空想象的,是根据市场的情感需要而设定的,在前期情感需要已经由大数据和算法做好了功课。只有实现情感劳动输出的"有用性"能够满足人们的情感需要,从而情感劳动的产品输出进入市场实现商品化,实现情感劳动产品到商品的"惊险一跃",这时情感劳动才完成了政治经济学意义上的剩余价值创造。

第三,情感劳动者与其原本的情感能力相异化,成为被剩余价值阉割的情感。情感劳动者丧失了自身正常发展的维度。马克思指出"人的类本质,无论是自然界,还是人的精神的类能力,都变成了对人来说是异己的本质,变成了维持他的个人生存的手段"。④ 其中情感就属于"人的精神的类能力"的一种,在数字资本主义时期,人的情感

①《马克思恩格斯全集》第30卷,人民出版社1995年版,第256页。

②《马克思恩格斯全集》第30卷,第264页。

③《马克思恩格斯文集》第1卷,第156页。

④《马克思恩格斯文集》第1卷,第163页。

能力发生了由人原本的情感能力到创造剩余价值的工具性能力的转变。为了精确的价值实现和价值评估，情感劳动过程被要求必须具有确定性、可操控性，这显然与情感劳动本身的自主性、自发性、内在性等特性相矛盾。那么，数字资本主义时代情感劳动的展开方式与人本身情感能力的展开方式就发生矛盾。实际上，情感劳动过程中被算法精准计算和占有的是情感劳动的剩余劳动部分，也就是剩余价值的来源，这个计算过程是极其复杂的，因为情感劳动过程常常没有固定的劳动时间和空间。换言之，任何时间、任何空间都可能发生劳动，所以很难按照马克思的必要劳动时间和剩余劳动时间来区分究竟是哪个部分的劳动时间创造剩余价值。虽然计算情感劳动的必要劳动时间和剩余劳动时间是更复杂和抽象的，但不代表是不可计算的、无区分的，必要劳动时间和剩余劳动时间是同时存在的，是同一劳动时间过程的两个交织在一起的维度，体现了劳动时间的二重性。因此，在资本主义的劳动关系中时时刻刻都在生成剩余劳动时间，反之，以人的情感能力为基础的情感劳动在时间性上丧失了自我空间，情感成为始终被剩余价值阉割的情感。而且，由于数字时代的情感劳动常常会被单纯地认为是娱乐活动，这种迷失的、被阉割的情感劳动常常不被察觉。

第四，情感劳动异化体现为社会关系的异化。"人同自己的劳动产品、自己的生命活动、自己的类本质相异化的直接结果就是人同人相异化。当人同自身相对立的时候，他也同他人相对立。"① 情感劳动过程在数字资本主义时期实现从人的自发的情感劳动过程到技术介入和算法控制的情感劳动过程，伴随的趋势是情感劳动主体扩大化。例如，低门槛的直播平台让每个人都可以直播，从而成为情感劳动者。而且，在数字技术的精细化拆分下，情感劳动变得无技巧性，情感劳动者是谁不再重要，劳动过程常常是预设的内容，有一些固定的模式，劳动者只需要按照一系列特定的表情和话术恰到好处地完成表演即可。虽然人人可以成为情感劳动者，但并不意味着人人平等，因为情感劳动一旦与资本结合就会产生等级。数字资本主义时期的情感劳动过程是一个创造、更新和重塑主体性的过程。借助互联网信息技术发展提供的虚拟空间，情感、身体和人际交往在其中得以整合，从而建构了一个持续活跃的虚拟性主体。在互联网中的虚体情感劳动主体依靠流量生存，不同的流量等级催生了不同的阶级，掌握数据流量密码的情感劳动者往往拥有大量的粉丝受众和广告业务，此时就从无产阶级变成了"有产"阶级。这些"有产"阶级再分化出高高低低的层级，进一步加深了阶级不平等，即情感劳动异化导致了社会关系的异化。在这个过程中，恰恰是普通的情感劳动无产阶级生成了那些"有产"阶级。然而，一旦这种模式固定下来，"有产"阶级就立刻站在了无产阶级的对立面并且依靠他们维持自身的"有产"。按照马克思的分析，"这只是人们自己的一定的社会关系，但它在人民面前采取了物与物的关系的虚幻形式"，② 这种拜物教来源于生产商品的劳动所特有的社会性质。

至此，我们沿着马克思分析当时国民经济劳动异化的思路分析了数字资本主义时

---

① 《马克思恩格斯文集》第1卷，第163页。

② 《马克思恩格斯文集》第5卷，人民出版社2009年版，第89—90页。

代的情感劳动异化征候,深感情感劳动异化程度已经非常彻底。因此,我们不得不进一步思考情感劳动异化产生的根源以及探寻消解情感劳动异化的途径,从而探寻自由而幸福的情感劳动的可能性。

三、情感劳动异化的实质与消解

在数字资本主义时代,情感劳动异化越来越不满足于生产性领域,而逐渐渗透到私人情感生活领域,不仅占据了情感劳动者的所有时空,而且越来越展现出一种超越雇佣关系的扩大化态势。在闲暇的生活时间,我们的每一次检索和浏览都在平台上留下了数据痕迹,进而这些痕迹成为未来为我们推送信息的依据,平台利用了我们的情感喜好,为我们量身推送信息,甚至算法比我们更了解我们的情感需要,整个过程的实质是剩余价值创造的中间环节,显然这部分时间已经被隐秘地操控着成为资本剥削的一环,资本对情感劳动的隐性剥削是一种更深入的剥削,情感劳动异化的实质就在于资本逻辑追求剩余价值的驱动。

在马克思看来劳动的生产性是资本赋予的,也就是只有当情感劳动与资本发生关系时才具有了生产性,同样资本只有剥削情感劳动才具有生产性。"劳动是酵母,它被投入资本,使资本发酵。一方面,资本借以存在的对象性必须被加工,即被劳动消费;另一方面,作为单纯形式的劳动,其纯粹主体性必须被扬弃,而且劳动必须被对象化在资本的物质中。"① 同样,当情感劳动被投入资本中去,劳动者将首先放弃主体性的情感,以一般性的普遍人类情感作为生产资料,按照市场要求的模样加工整饰"一般情感"成为具体化情感,最后将具体的情感对象化到需要的地方,这就是情感劳动的生产性过程。在数字技术平台中,情感劳动过程不满足于制造非真实的情感,还需要这种非真实的情感具有"真实性",还要具有灵活性和创造性。数字技术在连续不断地捕捉情感的变化和情感的反馈,使得情感劳动过程中的情感输出不断地作出调整,这种调整的机制和方法是模式化的,调整后的情感内容也是模式化的。因此,在劳动过程中,劳动者的情感劳动是对人自身情感的巨大消耗。因为人时刻需要调动自己长期的社会生活经验、学习积累而获得的关于整个人类认知和情感体系的情感原材料,而这个调动过程是瞬时间发生的或者说无时无刻不在发生,所以难以测算出具体的剩余劳动时间。但毋庸置疑,每一瞬间调动情感的过程都包含了必要劳动时间和超出劳动报酬的剩余劳动时间,情感劳动过程所创造的价值远远大于其获得的收益。特别是在数字化时代,无论是哪一种类型的情感劳动都在数字技术的严密管控之下,一切都变得可以计算,数字资本依靠数字技术精准地评估情感劳动过程中创造的剩余价值,以不断实现价值增殖为最终目标。因而,数字技术成为数字资本的关键环节,没有数字技术的加持,数字资本对情感劳动的深度剥削也将难以实现。

从客观上来看,大数据、云计算、数字平台等数字技术的广泛应用确实加速了情感

---

① 《马克思恩格斯全集》第30卷,第256页。

劳动异化。资本加持下的数字技术已经渗透到生产和社会生活的方方面面，并表现出势不可挡的整合控制能力。最初，我们天真地认为数字技术为我们的生活带来了便利，体现在数字技术让信息检索、日常沟通交流、娱乐等都更加容易，而这些实质是数字资本棋盘中的第一步棋子，让数字技术全方位地融入生产与生活，从而获得了海量数据信息，同时为我们呈现一个美丽的数字新世界。数字技术并不止步于此，数据信息的搜集、挖掘、组织和处理是为了进一步地提取、预测和应用，最终达到影响、引导乃至支配主体的行为选择的目的。"数字化非但没有减轻资本主义对民众的剥削程度，甚至还以数字媒介为手段，把人们生活的全部领地都纳入资本的内在化领地。"① 数字技术以多种形态悄然布局在日常生活中，让我们毫无防备地被数字化，由数字技术加深的情感劳动异化正是社会生产和生活数字化转型的特征之一，但这并不意味着我们要放弃数字技术。因为技术与技术的资本主义应用不同，以马克思资本批判的角度来看，情感劳动异化的根源和实质不在于数字技术的应用，而在于资本通过数字技术作用于情感劳动过程，大数据、云计算、人工智能等数字技术以马克思意义上的生产资料形式成为资本的傀儡，形成数字资本。看似是数字技术与情感劳动的对立关系，其实是数字资本与情感劳动的关系。因此，扬弃数字资本主义时代的情感劳动异化不能停留在数字技术批判，而必须进行数字资本批判，一方面要形成关于数字技术的科学社会认识论，划清数字资本应用数字技术的合理性边界，批判资本主体的无止境扩张欲望，恢复数字技术的应有价值取向；另一方面要唤醒情感劳动者的主体意识和"共同性"价值追求，使人的情感自发自觉。

具体来看，消解情感劳动异化需要划清数字资本应用数字技术的合理边界，规范数字技术应用的价值取向，形成关于数字技术应用的科学社会认识论。当前，数字技术在情感劳动领域被用来计算、操控和重塑情感行为，使得情感劳动变成机械化、非人格化地按照资本的需要整饰情感的活动，同时压制了劳动者自身情感的抒发。换言之，数字技术和人的情感劳动两者都在资本意志力作用下发生了异化。发展到数字资本形态，对数字技术特性和规律的把握使资本具有比以往更强大的扩张和渗透能力，数字技术使得资本能以更加隐蔽的方式入侵人的主体性领域，成为与主体相抗衡的对象性力量却又难以被主体发觉，情感常在不知不觉间被资本重塑。从而，消解情感劳动异化，首先要拆解资本和技术这组"黄金搭档"，调整数字技术的价值旨归，提取数字技术服务于社会和人的全面发展，抽离出数字技术用来管控和压制人的主体性而服务于资本的属性。让技术成为实现人类社会发展的规范性力量，规避其成为彻底的资本逻辑工具，出现技术专制和暴政的风险，让技术成为丈量人的解放意义的尺度而非捆绑人性的绳索。

消解情感劳动异化更重要的是主体意识的觉醒，亟须在社会认识论维度唤起对情感劳动价值的思考。情感劳动原本就是带有强烈主体性意识参与的劳动形式，资本发现推动情感这种非物质劳动的商品化过程，可以轻松地跳过或者缩短分配、交换等流通环节，发展到直接生产资本的程度，于是扩大了情感劳动模式在经济领域的推广范围。

---

① 袁立国：《数字资本主义批判：历史唯物主义走向当代》，《社会科学》2018年第11期，第122页。

与此同时,情感劳动的价值化的过程使整个人类社会生活被卷入其中。在情感劳动发挥作用以及变成一种生产性工具的过程中,情感正在被资本剥夺,因为它不再是无限的主体情感能力的体现,而成为一种达到既定价值目标的手段。但是,这并不意味着情感劳动就此丧失了自我发展的可能性,我们仍需要对情感劳动的发展保持乐观的心态。在数字资本主义时代,虽然数字技术在不断地扩大数据的规模和处理数据的速度,但数字技术依照历史数据相关性分析出的概率模式还是一种简单思维,无法真正理解人类情感沟通的复杂性,情感的这种复杂性源自共同性情感在不断积累。情感劳动虽然服务于资本、被资本剥削,出现了人与人之间关系的异化,但也孕育着可能性。因为情感劳动过程中直接建构了人与人的关系,有助于激发和开启新的合作关系,于是,"情感的生产、交流的网络以及协作模式直接就具有了社会性,并为整个社会所共享"。① 我们对奈格里和哈特所得出的结论难以作出肯定性或否定性的判断,但是这对我们消解情感劳动异化具有启发意义。作为个体,需要清醒地意识到数字资本主义时代情感劳动的变化,意识到自身情感在娱乐至上和消费主义背后被剥削与价值提取的实质,不被资本主义的"奶头乐"情感机制所捆绑,不能在自我消耗和放纵中丧失了情感自主能力,从而能够自由自觉地生发情感、建立联系、实现人的情感劳动价值。

总之,随着资本主义发展到数字资本主义阶段,资本通过运用数字技术,将触角伸向全部社会生活。在这一过程中,劳动形式越来越具有非物质特性,情感劳动作为一种典型的非物质劳动呈现出新的特征,即情感劳动异化,表现为无真实情感的情感劳动,甚至我们的情感娱乐活动也被资本用来创造剩余价值。因此,站在马克思资本批判的立场上重新审视情感劳动异化问题并探索消解异化的路径显得尤为重要。表面上看,数字技术操纵情感劳动致使其发生异化,实际上是资本通过数字技术实现对情感劳动过程的控制和剥削。故消解数字资本主义时代的情感劳动异化不能停留在数字技术批判,而必须进行数字资本批判,一方面要划清数字资本应用数字技术的合理性边界,批判资本主体的无止境扩张欲望,恢复数字技术的应有价值取向;另一方面要唤醒情感劳动者的主体意识,使人的情感自发自觉。情感作为人的生命力量的重要属性之一,对人的生存和发展有着无可替代的意义。如果说把情感比做当代社会生产关键的"基础设施"之一,那么我们拥有对自己情感的感受构成了社会生产和再生产的根本前提,而这个前提由我们共同创造。因此,我们必须立足当下情感劳动异化的现实,着眼于未来情感劳动的自由自觉的发展,清醒地认识到数字技术只是资本主体发展的阶段性手段,我们应当致力于科学地驾驭资本来运用数字技术而不应迷失其中任由资本驰骋。

---

① 迈克尔·哈特、安东尼·奈格里:《大同世界》,王行坤译,中国人民大学出版社2015年版,第202页。

数字拜物教的政治经济学批判①

初传凯

摘　要： 数字拜物教是数字资本主义时代的新型拜物教模式。数字拜物教反映了数据作为新型要素参与资本主义生产和分配后，资本对经济利益更大程度的追逐。本文立足于马克思拜物教理论，将数字拜物教之表现形式归纳为数字技术拜物教、数据商品拜物教、数字货币拜物教以及数字资本拜物教，并认为区别于一般的资本主义拜物教，数字拜物教的独特性体现在以下三个方面：作为源动力的"注意力"、作为特征状态的"渗透性"和作为本质的"数字资本拜物教"。最后指出数字拜物教可能引起的垄断和两极分化等社会问题及影响。

关键词： 马克思；数字拜物教；数字技术；数字资本；政治经济学批判

本文引文格式： 初传凯：《数字拜物教的政治经济学批判》，见何云峰主编：《劳动哲学研究》第9辑(2023年第2辑)，上海教育出版社2023年12月版，第284—295页。

拜物教最早是宗教学意义上的概念，是原始宗教的一种低级的信仰形式。马克思以比喻的手法将其引入自己的理论体系，用于描述社会生产关系中的物化表现以及把物所获得的社会关系规定性"错认"为物的自然属性，导致对物的"顶礼膜拜"的现象，②旨在批判资本主义商品经济下大工业飞速进步所带来的畸形的商品货币关系和社会关系。随着数字技术和信息通信设备的迅猛发展，数据及其在资本主义应用下的新产物给人们带来生产生活方式上的高效和便捷，因而逐渐成为人们新的崇拜对象。新型的拜物教形式和颠倒幻相也由此形成。

---

① 作者通信地址：初传凯，中国人民大学马克思主义学院，北京100872。

② 刘召峰：《拜物教批判理论与整体马克思》，浙江大学出版社2013年版，第11—13页。

一、数字拜物教批判的理论基础

数字经济时代,数据要素的生产性功能凸显,数字技术大范围的资本主义应用,商品、货币与资本的数据化呈现,促使"数字"背后的经济价值成为人们新的追崇对象。要实现对数字化所致的新型拜物教现象的政治经济学批判,须基于马克思拜物教理论之理论立场、核心观点以及批判方法,深入剖析其表现形式、内在性质和阶级属性。

（一）马克思拜物教理论的发展历程

马克思拜物教理论经历了从引入到形成再到发展完善的阶段,这是理论逐渐发展成熟的过程,更是从主体层面不断揭示资本主义特殊规律和剥削实质的过程。拜物教原指一种把世界各种事物当作神灵崇拜的原始宗教,形成于原始野蛮时代的低级社会。由于原始社会生产力水平和人们知识水平的极端低下,人们对自然现象不能控制和无法理解,便把它们当成一种超自然的神灵来崇拜,借以求得大自然的恩赐,避免灾祸。马克思在《德意志意识形态》中将此称为"自然宗教","自然界起初是作为一种完全异己的、有无限威力的和不可制服的力量与人们对立的,人们同自然界的关系完全像动物同自然界的关系一样,人们就像牲畜一样慑服于自然界,因而,这是对自然界的一种纯粹动物式的意识"。[①]拜物教没有固定的宗教组织形式,没有教义和祭司。而将拜物教引入社会领域,以一个特定概念运用于探讨资本主义社会关系的这一任务,是马克思在继承德国古典哲学家的异化概念的基础上完成的。

黑格尔首次赋予"异化"概念一种主客体对抗性特质。他指出世界的本质是"绝对精神","绝对精神"是能动的具有创造性的实体,实体即主体。主体的精神具有内在的对抗性,必然对象化、外化为异己的客体。[②]异化就是用以表达本质向存在、主体向客体转化的关系。社会现实中的财产、国家权力、商品关系等都是精神发展到一定阶段上发生的异化,即"自然界是自我异化的精神"。[③]费尔巴哈将黑格尔的异化概念运用于宗教批判中,他认为宗教是人的本质的自我异化和虚幻反映,是人出于自我保护和摆脱自然对自身的奴役而创立的。宗教被人们赋予无所不能的能力,是人格化的神。

而马克思所处的时代"对宗教的批判基本上已经结束",[④]马克思将自己的研究视角从形而上学领域、宗教领域转到资本主义社会现实的生产关系中,认识到宗教的根源是世俗的社会生活的异化,其对于世俗的社会生活的本性及其异化的理解体现在《1844年经济学哲学手稿》中。马克思从政治经济学的角度,对世俗的社会生活的本性进行更深入的解剖,劳动概念即是这种政治经济学批判的一个产物。而劳动异化是政治经济

---

①《马克思恩格斯文集》第1卷,人民出版社2009年版,第534页。

②涂良川、陈大青:《马克思异化劳动理论的思想来源及其超越性——以卢梭、斯密、黑格尔和费尔巴哈为参照系的考查》,《学术研究》2021年第11期,第37页。

③黑格尔:《自然哲学》,梁志学、薛华等译,商务印书馆1980年版,第21页。

④《马克思恩格斯文集》第1卷,人民出版社2009年版,第3页。

学批判与哲学批判双重批判所凝结而成的概念,它揭示了私有制条件下劳动者同劳动产品、劳动活动和资本家相对抗的关系,体现出马克思对现实的社会生活的根据和基础的更深入的认识。在《资本论》中,马克思将资本主义商品货币关系中出现的"物的人格化"现象再次用"拜物教"这一范畴概括,这时的"拜物教"是没有宗教外部形式的"日常生活中的宗教",是现代资本主义经济关系的伴生现象。马克思对资本主义拜物教的批判,不仅是对传统宗教批判范式的继承,更是借此揭示出资本主义社会发展的剥削实质和特殊规律。

(二)马克思拜物教理论的主要内容

马克思在文本中论述了资本主义拜物教的三种形式,由低到高分别为商品拜物教、货币拜物教和资本拜物教。三者存在发生次序的先后和经济形态的差异,但更有其内在的一致性。在发达的资本主义社会,这三种表现形式往往同时出现,相互包含,共同蕴含于资本主义社会关系中。

马克思分析了商品的拜物教性质及其秘密,阐述了商品拜物教的发生、性质、实质及其产生的根源,这种研究范式被运用于分析货币和资本的"人格化"现象,商品拜物教也成为马克思拜物教思想的逻辑起点。马克思分析商品形式时指出,商品的神秘性质既不是来源于商品的使用价值,也不是来源于价值规定的内容,而在于"商品形式在人们面前把人们本身劳动的社会性质反映成劳动产品本身的物的性质,反映成这些物的天然的社会属性,从而把生产者同总劳动的社会关系反映成存在于生产者之外的物与物之间的社会关系"。①商品表现出的价值关系,本应该是同商品本身的物理性质以及由此产生的物的关系完全无关的,它只是人们一定的社会关系的体现。但在私有制经济下,私人劳动转化为社会劳动的过程只能通过商品交换间接表现出来,这个过程进行得是否顺利,决定着生产者的经济利益甚至命运,即只有当商品生产者生产的商品售卖出去,商品的价值才得以实现,生产者耗费的劳动才能得到补偿。基于此,商品生产者会认为商品是物的天然属性,而这种所谓的天然属性又似乎具有一种超自然的神秘性,商品生产者不能掌握自己的命运,只能听凭商品运动的摆布,这样对商品价值的崇拜便诞生了。商品本是人依据自己的需要生产的,商品运动本应该是在人与人社会关系推动下进行的,但在私有制下,商品以自身物与物的关系的存在形式来表征人与人的关系,物与物的关系仿佛反过来主导着人的生产活动和行为,这种"颠倒"的逻辑就是商品拜物教的实质。

在资本主义制度下,商品经济发展到最高点。与此相联系,商品的拜物教性质得到了充分的发展,货币和资本也都具有了拜物教性质。马克思在描绘货币拜物教时指出货币的"人格化"和人的"货币化"这种颠倒现象,"不是货币被人取消,而是人本身变成货币,或者是货币和人并为一体。人的个性本身、人的道德本身既成了买卖的物品,又成了货币存在于其中的物质","不再把货币价值放在货币中,而把它放在人的肉体和人的心灵中"。②货币已经不再仅仅是承担表现、衡量、计算商品价值大小的尺度和充当

①《马克思恩格斯文集》第5卷,人民出版社2009年版,第89页。
②《马克思恩格斯全集》第42卷,人民出版社1979版,第23页。

商品交换媒介的职能,它似乎拥有某种天然的神奇效果,可以用来换取能够满足自身需求的东西。人们被货币支配着,遗忘了货币的本质只是商品交换过程中的一般等价物和媒介,它的诞生归根到底是源于人与人从私有劳动向社会劳动转化即商品买卖的这种中介活动。因此,货币拜物教是更高程度、更隐秘的拜物教形式,货币这一符号与商品拜物教的商品交换过程相比,对人与人之间的社会关系的掩盖更加隐蔽和神秘。

商品的交换导致货币的出现,而在劳动力转化为商品的条件下,货币转化为资本。资本的价值增殖属性是因为货币所有者购买到劳动力这一特殊商品,劳动力商品在使用时(即劳动过程)能够创造出超过劳动力本身价值的剩余价值,从而实现价值增殖。所以,资本并非天然就能实现价值增殖或者说自行增殖,资本的增殖能力是货币与劳动力和生产资料共同生产作用下才能实现。马克思指出,"以实在货币为起点和终点的流通形式 G……G',最明白地表示出资本主义生产的动机就是赚钱。生产过程只是为了赚钱而不可缺少的中间环节,只是为了赚钱而必须干的倒霉事"。[①] 资本拜物教的实质是忽略了劳动力商品的特殊属性和劳动力本身的剩余劳动过程("生产过程的中间环节"),片面地理解为资本天然具有增殖属性,"资本——作为物——在这里表现为价值的独立的源泉;表现为价值的创造者",[②] 从而掩盖工人的劳动才是创造价值和剩余价值的源泉这一社会关系。此外,资本拜物教除了上文强调的生产资本拜物教,还包括脱离生产过程仍可以实现自行增殖的利息拜物教和土地私有制前提下的地租拜物教。作为更高程度、更纯粹的拜物教形式,它们"由于大量看不见的中间环节而与自己的内在实质相分离",剩余价值在不同资本主体间分配后"获得更加外表化的形式",[③] 使得资本的增殖过程变得更难以理解和神秘莫测。

二、数字拜物教的表现形式

学术界普遍认为,数字拜物教是数字经济时代拜物教发展的最高形式:在数字资本主义场景下拜物教的载体已经从实体的商品和货币,发展成为一串串的数值和代码。而笔者欲在本文中提出一种不同的分析路径和理论结构。笔者认为商品、货币与资本拜物教是传统经济条件下的拜物教形式,而随着数字技术的广泛应用,在数字经济模式中,数字拜物教依旧可以遵循马克思主义经典的观点和方法,分解为数据商品拜物教、数字货币拜物教和数字资本拜物教三种由低到高的表现形式,从而形成并行的但又有所继承发展的双层结构。(如图1所示)

---

① 《马克思恩格斯文集》第6卷,人民出版社2009版,第76页。

② 《马克思恩格斯全集》第35卷,人民出版社2013版,第358页。

③ 《马克思恩格斯全集》第35卷,第344页。

图1 学界与笔者对于数字拜物教理解的不同

（一）数字技术拜物教

数字（化）技术是指运用"0"和"1"两个数字编码，通过计算机、光缆、通信卫星等设备来表达、传输和处理信息的技术。[1]云计算、大数据分析、物联网和区块链技术都是数字技术在生产生活中最常见的应用形式。数字技术通过对信息、资源和要素进行编码、压缩和解码等数字化和自动化操作，促进了信息的高效获取、传播和处理，使数据在创造价值和剩余价值方面的经济作用日益凸显，成为生产所必需的基本构成要素。数字产业化和产业数字化进程大势所趋，数字时代来临。数字技术在优化资源配置，提升生产效率，助推经济增长的同时，也推动了更多商业运营和管理模式的新生，改变着企业经营策略和市场运作方式。移动通信设备、数字平台在技术的加持下更加准确地捕捉和满足消费者的需求，为消费者服务，企业的盈利剩余随之增加。此外，数字技术还为资本创造了更多的投资机会，数字商品、数字货币、数字平台等产品已然成为新的投放对象和资产类型，资本增殖的实现路径得以拓宽。因而，数字技术作为资本在新的时代条件下所青睐的社会生产力，在经济发展和资本增殖方面发挥着重要作用。

数字技术的广泛应用是数据商品化、货币化和资本化的首要前提和生产力保障。数字技术赋予了资本新的利益增长潜能，资本企图与数字技术高度结合，并从中获利。仿佛哪个资本主体占据了最先进的、最具有市场转化率的技术，谁就能创造最大的剩余价值，谁就能占领市场。数字技术拜物教正是这种过度崇拜和依赖数字技术的社会现象。

（二）数据商品拜物教

商品是用于交换的劳动产品，商品是资本主义经济最基本的因素。信息与数据的商品化同样是数字经济时代下资本积累的前提条件。数据从普通物向兼具价值和使用价值两个属性的劳动产品的转化，是数字资本主义时代生产、交换、分配的开端。

数据是客观事物的符号表示。在计算机科学中，数据指所有能输入到计算机中并

---

[1] 全国科学技术名词审定委员会：《图书馆·情报与文献学名词》，科学出版社2019年版，第26页。

被计算机程序处理的符号的总称，[①] 并非专指高度抽象的由程序员编写的诸如"0""1"的代码。[②] 在数字经济时代下，数据是人自身信息数据化和虚拟化后的结果。数据逐渐脱离主体意识的控制，保持着自身的运转和演化，成为一种依托于数字信息设备，由数字劳动者创造，最终参与到市场交易中的商品。以短视频的用户为例，用户进行一个周期的视频浏览、点赞和转发后，不仅身心得到了放松，同时也完成了一次数据生产，而数据商品的本身就是用户的信息、喜好与特点的集合。此后，这些数据会与广告商进行商品交换，使广告商根据数据所携带的不同的信息向不同的人定向投放广告，最终实现收益。数据在这一过程中既作为劳动产品又进行了交换，因而实现了商品化的过程。值得注意的是，学界对于数据商品化的过程中生产商品的主体持有不同的观点。如陆茸认为，虽然用户在使用互联网平台时能够产生并留下他们的行为数据，但不能因此就将用户在互联网平台的休闲活动看做是一种生产劳动。数据商品的真正生产者并非是在平台上留下数据的用户，而是将数据收集、整理、分析并最终形成携带有价值信息的数据工程师及相关劳动者。[③] 这两种观点在价值主体和平台的资本属性上存在分歧，但无论是何种观点，都没有否认数据实现了商品化这一客观事实。"数据以商品的形式进入市场，但在价值形态上区别于有形物质形式的产品，以流动的数据流或是动态的数据群的非物质形态进入市场，并遵循相应的市场原则，在市场深层发展、机制不断健全中商品关系得以加强。"[④]

与传统劳动类似，只有当私人劳动生产的产品为社会所接受，生产数据商品的私人劳动才会被承认并转化为社会劳动，它作为具体劳动的有用性质才会为社会所承认，商品的价值这时才得到实现。"价值对象性只能在商品同商品的社会关系中表现出来。"[⑤] 私人劳动和社会劳动之间矛盾通过数据商品得以售卖来解决，就会使数据商品产生某种超自然属性：数据商品的占有量越多，信息的准确性越高，其带来的利润也就越大。数字资本家也会使用优惠福利等手段，吸引数字劳动者特别是无偿劳动者进行数字劳动，生产数据商品；同时运用更先进的技术手段进行大数据分析，使得数据商品携带的信息更多更精准，从而通过最小的成本赚取最大的利润。

（三）数字货币拜物教

马克思指出，"金和银，一从地底下出来，就是一切人类劳动的直接化身。货币的魔术就是由此而来的"。[⑥] 货币所谓的"魔力"，是通过"人们自己的生产关系的不受他们

[①] 全国科学技术名词审定委员会：《计算机科学技术名词》，科学出版社2018年版，第5页。

[②] 故为避免商品概念的过度抽象化和语义歧义，本文采用"数据商品拜物教"这一概念。

[③] 陆茸：《数据商品的价值与剥削——对克里斯蒂安·福克斯用户"数字劳动"理论的批判性分析》，《经济纵横》2019第5期，第11-17页。

[④] 刘璐璐：《数字经济时代的数字劳动与数据资本化——以马克思的资本逻辑为线索》，《东北大学学报（社会科学版）》，2019年第4期，第407页。

[⑤]《马克思恩格斯文集》第5卷，人民出版社2009年版，第61页。

[⑥]《马克思恩格斯文集》第5卷，第112-113页。

控制和不以他们有意识的个人活动为转移的物的形式"，[①] 即他们的劳动产品普遍采取商品形式这一点而表现出来。货币由于具有扬弃一切中介形式的性质和支配对生产者的职能，所以它能将人们之间的相互关系转变为一种抽象的、固定的、相对独立的物的关系或者说价格意义上量的关系。

货币的发展和演化经历了实物货币、信用货币和后信用货币三个阶段。简单来说就是经历了金属货币阶段、纸币阶段和电子、虚拟、数字货币阶段。当进入信用货币后期阶段，货币已然从有形货币阶段跨入了无形货币阶段，是货币演进的高级阶段。杨依山、刘强将后信用货币阶段货币的三种主要表现形式——电子货币、虚拟货币和数字货币进行了辨析，其中数字货币概念后于电子货币和虚拟货币出现，数字货币脱胎于电子支付，是由电子货币和虚拟货币逐步演化而来的。"数字货币是指基于区块链技术、运用点对点（P2P）技术和加密算法技术的去中心化货币形式。"[②] 数字货币的产生和发行可以理解为计算机用户在一个公开的、相互验证的公共记账系统（"矿池"）中相互争夺记账（"挖矿"）的权利。用户不仅能够在"挖矿"的过程中弥补先前交纳的手续费成本，还能够获得额外的货币奖励。[③] 这说明数字货币中凝结着人类劳动，数字货币具有价值。同时，数字货币具备使用价值，承担着使用和交易的职能。数字货币的持有者可以以数字货币为流通手段购买商品，也可以在交易环节将持有的数字货币折算成法定货币。综上，与传统货币类似，数字货币同样是价值和使用价值的统一。

数字货币以比特币（Bitcoin）最具代表性。比特币不是依靠特定货币机构发行，而是依据特定的算法由计算机生成的一串串复杂代码。比特币通过整个 P2P 网络中众多节点构成的分布式数据库来确认并记录所有的交易行为，并使用密码学的设计来确保货币流通各个环节的安全性。比特币在全球范围内流通，不论身处何方任何人都可以挖掘、购买、出售或收取比特币。2009 年 1 月 3 日，比特币的第一个创世区块产生。2010 年 5 月 22 日，比特币首次在现实世界发生交易，市值约为 0.0025 美元/枚。[④] 2021 年 11 月 10 日，比特币的币值突破新高，逼近 6.9 万美元/枚。[⑤] 虽然目前比特币只是以虚拟商品的身份参与市场交换，不是国家的法定货币，不享受任何主权信用担保，也无法保证价值稳定，不能起一般等价物的作用，但比特币的发行和获取完全由市场决定的性质，使得由货币发行数量不稳定带来的通货紧缩等问题得以缓解。在不久的将来，具有发放速度快、效率高、可追溯、低成本等优势的数字货币极有可能取代传统货币成为普遍的一般等价物，数据会实现完全的货币化，人们对其趋之若鹜是可想而知的。

① 《马克思恩格斯文集》第 5 卷，第 113 页。

② 杨依山、刘强：《本质与形式：货币演化的逻辑》，《文史哲》2021 年第 5 期，第 159 页。

③ 祝福云、周颖、陈媛：《马克思货币理论视角下的比特币浅析》，《时代金融》2018 年第 32 期，第 19—20 页。

④ 陈晓华、刘彬：《揭秘区块链》，北京邮电大学出版社 2019 年版，第 4 页。

⑤ 智通财经：《用加密货币抵抗通胀！ 比特币价格再创新高，首次逼近 6.9 万美元》，https://www.zhitongcaijing.com/content/detail/599009.html，2023 年 10 月 8 日检索。

(四)数字资本与平台资本拜物教

"在简单协作中,资本家在单个工人面前代表社会劳动体的统一和意志,工场手工业使工人畸形发展,变成局部工人,大工业则把科学作为一种独立的生产能力与劳动分离开来,并迫使科学为资本服务。"[①] 随着科学技术、劳动条件及其与劳动者的结合方式的发展,社会的劳动生产力逐渐具有资本的属性,变为资本的生产力,资本的形态也经历了从产业资本、金融资本到数字资本的历程。在数字经济时代,商品交易集中在平台上,平台搜集大数据和云计算分析的功能能够准确刻画潜在消费者的喜好和特点,为资本家定向金融投资和赚取利润提供某种指导。大数据所附带的信息逐渐成为一种似乎能够自行创造价值的价值,即实现资本化,为产业资本和金融资本服务。但实际上,数字资本的出现仍然以劳动力成为商品为前提的,是劳动力商品创造超过其本身价值的价值,从而使购买数字劳动力商品的货币有了增殖的能力。因此,从本质上来看,数字和信息是生产要素,是作为生产商品时投入的经济资源,并不是资本;数字资本也不是数字和信息实现了资本化,而是数字以要素、平台、技术、劳动等形式服务于资本主义剥削下生产的新资本形态。数字资本下的资本依旧外在表现为货币,只是这时的货币不仅仅是传统货币,更多表现为虚拟货币和数字货币。数字资本与产业资本、金融资本的差别只在于商品生产和交易场所的改变,且附加在资本身上的大数据与云计算数据使其发挥出更大的增殖作用。因此,数字资本与先前两种资本形态相比只有程度的加深和范围的扩大,本质上没有区别。

数字信息技术的资本主义运用使人们对数字资本产生崇拜。对商品生产者而言,能否占有核心数据、处理分析出有效数据,使其成为商品进而成为能创造剩余价值的资本,直接关系到数字企业在整体市场竞争中的地位和处境。数据与数字技术成为企业的核心资源,企业在市场中的命运仿佛被数字资本所掌控,商品生产者的数字资本拜物教情结由此产生。

数据商品拜物教、数字货币拜物教到数字资本拜物教的发展是数字经济时代下数字和信息作为一种新的生产要素融入生产过程后所带来的必然结果。数字拜物教的三种形式和马克思所描述的传统拜物教的三种形式类似,都是资本逻辑下人的社会关系不断被越来越抽象的物的关系所掩盖的表现。

三、数字拜物教的独特性质和内在属性

拜物教形成于特殊的资本主义生产关系中。劳动力成为商品、货币转化为资本是拜物教产生的现实根源,劳动与其所有权相分离以致资本与劳动之间出现矛盾是拜物教的表现。数字经济时代产生的各类数字拜物教既具有马克思揭示的"物的主体化和主体的物化,主客体发生颠倒"[②] 等资本主义拜物教的共性特征,又在动力引擎、特征状

①《马克思恩格斯文集》第5卷,人民出版社2009年版,第418页。

② 李怀涛:《马克思拜物教批判理论研究》,江苏人民出版社2020年版,第3页。

态、本质属性等方面展示出其特殊性的一面。

（一）动力引擎："注意力"是数字拜物教生成的原动力

数字经济时代，人们高度依赖移动设备、社交媒体、互联网等数字工具来获取信息，进行沟通、娱乐和工作。信息和内容数量不断增加的同时，人们的时间和精力愈发有限，集中于某一事物的能力，即注意力逐渐成为一种稀缺资源。以数字平台和广告商为代表的数字资本家利用各种策略来竞争、抢夺并最大限度地利用消费者的注意力，促使消费者花费更多的时间和金钱在他们的产品或服务上。吸引和保持用户的注意力，发掘其经济价值，并诱导用户消费已成为数字时代市场竞争的关键。

可见，注意力是数字生产中必需的资源和要素，是数字经济发展的重要动力。一切数字活动和数字劳动的开展、价值的创造和实现都需要人的注意力作为重要引擎。只有在注意力的主观催动和数字技术的外部作用下，数据才能实现商品化、货币化和资本化，围绕数字的活动才能成为数字劳动，进而创造剩余价值，带来经济利益。数字拜物教对数字技术、商品、货币和资本的过度崇拜和依赖都是在注意力的原初动力下生成的。

（二）特征状态：数字拜物教已渗透至社会再生产的各个环节

生产、交换、分配和消费构成了社会再生产全过程。数字拜物教作为对"数字"无止境推崇的现象，已渗透到社会再生产的每一个环节。[①] 这种"畸形的"生产关系和价值追求，势必会加重劳动与其所有权的分离，从而激化资本与劳动之间的矛盾。

首先，数字拜物教掩盖了价值与剩余价值的真实来源。数字经济时代，无论是有雇佣关系的数字劳动者还是无雇佣关系的平台用户，都是以数据和信息为生产资料进行生产劳动，创造价值和剩余价值。数字劳动者创造着高于自身价值的商品价值，数字劳动者付出的劳动是价值和剩余价值的真正源泉。而在现实的经济活动中，数字平台和数字企业凭借垄断地位牢牢地掌握着不变资本和可变资本，并运用资本的巨大增殖能力，尽可能地剥削劳动者的剩余价值，实现经济利益的最大化。这种对数字资本的无尽追求和生产资料与生产者的分离现象在数字资本的驱动下愈演愈烈，甚至掩盖了剩余价值的真正源泉。

其次，数字拜物教夸大了流通在总生产过程中的作用。数字平台具有快速搜集数据，并对数据信息进行智能化处理，最终推送给消费者的特点。据《2020抖音数据报告》，截至2020年12月，抖音年活跃用户突破6亿，日均视频搜索次数突破4亿。[②] 流通速度的急剧提高和流通时间的大幅缩短所带来的巨大利润，使资本家越来越依赖数字平台通过技术手段在流通领域发挥的潜能，而忽视了"剩余价值的产生，既不在流通领域，但又离不开流通领域"这一基本的经济事实。

再次，数字拜物教造成了价值分配的不合理。生产决定分配，有什么样的生产资料所有制就有什么样的分配方式。按照分配主体的不同，数字资本主义模式下的分配可

① 李亚琪：《破解数字拜物教——数字资本时代拜物教新形式批判》，吉林大学2021年博士学位论文，第17页。

② 搜狐网：《2020抖音数据报告》，https://www.sohu.com/a/444434982_120176836，2023年10月8日检索。

以分为资本家与数字劳动者和资本家与资本家之间的分配。资本家占有资本和分配的权利,掌握着工资和剩余价值的分配比例。数字劳动者在分配体系中位于极端劣势的地位,他们创造着远超过自身价值的价值,却只拿着微薄的工资和报酬,甚至还进行着普遍性的无偿劳动。而在资本家内部,平台资本家、广告商以及依托广告促销商品的产业资本家和商业资本家都是瓜分剩余价值的主体。他们根据事先签订好的合同和条约,"和平"地进行剩余价值的二次分配,获得商业利润、平均价格、广告经费等。当然,资本集团内部也会出现竞争、合作和垄断的现象,他们不仅尽可能多地获取和压榨剩余价值,同时也保证自己要分得最大的"一杯羹"。

最后,数字拜物教促使消费欲望的急剧膨胀。数字平台对消费者特点、偏好、倾向等的精准刻画,数字广告无孔不入的渗透和直观化的、夸大式的宣传,数字消费者的盲从和攀比心理,都使得消费者的自由意志在数字资本的驱使下被物欲紧紧裹挟,改变消费方式,逐渐坠入"消费主义"陷阱。

(三)本质属性:数字资本拜物教是数字拜物教的本质

数字拜物教的本质是数字资本拜物教。如上文所述,数字资本拜物教是从数字商品拜物教和数字货币拜物教发展而来的,是数字拜物教中最高级的呈现样态。在新科技革命的背景下,劳动者的工作时间更灵活、工作地点更多元、工作方式更便捷;消费者也追逐着更快速、准确、稳定的购买方式和购买渠道来实现物质消费和精神消费,这时数据信息的重要性和大数据搜集分析的关键性便迅速凸显。在市场经济的推动下,数据和信息在交换中扮演起商品的角色,数据商品在市场上流通,为消费者提供使用价值,为数字资本家提供价值和剩余价值。为了平台流通的便利性,虚拟货币和数字货币作为全新的一般等价物应运而生。数字商品和数字货币将平台上本就虚拟的人和社会关系变得更加抽象化,并反映成数字商品和数字货币的物的性质。

随着数据商品的流通和数字货币的大规模使用,数字资本家和平台资本家获得了利润,而这利润的本质是劳动力商品通过剩余劳动创造的剩余价值。数字资本家购买数字劳动力商品的货币不仅在流通中得到了补偿,而且实现了自我的增殖。这时,剩余劳动的资本化即数字资本便诞生了。数字商品和数字货币是为数字资本提供商品形式和流通中介的,以便更快速集中地实现资本的价值增殖和生产关系的再生产。因此,数字资本是数字资本主义形态和数字拜物教的内核和本质内容:一方面,数字资本的增殖过程是数字资本主义生产过程最关键和核心的环节,是还原数字拜物教本质的突破口;另一方面,数字资本外在表现为货币的同时,实际反映的是一种社会关系,一种资本家对数字劳动者的雇佣关系和剥削关系。"但资本不是物,而是一定的、社会的、属于一定历史社会形态的生产关系,后者体现在一个物上,并赋予这个物以独特的社会性质。"[①]在数字经济条件下,无雇佣关系的数字劳动者的劳动过程被忽视,劳动是价值的唯一源泉的事实被掩盖,反而似乎是数字资本发挥着自行增殖的强大能力,数字资本天然地掌握着生产者和劳动者的命运。资本与商品、货币之间的物与物的关系掩盖了人与人之

---

①《马克思恩格斯文集》第7卷,人民出版社2009年版,第922页。

间活生生的社会关系和生产关系,"只见物不见人"的拜物教现象产生。数字拜物教的实质就在于,"资本主义生产方式的神秘化,社会关系的物化,物质的生产关系和它们的历史社会规定性的直接融合已经完成:这是一个着了魔的、颠倒的、倒立着的世界"。①对数字拜物教的批判就是揭示数字资本增殖本性和数字资本主义剥削秘密的过程。

四、数字拜物教的社会影响

根据唯物史观的观点,数字拜物教不仅是一种描述数字经济时代社会关系颠倒的社会存在,又是一种对数字技术、数据商品、数字货币和数字资本追求和崇拜的社会意识。此外,数字拜物教所反映的资本的剥削性质和贪婪本性也会引发诸多社会问题,造成较为消极的社会影响。

数字垄断是数字拜物教所带来的最直接后果。大量数字企业的垄断又会使数字资本主义进入数字帝国主义阶段。数字帝国主义时代,"技术进步为反垄断研究提供了新话题。一方面,技术创新为企业创造新型垄断工具;另一方面,数字技术为一些传统经济现象带来新的垄断威胁"。②数字帝国主义通过对数字平台、数字信息、数字知识产权和数字技术的大规模占有,使得某些大型企业成为数字行业中唯一的卖方,从而形成"卖方垄断"和以数字资本全球积累结构来压榨和剥削发展中及落后国家的霸权体系。在数字经济时代,数字劳动者创造出来的价值,并没有更有效地分散到更多企业利益相关者手中,而是进一步被集聚在极少数资本家的手中,他们操纵和控制数字行业的生产和销售,实行垄断,以获得高额利润。而在同一个市场体系参与竞争的其他新兴企业由于技术和生产资料缺乏的问题,只能获得微小的利润和知名度。在社会再生产过程中,这些企业又只能用较少的成本进行较小规模的生产,商品质量无法保障,消费市场无法打开,因此在市场竞争中处于劣势地位,最终只能宣告破产或被大型数字企业兼并。

在数字时代,国家与国家间和国家内部的贫富差距不断加大,并产生严重的两极对立。据联合国发布的《2021年数字经济报告——数据跨境流动和发展:数据为谁而流动》,从地理上看世界各国数字经济的发展极不均衡,连通力不足的国家和高度数字化的国家之间存在着巨大的"数字鸿沟"。在最不发达国家中,只有20%的人使用互联网,并且他们使用的互联网通常下载速度相对较低,价格也相对较高。发达国家的平均移动宽带速度大约是最不发达国家的三倍。③而在利用数字数据和前沿技术等方面各国的差距则更大。另外,由于数字技术创造的巨大财富并没有惠及所有人,国家内部各阶级间的对立也不断加剧:一方面,新技术的应用导致劳动力供给超过了资本的需要,过剩的劳动力不为资本价值增殖所需要,大量中低技能的工作岗位逐渐消失,中产阶级和

---

①《马克思恩格斯文集》第7卷,第940页。

② 王世强:《数字经济中的反垄断:企业行为与政府监管》,《经济学家》2021年第4期,第92页。

③ United Nation Conference On Trade And Development: *DIGITAL ECONOMY REPORT 2021 Cross-border Data Flows and Development: For Whom the Data Flow*, United Nation Publications, 2021, p.12.

数字劳动者面临失业的危机;而另一方面,随着数字企业生产规模的扩大和数字资本的积累,社会财富日益集中到数字资本家手中,资本家掌握着物质资料和生产关系再生产的主动权,生产出来的产品完全由资本家所占有,并按照他们的私利进行交换和分配。

总之,马克思主义历史哲学和政治经济学的主要任务和使命是"揭露具有非神圣形象的自我异化"和"对政治的批判"。[①] 在数字时代,"我们看到的不纯粹是商品拜物教和货币拜物教,我们可以透过这两种拜物教,看到与资本拜物教联系更为密切的是一种全新的拜物教形式:数字拜物教"。[②] 数字拜物教已脱离了物质形态和货币形态,以一种全新的高度抽象的方式存在,"人与人之间的社会关系颠倒为数字与数字之间的关系,人与人的社会关系或人与整个社会之间的关系被反映成一种在生产者之外而又在虚拟世界之内的数与数的社会关系"。[③] 但归根结底,数字拜物教的实质和最高形态是数字资本拜物教,是数字资本自行增殖的"魔力"使其处在统治地位,也是其增殖属性使数字最直接地成为架构人与人之间关系的利器。面对数字资本和数字拜物教带来的诸多社会问题,既需要认识到这是资本主义社会关系发展到高级阶段的必然结果,又需要明确数字资本主义的内在结构性矛盾是推动资本主义灭亡的根源。资本主义制度自身无法解决这些危机,要从根本上对其进行克服,只有消除以商品和资本为中介的交换方式和以价值量为计算和比较单位的生产模式,从而"形成普遍的社会物质交换",最终建立"建立在个人全面发展和他们共同的、社会的生产能力成为从属于他们的社会财富这一基础上的自由个性"[④] 的新型社会形态。

---

① 《马克思恩格斯文集》第1卷,人民出版社2009年版,第4页。

② 蓝江:《数字异化与一般数据:数字资本主义批判序曲》,《山东社会科学》2017年第8期,第10页。

③ 高海波:《数字帝国主义的政治经济学批判——基于数字资本全球积累结构的视角》,《经济学家》2021年第1期,第28页。

④ 《马克思恩格斯文集》第8卷,人民出版社2009年版,第52页。

数字劳动异化的路径及其破解[①]

闫　晗

摘　要： 数字劳动是数字化时代催生出的新型样态,成为推动当前经济发展的新型引擎。然而,在数字资本逻辑、数字私有化、剥削无形化的钳制下,数字劳动陷入成果异己化、活动资本化、类本质异化和劳动关系异化的困境之中。在数字化时代,遵循以人为本的核心要义,探索破除资本逻辑与技术负能的异化之径,找寻数字化时代的劳动正义原则,推动建立新型劳动关系,在数字劳动异化的消解与人的本质意义复归中探索一条经济发展之道。

关键词： 数字劳动;劳动异化;资本逻辑;劳动正义

本文引文格式： 闫晗:《数字劳动异化的路径及其破解》,见何云峰主编:《劳动哲学研究》第9辑(2023年第2辑),上海教育出版社2023年12月版,第296-306页。

伴随着人工智能、大数据、信息通信技术(ICT)等新兴技术的广泛传播与应用,不断重塑着人类的生产生活方式。人类进入数字化时代,"这是一个计算战胜了其他一切而成为决策准则的时代",[②] 也催生出新型的劳动形态——数字劳动。数字劳动展现了资源高效配置与生产力解放的技术进步成果,但也使得异化劳动在数字化时代呈现出更为隐蔽、更为抽象、更为广泛的路径。因而需要厘清数字劳动异化的出场理路,窥探数字劳动异化的多重路径,探索出一条超越资本逻辑、破除技术负能、摆脱数字异化之径,实现数字化时代的劳动正义原则,构建数字化时代的新型劳动关系。

一、劳动新样态:数字劳动

区块链技术、智能城市、智能制造、智能家居等新兴技术在数字化时代不断涌现,意味着当今社会浸透在数字技术之中。作为理解人类社会发展的密钥——劳动,也显现

[①] 作者通信地址:闫晗,河北科技大学马克思主义学院,河北石家庄 050000。

[②] 贝尔纳·斯蒂格勒:《论数字资本主义与人类纪》,张义修译,《江苏社会科学》2016年第4期,第9页。

出数字劳动这一新型样态。解析数字劳动概念,把握数字劳动实质,成为破解数字劳动异化道路之基。

(一)劳动内容的数字化辨析

劳动作为人类文明历史的逻辑起点,其概念抽象且内容鲜活,其定义简明且内涵丰富。劳动在时间与空间中获得延展,时空的不断拓展引起劳动形态的变革。人类步入数字化时代,新型信息技术的广泛应用不仅使得原有的数字产业蓬勃发展,还使得数字化渗透到人类生产生活的各个领域。在以数字产业化、产业数字化、数字化治理、数据价值化为框架的数字经济中,数字技术与劳动形态、劳动资料、劳动关系的深度融合成为理解数字劳动概念的关键所在。

其一,劳动形态数字化转向。劳动形态是指在不同的经济形态下劳动力所呈现出的时代特性。在数字化时代,数字技术的应用与升级提升了劳动效率,技术密集型产业逐渐向知识密集型产业靠拢,劳动以虚实结合的方式渗透到生产的全领域之中。具体而言,数字劳动形态分为:生产数据的免费劳动与无酬劳动。泰拉诺瓦率先将"免费劳动"与"数字劳动"概念等同,并将其视为数字经济中的生产性文化,即一种无报酬的自愿劳动和剥削劳动。[1] 西方学者达拉斯·斯迈兹(Dallas Walker Smythe)和朱利安·库克里奇(Julian Kücklich)通过"受众劳动"与"玩工"的概念阐述数字劳动是一种具有生产性质的免费劳动;数字生产环节中的雇佣劳动延伸到了由数字技术所引导的生产、消费全过程中的劳动;零工劳动者通过数字平台获取订单,与目标客户建立联系,这种以数字平台为媒介的零工劳动是数字零工在现实生活中劳动的扩充。

其二,劳动资料数字化使用。"劳动资料是劳动者置于自己和劳动对象之间、用来把自己的活动传导到劳动对象上去的物或物的综合体。"[2] 劳动资料是整个劳动过程的重要组成部分,搭建起劳动者与劳动对象之间的纽带。在数字化时代,劳动资料数字化不仅指日趋科技化的劳动工具,还指"数字本身成为劳动资料,如大数据和云计算等技术形态的劳动工具和传统劳动资料的数字化改造和数字化使用,"[3] 数字本身在成为劳动资料的同时,也将传统的劳动资料加以改造,使其趋于科技化。

其三,劳动关系数字化建构。在数字化时代,数字劳动关系呈现出以雇佣关系为基点的"泛雇佣劳动关系"和"去劳动关系"等特点。一方面,生产数据的免费劳动者看似"满足于自己的日常生活需要,但在数字资本的生产关系中,实质上是在生产资本,不仅带来了资本的价值增殖,而且生产了资本与劳动之间的"泛雇佣劳动"关系",[4] 成为"产消合一"者。另一方面,以"自由"和"平等"为代名词的"去劳动关系"通过"吸纳数字劳动者的劳动资料、利用新技术增强劳动控制以及绕开传统有利于保护劳动者权益的'劳

---

[1] Terranova T., Free labor: *Producing Culture for the Digital Econom*, Social text, vol. 8, no. 2 (2000), pp.33–58.

[2]《马克思恩格斯文集》第5卷,人民出版社2009年版,第209页。

[3] 胡莹:《论数字经济时代资本主义劳动过程中的劳资关系》,《马克思主义研究》2020第6期,第137页。

[4] 邹琨:《数字劳动的生产性问题及其批判》,《马克思主义理论学科研究》2020年第1期,第50页。

动关系'法律束缚,来实现减少生产成本、攫取更多剩余价值的目的"。① 由此,劳动关系由一种静态且固化的形态转向动态且变化的形态,劳动关系问题也相继出现。

(二)数字劳动:物质性与非物质性并存

目前,学术界关于数字劳动属性的界定有两种理论进路:一种是以哈特、奈格里为主要代表的将数字劳动归结为"非物质性的劳动";另一种观点是以福克斯为主要代表,从马克思劳动价值论观点出发,认为数字劳动是一种"物质劳动"。两种研究视角相互补充,共同解构数字劳动的属性和内在本质。就数字劳动作为"非物质性劳动"而言,哈特、奈格里认为数字劳动倾向于生产非物质产品,强调这种劳动在文艺创造、公众舆论、时尚品味等方面的特殊意义。奈格里也强调了"情感劳动"的独特意义,并认为正因为在情感劳动中劳动才被赋予了"内在价值"。由此可见,将数字劳动视为"非物质性劳动"并未涉及劳动的本质,容易陷入唯心主义的泥潭之中。相反,以福克斯为代表的学者立足于历史唯物主义视角率先区分一般社会、阶级社会和共产主义社会中的"劳动"与"工作"的概念,将数字时代的人类活动划分为"数字劳动"与"数字工作",并认为这都是大脑认知、数据生产、数字媒介紧密相连共同创造劳动成果的劳动过程。在这个生产过程中,数字劳动始终围绕劳动主体与物质性的劳动对象进行生产。因此,数字劳动具有物质性。

事实上,任何劳动都具备着劳动目的、劳动对象和劳动资料三重要素,都是人综合发挥脑力与体力的结果。劳动者不仅在生产物质财富,也生产精神财富。"最蹩脚的建筑师从一开始就比最灵巧的蜜蜂高明的地方,是他在用蜂蜡建筑蜂房以前,已经在自己的头脑中把它建成了。"② 由此可见,人头脑中对劳动活动进行"认知加工"是专属于人的劳动形式。基于此,数字劳动也可以视为人的一种具有延展性认知的劳动。在这种劳动中,非物质的数据是劳动对象,劳动者通过数字平台对数据进行处理、反馈、运行与应用。"在这个意义上,数据劳动不再涉及任何的物质变换认知加工由此直接体现为劳动活动。"③ 因此,数字劳动作为人的类本质在数字化时代的现实布展,在本质上是一种具有认知性质的以非物质成果表现出来的物质劳动。

综上所述,数字劳动指存在于数字时代的一切劳动形式。它是人的体力和脑力共同耗费的劳动;它既包含体力劳动,也包含脑力劳动;它既包含物质劳动,也包含非物质劳动。数字劳动异于传统的劳动形式,不再局限于固定的劳动场域和劳动时间之中,更加凸显娱乐化与休闲化,是劳动智能化与数字化转型的重要一步。

---

① 韩文龙、刘璐:《数字劳动过程中的"去劳动关系化"现象、本质与中国应对》,《当代经济研究》2020第10期,第18页。

②《马克思恩格斯文集》第5卷,第208页。

③ 夏永红:《人工智能时代的劳动与正义》,《马克思主义与现实》2019年第2期,第125页。

二、数字劳动异化出场理路

回溯19世纪以大工业为主要生产力的资本主义社会,马克思在审视无产阶级的困境后,将异化劳动理论予以阐发。重思21世纪以数字技术为主要生产力的数字资本主义社会,数字劳动者依旧无法摆脱被异化的命运。由此,有针对性地剖析数字劳动异化现象的出场语境,对分析数字劳动异化现象具有重要作用。

(一)根源于数字私有化

在《1844年经济学哲学手稿》中,马克思基于劳动者在资本主义社会中的现实困境,深刻剖析了劳动者发生异化的原因是资本主义私有制,并认为资本主义私有制与劳动异化之间存在着一种双向的因果关系,"私有财产是外化劳动即工人对自然界和对自身的外在关系的产物、结果和必然后果",[①] 也是"劳动借以外化的手段,是这一外化的实现"。[②] 在当前资本主义私有制居于主导地位的经济全球化背景下,数字劳动依然处于数字资本主义私有制桎梏之中,数字私有化是数字劳动异化问题产生的根源所在。

数据私有化导致数字劳动者失去了对自身数据的掌控权。数字劳动本应是自由自主的数字活动,却在私有制的宰制下沦为一行行字节跳动的代码与数据,沦为数字劳动者谋生的手段。数字劳动者看似在数字平台上进行休闲与娱乐,实质上生产的数据被数字平台多次利用,失去了对自身利益的管控权。数字劳动者在数字平台上生产的数据越多,数字平台从中所收获的利润也就越多,而数字劳动者从社会中得到的利益却越小,正如马克思所说:"在私有制的统治下,个人从社会得到的利益同社会从个人得到的利益正好成反比,正像高利贷者靠挥霍者得到的利益决不同挥霍者的利益相一致一样。"[③] 所以,当数据被数字平台所私有化时,数字劳动者开始了被异化的命运,困于数字的枷锁之中,失去了对自身成果的占有权。

此外,在数字平台私有化的背景下,数据被赋予了"资本"的外衣,被资本家所占有,导致分配不平等现象愈加严重,世界范围内的贫富差距也就更为悬殊。首先,数字资本家拥有对数据占有、支配与使用的权力。数字资本家利用数字平台搜集数字用户的数据,分析用户需求,在此基础上利用数据的开放性进行生产与复制,不断引导数字用户在平台上进行"隐形劳动",这一分配过程是数字资本家内部对数据进行的初次分配。其次,当数据要素以资本的形式出现在生产中时,"利息和利润作为分配形式",[④] 成为资本的再生产方式。数字资本家通过数字平台和数字技术不断扩大数字霸权,在生产、消费、交换、分配领域进行再分配。最后,数据作为资本在流通领域发挥着越来越重要的作用,"企业可以根据市场数据进行资源配置和定向推广,继而推动资本的循环周

①《马克思恩格斯文集》第1卷,人民出版社2009年版,第166页。

②《马克思恩格斯文集》第1卷,第166页。

③《马克思恩格斯文集》第1卷,第146—147页。

④《马克思恩格斯文集》第8卷,人民出版社2009年版,第19页。

转",① 数据在资本循环周转的过程中进行再分配,这种分配模式导致数字资本家与数字劳动者之间的贫富差距逐渐拉大,社会不平等现象凸显。

(二)建立于剥削无形化

当数字技术广泛应用到人类生产生活的各个领域时,资本也随之嵌入生产过程之中。数字资本主义的剥削范围得到广阔延伸,数字资本对数据的占有也达到前所未有的程度,进一步扩大对数字劳动者的剥削范围。

在数字化时代,传统的工作场域被打破,劳动场所从固定工厂转移到可以随时劳动的数字平台。数字劳动者以"玩劳动"的形式沉溺于以手机和笔记本电脑所筑起的移动的劳动营之中。表面上看,这是一种具有解放性质的劳动,但实则数字资本将剥削建立于"玩"的结构之中,从劳动者进入数字平台开始,数字平台就开始收集数字劳动者的数据信息并据此描绘出其数据轨迹,精准推送个性化的内容,"打造一种全新的生命监控与满足体系"。② 普通的数字劳动者沉迷于身心愉悦的数字陷阱之中,心甘情愿地进行着数字劳动。此外,工作场域在数字化时代发生转移的同时,数字劳动者被剥削的时间也转向休闲时间。数字技术看似极大地提高了劳动效率,使劳动者具备了大量的空闲时间,但在实质上,大部分的自由时间都由数字资本所支配,劳动时间和自由时间的边界逐渐模糊。一方面,数字技术融入数字劳动者的日常生活之中,人们在数字平台上的活动被贴上了"数据"的标签。算法机制通过对数据的精准追踪与推送,使得用户沉浸其中,劳动时间被无限延长的同时生产出了更多被数字平台所利用的数据,使数字资本增殖成为可能。另一方面,虽然数字劳动打破了时间与空间的限制,但实质上劳动时间与自由时间高度交融使得数字劳动者处于"时刻待命"的状态。总之,数字技术将它的剥削触角蔓延至数字劳动者生活的方方面面,使得数字劳动者随时随地都在工作,消解了生命的主体性。

(三)隐匿于资本逻辑中

"资本不是物,而是一定的、社会的、属于一定历史社会形态的生产关系,它体现在一个物上,并赋予这个物以特有的社会性质。"③ 伴随着当前世界进入以数字化技术为主要生产力的时代,数字资本顺势而生。尽管数字资本的"数据商品——一般资本-数字资本"的生成逻辑异于传统"商品-货币-资本"的资本逻辑,数字资本仍然指挥着人类的生产和生活,数字劳动也无法摆脱被资本逻辑所羁绊的命运。

数字资本逻辑所固有的贪婪性使数字劳动者异化为资本增殖的工具。进入21世纪数字资本主义时期,资本家依托数字技术将数字劳动者纳入其所构建的全球性数字工厂之中,并在资本逻辑的主导下,通过提升科技、创新数字产品功能等手段隐形剥削数字劳动者。数字劳动者在资本逻辑的控制下,逐渐沦为单一的生产数据的劳动者,对劳动的认知也仅仅停留于"生存必然性"的层面。数字资本家以一种非强制性的手段迫使

---

① 刘皓琰:《数据霸权与数字帝国主义的新型掠夺》,《当代经济研究》2021年第2期,第26页。

② 涂良川:《平台资本主义技术逻辑的政治叙事》,《南京社会科学》2022年2期,第6页。

③《马克思恩格斯文集》第7卷,人民出版社2009年版,第922页。

数字劳动者为其创造利润。另外,数字资本逻辑所固有的无序性加速了数字劳动者在数字化生活中的异化。在21世纪数字技术的智能化、共享化和娱乐化的特征下,数字资本逻辑入侵到数字劳动者日常生活之中。为了实现自身利益最大化,数字资本以"时间消灭空间"的方式加速着资本周转,资本的积累加快了社会整体运行,进而数字资本家将异化的触角从物质生产领域蔓延到数字劳动者的现实生活之中。隐藏于数字资本逻辑的算法权力对数字劳动者的生产活动进行了实质吸纳与占据,凭借其虚拟的意识形态全方位控制数字劳动者的生产生活,导致其丧失了反抗的意愿与能力。如果我们按照数字资本主义的逻辑得出结论,最终目标是实施一个彻底的转变:我们不是成为任何东西的所有者,而是成为一切东西的租赁者,而授权协议使我们无力。这些合同使我们失去了决定我们所生活的数字世界规则的任何效力。它们强制执行一种单方面的权力,使制定合同条款的公司有利。因此,当数字资本逻辑隐匿于数字劳动者的生活之中时,其所固有的贪婪且无序的特性将数字劳动异化转化为一种合理的叙事范式,数字劳动者也逐渐迷失于"数字陷阱"之中。

三、数字劳动异化四重路径

在数字私有化、剥削无形化、资本逻辑数字化的全球经济体系中,数字劳动作为一种非物质性与物质性并存的生产性劳动,削弱了资本逻辑的控制力量,但也存在着劳动异化问题。虽然数字劳动异化与传统劳动异化在本质上是一样的,都使人感到痛苦,限制了人类本身的自由,但异化劳动在数字化时代呈现出数字劳动成果异己化、活动资本化、类本质异化和劳动关系异化等新的表现形式。

（一）数字劳动成果异己化

劳动成果作为劳动者本身对象化的存在,"是固定在某个对象中的、物化的劳动"。[①] 在工业资本主义时期,劳动者可以生产商品,但不能支配商品,甚至受到商品的制约。在数字资本主义时期,虽然雇佣劳动呈现为"非固定的状态",但依旧无法摆脱资本逻辑的剥削。数字劳动者生产出的一般数据被平台资本家无偿占有并再次整理加工投入到资本主义再生产的环节,成为"死劳动对活劳动统治"的现代翻版。

一方面,劳动者创造的一般数据被平台资本家无偿占有。在数字劳动过程中,数字工人以自己的生活经验为劳动客体,在平台上产出大量数据,这些数据却被平台资本所采集和使用。尽管一些用户在初次使用平台时签署了《用户条款与隐私协定》,但在数字劳动过程中,用户的数据被公众化,变为平台资本家牟利的手段。在这种情况下,数字劳动者"生产的对象越多,他能够占有的对象就越少,而且越受自己的产品即资本的统治",[②] 一般数据成为异己的存在物统治着数字劳动者,成为奴役数字劳动者的工具与手段。另一方面,富有价值的一般数据经过数字平台的再次整理加工后投入到资本

①《马克思恩格斯文集》第1卷,第157页。
②《马克思恩格斯文集》第1卷,第157页。

主义再生产的环节,并直接作用于数字劳动者本身。在数字化社会,数字劳动者在数字平台的每一次点击既是创造一般数据的过程,也是进行数字化工作的过程。这些赋有"价值"数据在经过数字平台的处理之后,进入数字资本主义再生产的过程之中。数字资本家将无偿获得的一般数据打包出售给广告商,广告商利用这些数据对数字劳动者进行精准投放并引导数字劳动者进行日常消费。数字劳动者的"劳动产品越来越多地从他手中被拿走,工人自己的劳动越来越作为别人的财产同他相对立,而他的生存资料和活动资料越来越多地积聚在资本家手中"。[①] 由此可见,数字化时代的劳动者无法获得其劳动成果的占有权,而受到自身劳动产品的支配与控制。

(二)数字劳动活动资本化

"异化不仅表现在结果上,而且表现在生产行为中,表现在生产活动本身中。"[②]在数字劳动过程中,数字劳动者无法占有劳动成果,其生产的一般数据与劳动者本身形成一种异化与外化,劳动活动也受到了数字资本逻辑的规训与操控。数字资本家将一般数据视为资本,支配数字劳动,而数字劳动行为也逐渐沦为资本家积累资本的手段。

在数字劳动的过程中,如果一般数据仅仅作为一种商品进行交换,那只是完成了初级的商品交换,并未实现其附加价值,与资本追求利润的本质也相去甚远。事实上,资本家将加工过的一般数据引入资本主义再生产过程中,实现了价值增殖,也实现了最终目的。这样的资本运行使得数字劳动者逐渐迷失于其中,而资本家一边占有一般数据,一边又将这种一般数据循环往复地变为资本,实现了"以资本创造资本"的过程。正是因为在资本主义的生产和再生产过程中吸纳了数字劳动力,数字劳动活动以其独有的方式填满了人们的日常生活,成为平台资本家进行资本积累的手段。这种看似平等且自由的数字劳动关系被迫卷入资本积累的现实生产过程之中。因此,只要当数字平台资本家对数字平台进行接续的布展,数据就会不断积累与实现价值增殖,而在此过程中,由于各环节的利益驱使,数字劳动又不知不觉地落入了资本逻辑的圈套,数字劳动走向了异化。

(三)数字劳动者类本质的异化

人在改造对象的过程中证明了自己是类存在物。"正因为人是类存在物,他才是有意识的存在物。"[③] 在数字劳动中,数字劳动的虚拟化和数据化导致数字劳动者成为"单向度的人",与自己有意识有目的的类本质发生异化。

随着数字资本主义在全球范围内的扩张,数字资本与劳动的矛盾达到了顶峰,社会分化为两个相背离的阶级:拥有"劳动"的无产阶级与拥有"数据"的有产阶级。由于数字劳动模糊了劳动时间与休闲时间的界限,无产阶级有可能毫无意识的将自己的全部时间都转化为劳动时间,而生产出的数据却被有产阶级无偿占有。这种无意识性的劳动使得无产阶级在资本的驱动下,在数字平台上进行"瘾性消费",被资本随意支配,成

[①]《马克思恩格斯文集》第1卷,第120页。

[②]《马克思恩格斯文集》第1卷,第159页。

[③]《马克思恩格斯文集》第1卷,第162页。

为"单向度的人";而有产阶级通过无产阶级浏览过的数据痕迹进行精准推送,加固"瘾性消费",谋取更多利润。与此同时,有产阶级不仅掌控着无产阶级创造出来的全部数据财富,而且还通过控制数据平台生产出不平等的生产关系把控社会经济发展。到最后,无论是拥有"劳动"的无产阶级还是拥有"数据"的资产阶级,都同样感受到了人的自我异化,区别在于"有产阶级在这种自我异化中感到幸福,感到自己被确证,它认为异化是它自己的力量所在,并在异化中获得人的生存的外观。而无产阶级在异化中则感到自己是被消灭的,并在其中看到自己的无力和非人的生存的现实"。① 由此可见,数字劳动作为一种类意识的生命活动,使得数字劳动者无法摆脱隐形剥削与"瘾性消费"的厄运,使自己的类本质遭到异化。

（四）数字劳动者劳动关系异化

"人同自己的劳动产品、自己的生命活动、自己的类本质相异化的直接结果就是人同人相异化。"② 在数字资本逻辑的运作下,人与人的关系被物化,数字劳动者与资本家都不可避免地被卷入资本逐利的圈套中。数据平台通过圈占市场,窃取数字劳动者的数据财富,制定出符合数字资本积累的新规则。在这场资本的博弈中,数字劳动者无疑是最大的牺牲品。

在数字资本主义阶段,数字平台利用互联网平台上的各类软件入侵人们的生活,占有数据成果。从表面上看,数字平台是连接数字资本家和劳动者之间的媒介,但实质上,数字劳动者与资本家之间的关系呈现出异化的样态。数字资本家依靠新兴技术手段在数字平台上抢占先机,进行着数字资本时代的"圈地运动",实现利润的最大化。这就导致这样一个经济事实:谁拥有的数据越多,谁就是数字资本时代的王者,谁就能制定新的数字资本积累的规则。这些新的规则将数字资本家推向资本链的顶端,也加深了数字劳动者被剥削的程度。与此同时,在数字平台私有化的大背景下,数据财富向少部分数字资本家聚集,产生了"富可敌国"的数字巨头和"一贫如洗"的"数字穷人"。所谓"数字穷人"是指"被整个社会的技术逻辑和经济逻辑所排斥,甚至丧失劳动的价值和被剥削的价值,失去生活的方向和存在的意义"。③ 为了获取复利性的巨额利润,数字巨头将扩张的触角延伸到各个环节,对全球的数字劳动者实施更为猛烈的剥削,导致数字资本家与劳动者之间的矛盾愈发尖锐,甚至引发严重的社会危机与动荡。由此可见,数字资本在技术的加持下,加大了数字资本家对数字劳动者剥削的力度,激化了数字社会的劳动关系矛盾。

四、破解数字劳动异化之径

数字劳动异化的关键在于"归人格化的生产条件即资本所有,归巨大的对象[化]的

---

① 《马克思恩格斯文集》第1卷,第261页。

② 《马克思恩格斯文集》第1卷,第163页。

③ 孙伟平:《智能社会:共产主义社会建设的基础和条件》,《马克思主义研究》2021年第1期,第54页。

权力所有,这种对象[化]的权力把社会劳动本身当做自身的一个要素而置于同自己相对立的地位",①从本质上讲,是资本逐利的必然结果,"但决不是生产的一种绝对的必然性"。②面对数字劳动异化的生发困境,唯有立足当下,审视数字劳动及其异化形态,摆脱私有制的钳制,挣脱资本逻辑的羁绊,重新确立劳动者的个人主体地位,建构数字经济时代以人为本的劳动正义原则,推动数字赋能的回归,探索新型劳动关系,才能有效化解数字劳动者与数字资本家、数字劳动与数字资本主义的矛盾。

(一)实现资本逻辑向人本逻辑之复归

在资本逻辑的束缚下,数字劳动成为资本增殖的手段,劳动者的类意识也受制于资本。为此,只有回归于人本逻辑,确保劳动者的主体地位,体现劳动者的尊严与价值。

其一,激发数字劳动者的主体意识,将数字劳动跃升为劳动自觉。在资本逻辑的支配下,数字技术的资本主义应用导致劳动者迷失在数字资本的意识形态中,消耗着自己的劳动时间与休闲时间,心甘情愿地困于"数字监狱"之中。因此,只有摒弃资本逻辑,揭开数字劳动异化的面纱,激发劳动者的主体意识,塑造数字劳动者的主体性,将劳动的主体性与人的美好生活需要高度契合,才能将数字劳动从被动的异化状态扭转为真正的"自由自觉"的劳动,激发人的本质力量。此外,立足于劳动者的本质诉求和美好生活需求,构建一套规范、合理的数字劳动体系,使劳动者摆脱数字资本的奴役状态,在劳动中凸显其主体地位。

其二,数字劳动者需要不断提升自身的数字素养,追赶数字经济发展步伐,破解劳动异化之迷雾。随着数字经济的快速发展,数字劳动越发凸显"情感劳动"方面的产出,这对数字劳动者的劳动素养提出更高要求,而数字能力和数字道义成为其提升数字素养的重要组成部分。所谓数字能力,是指数字劳动者在数字平台上使用数字工具、筛选数据、评估数字成果的能力;而数字道义是指数字劳动者在数字平台上遵守契约精神,不随意破解和侵犯他人的数字劳动成果,同时,发挥自身才能与其他数字劳动者共建良好的网络生态。因此,数字劳动者需要不断"炼出新的品质,通过生产而发展和改造着自身,造成新的力量和新的观念,造成新的交往方式,新的需要和新的语言"。③

(二)构建数字经济时代数据正义原则

"马克思无论是在对资本主义条件下异化的批判中,还是在对未来共产主义社会的规划中,都隐含着一个正义概念。"④警惕数字霸权,建立以"人民至上"的数据正义原则,"营造开放、健康、安全的数字生态"。⑤

其一,消除数字平台资本对数据的私人占有与剥削,建立非商业性质的数字公有平

---

① 《马克思恩格斯文集》第8卷,人民出版社2009年版,第207页。

② 《马克思恩格斯文集》第8卷,第208页。

③ 《马克思恩格斯文集》第8卷,第145页。

④ 卡罗尔·C.古尔德:《马克思的社会本体论》,王虎学译,北京师范大学出版社2009年版,第123页。

⑤ 中华人民共和国国民经济和社会发展第十四个五年规划和2035年远景目标纲要,https://www.gov.cn/xinwen/2021-03/13/content_5592681.htm,2023年10月12日检索。

台,使数据要素具备"共享"的属性,惠及所有数字用户。数字劳动异化的根源在于数据的平台私有化与对劳动剥削的无形化。所以,建构数据正义原则率先要"纠正和规范发展过程中损害群众利益、妨碍公平竞争的行为和做法,防止平台垄断和资本无序扩张,依法查处垄断和不正当竞争行为"。① 在保护个人隐私的前提下,利用数据的开放性质使数据的生产、交换、分配与使用转向社会公有,数字平台也由整个社会控制,确保每个数字劳动者都能在数字平台上开展纯粹的交换活动,凸显数字的劳动价值。

其二,通过累进数据共享授权与数据缴税等措施,规范与引导数字资本的良性发展,改变数字劳动领域"穷者越穷,富者越富"的"马太效应"。所谓"累进数据共享授权",就是"规约资本平台的市场份额一旦达到规定的阈值,就要共享其拥有的数据的一部分,威胁市场竞争的数据集中度越高,就会有更强大的数据共享授权生效"。② 数据缴税,顾名思义,就是用数据缴纳部分税款,目的是使数字资本平台开放数据资源实现数据共享,这样政府可以更好地利用数据规制资本运行,让更多地数字劳动者从中获益。

(三)推进从数字负能向数字赋能回归

伴随着数字技术的应用和数字资本的普及,数字技术在给人们带来便利的同时,也成为资本对劳动者进行隐形剥削的工具。推动数字技术从"负能"回归至"赋能",成为扬弃数字劳动异化的现实途径。

其一,依托区块链技术对劳动成果进行追踪,保障数字劳动者劳有所得。数字劳动者在时空泛在化下发生劳动成果价值异化,从本质上说是因为精密的算法将数字劳动者的数据财富定义为"预测产品",而数字平台开发的"应用程序对无数个体数字身份勘校、分析和拟合的累积效应"③导致数字劳动者无法拥有自己所创造的财富。通过区块链技术的价值锚定机制、价值选择机制和价值分配机制,④界定个人劳动价值并纳入劳动价值论的范畴中,有效约束数字平台的价值选择行为,打破数字劳工的财富价值危机。

其二,依托智能化的生产模式提高劳动生产率,使劳动者达到自由且自主的劳动。当前人类已进入智能化社会,"由智能系统承担人们没有兴趣、不愿意从事的工作,将人从被强迫的异化劳动中解放出来"。⑤ 但同时也造成了"无用阶级"的产生。在这样的形势下,把握人工智能时代所带来的新的机遇,准确定位新的经济增长点,劳动者可以在更具个性化与创造性的数字劳动领域凸显才华、谋求发展。

(四)积极探索数字时代新型劳动关系

处于分散状态的数字劳动者与数字平台之间建立的灵活化劳动关系导致数字劳动

①《习近平谈治国理政》第4卷,外文出版社2022年版,第208页。

② 魏传光:《平台资本主义数据剥削的正义批判》,《学术研究》2023年第2期,第26页。

③ 唐林垚:《算法应用的公共妨害及其治理路径》,《北方法学》2020年第3期,第55页。

④ 朱婉菁:《区块链对数字劳动异化的矫正:算法正义的一种可能之路》,《探索》2023年第3期,第70页。

⑤ 孙伟平:《智能社会:共产主义社会建设的基础和条件》,《马克思主义研究》2021年第1期,第52页。

者的劳动权益得不到保障。扬弃数字劳动异化,探索新型劳动关系,数字劳动者共享数字经济成果拥有现实可能。

在数字时代,探索新型劳动关系,一方面要肯定并尊重数字劳动者所创造的价值,使劳资关系内部达到均衡与利益共享。数据和数字劳动者是数字劳动生产过程中两个重要的生产要素,是不可分割的"利益共同体"。在数字资本主义生产关系中,数字劳动者生产的数据被资本家无偿占有,数字劳动者失去了对数据的掌控权。这时,需要基于帕累托最优解的算法,兼顾资本家效率与数字劳动者公平。数字资本家在获得应得利润的前提下,承担起相应的企业责任,保障数字劳动者对数据的占有权,同时应该把数字劳动者居于主体地位,赋予数字劳动者数据产权,承认数字劳动者的劳动力产权,使得数字劳动者拥有对数据的议价能力和定价权力,获得与数字资本平台平等的市场地位。

另一方面,政府要协调和处理劳资双方之间的矛盾。党的二十大报告指出"健全劳动法律法规,完善劳动关系协商协调机制,完善劳动者权益保障制度,加强灵活就业和新就业形态劳动者权益保障"。[①] 在当前数字经济快速发展的过程中,数字资本凭借数据的"零边际成本"不断生产与复制,导致资本"无序扩张",形成数字寡头,进行数字时代的"圈地运动"。为此,"要防止有些资本野蛮生长。要反垄断、反暴利、反天价、反恶意炒作、反不正当竞争。要依法加强对资本的有效监管"。[②] 政府还需不断改进数字平台劳动者的劳动关系认定标准,监督数字平台对数字劳动者按单缴纳社保的支付情况,全方位保障数字劳动者劳动的安全性。

数字劳动是数字化时代劳动所呈现的新型样态,数字劳动解放关乎数字化时代正义的实现。当前数字经济处于蓬勃发展时期,传统的产业也发生了数字化转型,这种转向本应是提高经济韧性和抵御风险的重要手段,然而平台资本主义化身为"数据利维坦"又促使劳动呈现出异化样态。新问题丛生,旧问题仍在,究竟是数字赋能还是数字负能?准确把握"资本-劳动-数据"三者关系,警惕资本逻辑的裹挟,以人的逻辑超越资本逻辑,建构以生产性正义为本的劳动正义原则,把握数字化时代经济所带来的新机遇,积极探索新型劳动关系,促使劳动者共享数字劳动成果成为现实可能。

---

① 习近平:《高举中国特色社会主义伟大旗帜 为全面建设社会主义现代化国家而团结奋斗——在中国共产党第二十次全国人民代表大会上的报告》,人民出版社2022年版,第48页。

②《习近平谈治国理政》第4卷,外文出版社2022年版,第211页。

数字劳动异化的四重规定

——基于《1844年经济学哲学手稿》①

高文倩

摘　要： 数字劳动是资本主义借由数字科技发展而来的新型劳动剥削形式，数字劳动依旧处于马克思主义的批判语境之下，数字劳动者遭受着更为隐蔽且深入的奴役与压榨。本文基于马克思《1844年经济学哲学手稿》中的异化劳动理论来分析当前的新型劳动，得出数字劳动异化的四重规定，进而对扬弃数字劳动异化进行可能性探索，总结出发挥数字劳动者的自我主体意识，唤醒数字劳动者对数字资本的重新审视；削弱数字资本的力量，国家严格管控平台资本两大扬弃路径，这对于构建新时代和谐劳资关系具有重要意义。

关键词： 数字劳动；数字劳动异化；异化理论；异化扬弃

本文引文格式： 高文倩：《数字劳动异化的四重规定——基于《1844年经济学哲学手稿》》，见何云峰主编：《劳动哲学研究》第9辑(2023年第2辑)，上海教育出版社2023年12月版，第307-313页。

　　数字化、信息化时代的来临，不仅改变了人们以往的生活方式，而且深刻变革了人类的生产方式。马克思在《1844年经济学哲学手稿》(以下简称《手稿》)中，辩证地吸收费尔巴哈人本主义理论与资产阶级政治经济学劳动价值论的合理内核，提出异化劳动学说，阐明了劳动(人的自由自觉的活动)是人的主体本质的光辉思想，批判了资本主义关于人的劳动"谬误"。当前，随着数字技术与人工智能的广泛运用，产生出了一种新的劳动形式，即数字劳动。本文拟在对数字劳动概念解读的基础上，分析马克思劳动异化与数字劳动异化的同质性，并运用马克思异化劳动学说及其批判思路，对数字时代下异化劳动的四重规定进行重新解读，进而对扬弃数字异化劳动的可能性进行探索。

---

　　① 作者通信地址：高文倩，上海师范大学哲学与政法学院，上海200234。

一、何为数字劳动

关于数字劳动的探析可追溯到达拉斯·斯迈兹(Dallas Walker Smythe)所提出的"受众商品论",它是数字劳动概念研究的雏形。斯迈兹从传播政治学的角度分析了马克思主义研究以来一直存在的"盲点",即西方马克思主义对于大众传播系统政治与经济意义上研究的缺口。斯迈兹认为垄断资本主义制度下大量的传播商品是受众,广告商所购买的是"可预期的受众",受众作为商品被贩卖。① 而第一位提出"数字劳动"一词的是意大利学者蒂奇亚纳·泰拉诺瓦(Tiziana Terranova),他借用马克思主义的"非物质劳动"理论将互联网中的免费劳动重新阐述为"数字劳动"。泰拉诺瓦认为,人们在各大社交媒体上所进行的消遣行为,例如点赞、评论、收藏等活动,实际上是一种免费劳动,这种劳动又可称为数字劳动。此外,对数字劳动进行理论性构建的另一位重要人物则是克里斯蒂安·福克斯(Christian Fuchs),他吸收了马克思的劳动理论和政治经济学思想,发展了受众商品理论,建立起了他自己的数字劳动理论大厦。福克斯在《数字劳动和卡尔·马克思》专著当中,首先重新解读了马克思的劳动概念,将其拆分为工作与劳动两个概念,并运用黑格尔主客体辩证法作为范式,来分析整个劳动过程,得出数字工作是特定形式的信息工作的结论,同时数字工作与社交媒体结合可产生新产品。② 此后,一大批国外学者聚焦于互联网所嬗变的劳动形式研究,并冠于不同的名称,比如"无酬劳动""玩劳动""影子工作"等。

关于数字劳动的研究,国内学者们对于数字劳动的表现形式、异化等也都有自己的见解。在数字劳动的表现形式方面,学者韩文龙和刘璐将广义上的数字劳动概括为四种表现形式:传统雇佣经济领域下的数字劳动、互联网平台零工经济中的数字劳动、数字资本公司技术工人的数字劳动、非雇佣形式的产销型的数字劳动。③ 在数字劳动异化方面,学者朱阳和黄再胜认为数字劳动异化是劳动者主体地位逐渐丧失的过程,也是劳动者逐渐从属于雇佣劳动关系的过程。④ 蓝江教授强调数字异化是数字资本主义的存在方式,呼吁深入研究数字异化现象。⑤ 学者林晶、唐春燕、于洋则从马克思异化劳动理论的视角下,展开了对数字劳动者与数字劳动产品、数字劳动过程、类本质以及主体间的数字劳动异化批判。⑥

---

① 陈世华:《达拉斯·斯麦兹的传播思想新探》,《南昌大学学报(人文社会科学版)》2014年第3期,第125-131页。

② 吴铸辉:《马克思劳动价值论视域下的福克斯数字劳动理论批判》,《燕山大学学报(哲学社会科学版)》2023年第1期,第88-96页。

③ 韩文龙、刘璐:《数字劳动过程及其四种表现形式》,《财经科学》2020年第1期,第67-79页。

④ 黄再胜:《数字劳动与马克思劳动价值论的当代阐释》,《湖北经济学院学报》2017年第6期,第5-11页。

⑤ 蓝江:《数字资本、一般数据与数字异化——数字资本的政治经济学批判导引》,《华中科技大学学报(社会科学版)》2018年第4期,第37-44页。

⑥ 林晶、唐春燕、于洋:《数字劳动异化的批判与反思》,《关东学刊》2022年第4期,第5-16页。

数字劳动在为人们的工作与生活提供极大方便的同时,也带来了众多问题,即数字劳动异化危机。这种危机主要表现在三个方面:第一,隐蔽的劳动时间。不同于传统的工作劳动形式,新型的工作劳动方式打破了以往固定办公地点与固定办公时间的限制,劳动者可进行"移动化"的脑力劳动工作,这导致原本的闲暇时间与工作时间的界限难以区分,产生法定劳动时间之外的额外劳动。第二,产生无酬劳动。大众在闲暇时间所进行的娱乐活动本不视为一种劳动活动,但随着资本主义渗入到数字经济当中,产生了资本主义的新形式,即数字资本主义,它以一种隐蔽的方式潜入到大众的网络闲暇活动当中,试图压榨大众的闲暇时间与剩余价值。例如就各大自媒体的知识型分享用户(博主)而言,他们可以在平台发布作品,让更多的人看到,但这同时又为数字资本利用流量获取利润提供了风口,导致自由而全面发展的时间被资本间接利用,出现平台提供与自我价值之间的矛盾。第三,主动性精神损耗。本应用于自我全面发展的时间被网络大量吸入,社交软件、自媒体软件越玩越累,陷入娱乐消费陷阱,由此产生"玩劳动"。额外劳动、无酬劳动、玩劳动均属于数字劳动的范畴,其依托于数字技术与平台,实现了劳动的移动化、多样化、非自主化。

二、马克思异化劳动与"数字劳动异化"

在西方哲学当中,"异化"一词主要被黑格尔、费尔巴哈、马克思用来进行哲学思想研究。黑格尔在《精神现象学》中通过实体即主体的原则来阐述绝对精神的演变历程。绝对精神作为一种实体进行自我构建,这既是一个异化和异化之扬弃的过程,又是一个绝对精神自我实现的辩证发展过程。[①] 在《基督教的本质》中,费尔巴哈将异化用于宗教批判,认为人为了直观到自己的本质,就需要塑造出一个对象,这是对象性的活动,而宗教则是由人所创造的,是为了直观到人自身的本质而创造的对象,这是人的本质的外化活动,因此人就是上帝。马克思在《手稿》中深刻地探讨了国民经济学,揭示出国民经济学的二律背反,并提出了:"劳动的产品是固定在某个对象中的、物化的劳动,这就是劳动的对象化。劳动的现实化就是劳动的对象化。在国民经济的实际状况中,劳动的这种现实化表现为工人的非现实化,对象化表现为对象的丧失和被对象奴役,占有表现为异化、外化。"[②] 这种由劳动者所创造、对象化的劳动产品反过来奴役劳动者的现象就是异化劳动。

马克思批判继承黑格尔与费尔巴哈的异化思想,从政治经济学批判的视角出发,提出《手稿》当中重要的异化劳动理论。他指出,在资本主义条件下,工人生产的产品与工人相脱离,变成与工人相对立的东西,工人生产的财富越多,他的产品的力量和数量越大,他就越贫穷,这体现为工人的产品与工人相异化,这是异化劳动的第一重规定。第

---

① 刘海江、萧诗美:《异化思想的辩证演绎:黑格尔、费尔巴哈与马克思》,《武汉大学学报(人文科学版)》2016年第6期,第60–67页。

②《马克思恩格斯文集》第1卷,人民出版社2009年版,第156–157页。

二重规定是工人的生产活动同工人相异化。因为产品是结果,生产活动是原因,产品异化了,那么生产活动自然也会异化。第三重规定是人的类本质与人的异化。马克思将人的类本质视为自由自觉的活动,这种活动要求通过实践创造对象世界,而劳动的异化把人的自由自觉的活动变成了维持肉体生存的手段,这就导致了人的类本质与人的异化。第四重规定是人与人的异化。因为人与自身的异化,导致人与人的异化。马克思异化劳动所强调的是自由自觉的劳动活动与资本主义剥削语境下的劳动之间的对立,从而阐述劳动的异化现象。在数字经济时代下,劳动形式虽有所更新,但资本的剥削实质并没有发生改变。数字劳动依旧处于资本主义的生产语境之下,劳动者被压榨和剥削的实质并未发生改变。所以,数字劳动异化与异化劳动具有同质性,主要体现为以下两个方面:

一方面,人的本质的疏离。马克思在《手稿》中提出:"人是类存在物,不仅因为人在实践上和理论上都把类——他自身的类以及其他物的类——当作自己的对象;而且因为——这只是同一种事物的另一种说法——人把自身当作现有的、有生命的类来对待,因为人把自身当作普遍的因而也是自由的存在物来对待。"① 马克思将人划为类存在物,"他才是有意识的存在物,他自己的生活对他来说是对象。他的活动才是自由的活动"。② 马克思强调人的本质在于自由的活动,而异化劳动则把这种关系颠倒过来,将人的本质变成仅仅维持自己生存的手段。在当下数字资本语境下,数字劳动同样没有实现人的本质。数字劳动者所从事的有酬及无酬的数字劳动活动,仅仅是为满足自身生存需要或消磨时光的娱乐需求,没有达到人的本质的创造性活动范畴,甚至数字劳动者于数字平台上的娱乐浏览活动,消耗了大量时间与精力,以致陷入数字娱乐"陷阱",难以实现人的本质的充分展现。

另一方面,人的解放事业的未竟。虽然,马克思在《手稿》当中未明确显露出关于人的解放这一命题的直接阐述,但依旧可以察觉到马克思之于人的解放的希冀。马克思洞悉工人的悲惨困境,通过指出国民经济学自身所具有的二律背反,以自由自觉的劳动活动这一价值先设的命题,来阐述工人受到严峻剥削与压榨的不公正待遇,以求实现工人在自身劳动领域内的解放。马克思曾指出:"我们把劳动力或劳动能力,理解为一个人的身体即活的人体中存在的、每当他生产某种使用价值时就运用的体力和智力的总和。"③ 马克思将人的解放看成是人的体力与智力相结合的解放。数字劳动所实现的是人的体力的解放,但对于人的智力的解放并未完全实现,因而只是片面的解放,同时这种片面解放是以强有力的精神控制与精神消耗为代价的,人的精神领域被数字消费主义与娱乐主义所宣扬的理念所影响,受到资本主义意识形态的熏染,人的主体性丧失,进而被奴役与压制。因此,数字劳动与劳动均处于马克思异化语境之下。

---

① 《马克思恩格斯全集》第3卷,人民出版社2002年版,第272页。

② 《马克思恩格斯全集》第3卷,第273页。

③ 《马克思恩格斯文集》第5卷,人民出版社2009年版,第195页。

三、数字劳动异化的四重规定

马克思通过异化劳动来阐述资本主义背景下的劳动剥削。数字时代,数字劳动者依旧面临着被剥削被奴役的困境。

(一)数字劳动者与数字产物相异化

在当今时代,随着数字资本主义的不断扩张,数字用户与数字劳动者的界限已经难以区分。数字用户的范畴大于数字劳动者的范畴,数字用户在工作时间之内属于数字劳动者,在工作时间之外,仅凭自身娱乐原因而游荡于数字网络平台的数字劳动者属于数字用户范畴。换言之,数字劳动者一定是数字用户,但数字用户并不一定是数字劳动者。随着数字资本主义剥削范围的不断深入,导致数字用户在娱乐时间沦为没有报酬的、隐蔽的、不自知的数字劳动者。这一点体现到自媒体中的免费知识分享类博主,这类博主在运营前期需要投入大量的精力与时间在账号管理与笔记更新之中,这一时期的工作虽是博主自主"心甘情愿"投入,但因在平台之内,为平台提供了数据,平台可利用该博主的"免费数据"来构建自身的大平台运营,以此赚取广告商的资金投入,而博主没有获得任何报酬或只能获得较少报酬。这时,博主的价值被平台所利用与剥削,而博主与自身所生产的产品(账户 IP)相异化,博主只能获得最少且最小的那一部分利润。

另外一个典型的例子是国内知名的社交媒体平台微博所创造的具有重要社会影响的数字产品,即微博热搜。深入思考后可以发现,微博热搜是由微博用户所贡献的数据而产生的,但是所产生的热搜却成为用户获取信息的重要渠道,用户只能看到热搜所呈现给我们的信息,这一类的信息有很大部分是"他者"买热搜、买数据、买流量的结果。但随着大数据平台的内部算法流程的演进,网络后台数据操作系统会根据数字用户所提供的数据进行分析,针对性地推荐给对应的数字用户某些内容,这个时候数字用户被这种对象性的产物裹挟、控制,并且他们以为这是自主的选择过程,但这其实是被后台系统操纵的内容,这就导致了数字劳动者与数字产品相异化。

(二)数字劳动者与数字劳动活动相异化

用户在网络平台上所进行的一切浏览、点赞参与、留言互动等活动都是在从事一种数字劳动,这种活动因被数字资本用来谋取利润而具有劳动的属性。马克思所说的劳动活动本身的异化是说,人"在自己的劳动中不是肯定自己,而是否定自己,不是感到幸福,而是感到不幸,不是自由地发挥自己的体力和智力,而是使自己的肉体受折磨、精神遭摧残"。[①]而在数字劳动中,用户似乎是主动地参与到这种劳动当中,在贡献数据的时候,用户似乎感受到的并不是不幸,而是消遣、娱乐,难道这就能说数字劳动并非异化劳动吗?并不是,这仅仅只是一种隐秘的掩盖形式。数字资本看似是让用户自主参与到数据网络中来,同时用户也并没有感受到痛苦,但这种数字劳动因为其劳动结果并不属于数字劳动者(数字用户)本人,而具有异化劳动的属性。用户在数字资本体系中仅仅只是作为数据的提供者、数据内容的一环,且劳动的结果本身并不属于劳动者,而是属于资本,资本通过数据结果

---

① 《马克思恩格斯文集》第1卷,第159页。

与流量来获得广告商和品牌方的广告投入,以此获取利益。

(三)数字劳动者与自身类本质相异化

马克思通过论述自由自觉的劳动是人的类本质,来批判异化劳动所导致的人与人的类本质的异化。诚如马克思在《手稿》当中提到的,"人是类存在物,不仅因为人在实践上和理论上都把类——他自身的类以及其他物的类——当做自己的对象;而且因为——这只是同一种事物的另一种说法——人把自身当做现有的、有生命的类来对待,因为人把自身当做普遍的因而也是自由的存在物来对待",[①] "一个种的整体特性、种的类特性就在于生命活动的性质,而自由的有意识的活动恰恰就是人的类特性。生活本身仅仅表现为生活的手段"。[②] 马克思将人跟动物区分开来,认为动物的活动就是自己的生命活动,而人则可以使自己的生命活动本身变成自己的意志的对象。也正是因为这一点,人才是类存在物。同时,要想证明人是类存在物,只有在改造对象世界的生产活动当中才得以实现,因此"劳动的对象是人的类生活的对象化",[③] 这种劳动即是马克思所言的自由自觉的劳动活动,跟资本主义制度下的劳动有着根本性质上的不同。资本主义的异化劳动把自由自觉的劳动本身贬低为手段,把人的类生活变成维持人的肉体生存的手段。

在数字资本主义社会之下,数字劳动看似摆脱了劳动的固定化,实现了劳动的非固定时间、非固定地点化,带来了劳动的"自由与自觉",不再需要定时定点的强制性肉体工作,但这只是改变了劳动的形式,并未改变劳动的性质。数字劳动仅仅体现了资本控制从体力转向脑力,从肉体控制转向了技术控制,在数字资本主义时代,劳动依旧是异化劳动,而没有实现马克思所言的自由自觉的劳动。对于数字用户而言,在自媒体平台所生产的劳动产物,即爆款笔记、精品帖子等虽是出于数字用户自主个人意愿及自由意志而生产出来的,但这种"自由与自觉",是被蒙上了面纱的虚假谎言。新时代,媒体与广告的铺天盖地宣传,导致人们周边充斥着各种消费主义、娱乐主义的声音。如果长期浸润于这种环境之下,人们不可避免会受到影响。

(四)数字劳动者之间相异化

马克思指出,"人同自己的劳动产品、自己的生命活动、自己的类本质相异化的直接结果就是人同人相异化"。[④] 马克思从前三个规定合逻辑地推导出了人与人相异化的第四重规定。在数字劳动时代,人的现实存在形式被划分到两大领域:一是自人类诞生之初就已然具有的现实存在领域,二是自数字技术来临才衍生的虚拟存在领域。人与人之间的交往不再局限于现实生活领域,全新的虚拟交往形式已经诞生。现实的人借由数字媒体平台得以转化为一个个"虚拟人"的形式,通过互联网平台与大数据构建的用户ID实现人们之间的网络虚拟形式的交往。这种交往形式的便捷性、灵活性、虚拟性的特点,给人们之间的交流与沟通带来了巨大的方便,但与此同时,也会带来种种问题。对于数字用户而言,其存在形式被划分到了虚拟平台领域,当数字用户在网络上进行交

①《马克思恩格斯文集》第1卷,第161页。

②《马克思恩格斯文集》第1卷,第162页。

③《马克思恩格斯文集》第1卷,第163页。

④《马克思恩格斯文集》第1卷,第163页。

流时,因其虚拟存在形式的缘故,其交流是虚拟且不真实的,它阻碍了人与人之间的真实的情感交流。① 数字用户的现实存在形式是虚拟存在(用户 ID)的基础与前提,而虚拟存在则是现实存在的扩展与延伸。这本是互联网诞生之际,虚拟存在与现实存在的初始关系,虚拟存在是受到现实存在所控制的,虚拟存在还处于现实存在的制约之下。但随着互联网技术的深入发展与数字资本的不断渗透,二者的关系开始发生转变,数字劳动者的虚拟存在具有了统治、奴役现实存在的可能,这表现为主体所创造的客体反过来控制主体,以此导致异化现象。当数字劳动者的存在形式本身就是一种异化现象之时,数字劳动者之间也必然出现异化。

四、扬弃数字劳动异化的可能性探索

随着近年来数字经济大力发展,国内数字经济布局趋于成熟。但是,数字资本主义的持续扩张所带来的数字劳动异化问题也逐渐涌出。蓝江教授曾指出,针对数字资本主义的批判有两种模式,分别是生产方式批判与生产关系批判,第一种是将批判的矛头指向新技术,第二种是将批判的矛头指向数据平台的私人占有方式。② 将蓝江教授的这一批判方式的划分对于数字劳动异化也同样适用,即针对数字劳动的异化,其批判方向有两大路径:一是科学技术所带来的异化问题,二是资本主义的私人占有制所带来的异化问题。

马克思在《手稿》中指出:"自我异化的扬弃同自我异化走的是同一条道路。"③如果将马克思这一具有丰富辩证理念的思考运用到当代数字劳动异化的批判当中,可转述为:扬弃数字劳动异化与数字劳动异化走的应当是同一条道路,即对数字劳动的异化扬弃过程应当在数字劳动异化的过程当中不断发展。换而言之,对于数字劳动异化的否定不可根本杜绝数字科技,而应当在数字科技发展的过程当中,找寻到数字劳动异化的扬弃道路。

遵循这一基本原则,目前有两条道路可对数字劳动异化进行积极扬弃:一是发挥数字劳动者的自我主体意识,唤醒数字劳动者对数字资本的重新审视。二是削弱数字资本的力量,国家严格管控平台资本。这两点体现在具体实践中,则表现在两个方面:一是微观层面;二是宏观层面。在微观层面中,落实到具体的数字劳动者方面,则是要求增强数字劳动者的自主意志,充分发挥自我意识,调动自我能动性,培养辩证思维及批判性思维,在现实生活中找寻到自身的兴趣与人生意义,形成现实的价值观,明晰当下数字时代所带来的利弊,防止成为数字时代下网络的"傀儡",合理规划社交媒体平台当中虚拟存在生存的时间与空间。在宏观层面中,则是关乎国家调控、企业良心,在数字时代当中,国家应充分发挥管理作用,划定企业内部运行的合理范围与边界,构建共享平台,防止数字资本的无限扩张。

---

① 贾淑品、邬瑞钰:《数字经济时代的数字劳动:异化、扬弃与反思》,《阅江学刊》2022年第4期,第98-106页。

② 蓝江:《从数据生产到共享平台——当代西方数字资本主义批判及其对中国特色社会主义的启示》,《思想理论教育》2022年第5期,第12-18页。

③《马克思恩格斯文集》第1卷,第182页。

狂欢与静思的审美悖论

——数字媒介娱乐文化对文学审美乌托邦的消解①

陈正勇

摘　要： 数字媒介改变了文化生产、传播、接受模式及文化生态的版图，其催生的网络游戏对文化生活的影响尤为显著。作为一种大众文化，它改变了文化消费选择及人对文化艺术的感知与认知，同时也消解了人们的审美观。本文从大众消费文化、媒介理论和叙事学的视角阐释网络游戏文化对文学生产、阅读及审美的影响。网络游戏、短视频、网络直播等大众文化产品，正以其交互性、娱乐性、感官化及其狂欢性、虚拟性对传统文学艺术的静思、感悟及其审美超越性造成激烈的冲突与对抗；与此同时，数字媒介娱乐文化一方面使文学面临新的生存危机和发展机遇，人工智能所带来的审美幻象很容易使人在这种集体的狂欢中失去对社会的批判能力；另一方面也将人从审美乌托邦的精神世界拽入娱乐狂欢的感官世界。

关键词： 数字媒介；网游文化；残酷叙事；文学性；审美乌托邦

本文引文格式： 陈正勇：《狂欢与静思的审美悖论——数字媒介娱乐文化对文学审美乌托邦的消解》，见何云峰主编：《劳动哲学研究》第9辑（2023年第2辑），上海教育出版社2023年12月版，第314—321页。

　　移动互联网作为新兴媒介，不仅延伸了人的身体和能力，更改变了人的精神和认知。这种改变体现在审美层面就是审美的泛化、异化和向生活世界回归与其精神超越性形成剧烈的冲突。其在娱乐与鉴赏层面的一个重要向度就是，文学传统的沉思鉴赏所追求的审美乌托邦与网络游戏参与、视频观看、信息交互娱乐追求的冲突。即便是具有"故事性"的好莱坞商业片、滑稽影视剧和网络游戏仍然与传统叙事文学的审美超越

---

　　① 基金项目：上海市教育科学研究项目"习近平育人观视域下的大学生审美素质培养的理论与实践研究"（项目编号：C2023022）。作者通信地址：陈正勇，上海立信会计金融学院人文艺术学院，上海200234。

性充满矛盾。尤其是那些让玩家或观者通过残酷打斗、拼杀的"参与"获得"快感"体验的游戏和影视，将人从审美乌托邦拽入娱乐狂欢的感官世界，同时也会生产出大量的精神污染。

一、数字媒介游戏文化消遣与经典艺术审美的静思

娱乐文化在资本的强力推动下，在将玩家变成参与式"数字劳工"的同时，也影响着青年文化消费观及其对社会的感知模式，更从深层解构和重塑其价值观与审美观。如那些以战争、对决为主题的游戏，这种以残酷叙事为特征的大众文化商品与悲剧艺术给人带来的价值完全不同。前者是以虚拟的残酷表演和参与让玩家完成"宣泄"，从中获得轻松或畅快；后者以艺术的想象将读者引入一个静思的世界，让读者体验残酷带来的震撼，并从中获得一种悲剧的崇高感。

残酷事件曾是史诗、悲剧和史幻小说的重要题材，也是现代科幻小说的重要主题。现实、历史和艺术中的残酷事件如今已被引入消费娱乐文化，成为网游的一种典型模式。从叙事视角来看，游戏和艺术中这种以残酷战争、对决、拼杀讲述故事的策略一般被称为"残酷叙事"。这种叙事给其参与和体验者带来的价值不同。前者是参与的快感；后者是沉浸和震撼的审美，也即亚里士多德所说的"净化"。如果现实中的各种残酷事件被导演或作家艺术化，那么它即成为人们审美关照的对象。但这种残酷被用到网络游戏中则变成一种对残酷宣泄的模仿。正如桑塔格对美军虐囚照片流出事件评论的那样："或者即是被拍照、记录自己的生活，并因此继续生活，而没有意识到或宣称没有意识到照相机正不停地对准自己。但生活即是摆姿势。行动即是在被记录成影像的行动社区中分享。"[1]桑塔格对此指出，照片不仅仅记录了残酷，还生产出一种新的精神污染。如果这里的残酷借助电影导演或者作家而被艺术化，此时人们可以跳出文本符号系统和伦理系统，对这些符号所表征的残酷做审美反思。但如果通过游戏将这种残酷重新演绎，那么玩家所获得的是对残酷的宣泄，这种残酷体验游戏及其玩家的朋友圈分享，不仅记录了这个时代越来越多的娱乐化过程，而且更严重的是生产了新的精神污染。

从残酷事件在不同文化样式中的价值来看，游戏中的残酷是满足消费大众模拟演示的娱乐需求，实现文化商品的经济价值。但文学艺术中的残酷本身并不是一种审美价值符号，而是艺术家尝试通过残酷叙事提供一种反思的视角。上升到美学层面即是汤拥华先生所说的："一种面向残酷的美学所关心的不是残酷的审美价值，而是审美价值、伦理价值、政治利害等能否以及如何构成一个富有启发性的事件，它不是一种体系，而是一种视角。"[2]在网游文化中，游戏玩家一头扎进网络，深深地卷入"拟像"世界进行"虚拟性的体验"，进而模糊了现实经验与荧屏幻影的区别，即凯瑟琳·海勒所说的："虚拟经验对电脑屏幕前面存在的物质性身体与荧幕里面似乎可以创造空间的电脑幻影/

---

[1] 苏珊·桑塔格：《关于他人的痛苦》，黄灿然译，上海译文出版社2006年版，第129页。

[2] 汤拥华：《后人类叙事与虚拟时代的美学更新》，《中国文艺评论》2019年第4期，第53页。

模拟物进行区分。"①游戏参与者在虚拟的残酷中获得刺激和成就幻象。

二、"震惊"感官的延伸与"静观"思维的"截除"

网络游戏、影视、短视频等新媒介文化对人们的感知与认知有何影响呢？一方面它使人的感官不断延伸，人们在文化消费中更倾向于被"震惊"。另一方面则使人的沉思体验与静观不断退缩。借用麦克卢汉媒介延伸理论来说，就是思维或认知的"截除"。在游戏的打斗和影视剧的狂欢中不断延伸其感官，而原本那种主要通过时间维度延伸的思维则在娱乐文化的视像及其触觉感知的冲击下日益钝化，原本心灵体验的美感跌落为瞬时的感官刺激，蜕变成看得见摸得着的物质生活或触觉体验。在电子传媒时代，如果说"图像把感觉粉碎成连续的片断、粉碎成刺激"，②那么网络游戏、短视频、网络直播很大程度上则把思维钝化甚至"截除"了。这些娱乐文化的美学困境在于，经济理性打造并驾驭的消费符号将消费大众引入一个幻象世界，将现实生活中的人推入虚拟仿像世界，同时也将"思索的人"变成"官能的人"。网络游戏是这些娱乐文化中最典型、最普遍的一种，无论是后人类科幻小说中的那种"人机大战"，还是后现代语境下的"世界末日"或历史语境中的"帝国争霸"，到了网络游戏中就丧失了美学功能。正如汤拥华所说："如果说以美为中心的美学是通过审美对象所引发的愉悦，在人与人之间求取想象的同情；以崇高为中心的美学，是在有限的形象和无限的世界之间求取动态平衡；那么以残酷为中心的美学，便是在虚拟与现实的争执处，更具批判性地思考人与人的关系。"③但是诸如《英雄联盟》《王者荣耀》《地下城与勇士》《魔兽世界》《龙之谷》《热血传奇》等竞技游戏，作为大众文化"文本"，其在女性玩家那里被视作父权制价值观的铭写，或者是成为获得解放的符号；在男性玩家那里它们是虚拟权力与成就的象征符号。其残酷给玩家带来的是炫、酷、爽，丧失了文学艺术那种残酷叙事所蕴含的批判性思索与叩问。

再看那些或美轮美奂或血腥残酷的科幻电影。它一方面可借助现代科技手段制造出超现实的唯美虚拟空间使观者获得一种身临其境的满足感。另一方面也制造了残酷血腥的魔幻残杀、暴力的丑恶场景。这种消费文化借助电影这一"热媒介"④使人们失去了深度参与、深入思考和再创造的机会，将越来越多的年轻人卷入其中，将其捆上文化消费的急速战车，使其无暇思考，其冷静思考与思辨能力被仿像的感官刺激所吞噬，也就是麦克卢汉所说的"任何发明和技术都是人体的延伸或自我截除"。⑤这种借助人工智能过度表现的残酷、悲惨在缺乏反思的情况下的确表征了媒介对人的思辨能力的"截

---

① 凯瑟琳·海勒：《我们何以成为后人类：文学、信息科学和控制论中的虚拟身体》，刘宇清译，北京大学出版社2017年版，第26页。

② 让·鲍德里亚：《象征交换与死亡》，车槿山译，译林出版社2006年版，第90页。

③ 汤拥华：《后人类叙事与虚拟时代的美学更新》，《中国文艺评论》2019年第4期，第54页。

④ 马歇尔·麦克卢汉：《理解媒介——论人的延伸》，何道宽译，商务印书馆2017年版，第51页。

⑤ 马歇尔·麦克卢汉：《理解媒介——论人的延伸》，第78页。

除",同时也带来了视觉和精神污染。如周臻所说,"在有些情境下人工智能技术对于丑恶的展示所带来的影响可能更大于对于美好的呈现,从而使得科技创制的丑陋影像成为观众难以忘却的集体记忆","同时,人工智能的加速发展在提升技术的同时,亦可能使人类自身面临更加被压抑、限制和操控的风险。人们在利用科技扫除神圣和崇高的同时,也可能落入工具理性的牢笼。人工智能艺术往往展示和放大人类的终极美,或者说将人的大美大善加以最大程度的展示,具有理想主义的色彩"。①

事实上,人工智能所带来的审美幻象很容易使人在这种集体的狂欢中失去对社会的批判能力,尤其是对那些新媒体娱乐痴迷者和网游上瘾者来说更是如此。他们在媒体娱乐信息的包围中和游戏的行动中渐渐变成娱乐文化的"工具",他们似乎习惯于同图像和文字信息碎片打交道,而拙于同印刷文本打交道。对此道格拉斯·凯尔纳指出:"当今的媒体上瘾者和技术迷被人们看作是信息和娱乐的捕猎者和收集者,他们决意要生活在一种过量的'信息娱乐'之中,应对一系列数量惊人的图像和观念。"②他们在游戏的循环行动中狂欢,在流动的仿像中沉醉,却在文学沉思的审美圈外"游荡"。因此,从媒介对其影响来看,这种新兴电子媒介催生的游戏、影视、娱乐视频在延伸人的感官的同时,则会截除人的静思和批判。

三、数字媒介及其消费性对文学超越性的消解

数字媒介对审美的影响,还体现在其消费性对文学超越性的解构。消费时代,商业资本构建的网络平台、社交软件、网游、娱乐视像以及超文本,将原本那种作为人类生命活动的高阶精神拽入狂欢的官能世界。就文学传播与接受而言,传统依靠作家富于想象创作并通过印刷文本存在的"统一形式",今天被新文化工业的生产模式所解构,这种新模式将受众分割成相互连接的"趣缘社群"或"亚文化圈"。"亚文化圈的受众欣然将自身加工为IP网系统的一个机能,任何'亚文化圈子'表面上分殊的感受性背后,是无差异的由资本驱动流量的至上逻辑。文学失去了内容的自律,取而代之的是纯形式的自律:它具有彻底的工业自动化的、编程般的形式。"③AI文学、超文本文学都是这种自动化、编程般的创作的文学表征。无论是创作还是阅读,这些文本都具有鲜明的大众消费性特征,这种消费性打破了自文艺复兴以来形成的人的文学及其超越性的精神结构,或者说把文学的审美超越性解构了。与此同时,从人们对文化产品的选择来看,新媒介文化商品更容易吸引大众。数字时代的读图和文字碎片极易满足人的官能享受,却降低了人的记忆与反思能力。引用斯蒂格勒的话说就是:依赖数据自动化运作的新文化工业

① 周臻:《人工智能艺术的审美挑战与反思》,《山东社会科学》2019年第4期,第185页。

② 道格拉斯·凯尔纳:《媒体文化——介于现代与后现代之间的文化研究、认同性与政治》,丁宁译,商务印书馆2004年版,第32页。

③ 王曦:《后人类境况下文学的可能未来——科幻母题、数字文学与新文化工业》,《探索与争鸣》2019年第7期,第154页。

极度削弱了人的行动能力和反思批判的能力。在最消极的意义上,我们只剩下在媒介刺激下无限重复的官能感受,这一体系因而无法具备真正的持存性与能产性。[①]尤其是网络游戏,正在把前电子媒介时代的文学欣赏者或审美者变成游戏或视像的参与者、体验者。与文学读者相比,游戏玩家通过参与扮演游戏文本角色而获得快感,而文学读者则通过文学文本的叙事或文学语言陶冶性情。前者是一种互动式的虚拟体验,后者是一种沉浸式的欣赏和真实感悟。

在充斥着图像、信息、游戏的时代,传统现实经验的真实性已经被鲍德里亚所说的"拟像"所遮蔽和消解,人们生活在一个"拟像"的"仿真"世界,习惯于接受无处不在的图像及其所带来的感官体验。网络游戏、短视频、直播、互动交互平台正在强力挤压文学空间。就文化生活而言,人们已经从此前的文学想象世界进入消费社会的虚拟感官世界。对此刘旭光教授指出:"我们生活在图像已经在某种程度上替代'真实'的时代,它给予我们一个仿真化的现实。'仿真'的重要意义就在于用模型、符号和技术控制实现一个超现实的社会,并且构建了全新的社会秩序。在这种社会秩序之中,以数码技术为核心的高度发达的现代科学技术主宰了人们的世界,主客体之间的关系被颠倒了过来,曾经作为客体的技术和对象世界,反过来统治和操纵了人,人的主体性在这一过程中消失了。"[②]主体性消失的一个严重后果就是审美乌托邦的消解,代之而起的是信息乌托邦的强势登场。依托数字媒介裂爆的信息将人置于一个变化无定的动态系统中,甚至将人也变成信息或者媒介。因此,传统文学通过人物、背景、事件等叙事和语言来感化人,最终以实现审美的目的;网络游戏则通过模拟、角色扮演、拼接来吸引玩家,以最终实现消费的目的。而网络文学和超文本阅读也如同游戏一样,它们在将读者变成乔治·兰道所说的"共同作者"的同时,也将其变为"游戏者",因为网络文本、超文本阅读犹如玩拼接游戏。

从文化选择及消费维度看,移动互联网的普及和文化的资本化改变了文化生产、选择和接收模式,更从深层改变了人的认知和文化观念。人文主义精英艺术的"真理""诗性""高雅"已经被大众艺术的"无序""感性""媚俗"挤压,古典主义艺术的"静观沉思"被消费主义艺术的"享受狂欢"和数据主义的"交流宣泄"涤荡,这一点在文学中体现得尤为明显。如果说市场化使文学的现实批判、浪漫情怀抒发的"乌托邦"理想崩塌,那么,数字化和消费化则让文学生产、接受的完满审美体验沦落为娱乐狂欢的碎片。资本利用数字媒介将文学从静思的审美世界推入感性娱乐消费世界。为此胡友峰指出:"文学作品的创作开始从'精神审美'向'娱乐消费转移',当文学消费代替文学接受成为生产链的终极目标,文学作品面向市场面向社会批量生产,'为文学而文学'的创作初衷及审美特性已消退。"[③]在创作层面,作家那种将笔指向人类心灵深处的永恒之境、信仰之境

---

① 贝尔纳·斯蒂格勒:《人类纪里的艺术》,陆兴华、许煜译,重庆大学出版社2016年版,第157页。

② 刘旭光:《艺术作品自身:"拟像"时代的艺术真理论》,《陕西师范大学学报(哲学社会科学版)》,2019年第4期,第93页。

③ 胡友峰:《媒介生态与当代文学》,武汉大学出版社2016年版,第329页。

的创作追求,让位于市场操控下用键盘敲击甚至超文本拼接的生产狂欢,文学创作的涓涓细流淹没于视频、图片、游戏、混杂符号片断等信息奔腾的潮涌。在接受层面,传统艺术的"沉浸式"静观、沉思让位于文字的碎片浏览与斑斓图像的"冲浪"。尽管市场与数字媒介将文学从神圣高阁拽入大众生活,但在消费娱乐的狂欢中又有多少人去关注文字和图像后面到底隐藏着什么呢?"即便文学凭借着与大众媒介的联姻走进千万家,但又有多少人知道这斑斓光影背后架构何种神圣的话语,谁又会思考屏幕上五彩图像和动人音乐能让我们获取什么? 更何况与大众媒体联姻时,文学的文学性、严肃性已经被不可逆转地肢解了,因为观众的期待不在曾经的文本上,他想要得到的是最后的直接的不假思索的消遣娱乐,从而放逐了文学本身的精神、审美、想象等,这并非是文学的意义所在。"①实际上,文学的市场化、数字化、人工智能化尽管肢解了文学性,但是文学仍然会以新的文化观念被建构。因此,真正危及文学尤其是小说命运的,不是电子媒介对文学生产与接受方式的改变,而是数字技术催生的消费文化新业态对文学艺术生存空间的挤压,这其中尤以数字媒介游戏和视像娱乐交互软件带来的冲击最大。

四、文学叙事的审美追求与游戏叙事的体验导向

叙事是小说、史诗、神话等文学文本的核心,也是其文学性和审美价值的根本。游戏文本则不同,其核心是动作和场景。尽管诸如《霍比特人》《半条命》等网络游戏也具"故事性",但其玩家对故事情节是否富于想象、是否具有精巧情节完全不在意,他们只关注自己的"任务"以及"执行任务"带来何种体验。就叙事而言,尽管历险类和角色扮演类游戏也有故事性,也能将玩家卷入虚拟的故事世界并使其成为"主演",从游戏的进程及故事发展来看,玩家在游戏过程中扮演的是"共同作者",其快感来自执行任务——参与游戏叙事和"表演"。但网络游戏与传统小说、电影、电视剧相比,体验者在叙事中的作用明显不同,玩家在游戏中参与了叙事,是因为游戏的情节、结局一方面由程序员设定了多种可能性,另一方面取决于玩家的选择和行动。这是游戏文本最突出的叙事优势,它能轻而易举吸引玩家,让其在行动中扮演角色并获得快感。正如玛丽-劳尔·瑞安所说:"游戏的叙事成功秘诀在于,可以利用最为基本的动力来推进情节发展:即解决问题。玩家追求游戏所设定的目标,要执行一系列决定游戏世界命运的动作。这个命运的创造,是通过戏剧性的表演而不是讲述式的叙述来实现的。但是,与标准戏剧不同的是,这种上演是带有自为式的目的,并不面向观众:执行动作是玩家的重点,也是玩家快感的主要来源。玩家通常都太专注于他们的任务而不去思考他们行动所书写的情节,但是当人们描述他们的电脑游戏时段时,他们的报告通常以故事的形式呈现。"②"游戏的叙事性本身并不是其目的,而是迈向特定目标的一种手段。最复杂的游戏不需要用叙事的装束来吸引玩家……游戏靠的是精心的策略设计,而不是游戏世界的想象力

---

① 胡友峰:《媒介生态与当代文学》,第333页。

② 玛丽-劳尔·瑞安:《跨媒介叙事》,张新军、林文娟译,四川大学出版社2017年版,第320页。

方面的震撼。"①也就是说,游戏虽然有其叙事性,但叙事对玩家的影响在于其理解和掌握游戏的操作技巧或动作,而不在于被故事情节感化或震撼。与此不同,小说的叙事最终让读者在故事精巧的情节中体验阅读带来的"完满"。但游戏则是让玩家在无限重复的行动或者不同的探秘中达到宣泄、放松的目的,或者也能在玩友的分享中获得成就感。因此,游戏的叙事目的是吸引玩家参与的一种手段,而不是感动玩家。

就文化的价值而言,虽然19世纪现实主义和浪漫主义文学世界中的"镜与灯"不再那么明净耀眼,尽管在新科技文化工业条件下文学审美乌托邦价值已经被影像、信息的娱乐乌托邦所消解,甚至大众艺术与经济合谋,但文学作为精神产品的功能仍然与消费保持着激烈的争斗关系。相反,数字媒介游戏的核心价值本就是经济价值。它借助玩家的行动、实时性和交互性使玩家获得快感,使公司获得收益。正如亚当·阿尔维德森等人所说的那样:"计算机游戏的'实时性'使玩家对真实生活和虚拟世界边界的感知日益钝化——他们的现实社会活动和社区中充斥着与游戏相关的聊天室、博客和部落网站。"②游戏玩家在行动和剧情讨论互动的畅快中从事着"非物质劳动(Immaterial Labour)"并不自觉地成为"无酬劳动者(Unpaid Labourer)"。尽管政府在如何保护青少年身心健康以避免被游戏伤害方面出台了相关规定,但从网络游戏参与规模的增长来看,情况似乎并不乐观。据统计,截至2022年12月,我国网络游戏用户达5.22亿,占网民整体的48.9%;网络游戏和网络视频的使用率分别发高达48.9%、96.5%;从网络使用的年龄结构来看,青年人成为网络使用的主体,其中10—19岁和20—29岁的网民分别占14.3%、14.2%。③借助移动互联网而扩张的图像文化、游戏已紧紧将青年攫住,使不少青年沉迷在这个"仿像"世界而失去自由,钝化想象和思维。

在数字新媒介影响下,文学生产、传播、接受方式改变了,包括文学文本、文学批评的思想表达、话语体系也改变了。对此尼尔·波兹曼指出:"每一种媒介都为思考、表达思想和抒发情感的方式提供了新的方位。从而创造出独特的话语符号。"④数字媒介正在改变人的思考、认知和表达情感的方式,同时也打破了文化的权利和边界。它正在将原本处在下层的大众文化往上推,同时也把原来高高在上的艺术文化拽落神坛,文学艺术的那种完整的、超越的审美体验也被数字娱乐文化的感性体验消解、遮蔽。商业化的网络文学、电影、电视剧、游戏、短视频等大众文化改变了艺术的生产与鉴赏。此时,文化的鉴赏者既是接受者也是生产者。即便大众艺术的文本如约翰·费斯克说的那样贫困且极富互文性,但其享用者却会近乎狂热地直接参与其中。这与传统精英艺术及其"读者"或"观者"之间保持的那种神圣、敬畏、鉴赏和批判完全不同。因为"大众文化的

---

① 玛丽-劳尔·瑞安:《跨媒介叙事》,第320页。

② Adam Arvidsson, Kjetil Sandvik. *Gameplay as Design: Uses of Computer Players' Immaterial Labour*,见姚建华主编:《数字劳动:产消合一者和玩工》,商务印书馆2019年版,第174页。

③ 中国互联网信息中心:第51次《中国互联网发展状况统计报告》,http://www.cnnic.cn/n4/2023/0303/c88-10757.html,2023年10月21日检索。

④ 尼尔·波兹曼:《娱乐至死》,章艳译,广西师范大学出版社2012年版,第10页。

迷失过度的读者:这些狂热爱好者的文本是极度流行的。作为一个'迷',就意味着对文本的投入是主动的、热烈的、狂热的、参与式的。着迷是布迪厄所说的无产阶级文化实践的一部分,与中产阶级那种对文本保持距离的欣赏性和批判性的态度正好相反"。①即使是文学,网络文学、超文本、虚拟现实环境中的互动戏剧等大众文化,使文学从精英走向大众,从读者变成"共同作者",也使文学从传统的鉴赏、批判与超越的美学走向大众的参与、狂欢和消遣。消费时代,网络游戏、短视频、信息流、网络影视等大众文化商品广受网民欢迎,正体现了瓦尔特本雅明所说的"大众想要撒心、艺术却要求专心"②的文化感知模式。在随手可得各种信息、随手可发布信息的时代,通过传统文化艺术陶冶、感化消费者变得越来越难。因为数字新媒介使原本依赖于物质的信息脱离为漂浮的能指,或者是凯瑟琳·海勒说的"闪烁的能指"。短消息、短视频、网络直播、网络游戏等新的大众文化产品只有在流动和交流中共享意义,大众更多的是在信息交互流动中获得快感,而不是在独自阅读或静思中被感化。原因在于,"许多大众的快感,特别是青年人的快感(他们可能是动机最强烈的逃避社会规训的人),会转变成过度的身体意识,以便生产这种狂喜式的躲避。摇滚乐震耳欲聋地播放着,以至于只能靠身体去感受,而不能用耳朵去倾听……这一切都可用来提供物质感官的、逃避式的、冒犯性的快感"。③

　　总之,纵观人类历史及其媒介,发展到数字媒介时代,无论是狭义的传播媒介还是麦克卢汉所说的作为人的身体延伸的工具媒介和智力延伸的电子媒介,始终都与人的感知、认知紧密相关。这些媒介作为人的延伸,影响着人的日常生产生活,也影响着文化生活和精神建构。就文化生活而言,媒介不仅影响文化的生产、传播,同时也影响人们对文化的选择与感知,并最终影响人的审美、伦理、逻辑等整个精神结构。如果说瓦尔特·本雅明所说的机械复制时代艺术品被触及的是其"灵光",那么数字媒介时代,艺术品被触及的则是其"真实",即艺术之真和人之真。就文化传播的媒介而言,口传时代和机械时代人们偏重的视觉、文字和线性结构感知,已经被数字媒介裂变为非线性的、分散的、网格化的多维感知。这种变化对文学的影响可谓空前,它一方面将更多的文学读者变成游戏、视频的"玩家"、影视的"观众"和信息海洋的"冲浪者",另一方面将原来的作家、程序员、电子计算机、读者整合为AI"明星"或文化商品。此外,借助互联网不断增值的商业资本也将重新建构宗教、哲学、文学、游戏、影视、交互平台等文化生态系统,在新的文化生态系统中,文学为何? 文学何为? 艺术何为? 审美何为? 乃至人何为等问题,将是布拉伊多蒂、哈桑、海勒等人所说的"后人类"社会无法回避的问题。

---

① 约翰·菲斯克:《理解大众文化》,王晓珏、宋伟杰译,中央编译出版社2002年版,第174页。

② 瓦尔特·本雅明:《迎向灵光消逝的年代:本雅明论艺术》,许绮玲、林志明译,广西师范大学出版社2004年版,第96页。

③ 约翰·菲斯克:《理解大众文化》,第63页。

中华优秀传统文化"两创"的理论内涵、实践进路及其当代价值①

刘　欣

摘　要： 中华优秀传统文化是中华民族永葆生机与活力的重要精神命脉和精神支柱。中华优秀传统文化"两创"内蕴着深厚的理论内涵,从历史维度看,中华优秀传统文化是中华民族的"根"与"魂";于现实维度而言,应在大历史观视域下坚持以辩证统一观点看待中华传统文化的"两重性";实践维度方面,需在"守正"与"创新"中发扬传统文化时代价值,在"两创"中坚定中国特色社会主义理论自信。只有在现实、历史与实践维度深入明晰中华优秀传统文化"两创"的理论内涵,才能立足于传统儒家文化的根基进一步明确"两创"的实践进路:以"民本思想"批判西方资本逻辑,彰显人民性的文化底蕴;以"天人合一"突破人与自然对立,践行绿色生态文明理念;以"和合"文化破解文化冲突,构建交流互鉴的文化发展格局;以"公平正义""共富思想"等全人类共同价值为遵循,创建人类文明新形态。中华优秀传统文化"两创"具有重大的时代价值和世界意义。主要表现为以儒家思想为内核的传统中华文明升华为以马克思主义为指导的中国特色社会主义先进文化和新型文明;为中华民族的伟大复兴奠定了深厚的民族文化根基;开创了人类文明的新形态,开辟了世界现代化发展的新路径。

关键词： 中华优秀传统文化;两创;中国式现代化;人类文明新形态;文化旨归

本文引文格式： 刘欣:《中华优秀传统文化"两创"的理论内涵、实践进路及其当代价值》,见何云峰主编:《劳动哲学研究》第9辑(2023年第2辑),上海教育出版社2023年12月版,第322—333页。

　　文化是民族和国家的精神命脉,新时代,党中央高度重视文化建设工作。推动中华优秀传统文化创造性转化、创新性发展(以下简称"两创")是新时代中国特色社会主义

---

① 基金项目:上海市哲学社会科学规划课题"新时代中国特色社会主义的历史方位"(项目编号:2020WXB004)。作者通信地址:刘欣,上海师范大学人文学院,上海200234。

文化建设的基本经验和重大战略部署。党的二十大报告再次强调:"我们要坚持马克思主义在意识形态领域指导地位的根本制度,坚持为人民服务、为社会主义服务,坚持百花齐放、百家争鸣,坚持创造性转化、创新性发展,以社会主义核心价值观为引领,发展社会主义先进文化,弘扬革命文化,传承中华优秀传统文化,满足人民日益增长的精神文化需求,巩固全党全国各族人民团结奋斗的共同思想基础,不断提升国家文化软实力和中华文化影响力。"中华优秀传统文化是中华民族的突出优势,是我们在世界文化激荡中站稳脚跟的根基,必须结合新的时代条件传承和弘扬好。因此,新时代推动中华优秀传统文化"两创",既是对中华文化"一脉相承"历史发展规律的必然要求和必然选择,更是在大历史观视域下坚持辩证统一观点看待中华传统文化"两重性"的过程中批判继承优秀文化、革新去除旧文化的文化自觉。"两创"包含两个层面:创造性转化是要按照时代特点和要求,对那些至今仍有借鉴价值的内涵和陈旧的表现形式加以改造,赋予其新的时代内涵和现代表达形式,侧重于在理念上、内容上、表达上、形式上等各层面的"现代转型";① 创新性发展是要按照时代的新进步新进展,对中华优秀传统文化的内涵加以补充、拓展、完善,增强其影响力和感召力。因此,只有在历史、现实和实践维度深入明晰中华优秀传统文化"两创"的理论内涵,撷取优秀传统文化的"基因"和"要素",才能立足于传统儒家文化的根基明确"两创"的实践进路,进而深入领悟中华优秀传统文化"两创"对于当代中国和中华民族的时代价值以及对于人类文明和全世界的重大意义。

一、中华优秀传统文化"两创"的理论内涵

(一)历史维度:中华优秀传统文化是中华民族的"根"与"魂"

中华优秀传统文化中所蕴含的思想文化、道德观念、人文精神,是独具中华民族文化特色的精神标识,对每位中国人的思维观念、道德准则和行为方式都起着潜移默化的作用,成为流淌在全体中华儿女身上的共同文化基因和文化血脉。源远流长的中国传统儒、佛、道三家文化为国人确立了立身处世的道德准则规范,提供了安身立命的最终精神归宿,中国人民在修身齐家、知常达变、建功立业的处世哲学中逐渐形成了不同于其他民族的独特精神标识。中华文化强调"民惟邦本""民贵君轻"的民本思想,《周易》中"天行健,君子以自强不息"② 显露出绵延在上下五千年古老中国文明中的民族精神和思想意识,《礼记》中"大道之行也,天下为公"③ 呼唤着天下大同的社会理想,《孟子》中"老吾老以及人之老,幼吾幼以及人之幼"④ 召唤着孝老爱亲的美德传统,"天人合一"

---

① 商志晓:《中华传统文化创造性转化创新性发展的哲学审思》,《光明日报》2017年1月9日第15版。
② 姬昌:《周易》,杨天才、张善文译注,中华书局2011年版,第8页。
③ 戴圣编:《礼记》上,胡平生、张萌译注,中华书局2017年版,第419页。
④ 杨伯峻:《孟子译注》,中华书局2005年版,第16页。

体现了人与自然的辩证统一,"君子喻于义,小人喻于利"①"见利思义"传达了孔子所主张的"重义轻利"的义利观,"穷则独善其身,达则兼济天下"②"经世济民""扶贫济困"等观点均展现了互助互爱的"共富"思想主张。在治国理政方面,倡导"礼法合治、德主刑辅","为政之要莫先于得人";③ 在个人修养方面,讲究以德为本,追求正心明道,以达到明德立志,修德立身的崇高境界。中华民族优秀传统文化虽历经千年变革但仍以其内蕴的浑然天成、血脉相通的内在同一性和相对稳定的文化结构,在随世事变迁的发展过程中相沿不辍而又与时俱进。

中华优秀传统文化深深植根于跨越上下五千年的中华文明沃土之中,具有极大的开放性和包容性。博大精深、海纳百川的中华文化孕育了中华民族独特而宝贵的精神品格,为中华民族在新时代的文化激荡与发展壮大中提供了源源不断地养分补给与精神动力。中华文化中蕴含了中华民族坚韧不拔的精神追求,深具鲜明民族特色的文化理念,为中华民族的绵延发展和强盛不衰提供了丰厚的精神滋养,培育了世世代代中国人民崇高的道德修养和价值追求,因此,中华优秀传统文化是中华民族的"根"与"魂",是支撑中华文明生生不息、薪火相传的不竭动力源泉。时至今日,仍是建设社会主义文化强国以及铸就中华文化新辉煌的强大精神力量。

(二)现实维度:应在大历史观视域下坚持辩证统一观点看待中华传统文化的"两重性"

在新时代弘扬中华传统文化,应对其基本属性、价值和内涵进行历史的、客观的、辩证的分析,既要看到中华传统文化对中国当下经济社会发展的积极促进作用,也要看到其中陈旧的、滞后的、不适应新时代发展变化和需求的糟粕思想内容。在进行"两创"之前,首先要学会运用辩证统一的观点客观正确地看待中华传统文化,从中辨别、分拣出"精华"部分和"糟粕"内容,去伪存真、去芜存菁,只有这样才能更好地在实践层面对中华优秀传统文化进行"两创"提供坚实而稳固的理论前提和现实基础。

中华传统文化具有鲜明的文化"两重性",并突出地表现在中华民族的伦理观念上。传统文化强调伦理本位的道德价值观,讲忠讲孝,重视家庭伦理、血缘亲情,涵盖了整个社会人际交往,三纲五常成为国家政治和社会道德以及社会秩序的根本原则,以血缘关系为纽带构建了整个宗法政治、人际网络和日常生活习俗。传统文化在稳固社会秩序、推动封建社会发展方面发挥了极其重要的作用,但其中也衍生了封建特权、家长专制、严格的封建等级和尊卑等级制度,包括一些迷信思想对人民思想的禁锢,从而产生了墨守成规、故步自封、不思进取等消极影响。其中,最为突出的表现是传统"忠孝"观念。儒家提出了"以孝治天下""内孝外忠"等思想主张,在稳固政治统治与社会秩序,维护社会和谐稳定的同时,却也麻痹着民众的思想。在精神层面消解了民众对于封建统治者的反抗意识,进而愈演愈烈,最终衍生出愚忠愚孝等极端行为。传统文化的两重性还突

---

① 杨伯峻:《论语译注》,中华书局2018年版,第42页。

② 杨伯峻:《孟子译注》,第304页。

③ 吴兢:《贞观政要》,齐鲁书社2010年版,第219页。

出表现在"尚古""中庸"等思维方式上。中国传统中庸之道,主张"不偏不倚",倡导"叩其两端""执而两中",强调"过犹不及""物极必反""欲速则不达"。历史不断证明:中庸思想"中正之道""不偏不倚"等积极方面,培育了中华民族爱好和平、以和为贵的民族性格,但中庸思想中蕴含的维护旧质,反对质变等因循守旧思想,是折中主义、反辩证法的,给中华民族带来了害怕冒险、轻视创新、抱残守缺、不思进取的负面影响,很大程度上是阻碍社会发展进步的巨大障碍。

必须准确把握传统文化"两重性"的辩证统一关系,按照新时代习近平总书记提出的"两创"方针要求,在大历史观视域下运用辩证统一观点客观正确看待中华传统文化的"两重性",从而以高度的文化自觉和文化自信着力推动我国文化事业长足发展。

(三)实践维度:需在"守正"与"创新"中发扬传统文化时代价值,在"两创"中坚定中国特色社会主义理论自信

当前,中华民族面临着百年未有之大变局,当今世界范围内的各种思想文化相互竞争、相互激荡、相互融合。在此背景下思考如何在"守正"与"创新"中发扬提升传统文化的时代价值,如何牢牢掌握意识形态领域的主导权、主动权和话语权,如何在"两创"中坚定中国特色社会主义理论自信,是我们必须要全力解决的重大现实课题。

中国特色社会主义文化是以马克思主义为指导,在党领导人民进行长期革命、建设和改革的伟大实践中逐渐开创并形成的。这些都是中华民族安身立命之"根",必须通过"守正"与"创新",激发文化活力,发扬文化价值,增强文化自觉,坚定文化自信,实现文化自强,进而为成功建设文化强国筑牢文化根基。为适应改革开放的发展需要以及建设中国特色社会主义现代化强国的目标要求,中华传统文化需要持续进行自我更新,不断"守正"和"创新",将传统文化中优秀的资源挖掘出来,立足新的实践,顺应时代潮流,科学梳理萃取,不断发扬光大。我国传统文化中儒家的思想精髓是"仁、义、礼、智、信",老庄道家思想的精华可以概括为"尊道贵德",佛家的"修身"和"修心"以及劝人积德行善等思想精髓,必须始终不渝地坚持、与时俱进地弘扬。而对于那些否定传统、数典忘祖、消解经典、妄自菲薄的历史虚无主义做法,对于食古不化、墨守成规、循规蹈矩、抱残守缺的保守主义以及故步自封、画地为牢等封闭主义,应该加以批判并坚决摒弃。在新时代,只有不忘本来,坚守本心,做到"守正",才能站在历史的高处,看清社会和历史发展进步的趋势,才能在纷繁复杂的社会文化中区别出主流和支流,并在保持清醒、坚守主流的政治定力中分辨出先进文化和落后文化,进而划分好先进文化和糟粕文化所带来的积极影响和消极作用,才能抵御历史虚无主义、封闭保守主义和腐朽文化的不良影响;只有坚持古为今用、与时俱进、面向未来,做到"创新",使中华优秀传统文化与当代社会主义先进文化相结合相融通,以更加开阔的心胸吸收借鉴外来文化中的有益成分,并在"两创"中重新激活并唤醒传统文化中蕴含的旺盛生命力,使其在新的时代条件下焕发出新生机,才能发扬中华优秀传统文化的时代价值,以便更好地为中国特色社会主义事业建设服务,进而更加坚定中国特色社会主义理论自信。

二、中华优秀传统文化"两创"的实践进路

（一）以"民本思想"批判西方资本逻辑，彰显人民性的文化底蕴

在中国式现代化道路的探索过程中，中华民族善于从中华优秀传统文化中汲取治国理政的理念和智慧，充分挖掘和汲取"以民为本"的价值理念和民本思想，批判西方以"资本至上"为发展意旨导致的劳动异化、人的异化的资本逻辑。民本思想在我国具有悠久的历史，深刻地影响了中国几千年来政治思想的衍化和发展，从古至今在关于国家兴衰发展的各类古籍文献中均可见到相关论述，最早可追溯到夏商周时期便开始的"民惟邦本，本固邦宁"，到战国时期《孟子》的"民为贵，社稷次之，君为轻"；[1] 先秦《吕氏春秋》中"人主有能以民为务者，则天下归之矣"；[2] 到西汉的"制国有常，而利民为本"；[3] 唐代的"邦之兴，由得人也；邦之亡，由失人也"；[4] "君，舟也；人，水也。水能载舟，亦能覆舟"；[5] 到明代的"君必自附其民，而后民附之；君必自离其民，而后民离之"；[6] 清代的"利民之事，丝发必兴；厉民之事，毫末必去"；[7] 近代孙中山的"国家之本，在于人民"；[8] 都表明了人民在国家发展中的重要地位和作用，由此凸显了中华文化深沉的民族基因中蕴含着深厚的民本思想。

回顾新中国成立以来的光辉历程，我国历届领导人都有对"民本思想"的重要阐述，从毛泽东提出的"全心全意为人民服务"，邓小平的"三个有利于"，到江泽民的"三个代表"重要思想，胡锦涛的"以人为本"，再到习近平总书记提出的"以人民为中心的发展思想"，其本质内涵和精髓得到了一脉相承地延续和继承，无不体现了中国式现代化道路中所蕴含的"人民性"。可以说，民本底蕴和人民情怀是中国式现代化道路中最鲜明的底色和本质特征，这是古老的中华文明在新时代的发展延续，也为中国式现代化道路提供了思想内核和价值遵循。独具"人民性"文化底蕴的中华文明，成为中国式现代化道路超越西方资本主义现代化道路的核心要素。因此，中华优秀传统文化进行"两创"，在实践层面首先要坚持"民本思想"，坚定不移走以人民为中心的发展道路，以人民的生存、自由、平等、发展作为国家和社会发展的前提，始终把实现和解决好人民的生存权和发展权作为第一要务，进而为推动全人类的发展进步作出巨大贡献。

（二）以"天人合一"突破人与自然对立，践行绿色生态文明理念

人与自然的关系是人类生存和发展的基本关系，是对立统一的辩证关系。一方面，

---

① 杨伯峻：《孟子译注》，第328页。

② 吕不韦：《吕氏春秋·爱类》，陆玖译注，中华书局2011显版，第755页。

③ 陈广忠：《淮南子》上，中华书局2011年版，第722页。

④ 白居易：《策林·辨兴亡之由》，（清）董诰等编：《全唐文》，上海古籍出版社1990年版，第3018页。

⑤ 吴兢：《贞观政要》，第18页。

⑥ 庄元臣：《叔苴子外篇·卷一》，伍崇曜辑《粤雅堂丛书》，谭莹校勘编订，中文出版社1983年版，第794页。

⑦ 万斯大：《万斯大集》，曾攀点校，浙江古籍出版社2016年版，第190页。

⑧ 孙中山：《孙中山卷——中国近代思想家文库》，中国人民大学出版社2015年版，第49页。

人类对自然具有影响作用,人类的活动影响着自然的结构、功能与演化过程。另一方面,自然为人类提供了基本的生存条件和发展环境,同时制约着人类的行为,人类的生存发展要依赖于自然。西方资本主义的现代化,是以过度消耗资源和破坏环境为发展的代价。人类盲目地改造自然并对其进行无休止地索取破坏,导致自然内部生态平衡失调、生态环境进一步恶化,并最终反噬人类自身,成为阻碍人类文明发展进步的巨大障碍。恩格斯曾针对人与自然的关系作过精彩论述:"我们不要过分陶醉于我们人类对自然界的胜利。对于每一次这样的胜利,自然界都对我们进行报复。"① 因此,自然界对人类的生存和发展具有制约作用。当人类实践活动的强度超出自然界的承受范围时,人类必将遭受自然界的"报复",从而最终为自己的行为和后果买单。

与资本主义现代化道路截然不同,中国式现代化道路继承了中华文化中"天人合一"的思想精髓,复归人的自然本性,达到与自然的融合协调,致力于将绿色生态的文化基因转化为现代化建设的生态文明理念。从"人法地,地法天,天法道,道法自然"② "天地者,万物之父母也"③ "亲亲而仁民,仁民而爱物"④ 到"万物并育而不相害"⑤ "万物各得其和以生,各得其养以成"⑥ "物,谓禽兽草木;爱,谓取之有时、用之有节"⑦ 等,都体现了中华文化一脉相承的崇尚自然、强调人与自然和谐相处的生态文明思想。中国式现代化道路走的是人与自然和谐共生的道路,中国共产党在创建人类文明新形态、带领人民走中国式现代化道路的探索征程中,始终坚持人与自然的和谐统一,大力推进生态文明建设向纵深发展,在实践中不断丰富对生态文明理念和内涵的全面性和科学性认知。与此同时,在五位一体的总体发展布局下,生态文明建设是中国式现代化建设的重要内容,这是"天人合一"传统文化基因的当代延续和新诠释,也是走可持续发展道路的根本保障。以"天人合一"的发展理念,致力于实现人与自然和谐共生,是新时代对优秀传统文化进行"两创"的重要实现路径,也必将会为中国式现代化的永续发展以及中华民族的伟大复兴提供重要的保障和支撑,同时会为人类文明的繁荣进步提供源源不断的强大内生动力。

(三)以"和合"文化破解文化冲突,构建交流互鉴的文化发展格局

中华民族是一个和合共生的历史文化共同体。"和合"文化内涵丰富,其中蕴含着"天人合一""万物和谐相生"的生态思想,"四海一家""协和万邦"的政治理想,"求同存异""兼收并蓄"的社会价值观,"正心修身""人心和善"的道德操守,"以和为贵""和而不同"的行为准则与规范。各民族交流融合促使中华文化绵延不绝、生生不息,博大精深的中华文明何以在历经风霜的历史变迁中,伫立千年而不倒,传承千年而不息?"和合共

---

① 《马克思恩格斯文集》第9卷,人民出版社2009年版,第559-560页。

② 王弼:《老子道德经注》,楼宇烈校释,中华书局2011年版,第66页。

③ 陈鼓应:《庄子今注今译》,中华书局2016年版,第543页。

④ 杨伯峻:《孟子译注》,第322页。

⑤ 戴圣:《礼记》下,胡平生、张萌译注,中华书局2017年版,第1036页。

⑥ 张觉:《荀子译注》,上海古籍出版社2012年版,第233页。

⑦ 朱熹:《四书集注》,岳麓书社2004年版,第399页。

生""和衷共济""四海一家"的中国智慧或许就揭开了中华民族之所以绵延不息、长治久安的谜底。在中华文明中,自古就有"和合共生"的发展理念,兼收并蓄、万物和谐的文化观念是中华文明延续数千年始终不变的价值追求,从"和而不同""求同存异""同舟共济",到"协和万邦""万国咸宁""大道之行也,天下为公"① "各美其美,美人之美,美美与共,天下大同"② 等,都彰显了中华文化开放包容、尊重差异、和谐和顺的文化底蕴。"和合共生"理念为我国构建新型国际关系提供了深厚的文化基石,通过和谐共生、包容性发展,有利于促进人类文明多样性发展,推动建设和谐世界、构建人类命运共同体。

在中华文化"和合共生"的传统基因影响下,中国始终秉持着亲仁善邻的理念和开放包容的胸怀与各国一道开展务实平等地交流合作,始终践行着真诚、平等、互信的原则与各国积极开展文化交流,走出了一条摒弃文化冲突的道路。用文化交流交融互鉴,打破"文明冲突论",这既是历史的经验总结,又是现实的迫切要求。十八大以来,习近平总书记在诸多场合反复强调不同民族文化交流互鉴的重要作用,以高度的文化自信,海纳百川的宽广胸怀,坚持弘扬平等、尊重、对话、包容的文明观,尊重不同民族文化之间的差异性和多样性,通过文明交流互鉴增进对全人类共同价值的认同,"以文明交流超越文明隔阂,以文明互鉴超越文明冲突,以文明共存超越文明优越",③ 推动形成"和衷共济""和合共生"的文明发展格局,增进不同民族间文化的共识与理解,摒弃文化优越、坚持文化平等,抵制文化霸权、促进文化交流,破解文化冲突,推动文化互鉴,形成各民族文化平等交流和多样性发展的共赢格局。"和合"文化作为中华优秀传统文化的精髓,蕴含着极其丰富的思想内涵,在中国文化历史上产生过重要影响,其所蕴含的实践智慧,为当今时代的发展以及推动构建人类命运共同体都有着重要的借鉴价值和意义,是中华民族民族性格、民族精神和价值追求的集中体现。正确理解和积极弘扬中华"和合文化"是新的历史阶段社会发展的需要,新时代中华优秀传统文化进行"两创",需要将"和合"文化的传统智慧放在国内国际两个大局中作出新思考和新诠释。

(四)以"公平正义""共富思想"等全人类共同价值为遵循,创建人类文明新形态

"公平正义"原则是人类最古老的价值目标,是全人类共同的价值追求和理想,也是全世界不同文明和谐相处需要共同遵守的基本原则。追求社会公平正义是中国共产党的政治基因和精神谱系,是每位共产党人共同的使命,是社会主义的基本价值取向,是国家长治久安的根本保障,体现了我们党的崇高价值理想以及先进性和使命性担当。追溯历史,公平正义是传统儒家一贯倡导的文化价值观,反映了古代人民对人生价值的追求以及对国家治理的思考。从"治天下也,必先公。公则天下平矣"④ "不患寡而患不

---

① 戴圣:《礼记》上,胡平生、张萌译注,中华书局2017年版,第419页。

② 费孝通:《费孝通文集》第14卷,群言出版社1999年版,第166页。

③《习近平谈治国理政》第4卷,外文出版社2020年版,第441页。

④ 吕不韦:《吕氏春秋·孟春纪·贵公》,陆玖译注,中华书局2011年版,第21页。

均,不患贫而患不安"① "理国要道,在于公平正直"② "公与平者,即国之基址也"③ 到孔子的"君子义以为质,礼以行之,孙以出之,信以成之。君子哉",④ 孟子的"义,人之正路也",⑤ 荀子的"正利而为谓之事,正义而为谓之行",⑥ 董仲舒的"正其谊不谋其利,明其道不计其功"⑦ 等相关论述中可知,公平正义的思想是传统中国人民在为人处事、安身立命、治国安邦等方面所遵循的重要价值原则。在中国式现代化的建设过程中,公平正义的价值原则始终贯彻体现在治国理政的各个方面。在经济建设方面,体现为脱贫攻坚、全面建成小康社会、实现共同富裕;在政治方面,体现为发展全过程人民民主,用制度保障人民当家做主;在科教文卫等社会建设方面,体现为促进教育均衡发展及教育公平,提高人们的科学文化素养,不断改善医疗卫生服务质量,以满足人民的健康和就医需求。

"共同富裕是社会主义的本质要求,是中国式现代化的重要特征。"⑧ 回溯历史,中华传统文化中蕴含着丰富的"共同富裕"思想,尤其是儒家经典中的共富主张源远流长,最早见于《礼记·礼运》中"大道之行也,天下为公"⑨ 的相关论述,其核心思想中就包括共同富裕的内容。百家争鸣时期,诸子百家顺乎天而应乎人,集中阐述了共同富裕的理想诉求,管子"与天下同利者,天下持之;擅天下之利者,天下谋之"⑩ "安高在乎同利"⑪ 的治国理政主张,老子"有余者损之,不足者补之。天之道,损有余而补不足"⑫ 的哲思,晏子"权有无,均贫富"⑬ "薄于身而厚于民"⑭ 的忠言,孔子"不患寡而患不均,不患贫而患不安。盖均无贫,和无寡,安无倾"⑮ 的警示,以及墨子"兼相爱、交相利"⑯ "有财者勉以分人"⑰ 的建言,直至北宋李觏"平土均田"的创议,张载"井地治天下"的宏愿,王安石"抑豪强、伸贫弱"的倡导,王夫之"均天下"的理念和孙中山"平均地权"的观点,无不闪烁着共同富裕的思想光芒。

① 杨伯峻:《论语译注》,第195页。
② 吴兢:《贞观政要》,第176页。
③ 何启、胡礼垣:《新政真诠——何启 胡礼垣集》,郑大华点校,辽宁人民出版社2015年版,第259页。
④ 杨伯峻:《论语译注》,第187页。
⑤ 杨伯峻:《孟子译注》,第172页。
⑥ 张觉:《荀子译注》,第319页。
⑦ 班固:《汉书·董仲舒传》,中华书局2007年版,第570页。
⑧《习近平谈治国理政》第4卷,外文出版社2022年版,第142页。
⑨ 戴圣:《礼记》上,胡平生、张萌译注,第419页。
⑩ 管仲:《管子》,第65页。
⑪ 管仲:《管子》,第65页。
⑫《老子》,何明译注,济南:山东大学出版社,1997年,第139页。
⑬ 晏婴:《晏子春秋·内篇问上》,汤化注释,中华书局2011年版,第191页。
⑭ 晏婴:《晏子春秋·内篇问上》,第191页。
⑮ 杨伯峻:《论语译注》,第170页。
⑯ 张永祥、肖霞:《墨子译注》,上海古籍出版社2015年版,第116页。
⑰ 张永祥、肖霞:《墨子译注》,第71页。

"公平正义"和"共富思想"不仅是中国人的理想追求,更是全人类的共同价值,这些人类文明普遍意义上的共同价值遵循,为创建人类文明新形态提供了理论前提和思想基础。

在新时代,对中华优秀传统文化进行"两创",赋予了"民本思想""天人合一""和合共生""公平正义""共富思想"等思想理念以新的时代内涵,内生和孕育出了以马克思主义为指导、以传统儒家思想为内核的人类文明新形态,这是一种新型的文明形态,即中国特色社会主义文化和文明的新形态,为世界各国的现代化建设和发展贡献了中国智慧和中国方案,同时也是实现中国式现代化道路的文化旨归。

三、中华优秀传统文化"两创"的当代价值与世界意义

(一)中华传统文明在现代化道路的探索过程中迎来了换羽新生,以儒家思想为内核的传统中华文明升华为以马克思主义为指导的中国特色社会主义先进文化和新型文明

佛教本土化的过程堪称中华优秀传统文化"两创"的典范。从印度传入中国的佛教,经历了"佛教的中国化"过程,其主动地适应中国的社会人文环境,与中国的"儒""道"相融合产生了儒释道三足鼎立的局面。禅宗是在儒家心性论和佛教宇宙论融合的基础上产生的,是一个地道的本土佛教宗派。宋明理学是儒、释、道三教长期争论融合的结果,它以程朱理学和陆王心学的成熟文化形态呈现出来。"儒表佛里""阳儒阴释"的宋明理学,从东汉汉明帝时期佛教开始传入东土,历经魏晋玄学大盛,到隋唐时期佛教达到鼎盛,直至北宋五子在北宋时期开创并丰富理学的新内涵,晚明士人的心态发生了巨大变化,精神风貌转向心理本体,强调人的主观意识和主观精神的重要作用,主张内省,直到中华思想文化体系日臻完善,才最终形成了理论体系完备、影响至深至巨的宋明理学。由此可见,无论是佛教的本土化过程,还是中国本土的佛教宗派——禅宗,抑或儒释道三教合一的产物,以传统儒家学说为核心并融合佛、道两家思想而创立的新儒学——宋明理学,都是中华优秀传统文化立足当时的时代背景、面向当时的社会发展状况所自觉进行的创造性转化和创新性发展。

中国传统文化经历了"从先秦子学、两汉经学、魏晋玄学,到隋唐佛学、儒释道合流、宋明理学"[①]等数个学术思想大繁荣时期,铸就了辉煌不朽的中华文明和浩如烟海的广博文化资源。春秋战国时百家争鸣的历史局面,孕育产生了"儒、道、墨、法、兵"等各家学说,在这个百家争鸣、人才辈出的时代,众多流派创造的各家学说都为后来社会的发展产生了深远影响,形成了蕴含"哲学思想、人文精神、教化思想、道德理念"[②]的珍贵历史文化遗产;提出了"民惟邦本、为政以德"的治国主张,形成了"惠民利民、安民富民"的

① 习近平:《在哲学社会科学工作座谈会上的讲话》,人民出版社2016年版,第4页。
② 习近平:《在纪念孔子诞辰2565周年国际学术研讨会暨国际儒学联合会第五届会员大会开幕会上的讲话》,人民出版社2014年版,第7页。

价值导向、"仁者爱人、与人为善"的待人之道、"天下为公、四海一家"的大同理想、"革故鼎新、与时俱进"的精神气质、"道法自然、天人合一"的生存理念、"亲仁善邻、协和万邦"的处世之道、"孝悌忠信、礼义廉耻"的做人根本、"节欲恤民、平施共富"的富民思想等。这些德治、仁义、中庸、敦礼、明伦、礼治、仁爱、正义、无为、法治、厚德、民本、求实、经世、圆融、和合等一系列思想结晶,都是中国传统文化的核心和精髓,是在我国漫长的历史发展过程中,国内各民族在经历了聚散分合、迁徙融汇的基础上不断交流、互鉴、融合的结果,彰显了中华优秀传统文化包容万物、博大精深的气量和智慧。中华优秀传统文化中独特的文化基因深深融入每一个中国人的精神世界中,成为中华民族最基本的独特精神标识。但是,除了积极影响外,传统文化中还具有诸多消极因素,近代以来,西方列强频繁侵略中国,彻底打破了清王朝天朝上国的迷梦,国家弱乱、民生凋敝,内忧外患的国家面临着亡国灭种的危机。可以说,这些传统文化中积弊已久的糟粕,是导致近代中国走向衰落的重要原因,体现在政治、经济、文化、外交等各方面,如政治上的君主专制、等级观念,这种延续了几千年的政治制度在我国具有悠久的历史和深厚的文化根基。经济上的重农抑商、自给自足,思想上的愚昧排外、妄自尊大,文化上的顽固守旧、信而好古,外交上的闭关锁国、故步自封等封建糟粕思想成为社会前进和发展的巨大障碍,还有封建迷信、男尊女卑等文化糟粕观念愈演愈烈,在封建王朝末世沉渣泛起,成为严重影响国家发展和民族进步的绊脚石,以至于国家蒙辱、人民蒙难、文明蒙尘、民族蒙羞。因此,传统文化必须经过历史的淘洗和实践的检验,必须经过"两创"才能充分发挥它的时代价值。

儒释道三教融合历经千年得以完成,最终才形成了集大成的灿烂辉煌的中华文明。中西汇通同样不能急于求成,需要一个循序渐进的漫长历史过程。在全面推进中国式现代化道路的发展过程中,一代代中国共产党人以高度的文化自信和文化自觉,将马克思主义基本原理同中华优秀传统文化进行深度融合,始终确保传统文化朝着马克思主义的科学道路和正确方向前进发展,着力推动优秀传统文化创造性转化和创新性发展。

(二)创新性的现代化中华优秀传统文化,为中华民族的伟大复兴奠定了深厚的民族文化根基

新时代以来,"文化自信"备受关注,被抬高到国家发展战略全局的核心位置和高度。"文化是一个国家、一个民族的灵魂。文化兴国运兴,文化强民族强。没有高度的文化自信,没有文化的繁荣兴盛,就没有中华民族伟大复兴。"① 由此可见,中华优秀传统文化本身蕴藏着极其丰富的内涵,凝聚着中华文明积淀了几千年形成的智慧结晶和精髓,蕴含着中华民族独特的民族精神和与时俱进的时代精神。讲仁爱、重民本、守诚信、崇正义、尚和合、求大同的思想精髓;精忠爱国、清正廉洁、自强不息、大公无私、重义轻利的传统价值观;律己修身、克己奉公、仁爱孝悌、诚信好礼、尊老爱幼的传统美德,以及在修齐治平、尊时守位、识时达变、开物成务、启智求真、知行合一的建功立业过程中形成的哲学思想、道德情操、价值观念、审美品格、艺术情趣、辩证思维、科学智慧、人文关

---

① 《习近平谈治国理政》第3卷,外文出版社2020年版,第32页。

怀等,都是中华民族的独特精神标识,为实现中华民族伟大复兴凝聚了精神力量、提供了动力之源、指引了前行方向、筑牢了文化根脉,并由此奠定了深厚的民族文化根基。

中华优秀传统文化具有自我生长、自我更新、自我超越的力量,它与时代更迭和社会发展同步。当今世界,科技文化的较量越来越成为国与国之间竞争的重要砝码。因此,建设文化强国、铸就中华文化新辉煌、实现中华民族伟大复兴、推动中华文化走向世界、提高中华文化的国际影响力,需要有与时俱进的现代化中华优秀传统文化做支撑。在民主革命时期,形成了井冈山精神、长征精神、延安精神、西柏坡精神、沂蒙精神、红岩精神、抗战精神、红船精神,在社会主义革命和建设时期,形成了大庆精神、雷锋精神、两弹一星精神、特区精神、抗震救灾精神、奥运精神、载人航天精神等,新时期以来,中华优秀传统文化资源在新的社会发展条件下,孕育形成了新时代的爱国主义精神、民族精神和时代精神。这些"中国精神",包含了中华优秀传统文化的精华,是凝聚和团结无数中华儿女共同奋斗、实干兴邦的源头活水,是激励一代又一代中国人民前赴后继、接续奋斗的动力源泉。在中国式现代化的探索征程中,中国共产党团结带领全国各族人民在苦难中前行,在改革中创新,以"天下大同"理念塑造的共同体文化基因,以"自强不息"精神形成的独立自主文化基因,以"仁者爱人"思想构筑的以人为本文化基因,以"富民思想"凝聚成的共同富裕文化基因,以"和合共生"观念生发的和平发展文化基因等,均构成了中国式现代化道路文化基因的血脉根基,也必会为现代国家建设和经济社会发展、为实现中华民族的伟大复兴贡献源源不断、生生不息的原生智慧和内生动力。

(三)开创了人类文明的新形态,开辟了世界现代化发展的新路径

中华优秀传统文化"两创"是对传统文化的"更新"和"创造",并在此基础上开创了人类文明新形态。马克思的科学社会主义理论一经问世,就为无产阶级指明了彻底解放的道路,深刻地改变了全世界的整体格局和面貌。但是,随着巴黎公社失败、东欧剧变及苏联解体,世界社会主义运动出现严重挫折。中国的现代化在不断试错和失败的过程中持续总结经验教训,以逢山开路、遇水架桥的勇气和魄力,最终成功地走出了一条中国特色社会主义道路,开创了中国式现代化道路。在经济方面,对传统社会主义单一计划经济体制进行改革和创新,解放和发展了生产力,创新了基本经济制度,建立和完善了社会主义市场经济体制,从而实现了经济的腾飞与跨越式发展。在政治方面,坚持党的领导、人民当家作主和依法治国的有机统一,充分保障了人民参与政治生活的权利,发展和完善全过程人民民主,实现了对传统社会主义政治思维的超越。在文化建设方面,以中华优秀传统文化为根基,从中汲取治国理政的养分和智慧,始终坚持社会主义先进文化前进方向,努力繁荣社会主义文艺事业,大力发展社会主义革命文化、红色文化和先进文化。在社会建设上,加强和创新社会治理,提高保障和改善民生水平,推动实现全体人民共同富裕。在生态文明建设上,坚持人与自然和谐共生,努力建设美丽中国,实现中华民族永续发展。在外交和对外关系上,努力推动构建人类命运共同体。中国共产党带领人民开创的人类文明新形态,是由以上中国特色社会主义经济文明新形态、政治文明新形态、精神文明新形态、社会文明新形态和生态文明新形态等共同构

成的,由此推进了科学社会主义的世界历史进程,为世界文明的融合、创造与新生注入了新的力量。

中华优秀传统文化"两创",超越了西方现代化模式,为世界现代化发展提供了可借鉴的中国智慧和中国方案。中国式现代化新道路相较于西方现代化具有更高的价值目标和理想追求,其在价值选择与最终目标上,致力于"为人民谋幸福、为民族谋复兴、为世界谋大同",以胸怀天下的气度和责任担当为世界提供了新理念、新思维、新选择,实现了新飞跃,开拓了新境界。如果说中国式现代化道路推动的经济体制改革创新所确立的社会主义市场经济体制,开创的中国特色社会主义民主政治,实行改革开放和依法治国,大力弘扬发展社会主义先进文化以及建设生态文明等,是当代中国在客观认识和把握当前形势后吸收古人"穷则变,变则通,通则久"[1] "苟日新、日日新、又日新"[2] "日新之谓盛德,生生之谓易"[3] 等思想智慧基础上的创新发展,那么,以勇于探索为标志的创新精神,以埋头苦干、敢为人先为标识的责任担当,大胆吸收借鉴中华民族传统文化中的先进成果和思想精华并在新时代进行创造性转化和创新性发展,则是中华民族生生不息、永葆生命力和生机活力、永远屹立于世界民族之林的决胜法宝和制胜先机。

---

[1] 姬昌:《周易·系辞下》,杨天才、张善文译注,中华书局2011年版,第610页。

[2] 戴圣:《礼记》下,第1165页。

[3] 姬昌:《周易·系辞上》,第571页。

何以立命：从农民工看当代劳动者的情感逻辑①

肖璐璐，陈 兵

摘 要： 基于情感交往的社会分析，往返城乡谋生的当代劳动者的情感逻辑，呈现为血缘、业缘到气缘演化的动态性结构。依托田园生活的血缘亲情开阔而深厚，在广泛的亲情交往中确定人之为人的本色和日常生活秩序。工厂中的业缘友谊虽琐碎、短暂而脆弱，却也蕴含着丰富的可能性，即面向世界开放，忧患劳动者自身的共同命运。气缘情感则追求自然万物的气韵生动，使疲累操劳的血肉之躯回归天地气化的涵养。如此不仅可以弥补血缘、业缘的交往局限，还能实现田园生活与机械生存的"两离状态"的圆融，找到亦工亦农、沟通城乡的安身立命之道。总的来说，关于劳动与情感主题的初步探讨，或可省察华夏社会民族精神和时代精神变动的新动向。

关键词： 当代劳动者；情感；血缘；业缘；气缘

本文引文格式： 肖璐璐、陈兵：《何以立命：从农民工看当代劳动者的情感逻辑》，见何云峰主编：《劳动哲学研究》第9辑（2023年第2辑），上海教育出版社2023年12月版，第334—347页。

在追问当代劳动哲学的理论聚焦为何时，学界所能提供的大致回答，似乎是通常所谈论的关乎工资福利、政治权利与自由主体实践的愿景。然而事实并非如此，生产力的发展贯穿历史解放是普遍性法则，但物质条件的快速变迁似乎难以承载华夏劳动者们

---

① 基金项目：国家社会科学基金项目"基于儿童哲学的朱子蒙学研究"（项目编号：22BZX050）；南华大学校级科研项目"马克思主义与儒学会通视域下的李泽厚劳动观批判研究"（项目编号：220XQD036）；湖南省学位与研究生教育改革项目"硕士研究生科研创新能力全方位培养体系及其机制研究"（项目编号：2020JGYB106）；上海哲学社会科学青年课题"人工智能对马克思劳动理论的证实与发展研究"（项目编号：2023EKS010）。作者通信地址：肖璐璐，南华大学护理学院，湖南衡阳421000；陈兵，南华大学马克思主义学院，湖南衡阳421000。

关于稳定和安宁的情感寄托。[①]因而劳动哲学研究需要表达当代劳动者对自身生产交往的情感世界的体认。[②]由于华夏传统视人为真情流行的生命，[③]所以当代劳动叙事所直面的，是中国式现代化历史过程中，有着鲜明喜怒哀乐，重视情感交往的个体劳动生活。在当代劳动群体中，农民工过着亦农亦工、沟通城乡的奔波生活，不确定性中蕴含着某种生命的常道，具有内容上的丰富性和意义上的多样性。聚焦此种生活抒发的真情实感，梳理当代劳动者的情感逻辑，未尝不是融合马克思劳动哲学与儒家情感哲学，研究当代劳动问题的一种理论尝试。通过情感交往的生存分析，当代农民工的情感逻辑表露为血缘、业缘到气缘演化的动态性结构。反思这一逻辑结构，探究当代劳动者在曲折境遇中安身立命的超越端倪，有益于审视劳动群体的历史命运，廓清当代劳动哲学的人道内核。

一、小农家庭的血缘亲情

恩格斯曾指出工业革命撕去了当时英国农民宗法生活的温情面纱，[④]但东方社会的农民工在工业化生活中的遭遇有所不同。不过，思想先贤们揭示近代西欧社会人的情感生存断裂的历史实情，足以成为处于不同文化场域和历史情境中的当代劳动者的镜鉴。质言之，劳动哲学聚焦的是当代劳动者这个具体的人，具体的人生活在特定的文化传统中有自成一格的精神面向。那么，对当代劳动者情感逻辑的追问，便不能不考虑当代劳动者人之为人的华夏文化属性，便不能不注意到中国式现代化保持了一种传统与现代有机结合的一体性。从历史的观点来看，自19世纪中期以来的中国农民工和工人，虽受工业化生产和资本主义风气的濡染，但从生命的底色上言，还坚韧地保持着华夏亲情生命的传统。[⑤]他们的亲爱情感脱胎于血亲家庭生活，经营着父代农业收入与子代城镇化相配合的"半工半耕半读"的家庭生计模式。[⑥]这一以家庭为侧重的城乡两栖生存状态，构成了当代劳动者打工生存图景中本根性的内容，也是抵御、克服工厂劳

---

① 王江松：《现代西方劳动哲学名著选编》，中国言实出版社2015年版，第18页。

② 本文所谓当代劳动者是指1949年以来在中国进行物质资料生产的与现代工业机器打交道的劳动者，包括新中国成立时期的国有企业的老工人和改革开放以后的新工人、广大的从事农业生产的农民以及在沿海城市私营企业流水线、建筑工地劳动的农民工的这类人。

③ 黄玉顺、杨永明、任文利：《蒙培元全集》第11卷，四川人民出版社2021年版，第16-18页。

④ 恩格斯在《英国工人阶级状况》和《共产党宣言》中，均从情感生存的角度说明了英国工人劳动交往中的这种极端否定式的发展，毫无疑问从宗法生活的温情到资本主义生产的冷酷无情，仅是西欧社会的工人生存的典型。参见《马克思恩格斯选集》第1卷，人民出版社2012年版，第88、89、402、403页。

⑤ 当代思想家李泽厚在融贯中西的学思生命中，提出了代表华夏德性礼乐生命的"情本体"思想，引起了不小的世界性的思想震动。参见李泽厚：《伦理学新说述要》，世界图书出版有限公司北京分公司2019年版，第138页。

⑥ 实际上，农民工的父代、子代和孙代形成了农耕、打工和读书的代际分工的家庭发展模式。从文化上看，耕读传家的传统融入了工读报国的新维度。参见安永军：《以公共服务供给为中心：中西部农业县的功能转型》，《文化纵横》2023年第2期，第121-128页。

动困难和风险挑战的坚强保证。①

华夏血亲家庭生活渊源有自,可以追溯到轴心时代的先秦社会。原始先民之所以选择血缘传系的原则,表面上看起来好像人的情感活动更倾向于在血亲中寻取安慰和快乐,实际上,血缘传系与亲亲之情并不能画上等号,这之间有一个道德人文政经制度即礼乐传统起作用。②孔子在讨论基于血缘的亲情时,诉诸父母之怀的襁褓体验与赤子良心,"予也有三年之爱于其父母乎?"(《论语·阳货》)孝亲之爱从生成上来看,可以回溯到人婴幼儿时期与父母的肌肤接触的亲密家庭生活。但这意味着子女主动从父母三年孕育事实中体贴到"爱",亲子之爱是不学而能的良心本能,亲亲之情也取决于现实生活中亲子关系的深浅厚薄浓淡程度。很显然,这就挑战了家庭生活与亲爱情感之间的必然联系。③在个人体验上,尽管确实领受过父母三年的恩情,宰予于父母也只有"期年之爱",社会生产、文化传承的功利发展侵夺了亲子之情。然而,孔子的责问具有启发性质,因为亲子之哀情高于劳动生产,排斥食稻衣锦的享受,回避男女交接。此意味着,不以爱亲之情的合理抒发为目的的社会生活难以成立。

孟子对此亲爱之意采取了一种看似历史的形上诠释,指认其根源于超越的"四端之心"。"盖上世尝有不葬其亲者。其亲死,则举而委之于壑。他日过之,狐狸食之,蝇蚋姑嘬之。其颡有泚,睨而不视。夫泚也,非为人泚,中心达于面目。盖归反蘽梩而埋之。掩之诚是也,则孝子仁人之掩其亲,亦必有道矣。"(《孟子·滕文公章句上》)④孟子假托上世之觉悟者,面对亲人的腐尸而生发了孝子不忍遗体被糟蹋的情境,为至亲不忍的亲亲之情建立了形而上的基础。考究这个历史情境,其实就是根植于具体历史情境之中的"四端之心",因不忍之情,而身心再也不能无视与父母遗体的超时空的永恒血肉关联。孝亲之情是创生性的"感性生活",其根源是人之为人的"亲子之爱"的情意良知,是一切人的社会规范和生产活动的价值奠基。正所谓"此仁人孝子之心,正礼之所以不坏,而乐之所以不崩"。⑤

亲在古汉语之中,主要指关系身心而情意真切的有家之人。《说文解字注》云"亲,从见青声,至也",⑥"情意恳到曰至。父母者,情之最至者也"。⑦"见,视也。视与见,闻与听,一也。"⑧孝子之于父母最能动情意诚,亲就是以父母为代表的家人情意交往,因为父母是日常聆听教诲、音容与共和声息相通的人。古汉语"亲"字包孕的是以血亲为联结纽带,以私密身体为边界的个体生活世界。这种血亲的家人交往关系,脱胎于同气连

---

① 潘毅:《中国女工:新兴打工者主体的形成》,任焰译,九州出版社2010年版,第10页。

② 中国社会科学院科研局组织编选:《侯外庐集》,中国社会科学出版社2001年版,第53—60页。

③ 在恩格斯《家庭、私有制和国家的起源》一文中,探讨了人类对偶制家庭之前的血缘家庭状况,并没有发展出明确的人伦亲情的道德观念。参见《马克思恩格斯选集》第4卷,人民出版社2012年版,第42—46页。

④ 朱熹:《四书章句集注》,中华书局1983年版,第263页。

⑤ 程树德:《论语集释》下,中华书局2013年版,第1430页。

⑥ 段玉裁:《说文解字注》,上海古籍出版社1988年版,第407页。

⑦ 段玉裁:《说文解字注》,第407页。

⑧ 段玉裁:《说文解字注》,第409页。

枝、身心合一的合作型劳动生产活动,即一起劳作、生活的私人性的家庭时空。甲骨文的"家"字,就是人们凭借植物种植和家养技艺在家庭居所的屋檐之处饲养小猪,代表着人类结束漫长的畜牧业实现农耕定居生活的生存革新。[①]恩格斯则从私有财产的起源,论证了夫妻对偶婚制的家庭亲情的出现。"按照当时家庭内的分工,丈夫的责任是获得食物和为此所必需的劳动工具,从而,他也取得了劳动工具的所有权。"[②]因此,"财富便一方面使丈夫在家庭中占据比妻子更重要的地位;另一方面,又产生了利用这个增强了的地位来废除传统的继承制度使之有利于子女的原动力"。[③]进一步引申而言,在人际关系中,至亲至密的关系不一定就是血亲(亲子关系)和肌肤之亲(夫妇关系),还有以精神志趣相吸引的朝夕相伴的师友同道。因此,孟子不过是用了一个血亲事实的例子,来刻画亲爱情感的自然抒发。这实际上强调了亲亲之爱的形而上的根源,即人身心有所归宿的德性自觉。

人伦亲情是小农耕织的生产状态的璀璨结晶,彰显着安土乐天的充实自足的人性光辉。当代思想家李泽厚对血缘与亲情的阐述比较含混,受不成熟的政治社会学的方法论支配,将亲情的重要性简单归结为周代宗法政治的功利要求。[④]然而,孔子之所以提出"仁"的学说,并非拘泥于血缘亲疏关系和等级制度。就周代社会维系而言,宗法等级制度根源于血缘亲情的道德自觉,血缘亲情保证着小农生产的维持和政治交往的和谐。及其礼乐制度沦为虚文,就不仅是利益特权褫夺亲情和道德意识,还是剥削性生产制度破坏血缘亲情生活。因而,孟子在一面表彰人之为人的孝忠的人伦情感,一面强调政治要以井田制保证人有养活亲人的恒产和养生送死的恒心。"五亩之宅,树之以桑,五十者可以衣帛矣。鸡豚狗彘之畜,无失其时,七十者可以食肉矣。百亩之田,勿夺其时,数口之家可以无饥矣;谨庠序之教,申之以孝悌之义,颁白者不负戴于道路矣。"(《孟子·梁惠王章句上》)[⑤]耕织畜养、教学一体的井田制的小农生产,满足了古代劳动者在人事代谢和政治发展上的情感希冀,践履出一条古典中国人的即凡而圣的成长之道。

古人按照血缘关系的浓淡来建立世系亲疏网络和丧服制度,构成了劳动生产之外的日常生活群体交往的基本秩序。其间运用了生产性的主次、轻重、远近和增杀等原则,父系传承和时间秩序自始至终引导着血缘传系的根本方向。中国儒家在对尧、舜、禹、汤、文王、武王、周公等古代圣王的阐释中,拈出了独特的"父亲"意识,即孝子对父辈志向和事功的继承、发扬,以保育万民而享有天下。"子曰:无忧者其惟文王乎!以王季

---

① 许进雄:《中国古代社会:文字与人类学的透视》,上海人民出版社2023年版,第84—87页。

②《马克思恩格斯文集》第4卷,人民出版社2009年版,第66页。

③《马克思恩格斯文集》第4卷,第67页。

④ 其相关看法主要集中在《孔子再评价》一文中,核心论点是血缘纽带只是"仁"的基础性的含义,人伦亲情在脱去氏族社会亲属关系和等级制度的羁绊后可以具有普遍的社会维系功能。其引用恩格斯的话"亲属关系在一切蒙昧民族和野蛮民族的社会制度中起着决定作用",用来说明在春秋时期似乎血缘—亲情(在李泽厚看来二者天然为一回事)和亲属关系在维持社会结构不坠起到了决定性的作用。参见李泽厚:《中国古代思想史论》,人民出版社1985年版,第18页。

⑤ 朱熹:《四书章句集注》,第204页。

为父，以武王为子，父作之，子述之。武王缵大王、王季、文王之绪。壹戎衣而有天下，身不失天下之显名。尊为天子，富有四海之内。宗庙飨之，子孙保之。武王末受命，周公成文武之德，追王大王、王季，上祀先公以天子之礼。"（《中庸》）[1]以文王为例，他能继承祖辈志业而影响自己的儿子，四代人同心同德平定天下。这是一种连续性的不断壮大的父子一体的创造传承，以光明的事业和志向影响后世子孙。张祥龙就针对"父亲"的地位从儒学和人类学的视野进行了探究，他认为为人之父的三个条件就是夫妇交合传下血脉、抚育后代和赋予后代得以维系的持久精神影响，父亲和真正家庭的出现约四万年前的现代智人的成熟期。[2]从根本上看，中国文化的"父亲"形象的精神图腾，是以乾卦为体的自强不息的健动阳刚之气性，根柢是极其纯粹精炼的道德理性和浑厚生命力，是父系传承和家庭得以团聚建立的关键。

以上是亲情的生活交往方面，还有更重要的丧礼。那么，丧礼为什么要区别和节制人们的哀情呢？"夫礼，吉凶异道，不得相干，取之阴阳也。丧有四制，变而从宜，取之四时也。有恩有理，有节有权，取之人情也。恩者仁也，理者义也，节者礼也，权者知也。仁义礼知，人道具矣。"（《礼记·丧服四制》）[3]原因在于哀情的浓淡，实际上关系着情感交往的疏密和时间上的长短。亲缘近的关系密而丧礼哀情浓，亲缘远的关系疏而哀情淡。为了在关系疏密之间维持一个均衡的有温度的哀情浓淡变化关系，先人在丧服上作了必要的规定，以使丧服变化对应亲疏关系的等差级，呈现丧服规制逐次增加或衰减的情况，此即"至亲以期断"的原则。但是，丧服制的基本原理除此以外还有一个原则即加隆原则。所谓加隆原则，就是对父子传承的这个系列和父母之恩的独尊，而父母之恩为天地自然的至尊，所以丧期由期（一年）调整为三年（二十五个月或二十七个月），从而回应上述孔子"三年免怀之爱"的问题。这种丧亲哀情的人文规范，对华夏个体生活秩序和安身立命有永恒深邃的意义。

月有阴晴圆缺，人有悲欢离合。本节的探索主要讨论小农生产语境中，血缘亲情在礼俗生活方面的表现，及其之于中国人的文化意义。血缘亲情是开阔而深厚的，在广泛的亲情交往中锻炼和涵养着感性生命，确定了人之为人的情感本质和家的诗意生存。引申言之，它奠定了中国人的源初的日常生活秩序，塑造了深入骨血的心性底子。以夫妻结合的血缘家庭在同姓、异性宗族的蔓延纠缠，创造了复杂根茎联系的乡土人情社会网络，防止了社会交往的断裂化、碎片化和空心化。[4]当然，这也导致了社会整体方面的封闭，即所谓的处处都要讲人情关系的超稳定性结构。这种封闭、稳定的生存状态受到现代工业社会冲击，农民开始了背井离乡的生活，家庭关系、婚姻关系和亲情关系开

---

① 朱熹：《四书章句集注》，第26页。

② 张祥龙：《"父亲"的地位——从儒家和人类学的视野看》，《同济大学学报（社会科学版）》2017年第2期，第54页。

③ 王夫之：《船山全书》第4册，岳麓书社出版社1996年版，第1558页。

④ 血缘亲情的这种巨大的生长渗透能力，像极了精耕细作农业中土地上疯狂而坚韧生长的连片成团的"莠草"，法国学者还通过研究蔓草的生活习性来了解中国人的社会风格和哲学气质。

始经受考验。"我在五千米深处打发中年/我把岩层一次次炸裂/借此 把一生重新组合/我微小的亲人 远在商山脚下/他们有病 身体落满灰尘/我的中年裁下多少/他们晚年的巷道就能延长多少。"① 在当代劳动者的打工诗歌中,在遍见这种对故乡亲人的悲情感怀的同时,也反映出他们在时代转型中情感交往的新面向。

二、工业生存的业缘友谊

在工业社会中,机器生产催生的业缘友谊弥补了血缘亲情缺位的生活空白。挂靠在乡土上的农耕之家,不再是人们朝夕守望和情感表达的私密时空,亲密关系也不再限于婚姻和血缘。② 改革开放以来,从小农作业向工厂生产的变迁中,农民的家庭交往不得不承受某种断裂,城市分工将生活空间拆分成半乡村半城市,人们形成以车间和职业为纽带的业缘情感。这一情感形态以"器物"为媒介,在工业社会的新细胞工厂(单位)中完成,而工厂则是从生产到生理全程控制的高度严密理性化空间。人的情气凝固为技艺理性的工厂时刻,审美意味突出而道德情感削弱成为重要特征,人在此技艺理性中有了直观世界和自身的可能。③ 如果说血缘情感的内容是亲亲尊尊,那么业缘情感的内容则是信信美美。所谓信信美美,即人与机器的审美关系和工友之间的互助互信关系,社会中广泛流行的悲情打工诗歌和记述打工生活的纪实文学提供了很好的实证材料。从某种程度来看,这是一种增添了商品社会内容的人伦第五伦——友伦关系,正好对应"与朋友交,言而有信"④ 的传统。

与《资本论》中西欧社会工人的异化情感交往世界相比,社会主义中国的工人既有热烈的单位友谊也有温馨的城市小家庭和乡村亲属网络。这样的半血缘半业缘的亲情—友情参合的情感世界图景,意味着中国式现代化过程中劳动者的生产交往的独特历史端倪。得益于社会主义的国家资本积累,得益于工人当家作主,在经济政治上支撑了这种面向农民招工的乡镇企业。⑤ 问题在于,如果人的情气不能在血缘亲情这种生产交往中得到完全表达,那就会再寻找其他通路以开辟新的情感表达空间。传统的大家族、大家庭交往体系的消亡,促使着整个社会郁积的、阻滞的情气向"单位"、"工厂"乃至更大的公共领域曲折地实现自身,既有的"家—国同构"的社会结构模式被"厂—国同构"所取代。"单位",这个以共同创造、占有和消耗生产资料和生活资料为基础的生活场

---

① 秦晓宇:《我的诗篇:当代工人诗典藏》,作家出版社2015年版,第194页。

② 邓静秋:《厘清与重构:宪法家庭条款的规范内涵》,《苏州大学学报(法学版)》2021年第2期,第84—94页。

③ 当代中国的工厂工人劳动状况,不论是国营的还是私营的,在性质上迥异于马克思所指认的19世纪资本主义生产体系中的异化劳动。尽管当代中国的工人在日常生产中充满了辛劳,甚至遭遇不公,但在公有制和劳动法规的日益完善之下,结局不是一无所获而身陷囹圄的。这就为人机关系的审美维度留下了空间。

④ 朱熹:《四书章句集注》,第50页。

⑤ 改革开放以后的计划生育政策的实行,对这种现代的血缘亲情体系造成致命性的打击,一孩政策的实行和城乡分化导致小家庭的普遍,人们的血缘亲情的生活空间逐渐萎缩。参见熊培云:《一个村庄的中国》,新星出版社2012年版,第56—57页。

域，编织着新的情感交往之道，因着机器、职业的联系，具有真诚性、机械性和阶级性。[1] 工友们的情感真诚而稳固，得益于公有制的工厂制度，工人的生活条件得到可观的保证。但改革开放以后，在广大的农民工的打工世界，集体性业缘友谊分化、演进为地域性、圈子化的流水线同乡情和工友情两条重要线索。机器更新与技术分化的无序、飞速，挤压掉了一批又一批工人们半生待熟的情感活络时间，附着于特定工厂的扁平却离散的情感世界消失在社会变迁中。[2]

那么，当代农民工的以工厂或机器为中心的情感形式，是否足以安身立命呢？在乡村社会，人的情感具有很强的在地性，与精耕细作的农业生产方式相结合，他们对亲在土地上所发生的一切细微的空气变化及其人事变迁，都能快速地了如指掌，个体情感的触角伸展到乡土天地。相较而言，非公有制的工厂生活，犹如镶嵌在城市乡村之间的"哈尔的移动城堡"，[3] 漂浮于土地之上，受人造时间"机械钟表"的控制。这里没有所谓的四季变化和应有的鸟语花香、风雷电雨。综合商业广场、拥挤的出租屋和废弃厂房，一起构成了无人问津的陌生化日常境遇。工人们绞尽脑汁地精进技艺，以追赶自动化的、半自动化的生产线的高速运转，他们没时间了解城市时尚，也不接触公共生活，更没有古典音乐会的入场券。[4] 当代劳动者的情感交往再也不能像他们的祖辈们保持连续性，他们和五湖四海的不同工种的"自己"打交道，情感时间被霸道的生产线切割为一个个时间碎片，请假、就餐、偷闲、大保健、工伤事故、交接班、周日宿舍聚餐和返乡等。毫无疑问，他们的生命生活不可避免地碎片化了，成为似乎两头不靠岸的寄寓性存在。事实上，不论是国有企业还是私营企业，工人之间很少就一件切己的事进行自主联合的创造性交往，亲情与友情均遭遇着琐碎的困境。[5] 打工诗人们竭尽所能地构造一种超越个人的有限亲情的有着整体性情感的"工友"形象，运用大机器所串联起来的流逝着的精神图腾（如模具、锉刀、流水线、瓦刀、生产线、机台、大烟囱或者任何其他的上手之

---

① 秦晓宇：《我的诗篇：当代工人诗典藏》，第10页。

② 占有兵：《我是农民工：东莞打工生活实录》，清华大学出版社2014年版，第38页。

③ 宫崎骏执导的《哈尔的移动城堡》动画片，2004年在日本上映。哈尔的移动城堡是一个具有独立的动力系统和生态系统的封闭生活世界，其机制是机械作用，并不受地环境条件的限制，也不与周围世界发生直接的关系。

④ 占有兵：《我是农民工：东莞打工生活实录》，第157页。笔者2014年到广东中山小榄镇的饮料厂打暑假工，可按照八小时工作制每天照常上下班，但每月只有两天的休息。对厂里的长期打工员工来讲，每天至少要工作12小时，有时候要加班到凌晨，每月只有一天休息。这应是一种持续二十年之久的实际情况。

⑤ 电影《钢的琴》是由张猛执导的描述老工业区的下岗钢铁工人在工厂倒闭以后妻离子散的生活悲喜剧。主人公陈桂林作为父亲不能满足妻女对现代高品质生活的向往，为了女儿练钢琴的音乐梦想并以此将女儿挽留在自己身边，他组织自己昔日的工友伙伴一起自行制造了一架钢的琴。尽管陈桂林对生活充满了乐观俏皮，但可悲亦讽刺的是，这些下岗工人的自由创造的能力，在昔日的工厂岗位工作中并没有机会和平台得以充分的展现。但我们又不可否认，正是之前的那种集体性的工业化大生产组织和体系，才锻炼了这群人的理性创造的能力，只不过其创造性却受制于"钢琴"这样"外来物的意识形态"的控制，如他和他的女儿都不自觉接受了钢琴才是唯一能锻炼音乐天赋满足自身欲求的东西。这意味集体性的审美观念必与自身的经济基础相符合，否则父亲将无法向妻女表现自身的力量和权威，反之亦然。

物),来整合劳动群体牺牲。①

然而,一切都因生产力的急剧变动而乐此不疲,业缘情感来不及在一个工厂的辉煌业绩中凝固涵泳就戛然而止。业缘友情短暂、浅显而多变。缘于机器和工具的流变、消亡,一切有形之物皆非情感交往的信靠。这一情感寄托的困境和虚无,为当代劳动者历史命运的形上沉思提供了契机。尽管毛泽东时代工人阶级承袭了《共产党宣言》的斗争与解放的绝对理念,②但倘若考虑更广泛的当代农民工的日常遭遇和历史命运,这一解释似乎辞不意逮。因此,人究竟为什么活着? 当代劳动者为什么活着?"首先活着是责任,另一个是给身边的人一些幸福。"③"为情,为爱,为友,为家庭。"④"我是为别人而活着,我从懂事时起就是这样认为的。"⑤这意味着一种为了人伦亲情而奉献牺牲、间接完成中国式现代积累的打工生活,是革命解放叙事基础上的生活秩序解放。虽然表面上看起来加班、周末匮乏、没有文化和庸俗等种种不足,隐约指认着劳动的非人特征,但更本根的是在近乎军事化生产管理中的喜剧体验,毕竟通过历史奋斗实现了家人的生活改善。⑥根植于工厂打工语境的业缘情感,从某种程度上激发着新时代劳动阶级的集体意识和身份自觉。

在私营工厂,业缘情感在其内容上,除了同乡情的成分,则因技术、经验的传授与合作,保有着理想却又脆弱的临时性师友情意。⑦由于多样的生产部门的阻隔,我们可以发现,工厂的传授限制在简单的技艺传授和单一生产部门,难以突破精细的技术门类实现整体性的、普遍性的交往脉络。这种人因器变、情随器新的生产与人事交相变迁的大环境,使工友的情感增添了更多的平淡感和通透感。"在时代的浪潮中,一批又一批的工厂灰飞烟灭般的逝去,又有一些新的工厂创建。不变的,是背井离乡的打工者,青春随产品出口而消逝,自己却只能做城市中的外来工,漂泊着、如浮萍般……"⑧

在关于流水线上的工人的友情的诗意刻画中,则证明了情感的扁平化特征。一首名为《流水线》的诗写道:"在流水线的流动中,是流动的人/他们来自河东或者河西,她站着坐着,编号,蓝色的工衣/……流水的响声中,从此她们更为孤单地活着/她们,或者他们,相互流动,却彼此陌生。"⑨诗人的具象化语言,给了我们一个关于流水线工人情

---

① 生产工具的世界性流动,增多了工人的世界性联系和交流,而且他们的音容笑貌、痛苦欢乐烙在产品上的隐隐痕迹随着贸易全球化传布世界各地,莫名地"感动"了成千上万辛勤劳动的人们。

② 《马克思恩格斯选集》第1卷,人民出版社2012年版,第435页。

③ 占有兵:《我是农民工:东莞打工生活实录》,第71页。

④ 占有兵:《我是农民工:东莞打工生活实录》,第73页。

⑤ 占有兵:《我是农民工:东莞打工生活实录》,第77页。

⑥ 当代劳动诗人蓝蓝的《我的工友们》、绳子的《阶级兄弟》《穿工装的兄弟》和郑小琼的《他们》《目睹》《女工:被固定在卡座上的青春》等对此都有所描画。参见秦晓宇:《我的诗篇:当代工人诗典》,作家出版社2015年版,第63、74、83、270、273、276页。另外,农民工占有兵也以访谈的形式专门记录了自己所结识的工友们的情感交往细节。参见占有兵:《我是农民工:东莞打工生活实录》,第65页。

⑦ 丁燕:《工厂女孩》,外文出版社2013年版,第28–31页。

⑧ 占有兵:《我是农民工:东莞打工生活实录》,第232页。

⑨ 秦晓宇:《我的诗篇:当代工人诗典》,第272页。

感的抽象印象，即人的情感图景变成了一条线性的河流，而不再是亲情九族五服图中纵横敞开的充实的锥体，它开始变得没有对象性和结构性，是透明的、模糊的和压缩的横流，情感之域界被吸附在一条均匀的无变化的内容单一的流水线上。无疑，业缘友谊空旷而透明，情感不再是集中在某个工友身上，而是对此空间中的人与事物进行笼统的、总体性的观照，是对沦落到此世界中之一类人的共同命运的沉思。"在拉线上，每个人都是固定的螺丝钉，每个工位，都被清晰而准确地规定好身体应该采取的姿势。工人们仅仅被训练成某道程序的专家，而很少能掌握整个工艺流程。"[①]此预言着一个意义深远的历史事实，那就是亲情脉络在工业化社会生活中倔强地生长着，在工厂这个贬抑性情境中重新编织着"同是天涯沦落人"的打工江湖的悲情图景。"打工，就是人在江湖混呗。这个江湖，汇集了来自世界各地的人。"[②]

然而，业缘友情毕竟蕴含着面向世界开放的潜在可能性，其意欲认识的是整个世界而不止于工厂一隅。工人毫不费力地在以器物为纽带的全球化生产联系中，辨认出其他种族的、国家的从业者的痕迹，来自遥远异域的自然属性和文化风格，他们或者在产品中直观了整个人类，或者在原料中领略了真实的世界生存关系。比如，在《关于一条生产线的描述（组诗）》中，工人以其渗透到世界的磅礴想象力洞穿并复原了产自南美洲的木薯原料的生命之旅，物种跨地域的"入侵"成了经济全球化的家常便饭，在不起眼的原料之中竟然隐藏着世界之为世界的千丝万缕的联系，不露声色地指认着资本主义的工业全球化的逐利、污染和浪费。[③]这种缺席了经典马克思主义表述的诅咒式的碎片化的啰嗦修辞，平铺直叙中激荡着更为深沉的平白情感，其对经手所见之物充满了珍惜和不舍。他们关于产品的记忆如数家珍，略带审美和拟人情调的白描，酷似当代劳动者的新博物学的萌芽，实证出业缘情感的超越性，即沉思劳动者向何处去、世界向何处去的忧患气质。

最后，让我们简单总结一下业缘友谊的特性及问题，以结束本节对农民工另一半情感交往生活面貌的探索。由于生产联系的世界化，它获得了前所未有的开放性和广泛性，以通透性、平等性和审美性著称，褪去传统业缘亲情的神圣道德面纱之后，丝毫不隐晦自身的直接和真诚，在俗常中倒也不鄙薄。但是，问题在于，局限于工厂这个人造的理性情境中的业缘友情，是如何突破社会分工的限制，自觉打通与广阔天地自然、人类世界整体的生存联系，去占有一种整体性的生活呢？要回答这个问题，就自然涉及对当代劳动者情感逻辑中更高层次的气缘情感的解析。

三、整体生活的气缘情感

从田园到工厂，从血缘亲情到业缘友谊，劳动生存充满曲折、冲突，尚未达到直观自

---

① 丁燕：《工厂女孩》，第11页。

② 占有兵：《我是农民工：东莞打工生活实录》，第134页。

③ 秦晓宇：《我的诗篇：当代工人诗典》，第97—98页。

身命运的整体生活。自改革开放以来,中国社会形成了数亿的在城市与乡村之间定期迁徙的农民工群体,大部分人在城市中挥洒青壮年华以后,不得不回到接纳他们的乡村。这样一种人数众多、牵涉面甚广的社会群体的生成,意味着别具一格的劳动生存样式。它是由中国式现代化的独特政治经济学的历史主题决定的:"在二十一世纪的前二十年或三十年或更长的时期内,中国仍将是一个半工业经济基础半农业经济基础的国家。"[①] 然而,近代以来城乡分离趋势,同样困扰着中国农民工群体的日常生活,在城市与乡村间不断变幻的多样性处境充满了撕扯、割裂,工业化的劳动生存换来的是家庭经济基础的充实,但代价是对血缘情感的侵蚀。人本身面临着非农非工、城乡两离的身份尴尬和意义危机。[②] 农民工在工厂接触技术工业的过程中,业余生活越来越受到互联网电子声色信息的引诱和宰制。耽溺于网络游戏的虚幻屏幕生存,在返乡农民工及其子女的日常生活中影响剧烈。据新生代农民工的调查显示,与以往的农民工半工半耕的务实生活作风相比,新生代农民工则远离工厂的机械劳动,追求轻松灵活的数字化劳动与数字化消费(如快递、外卖、电游等),对互联网电子消费生存的产生了盲目依赖与偏好。因而从代际传承上看,农民工群体的历史发展,也呈现出了"脱实向虚"的命运危机,半工半耕、半虚半实的日常生活让人动静失据精神枯竭。[③] 那么,如何在技术、资本和权力的博弈中走出"两头不靠岸"的困境,实现自身对工农融贯整体生活的主体性复归呢? 笔者尝试给出的设想是,当代劳动者由业缘友谊经工业技艺的艺术化、审美化,发明民族心灵中积淀的古典美学文化气质,澄汰情感的物欲色彩和日常生存的机械化创伤,达到工业田园的自由浪漫诗意。[④] 因此,气韵生动、一体条贯将成为劳动者扬弃血缘、业缘等因素涵养气缘情感的中心议题。

不是血缘、业缘,而是以声气交感相通的气缘关系,才构成人情感的本来面目。气缘情感,是人以喜怒哀悲等情气表露,实现生产劳作的血肉之躯与天地万物的气化沟通。[⑤] 而当代劳动者则是在机械、商品之俗气中,领悟宇宙和社会的运行之道。我们对于气的看法来自于中国古代的气学思想。在古人看来,宇宙万物的生存寂灭皆是气的生化充塞,气是非常精微的饱含生命力的物质,气散则幽微为天地鬼神,气聚显著则为形体以成活的人物,在性质上有阴阳之分,阳气刚健创辟,阴气滞重保守,每个事物的发

① 梁晓声:《中国社会各阶层分析》,经济日报出版社1997年版,第407页。在具有深厚农业文明、数亿农民人口的广土众民的国家实行工业化,劳动形态不可避免地是农业生产与工业生产相掺杂的多样状态,在纯粹的工业劳动与农业劳动之间,更多的是一种半农业半工业的复合劳动形态。

② 秦晓宇:《我的诗篇:当代工人诗典》,第61页。

③ 徐琳岚、文春英:《"何以为家":流动社会下青年数字游民的地方感研究》,《中国青年研究》2023年第8期,第70-79页。

④ 樊志辉、陈兵:《实践与体验——李泽厚时间观的疏释与批判》,《黑龙江社会科学》2020年第2期,第16-22页。

⑤ 陈兵、肖璐璐:《天人之际:"情"字解诂看古典劳动感觉》,见何云峰主编:《劳动哲学研究》第8辑(2023年第1辑),上海教育出版社2023年6月版,第45-57页。

展是阴阳和合的结果。^①毋庸置疑，人生在世最重要的，就是感受天地气化流行的生机活泼，性情心意的偏正与喜怒哀悲等情气的涵养，成为日常生活在事上磨炼的肯綮。这是一种真正道德的、审美的自然生活状态。如果说，血缘亲情和业缘友谊偏重可见可感的具体联系，因而显得拘泥僵滞的话，气缘情感则因体贴无形无象穿透一切的气之变化，灵动而活泼。气缘情感意味着劳动者跳出人造机械桎梏的牢笼而挂靠于天地山水之中，因天地气化之自然，以气的刚柔、精粗、厚薄、偏正、缓急、迟速和苦乐等至简尺度，在近乎巫术性的神秘道德的直观中瞬间地、领会地认识对象，翻转阴郁灰暗的养家糊口的日常生存，为顶天立地、光明豁达的心性证悟。

当代劳动者在情感表达上的悲苦气、小家气，从人类历史高度内省自身的"两栖"境遇看，酝酿着对华夏整体生活与人类世界的开悟契机。笔者曾提出劳动者以中道智慧涵养日常情气，并在喜怒哀乐的抒发中确立自身道德志气的看法，^②此处则正要揭明当代劳动者在情气抒发的苦乐相生的豁达境界。当打工诗歌的新文学现象被一种无尽的怨艾悲苦的气氛包围的密不透风的时候，一方面反显农民工群体的社会政治经济环境的极端恶劣，另一方面也预示着中国当代劳动者深刻的文化生存危机与突围可能。工厂真的成了一个人道春风从没有吹过，只是精神和肉体的受难而非重生的荒漠之地吗？"车、钳、刨、钻/浑身都是补丁。听风/吹得那么空旷/一生都是那么空旷。"^③当"风"这种近似自然却又玄远的物象，进入到工人情感的关照范围的时候，实际上已经表明工人的生命感知具备了走出悲苦气氛的思想可能，即超越具体的物象进入到了"气感"的天地层面。听风者完全有可能跳脱语言、物象或者其他的实体性的有限介质，凭借万物整体的律动促发的情境气氛（"风"）来感受工厂、商场、乡村和自然的一个世界。"听风"这种极具抽象力的非感官性的灵觉，根本不是由耳朵发出来的科学性的活动，而是与华夏万物一体的审美心灵有关的"生命积淀"。^④这种通透的情感直觉追求生命的整体性，觉悟到四海之内皆兄弟。"都是一样的兄弟，一样的/黑脸膛，一样的工装/一种颜色说话/说着说着就梦回故乡。"（《穿着工装的兄弟》）^⑤

现代工业技术生产的形式美是线性的机械力输出，需要耕稼劳动的均衡德气智慧。在工厂自动化的流水线上不断进行重复的机械劳动，比任何时候更需要生命之气的节奏与韵律。"总算熬到11点，我准备下班，但方姐却拦住我：坚持到12点。她分析给我听，上午干四小时，下午就要干七小时；上午干五小时，下午只干六小时。她说：'劲儿要匀着使才行。'我点头同意。然而，下班前的最后一小时，难熬至极，大脑趋于呆滞，手指

① 邓辉、王龙：《张载"参两"说及其与"太极"之关系》，《吉首大学学报（社会科学版）》2022年第2期，第32-40页。

② 陈兵、董朵朵：《日常劳动幸福何以可能？——论具体劳动的道德情感及情气涵养》，见何云峰主编：《劳动哲学研究》第5辑（2021年第2辑），上海教育出版社2022年1月版，第313-327页。

③ 秦晓宇：《我的诗篇：当代工人诗典》，第80页。

④ 樊志辉、陈兵：《实践与体验——李泽厚时间观的疏释与批判》，《黑龙江社会科学》2020年第2期，第16-22页。

⑤ 秦晓宇：《我的诗篇：当代工人诗典》，第80页。

的速度明显降低。"① 人的体力和脑力的强度是波动而有节奏的,但机械冰冷的流水线作业却毫不关心人的这个具体情况。很显然,躬耕稼穑之美与机械生产的劳动之美必然不同。豕突狼奔的流水线劳动,是不断增加作业强度的人的情气的快速输出和暴力宣泄,是对人的身体和情感双重地粗放消磨;而平和绵长的农业生产劳动,则是人因循四季自然变化的温和而节制的情感表露,精耕细作要求表露的精微细致,人与物和而不伤成了情气收发、尊德化力的诗意境界。要言之,前者的情气以力劲偏锋为主,大开大合而缺少美感,后者的情气则温和适中,张弛有度。由于当代思想家对技术美笼统而盲目的看法,以至于得出了技术美的线性进化史观,因而贬低农业技术而崇尚现代科技工业,殊不知机械化的流水线作业更要尊重人的生理强度和道德风俗。"总之,各种形式结构,各样的比例、均衡、节奏、秩序,亦即形成规律和所谓形式美,首先是通过人的劳动操作和技术活动(使用——制造工具的活动)去把握、发现、展开和理解的。"② 这就把对于形式美追求,对于内在情气秩序的体认,放置于劳动技术的基源性视域,指出华夏劳动者的文化使命,即通过对工业技术的人文化成感知自然生动气韵。如果此一点被当代劳动者所践履,那么工业田园的诗意将不会只是悲苦的,他们将感受到工厂劳动的愉悦。③

气缘情感的人物之交往,是超越机械工具操作活动的气化氤氲,不为固定的物质形体和有限联系所桎梏。劳动者略带悲剧性的审美趣味,一经点拨则契合牟宗三所揭示的"无向原则",④ 体现不可测度的自由与活力。这种极通透而变化多端的情感气质,是赋予了更多可能性的德性精气,完全不限于技术化的生产经验的阈限,情气因着人自身的道德灵明贯通了宇宙的气化世界。"太虚无形,气之本体;其聚其散,变化之客形尔;至静无感,性之渊源,有识有知,物交之客感尔。客感客形与无感无形,惟尽性者一之。……聚亦吾体,散亦吾体,知死之不亡者,可与言性矣。"⑤ 工人诗人在《地心的蛙鸣》中表达了一种高度升华了乡愁与苦难的性情洗练,恢复了赤子之心的对宇宙造物的仁爱与柔情。"煤层中像是发出了几声蛙鸣/放下镐 仔细听 却没有任何动静/我捡起一块矸石 扔过去/一如扔向童年的柳塘/却在乌黑的煤壁上弹了回来/并没有溅起一地的月光/继续采煤 一镐下去/似乎远处又有一声蛙鸣回荡……(谁知道 这辽阔的地心 绵亘的煤层/到底湮没了多少亿万年前的生灵/天哪 没有阳光 碧波 翠柳/它们居然还能叫出声来)"⑥ 情感不再着意于凭借身体的血气和新旧代替的机器,承受而涵化了血缘和业缘等历史造作的牵扯羁绊,只澄汰洗练为一腔子仁爱情气。因此,气缘情感真正着意和持守的只是宇宙间充沛无塞的生动气韵。

---

① 丁燕:《工厂女孩》,第28—31页。

② 李泽厚:《美学四讲》,生活·读书·新知三联书店1989年版,第83页。

③ 秦晓宇:《我的诗篇:当代工人诗典》,第440页。

④ 牟宗三:《真善美的合一说和分别说》,樊克伟录音整理,《鹅湖月刊》1999年第11期,第2—15页。

⑤ 张载:《张载集》,章锡琛点校,中华书局1978年版,第7页。

⑥ 秦晓宇:《我的诗篇:当代工人诗典》,第65页。

　　气缘情感实际上可以追溯到宋元山水画意境所表现的审美情趣。后者是一种以深厚内在情气涵养为根脉的艺术化情气品鉴活动。其所体贴到的自然山水,非科学理性的工具所观察的,为人类所消耗的被动的物理自然。"中国山水画采取散点透视,不固定在一个视角,远看近看均可。它不重视诸如光线明暗、阴影色彩的复杂多变的感受印象,而重视具有一定稳定性的整体境界所给予的情绪感染效果。这种效果不在于具体景物对象的感觉知觉的真实,不在于'可望、可行',而在于'可游、可居'。"① 根据山水画的特点,可以反观画家的情气的一些特性,远离了物欲的德性主体的情气磅礴流溢,能直觉山水风云之气的内在律动。画家跳脱机械形迹,和盘托出一个整体性的生存情境气氛,真正展现了生命之为生命的家园性和栖息感。或许,这一敏锐于山水气化的审美情感,能给受悲苦情气折磨的当代劳动者找到一条审美慰藉的超越之途。换言之,气缘真情能复归人在天地之间的质朴本性,别开超越的山水生存状态,通达工业田园中"天人合一"的生命妙意。

　　总之,气缘情感预示当代劳动者在情感上的解放,即对田园生活与机械生存的"两离状态"的圆融与反正。流俗的意见将劳动者视为田园与工厂之间被动压榨的客体,但这些说法一经反思就暴露了内在的矛盾。当代劳动者在事实上确实经历着出入田园与工厂的不自由,可是情感上和真实上他们是为家国、社会始终尽着义务的一个大写的人。发人深思的是,受到庸俗唯物主义的影响,文学家、诗人和思想家们都未曾意识到在哲学上建构属于亦工亦农的当代劳动主体的文化精神。② 当代劳动者并非现代社会的弃民,也可以发挥自身作为人的主体意识,实现血缘亲情和业缘友情的两合的情感生存。气缘情感的显豁,从实践上论证着人之为人的意识能动性,因为这是合则两美、离则两伤的存亡考验关头!"发展着自己的物质生产和物质交往的人们,在改变自己的这个现实的同时也改变着自己的思维和思维的产物。不是意识决定生活,而是生活决定意识。"③气缘美感是在血缘亲情和业缘友情之上的升华生成的情气表露之道,其对天地山水和情趣品鉴的倚重,意味着当代劳动主体的道德自觉化凡入圣,以顽强生命力坚韧承受和涵化科技理性的自然而然的正感正觉。④此上承天地本源的情气的流行和发用,始终都是独立自为而自有其华夏文化的超越维度的,即对美好生活的强烈美感和刚健有为的奋斗志气。而情感在此世生活中所客感客形的骨架和形式,最终都会消失殆尽,与天地气化流行的密合。此一方面诠表当代劳动者气化生命中内蕴的整体生活,一方面向未来绽开的华夏生民正命顺成之道。正所谓"贫贱忧戚,庸玉汝于成"! ⑤

　　综上所述,从亲缘、机缘到气缘的情感生成升华,构成了当代劳动者在半田园半工业的日常生存中的基本情感逻辑。以亦工亦农的农民工为聚焦的当代劳动者,自觉出

　　① 李泽厚:《美的历程》,第175-176页。

　　② 海外作家潘某就是把当代女工视为一种资本、技术和乡村中的抗争性的存在,一种被动的处处受苦受难的存在。参见潘毅:《中国女工:新兴打工者主体的形成》,第195-198页。

　　③《马克思恩格斯文集》第1卷,人民出版社2008年版,第525页。

　　④ 陈兵、肖璐璐:《劳动技艺与心灵秩序:李泽厚劳动观述评》,见何云峰主编:《劳动哲学研究》第6辑(2022年第1辑),上海教育出版社2022年8月版,第313-327页。

　　⑤ 张载:《张载集》,章锡琛点校,第63页。

入于诗意田园和机械工厂之中,为了父母孩子、同乡朋友的养老、教育和休闲的美好生活奔波劳碌,这是一种现代化生存中独属于华夏个体的有情德性生活。此种极具张力和特点的劳动与交往的当代性矛盾,正可谓具体而微的"西体中用"的思想现象。① 事实上,当代劳动者承担着中国式现代化的农业基础和工业基础的建构任务,但由于种种原因还未形成巩固此种生存基础的刚健光明、正大充实的文化意识,以振奋当代劳动者主体性的孱弱与虚无。习近平总书记提出的"绿水青山就是金山银山"的美丽乡村振兴战略,正是对当代农民工打工存身、山水立命的时代精神的敏锐把握。② 值得指出的是,当代劳动者抒发满腔郁积情气,归本于天地气化氤氲,是对技术、资本和权力的联合围剿严峻现实的突围。"胸藏丘壑,城市不异山林;兴寄烟霞,阆浮有如蓬岛。"③ 因为这一即道德即审美的德性生命的觉悟,华夏艺术传统如万古的春风明月,抚慰当代劳动者的交瘁身心。回顾当代劳动者的情感逻辑,人事的悲欢离合、艰难困苦似乎足以否认城市打工谋生的合理性,然而思想的工作正是在否定性的生存中进行生命精神的坚韧诠释。这难道不是充实而超脱的当代心灵秩序建构吗?因此,上述关于劳动与情感主题的初步探讨,除了透视当代个体生存的复杂文化处境,或可省察华夏社会民族精神和时代精神变动的新动向。

---

① 李泽厚:《说西体中用》,上海译文出版社版2012年,第36—38页。

② 中共中央宣传部编:《习近平新时达中国特色社会主义思想学习问答》,学习出版社、人民出版社2021年版,第350—358页。

③ 张潮:《幽梦影》,中华书局2008年版,第159页。

韩炳哲论当代资本主义生产强制律令的四幅面孔[①]

王艺腾

摘　要： 在对新自由主义制度及其运作模式展开反思与批判的系列著作中,韩炳哲揭示了内在于当代资本主义社会中的生产全面化逻辑和生产强制律令。在这一律令的支配下,整个社会生活呈现出劳动强制、绩效强制、消费强制和交际强制等多幅面孔。劳动强制表现为,主体作为社会化大生产的零部件,在工作中被资本权力矮化为一个生物学过程的生命,饱受倦怠、压抑、无聊和无意义的痛苦。绩效强制表现为,主体在功绩、效率和市场竞争的促使下,在自我优化、提升及无限自我生产的错觉中进行自我剥削,并助长了资本对自身的摆布与操控。消费强制表现为,在欲望的神圣激发、鼓励和诱导下,主体从在现实空间中对商品的消耗占有,转变为在虚拟空间中对情绪的消遣和时间的消磨。交际强制表现为,海量图文和大数据建构的全景化数字监狱,不断要求主体倾诉、表达和参与,透明和信息取代了真理,信任让位于监控,主体的精神、心智与时空感知陷入危机。这四幅面孔并非独立存在,而是相互联系,彼此渗透,究其本质不过是资本为实现开疆拓土、循环加速和增殖最大化目的,而在不同层面上对主体的全面奴役和规训。

关键词： 韩炳哲;新自由主义;生产强制;劳动强制;绩效强制

本文引文格式:王艺腾:《韩炳哲论当代资本主义生产强制律令的四幅面孔》,见何云峰主编:《劳动哲学研究》第9辑(2023年第2辑),上海教育出版社2023年12月版,第348—357页。

自马克思发动哲学上的存在论革命,开启了从生产方式层面批判资本主义的独特视角后,人们得以更清晰地审视资本主义社会的本质问题和内在矛盾,并找到了资本主义社会剥削、不平等、贫富差距扩大、主体性危机等问题的深层根源。而这一视角也为后来的思想家们所继承,韩裔瑞士籍德国新生代思想家韩炳哲发扬了这一路径,用以反思资本主

[①] 作者通信地址:王艺腾,南京大学马克思主义学院,江苏南京 210023。

义的当代展开——新自由主义制度中的弊病,特别是新自由主义生产方式和制度设计中的生产强制律令。这一律令由资本追逐剩余价值和超额利润所驱动,表现为不断扩大的生产和再生产。在一定程度上,韩炳哲对这一律令中包含的劳动强制、绩效强制、消费强制、交际强制以及行动强制、优化强制、幸福强制、本真性强制等引发的人的异化,普遍存在危机、精神心灵秩序危机,切中了新自由主义的痛点,具有一定启发性。

一、劳动强制:主体被矮化为一个生物学过程的生命

劳动强制指劳动者在劳动市场上丧失自由选择权,被迫进行劳作,无法获得劳动幸福和劳动尊严的现象。马克思很早就指出,由资本主义生产方式引发的劳动强制是一种社会历史必然,这种强制首要体现在分工产生的雇佣劳动上。在资本主义系统中,工人缺少生产和生活资料,自由得一无所有,只能出卖自己的劳动力为资本家工作,以换取微薄的生计和工资收入。因此,雇佣劳动成为资本主义体系中最普遍的劳动形式。在资本家与工人的雇佣关系中,后者必须按照前者设置的任务条款等进行工作。在大部分情况下,这种劳动关系看似是双方自愿建立的合同关系,但劳动者并没有真正意义上的选择权,无法自主地选择工作或停止工作,有时只能被迫接受不合理的工作条件和待遇以免面临失业和经济困难,这就成了一种强制和不得已。

这种体制还表现为剥削关系与盈利驱动。资本家通过支付工资来购买工人的劳动力,而工人所创造的价值超过他们所得到的工资。这种剥削关系必然使得工人在为资本家劳动时感到一定的强制压力。企业为了获取更多的利润,通常会通过提高生产效率、降低成本、扩大市场占有率等手段来推动生产力的发展。这种盈利驱动导致企业为追求更大的利润必然会不断压榨工人的劳动力。还应指出,市场竞争在资本主义经济体系中是一种普遍存在的现象。公司必须致力于提供更好、更廉价或者更符合消费者需求的产品和服务,以获取更多市场份额和盈利机会。无法回避的市场竞争对企业来说是一项硬性要求,可这种竞争又必然会落到工人身上,使后者成为工业流水线上的"螺丝钉"。

马克思在工业资本主义时代对社会生产方式的批判,在现在看来依旧具有普遍性意义。而一旦我们将视角切换至金融资本主义、数字资本主义或智能资本主义时代下的新自由主义制度,由生产强制衍生的劳动强制又呈现出了新的表征。这正是韩炳哲哲学创作的切入点。他认为当代社会是高扬劳动和生产重要性的社会,在新自由主义制度下,"伴随着世界变得普遍积极化,人类和社会也都转化为一部自我封闭的效能机器"。①当下,生产最大化的渴望成为社会的集体无意识,生产领域的过度的同一性、积极性和肯定性主导了社会生活的一切领域,由此带来了新的暴力形式。这种暴力表现为铺天盖地的媒介、信息、图像、数据、任务、计划跟随资本不断开辟新的市场空间进而扩张至整个社会,就像身体内不断扩散的癌细胞,追求畅通无阻地、高效率地运转,力图

① 韩炳哲:《倦怠社会》,王一力译,中信出版社2019年版,第41页。

将自身的功用发挥至最大化。由此,整个社会导向了劳动社会,社会生活普遍缺少安静、舒缓、闲适和自如的氛围,呈现出一种前所未有的野蛮状态。在这种境况下,人们陷入超负荷的劳作,普遍要进行"多工作业""多任务处理"和"多线程操作",即是说人们需要"不断地在多个任务、信息来源和工作程序之间转换焦点"。①人们丧失了放松、休息、耐性,缺少从容悠长的目光,需要时刻集中注意力而不能麻痹懈怠。如其所言,"我们如今生活的世界中很少出现停顿,少有间隔和休息。为了提高效率,一切间歇都被取消了"。②吊诡的是,随着数码设备和电子产品的普及化,即便人们摆脱了工业时代大生产机器的劳动强制,却又迎来了数码时代"微型机器"的劳动强制。鉴于数码机器的可移动性和即时性,人们所到、所处、所居之地随时都可能成为工作之地,工作与非工作的空间界限消失了,上班时间和个人休闲时间的界限也被打破了。数码设备让"每个人都如同一座劳改所,随时随地把工位带在身上",③人们在无形中承受了相较于之前更多的焦虑、压力和身心负担。

韩炳哲将处在劳动强制中的人比喻为正在草原上进食的动物。动物既要确保在进食的时候阻止其他动物靠近自己的食物,警惕地查看四周的环境,不被天敌吃掉,也要保护好自己的后代和伴侣。韩炳哲以这样的比喻展开对人的生存境况的多重思考。一方面,人们被各种工作指令和生产任务所充斥,而无法真正地专心或聚精会神地投入某一项具体的工作和生产。另一方面,人不可避免地将自身低端化为把生存绝对化的动物,陷入一种过度活跃、过度神经质的生命过程和普遍涣散、歇斯底里的生命状态中。因此,韩炳哲认为主体作为社会化大生产的零部件,在工作中被资本权力矮化为一个生物学过程的生命。一味的劳作而没有沉思的生活,并不是创造性的活动,也不会产生新事物,它只会产生千篇一律的重复或加速业已存在的事物。与此同时,积极的、无休无止的生命活动会使主体饱受倦怠、压抑、无聊和无意义的痛苦。而劳动的强制也带来了人们对于生命和时间的工具化利用,即不停地安排时间、规划时间,对时间精细分割、精打细算。人的大脑成了一台运算机器,计算、打量、比较的念头渗透进人的思维方式。人的生命也被降格为商品,降低为赤裸的生活和一种生物机能的过程,只考虑如何健康地存活下去。质言之,人成了"只会劳作的'末人'",自身不再有丰满个性和整全形态。韩炳哲戏谑地指出,"工作本身即是一种赤裸的行动。赤裸的工作适应于赤裸的生活。纯粹的工作和纯粹的生活,二者互为条件"。④即便是工作之余的放松和休闲,也沦为工作的组成部分——休闲的目的不过是劳动力的"满血复活",是为了更好地参与下一轮工作。

韩炳哲看到了劳动强制背后的另一重关键因素,即新自由主义"制度强制"下的"自我强制"——这也是区别于马克思时代的一个重要表征。"自我强制"意味着主体不再只

① 韩炳哲:《倦怠社会》,第23页。
② 韩炳哲:《倦怠社会》,第39页。
③ 韩炳哲:《在群中:数字媒体时代的大众心理学》,程巍译,中信出版社2019年版,第52页。
④ 韩炳哲:《倦怠社会》,第31页。

是被迫服从劳作,或顺从资本家制定的相关法规与义务,而是在追求自我至上、自我价值实现、"我一定能够""越努力越幸运"以及"成为你自己"等话语的诱导下,按照"自己的"内在指令行事。而这一内在指令不过是资本律令的改头换面而已。主体在资本的劳动律令和理性强制下,无限制地驱使自己像"滚轮中的仓鼠"或"快速拍打翅膀在空中悬停的蜂鸟",总是存在着紧张矛盾、焦虑不安的心理。主体的能力和能量被这些负面的情绪所限制,成了自身的局限。主体的"生命已经变得空虚、无意义和无法忍受,因为他已经疲惫不堪,因为他无法再生产,无法自我再生产"。① 现如今的"我们都是劳动者,不再是游戏者"。②即使是游戏本身也要受到劳动的胁迫和生产的强制。电子游戏的竞技化和职业化就是一个很好的说明。

二、绩效强制:自我优化提升与自我剥削的无声合谋

在资本主义生产关系中,为调动劳动者努力工作,提高生产效率和实现企业利润最大化,企业通过将劳动者之间的绩效进行比较和排名来激发竞争动力,促使劳动者相互竞争,努力超越他人以提高自己的绩效。由此,绩效强制成为一种常见的管理手段。要想实现这种绩效强制,一是开展绩效评估。企业会通过各种方法和指标对员工的绩效进行评估,如工作成果、工作质量、工作速度、销售额等。二是实施激励措施与奖惩机制。为了推动劳动者更好地完成任务和达到预期目标,企业会采取不同的激励措施。取得优秀绩效的员工通常会获得较高的奖励。而绩效较差的员工可能会面临降薪、裁员或晋升机会的限制。

在韩炳哲看来,资本主义经济体系中绩效强制的源头在于生产强制,因为大生产的结果和成效必然要通过一定的绩效标准来衡量,所以"生产强制牵出了绩效强制"。③而后者也与劳动强制密不可分,随着工作、效率和生产的合理化,"劳动社会将自身进化为功绩社会和积极社会"。④ 即是说生产强制、劳动强制和绩效强制在新自由主义制度下完成了相互捆绑。而在绩效、功绩的促使下,通过资本对自由的包装,主体自愿而热情地进行自我管理、自我加工、自我提升、自我优化、自我改进、自我实现、自我奖赏,只是为了便于自我生产和加速信息的交流。尽管参与功绩提升的主体认为自己是前所未有的自由,对自身拥有绝对主权,但这只是想象中的自由的主权,效率或绩效对他们而言是新的禁令和枷锁。其结果是,主体不断自我肯定,或是以丰富的理想图景为自己加码,可这又使得主体在无形中耗尽自我,带来自我剥削、自我攻击、自我瓦解和自我毁灭。资本却悄无声息地推动了自身的增殖。基于一种尽快成功,带来更大的成果和收益的自我完善的信念,主体不由自主地压榨自身,直至精疲力竭,身心俱疲。"工作和效

---

① 韩炳哲:《仪式的消失:当下的世界》,安尼译,中信出版社2023年版,第58页。

② 韩炳哲:《仪式的消失:当下的世界》,第59页。

③ 韩炳哲:《仪式的消失:当下的世界》,第16页。

④ 韩炳哲:《倦怠社会》,第30页。

绩的过度化日益严重,直到发展成一种自我剥削。"[1] 诚如韩炳哲所言,"自我被困在一个永远无法达到的理想自我之中,因此变得日益消沉疲惫。由于真实自我和理想自我之间存在鸿沟,从而产生了一种自我攻击"。[2] 他还指出:"自我剥削的主体自造了一个劳改所,在那里,它既是受害人也是作案人。"[3] 既是犯人也是看守,既是主人也是奴隶。韩炳哲说明了内在于绩效强制中的辩证法,即自我优化提升与自我剥削实现了无声合谋。吊诡的是,"在自我剥削的新自由主义政权中,人们其实是向自己发起了侵略"。[4] 主体对进步的追求反而带来退化的结果。主体在无限自我生产的错觉中,助长并加深了资本对自身的摆布与操控,形成了无反思的性格特征。主体没有能力向外打破强制的牢笼,没有能力质疑社会权力关系,而是承认了社会结构的正当性,无条件地接受规训,转而向自己开刀,对自身施压,同自己发动没有硝烟的战争。值得注意的是,未能在功绩社会中获得一席之地的人,时刻充满负罪感、内疚感和挫败感,而依旧要对自己进行施压和无限剥削。功绩社会"要求人们优化心灵,实际上是迫使人们去适应统治关系,这种要求掩盖了社会的弊端"。[5] 追根溯源,一切都要屈从于资本的摆布,主体不得不接受市场逻辑和进步强制的支配,不得不把完整的有血有肉的生命被转化为纯粹的市场价值或商业利益。

绩效强制的另一个突出表现是主体通过数字符号定义、认识、量化自我,评判自身的价值,但"数据驱动的事实的量化使人的认知不再具有灵魂"。[6] 随绩效强制而来的日益数字化、智能化的世界带来了叙事与叙述的消逝,而人们无法通过数字叙述自我。众所周知,语言、故事和叙述对人的自我认同的构建具有重要的意义。可数据会让自我认同和定位沦为自我控制或资本控制的技术。人们在数据的暴政下,走向了对数据的积累,形成了数字崇拜。主体在外力的驱动下一往无前、快马加鞭,忙着积累数据,扩大数值,以此标榜成功,可这使主体既不能全身心投入目标的达成,也不能安于当下,更不敢有丝毫松懈。于是,以追逐外在的数字量化而陷入自我消耗、自我分解成了常态。主体创造着、享受着、赞叹着数字化的便利,可又被其所困。可量化的目标和欲望提供了安全的假象。主体似乎只有在被日程表塞满中,只有奋力向上攀登一个个数字目标时,才能感到"安全"和有保障。可正是这些看似可以实现而又永远无法抵达的目标让主体觉得自己依旧匮乏、不足,从而加剧了不安感。驱动主体去劳动的不是贪求更多,而是担心自己占有的数值越来越小。主体将自己束缚在一个狭小范围内,来抵制进一步的焦虑和痛苦,而生活丧失了韧性、深度和趣味。即便主体分明感到这种生活秩序极不合理,却又无法抽身脱离,任凭每天被潮流和习惯驱使,而习惯中总有一种盲动的力量。

---

① 韩炳哲:《倦怠社会》,第20页。

② 韩炳哲:《倦怠社会》,第81页。

③ 韩炳哲:《精神政治学》,关玉红译,中信出版社2019年版,第83页。

④ 韩炳哲:《精神政治学》,第9页。

⑤ 韩炳哲:《妥协社会:今日之痛》,吴琼译,中信出版社2023年版,第13页。

⑥ 韩炳哲:《精神政治学》,第92页。

绩效强制强化了资本主义社会中人与人之间的竞争关系,并加剧了个体间的利益分化和思想分歧,使社会团结的关联难以形成。社会的个体化和流动化借着个人可以主导自身命运的东风,也在批量生产孤立、分裂、隔绝、冷漠的原子化个体,而不是将人们协调一致,真正凝聚在一起,携手共进,成为"我们"。"工作和绩效的绝对化拆解了作为'共在'的存在。"① 值得关注的是,数字媒介在强化人们的社交关联的同时,也在阻止人们进行有效的沟通对话、商讨合作、互利互惠。人们搭建共识,走向共鸣共情或由共同的利益而走向联合似乎更加困难。"今天的社会不是能让我们彼此成就的'博爱'的社会;它更多的是一个以业绩来衡量一切的社会,在这个社会里,我们彼孤立。"② 因此,韩炳哲多次在其著述中呼吁,我们应当真切地感到当下社会的危机,思考一种新的生活方式和一种新的生命状态,将人们从"飞转的停滞""稳定的无序""丰富的无聊""多元的单调"等无家可归的异化处境中解放出来,形成一个有行动力和归属感的群体。

三、消费强制:从商品的消耗到情绪消遣与时间消磨

资本主义经济体系中的生产强制、劳动强制与绩效必然带来商品的生产过剩和堆积。而资本担心经济效益下降,又必然通过消费强制将过剩的商品倾销出去,实现自身的循环流通。当然,在这一过程中资本家会通过各种媒体渠道和广告宣传手段向消费者灌输一种消费文化,提倡一种强调过度消费和购买的生活方式,刺激他们购买特定的或更多的商品与服务。这些广告和营销手段通过促销和折扣创造需求、营造欲望和引发社会压力,人们被迫产生了一些虚假需要,从而成为企业达到营销目标的工具。消费强制给人们带来金融压力和债务,从而使人们超负荷劳动,以承担债务,维持借贷和消费习惯。

对此,韩炳哲从物与时间、情绪的关系上对消费强制做出思考。一方面,"生产强制褫夺了物的持久性,故意破坏了时间的持续性,以生产更多产品,以强迫更多消费"。③ 生产强制带来了物的爆炸性增长,大量的物和琳琅满目的商品涌进人们的生活。一旦当物成为生活的"快餐",物也就失去了持存性,人们希望在无尽的物中获得消费主义意义上的快乐和自由。这必然带来更多的消费。另一方面,"在消费型资本主义中,意义和情绪可以被出售和消费。对于消费型经济而言,具有决定性意义的不是使用价值,而是情绪和宗教祭祀的价值"。④ 即是说,人们购买物品不再只关注使用价值,而是为了关怀意义、满足体验,在消费中达成情绪的狂欢。在此,人们占有的并非是单纯的物,而是自己即刻的情绪。但情绪常常具有不稳定性、冲动性和非理性的特征。人们既能凭借情绪的迅速袭来购买他们想要获得的一切,也能凭着情绪的回潮随即抛弃购买的一

① 韩炳哲:《沉思的生活:或无所事事》,陈曦译,中信出版社2023年版,第63页。

② 韩炳哲:《在群中:数字媒体时代的大众心理学》,第70—71页。

③ 韩炳哲:《仪式的消失:当下的世界》,第6页。

④ 韩炳哲:《精神政治学》,第60页。

切。"对物的消费并非无穷,情绪消费却无尽。它们由此打开了一个新的、无限的消费领域。商品的情绪化以及与之相关的审美化,皆受制于生产强制。"① 不止物质产品,精神文化产品也难逃消费强制的窠臼,"文化产品越来越陷入消费强制之中。它们必须具备可消费的形式,即讨人喜欢的形式"。② 文化日益被纳入经济生产的轨道,成为既能满足人的喜好,又可盈利的商品;而经济生产又展现出文化的风格与品位。这样一来,商品就不单是一件具有使用价值的物品,而是充满符号的魅惑,体现品味的区隔,承载文化的风情和意义的美学体验。文化本身与商品不再具有截然对立的界限。

韩炳哲对信息时代和智能时代消费境况的讨论,远不只限于此。对时间的消费和消磨成为他关注的另一重点。韩炳哲认为,各类线上媒介、平台的广泛运用既对应着信息技术的发展,生活的便利化、多元化、加速化,也对应着技术对人的时间、生命力的掌控、支配和利用。资本主要有两种实现途径,一种即是上面所讨论过的,在网络上通过广告、信息和图文宣传,刺激人的想要的、还想要的欲望,让人陷入物欲之中,以消耗过剩的庞大堆积的商品,实现生产的循环和资本再流通。另一种方式,则更隐蔽,即是说资本让人将休闲时间、假期时间,将碎片化、非生产性的时间,也投放在媒介中,让人主动地在线上消磨消遣,打发无聊时间,获得满足与快感。而第二种方式,又潜在地包含着大量购物链接与消费渠道。媒介平台集商品消费、娱乐消遣与人的时间消耗于一体,如此,消费强制与时间消磨相互嵌入、如影随形——对商品的浏览、观赏和消费,也是对时间的消费。对碎片化时间的消费,对时间的打发,也在无形中导向我们对商品的消费。事实上,资本更看重的是将人的全部身心、注意力、专注力从现实生活中转移到线上来,转移到"消费",以实现它的无限增殖。由此,人活着的生命时间成了一个个点击的瞬间,成了资本喂养与壮大自己的宝贵资源。消费的媒介化和媒介的消费化只是一个事情的两个面向。

韩炳哲认为,消费强制也与幸福强制、本真性强制相伴相生。就幸福强制而言,新自由主义为实现自身目的向主体强加了一个新的统治公式——"你要过得幸福"。而要获得幸福,就必须要在新自由主义的话术和语境下,不断自我激励与自我完善,创造源源不断的绩效,或是进行更多的消费。这样一来,新自由主义的统治者会借着主体对幸福和功绩的无止境追求,实现自己的治理效能。须指出,新自由主义制度力图将痛苦视为无论如何都要尽可能避免的东西,人们要像逃避瘟疫一样逃避痛苦。新自由主义的精神政治致力于激发追求幸福和肯定的情绪并充分剥削它。"幸福之肯定性取代痛苦之否定性。"③ 对于致力于生产最大化的功绩至上主义者而言,痛苦是最无意义的,也是不值一提的,他们要追求刺激、兴奋、超能和勇往直前,而痛苦只会阻止自我优化的进程。就本真性强制而言,"新自由主义的处置方法,如本真性、创新或创造力,含有一种永不

---

① 韩炳哲:《仪式的消失:当下的世界》,第7页。

② 韩炳哲:《妥协社会:今日之痛》,第5页。

③ 韩炳哲:《妥协社会:今日之痛》,第12页。

止息的强制出新"。①本真性在西方语境中指一个人不同于他人的特殊的个性。而新自由主义语境下的本真性强制自然而然带来了一种对自我的过度关涉，导致一种病态的自恋和永无休止的内省。或者说在本真性受强制的社会中，每个人都自命不凡，呼唤实现自我，渴望自己独一无二，陶醉于自我指涉，沉湎于对自身的盲信和崇拜。而这又必然会加剧社会的原子化，使共同体的情感纽带难以为继。当主体借由新事物，新的商品展现自己生命的独特性和强度，对消费的热情必将被持续点燃。韩炳哲还指出："不受约束的消费将人孤立、隔离开来，消费者是孤独的。"②因此，对于痛苦的排斥和拒绝，与主体的自我优化行为和消费包装行为巧妙地走到了一起。追求幸福和快乐，期望成功和实现理想的目标，已经不单单是人的自觉行为，而是被操纵了的虚假自我意识，是消费社会和功绩社会的产物。

四、交际强制：肯定性的过剩与透明社会的同质化地狱

在数字时代，人们在数字媒介平台上进行交际和沟通，这种虚拟空间交际也可能带给人一定程度的强制感和压力，比如频繁更新和分享自己的动态的压力，即时通讯的实时响应压力，社交比较压力，正能量强制的压力等等。韩炳哲认为，随着生活世界的过度信息化，人们不得不臣服于信息的控制、监视和规训。终端平台的激增，信息的过度爆炸，互动交流的过度频繁，数据流的过度更新，让人胃口大开，不断追逐新奇、刺激和花样，也让人魂不守舍。人们终日徜徉在媒介终端上，甚至舍不得将双眼闭合。"在这个遍及浮光掠影的数字网络中，安静和沉默毫无立足之地。"③网上的世界足够精彩，让人不忍错过，而这不过是网络化的社会权力对人的无形掌控。这种权力不会用一支鞭子抽着我们前进，而是让我们产生依赖和渴望，让我们无形成瘾，欲罢不能。人们看似可以自由地利用各类软件，实际上也在被软件所利用、监视、驯服和引诱——"数字的监视社会拥有进入集体潜意识的通道，以此干涉大众未来的社会行为"。④久之，数字拜物教会侵入人们的内心，使人们用数据和信息建构自己，用符号和商标区别他人——这成了不由自主的潜意识。

韩炳哲从哲学层面解释上述现象，即肯定性的过剩和否定性力量的消失。肯定性的过剩即资本同一性原则的胜利。"肯定社会避免一切形式的否定性，因为否定性会造成交际停滞。交际的价值仅仅根据信息量和交换速度来衡量。大规模的交际也增加了它的经济价值。"⑤肯定社会与透明社会一同到来，造成了同质化的地狱和全景化数字监狱。"透明的秩序规范迫使产生绝对的形式化，以便加快信息和沟通的循环。最终，人

---

① 韩炳哲：《仪式的消失：当下的世界》，第12页。

② 韩炳哲：《沉思的生活：或无所事事》，第4页。

③ 韩炳哲：《仪式的消失：当下的世界》，第40—41页。

④ 韩炳哲：《在群中：数字媒体时代的大众心理学》，第111页。

⑤ 韩炳哲：《透明社会》，吴琼译，中信出版社2019年版，第14页。

们会以坦诚的方式来进行无限制的沟通,因为封闭、沉默和内向只会使交际停滞。"① 在韩炳哲看来,"透明"具有席卷当下整个社会进程的力量,它是一种系统性的强制行为,并使外物与之发生深刻的变化。在随之而来的全景化数字监狱中,人们"甘心情愿"地自我展示、自我表达和自我曝光,而这又使网络对我们的监控更加完满。"全交际与全监视、色情裸露与全景监视合而为一。自由与监视难分彼此。"② 数字空间再次体现了自由与强迫的辩证法。韩炳哲进一步说到,当数字化进程使信息获取变得极为便利,将会对社会信任极为不利,或者说会使后者变得无足轻重。一旦透明和信息取代了真理,我们就陷入后真相的社会。同时,信任将被监控所取代。"在非常容易快速获取信息的地方,社会体系就会从信任切换到监控和透明。这是遵从效率逻辑的结果。"③ 应当说,交际强制并没有带来共同体的团结和一致的行动,实际上它在一定层次上瓦解了共同体。在这个全景监狱中,人们无时无刻不被数据洪流所侵扰。整个世界变得透明。"当事物退去所有否定性,当他们被压扁、抹平,当它们毫不抵抗地融入资本、交际与信息的顺流之中,事物就成了透明的。"④ 交际强制的一个后果是,在没有被我们充分察觉的时候,智能设备可能已经在无形中对我们的身心健康等产生了意想不到的影响。主体相对之前更加倦怠、不耐烦,迫不及待地想要实现自己的目的,而又觉得时间飘忽易逝,就是一个个例证。

实际上,当交际通过智能电子产品来实现,后者"会有一种强制力推着你去触碰它"。在玩手机时,只需要手指点击、触碰或者按压、滑动屏幕即可,人们及其在使用手机时获得刺激与快感。我们可能会因为失去手机,或者手机不在自己的视线范围之内而感到忧心忡忡,手机能够保证我们时刻与"世界"连线,保证主体的存在感和在场感。但信息的海量增长与喧嚣,让人们变得狭隘、短视和急促,使人们不再拥有长远、和缓的目光。真假难辨,虚实难分,轰动、吸人眼球和短期效应取代了事实和真相。而事实的挖掘,真相的生成和真理的探寻往往需要长时间性的努力,需要恒心和一以贯之。在这个遍及转瞬即逝之物的数字网络中,安静、沉默、无所事事消失了,节奏、韵律、仪式和时间的味道消失了。因为信息是庞杂琐碎,缺乏内在秩序的。信息的翻新让人缺乏生存的稳定感和持续感。信息可被计数,但不可叙述,信息的快速加成、流动和累积加速了资本循环,但无法凝结成历史和回忆,无法让人取得深层次的自我认同,也无法帮助人们建立整全的世界图景和意义关联。但人们又不得不遵循数字和算法的指令,尽管这些指令是外在于我们自身的。显然,人们在这种不安定的、时刻处在流动变化的虚拟空间中,饱受精神心理压力,可又无法脱离这一社会进程,只得接受它带来的种种强制律令。

当然,交际强制也与当代资本主义社会环境和社会结构等因素不无关联。特别是受制于工具理性和计算理性下的人们日益变得单向度。尽管社会发展呈现多元化的面

① 韩炳哲:《精神政治学》,第13页。
② 韩炳哲:《妥协社会:今日之痛》,第13页。
③ 韩炳哲:《在群中:数字媒体时代的大众心理学》,第101-102页。
④ 韩炳哲:《透明社会》,第1页。

貌,其掩盖着的却是单一性的贫乏。在深层次上,人们往往缺乏心灵上的依托和精神上的归宿,换言之,理性的强制让人们觉得无法在现实生活中真正获得满足感和幸福感,甚至会令人们觉得无力逃出理性化的牢笼。在生活中,付出与收获,辛勤与正义并不一定会同时抵达。可现实的压力却会将人变得愈发不安和闭塞,因此,人们希望能够逃避现实的物理空间,将更多的人注意力投向手机屏幕,进而转移视线,忘记现实中的冲突与矛盾,从虚拟空间中获得奖赏,追求其中的刺激和兴奋。韩炳哲也指出,数字交际行为时常由冲动驱使,它有利于即刻发泄冲动。然而,人们只不过是从一种强制走向了另一种强制。智能电子产品可以让人们和同伴以及世界上其他地方的陌生人时刻联系在一起,但并不保证友谊长存和天长地久。人们可以在线上聊得日常火热,但到了线下可能相望而无语。人们可以随时随地拿起手机,沉迷在其中,而忽略了外在空间,忘记了时间流逝。人们在不知不觉中陷入智能手机设置的交际规则和使用方式,想停却又停不下来,每个人成了"超手机—人",无法根本摆脱这一焦灼的处境。

五、简短的结语与反思

韩炳哲对当代资本主义社会的反思不无独到之处,因此他本人一度成为学界和学术会议上的热点议题。区别于经院式的晦涩的哲学创作方式,他那活泼生动、简快明了的行文风格,犀利睿智、引人深思的哲学观点,特别是其文字中流淌的对数字时代大众的生存境遇、精神遭遇的密切关注与真诚关怀,引发了很多都市年轻人和在校大学生的共鸣。同时,韩氏的确为我们思考当代资本主义似真似假、如梦如幻、亦虚亦实、神魔交杂的多重面向提供了新的表达和语言。当下,各种商品、广告、资讯、图文、信息流和数据流的爆炸式增长,也在无形中破坏大家积极思考与言说的能力。韩炳哲的批判思索无疑是一剂清醒剂,也为我们提供了言说当代资本主义社会许多新的词汇。但是,尽管韩炳哲在其思想体系中着眼于对资本主义生产方式新特点、新变化的批判和揭露,可相比于马克思批判资本主义的彻底性和革命性,韩炳哲的一些论述还停留在对社会征候的现象描述。

此外,作为资本主义社会化大生产体系中的一环,韩炳哲的"爆炸式"哲学创作,也没有而且也无法超出这种生产方式的强制,尽管他生产的是知识、见解、观点和思想等精神文化产品,但最终是通过书籍的形式被当作商品出售。截至2023年10月,中国大陆图书市场上已翻译出版了其20本中文学术著作,据了解,仍有有待出版或正在翻译的作品。实际上,中信出版社提供的韩炳哲著作年谱显示其已发表专著30余本。这就呈现出一个很有意味的现象,韩炳哲发表作品的速度就像他在自己的书中批判的资本主义社会生产秩序那样:一切都在加速制造,都在不停地流动、拓展和膨胀,呈现过剩、超量、轰鸣、喧嚣的状态。但依旧不能否认的是,韩炳哲为我们打开了分析和思考现代社会的一扇窗户,在这扇窗户中,我们看到了新自由主义制度的成与毁,看到了社会主义制度应当在更新人的劳动方式和存在方式上有更大的作为。

《劳动幸福论——以劳动幸福为
基础构筑社会主义精神》书评①

王绍梁

《劳动幸福论——以劳动幸福为基础构筑社会主义精神》（下文简称《劳动幸福论》）作者为何云峰教授，上海教育出版社2018年10月出版。

《劳动幸福论》是一部集原创性与系统性、思想性与通俗性、前瞻性与现实性的哲学著作。作者何云峰教授不仅在学术界首创性提出了"劳动人权（劳动幸福权）马克思主义"这一新概念，并且从学理上进行了比较完整和系统的论证。这一理论体系并不仅满足于对社会的"劳动视角"的哲学解读，更注重理论对实践的指导意义，这就是试图以劳动幸福为核心为现代社会和人类建构一个全新的文化价值体系。这既表现出作者的理论前瞻性，也表现出切合实际的现实关怀精神。《劳动幸福论》的通俗性或许会使其大众化和普及劳动阶级成为可能。虽然该书的总体论述还是偏向学术性和专业性，但相对来说，作者在叙述和论证上已经尽可能做到通俗易懂了。这也是该书将"劳动人权"进一步细化为"劳动幸福权"以及将"劳动幸福"作为建构新的社会文化价值体系之核心的"传播"优势之一。

作者在《劳动幸福论》中先对劳动幸福下了一个定义："人通过劳动使自己的类本质得到确证所得到的深层愉悦体验。"②他把"幸福"理解为一种"过程"，"一种社会整体发展状态"。因此，他反对一般地将劳动幸福狭隘化为人的"主观体验"，而是从社会治理、社会文化价值系统的角度诠释劳动幸福。从"这一视角"理解社会的合理性与不合理性，"劳动幸福"就从一个价值与伦理命题转变为最高的人权问题，所以不同于一般的抽象人权，劳动人权又可以具体理解为"劳动幸福权"。③

作者还对劳动人权马克思主义进行了多重维度的建构。首先是本体论阐释，即从

---

① 文章摘自王绍梁：《新时代社会主义文化价值理论体系的反思与重构——兼评何云峰教授的〈劳动幸福论〉》，载《社会科学家》2020年第9期。作者通信地址：王绍梁，浙江大学马克思主义学院、浙江大学马克思主义理论创新与传播研究中心，浙江杭州310058；上海师范大学知识与价值科学研究所，上海200234。

② 何云峰：《劳动幸福论——以劳动幸福为基础构筑社会主义精神》，上海教育出版社2018年版，第43页。

③ 何云峰：《论劳动幸福权》，《社会科学家》2018年第12期，第8-14页。

马克思恩格斯的劳动思想出发,确立了劳动幸福权的优先地位,论证了社会主义对资本主义文化价值系统实现的范式革命。这表现在两方面:其一,劳动人权主张人的价值观念、权利和社会的合理性/不合理性不是从上帝或造物主而是从"劳动"中去寻找解释的根源。其二,真正证明劳动人权对天赋人权理论的范式革命在于,前者在一定意义上将后者下降为自己的"特例"(Special Case),从而证明资产阶级的人权理论带有虚假的性质。

其次是对劳动人权理论的价值哲学重构,其目的是从劳动的视角建构一个属于新时代社会主义的文化价值体系。他表示社会主义文化价值系统包括"尊重劳动""缩小差别""关爱底层"和"人类联合"四大核心主张,"社会主义大力提倡这四大基本价值观念,从而在劳动幸福理论的基础上形成社会主义自身独有的核心主张,这些主张也是社会主义不同于资本主义及其他一切制度的精神大旗。"①

再次是对社会主义文化价值体系的历史哲学重构。作者认为人与劳动关系的发展程度实际上就是人的解放程度,是人摆脱各种盲目力量支配的程度。劳动的解放过程分为四个阶段:从奴役劳动到谋生劳动再到体面劳动,最后走向自由劳动。②伴随着劳动解放过程的还有人类劳动观念的变化过程,即"劳动=劳累"转向"劳动=生存和发展权利的保护",进一步提升至"劳动=体面",最后通达"自由劳动是一种幸福和快乐的活动"。

最后,与一般的就理论谈理论的学术研究进路不同,作者并不满足于理论上的阐发和学理上的论证,而是把建构社会文化价值体系的理论触角延伸至"实践",极力于在制度设计、道义设置、伦理保护等实践操作方面给出通俗易懂、细致入微的具体建议和范例。在尊重劳动的三个基本法则(因劳称义、劳动权利和生命价值)基础上,作者提出了现实生活中"尊重劳动"所应遵循的15个基本的劳动道义,所需要的四个层面的法律制度设计以及全社会所应该共同践行的10种劳动美德。在讨论劳动价值保护部分,他甚至给出了雇佣单位和个人如何遵守劳动价值保护规范和劳动价值创造的伦理承诺的具体样本;以"劳动幸福"为核心提出的"一个总口号""三个核心主张""二十个基本信条"。除此之外,他还从"劳动幸福权作为不可转让的初始权利"的角度分析了劳动人权马克思主义的核心主张之一"人类联合"与"人类命运共同体"的密切关联,认为应当从全世界和整个人类历史的高度看待劳动幸福问题,毋宁说人类的联合就是全世界人民的劳动联合,等等。此为劳动人权马克思主义对社会文化价值体系的政治哲学建构。

尽管,这部原创之作光芒闪烁,但并非完美无缺。第一,作为社会文化价值系统的建构,该书显然缺乏了"中国本土文化与价值"的视角。对这一问题,作者也有自己的回应,他认为应当"将社会主义文化价值的概念同社会主义中国或中国人的核心价值或者文化价值区别开来。"③因为他认为劳动人权马克思主义所建构的是作为与资本主义相

---

① 何云峰:《劳动幸福论——以劳动幸福为基础构筑社会主义精神》,第279页。

② 何云峰:《人类解放暨人与劳动关系发展的四个阶段》,《江淮论坛》2017年第1期,第12-18页。

③ 何云峰:《劳动幸福论——以劳动幸福为基础构筑社会主义精神》,第214页。

对的"一般性""普适性"的文化价值体系,因此它又是属于未来人类的新型文化价值系统。但我想特别指出的是,如果要真正建构起社会主义文化价值系统,就必须深入到具体的特殊的文化实体中研究这一课题及其建构的可能性。

第二,就劳动人权马克思主义对社会文化价值体系的具体建构而言,我认为作者的一些观点还有待商榷。如在以劳动幸福理论诠释生态文明时,他没有将现代生态灾难的终极根源归结为现代社会独特的生产方式,而是诉诸"人的贪欲",从"人性"视角分析生态危机包含着陷入历史唯心主义分析窠臼的倾向。如果将资本逻辑的根源进一步归咎为"人性本贪"之上,那么一个显而易见的问题就是,在"人性贪欲"依然普遍存在的人类古代社会,为什么却没有出现普遍的生态问题呢? 在那样的时代,作为人与自然共生一体的生态并没有遭到"危机",那时人与自然的矛盾关系主要表现为不可抗拒的自然灾害,表现为人对自然的屈服而不是人对自然的支配。这种危机与现代的生态危机有着质的差异,但人性中的贪欲却一如既往地存在。不过,作者真正想说的或许是"人们之所以会有如此贪欲,是因为对劳动幸福没有正确的认知"。①

第三,劳动人权马克思主义理论体系中包含着黑格尔哲学的因素和原则。作者在研究劳动幸福与个体生存社会化时,指出劳动幸福权"并不是指存在意义上的劳动幸福权,而是发展性人权,是生成性人权"。②因为这不仅解决了"未劳动""不劳动"阶级之"幸福何以可能"的难题,而且强调了劳动阶级进行社会联合的必要性,"幸福如果只是个人奋斗的事情,那就会导致弱肉强食的丛林世界"。③作者提出的发展性人权的内核仍然是黑格尔主义的理论原则,即黑格尔对劳动辩证法的揭示。在对社会文化价值体系的政治哲学建构中,该书同样表现出黑格尔的哲学因素,即"劳动幸福最大化与劳动成果私人占有和公共占有的二分法"。这部分解决的理论问题实际上是"劳动幸福"的量化问题,即如果劳动幸福是可能的,那么劳动成果怎样分配才能保证劳动幸福的最大化? 作者指出:"劳动幸福一定是私人性和公共性达到最佳的比例划分时才能实现最大化。良善治理往往要求人们动态地调整这个比例。"④虽然从劳动幸福出发,可以使得税收(公共占有)获得可理解性以及使得对劳动幸福消除个人主义(纯属私人的事情)误解,但我们不得不指出,正是黑格尔的这种原则,体现了这种主张仍然没有脱离现代社会的历史视野。

《劳动幸福论》的出版标志着劳动人权马克思主义的公开问世。虽然,这一理论在方法论和实践指向上没有超出现代资本主义的意识形态范围,但试图建构这样一个"以尊重劳动、崇尚劳动为文化氛围,进而努力保障劳动幸福"的社会文化价值体系正是当代理论工作者的新时代使命,更是中国社会今天所万万不能跨越的"卡夫丁峡谷"。

---

① 何云峰:《劳动幸福论——以劳动幸福为基础构筑社会主义精神》,第31页。

② 何云峰:《劳动幸福论——以劳动幸福为基础构筑社会主义精神》,第78页。

③ 何云峰:《马克思劳动幸福理论的当代诠释和时代价值——再论劳动人权马克思主义》,《上海师范大学学报(哲学社会科学版)》2018年第5期,第30—39页。

④ 何云峰:《劳动幸福论——以劳动幸福为基础构筑社会主义精神》,第35页。

《马克思增进人民幸福的财富伦理思想研究》书讯①

贺汉魂

《马克思增进人民幸福的财富伦理思想研究》作者为贺汉魂教授,人民出版社2023年6月出版。

该著贯通"回到马克思""发现马克思"和"应用马克思"的根本逻辑遵循。从研读马克思主义的经典文本入手,对马克思财富伦理这一命题进行了语义的辨析。从财富的生产、分配、交换和消费四大环节,深入挖掘马克思财富伦理思想的基本内涵,由此对马克思关于人类财富活动的思想进行全面的伦理解码。在此基础上,深入揭示了马克思财富伦理思想的独特理念依据和现实意义,探索中国人民实现人民幸福中国梦的财富伦理之路。该著内容丰富,论证深刻,颇有新意。

该著绪论部分主要是介绍课题的研究背景、动态、原则、方法、基本内容,着力论证研究马克思财富伦理思想具有丰富、深化马克思财富思想、马克思经济伦理思想的具体内容,促进财富伦理学学科发展的学术价值,亦可为构筑增进人民幸福的财富之路提供独特的理念依据和实践指导的理论与实践意义。绪论强调应在"回到马克思"的基础上深刻挖掘、系统论述内涵其中的财富伦理思想,以实现"发现马克思"的研究目标。为了实现此研究目标,本著在研究方法上突出文本解读和现实关切相结合。

该著第一章研究了马克思增进人民幸福的财富伦理旨趣。此章以历史叙事的方式论证了增进人民幸福的伦理情怀是推动马克思财富伦理思想形成、发展的根本动因。又从学理高度分析指出:人民对财富的需要,最基本的是满足物质生活的需要,劳动创造幸福的基础;劳动是人的生命活动,劳动本身就是幸福;人的本质是社会关系的总和,建立良好社会关系的根本基础是建立公正合理的生产资料所有制。由此自然而然地得出结论:背离增进人民幸福这一根本要求的财富及其活动是财富异化,财富异化的根本表现是财富幻象,生产资料私有制是财富异化的根本基础;保障人民共享(享用)生活资料,共享(享受)生产劳动,共享(享有)生产资料则是增进人民幸福的根本途径。

---

① 作者通信地址:贺汉魂,湖南第一师范学院马克思主义学院,湖南长沙421008。

　　该著第二章研究了马克思增进人民幸福的财富伦理主体思想。此章综合马克思的人的发展、实践主体思想，借鉴伦理学的伦理主体观，论证原始丰富性的人、异化的人和全面发展的人是马克思财富伦理主体的三大历史形态；创造性提出体验律、实现律是增进人民幸福的根本主体定律；劳动人道、公正、自由是增进人民幸福的财富伦理根本原则；着力批判了资本扩张逻辑及其伦理之殇，分析建立人民主导资本的劳资伦理关系是扬弃资本逻辑的现实选择。

　　该著第三章研究了马克思增进人民幸福的财富生产伦理思想。此章围绕马克思赞同的"土地是财富之母，劳动是财富之父"的财富生成思想展开研究，主要包括：一是论证"生产什么""为谁生产""由谁生产""如何生产"及"生产效果如何评判"是财富生产的根本问题。这些问题的伦理分析就是对财富生产目与动机的伦理判断，财富生产主体的伦理确定，财富生产过程的伦理规范，财富生产效果的伦理评价。二是论证财富生成论在马克思财富思想体系中是处于基础和本源地位的重要思想，马克思对财富生产的基本问题进行了深刻地分析，深入地揭示，准确概括这些内容构成了本著研究马克思财富生产伦理思想的基本内容。

　　该著第四章研究了马克思增进人民幸福的财富分配伦理思想。此章主要通过深度研读《哥达纲领批判》的分配思想及对资产阶级经济学"三位一体"分配公式的批判，从财富的性质、形成、分配的实行三路径论证马克思从财富的性质论述了分配的对象应是真实的财富，按真实贡献分配财富是增进人民幸福的根本途径，从正义的局限阐析超越按贡献分配是增进人民幸福的必然要求，从分配的实现阐析人民主导是财富分配增进人民幸福的根本保障。

　　该著第五章研究了马克思增进人民幸福的财富交换伦理思想。此章首先论证隐于财富交换背后的是人与人之间的财富关系问题，遵循一定的价值规范交换方能顺利进行，交换活动是经济价值与伦理价值的统一，是人们合理追求自己的利益，实现人生幸福，促进社会进步的根本活动。然后，论证在马克思财富交换思想中，交换是分析人们生活方式与生存状态的基本伦理范畴。接着从主体、客体、过程三要件分析马克思增进人民幸福的财富交换伦理思想的基本内涵。在此基础上，深入批判了西方资产阶级经济学家，如亚当·斯密的"看不见的手"与海耶克的"自发扩展秩序"的伦理缺陷。

　　该著第六章研究了马克思增进人民幸福的财富消费伦理思想。此章所论的消费指生活消费，基本观点是：实现人的自由全面发展，批判消费异化是马克思财富消费伦理思想的核心内容。主要研究内容包括：一是解读《德意志意识形态》及《经济学手稿》的"人类生存状态论"，论证协调劳动、休闲与生理三类活动，物质与精神两大方面是马克思增进人民幸福的财富消费伦理思想的核心内容；二是从马克思商品经济理论分析市场经济下消费异化的实质是交换价值过度偏离使用价值，主要表现是超前、奢侈和符号化消费；三是挖掘马克思生产与消费同一思想的伦理意蕴，分析增进人民幸福要求理性消费，概述主体、客体、环境是理性消费的基本要素，不伤害、适宜是理性消费的基本原则。

　　该著第七章研究了马克思增进人民幸福的财富伦理思想的历史地位与当代价值。此章研究的主要内容包括:一是论证马克思财富伦理思想是对西方优秀财富伦理思想的继承和发展,是对资产阶级学者财富伦理思想的系统批判,是人类财富伦理思想发展的伟大成果。二是论证马克思财富伦理思想在当代社会实现了情景再现,灵魂复活。面对当代社会的财富困难、困惑,人们纷纷"回到马克思",从中寻求科学的解答。本章突出研究马克思财富伦理思想对于实行以人民为中心发展观,科学理解人民美好生活需要是效率、公平的硬道理、积极防治资本无序扩张的现实启示意义。三是针对当代中国财富伦理的几个焦点问题进行专题深化研究,更深入揭示马克思财富伦理思想的当代价值。